市政工程规划

刘兴昌　主编

中国建筑工业出版社

图书在版编目（CIP）数据

市政工程规划/刘兴昌主编. —北京：中国建筑工业出版社，2006（2024.8重印）
ISBN 978-7-112-08053-3

Ⅰ. 市… Ⅱ. 刘… Ⅲ. 市政工程-城市规划
Ⅳ. TU99

中国版本图书馆CIP数据核字（2006）第018561号

市政工程规划
刘兴昌 主编

*
中国建筑工业出版社出版、发行（北京西郊百万庄）
各地新华书店、建筑书店经销
霸州市顺浩图文科技发展有限公司制版
建工社（河北）印刷有限公司印刷
*
开本：787×1092毫米 1/16 印张：25¾ 字数：624千字
2006年4月第一版 2024年8月第十七次印刷
定价：**35.00**元
ISBN 978-7-112-08053-3
（14007）
版权所有 翻印必究
如有印装质量问题，可寄本社退换
（邮政编码 100037）

本书从市政工程的特征入手，较全面系统地阐述了城市给水工程规划、城市排水工程规划、城市供电工程规划、城市通信工程规划、城市燃气工程规划、城市集中供热工程规划、城市环境卫生设施规划、管线工程综合规划、综合防灾规划及城市防洪工程规划、城市抗震防灾工程规划、城市消防规划以及人防工程规划等内容。突出理论的系统性、规划技能的实用性和可操作性是本书的特点。

本书可作为高等学校城市规划、资源环境与城乡规划管理及与市政工程相关的本科专业教材，也可供从事城市规划、城市防灾、区域规划、环境与资源等专业的工程技术人员以及城市规划管理人员参考。

* * *

责任编辑　齐庆梅　王　跃

责任设计　赵明霞

责任校对　董纪丽　孙　爽

前 言

21 世纪以来，我国城市化进程不断加快，城市作为区域政治、文化、经济和信息中心得到了空前的发展，有力地促进了区域经济的壮大和社会文明的进步。

一个城市的形成与发展，必须有相应的基础设施与之相配套、相适应，从而产生一定的辐射能力和聚集效应。城市基础设施及其配套设施是城市社会生产力的吸附剂和催化剂，是产生放大效应的决定性因素，其完备程度和运转状况常成为一个城市经济发展水平和文明程度的标志。古今中外，特别是现代社会，基础设施备受国家和政府的重视。

市政工程是城市基础设施和公共服务设施的基本内容，在城市实现生产、分配、交换与消费过程中发挥着重要基础作用，常被称为是城市赖以生存的生命线工程。

市政工程规划是城市规划的组成部分，其内容涵盖面广，横跨行业杂，涉及知识面宽。长期以来，关于市政工程规划的内容大都散布于相关专业教材或相关行业技术资料之中，细碎、散乱，系统性差，不仅直接影响到“教”与“学”的效果，而且也制约了市政工程规划设计质量和管理水平的提高。这种态势已不能适应城市规划对市政工程规划内容的需求。因此，“市政工程规划”不仅急需解决系统性的构架问题，而且还涉及到内容筛选与建设问题，还应面向 21 世纪满足我国城市化进程迅速推进中对城市规划和管理人员知识结构组成的需要。鉴于市政工程专业跨度大，各专业都需要一定的基础和行业知识以及工程技术作为支撑，基础知识要求多，技术环节不能缺少，层次把握不易，编写中在提纲的制定、结构的组织、资料的梳理和筛选难度是可以想像的。欣喜的是，近年来，国家及有关部委相继颁布了一系列的有关市政工程建设的规范和标准，同济大学、天津大学、重庆大学等院校也编著出版了这方面的一些教材，为该课程的建设和对于完善城市规划专业的课程体系提供了重要基础。因此，本书的出版不仅对于构架和完善城市规划中的市政工程规划具有重要价值，而且对于城市规划中的市政工程规划逐步实现科学化、系统化、规范化也是一种积极的探索。

为了体现《市政工程规划》的先进性、系统性和实用性，在内容的安排与处理上基本遵照以下原则进行：

1. 总体目标是紧扣专业，完善系统，精选内容，反映新成果，努力把《市政工程规划》建设成为系统完整、内容先进，既富有时代特色又符合教学规律的 21 世纪新教材。

2. 根据市政工程中各项工程在城市规划与建设中的地位与作用，以及涉及和横跨学科幅面大小、内容的复杂难易程度等构建市政工程规划课程系统。

3. 根据各专项工程涉及的学科面及深度，结合专业内容的需求，建立符合城市规划需要又有一定专业深度且具有能实践操作的课程内容。

4. 吸收新规范、新标准、新成果，反映新内容，尽量能反映该科学的新方向、新观点、新理论和新方法，保持该课程的科学性和先进性。

5. 资料的取舍上，从有利于教学组织和工程规划实践操作训练出发，既注重理论的系统性，更要求技能的实用性和可操作性。

本书内容共 14 章，由刘兴昌主编，沈丽娜同志参与了第 2 章、第 3 章的部分编写，李建伟、李敏、赵亚青、张宏宝、乔键等同志参与部分基础工作，全书由刘兴昌统稿。

本书在编写过程中，得到西北大学教务处的大力支持，并列入学校重点课程项目，城市与资源学系以及城市规划教研组的全体同仁给予了大力支持与协助。同时，书中参考和引用了大量的文献资料，对此，作者表示衷心的感谢。

由于市政工程规划横跨专业门类多，涉及的知识颇多，以至于在有限的篇幅内组织材料困难重重，作者虽尽可能从使用的角度系统地论述，但仍难免疏漏。同时，由于编写人员水平有限，书中肯定会存在不少问题和不足之处，敬请读者批评指正。

目　录

第1章 绪 论

1.1 市政工程概述

1.1.1 市政工程的概念与分类

城市是人类社会历史发展到一定阶段人类物质文明和精神文明的产物，是一个区域或地区的政治、文化、经济中心和信息中心。这里，人口密集，社会财富集中，建筑林立，人类经济活动和社会活动频繁。城市功能的正常运行和健康发展，除了有强大的产业支撑和高效的行政管理外，还必须有相应的基础设施与之相配套、相协调、相适应。

市政工程也称市政公用设施或基础设施。基础设施又称基础结构，英文为 Infrastructure，原属军事用语，指后方军事工程中的固定设施或永久性基地，如导弹基地、机场、军事物资仓库等。随着经济社会的发展，基础设施获得新的涵义，泛指由国家或各种公益部门建设经营，为社会生活和生产提供基本服务的一般条件的非盈利行业和设施。基础设施虽不直接创造社会最终产品，但却是社会发展所不可缺少的，生产和经济活动所依赖的，因此又被称为"社会一般资本"或"间接收益资本"。

关于基础设施的分类，至今国内外学术界尚未形成共识。一般地是根据基础设施的服务对象、地域范围等不同，大致分为国民经济基础设施和城市基础设施。前者的服务对象是整个国家或地区的国民经济范围，后者的服务对象是城市区域的生产和生活范围。从这个意义上讲，为国家或地区整个国民经济服务的基础设施是基础设施的总体，属于较高的层次，它包括能源动力设施、交通运输设施、邮电通信设施等所有的基础设施。城市基础设施则是区域基础设施在城市市区内的具体化，是地区或区域基础设施的组成部分。它包括为城市服务的供水、排水、供电、城市交通、邮政电信、综合防灾等分布于城市地区并直接为城市生产生活服务的基础设施。一些经济学家认为，基础设施应分为生产性基础设施和社会性基础设施两大类。生产性基础设施是为物质生产过程服务的有关成分的综合，是为物质生产过程直接创造必要的物质技术条件。社会性基础设施是为居民的生活和文化服务的设施，是通过保证劳动力生产的物质文化和生活，而间接影响再生产过程。

在城区中，由于道路交通、供水、排水、燃气、集中供热、电力、通信、防灾等基础设施是由城市所在的城市政府及其职能部门进行筹划，组织设计、施工并实施管理，故通常称之为市政公用设施或市政工程。因此，城市市政公用设施与城市基础设施的内容基本上是一致的，它包括了城市区域内几乎所有的基础设施。必须指出，有些基础设施虽在城市区域内，但不属于城市政府管辖与管理的，不能叫做城市市政公用设施或市政工程，如火车站、航空港、港口、码头等，因为它属于国民经济基础设施的范围。

在国际上，世界各国对城市基础设施的概念与分类是有所差异的，但内容基本一致，只是内涵的涵盖面和称谓存在着差异。

德国的经济学家将城市基础设施定义为："在市场经济的条件下，基础设施是发挥社会经济各个部门、各项功能所必不可少的基本条件。基础设施是所有的基本物质结构、制度和传统，以及一个社会可获得的人力资源的总和。"基础设施分为物质性基础设施、制度体制方面的基础设施和个人方面的基础设施等三大类。

(1) 物质性基础设施为直接或间接由政府机构提供和管理的，为国民经济、环境保护、社会发展提供一般性服务的建筑物、构筑物和体系网络。

(2) 制度体制方面的基础设施是所有成文或不成文的法律、行政管理的条例和规定，规划发展的原则，以及传统的和非传统的各种社会行为规范。

(3) 个人方面的基础设施是直接或间接与生产过程相关的人力资本。

前苏联的经济学家将城市基础设施分为生产性基础设施、社会生活基础设施、社会事业基础设施等三大类。

(1) 生产性基础设施即用于生产服务、保证生产正常进行的一切项目。

(2) 社会生活基础设施即为满足全体居民在生产过程之外所需要的众多项目。

(3) 社会事业基础设施即一系列保证市政事业管理过程的机构。

美国的城市基础设施主要为公共基础设施，即为政府直接拥有，可予租赁，或由政府管理，能形成长期受益与费用流动的固定资产。美国的公共基础设施分为公共服务性和生产性基础设施两大类。

(1) 公共基础服务性设施包括有教育（中小学、公共图书馆）、卫生保健（各类医院和卫生保健设施）、交通运输（铁路、航空港等有关设施、街道、公路等）、司法（执法设施、监狱）、休憩（社区休憩设施）等。

(2) 生产性设施包括有能源（直接的动（电）力供应）、防火（各种消防设施）、固体废物（收集设备和设施、处理厂）、电信（电缆、电视）、废水（污水干管和收集系统、处理系统）、给水（坝、储存、处理和送水设备，独立的水井和蓄水池）等。

在我国，通常把基础设施分为广义城市基础设施与狭义城市基础设施（或称为常规城市基础设施）两类。

(1) 广义城市基础设施

广义的城市基础设施，又可分为城市技术性基础设施和城市社会性基础设施两大类。城市技术性基础设施包含能源系统、水资源与给排水系统、交通系统、通信系统、环境系统、防灾系统等。城市社会性基础设施包含行政管理、金融保险、商业服务、文化娱乐、体育运动、医疗卫生、教育、科研、宗教、社会福利、公众住宅等。

(2) 狭义城市基础设施

我国城市建设中所提及的城市基础设施是为城市人民提供生产和生活所必需的最基本的基础设施，是属于狭义的，即以城市技术性基础设施为主体，含有给水、排水、能源、通信、环境卫生、防灾等六大系统，具有很强的工程性、技术性特点。这种狭义的城市基础设施也称常规的城市市政工程基础设施。

作为城市基础设施主体的城市市政工程，它是一个为整个城市生产、生活和城市发展服务的复杂而又庞大的系统工程，是城市社会经济发展的人流、物流、信息流的载体和城市赖以生存与发展的不可缺少的物质条件，是一个城市功能、职能得以顺利发挥、正常运转的保障系统和发挥积聚放大扩散效应的基础支撑系统。没有城市市政工程基础设施，城市的任何功能都是难以实现的。因此，城市市政工程基础设施在城市经济社会发展中具有极其重要的地位。

随着社会的进步和国民经济的发展，人们对城市的工作环境质量和住区的物质文化水平的要求越来越高。现代城市（镇）不仅要满足人们生产和生活的基本需要、满足城市的现代生活和社会发展的需要，还要提供卫生、安全和舒适的生活和工作环境。这些条件的实现和满足，需要有相应的设施来支持。城市社会经济发展和建设的现代化，在很大程度上依赖于城市市政工程设施的强化。城市市政工程设施的完备程度和运转情况，不仅标志着城市经济活动的强弱，开发潜力的大小，也成为衡量一个城市社会经济发展水平和文明程度的尺度。实践经验证明，没有完备的市政设施，城市的辐射能力和聚集效应就无从谈起。

在城市产生、发展的历史长河中，城市市政工程基础设施的产生和发展是和整个社会生产力的发展紧密联系在一起的，为社会生产再生产活动提供着最一般、最基本的条件。当社会生产力还处于不发达时期，为社会生产活动服务的市政基础设施是作为生产活动内部的一部分出现的。随着社会生产力的发展和科学技术的进步，那些为生产活动的设施逐渐从生产活动的内部分离出来，发展为新的独立的物质生产部门和行业，它不再单独为个别生产企业服务，而为整个社会的生产、生活服务，成为社会再生产提供最基本的一般条件。

社会经济的发展和城市化的推进，生产社会化程度的提高和专业化协作的发展，使得市政工程设施在国民经济发展中越来越显得重要，城市市政工程设施对城市的发展的影响越来越大。市政工程承担的任务和功能在不断提升，其内涵和外延不断拓展，市政基础设施的涵义也由国民经济体系中为社会生产和再生产提供一般条件的部门和行业，发展成为一个区域或城市社会经济发展的支持系统和先行行业，和城市实现社会生产、分配、交换和消费的重要物质条件。

基础设施，尤其是城市基础设施是城市生存和发展的前提条件，这一点无论学术界或是建设管理部门已得到共识，并日益受到重视。国家建设部曾于 1985 年 7 月在北京专门召开有关城市基础设施问题的学术讨论会，就城市基础设施的概念取得了较一致的意见，即城市基础设施是既为物质生产又为人民生活提供一般条件的公共设施，是城市赖以生存和发展的基础，这个定义既是城市基础设施的功能和作用的高度概括，又反映了城市基础设施部门和行业的主要特点及其共同属性。

然而，基础设施作为一个专业名词和经济学术语，是在 20 世纪 40 年代末才出现的。最早出现在西方经济学的文献和著作中，后来为世界各国学术界普遍所接受。

21 世纪以来，人类更加重视人与自然的关系，强调人与自然和谐，注重城市环境的营造与建设，以实现城市的协调、稳定和持续发展，从而对城市规划中城市市政工程规划及建设管理的工程技术人员提出了更高的要求，不仅要求在专业知识更加深入、拓宽，还要求掌握相邻学科的知识；不但要有获取知识的能力，还有应用知识、创新知识的能力，锻炼成为与时代相称、掌握多种技能的复合型工程技术人才。同时，信息化、知识经济的迅猛发展，也迫使城市规划与建设的工程技术人员要不断获取新知识、新技能，不断改善知识结构，以满足时代的需要。

1.1.2 市政工程的特征

1.1.2.1 系统性与整体性

（1）系统性

城市市政工程是一个大的系统，可称为市政工程设施体系。在这个系统中，包括着若干个子系统。每个子系统都承担着一定的市政功能，各个子系统在城区内构成网络，形成群体结构，发挥群体功能效应，共同支撑着整个城市正常运转。在大多情况下，市政工程不能改变被服务物质的形态和性能，也不能改变物质的使用价值，但是，通过它的服务，会增加物质对象的附加价值，使之成为生产中的成本要素之一。也就是说，城市市政设施的运营构成了城市生存环境的支撑物，为城市社会经济系统的各个方面提供服务，或者可以说是广义的后勤支持。一般说来，市政工程不直接产生经济效益，但可以从社会收益的对象中获得间接收益，因为这些设施维持了城市内各个经济部门和社会诸子系统之间的配套关系与正常运转。

在城市市政工程系统中，通常包括的子系统有给排水系统、动力系统、能源系统、信息传输系统、环境卫生系统和城市综合防灾系统等。前四个系统可称为城市的支撑系统，后两个系统可称为城市的保障系统，这六个子系统共同构成了市政工程体系的全部内容。

（2）整体性

城市市政工程是整个城市共有的，面向整个城市，直接为整个城市的生产、生活和城市发展服务的。因此城市市政工程建设必须以整个城市（或区域）的发展规划和布局（即总体规划）为目标，制定城市市政工程设施的整体规划，并以此为依据，确定具体设施的工程项目。

1.1.2.2 基础性和先行性

城市市政工程的基础性不仅体现在城市的形成阶段，在发展、壮大阶段更需要市政工程设施作为基础予以支撑。例如，不解决城市的水资源和供水排水系统设施，城市就无法生存。城市若没有电力、热力和燃气供应设施，整个城市的生产、生活就将陷入停顿。城市若失去能源动力设施，就等于城市失去了"粮食"和"血液"。城市通信工程担负着内外各种信息交流、物品传送等职能，被称之为现代城市的耳目和喉舌。就城市建设的顺序而言，市政工程设施必须先行。只有供水、排水、电力、供气、道路等设施的竣工并投入使用，即通常所说的"五通一平"或"七通一平"的完成，才能涉及建筑物的施工与交付使用。因此，城市市政工程是整个城市各项建设项目的基础和前提，各种社会经济活动的条件。有了这些设施，各项活动才能展开，各项生产建设才能进行。所以，城市要建设要发展，各项市政工程建设必须先行。

1.1.2.3 共享性和两重性

城市市政工程属于城市公共服务设施体系，凡是生活、工作、学习、服务在城市的各类人群和各行各业的单位或个体，都在享受着市政公用设施的服务，即它具有共享性的特征。从另一个角度分析，市政工程既服务于生产，又服务于生活，这便是它的两重性。

1.1.2.4 独立性和统一性

在市政工程中，每个子系统都是整个系统的组分之一，但它们各自本身又是由各个要素组成的一个独立的体系，必须按照各自的组成、特点、规律和要求进行规划布置，以完成各自承担的独特的市政功能。同时，各个子系统之间又要求相互协调、统一，默契合作，相得益彰，共同构成一个完整的大系统，发挥群体效应，共同服务于城市经济社会。这些市政工程对于实现城市功能，完善城市建设具有重要意义，从而构成了城市规划、城市建设工程丰富的内容。

1.1.2.5　复杂性和长期性

市政工程的规划设计必须满足城市整体的功能要求、运行要求和安全防护要求，又要适应用地要求，同时还要按照各行业的理论和技术规程进行，各种工程设施又要求相互协调、配合，这就决定了市政工程规划综合性和复杂性。市政工程一般在城区呈线性展布，几乎延伸至城区每一部分，不仅工程战线长，又要处理协调各项工程措施之间复杂的矛盾和问题，这就决定了设计施工难度大，建设耗资高。因此，市政工程的建设必须分清轻重缓急，并分区域分时段进行，因而建设工期也就比较长。

1.1.2.6　市政工程规划必须服从和服务于城市规划

市政工程规划是城市规划的有机组成部分，其规划必须服从和服务于城市规划，必须和规划区的目标、规模、年限相一致，和规划区的功能、职能相协调，为规划区的功能服务。现代化的城区和具有良好发展前景的区域，必须有完善、便捷、高效的基础设施作为支撑，与之配合、配套，以便在未来的成长形成与社会经济发展中，达到高效、安全与便捷的目的。

1.1.3　城市市政工程的内容

市政工程（Municipal Engineering）也称市政公用设施或城市公共设施，其内容十分广泛，因此又有广义与狭义之分。广义市政工程基础设施包括给水工程、排水工程、污水处理工程、内外交通、道路桥梁工程、电力工程、电信工程、燃气工程、集中供热工程、消防、防洪工程、抗震防灾、园林绿化、环境卫生以及垃圾处理等，狭义的市政工程基础设施主要指城市建成区及规划区范围内的给水、排水、电力、电信、燃气、供热、环卫设施等工程，是城市基础设施最主要也是最基本的内容。它们既是工业生产的物质基础，又是人民生活必不可少的物质条件。这里，狭义的城市市政工程基础设施即便是城市市政工程。在城市市政工程中，各项工程都有各自的特性和不同的构成形式，但在保障、维护城市社会经济社会活动中，均发挥着各自相应的作用。

市政基础设施是社会生产和专业化协作的产物，它随着社会生产力水平的提高和科学技术的进步，以及城市社会经济社会发展的需要而不断变化，因而它的内容不是一成不变的，而是动态的，不断变化的。这种变化总趋势是由简单到复杂、由低级到高级、由粗糙到精细的变化过程，随着社会生产力的发展和科学技术的进步，为国家、地区和城市社会经济发展服务的基础设施将会越来越多，越来越复杂，越来越高级化。基础设施的建设与管理的分工也越来越细，并出现了许多相应新的职能部门。目前，城市市政工程基础设施已形成了一个由众多职能单位分管的格局。例如，给水工程由自来水公司专管，排水工程和环卫工程由市政公司管理，污水处理由污水处理厂或净化中心管理，对外交通由交通局和公路局管理（目前又出现了高等级公路管理局，简称高管局），电力系统由电管局管理，煤气工程由煤气公司管理，供热工程由集中供热公司管理，环境治理与保护由环保局负责，防洪工程由水利部门和防汛抗旱指挥部负责，电信又分为邮政局和电信局分别管理，现在又出现寻呼台、通信基站（联通与移动公司）、微波台、有线电视、因特网等等。这一方面反映了城市市政基础设施随着社会的进步在日臻完善，同时也反映了城市市政基础设施随着城市的发展对其功能要求越来越高。

如前所述，城市市政工程基础设施是城市生产和居民生活的先决性物质条件，是城市化发展的基础。城市基础设施的数量和质量以及它的功能和效益直接制约着城市经济社会的运行，它对发展国民经济和组织社会化大生产、安定人民生活有着十分重要的意义。然而，长期以来，人们对它的作用和地位认识不足，常常把基础设施建设当作“非生产性建设”来对待，认为它不是创造产值的事业，少建、迟建无碍大局；有的把它看成单纯的服务性、福利性事业，不按经济规律办事；甚至有的认为它是“出力不讨好”的事业，因为它一般埋在地下，不具有表面性或表征性，因而不在基础设施上下工夫。另外，客观上基础设施建设一般耗资巨大，主观上也有重视不够的因素。正是由于诸多因素的共同影响，基础设施长期处在滞后状态，欠账太多，积重难返，严重妨碍了城市社会经济的健康有序发展。

我国城市发展中，原有市政设施欠账太多，长期滞后，许多问题没有解决，严重影响了城市功能的发挥和区域经济的发展。目前，我国正处在城市化加速发展阶段，大中城市不断扩张，新兴城市不断涌现，市政设施与城市发展的矛盾将呈现出更加复杂和突出的格局。国内外城市建设史告诉我们，任何现代城市的建设，按其建设顺序而言，都不是从盖工厂、设商店直接开始的，而是从平整土地、修筑道路、敷设给水、排水管道、架设电网、通信线路、埋设煤气、热力管道以及预留必需的绿地等开始的。许多“城市病”绝大多数是由于基础设施不足或不完善造成的。建设城市发展城市必须重视市政工程的基础作用，要贯彻基础先行的原则。先行搞好规划，认真建设，以适应城市建设与发展的需要。

需要说明的是，本书所指的市政工程，其规划范围为城市给水、排水、电力、通信、燃气、供热、防灾、环境卫生等领域。其工程包括以下八大工程：

(1) 城市给水工程；

(2) 城市排水工程；

(3) 城市电力工程；

(4) 城市通信工程；

(5) 城市燃气工程；

(6) 城市供热工程；

(7) 城市环境卫生工程；

(8) 城市综合防灾工程。

应该指出，作为城市规划重要内容的市政工程设施规划，它必须以城市规划为依据，并将城市规划进行延伸和深化，并以更加详细和深入的内容充实、补充城市规划，使城市规划更加完善，更具可操作性、实用性，更加有利于城市的全面建设。

城市市政基础设施工程作为城市建设不可缺少的组成部分，在城市建设中常常被视为是基础性的生命线工程。如何合理地综合进行城市基础设施工程的规划设计，保证城市建设的使用性质，不仅与城镇建设中的建筑、结构等专业的规划、设计、施工有密切的关系，而且直接决定着人民生产、生活和社会的质量。

城市市政工程基础设施专项规划，必然要求与其他专业之间的规划设计相互协调。只有通过综合进行规划设计，才能提高城市规划设计质量，避免相互掣肘，才能提高城市综合防灾能力，高效地发挥城市建设为生产和生活服务的作用。

1.2 市政工程规划内容

1.2.1 市政工程规划的任务

城市市政工程规划的总体任务是根据城市社会经济发展目标，结合具体城市的实际情况，合理确定规划期内城市区域内各项市政工程设施的规模、容量，科学布局各项设施，制定相应的建设策略和措施。

市政工程规划是一个由各个专项工程规划组成的系统规划和综合规划，各专项市政工程规划则是在城市经济社会发展总体目标下，根据本专项规划的任务目标，结合城市实际，依照国家规章规范，按照本项规划的理论、程序、方法以及要求进行的规划。

各专项市政工程设施规划的主要任务如下：

(1) 城市给水工程规划的主要任务

根据城市和区域水资源的状况，最大限度地保护和合理利用水资源，合理选择水源，进行城市水源规划和水资源利用平衡；确定城市自来水厂等设施的规模、容量；布置给水设施和各级供水管网系统，满足用户对水质、水量、水压等要求，制定水源和水资源的保护措施。

(2) 城市排水工程规划的主要任务

根据城市用水状况和自然环境条件，确定规划期内污水处理量，污水处理设施的规模与容量，降雨排放设施的规模与容量；布置污水处理厂（站）等各种污水收集与处理设施、排涝泵站等雨水排放设施以及各级污水管网系统，制定水环境保护、污水利用等对策与措施。

(3) 城市电力工程规划的主要任务

根据城市和区域电力资源状况，合理确定规划期内的城市用电量、用电负荷，进行城市电源规划；确定城市输配电设施的规模、容量以及电压等级；布置变电所（站）等变电设施和输配电网络；制定各类供电设施和电力线路的保护措施。

(4) 城市通信工程规划的任务

根据城市通信实况和发展趋势，确定规划期内城市通信发展目标，预测通信需求；确定邮政、电信、广播、电视等各种通信设施和通信线路；制定通信设施综合利用对策与措施，以及通信设施保护措施。

(5) 城市燃气工程规划的主要任务

根据城市和区域燃料资源状况，选择城市燃气气源，合理确定规划期内各种燃气的用量，进行城市燃气气源规划；确定各种供气设施的规模、容量；选择确定城市燃气管网系统；科学布置气源厂、气化站等产、供气设施和输配气管网；制定燃气设施和管道的保护措施。

(6) 城市供热工程规划的主要任务

根据当地气候条件，结合生活与生产需要，确定城市集中供热对象，供热标准，供热方式；确定城市供热量和负荷选择并进行城市热源规划，确定城市热电厂、热力站等供热设施的数量和容量；布置各种供热设施和供热管网；制定节能保温的对策与措施，以及供热设施的防护措施。

(7) 城市防灾工程规划的主要任务

根据城市自然环境、灾害区划和城市地位，确定城市各项防灾标准，合理确定各项防灾设施的等级、规模；科学布局各项防灾措施；充分考虑防灾设施与城市常用设施的有机结合，制定防灾设施的统筹建设、综合利用、防护管理等对策与措施。

(8) 城市环境卫生设施规划的主要任务

根据城市发展目标和城市布局，确定城市环境卫生设施配置标准和垃圾集运、处理方式；确定主要环境卫生设施的数量、规模；布置垃圾处理场等各种环境卫生设施，制定环境卫生设施的隔离与防护措施；提出垃圾回收利用的对策与措施。

(9) 城市工程管线综合规划的主要任务

根据城市规划布局和各项城市市政工程规划，检验各专业工程管线分布的合理程度，提出对专业工程管线规划的修正建议，调整并确定各种工程管线在城市道路上水平排列位置和竖向标高，确认或调整城市道路横断面，提出各种工程管线埋设深度和覆土厚度要求。

1.2.2 各规划层次的内容深度

城市市政工程规划是城市规划的重要组成部分，为全面、有效地实现城市经济、社会发展的总目标，必须同步协调地编制市政工程规划，既使城市各项工程设施在城市用地和空间布局上得到保证，又使城市规划的各项建设在技术上得到落实。城市规划一般分为城市总体规划、城市分区规划、城市详细规划三个层次。市政工程规划则在规划的不同层次，同步进行各层次相应的规划，形成与城市规划一致的三个层面：城市总体规划层次的市政工程总体规划、分区规划层次的市政工程规划和详细规划层次的市政工程规划。如此，市政工程规划既可横向展开，与各层次的城市规划同步进行，在不同层面上与各层次的城市规划融为一体，形成不同层次的各项市政工程规划；又可纵向深入，依据城市发展的总体目标，从确定本系统的发展目标、主体设施格局与网络的总体布局，到具体的工程设施与管网的建设规划，形成纵向的工程规划系统。

1.2.2.1 城市总体规划层次的市政工程总体规划

城市市政工程总体规划是与城市总体规划相匹配的规划层面，所解决的问题主要为：

(1) 从城市各市政工程的现状基础、资源条件和发展趋势等方面分析论证城市经济社会目标的可行性，城市总体规划布局的可行性和合理性，从本工程系统提出对城市发展目标和总体布局的调整意见和建议。

(2) 根据确定的城市发展目标、总体布局以及本系统上级主管部门的发展规划确立本系统的发展目标，合理布局本系统的重大关键性设施和网络系统，制定本系统主要的技术政策、规定和实施措施。

(3) 综合协调并确定城市供水、排水、防洪、供电、通信、燃气、供热、消防、环卫等设施的总体布局。

在总体规划层次的工程规划图中，应表明给水、排水、热力、燃气、电力、电信等主要管线走向，水源、水厂、污水处理厂、热电站或集中锅炉房、气源、调压站、电厂、变电站、电信中心或邮电局、电台等主要构筑物位置，有些城市的工程规划图上还应标明城市防洪的工程设施及构筑物的位置。

1.2.2.2 城市分区规划层次的市政工程规划

城市市政工程分区规划是与城市分区规划相匹配的规划层面，所解决的问题主要为：

(1) 在总体规划的基础上，根据本分区的现状基础、自然条件等，对城市市政工程规划进行完善、充实或提出相应的调整建议。

(2) 依据城市市政工程总体规划，结合本分区的现状基础、自然条件等，分析论证城市分区规划布局的可行性、合理性，从市政工程对城市分区规划布局提出调整、完善等意见和建议。

(3) 根据确定的城市市政工程总体规划和城市分区规划布局，布置市政工程在分区内的主体设施和工程管网，制定针对分区的技术规定和实施措施。

(4) 依据城市总体规划和分区规划，对本区的城市土地利用、人口分布和公共设施、城市基础设施的配置做出进一步安排，以便与详细规划更好地衔接。城市工程规划的内容为：确定工程干管的位置、走向、管径、服务范围以及主要工程设施的位置和用地范围。

1.2.2.3 城市详细规划层次的市政工程规划

市政工程详细规划是与城市详细规划相匹配的规划层面，所解决的问题主要为：

(1) 以总体规划或分区规划为依据，结合详细规划范围内的各种现状实况，对市政工程城市详细规划的布局提出相应的完善或调整意见。

(2) 依据市政工程分区规划、城市详细规划布局，具体布置本详细规划范围内所有的室外工程设施和工程管线，提出相应的工程建设技术和实施措施。

(3) 详细规定建设用地的各项控制指标和其他规划管理要求。

详细规划分为控制性详细规划和修建性详细规划两个层次。

在控制性详细规划中，需要确定各级支路的红线位置、控制点坐标和标高；根据规划容量，确定工程管线的走向、管径和工程设施的用地界限。图纸比例一般为1：2000～1：1000。

修建性详细规划，对于当前要进行建设的地段或地区是必须进行的，用以指导各项建筑和工程设施的设计与施工。

修建性详细规划中的工程规划内容包括各种工程管线规划设计、竖向规划设计；估算工程量、拆迁量和总造价，分析投资效益。

规划图纸包括：规划现状图、规划总平面图、各项专业规划图、竖向规划图、反映规划设计意图的轴测图或透视图等。

1.2.3 市政工程规划的程序

1.2.3.1 市政工程规划的作用

(1) 市政工程规划能够明确本市政工程的发展目标与规模，统筹本系统建设，制定分期建设计划，有利于建设项目的落实与筹建。

(2) 城市市政工程规划能够合理布局各项工程设施和管网，提供各项设施实施的指导依据，便于有计划地改造、完善现有的工程设施，最大限度地利用现有设施，及早预留和控制发展项目的建设用地和环境空间。

（3）市政工程详细规划对建设地区的工程建设和管网作具体的布置，作为进一步工程设计的依据，有效地指导实施建设。

（4）通过各项市政工程规划和工程管线综合规划，有利于协调城市基础设施建设，合理利用城市空中、地面、地下各种空间，确保各种工程管线安全畅通。

1.2.3.2 市政工程规划的程序

市政工程规划是围绕着城市经济、社会全面发展的总目标展开的，与区域市政工程发展规划在专业系统方面有着承前启后的关系，与城市规划密不可分，尤其是城市各市政工程之间有着相互配合、相互制约、彼此反馈的关系。城市市政工程规划一般要通过包括各市政工程在内的工作总程序，来协调进行城市各市政工程规划，使得各个市政工程规划更加科学合理，且更富有成效。

城市市政工程规划总程序分为如下四个阶段：

（1）拟定市政工程规划建设目标

市政工程规划应立足于城市各市政工程的现状基础，依据城市发展目标和城市各市政工程的上级主管部门制定的区域市政工程发展规划（或行业发展规划），拟定市政工程规划建设目标，确定相应的规划和建设目标，使市政工程有自己的发展总目标，作为进行市政工程总体规划的目标和依据。

（2）编制城市市政工程总体规划

市政工程总体规划阶段基于市政工程现状的调查研究，依据拟定的市政工程规划建设目标、各市政工程的区域发展规划或计划，以及城市规划总体布局，进行各市政工程总体规划，预测各市政工程的规划期限的负荷，布置各市政工程关键性设施和网络系统，提出各市政工程的技术政策措施，以及关键性设施的保护措施等。在各市政工程总体布局基本确定后，进行各市政工程的技术政策措施规划，尔后进行各工程的工程管线综合总体规划，检验和协调各市政工程主要设施和主要工程管线的分布，由此，反馈、调整有关市政工程规划布局。最后，各市政工程将本系统总体规划布局反馈给城市总体规划布局的同时，提出所发现的与城市规划总体布局的矛盾及其协调解决的建议，进一步协调和完善城市规划总体布局。此外，通过城市各市政工程总体规划，落实区域市政工程发展规划的布局，同时，反馈所发现的城市系统与区域市政工程发展规划之间的矛盾，协调解决问题，理顺区域市政工程规划布局。

（3）编制城市市政工程分区规划

市政工程分区规划阶段对规划分区范围内的市政工程现状进行调查研究，依据城市市政工程总体规划所确定的技术标准和主要工程设施布局，以及城市分区规划布局，估算分区的市政工程负荷，布置分区内的工程设施和管网系统，提出分区工程设施的保护措施。在分区市政工程设施和管网布局基本确定后，进行城市工程管线综合分区规划，检验和协调各市政工程设施和管网的分布，若发现矛盾，及时调整本区有关市政工程规划布局。然后，将本区各市政工程规划反馈给城市分区规划布局，提出所发现的与分区规划布局的矛盾及其协调解决建议，从而进一步协调和完善城市分区规划布局。与此同时，通过城市各市政工程分区规划进一步具体落实基本市政工程总体规划，并反馈所发现的问题，以便协调、完善该市政工程的总体规划。

（4）编制城市市政工程详细规划

市政工程详细规划阶段，首先对详细规划范围内的工程设施、管线现状进行调查、核实，依据城市详细规划布局、市政工程总体规划所确定的技术标准和工程设施、管线布局，计算详细规划范围内工程设施的负荷（或需求量），布置工程设施和工程管线，提出有关工程设施、管线布置和敷设方式，以及防护规定。在基本确定工程设施和工程管线后，进行详细规划范围内的工程管线综合规划，检验和协调各工程管线的布置。若发现矛盾，及时反馈给各工程管线规划人员，调整有关工程管线布置。

编制市政工程规划过程中，及时发现与详细规划布局的矛盾，提出调整和协调详细规划的建议，以便及时完善详细规划布局。

通过市政工程的详细规划，落实市政工程总体规划、分区规划，并反馈总体规划、分区规划未遇见的问题，以便及时完善总体规划、分区规划。

第2章 城市给水工程规划

2.1 概 述

水是城市生存和发展必不可少的支持要素。城市给水工程是城市最基本的市政工程，它直接关系着城市建设和发展以及城市的文明、安全、居民的生活质量，也关系着城市的可持续发展。城市给水工程规划，就是为了经济合理地、安全可靠地供给城市居民的生活和生产用水，及用以保障人民生命财产的消防用水，并满足它们对水量、水质和水压的要求。

2.1.1 城市给水工程系统的组成及布置形式

2.1.1.1 城市给水工程系统的组成

城市给水工程，按其工作过程大致可分为三个部分，即取水工程、净水工程和输配水工程，并用水泵联系，组成一个供水系统。

(1) 取水工程。包括选择水源和取水地点，建造适宜的取水构筑物，其主要任务是保证城市有足够的用水量。

(2) 净水工程。建造给水处理构筑物，对天然水质进行处理，以满足生活饮用水水质标准或工业生产用水水质标准要求。

(3) 输配水工程。将足够的水量输送和分配到各用水地点，并保证水压和水质。为此需敷设输水管道、配水管网和建造泵站以及水塔、水池等调节构筑物。水塔或高地水池常设于城市较高地区，借以调节用水量并保持管网中有一定压力。

在输配水工程中，输水管道及城市管网较长，它的投资占很大比重，一般约占给水工程总投资的50%～80%。

配水管网又分为干管和支管，前者主要向市区输水，而后者主要将水分配到用户。

城市给水水源有地表水和地下水之分。城市取用地表水及地下水系统的一般组成，如图2-1、图2-2所示。

2.1.1.2 城市给水系统的布置形式

城市给水系统的布置，根据城市总体规划布局、水源性质和当地自然条件、用户对水质要求等不同而有不同形式。常见的几种形式如下：

(1) 统一给水系统 城市生活饮用水、工业用水、消防用水等都按照生活饮用水水质标准，用统一的给水管网供给用户的给水系统，称为统一给水系统。

对于新建中小城镇、工业区、开发区，用户较为集中，一般不需长距离转输水量，各用户对水质、水压要求相差不大，地形起伏变化较小和城市中建筑层数差异不大时，宜采用统一给水系统。

(2) 分质给水系统 取水构筑物从水源地取水，经过不同的净化过程，用不同的管道，分别将不同水质的水供给各个用户，这种给水系统称为分质给水系统（如图2-3所

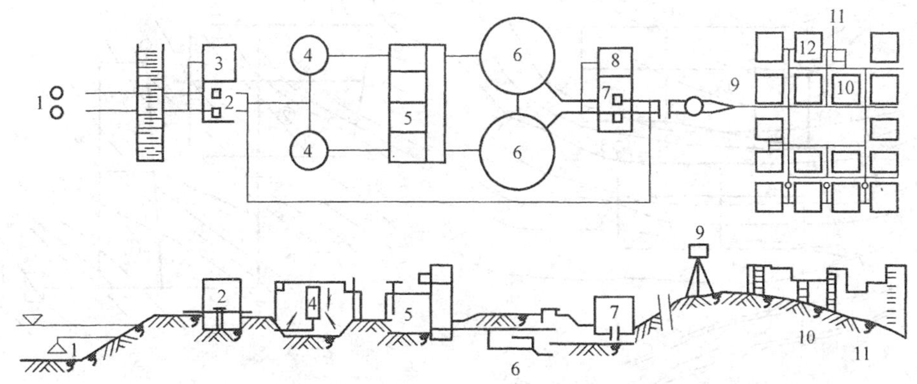

图 2-1　城市地表水源给水系统示意图

1—吸水管；2—一级泵站；3—加氯间；4—澄清池；5—滤池；6—清水池；7—二级泵站；8—水塔；9—输水管；10—配管网；11—进户管；12—室外消火栓

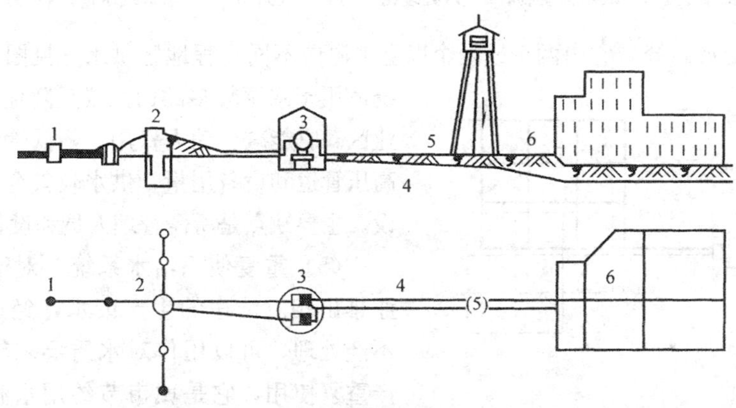

图 2-2　城市地下水源给水系统示意图

1—水井；2—集水井；3—泵站；4—输水管；5—水塔；6—管网

示)。此系统适用于城市或工业区中低质水所占比重较大时采用。其处理构筑物的容积较小，投资不多，可节约大量经常药剂费和动力费用。但管道系统增多，管理较复杂。

(3) 分区给水系统　将城市的整个给水系统，按其布局特点结合地形分成若干子系统，每一系统中有它自己的泵站、管网、水塔和服务区域，这种给水系统称为分区给水系统（如图 2-4 所示）。有时各子系统间保持适当联系，以便保证供水安全和调度的灵活性。这种系统可节约动力费用和管网投资，但管理比较分散。

当城市用水量较大，城市面积辽阔或延伸很长，或城市被自然地形分成若干部分，或功能分区比较明确的大中型城市，可采用分区给水系统。

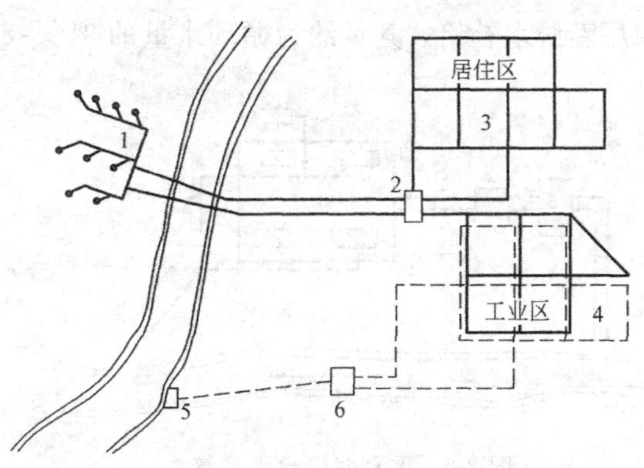

图 2-3　分质给水系统

1—管井；2—泵站；3—生活用水管网；4—生产用水管网；5—地面水取水构筑物；6—工业用水处理构筑物

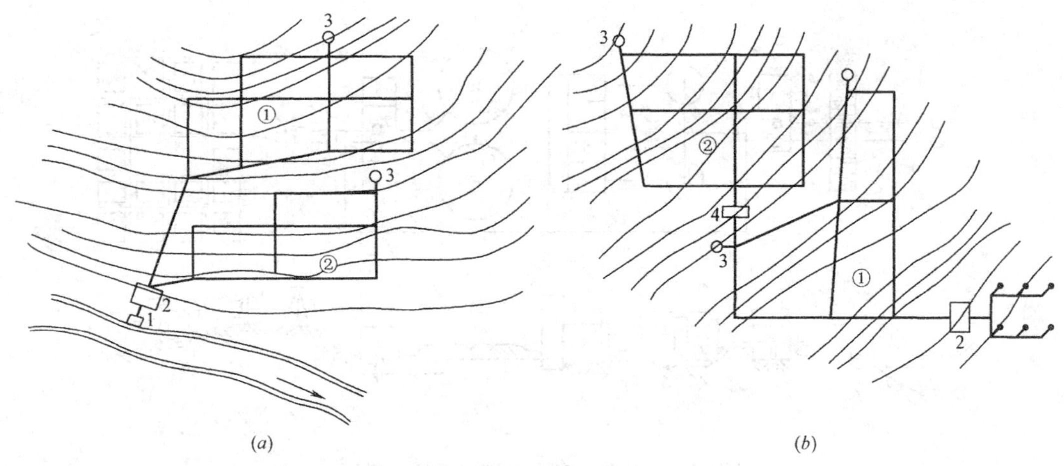

图 2-4　分区给水系统

(a) 并联分区；(b) 串联分区

①高区；②低区。1—取水构筑物；2—水处理构筑物和二级泵站；3—水塔或水池；4—高区泵站

(4) 分压给水系统　它由两个或两个以上水源向不同高程地区供水（见图 2-5），这种系统适用于水源较多的山区或丘陵地区的城市和工业区。它能减少动力费用，降低管网压力，减少高压管道和设备用量，供水较安全，并可分期建设。主要缺点是所需管理人员和设备比较多。

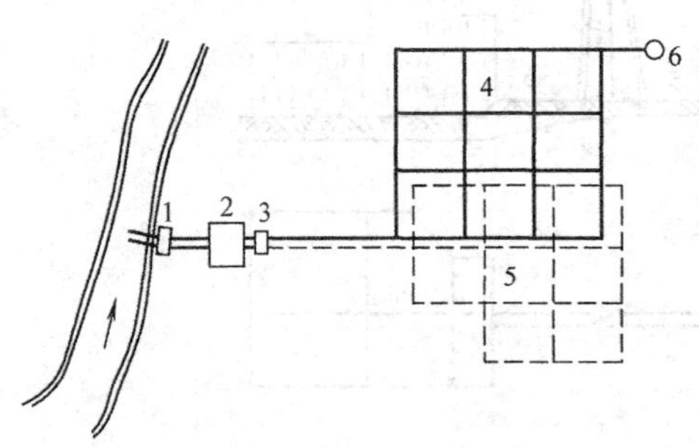

图 2-5　分压给水系统

1—取水构筑物；2—水处理构筑物；3—泵站；4—高压管网；5—低压管网；6—水塔

(5) 重复使用给水系统　对于某些工业企业排出相对洁净的生产废水，经过简易处理或不经处理，可以用作对水质要求较低的工业生产重复使用，它是城市节约用水有效途径之一（如图 2-6 所示）。

(6) 循环给水系统　某些工业废水不排入水体，而经冷却降温或其他处理后，又循环用于生产，这种给水系统称为循环给水系统（如图 2-7 所示）。在循环过程中所损失的水量，须用新鲜水补给，其量约为循环水量的 3%～8%。

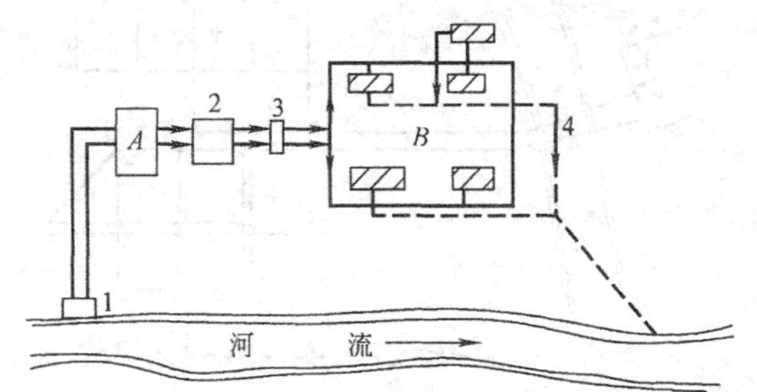

图 2-6　重复使用给水系统

1—取水构筑物；2—冷却塔；3—泵站；4—排水系统；A、B—车间

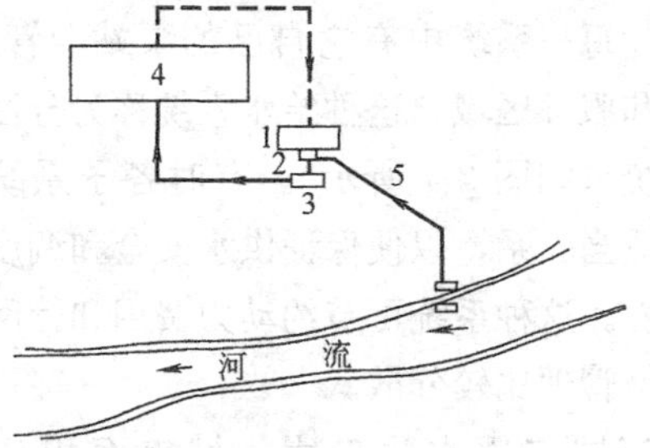

图 2-7　循环给水系统

1—冷却塔；2—吸水井；3—泵站；4—车间；5—新鲜补充水

（7）多水源给水系统　为了提高城市用水保证率，或某一个水源不能满足城市发展的用水需要时，可以采用多水源给水系统（如图 2-8 所示）。

（8）区域给水系统　随着工业区和城市的日益发展，沿一条河流建设的城市或工业区愈来愈多，其间的距离愈来愈小，在这种情况下，选择的水源很难确定是处于城市的上游还是下游。为避免污染，当社会经济有相当发展时，可以考虑将水源设在一系列城市或工业区的上游，统一取水，分配给沿河各城市或工业区使用，这种从区域统一考虑建设的给水系统称为区域给水系统。

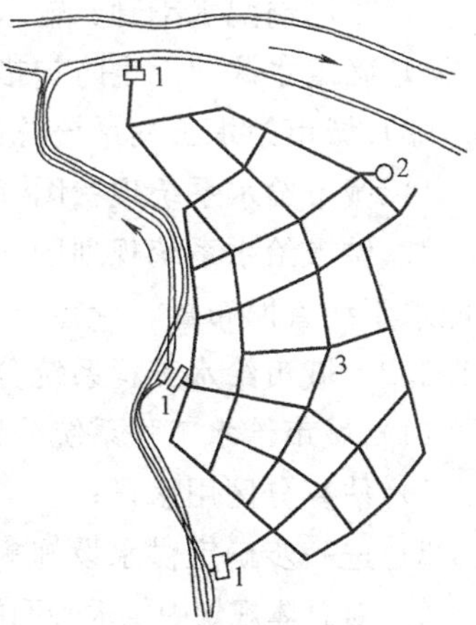

图 2-8　多水源给水系统

1—水厂；2—加压水泵；3—管网

2.1.2　城市给水工程规划内容和步骤

城市给水工程规划的内容包括：确定用水量标准，预测与计算城市总用水量，进行区域水资源与城市用水量之间的供需平衡分析；研究各种用户对水量和水质的要求，合理地选择水源，提出水源保护及其开源节流的要求和措施；确定水厂位置和净化方法；确定给水系统组成；布置城市输水管道及给水管网；给水系统方案比较，论证各方案的优缺点和估算工程造价和年经营费，选定规划方案。

城市给水工程规划通常按下列步骤进行：

（1）明确规划任务的内容、范围。同时还需收集有关部门对水系统规划的指示、文件；与其他部门分工协议等。

（2）搜集调查基础资料和现场踏勘。基础资料主要有：城市总体规划、城市分区规划和详细规划，新近地形图，城市近远期发展规划，人口分布；建筑层数和卫生设备标准，现有给水设备概况资料，用水人数、用水量、现有设备、供水状况等；气象、水文及水文地质、工程地质资料；城市和工业区对水量、水质、水压的要求等。

在规划中，为了了解实地情况，必须进行现场踏勘。通过现场踏勘了解和核对实地地形，增加感性认识。在搜集资料和现场踏勘基础上，着手制定给水工程规划设计方案。通常应拟定几个方案，绘制给水系统规划方案图，估算工程造价，对方案进行技术经济比较，从中选出最佳方案。

（3）撰写给水工程规划说明书，绘制城市给水系统规划图纸。图中应包括给水水源和取水位置、水厂厂址、泵站位置，以及输水管（渠）和管网的布置等。说明书内容应包括规划项目的性质、建设规模、方案构思的优缺点、设计依据、工程造价、所需主要设备材料及能源消耗等。

2.1.3　城市给水工程规划的内容和深度

2.1.3.1　城市给水工程系统总体规划内容深度

（1）城市给水工程系统总体规划的主要内容

1）确定用水量标准，预测城市总用水量；

2）平衡供需水量，选择水源，确定取水方式和位置；

3）确定给水系统的形式、水厂供水能力和厂址，选择处理工艺；

4）布局输配水干管、输水管网和供水重要设施，估算干管管径；

5）确定水源地卫生防护措施。

（2）城市给水工程系统总体规划图纸

1）城市给水系统现状图。主要反映城市给水设施的布局和干线管网布局的情况。

2）城市给水系统规划图。主要反映规划期末城市给水水源、给水设施的位置、规模、输配水干线管网布置、管径。

2.1.3.2 城市给水工程系统分区规划内容深度

（1）城市给水工程系统分区规划的主要内容

1）估算分区用水量；

2）进一步确定供水设施规模，确定主要设施位置和用地范围；

3）对总体规划中供水管网的走向、位置、线路，进行落实或修正补充，估算控制管径。

（2）城市给水工程系统分区规划图纸

1）分区给水系统现状图；

2）分区给水系统规划图；

3）必要的附图。

2.1.3.3 城市给水工程系统详细规划内容深度

（1）城市给水工程系统详细规划的主要内容

1）计算用水量，提出对水质水压要求；

2）布局给水设施和给水管网；

3）计算输配水管管径，校核配水管网水量及水压；

4）选择管材；

5）进行造价估算。

（2）城市给水工程系统详细规划图纸

1）给水系统规划图。图中标明给水设施位置、规模、用地，给水管道的平面位置、管径、主要控制点标高。

2）必要的附图。

2.2 城市总用水量的估算

城市总用水量由两部分组成，第一部分为规划期内由城市给水工程统一供给的各类用水量的总和，第二部分为城市给水工程统一供给以外的所有用水量的总和。在市政工程规划中，城市总用水量系指第一部分用水量。在进行总用水量预测和估算时，常按照不同的供水对象及其采用的用水量指标分别计算，最后相加求得。

2.2.1 城市用水分类

进行用水量预测时，根据用水目的不同，以及用水对象对水质、水量和水压的不同要求，将城市用水分为四类：

（1）生活用水 包括居住区居民生活饮用水、工业企业职工生活饮用水、淋浴用水以及全市性公共建筑用水等。生活饮用水水质应无色、透明、无嗅、无味，不含致病菌或病毒和有害健康的物质，符合《生活饮用水水质标准》。生活饮用水管网上的最小水头应根据多数建筑层数确定，一般应符合《室外给水设计规范》的规定。

（2）生产用水　生产用水包括：冷却用水，例如高炉和炼钢炉、机器设备、润滑油和空气的冷却用水；生产蒸汽和用于冷凝的用水，例如锅炉和冷凝器的用水；生产过程用水，例如纺织厂和造纸厂的洗涤、净化、印染等用水；食品工业加工食品用水；交通运输用水，如机车和船舶用水等。由于生产工艺过程的多样性和复杂性，生产用水对水质和水量要求的标准不一。在确定生产用水的各项指标时，应深入了解生产工艺过程，以确定其对水量、水质、水压的要求。

（3）市政用水　市政用水包括街道洒水和绿化浇水等。

（4）消防用水　一般是从街道上消火栓和室内消火栓取水。消防给水设备，由于不经常工作，可与城市生活饮用水给水系统合在一起考虑。对防火要求高的场所，如仓库或工厂，可设立专用的消防给水系统。

此外，给水系统本身也耗用一定的水量，包括水厂自身用水量及未预见水量（含管网漏失水量）等。

城市总用水量包括城市居民生活用水，工业企业生产用水，消防用水和市政用水（如街道洒水、绿地浇水……）等，各类用水量的多少均需根据用水量标准确定。

2.2.2　用水量指标

用水量指标是指城市规划期内不同供水对象单位人口、单位用地面积或单位产值、单位产品等所采用的用水量定额，它是给水工程规划设计中的一项基本数据。用水量指标的确定必须科学合理，既要符合当地实际，又需具有一定的超前性。如果指标定得过高，将造成资源和设备的浪费，但指标定得过低，则不能满足需要，直接影响城市的发展和建设，因此，必须认真研究，慎重确定。不同的用水对象，应采用不同的用水量标准，自然条件的差异以及经济发展水平的高低也对用水量标准有直接的影响。规划时，城市用水量指标必须遵循国家有关规范，同时还应结合当地用水的实际情况和城市未来发展趋势来确定。在现代城市规划中，为提高供水规划的适应性，用水量指标应保持一定的弹性，即有一定的变化幅度。

2.2.2.1　单位人口用水量指标

单位人口用水量指标系指按城市规划所确定的人口规模采用的平均用水量标准，单位有万人指标和人均指标。

（1）万人综合用水指标

万人综合用水指标主要是根据不同地区及其城市等级确定，用于总体规划阶段。其指标按表 2-1 选用。

城市单位人口综合用水量指标 [万 m^3/(万人·d)]　　**表 2-1**

区域	特大城市	大城市	中等城市	小城市
一区	0.8～1.2	0.7～1.1	0.6～1.0	0.4～0.8
二区	0.6～1.0	0.5～0.8	0.35～0.7	0.3～0.6
三区	0.5～0.8	0.4～0.7	0.3～0.6	0.25～0.5

注：本表指标为规划期最高日用水量指标，指标已包括管网漏失水量。

(2) 人均指标

1) 居民生活用水量指标　指城市居民平均日用水量或最高日用水量指标，属于单位人口用水量定额。生活用水量指标应根据城市的气候、生活习惯和房屋卫生设备等因素确定。各个城市的生活用水量指标并不相同，即使同一城市的几个地区也会因房屋卫生设备水平的差异而有所不同。进行给水工程规划时，城市给水工程统一供给的用水量的综合生活用水量和居民生活用水量的预测，应根据当地国民经济和社会发展规划、城市特点、水资源充沛程度、居民生活水平等因素综合分析确定，其居民生活用水量指标和人均综合生活用水量宜采用表 2-2、表 2-3 中的数值。

居民生活用水量指标 [L/(人·d)]　　**表 2-2**

区　域	特大城市		大　城　市		中、小城市	
	最高日	平均日	最高日	平均日	最高日	平均日
一区	180～270	140～210	160～250	120～190	140～230	100～170
二区	140～200	110～160	120～180	90～140	100～160	70～120
三区	140～180	110～150	120～160	90～130	100～140	70～110

注：1. 一区包括：贵州、四川、湖北、湖南、江西、浙江、福建、广东、广西、海南、上海、云南、江苏、安徽、重庆；

二区包括：黑龙江、吉林、北京、天津、河北、山西、河南、山东、宁夏、陕西、内蒙古河套以东和甘肃黄河以东的地区；

三区包括：新疆、青海、西藏、内蒙古河套以西和甘肃黄河以西的地区。

2. 经济特区及其他有特殊情况的城市，应根据用水实际情况，用水指标可酌情增减（下同）。

3. 用水人口为城市总体规划确定的规划人口数（下同）。

4. 本表指标为规划期最高日用水量指标（下同）。

5. 本表指标不包括管网漏失水量。

人均综合生活用水量指标 [L/(人·d)]　　**表 2-3**

区　域	特大城市	大　城　市	中等城市	小　城　市
一区	300～540	290～530	280～520	240～450
二区	230～400	210～380	190～360	190～350
三区	190～330	180～320	170～310	170～300

注：本表综合生活用水量为城市居民日常生活用水和公共建筑用水之和，不包括浇洒道路、绿地、市政用水管网漏失水量。

我国水资源贫乏，城市水资源不足已成为城市发展重要制约因素和瓶颈之一，为合理利用水资源，加强城市供水管理，促进城市居民合理用水、节约用水，保障水资源的可持续利用，2002 年国家颁布了新的城市居民生活用水量标准（表 2-4），各地在制定或确定本地区城市居民生活用水量地方标准时，应符合本标准规定。

工业企业内职工生活用水量和淋浴用水量指标可参照表 2-5 估算。淋浴人数占总人数的比率大致范围如下：轻纺、食品、一般机械加工为 10%～25%，化工、化肥等为 30%～40%，铸造、冶金、水泥等为 50%～60%。随着职工生活质量的提高以及个人卫生条件的改善，淋浴人数比率则在大幅度增加。

城市居民生活用水量标准 [L/(人·d)](GB/T 50331—2002)　　表 2-4

地域分区	日用水量[(L/(人·d)]	适用范围
一	80～135	黑龙江、吉林、辽宁、内蒙古
二	85～140	北京、天津、河北、山东、河南、山西、陕西、宁夏、甘肃
三	120～180	上海、江苏、浙江、福建、江西、湖北、湖南、安徽
四	150～220	广西、广东、海南
五	100～140	重庆、四川、贵州、云南
六	75～125	新疆、西藏、青海

注：1. 表中所列日用水量是满足人们日常生活基本需要的标准值。在核定城市居民生活用水量时，各地应在标准值区间内直接选定。

2. 标准值中的上限是根据气温变化和用水高峰月变化参数确定的，可作为一个年度中最高月的指标值。

工业企业内职工生活用水量和淋浴用水量指标　　表 2-5

用水种类	车间性质	用水量[L/(人·d)]	时变化系数 K_h
生活用水	一般车间 热车间	25 35	3.0 2.5
淋浴用水	不太脏污身体的车间 非常脏污身体的车间	40 60	每班淋浴时间以 45min 计算，时变化系数等于 1

2）公共建筑用水量指标。

公共建筑娱乐场所、宾馆、集体宿舍、商业、服务、办公、学校等等，其用水量指标宜采用表 2-6 中的数值，也属于单位人口用水量定额。若居民生活用水量指标采用人均综合生活用水量指标（表 2-3），则公共建筑用水量不再重复计算。

公共建筑生活用水量标准　　表 2-6

序号	建筑物名称	单位	生活用水量标准 最高日(L)	时变化系数 K_h
1	集体宿舍：有漱洗室 有漱洗室和浴室	每人每日 每人每日	50～75 75～100	2.5
2	旅馆：有漱洗室 有漱洗室和浴室	每人每日 每人每日	50～100 100～120	2.5～2.0 2.0
3	医院、疗养院、休养所： 有漱洗室和浴室	每床每日	100～200	2.5～2.0
4	公共浴室	每顾客每次	80～170	2.0～1.5
5	理发室	每顾客每次	10～25	2.0～1.5
6	洗衣房	每公斤干衣	40～60	1.5～1.0
7	公共食堂、营业食堂	每顾客每次	15～20	2.0～1.5
8	幼儿园、托儿所	每儿童每日	25～50	2.5～2.0
9	办公楼	每人每班	10～25	2.5～2.0
10	中小学校(无住宿)	每学生每日	10～30	2.5～2.0
11	高等学校(有住宿)	每学生每日	100～150	2.0～1.5
12	影剧院	每观众每场	10～20	2.5～2.0

注：表中平均日和最高日包括了气候因素，一般夏季用水比冬季多。K_h 是变化系数（即最高时用水量除以平均时用水量），这是用以计算最高小时用水量的。

2.2.2.2 单位面积用水量指标

单位建设用地面积用水量指标可以采用综合指标，也可采用不同用地性质的分项指标。城市总体规划阶段，常采用单位建设用地综合用水量指标（表2-7），比较简便。

城市单位建设用地综合用水量指标 [万 $m^3/(km^2 \cdot d)$] **表 2-7**

区域	特大城市	大城市	中等城市	小城市
一区	1.0～1.6	0.8～1.4	0.6～1.0	0.4～0.8
二区	0.8～1.2	0.6～1.0	0.4～0.7	0.3～0.6
三区	1.6～1.0	0.5～0.8	0.3～0.6	0.25～0.5

注：本表指标已包括管网漏失水量。

在城市分区规划、详细规划阶段，采用不同用地性质的用水量指标分项指标，具有较好的适应性。

必须指出，不同性质用地的用水量指标是通用性指标，在应用时，应根据本城市的特点，结合现状水平，适当考虑近远期的发展，并视具体情况对用水量指标作以适当的调整。

(1) 城市居住用地用水量指标，应根据城市特点、居民生活水平等因素综合分析确定，其单位居住用地用水量可采用表2-8中的数值。

单位居民用地用水量指标 [万 $m^3/(km^2 \cdot d)$] **表 2-8**

用地代号	区域	特大城市	大城市	中等城市	小城市
R	一区	1.70～2.50	1.50～2.30	1.30～2.10	1.10～1.90
	二区	1.40～2.10	1.25～1.90	1.10～1.70	0.95～1.50
	三区	1.25～1.80	1.10～1.60	0.95～1.40	0.80～1.30

注：1. 本表指标已包括管网漏失水量；

2. 用地代号引用现行国家标准《城市用地分类与规划建设用地标准》(GBJ 137)（下同）。

(2) 城市公共设施用地用水量指标，应根据城市规模、经济发展状况和商贸繁荣程度以及公共设施的类别、规模等因素确定，其单位公共设施用地用水量可采用表2-9中的数值。

单位公共设施用地用水量指标 [万 $m^3/(km^2 \cdot d)$] **表 2-9**

用地代号	用地名称	用水量指标	用地名称	用水量指标
C	体育文化娱乐用地	0.50～1.00	行政办公用地	0.50～1.00
	旅馆、服务业用地	0.50～1.00	商贸金融用地	0.50～1.00
	医疗、修疗养用地	1.00～1.50	教育用地	1.00～1.50
	其他公共设施用地	0.80～1.20		

注：本表指标已包括管网漏失水量。

(3) 城市工业用地用水量指标，应根据产业结构、主体产业、生产规模及技术先进程度等因素确定，其单位工业用地用水量可采用表2-10中的数值。

(4) 城市其他用地用水量指标，可采用表2-11中的指标。

单位工业用地用水量指标 [万 $m^3/(km^2 \cdot d)$] **表 2-10**

用地代号	工业用地类型	用水量指标	用地代号	工业用地类型	用水量指标
M1	一类工业用地	1.20～2.00	M3	三类工业用地	3.00～5.00
M2	二类工业用地	2.00～3.50			

注：本表指标已包括工业用地中职工生活用水及管网漏失水量。

其他用地用水量指标［万 $m^3/(km^2 \cdot d)$］ **表 2-11**

用地代号	用地名称	用水量指标	用地代号	用地名称	用水量指标
W	仓储用地	0.20～0.50	T	对外交通用地	0.30～0.60
G	绿地	0.10～0.30	S	道路广场用地	0.20～0.30
D	特殊用地	0.50～0.90	U	市政设施用地	0.25～0.50

注：本表指标已包括管网漏失水量。

此外，街道洒水、绿地浇水等市政用水量将随城市建设的发展而不断增加。规划时，应根据路面种类、绿化、气候、土壤以及当地条件等实际情况和有关部门规定进行计算。通常街道洒水量采用 1～1.5L/(m^2·次)，洒水次数按气候条件以 2～3 次/d 计。浇洒绿地用水量通常采用 1～2L/(m^2·d)。

2.2.2.3 单位产品、单位设备、万元产值用水量指标

单位产品、单位设备、万元产值用水量指标主要适用于工业企业生产，由于生产门类、生产性质、生产设备和工艺、管理水平等的不同，工业生产用水量的差异很大。在一般情况下，应由工业企业生产部门提供。

在缺乏具体资料时，可参照有关同类型工业、企业的技术经济指标或参考表 2-10 进行估算，也可参考表 2-12 部分工业企业单位产品用水量指标进行估算。

工业生产用水量指标 **表 2-12**

工业分类	用 水 性 质	单位产品用水量(m^3/t)	
		国内资料	国外资料
水力发电	冷却、水力、锅炉	直流 140～470	160～800
		循环 7.6～33	1.7～17
洗煤	工艺、冲洗、水力	0.3～4	0.5～0.8
石油加工	冷却、锅炉、工艺、冲洗	1.6～93	1～120
钢铁	冷却、锅炉、工艺、冲洗	42～386	4.8～765
机械	冷却、锅炉、工艺、冲洗	1.5～107	10～185
硫酸	冷却、锅炉、工艺、冲洗	30～200	2.0～70
制碱	冷却、锅炉、工艺、冲洗	10～300	50～434
氮肥	冷却、锅炉、工艺、冲洗	35～1000	50～1200
塑料	冷却、锅炉、工艺、冲洗	14～4230	50～90
合成纤维	冷却、工艺、锅炉、冲洗、空调	36～7500	375～4000
制药	工艺、冷却、冲洗、空调、锅炉	140～40000	—
水泥	冷却、工艺	0.7～7	2.5～4.2
玻璃	冷却、锅炉、工艺、冲洗	12～320	0.45～68
木材	冷却、锅炉、工艺、水力	0.1～61	—
造纸	工艺、水力、锅炉、冲洗、冷却	1000～1760	11～500
棉纺织	空调、锅炉、工艺、冷却	7～44m^3/km 布	28～50m^3/km 布
印染	工艺、空调、冲洗、锅炉、冷却	15～75m^3/km 布	19～50m^3/km 布
皮革	工艺、冲洗、冷却、锅炉	100～200	30～180
制糖	冲洗、冷却、工艺、水力	18～121	40～100
肉类加工	冲洗、工艺、冷却、锅炉	6～59	0.2～35
乳制品	冷却、锅炉、工艺、冲洗	35～239	9～200
罐头	原料、冷却、锅炉、工艺、冲洗	9～64	0.4～0.7
酒、饮料	原料、冷却、锅炉、工艺、冲洗	2.6～120	3.5～30

2.2.2.4 消防用水量指标

消防用水量是按城市中同一时间发生的火灾次数及一次灭火的用水量确定。其用水量指标主要取决于城市规模、建筑物耐火等级、火灾危险性类别等因素。消防用水量应参照《建筑设计防火规范》的有关规定执行（表2-13、表2-14）。

城市、居住区室外消防用水量标准 **表2-13**

人数(万人)	同一时间内的火灾次数(次)	一次灭火用水量(L/s)	人数(万人)	同一时间内的火灾次数(次)	一次灭火用水量(L/s)
≤1	1	10	≤50	3	75
≤2.5	1	15	≤60	3	85
≤5	2	25	≤70	3	90
≤10	2	35	≤80	3	95
≤20	2	45	≤90	3	95
≤30	2	55	≤100	3	100
≤40	2	65			

厂房、库房建筑物室外消防用水量 **表2-14**

耐火等级	建筑物名称 \ 一次灭火用水量(L/s) \ 建筑物体积(m^3)		<1500	1501～3000	3001～5000	5001～2000	2001～50000	>50000
一、二级	厂房	甲、乙	10	15	20	25	30	35
		丙	10	15	20	25	30	40
		丁、戊	10	10	10	15	15	20
	库房	甲、乙	15	15	25	25	—	—
		丙	15	15	25	25	35	45
		丁、戊	10	10	10	15	15	20
	民用建筑		10	15	15	20	25	30
三级	厂房或库房	乙、丙	15	20	30	40	45	—
		丁、戊	10	10	15	20	25	35
	民用建筑		10	15	20	25	30	—
四级	丁、戊类厂房或库房		10	15	20	25	—	—
	民用建筑		10	15	20	25	—	—

注：1. 消防用水量应按消防需水量最大的一座建筑物或防火墙间最大的一段计算。成组布置的建筑物应按消防需水量较大的相邻峡谷座计算。

2. 车站和码头的库房外消防用水量，应按相应耐火等级的丙类库房确定。

城市中的工业与民用建筑物，其室外消防用水量，应根据建筑物的耐火等级、火灾危险性类别和建筑物的体积等因素确定。

2.2.2.5 未预见用水量估算

根据《室外给水设计规范》规定，城市未预见用水量及管网渗漏损失按最高用水量的

15%～25%计算。

2.2.3 城市用水量预测

城市用水量预测与计算是指采用一定的理论和方法，有条件地预计城市将来某一阶段的可能用水量。一般以过去的资料为依据，以今后用水趋势、经济条件、人口变化、水资源情况、政策导向等为条件。每种预测方法是对各种影响用水的条件作出合理的假定，从而通过一定的方法，求出预期水量。城市用水量预测与计算涉及到未来发展的诸多因素，在规划期内难以准确确定，所以预测结果常常与城市发展实际存在一定差距，一般采用多种方法相互校核。

城市用水量预测的时限一般与规划年限相一致，有近期（5年左右）和远期（15～20年）之分。在可能的情况下，应提出远景规划设想，对未来城市用水量作出预测，以便对城市发展规划、产业结构、水资源利用与开发、城市基础设施建设等提出要求。

2.2.3.1 城市总体规划用水量预测

（1）人均综合指标法

$$Q=Nqk \tag{2-1}$$

式中 Q——城市用水量（万 m^3/d）；

N——规划期末城市总人口（万人）；

q——规划期内每万人均综合用水指标［万 $m^3/(万人\cdot d)$］；

k——规划期使用统一供水用户普及率（%）。

（2）单位用地指标法

$$Q=q_0F \tag{2-2}$$

$$Q=\sum q_if_i \tag{2-3}$$

式中 q_0——单位建设用地面积综合用水量指标［万 $m^3/(km^2\cdot d)$］；

F——城市规划建设用地面积（km^2）；

q_i——不同性质用地的用水量指标［$m^3/(hm^2\cdot d$］；

f_i——不同性质用地面积（hm^2）。

（3）年递增率法

$$Q=Q_0(1+\gamma)^n \tag{2-4}$$

式中 Q——规划期末城市总用水量；

Q_0——规划基准年（起始年）实际城市总用水量；

γ——规划时段内城市总用水量的平均增长率；

n——预测年限。

（4）分类求和法

$$Q=\sum Q_i \tag{2-5}$$

式中 Q_i——城市各类用水量预测值。

（5）规划估算法

在具有较为完善的城市总体规划和相应的生活用水量、生产用水量和市政用水量的基础资料前提下，可以用规划估算法进行总体规划用水量的计算。该方法层次清楚，简单易行，为规划界目前常用的方法。该方法步骤如下：

1）生活用水量估算：按城市规划的人口数及拟定的近远期用水量指标相乘进行计算。近远期用水量指标要结合国家现行规范，并体现规划城市气候特点、经济发展水平和卫生习惯。

2）工业生产用水量估算：根据城市性质、经济结构、产业特点和发展态势，结合现状和规划资料，综合考虑用水量标准。估算时可用单位产品耗水量指标、单位设备每工作日耗水量或万元产值耗水量指标估算，也可运用年递增率法（即福利公式法）计算。

3）市政用水量估算：按1）、2）两项总和的百分数估算，百分数的大小，应根据实际情况确定，一般取5%～10%。

4）公共建筑用水量：按1）、2）两项总和的百分数估算，百分数的大小，应根据实际情况确定，一般取10%～15%。

5）未预见水量：按1）～4）四项总和的百分数估算，一般可取10%～20%。

6）自来水厂自用水量：按1）～5）五项总和的百分数估算，一般可取5%～10%。

7）城市总用水量则为1）～6）六项之和。

城市供水规模应根据城市给水工程统一供给的城市最高日用水量确定。

进行城市水资源供需平衡分析时，城市给水工程统一供水部分所要求的水资源供水量，应等于城市最高日用水量除以日变化系数，再乘上供水天数。各类城市的日变化系数可采用表2-15中的数值。

日变化系数 **表2-15**

特大城市	大城市	中等城市	小城市
1.1～1.3	1.2～1.4	1.3～1.5	1.4～1.8

自备水源供水的工业企业中公共设施的用水量应纳入城市用水量中，由城市给水工程进行统一安排；城市江河湖泊环境用水和航道用水、农业灌溉和养殖及畜牧业用水、农村居民和乡镇企业用水等的水量，应根据有关部门的相应规划纳入城镇用水量中，有利于全面规划，综合考虑。

当城市给水水源地在城市规划区以外时，水源地和输水管线应纳入城市给水工程的范围内。当输水管线途经的城市需由同一水源供水时，应进行统一的给水工程规划。

2.2.3.2　城市详细规划中用水量计算

城市用水量受人们作息时间的影响，总是不断变化的，通常所说的用水量标准只是一个平均值，不能确定城市给水系统的设计水量和各项单项工程的设计水量。在详细规划设计中，为了准确进行取水工程、水处理厂和管网系统的规划设计，必须知道用水量逐日、逐时的变化情况。城市用水量的变化规律用变化系数和时变化曲线来表示。

（1）用水量的变化

城市用水量的变化规律用日变化系数和时变化曲线来表示。

1）日变化系数　全年中每日用水量，由于气候及生活习惯等不同而有所变化，例如，夏季用水量比冬季多；节假日用水量较平日多等。日变化系数 K_d 可表示如下：

$$K_d=\frac{年最高日用水量}{年平均日用水量}$$

缺乏资料时，日变化系数 K_d 宜取1.1～1.5，小城镇可适当加大。

2）时变化系数　一日中各时用水量，由于作息制度、生活习惯等不同而有所差别，例如，白天用水较夜晚多。时变化系数 K_h 可表示如下：

$$K_h = \frac{日最高时用水量}{日平均时用水量}$$

缺乏资料时，时变化系数 K_h 可取 1.3～1.6，小城镇可适当加大。

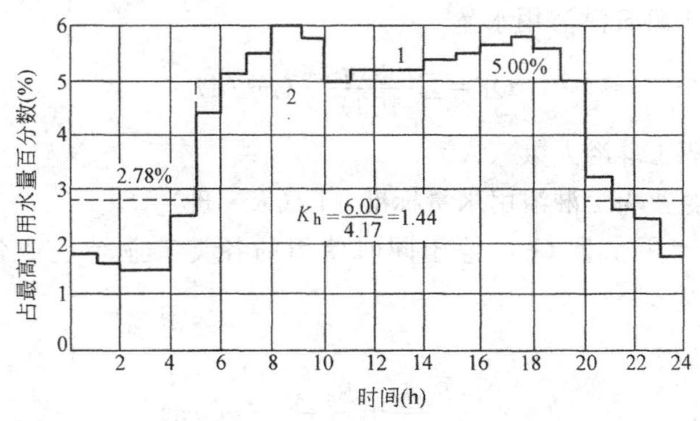

图 2-9　城市用水量时变化曲线

3）用水量时变化曲线　当设计城市给水管网、选择水厂二级泵站水泵工作级数以及确定水塔或清水池容积时，需按城市各种用水量求出城市最高日最高时用水量和逐时用水量变化，以便使设计的给水系统能较合理地适应城市用水量变化的需要。用水量时变化曲线中，纵坐标表示逐时用水量，按全日用水量的百分数计，横坐标表示全日小时数。平均时用水量、最高时用水量，一目了然，以此为据进行规划可使给水系统更合理的适应城市用水量变化的需要。如图 2-9 所示。

4）工业企业用水量时变化系数。

工人在车间内生活用水量的时变化系数，冷车间为 3.0，热车间为 2.5。

工人淋浴用水量，假定在每班下班后 1h 计算。

工业生产用水量的逐时变化，有的均匀，有的不均匀，随生产性质和生产工艺过程而定。

（2）用水量计算

1）城市最高日用水量。

A. 居住区最高日生活日水量：

$$Q_1 = \frac{N_1 q_1}{1000} \quad (m^3/d) \tag{2-6}$$

式中　N_1——设计期限内规划人口数；

q_1——采用的最高日用水量标准［L/(人·d)］。

B. 公共建筑生活用水量：

$$Q_2 = \sum \frac{N_2 q_2}{1000} \quad (m^3/d) \tag{2-7}$$

式中　N_2——某类公共建筑生活用水单位的数量；

q_2——某类公共建筑生活用水量标准（L）。

C. 工业企业职工日生活用水量：

$$Q_3 = \sum \frac{nN_3 q_3}{1000} \quad (m^3/d) \tag{2-8}$$

式中 n——每日班制；

N_3——每班职工人数（人）；

q_3——工业企业生活用水量标准［L/(人·班)］。

D. 工业企业职工每日淋浴用水量：

$$Q_4 = \sum \frac{nN_4 q_4}{1000} \quad (m^3/d) \tag{2-9}$$

式中 N_4——每班职工淋浴人数（人）；

q_4——工业企业职工淋浴用水量标准［L/(人·班)］。

E. 工业企业生产用水量 Q_5，等于同时使用的各类工业企业或各车间生产用水量之和。

F. 市政用水量：

$$Q_6 = \frac{n_6 S_6 q_6}{1000} + \frac{S'_6 q'_6}{1000} \quad (m^3/d) \tag{2-10}$$

式中 q_6、q'_6——分别为街道洒水和绿地浇水用水量的计算标准［L/(m²·次)］和［L/(m²·d)］；

S_6、S'_6——分别为街道洒水面积和绿地浇水面积（m²）；

n_6——每日街道洒水次数。

G. 未预见水量，包括管网漏损水量，城市一般按15%～25%计算。

H. 城市最高日用水量为：

$$Q = K(Q_1 + Q_2 + Q_3 + Q_4 + Q_5 + Q_6) \quad (m^3/d) \tag{2-11}$$

式中 K——未预见水量系数，采用1.1～1.2。

2）城市最高日平均时用水量：

城市最高日平均时用水量 $Q_c = Q/24 \quad (m^3/h)$ (2-12)

城市取水构筑物的取水量和水厂的设计水量，应以最高日用水量再加上自身用水量进行计算，并校核消防补充水量。水厂自身用水量，一般采用最高日用水量的5%～10%。因此，取水构筑物的设计取水量和水厂的设计水量应为：

$$Q_p = (1.05 \sim 1.10)Q/24 \quad (m^3/h) \tag{2-13}$$

3）城市最高日最高时用水量：

城市最高日最高时用水量

$$Q_{max} = K_h Q/24 \quad (m^3/h) \tag{2-14}$$

式中 K_h——城市用水量时变化系数。

设计城市给水管网时，按最高时设计秒流量计算，即

$$q_{max} = \frac{Q_{max} \times 1000}{3600} \quad (L/s) \tag{2-15}$$

【例题 2-1】 设一新规划区，第一期规划人口为10万人，居住区生活用水量的时变化情况如表2-16第2项所列。区内有一3000名工人的工业企业，两班制，每班1500人，无热车间，每班有225人淋浴，车间生产轻度污染身体，生产用水量每日耗用1200m³，集中在上班后3h内，未预见水量（其中包括漏失水量）占总用水量的20%。试计算该规

划区最高日用水量，最高日逐时用水量，水厂设计水量及管网设计最高日最高时流量和最高时秒流量（设管网为前置水塔，本例暂不计算消防流量）。

逐时用水量计算表 **表 2-16**

时段	居住区生活用水		工业企业				逐时用水量总计		
	一日用水量的(%)	(m^3)	车间生活用水		淋浴用水量(m^3)	生产用水量(m^3)	居住区和工业企业用水量(m^3)	第8项乘以1.2系数	占总用水量的(%)
			一般车间变化系数	(m^3)					
1	2	3	4	5	6	7	8	9	10
0～1	1.10	198	3①	7.03①	9.0	—	214.03	256.83	1.11
1～2	0.70	126	—	—	—	—	126	151.2	0.65
2～3	0.90	162	—	—	—	—	162	194.4	0.84
3～4	1.10	198	—	—	—	—	198	237.6	1.03
4～5	1.30	234	—	—	—	—	234	280.8	1.21
5～6	3.91	705	—	—	—	—	705	864	3.65
6～7	6.61	1190	—	—	—	—	1190	1428	6.17
7～8	5.84	1050	—	—	—	—	1050	1260	5.44
8～9	7.04	1264	—	—	—	200	1464	1756.8	7.59
9～10	6.69	1201	0.5	2.34	—	200	1403.34	1683.91	7.28
10～11	7.17	1291	1	4.69	—	200	1495.69	1794.8	7.75
11～12	7.31	1317	1	4.69	—	—	1321.69	1586	6.86
12～13	6.62	1191	1.5	7.03	—	—	1198.03	1437.6	6.20
13～14	5.23	942	0.5	2.34	—	—	944.34	1133.3	4.89
14～15	3.59	647	1	4.69	—	—	651.69	782.7	3.39
15～16	4.76	858	1	4.69	—	—	862.69	1035.3	4.47
16～17	4.24	764	3①	7.03	9.0	200	980.03	1176.1	5.07
17～18	5.99	1078	0.5	2.34	—	200	1280.34	1536.5	6.64
18～19	6.97	1254	1	4.69	—	200	1458.69	1750.4	7.56
19～20	5.66	1020	1	4.69	—	—	1024.69	1129.6	5.31
20～21	3.05	550	1.5	7.03	—	—	557.03	668.5	2.89
21～22	2.01	362	0.5	2.34	—	—	364.34	437.3	1.89
22～23	1.42	256	1	4.69	—	—	260.69	312.8	1.35
23～24	0.79	142	1	4.69	—	—	146.69	176	0.76
	100	18000		75.00	18.00	1200	19293	23152	100.00

注：① 指在前半小时用水。

【解】

（1）居住区生活用水量，按表 2-2 采用最高生活用水量为 180L/(人・d)，则该区生活用水量：

$$Q_1=\frac{N_1 q_1}{1000}=\frac{100000\times180}{1000}=18000\mathrm{m^3/d}$$

（2）工业企业生活用水量，按式（2-8）计算：

$$Q_3=\sum\frac{nN_{\mathrm{p}}q_3}{1000}=\frac{2\times1500\times25}{1000}=75\mathrm{m^3/d}$$

（3）工人淋浴用水量，按式（2-9）计算：

$$Q_4=\sum\frac{nN_0 q_4}{1000}=\frac{2\times225\times40}{1000}=18\mathrm{m^3/d}$$

淋浴时间在下班后1小时内。

（4）工业企业生产用水量 $Q_5=1200m^3/d$，在上班后3h内使用，按两班制计算，平均每小时用水量为 $200m^3/h$。

$$Q=K(Q_1+Q_3+Q_4+Q_5)=1.2(18000+75+18+1200)=23152m^3/d$$

（5）未预见水量系数，采用1.2。

此区最高日平均时用水量为

$$Q_c=Q/24=23152/24=964.25m^3/h$$

设水厂自身用水量为该区最高日平均时用水量的5%，则水厂的设计水量为

$$Q_p=1.05Q_c=1.05\times964.25=1013m^3/h$$

城市最高日最高时用水量为 $Q_{max}=1794.8m^3/h$

给水管网最高日最高时的设计秒流量为

$$q_{max}=\frac{1794.8\times1000}{3600}\approx500L/s$$

该规划区的时用水量变化曲线如图2-10所示。

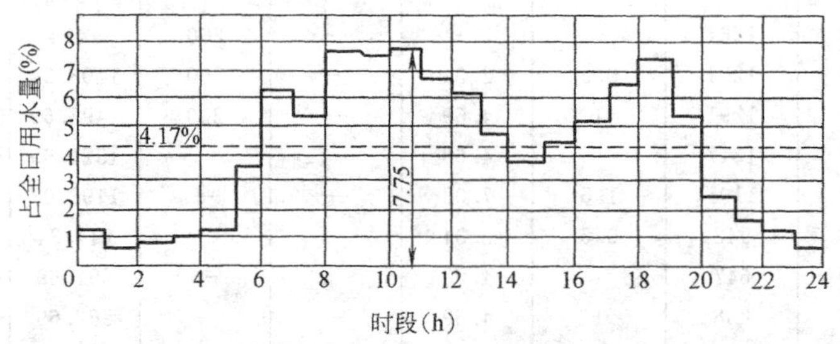

图2-10 新规划区时用水量变化曲线

给水管网规划设计中，必然需要确定各管道的输送水量，各管道输送水量的确定应分别按照各类用水量的标准进行统计计算，然后加以综合考虑，规划设计。

需要指出的是，单位建设用地的用水量指标确定后，该指标既可用于城市总体规划、分区规划的用水量预测与计算，也可用于详细规划中的用水量预测与计算。

2.3 水源选择和水源保护

2.3.1 水源选择

城市给水水源分为地下水源和地表水源。地下水源有深层、浅层两种，包括上层滞水、潜水、承压水等。地表水源包括：江河水、湖泊水、水库水以及海水等。一般说来，地下水由于经地层过滤且受地面气候及其他因素的影响较小，因此，它具有无杂质、无色、水温变化幅度小、不易受到污染等优点。但是，由于受到埋藏与补给条件，地表蒸发及流经地层的岩性等因素的影响，它又具有径流量较小（相对于地面径流）、水的矿化度和硬度较高等缺点。

地表水受各种地面因素的影响较大，通常表现出与地下水相反的特点，如：地表水的浑浊度与水温变化幅度都较大，水易受到污染，但矿化度、硬度较低，含铁量及其他物质较少，径流量一般较大，季节变化性较强。

城市水源条件对于城市位置选择具有重大影响，水源是否良好，选择是否合理，往往成为城市的建设和发展的重要因素之一。因此，在城市给水系统规划中，必须对城市的水源应进行深入调查研究，全面搜集有关城市水源的水文、气象、地形、地质以及水文地质资料，并进行城市水资源勘测和水质分析。城市给水水源的选择时，应依据城市近远期发展规模，并通过以下几方面进行技术经济比较后确定。

2.3.1.1　给水水源应有足够的可用水量

（1）地表水源

当采用地表水源时，河流的最枯流量按设计枯水流量保证率为 90%～97%考虑，视城市规模和工业用水所占比例而定。

一般在有利的情况下，例如河流窄而深，下游有浅滩、潜堰，在枯水期形成壅水时，或取水河段为一深潭时，可取水量 Q_k 和设计枯水流量 Q_s 关系为：

$$Q_k \leqslant (0.3 \sim 0.5) Q_s \quad (m^3/s) \tag{2-16}$$

为满足城市水厂给水系统（或工业企业给水站）的需要，从水源设计最枯流量中的可取水量 Q_k 应大于取水构筑物的设计取水量，即

$$Q_k \geqslant Q_P / 3600 \quad (m^3/s) \tag{2-17}$$

式中　Q_P——为取水构筑物的设计取水量（m^3/h）。

如果河流可取水量小于城市给水系统用水量，则应考虑作径流调节，或者选用其他水源。

可见，在选择地面水源时，必须确定具有一定保证率的设计枯水流量 Q_s 和设计枯水位，以及设计洪水位（用以确定取水构筑物的地面高程）等，此时，则需要应用概率论及数理统计法来进行频率计算。

（2）地下水源

当采用地下水源时，应进行地下水储量计算。地下水储量分为天然储量和调节储量。天然储量包括静储量和动储量。

1）静储量，亦称永久储量，是最低潜水面以下含水层中水的体积，静储量 W_j 为：

$$W_j = U_j HF \tag{2-18}$$

式中　W_j——静储量（m^3）；

F——含水层的分布面积（m^2）；

H——含水层的厚度（m）；

U_j——给水度，指在重力作用下从饱和水岩层中流出的水量，其数值为流出水的体积与岩层总体积之比，以百分数表示，见表 2-17。

静储量一般不大变动。

给 水 度 U_j 表　　　　**表 2-17**

含水岩层	给水度(%)	含水岩层	给水度(%)
黏土	0	中细砂	20～25
黏砂土	12～14	砾石含少量粉砂	20～35

2）动储量，是指地下水在天然状态下的流量，即在单位时间内，通过某一过水断面的地下水流量，其值等于在一定时间内，由补给区流入的水量，或向排泄区排出的水量，相当于地下水径流量，通常可根据达西公式进行计算，即

$$Q_D = KiHB \tag{2-19}$$

式中　Q_D——地下水动储量（m^3/d）；

K——含水层渗透系数（m/d），见表 2-18；

i——计算断面间地下水的水力坡降；

H——计算断面上含水层平均厚度（m）；

B——计算断面的宽度（m）。

渗透系数 K 值　　**表 2-18**

含水岩层	粒径(mm)	占重量比(%)	渗透系数(m/d)
粉砂	0.05～0.10	<70	1～5
细砂	0.10～0.25	>70	5～10
中砂	0.25～0.50	>50	10～25
粗砂	0.50～1.00	>50	25～50
极粗砂	1.00～2.00	>50	50～100
砾石夹砂	—	—	75～150
带粗砂砾石	—	—	100～200
清洁砾石	—	—	>200

3）调节储量，是指地下水最高水位与最低水位间含水层中水的体积 Q_t；

$$Q_t = U_j \Delta HF \quad (m^3) \qquad (2\text{-}20)$$

式中　ΔH——最高水位与最低水位之差（m）；

F——含水层的分布面积（m^2）。

4）开采储量，是指开采期内，不使地下水位连续下降或水质变坏的条件下，从含水层中所能取得的地下水流量。

城市地下水取水构筑物，每日抽取水量不应大于地下水开采储量，即

$$24Q_p \leqslant Q_c \quad (m^3/d) \qquad (2\text{-}21)$$

式中　Q_p——城市地下水取水构筑物取水量（m^3/h）；

Q_c——地下水开采储量（m^3/d）。

开采储量可以包括动储量、调节储量和部分静储量。但静储量一般不动用，只在能很快补给的条件下，才可以动用部分静储量，此时

$$24Q_p \leqslant Q_D + Q_t \quad (m^3/d) \qquad (2\text{-}22)$$

河谷冲积层透水性良好，径流充沛，其潜水主要计算动储量，而开采储量则可等于或小于动储量，即：

$$24Q_p \leqslant Q_D \quad (m^3/d) \qquad (2\text{-}23)$$

在开采时，地表水如能充分补给地下水，则每日抽取水量可大于或等于动储量。

潜水盆地内地下水基本处于静止状态，地下水储量随降水或开采和蒸发而增加或者减少。因此，可将调节储量视为开采储量，而不必计算动储量，即

$$24Q_p \leqslant Q_t \quad (m^3/d) \qquad (2\text{-}24)$$

2.3.1.2　给水水源水质良好

当城市有多种天然水源时，应首先考虑水质较好，净化简易的水源作为给水水源，或者考虑多水源分质供水。

生活饮用水水源水质分为两级，其质量应符合《生活饮用水水源水质标准》（CJ 3020—93）的规定，其标准见表 2-19。

生活饮用水水源水质标准 **表 2-19**

项　　目	标　准　限　值	
	一　　级	二　　级
色	色度不超过 15 度，并不得呈现其他异色	不应有明显的其他异色
浑浊度	≤3	≤3
pH 值	6.5～8.5	6.5～8.5
总硬度（以碳酸钙计）(mg/L)	≤350	≤450
溶解铁(mg/L)	≤0.3	≤0.5
锰(mg/L)	≤0.1	≤1.0
铜(mg/L)	≤1.0	≤1.0
锌(mg/L)	≤1.0	≤1.0
挥发酚（以苯酚计）(mg/L)	≤0.002	≤0.004
阴离子合成洗涤剂(mg/L)	<0.3	<0.3
硫酸盐(mg/L)	<250	<250
氯化物(mg/L)	<250	<250
溶解性总固体(mg/L)	≤1000	≤1000
氟化物(mg/L)	≤1.0	≤1.0
氰化物(mg/L)	≤0.05	≤0.05
砷(mg/L)	≤0.05	≤0.05
硒(mg/L)	≤0.01	≤0.01
汞(mg/L)	≤0.001	≤0.001
镉(mg/L)	≤0.01	≤0.01
铬（六价）(mg/L)	≤0.05	≤0.05
铅(mg/L)	≤0.05	≤0.07
银(mg/L)	≤0.05	≤0.05
铍(mg/L)	≤0.0002	≤0.0002
氨氮（以氮计）(mg/L)	≤0.5	≤0.5
硝酸盐（以氮计）(mg/L)	≤10	≤20
耗氧量（$KMnO_4$ 法）(mg/L)	≤3	≤6
苯并(α)芘(μg/L)	≤0.01	≤0.01
滴滴涕(μg/L)	≤1	≤1
六六六(μg/L)	≤5	≤5
百菌清(mg/L)	≤0.01	≤0.01
总大肠菌群(个/L)	≤1000	≤10000
总 α 放射性(Bq/L)	≤0.1	≤0.1
总 β 放射性(Bq/L)	≤1	≤1

一级水源：水质良好。地下水只需消毒处理，地表水经简易净化处理（如过滤）、消毒后即可供生活饮用。

二级水源：水质受到轻度污染，经常规净化处理（如絮凝、沉淀、过滤、消毒等），其水质可达到 GB 5749—85 规定，可供生活饮用。

水质浓度超过二级标准值的水源水，不宜作为生活饮用水水源。若限于条件需要加以利用时，应采用相应的净化工艺进行处理。处理后的水质应符合 GB 5749—85 规定，并取得省、市、自治区卫生厅（局）及主管部门批准。

工业企业用水应符合现行《工业企业设计卫生标准》有关要求。

2.3.1.3　供水安全

为了获取足够的水量，并满足水质要求，确保供水安全，选择水源及其水源地时应遵循以下原则：

（1）选用地表水源位置时，水源地应位于水体功能区划规定的取水地段或水质符合相应标准的河段，饮水水源地应设选在城市和工业区的上游。选用地下水源时，水源地应设在不易受污染的富水地段。

（2）当城市有多个水源时，也可以根据不同情况设立几个水源，应尽量取用具有良好水质的水源。首先考虑地下水，然后是泉水、河水或湖水。地下水一般情况下不易遭受污染，水质较好，净化处理较为简单。深层地下水的水温变化幅度不大，适于用做工业冷却水。采用地下水水源还可以实行分区供水、分期实施。但地下水过量抽用，易导致地面沉陷，必须进行技术经济综合评定，同时还应考虑到工业用水和农业用水之间可能发生的矛盾，全面研究，合理分配用水。

（3）布局要紧凑。地形较好的城市，可选择一个或几个水源，集中供水，便于统一管理，并尽量采用重力输配水系统。如果城市的地形复杂，布局分散，宜采取分区供水，或分区供水与集中供水相结合的形式。分区供水便于分期建设。

（4）注意在解决当前和近期供水问题的同时，还应考虑如何满足远期对水量、水质的要求。

（5）取水、输水设施设置方便，施工、运转、管理、维护安全经济。

（6）给水取水构筑物应设在河岸及河床稳定的地段，并避开易于发生滑坡、泥石流、塌陷等不良地质区及洪水淹没和低洼内涝地区。

（7）为了保证安全供水，大中城市应考虑多水源分区供水；小城市也应有远期备用水源。无多水源时，结合远期发展，应设两个以上的取水口。

2.3.2　取水工程设施

取水工程是给水工程系统的重要组成部分。取水构筑物的作用是从水源经过取水口取到所需要的水量。在城市规划中，要根据水源条件确定取水构筑物的位置、取水量，并考虑取水构筑物可能采用的形式等。

2.3.2.1　地下水取水构筑物

地下水取水构筑物的位置选择与水文地质条件、用水需求、规划期限、城市布局等都有关系。在选择时应考虑以下情况：

（1）取水点要求水量充沛、水质良好，应设于补给条件好、渗透性强、卫生环境良好的地段。

（2）取水点的布置与给水系统的总体布局相统一，力求降低取、输水电耗和取水井及输水管的造价。

（3）取水点有良好的水文、工程地质、卫生防护条件，以便于开发、施工和管理。

（4）取水点应设在城镇和工矿企业的地下径流上游，取水井尽可能垂直于地下水流向布置。

（5）尽可能靠近主要的用水地区。

由于地下水的埋藏深度、含水层性质不同，开采和取集地下水的方法和取水构筑物型式也不相同。主要有管井、大口井、辐射井、渗渠及复合井、引泉构筑物等，其中管井和大口井最为常见。地下水取水构筑物的形式及适用范围见表 2-20。

地下水取水构筑物适用范围 **表 2-20**

形式	尺寸	深度	水文地质条件			出水量
			地下水埋深	含水层厚度	水文地质特征	
管井	井径为 50～1000mm，常用为 150～600mm	井深为 20～1000m，常用为 300m 以内	在抽水设备能解决情况下不受限制	厚度一般在 5m 以上或有几层含水层	适于任何砂卵石地层	单井出水量一般为 500～6000m³/d，最大为 2000～30000m³/d
大口井	井径为 2～12m，常用为 4～8m	井深为 30m 以内，常用为 6～20m	埋藏较浅，一般在 12m 以内	厚度一般在 5～20m	补给条件良好，渗透性较好，渗透系数最好在 20m/d 以上，适于任何砂砾地区	单井出水量一般为 500～10000m³/d，最大为 20000～30000m³/d
辐射井	同大口井	同大口井	同大口井	同大口井。能有效地开采水量丰富、含水层较薄的地下水和河床下渗透水	补给条件良好，含水层最好为中粗砂或砾石层并不含漂石	单井出水量一般为 5000～50000m³/d
渗渠	管径为 0.45～1.5m，常用为 0.6～1.0m	埋深为 10m 以内，常用为 4～7m	埋藏较浅，一般在 2m 以内	厚度较薄，一般约为 1～6m	补给条件良好，渗透性较好，适用于中砂、粗砂、砾石或卵石层	一般为 15～30m³/(d·m)，最大为 50～100m³/(d·m)

地下水取水构筑物的形式应根据含水层的埋藏深度、含水层厚度、水文地质特征和施工条件通过技术经济比较后确定。

2.3.2.2 地表水取水构筑物

地表水取水构筑物位置的选择对取水的水质、水量、取水的安全可靠性、投资、施工、运行管理及河流的综合利用都有影响。所以，选择地表水取水构筑物位置时，应根据地表水源的水文、地质、地形、卫生、水力等条件综合考虑，并符合以下基本要求：

（1）设在水量充沛、水质较好的地点，宜位于城市和工业的上游清洁河段，避开河流中回流区和死水区。潮汐河道取水口应避免海水倒灌的影响；水库的取水口应在水库淤积范围以外，靠近大坝；湖泊取水口应选在近湖泊出口处，离开支流汇入口，且须避开藻类集中滋生区；海水取水口应设在海湾内风浪较小的地区，注意防止风浪和泥沙淤积。

（2）具有稳定的河床和河岸，靠近主流，有足够的水源、水深一般不小于 2.5～

3.0m。弯曲河段上，宜设在河流的凹岸，避开凹岸主流的顶冲点；顺直的河段上，宜设在河床稳定、水深流急、主流靠岸的窄河段处。取水口不宜放在入海的河口地段和支流与主流的汇入口处。

（3）具有良好的地质、地形及施工条件。取水构筑物应建造在地质条件好、承载力大的地基上。避开断层、滑坡、冲积层、流砂、风化严重和岩溶发育地段。考虑施工时的交通运输和施工场地条件。

（4）取水构筑物位置选择应与城市规划和工业布局相适应，全面考虑整个给水排水系统的合理布置。应尽可能靠近主要用水地区，以减少投资。输水管的敷设应尽量减少穿过天然（河流、谷地等）或人工（铁路、公路等）障碍物。

（5）应与河流的综合利用相适应。取水构筑物不应妨碍航运和排洪，并且符合灌溉、水力发电、航运、排洪、河湖整治等部门的要求。

（6）取水构筑物的设计最高水位应按100年一遇频率确定。

地表水取水构筑物，按建筑型式可分为固定式和活动式。选择时，应在保证取水安全可靠的前提下，根据取水量和水质要求，结合河床地形、水流情况、施工条件等，通过一定的技术经济比较确定。

2.3.2.3　取水构筑物用地指标

取水构筑物用地指标的确定按《室外给排水工程技术经济指标》选取，见表2-21。

取水构筑物用地指标　　　　**表2-21**

设计规模(万 m^3/d)	每 m^3/d 水量取水构筑物用地指标(m^2)			
	地表水		地下水	
	简单取水工程	复杂取水工程	深层取水工程	浅层取水工程
Ⅰ类：>10	0.02～0.04	0.03～0.05	0.10～0.12	0.35～0.40
Ⅱ类：2～10	0.04～0.06	0.05～0.07	0.11～0.14	0.40～0.45
Ⅲ类：1～2	0.06～0.09	0.06～0.10	0.13～0.15	0.42～0.55
<1	0.09～0.12	0.10～0.14	0.14～0.17	0.71～1.95

2.3.3　水源保护

城市的供水水源一旦遭到破坏，很难在短期内恢复。所以在开发利用水源时，应做到利用与保护结合，城市规划中必须明确保护措施。

为了更好地保护水环境，应根据不同水质的使用功能，划分水体功能区，从而实施不同的水污染控制标准和保护指标。城市规划必须结合水体功能分区进行城市布局。《地面水环境质量标准》(GB 3838—2000) 将水体分为五类，如表2-22所示。每类水体均必须符合相应的排放标准和水污染控制区。

我国有关法规对给水水源的卫生防护提出了具体要求，城市给水工程规划应予以执行。

2.3.3.1　地面水源卫生防护

在饮用水地表水源取水口附近，划定一定水域或陆域作为饮用水地表水源一级保护区。其水质标准不低于《地面水环境质量标准》(GB 3838—2000) 的Ⅱ类标准。在一级

地表水域功能分类与水污染防治控制区及污水综合排放标准　　表 2-22

地表水环境质量标准中水域功能分类		水污染防治控制区	污水综合排放标准的分级
Ⅰ类	源头水、国家自然保护区	特殊控制区	禁止排放污水区
Ⅱ类	集中式生活饮用水水源地一级保护区、珍贵鱼类保护区、鱼虾产卵场等	特殊控制区	禁止排放污水区
Ⅲ类	集中式生活饮用水水源地二级保护区、一级鱼类保护区、游泳区	重点控制区	执行一级标准
Ⅳ类	工业用水区、人体非直接接触的娱乐用水区	一般控制区	执行二级标准或三级标准（排入城镇生物处理污水处理厂污水）
Ⅴ类	农业用水区、一般景观要求水域	一般控制区	

保护区外划定一定的水域或陆域为二级保护区，其水质不低于Ⅲ类标准。根据需要，可在二级保护区外划定一定的水域或陆域为准保护区。各级保护区的卫生防护规定如下：

（1）取水点周围半径不小于 100m 的水域内，严禁捕捞、停靠船只、游泳和从事一切可能污染水源的活动，并应设有明显的范围标志。

（2）取水点上游 1000m 至下游 100m 的水域内，不得排入工业废水和生活污水；其沿岸防护范围内，不得堆放废渣，不得设置有害化学物品仓库、堆栈或装卸垃圾、粪便和有毒物品的码头，沿岸农田不得使用工业废水或生活污水灌溉及施用有持久性或剧毒的农药，并不得从事放牧等有可能污染该段水域水质的活动。

供生活饮用的水库和湖泊，应根据不同情况的需要，将取水点周围部分水域或整个水域及其沿岸划为卫生防护带，并按上述要求执行。

（3）以河流为给水水源的集中式给水，应把取水点上游 1000m 以外的一定范围河段划为水源保护区，严格控制上游污染物排放量。排放污水时应符合《工业企业设计卫生标准》（TJ 36—79）和《地面水环境质量标准》的有关要求，以保证取水点的水质符合饮用水水源水质要求。

（4）水厂生产区的范围应明确划定，并设立明显标志，在生产区外围不小于 10m 范围内不得设立生活居住区和修建禽畜饲养场、渗水厕所、渗水坑；不得堆放垃圾、粪便、废渣或铺设污水渠道；应保持良好的卫生状况，并充分绿化。

单独设立的泵站、沉淀池和清水池外围不小于 10m 范围内，其卫生要求与水厂生产区相同。

2.3.3.2　地下水源的卫生防护

地下水源的卫生防护范围与取水构筑物的形式及其影响半径或影响区域有密切关系。不同岩层种类，影响半径不同。

根据《饮用水保护区污染防治管理规定》，饮水地下水源保护区分为三级。一级保护区位于开采井的周围 30m 的范围内，其作用是保证集水有一定滞后时间，以防止一般病原菌的污染。直接影响开采井水质的补给区地段，必要时也可划为一级保护区。二级保护区位于一级保护区外 1500～2000m 的范围内，以保证集水有足够的滞后时间，以防止病原菌以外的其他污染。准保护区位于二级保护区外的主要补给区，以保护水源地的补给水量和水质。各级保护区的卫生防护规定如下：

（1）取水构筑物的防护范围，应根据水文地质条件、取水构筑物的形式和附近地区的卫生状况确定，其防护措施应按地面水厂生产区要求相同。

(2) 在单井或井群的影响半径（表 2-23、表 2-24）范围内，不得使用工业废水或生活污水灌溉和施用有持久性或剧毒性的农药，不得修建渗水厕所、渗水坑、堆放废渣或铺设污水渠道，并不得从事破坏深层土层的活动。如取水层在水井影响半径内不露出地面或取水层与地面水没有相互补充关系时，可根据具体情况设置较小的防护范围。

井的影响半径 *R* 值 **表 2-23**

岩层种类	岩层颗粒		影响半径 R(m)
	粒径(mm)	占重量比(%)	
粉砂	0.05～0.10	70 以下	25～50
细砂	0.10～0.25	>70	50～100
中砂	0.25～0.50	>50	100～300
粗砂	0.50～1.00	>50	300～400
极粗砂	1～2	>50	400～500
小砾石	2～3	—	500～600
中砾石	3～5	—	600～1500
粗砾石	5～10	—	1500～3000

根据经验，多井时井的最小间距如表 2-24 所示。

多井时最小间距 (m) **表 2-24**

岩层种类	单井出水量		
	100～300m^3/h	20～100m^3/h	20m^3/h 以下
裂缝岩层	200～300	100～150	50
松散岩层	150～200	50～100	50

(3) 在水厂生产区的范围内，应按地下水厂生产区的要求执行。

分布式给水水源的卫生防护带，以地下水为水源时参照地下水 (1) 和 (2) 的规定。以地下水为水源时，水井周围 30m 的范围内不得设置渗水厕所、渗水坑、粪坑、垃圾堆和废渣堆等污染源，并建立卫生检查制度。

一般在水源周围建立的卫生防护地带分为两个区域：警戒区和限制区，如图 2-11 所示。

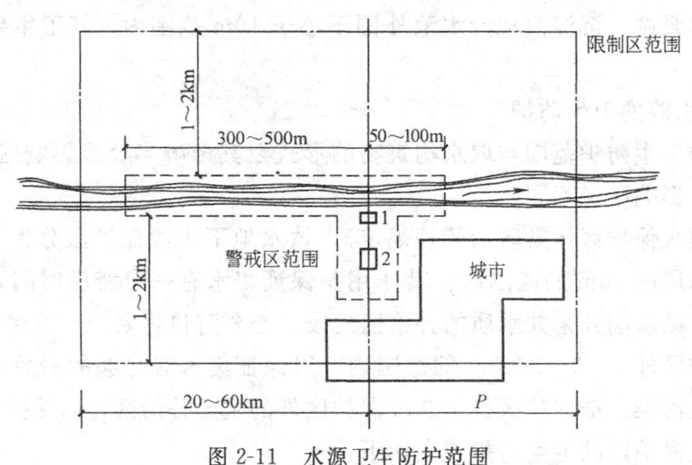

图 2-11 水源卫生防护范围

1—取水构筑物；2—净水构筑物

图中 P 为从净水构筑到下游的距离（一般到城市下游），根据风向、潮水和航行可能带来的污染决定。

确定水源防护地带应征得主管卫生部门的同意。

2.4 净水工程规划

城市给水系统的净水工程主要指自来水厂及其有关设施。设置自来水厂的目的是通过一系列的净水构筑物和净水处理工艺流程去除原水中的悬浮物质、胶体物质、细菌、藻类等物质。在特殊情况下，还要去除原水中的铁、锰、氟及某些污染物，使净化后的水质满足城市居民生活饮用水和工业企业用水对水质要求。因此，水厂是城市重要的公用设施，必须对其选址及其用地认真进行规划。

2.4.1 城市自来水厂址选择与用地要求

城市自来水厂厂址的选择应根据城市总体规划的要求，并通过技术经济比较后确定。一般应遵循以下原则：

（1）厂址应选在工程地质条件较好，不受洪水威胁，地下水位低，地基承载能力较大，湿陷性等级不高的地方。

（2）水厂尽量设置在交通方便，输配电线路短的地段。

（3）当水厂远离城市时，一般设置水源厂和净水厂分开。当源水浑浊度经常大于1000NTU时，水源厂可设置预沉池或建造停留水库，尽量向净水厂输送含泥沙量低的水体。

（4）有条件的地方，应尽量采用重力输水。例如，某城市水库水源在山间较高位置，距城市用水区 15km，净水厂应在距用水区 2km 的高地上，并在水源至净水厂间加设串联增压泵房。平时，从水源到净水厂至城区管网全部重力供水，用水高峰时，视净水厂清水库水位，不定期启用串联水泵。

（5）水厂的位置，一般应尽可能地接近用水区，特别是最大用水区。当取水点距离用水区较远时，更应如此。有时，也可将水厂设在取水构筑物附近，在靠近用水地区另设配水厂，进行消毒、加压。当取水地点距用水区较近时，亦可设在取水构筑物的附近。

（6）水厂应该位于河道主流的城市上游，取水口尤其应设于居住区和工业区排水出口的上游，并不受洪水威胁。水厂厂址应选在工程地质条件较好的地段，以降低工程造价。取用地下水的水厂，可设在井群附近，亦可分开布置。井群应按地下水流向布置在城市的上游。

不同规模水厂的用地指标，根据《室外给水排水工程技术经济指标》和《城市给水工程规划规范》确定，如表 2-25、表 2-26 所示。当净水站生产率超过 800km^3/d 时，占地面积根据计算确定。水厂厂区周围要求设置宽度不应小于 10m 的绿化带。

2.4.2 城市自来水厂系统布置

城市自来水厂系统布置主要根据用水对象对水质的要求及其相应采用的水处理工艺流程决定，同时也应结合地形条件进行。

每 1m³/d 水量用地指标 表 2-25

水厂设计规模	每 1m³/d 水量用地指标(m²)	
	地面水沉淀净化工程综合指标	地面水过滤净化工程综合指标
Ⅰ类(水量 10 万 m³/d 以上)	0.2～0.3	0.2～0.4
Ⅱ类(水量 2 万～10 万 m³/d)	0.3～0.7	0.4～0.8
Ⅲ类(水量 2 万 m³/d 以下)	0.7～1.2	
Ⅲ类(水量 1 万～2 万 m³/d)		0.8～1.4
(水量 5 千～1 万 m³/d)		1.4～2
(水量 5 千 m³/d 以下)		1.7～2.5

水厂用地控制指标 表 2-26

水厂建设规模(万 m³/d)	地表水水厂[(m²·d)/m³]	地下水水厂[(m²·d)/m³]
5～10	0.70～0.50	0.40～0.30
10～30	0.50～0.30	0.30～0.20
30～50	0.30～0.10	0.20～0.08

2.4.2.1 水质标准

众所周知，水的用途是很广的。无论是作为生活饮用水、工业用水、农业用水、渔业用水，还是作为航运、旅游或水能利用等等，都有一定的水质要求。

生活饮用水直接关系到人们的身心健康，因此，供给居民无色、无臭、无味、不浑浊、无有害物质，特别是不含传染病菌的饮用水是最基本的卫生条件之一。为此，国家卫生部 1985 年专门颁布了《生活饮用水卫生标准》，其具体指标如表 2-27 所示。

生活饮用水卫生标准 (GB 5749—85) 表 2-27

编号	项 目	标 准
	感观性状和一般化学指标	
1	色	色度不超过 15 度,并不得呈现其他异色
2	浑浊度	不得超过 3 度,特殊情况下不得超过 5 度
3	嗅和味	不得有异臭、异味
4	肉眼可见物	不得含有
5	pH 值	6.5～8.5
6	总硬度(以碳酸钙计)(mg/L)	450
7	溶解铁(mg/L)	0.3
8	锰(mg/L)	0.1
9	铜(mg/L)	1.0
10	锌(mg/L)	1.0
11	挥发酚(以苯酚计)(mg/L)	0.002
12	阴离子合成洗涤剂(mg/L)	0.3
13	硫酸盐(mg/L)	250
14	氯化物(mg/L)	250
15	溶解性总固体(mg/L)	1000

续表

编号	项　目	标　准
	毒理学指标	
16	氟化物(mg/L)	1.0
17	氰化物(mg/L)	0.05
18	砷(mg/L)	0.05
19	硒(mg/L)	0.01
20	汞(mg/L)	0.001
21	镉(mg/L)	0.01
22	铬(六价)(mg/L)	0.05
23	铅(mg/L)	0.05
24	银(mg/L)	0.05
25	硝酸盐(以氮计)(mg/L)	20
26	氯仿①(μg/L)	60
27	四氯化碳①(μg/L)	3
28	苯并(α)芘①(μg/L)	0.01
29	滴滴涕①(μg/L)	1
30	六六六①(μg/L)	5
	细菌学指标	
31	细菌总数(个/mL)	100
32	总大肠菌群(个/L)	3
33	游离余氯	在接触30min后不应低于0.3mg/L。集中式给水除出厂水应符合上述标准外，管网末梢水不应低于0.5mg/L
	放射性指标	
34	总α放射性(Bq/L)	0.1
35	总β放射性(Bq/L)	1

注：①试行标准。

各种工业企业对水质有不同的要求，即使同一个企业，不同生产过程对水质要求也不相同。例如，在发电厂中，冷却水与锅炉对水质的要求迥然不同，而水力除灰对水质无任何特殊要求。因此，在确定生产用水的水质标准时，应进行调查研究，按生产实际需要情况确定。

对于食品、制冰等工业，水是产品的组成部分，其水质标准与生活饮用水水质要求相同。纺织、印染、人造纤维、造纸等工业，水直接与产品接触，水的质量将直接影响产品质量。这类工业用水对水质的普遍要求是混浊度低、色度低、铁和锰的含量少，硬度不能过大等等。

石油、化工、钢铁、电力等工业部门需要消耗大量的冷却水，对水温有要求，至于其他指标含量，应视生产设备不同而异，根据生产要求而定。

2.4.2.2　水处理工艺流程

由于从城市水源获取原水水质各异，必须根据城市用水对水质的要求来选择净水工艺流程。针对不同的工艺流程，其系统布置和适用条件设计要求，参见表2-28。

城市自来水厂系统布置及适用和设计要求条件 **表 2-28**

序号	系统布置	适用条件和设计要求
1	原水—预沉—混凝沉淀或澄清—过滤—消毒	原水浊度大于 3000NTU，预沉后原水浑浊度通常小于 1000NTU
2	原水—混凝沉淀或澄清—过滤—消毒	原水浊度＜1000NTU，短时间允许达 2000～3000NTU，加强混凝池、沉淀池排水措施
3	原水—微絮凝过滤（或接触过滤）—消毒	原水浊度＜25NTU，短时间内不大于 100NTU，低温（0～1 摄氏度），无藻类繁殖水体
4	原水—（混凝）气浮—过滤—消毒	原水中藻类含量＞100 万个/L，浊度一般＜100NTU
5	原水—生物氧化—混凝沉淀或澄清—过滤—消毒	原水受到污染，氨氮含量较高
6	原水—混凝沉淀—过滤—接触氧化—活性炭吸附过滤—消毒	原水受到污染，含有农药、化肥及其他重金属离子
7	原水—曝气—（混凝沉淀）过滤—消毒	原水中铁、锰含量较高，曝气后过滤不能达到要求时，可增加混凝沉淀工艺
8	原水—混凝沉淀—过滤—消毒	地下水或地表水含氟量较高

常用的净水工艺包括自然沉淀、混凝沉淀澄清、过滤、消毒等，每种净水工艺又可采用多种形式的净水构筑物。净水构筑物都设在水厂中。水厂中除了生产用的构筑物之外，还有生产性和生活性的辅助建筑物。

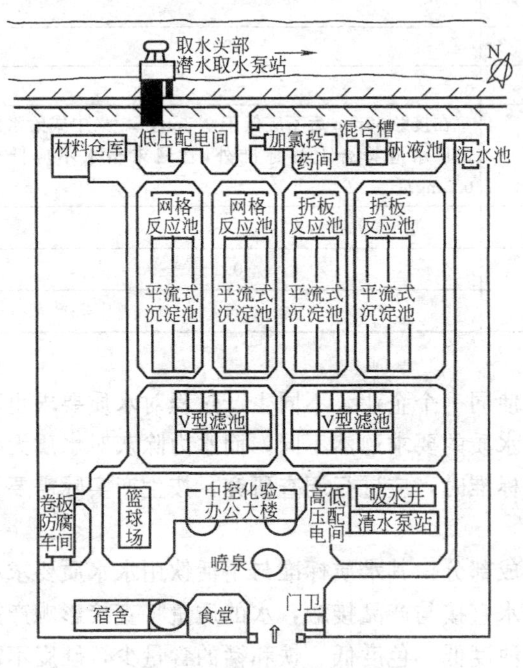

图 2-12 某水厂平面布置图

生产构筑物，一般都分散布置，小型水厂或北方寒冷地区可采用集中布置。集中布置比较紧凑，占地少，便于管理和自动化操作，但结构较复杂，管线交叉多。

水厂中生产构筑物的占地面积，应根据生产水量、各构筑物的能力以及净水工艺流程考虑，并通过水厂总平面设计来安排。

辅助构筑物一般包括化验室、修理室、仓库、办公室、车库、职工宿舍、食堂、浴室等。

生活用房应设在厂外。生产性辅助建筑物的面积根据水厂的生产规模而定。图 2-12 为某水厂平面布置图。

2.5 给水管网的布置

给水管网的作用是将水从净水厂或取水构筑物输送到用户，它是给水系统的重要组成部分。

2.5.1 给水管网布置的基本要求

1）管网应布置在整个给水区域内，在技术上要使用户有足够的水量和水压；

2）正常工作或在局部管网发生故障时，应保证不中断供水；

3）定线时应选用短捷的线路，并便于施工与管理。

给水管网由输水管（由水源到水厂及由水厂到配水管的管道，一般不装接用户水管）和配水管（把水送至各用户的管道）组成。输水管不宜少于两根，当其中一根管线发生事故时，另一根管线的事故给水量不应小于正常给水量的70%。

给水管网的布置形式，根据城市规划、用户分布及对用水要求等，分为树枝状管网和环状管网，也可根据不同情况混合布置。

（1）树枝状管网　干管与支管的布置犹如树干与树枝的关系。其主要优点是管材省、投资少、构造简单；缺点是供水可靠性较差，一处损坏则下游各段全部断水，同时各支管尽端易造成“死水”，导致水质恶化。

树枝状管网布置形式适用于地形狭长、用水量不大、用户分散的地区，或在建设初期先用树枝状管网，再按发展规划形成环状。

一般情况下，居住区详细规划不单独进行水源选择，而是由邻近道路下面敷设的城市给水管道供水，街坊只考虑其最经济的入口。街坊内部的管网布置，通常根据建筑群的布置组成树枝状，如图2-13所示。

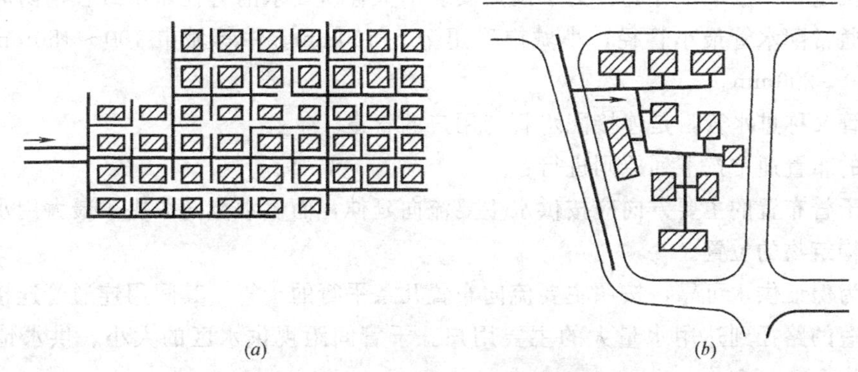

图2-13　树枝状管网布置

（a）小城镇树枝状管网；（b）街坊树枝状管网

（2）环状管网　指供水干管间用联络管互相连通起来，形成许多闭合的环，如图2-14所示。环状管网中每条管都有两个方向来水，因此供水安全可靠。一般在大中城市给水系统或供水要求较高，不能停水的管网，均采用环状管网。环状管网还可降低管网中的水头损失，节省动力，管径可稍减小。另外环状管网还能减轻管内水锤的威胁，有利管网的安全。但环网的管线较长，投资较大。实际工作中，为了发挥给水管网的输配水能力，达到既工作安全可靠，又适用经济，常采用树枝状与环状相结合的管网。如在主要供水区采用环状，在边远区或要求不高而距离水源又较远的地区，采用树枝状管网，比较经济合理。

2.5.2 给水管网的布置原则

由输水管送来的的水量进入配水管网才能服务于城市。在城区，配水管网称为城区给

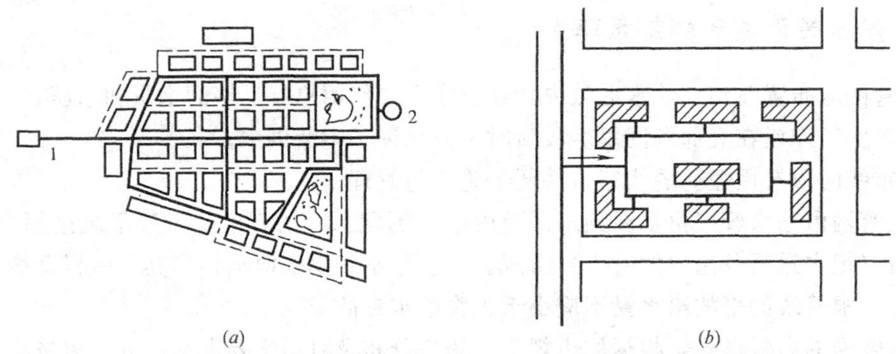

图 2-14　环状管网布置

（a）城市环状管网；（b）街坊环状管网

1—水厂；2—水塔

水管网，因此也称给水管网。在给水管网中，由于各管线所起的作用不同，其管径也不相等。城市给水管网按管线作用的不同可分为干管、支管、分配管和接户管等。

干管的主要作用是输水至城市各用水地区，直径一般在 100mm 以上，在大城市为 200mm 以上。城市给水网的布置和计算，通常只限于干管。支管是把干管输送来的水量送到分配管网的管道，适应于面积大、供水管网层次多的城区。

分配管是把干管或支管输送来的水量送到接户管和消火栓的管道。分配管的管径由消防流量来决定，一般不予计算。为了满足安装消火栓所要求的管径，不致在消防时水压下降过大，通常配水管最小管径，小城市采用 75～100mm，中等城市 100～150mm，大城市采用 150～200mm。

接户管又称进水管，是连接配水管与用户的管道。

干管的布置通常按下列原则进行：

（1）干管布置的主要方向应按供水主要流向延伸，而供水流向取决于最大用水户或水塔等调节构筑物的位置。

（2）为保证供水可靠，按照主要流向布置几条平行的干管，其间用连通管连接，这些管线以最短的路径到达用水量大的主要用户。干管间距视供水区的大小、供水情况而不同，一般为 500～800m。

（3）沿规划道路布置，尽量避免在重要道路下敷设。管线在道路下的平面位置和高程，应符合管网综合设计的要求。

（4）应尽可能布置在高地，以保证用户附近配水管中有足够的压力。

（5）干管的布置应考虑发展和分期建设的要求，留有余地。

2.5.3　管网的自由水头

为了对建筑物的最高用水点供应足够的水量和适宜的压力，要求管网供水具有一定的自由水头。自由水头是指配水管中的压力高出地面的水柱高度。这个水头必须能够使水送到建筑物最高用水点，而且还应保证取水龙头的放水压力。

管网自由水头的数值取决于建筑物的层数，在生活饮用水管网中一般规定：一层建筑为 10m；二层建筑为 12m；三层以上每增加一层增加 4m 计算。对于较高的建筑物，大多自设加压设备，而在管网压力中不予考虑，以免加大全部管网压力。

为求算管网起点所需的水压，须在管网内选择最不利的一点（称为控制点），该点一般位于地面较高、离水厂（或水塔）较远或建筑物层数较多的地区，只要控制点的自由水头合乎要求，则整个管网的水压均合乎要求。

2.6 管段流量与管径确定

2.6.1 管网各管段计算流量

给水流量是通过不同管径的水管输送的，流量的多少直接决定着管径的大小。只有知道管径，才能确定流速，进而进行水头损失、水塔高度和水泵扬程等一系列的水力计算。

为此，在计算之前先确定沿线输出流量和转输流量，以便确定各管段的计算流量。

(1) 沿线流量

干管（或配水管）沿线配送的水量，可分为两部分，一部分是水量较大的集中流量，例如干管上的配水管流量或工厂、机关及学校等大用户的流量都属于这一类，这类数量较少，用水流量容易计算；另一部分是用水量比较小的分散配水，干管上的小用户和配水管上沿线的居民生活用水都属于这一类，这一类用水量的变化较大，因此计算比较复杂。在管网计算时，一般只考虑干管。

现分析干管的任一管段，如图 2-15 所示。在该段沿线输出的流量，有分布较多的小用水量 q'_1、q'_2…，也有大流量的少数集中流量 Q_1、Q_2…。对于这样复杂的情况，管网计算很麻烦，因此，通常采用简化方法。

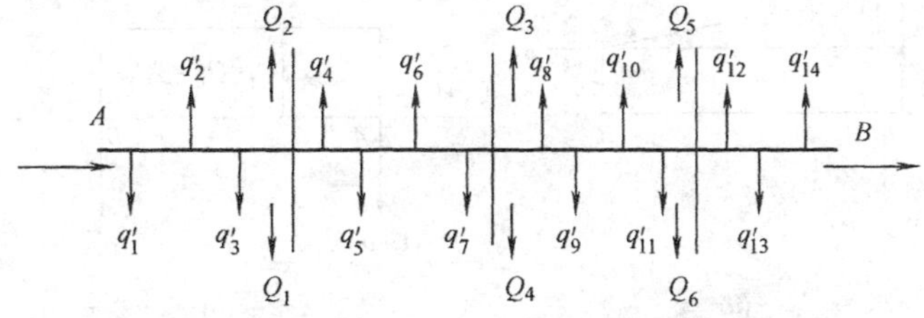

图 2-15 干管配水情况

在计算城市给水管网时，通常采用的简化方法是比流量法。比流量分为长度比流量和面积比流量。所谓长度比流量，是假定量 q'_1、q'_2…均匀分布在整个管线上的情况下，单位长度管段上的配水流量。

长度比流量（q_{cb}）可按下式计算：

$$q_{cb}=\frac{Q-\sum Q_i}{\sum L} \tag{2-25}$$

式中 Q——管网供水的总流量（L/s）；

$\sum Q_i$——工业企业及其他大用水户的集中流量之和（L/s）；

$\sum L$——干管网的总计算长度（m）（不配水的管段不计；只有一侧配水的管段折半计）。

面积比流量是在假定水量 q'_1、q'_2…均匀分布在整个供水面积的情况下，单位供水面积上的流量。因为供水面积大，用水量多，所以用面积比流量来进行管网计算更接近实际。

面积比流量（q_{mb}）可按下式计算：

$$q_{mb}=\frac{Q-\sum Q_i}{\sum\omega} \tag{2-26}$$

式中　$\sum\omega$——供水面积的总和（m^2）。

其余符号同前。

求出比流量 q_{cb} 或 q_{mb} 后，就可以计算某一管段的沿线流量 Q_y。

$$Q_y=q_{cb}L\quad(L/s) \tag{2-27}$$

式中　L——某管段的计算长度（m）。

或

$$Q_y=q_{mb}\omega\quad(L/s) \tag{2-28}$$

式中　ω——某管段的供水面积（m^2）。

（2）节点流量

管网中每一管段的流量包括两部分：一部分是沿管段配水给用户的沿线流量；另一部分是转输到下游管段的转输流量。在一条管段中，转输流量是通过管段的不变流量，但沿线流量从管段始端逐渐减少，至末端为零。管段输配水情况见图 2-16。图中 AB 管段起点 A 处的流量是转输流量 Q_{zs} 与沿线流量 Q_y 之和，而管段终点 B 的流量仅为 Q_{zs}。按比流量计算的假定，沿线流量成直线变化。但这样变化的流量，难于计算管径和水头损失。为了计算方便，还须进一步简化。简化的方法是引用一个不变的流量，称为计算流量（Q_j），如图 2-16（b）所示，使它产生的水头损失和图 2-16（a）的变流量所产生的水头损失完全一样。

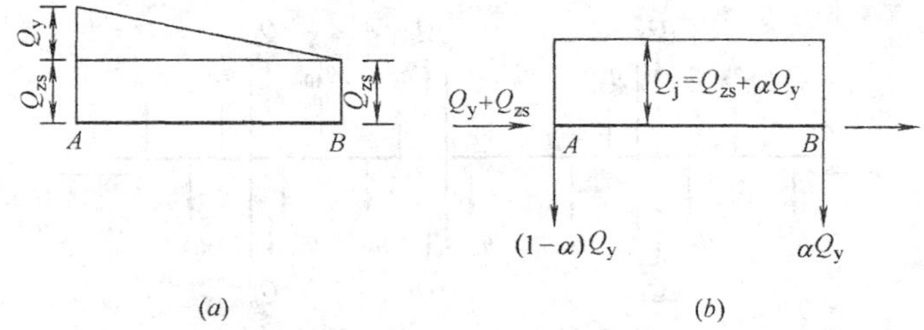

图 2-16　管段配水情况

管段计算流量 Q_j 可用下式表示：

$$Q_j=Q_{zs}+\alpha Q_y\quad(L/s) \tag{2-29}$$

式中　α——折减系数，其值为 0.50～0.58。

当 $Q_{zs}\gg Q_y$ 时，α 值趋近于 0.50；反之，α 值趋近于 0.58。在确定管网计算流量时，为了计算方便，采用 $\alpha=0.50$ 不致引起很大的误差。经过简化，将沿线流量折算成节点流量就很简便，只需将该管段沿线流量平分于始末两端即可。图 2-17 为一管段沿线流量化为节点流量分配图。

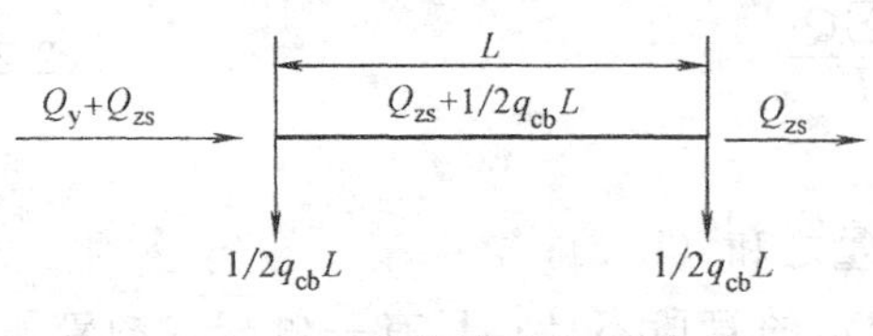

图 2-17　节点流量分配图

节点流量

$$Q_n=\frac{1}{2}Q_y\quad(L/s) \tag{2-30}$$

该管段的计算流量

$$Q_j = Q_{zs} + \frac{1}{2} q_{cb} \cdot L \quad (L/s) \tag{2-31}$$

式（2-31）表明：如果把沿线流量化成节点流量，就能大大简化管网的计算工作。

这样，管网中每个节点假想的集中流量就等于该节点所有连接管段的沿线流量总和之半。即：

$$q_n = \frac{1}{2} \sum Q_y \quad (L/s) \tag{2-32}$$

求得管网各节点流量后，将其标注在管网图上。这时，管网计算图上便只有集中于节点的流量（包括原有的集中流量）。则管段的计算流量为：

$$Q_j = Q_{zs} + \frac{1}{2} \sum Q_y \quad (L/s) \tag{2-33}$$

以图 2-18 为例，节点 6 的节点流量

$$q_6 = \frac{1}{2}(Q_{y6-10} + Q_{y5-6} + Q_{y2-6} + Q_{y6-7}) \tag{2-34}$$

【例题 2-2】 某城市最高时总用水量为 284.7L/s，其中集中供应工业用水量为 189.2L/s。干管各管段名称及长度（单位：m）如图 2-19 所示，管段 4—5、1—2 及 2—3 为单边配水，其余为两边配水，试计算：（1）干管的比流量；（2）各管段的沿线流量；（3）各节点流量。

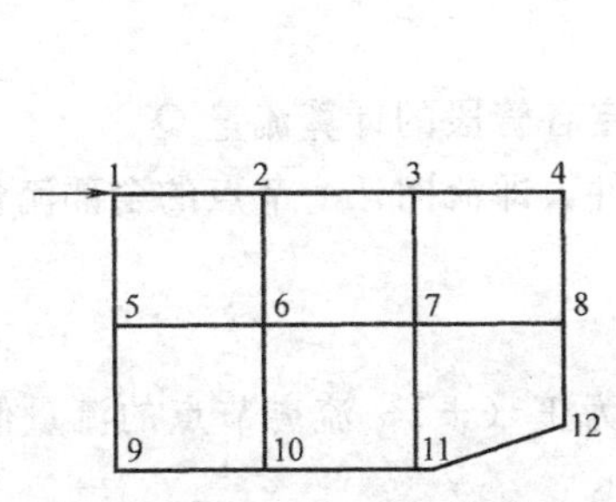

图 2-18 节点流量计算图

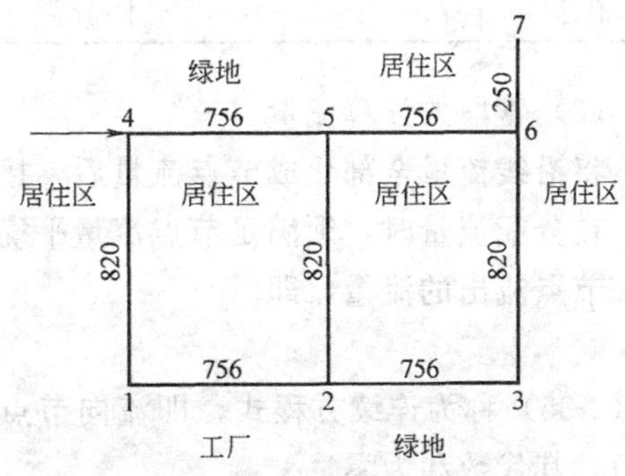

图 2-19 节点流量计算例题

【解】

干管总计算长度

$$\sum L = \frac{1}{2} L_{1-2} + \frac{1}{2} L_{2-3} + \frac{1}{2} L_{4-5} + L_{5-6} + L_{1-4} + L_{2-5} + L_{3-6} + L_{6-7} = 4600\text{m}$$

干管的比流量

$$q_{cb} = \frac{284.7 - 189.2}{4600} = 0.0208\text{L}/(\text{s} \cdot \text{m})$$

各管段的沿线流量计算如表 2-29 所列。

沿线流量化成节点流量的计算如表 2-30 所列。

各管段沿线流量计算 **表 2-29**

管段编号	管段长(m)	管段计算长度(m)	比流量[L/(s·m)]	沿线流量(L/s)
1—2	756	756×1/2=378	0.0208	7.9
2—3	756	756×1/2=378	0.0208	7.9
1—4	820	820	0.0208	17
2—5	820	820	0.0208	17
3—6	820	820	0.0208	17
4—5	756	756×1/2=378	0.0208	7.8
5—6	756	756	0.0208	15.7
6—7	250	256	0.0208	5.2
合计		4600		95.5

各管段节点流量计算 **表 2-30**

节点编号	连接管段编号	各连接管段沿线流量之和(L/s)	节点流量(L/s)
1	1—4,1—2	17+7.9=24.9	12.4
2	1—2,2—5,2—3	7.9+17+7.9=32.8	16.4
3	2—3,3—6	7.9+17=24.9	12.5
4	1—4,4—5	17+7.8=24.8	12.4
5	4—5,2—5,5—6	7.8+17+15.7=40.5	20.3
6	3—6,5—6,6—7	17+15.7+5.2=37.9	18.9
7	6—7	5.2	2.6
合计		191	95.5

(3) 管段的计算流量

将沿线流量全部化成节点流量后，接下来就要确定各管段的计算流量 Q_j。

在分配流量时，须满足节点流量平衡的水力学条件，即流向任一节点的全部流量等于从该节点流出的流量，即

$$\sum Q=0 \tag{2-35}$$

式 (2-35) 称为连续方程式，即流向节点的流量假定为正 (+)，流离节点的流量假定为 (−)，其代数和为零。

设 Q_0 为流进某节点的流量，Q_1、Q_2 及 Q_3 为流出该节点的流量，得：

$$\sum Q=Q_0-Q_1-Q_2-Q_3=0$$

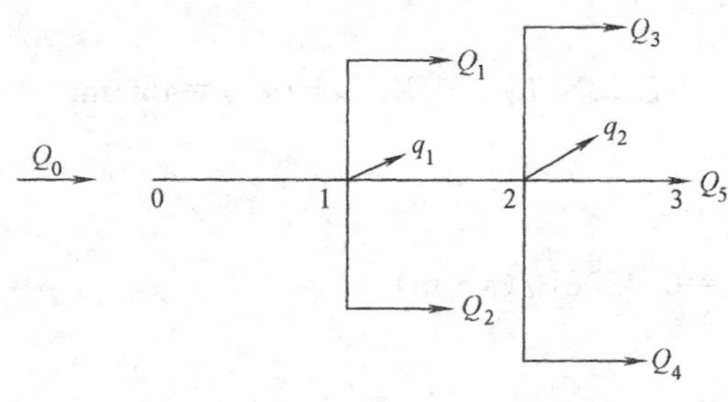

图 2-20 树枝状管网管段流量计算

利用 $\sum Q=0$ 这个关系式，就可以从树枝状管网供水终点的节点流量开始，向上游一一推算各管段的流量。

例如图 2-20 的树枝状管网中，q_1 及 q_2 代表由沿线流量折算成的节点流量，Q_1、Q_2、Q_3、Q_4 和 Q_5 代表集中流量，由这些流量就可以计算出各管段的计算流量来，如表 2-31 所列。

树枝状管网管段的计算流量　　表 2-31

管段	3—2	2—1	1—0
流量	Q_5	$Q_3+Q_4+Q_5+q_2$	$Q_3+Q_4+Q_5+q_2+Q_1+Q_2+q_1$

在环状管网中，流量分配比较复杂，因流向任一节点的流量与流离该节点的流量通常不只一个，且每一管段中的流量与其下端的节点流量没有一定的联系，如满足$\sum Q=0$的条件时，则各管段的流量分配可以有无穷多的解答，只有另加水力条件才能有确解。这个问题在环网水力计算中再详述。环状管网分配流量时，除满足$\sum Q=0$和水力条件外，还必须满足下述原则：

1）水流应循最短的途径流向用户；

2）几条主要干管应大致均匀地分配流量，以便当一条主要干管发生事故时，仍能供应用户一定的流量。

2.6.2　管径的确定

确定管网中各管段的直径是设计管网的主要任务。管段的直径应根据流速计算。由水力学公式得知，流量、流速和过水断面之间的关系是：

$$Q=\omega V \tag{2-36}$$

式中　Q——流量（m^3/s）；

V——流速（m/s）；

ω——过水断面（m^2）。

$$d=\sqrt{\frac{4Q}{\pi V}} \tag{2-37}$$

由式（2-37）可知，管径的尺寸不仅与通过的流量有关，而且还与所选取的流速有关。在未决定流速之前，只有流量是不能确定直径的。因此在管网计算中，流速的选择是个先决条件。

在管网中，为防止产生水锤引起的破坏作用，最高流速为2.5～3.0m/s。为防止管内泥沙沉积，流速最低不得小于0.6m/s。

从式（2-37）可以看出，在流量不变的情况下，流速选择愈小，则管径愈大，管网造价也愈高，但经营费用低。反之，流速选得愈大，管径可以减小，造价也可以降低，但水头损失增加，使日常消耗的输水动力费用增高，从而增加了经营费用。所以给水管径的选择时要综合考虑管道的建造费用与年经营费用这两种主要经济因素。

影响流速的因素很多，如管材费用、施工条件、经营费用、投资偿还年限等，但主要还是管网的建造费用和经营费用。管道建造费用与年经营费用之和最小时所对应的流速称为经济流速（V_e）。我国各地均有根据经济技术指标计算出来的各种管径所对应的经济流速和流量的设计资料，规划设计时可查阅有关资料。

不同流量与经济流速相适应的管径，称为该流量的经济管径。

在规划设计中，也可根据各城市所采用的经济流速范围，用控制每公里管段的水头损失值（一般为5m/km左右）的计算法来确定经济管径。如缺乏资料，则可参考下列管径与经济流速经验值：

d=100～350mm时，V_e可采用0.5～1.1m/s；

表 2-32

给水管径简易估算表

管径 (mm)	计算流量 (L/s)	使用人口数							注
		用水标准=50 [L/(人·d)] (K=2.0)	用水标准=60 [L/(人·d)] (K=1.8)	用水标准=80 [L/(人·d)] (K=1.7)	用水标准=100 [L/(人·d)] (K=1.6)	用水标准=120 [L/(人·d)] (K=1.5)	用水标准=150 [L/(人·d)] (K=1.4)	用水标准=200 [L/(人·d)] (K=1.3)	
1	2	3	4	5	6	7	8	9	10
50	1.3	1120	1040	830	700	620	530	430	1. 流速：当 $d\geqslant400$mm，$V\geqslant1.0$m/s；当 $d\leqslant350$mm，$V\leqslant1.0$m/s 2. 本表可根据用水人口数以及用水量标准查得管径；亦可根据已知的管径、用水量标准查得该管可供多少人使用
75	1.3～3.0	1120～2600	1040～2400	830～1900	700～1600	620～1400	530～1200	430～1000	
100	3.0～5.8	2600～5000	2400～4600	1900～3700	1600～3100	1400～2800	1200～2400	1000～1900	
125	5.8～10.25	5000～8900	4600～8200	3700～6500	3100～5500	2800～4900	2400～4200	1900～3400	
150	10.25～17.5	8900～15000	8200～14000	6500～11000	5500～9500	4900～8400	4200～7200	3400～5800	
200	17.5～31.0	15000～27000	14000～25000	11000～20000	9500～17000	8400～15000	7200～12700	5800～10300	
250	31.0～48.5	27000～41000	25000～38000	20000～30000	17000～26000	15000～23000	12700～20000	10300～16000	
300	48.5～71.00	41000～61000	38000～57000	30000～45000	26000～28000	23000～34000	20000～29000	16000～24000	
350	71.00～111	61000～96000	57000～88000	45000～70000	28000～60000	34000～58000	29000～45000	24000～37000	
400	111～159	96000～145000	88000～135000	70000～107000	60000～91000	58000～81000	45000～70000	37000～56000	
450	159～196	145000～170000	135000～157000	107000～125000	91000～106000	81000～94000	70000～81000	56000～65000	
500	196～284	170000～246000	157000～228000	125000～181000	106000～154000	94000～137000	81000～117000	65000～95000	
600	284～384	246000～332000	228000～307000	181000～244000	154000～207000	137000～185000	117000～157000	95000～128000	
700	384～505	332000～446000	307000～412000	244000～328000	207000～279000	185000～247000	157000～212000	128000～171000	
800	505～635	446000～549000	412000～507000	328000～404000	279000～343000	247000～304000	212000～261000	171000～211000	
900	635～785	549000～679000	507000～628000	404000～506000	343000～425000	304000～377000	261000～323000	211000～261000	
1000	785～1100	679000～852000	628000～980000	506000～780000	425000～595000	377000～529000	323000～453000	261000～366000	

d=350～600mm 时，V_e 可采用 1.1～1.6m/s；

d=600～1000mm 时，V_e 可采用 1.6～2.1m/s。

图 2-21 为生活局部地段给水管网布置图。

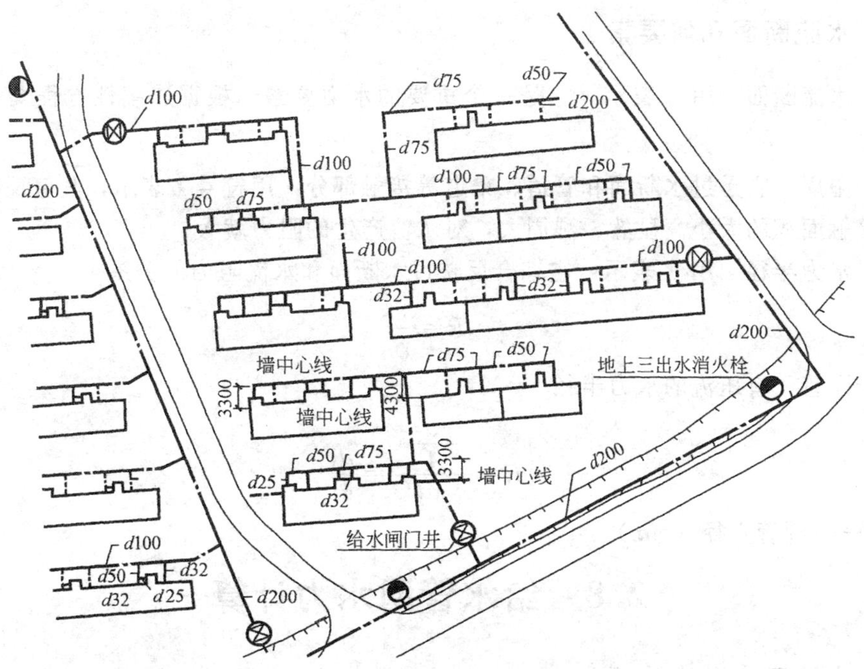

图 2-21 生活区局部地段给水管网布置

为了简化计算，也可根据人口数和用水定额，直接从表 2-32 中求得所需的管径。

2.7 管道水力计算基本知识

2.7.1 层流、紊流、均匀流、非均匀流

水在流动时，由于流速的不同，水流常呈现出层流和紊流两种流态。流态可用雷诺数来判别。

雷诺数的计算公式为：

$$\mathrm{Re}=\frac{vd}{\nu} \tag{2-38}$$

式中 Re——雷诺数；

v——管中流速（mm/s）；

d——管径（mm）；

ν——液体的运动黏度（mm^2/s）。

对于圆管有压水流，如果 Re<2300 时，水流状态为层流状态；当 Re>2300 时，水流状态则处于紊流状态。

对于明渠，当雷诺数 Re<500 时，为层流状态；Re>500 时，为紊流状态。

在给水工程实践中，当一定量的水流在直径不变、底坡一致的直线段圆管中作稳定流动时称为均匀流。凡不符合均匀流条件的水流称为非均匀流。

管径改变，方向改变或明渠的坡度改变，都会出现非均匀流。进行给水排水管道水力计算时，对非均匀流问题，一般将其分成若干段，每段按均匀流来计算，这样可使计算工作大为简化，同时亦可满足工程设计精度要求。

2.7.2 水流断面几何要素

（1）水流断面 用 ω 表示，它是一个重要的水力要素，根据连续性方程 $Q=\omega v$，得 $\omega=Q/v$。

（2）湿周 它是过水断面和管道、渠道等接触部分，用符号 χ 表示，其值反映出液体和固体接触面积的大小。显然，湿周大，对水流产生的阻力就大。

（3）水力半径 用 R 表示，它综合反映过水断面和水流阻力的关系

$$R=\frac{\omega}{\chi} \tag{2-39}$$

对于圆管，有压流的水力半径

$$R=\frac{\frac{\pi d^2}{4}}{\pi d}=\frac{d}{4} \tag{2-40}$$

式中 d——圆管直径（mm）。

2.8 给水管网水力计算

2.8.1 水流阻力和水头损失

水流中单位质量液体的机械能损失称为水头损失。水头损失又分为沿程水头损失和局部水头损失两类。

1）沿程水头损失 沿程阻力是发生于水流全部流程的摩擦阻力。为克服这一阻力而引起的水头损失称为沿程水头损失，通常以符号 h_s 表示。在渐变流中，沿程阻力占主要部分，它的大小随流程长度的增加而增加。

2）局部水头损失 水流因边界的改变而引起断面流速分布发生急骤的变化，从而产生的阻力称为局部阻力。其相应的水头损失称为局部水头损失，通常以符号 h_j 表示。在急变流中，局部阻力占主要部分，例如管道上的三通、弯头、突然扩大或缩小以及闸门等地方，它的大小与长度无关。

形成液体水头损失的主要原因是液体粘滞性和边界所产生的摩擦阻力。而摩擦阻力的大小又与接触面积以及水流断面几何条件有关。

（1）沿程水头损失

根据水力学推导，对于圆管，沿程水头损失计算公式为

$$h_s=il \tag{2-41}$$

式中 h_s——沿程水头损失，m；

i——水力坡降，m/m；

l——管段长度，m。

其中

$$i=\lambda\frac{1}{d}\frac{v^2}{2g} \tag{2-42}$$

式中 v——管段内水流平均流速，m/s；

d——管径，m；

λ——沿程阻力系数。

λ 值多采用经验公式计算。

对旧钢管及铸铁管，常按单位长度水头损失计算：

当 $v \geqslant 1.2$m/s 时

$$i = 0.00107 \frac{v^2}{d^{1.3}} \tag{2-43}$$

当 $v < 1.2$m/s 时

$$i = 0.00092 \frac{v^2}{d^{1.3}} \left(1 + \frac{0.867}{v}\right)^{0.3} \tag{2-44}$$

沿程水头损失用 1000m 长度的损失 $1000i$ 表示。

在实际工程中，有时已知水头损失而要求出流速的大小。为此，可变换公式（2-42）如下：

$$v^2 = \frac{2gdh_s}{\lambda L} = \frac{8gR}{\lambda} i \tag{2-45}$$

$$v = \sqrt{\frac{8g}{\lambda}} \sqrt{Ri} = C \sqrt{Ri} \tag{2-46}$$

式中
$$C = \sqrt{\frac{8g}{\lambda}}$$

公式（2-46）称为谢才公式，其中 C 称为谢才系数。

谢才系数 C 可用下列两公式计算：

1）曼宁公式：
$$C = \frac{1}{n} R^{1/6} \tag{2-47}$$

2）巴浦洛夫斯基公式：

$$C = \frac{1}{n} R^y \tag{2-48}$$

$$y = 2.5\sqrt{n} - 0.13 - 0.75\sqrt{R}(\sqrt{n} - 0.10) \tag{2-49}$$

y 值可近似计算：

当
$$R < 1.0\text{m 时} \quad y \approx 1.5\sqrt{n} \tag{2-50}$$

$$R > 1.0\text{m 时} \quad y \approx 1.3\sqrt{n} \tag{2-51}$$

n——管道表面的粗糙系数，其值见表 2-33 所列。

粗糙系数 n 值 **表 2-33**

管材	钢管	铸铁管	钢筋混凝土管	石棉水泥管	塑料管
n	0.011	0.012	0.013	0.011	0.011

（2）局部水头损失计算

局部水头损失是水流断面局部边界条件发生变化，使得流速的大小与分布状态改变，从而于水流边界条件变化的局部范围内产生的集中机械能量损失。由于其水流运动复杂，因此局部水头损失多由实验确定。各种局部水头损失可按下式计算：

$$h_j = \xi \frac{v^2}{2g} \tag{2-52}$$

式中 ξ——局部阻力系数，参见《给水排水设计手册》[26]。

2.8.2 管网水头损失计算

在室外给水管网中，一般只计算沿程水头损失，不计算配件等的局部损失，因为这些损失占总管网的水头损失比重不大，可以忽略。

给水管网按水力坡度计算沿程水头损失时可直接运用公式（2-43）、（2-44），上节已作过介绍。其 $1000i$ 值可由《给水排水设计手册》管渠水力计算表中查得。

有时，管道水头损失可按比阻值计算，即将（2-42）式中的流速 v 用流量 Q 代入而得。

$$i = \lambda \frac{1}{d} \frac{Q^2}{\left(\frac{\pi}{4}d^2\right)^2 \times 2g} = \frac{8\lambda Q^2}{\pi^2 g d^5} = \frac{8g \times 8}{C^2 \pi^2 g} \times \frac{Q^2}{d^5} = \frac{64}{\pi^2 C^2 d^5} Q^2 \tag{2-53}$$

设 $A = \frac{64}{\pi^2 C^2 d^5}$，称为比阻。

则

$$i = AQ^2 \tag{2-54}$$

将式（2-43）代入式（2-54）得：

$$0.00107 \frac{v^2}{d^{1.3}} = AQ^2 \tag{2-55}$$

式（2-55）中的流速 v 用流量 Q 代入时，则旧钢管和旧铸铁管的 A 值计算公式：

$$0.00107 \frac{Q^2}{\left(\frac{\pi d^2}{4}\right)^2} \cdot \frac{1}{d^{1.3}} = AQ^2$$

$$A = \frac{0.001736}{d^{5.3}} \tag{2-56}$$

A 值是当 Q 为 m^3/s 时推算出来的比阻值，而常用的 Q 单位为 L/s。所以 Q 为 L/s 时，要将 A 值除以 10^6 后才能代入计算。

设 $A \times 10^{-6} = s$（当 Q 的单位为 L/s 时），则

$$i = A \times 10^{-6} Q^2 = sQ^2 \tag{2-57}$$

$$h = ksQ^2 \tag{2-58}$$

式中 h——水头损失（m）；

s——比阻值，可由表 2-34 查得；

k——修正系数，可由表 2-35 查得。

给水管道的水头损失也可用海森-威廉公式计算：

$$h = rQ^n \tag{2-59}$$

式中 n——流量指数，$n=1.75 \sim 2$，海森-威廉公式中采用 $n=1.85$；

r——阻力系数，$r = 10.666 m^{-1.85} d^{-4.87} L$；

m——流速系数（见表 2-36）；

d——管径（mm）；

L——管长（m）；

Q——流量（m^3/s）。

比阻值 s（Q 以 L/s 计） 表 2-34

管内径(mm)	旧钢管及旧铸铁管 $v \geqslant 1.2$(m/s)	钢筋混凝土管	
		$n=0.012$	$n=0.013$
50	15190×10^{-6}	12900×10^{-6}	
75	1709×10^{-6}	1480×10^{-6}	
100	365.3×10^{-6}	319×10^{-6}	314×10^{-6}
150	41.85×10^{-6}	36.7×10^{-6}	36.8×10^{-6}
200	9.029×10^{-6}	7.92×10^{-6}	8.06×10^{-6}
250	2.752×10^{-6}	2.41×10^{-6}	2.48×10^{-6}
300	1.025×10^{-6}	0.911×10^{-6}	0.945×10^{-6}
350	0.4529×10^{-6}	0.401×10^{-6}	0.418×10^{-6}
400	0.2232×10^{-6}	0.196×10^{-6}	0.207×10^{-6}
450	0.1195×10^{-6}	0.105×10^{-6}	0.111×10^{-6}
500	0.06839×10^{-6}	0.0598×10^{-6}	0.0635×10^{-6}
600	0.02602×10^{-6}	0.0226×10^{-6}	0.0240×10^{-6}
700	0.01150×10^{-6}	0.00993×10^{-6}	0.0107×10^{-6}
800	0.005665×10^{-6}	0.00487×10^{-6}	0.00529×10^{-6}
900	0.003034×10^{-6}	0.00260×10^{-6}	0.00284×10^{-6}
1000	0.001736×10^{-6}	0.00148×10^{-6}	0.00163×10^{-6}

修正值 k 表 2-35

v(m/s)	0.2	0.25	0.3	0.35	0.4	0.45	0.50	0.55	0.60
k	1.41	1.33	1.28	1.24	1.20	1.175	1.15	1.13	1.115
v(m/s)	0.65	0.70	0.75	0.80	0.85	0.90	1.00	1.1	$\geqslant 1.2$
k	1.10	1.085	1.07	1.06	1.05	1.04	1.03	1.015	1.0

m 值 表 2-36

各种管道材料	使用年限	
	新的	旧的
铸铁管(内外有涂料的)	130	100
铸铁管(有水泥或沥青涂料的)	130	130
钢管(铆接并有涂料的)	110	90
钢管(焊接并有涂料的)	140	100
钢管(有水泥或沥青涂料的)	140	130
混凝土管	140	130
水泥管、塑料管	140	130

2.8.3 管网水力计算

2.8.3.1 管网设计和计算的步骤

（1）在平面图上进行干管布置（定线），管网的布置形式可以是环状网或树枝状网，也有混合形式管网。

（2）按照输水路线最短的原则，定出各管段的水流方向。

（3）定出干管的总计算长度（或供水总面积）及各管段的计算长度（或供水面积）。

(4) 按最高日最高用水时的流量确定供水区内大用水户的集中流量和可以假定为均匀分布的流量，根据已确定的输入管网总流量，求出比流量、各管段沿线流量和节点流量。

(5) 根据输入管网的总流量，进行整个管网的流量分配，并满足节点流量平衡的条件，同时应考虑供水的可靠性和技术经济的合理性。

(6) 按初步分配的流量，根据经济流速，确定每一管段的管径。由于管网需要满足各种情况下的用水要求，确定管径时除满足经济流速条件外，还应以保证消防和发生事故用水来复核，使管网在特殊情况下仍能保持适当的水压和流量。

(7) 对于环网，由于初步流量分配不当，环状管网的闭合环内水头损失可能不满足 $\sum h_i=0$，产生闭合差 Δh_i。为消除闭合差，必须进行管网平差计算，将原有的流量分配逐一加以修正。

(8) 利用平差后各管段的水头损失和各点地形标高，算出水塔高度和水泵扬程，有时在管网平面图上还需绘出等水压线。

以上即是管网设计和计算的基本步骤。必须指出，在给水管网的设计时，为保证供水安全，按各种情况进行核算是十分必要的，如最高日最高时用水情况、最高日最高时加消防情况、最大转输情况、干管事故情况等。干管发生事故时，管网应保证供给70%的设计流量。

在核算中，由于管径已知，流量加大时，流速可能高于经济流速，但时间较短，这是允许的。如果某些管段的流速过高（高于2.5～3.0m/s），则必须加大这些管段的直径，并重新计算最高日最高时的工作情况。

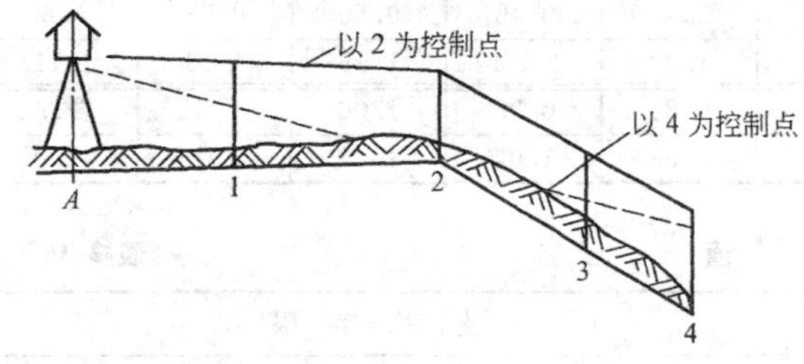

图 2-22　最不利点的选择

在管网水力计算中，还必须确定最不利点为控制点。一般最不利点就是距二级泵站最远的供水点，但应结合具体地形确定。如图 2-22 所示，最不利点应该在2点，而不是最远的4点。

2.8.3.2　树枝状管网的水力计算

树枝状管网水力计算的特点前面已经叙述，其方法是从树枝状管网的节点流量计算各管段流量，即从距泵站最远的末梢节点（最不利点），利用节点连续方程 $\sum Q=0$ 的关系，逐个向二级泵站推过去，即可求出每管段的计算流量来，再根据经济流速选定管径，进而由流量、管径和管长算出管段水头损失，最后由地形高程和最不利点的自由水头，求出各点的水压。具体步骤详见例题 2-3。

【例题 2-3】 树枝状管网水力计算。

图 2-23 给出一树枝状管网布置，图中标明管段长度和节点流量。各节点的自由水头要求不低于20m。各节点高

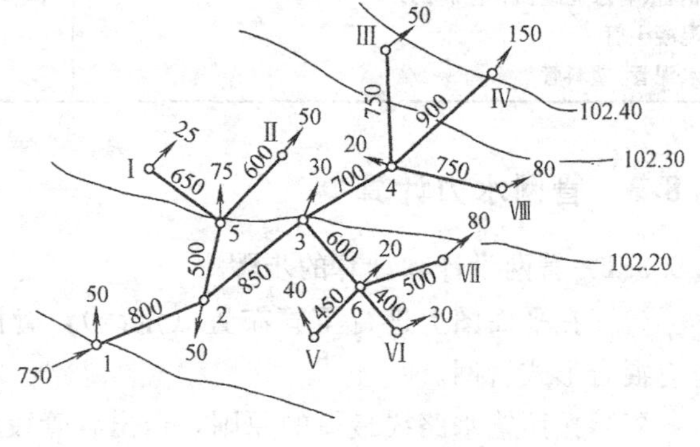

图 2-23　树枝状网计算实例

程列于表 2-37 及表 2-38 中，根据上述资料计算出各节点的水压。计算过程如下：

首先在管网中选定最不利点，定出从最不利点至管网起点的计算干线（本例为Ⅳ—1)，然后求出各管段的计算流量。本例从节点Ⅳ开始，已知管段 4—Ⅳ的流量为 150L/s，再由节点 4 得管段 3—4 流量为：

$$50+20+150+80=300\text{L/s}$$

依此逐个管段推算计算流量。

根据计算流量选定管径后，即可进行水头损失计算。计算时，可查《铸铁管水力计算表》。为了计算各点水压，首先从图中定出的最不利点Ⅳ开始，以这点的自由水头为 20m，计算 1—2—3—4—Ⅳ干管上各节点的水压（见表 2-37 所列)。如管段 4—Ⅳ的流量为 150L/s，由水力计算表查得用 450mm 的管径，其水力坡度 i 为 2.80mm/m，流速为 0.94m/s，900m 长的管段 4—Ⅳ上的水头损失为：

$$\frac{900}{1000}\times 2.80=2.52\text{m}$$

有了各段的水头损失，即可计算各点水压。水压计算也是从最不利点Ⅳ开始的，逐个向节点 1 计算。Ⅳ点的高程为 102.4m，自由水头要求为 20m，所以这点的水压高程为：

$$102.4+20=122.4\text{m}$$

4—Ⅳ段的水头损失为 2.52，所以节点 4 的水压高程为：

$$122.4+2.52=124.92\text{m}$$

但节点 4 的地面高程为 102.25m，所以得节点 4 的自由水头为：

$$124.92-102.25=22.67\text{m}$$

如此计算，即可求出各点水压，如表 2-37 所列。

干管线水力计算 **表 2-37**

管段编号	管长 (m)	流量 (L/s)	管径 (mm)	水力坡度 (mm/m)	管段水头损失(m)	流速 (m/s)	节点	地面高程 (m)	水压高程 (m)	自由水头 (m)
							1	102.10	129.05	26.95
1—2	800	700	900	1.51	1.21	1.10	2	102.15	127.84	25.69
2—3	850	500	800	1.46	1.24	0.99	3	102.20	126.60	24.40
3—4	700	300	600	2.39	1.68	1.06	4	102.25	124.92	22.67
4—Ⅳ	900	150	450	2.80	2.52	0.94	5	102.40	122.40	20.00

注：本表经济流速采用：d=100～400mm，v_e=0.6～0.9m/s；d>400mm，v_e=0.9～1.4m/s。

表 2-38 为支管的水力计算，其步骤同上，但高程和自由水头的计算要根据表 2-37 的数据。计算时从支管与干管的连接点开始，逐渐向远处的节点计算。例如节点 5 的水压高程，是利用 2 号节点的水压高程 127.84m 减去管段 2～5 的水头损失 2.52m 得出 125.32m，节点 5 的地面高程为 102.21m，所以这点的自由水头为：

$$125.32-102.21=23.11\text{m}$$

求出节点 5 的数据后，即可进一步求出节点Ⅰ和Ⅱ的水压和自由水头。

支管线的水力计算 表 2-38

管段编号	管长 (m)	流量 (L/s)	管径 (mm)	水力坡度 (mm/m)	管段水头损失(m)	流速 (m/s)	节点	地面高程 (m)	水压高程 (m)	自由水头 (m)
2—5	500	150	400	5.04	2.52	1.19	5	102.21	125.32	23.11
5—1	650	25	250	1.97	1.30	0.51	1	102.30	124.02	21.72
5—Ⅱ	600	50	300	2.77	1.66	0.71	Ⅱ	102.25	123.66	21.41
3—6	600	170	450	3.52	2.11	1.07	6	102.16	124.49	22.33
6—Ⅶ	500	80	350	3.06	1.53	0.83	Ⅷ	102.18	122.96	20.78
6—Ⅵ	400	30	250	2.75	1.10	0.62	Ⅵ	102.12	123.39	21.27
6—Ⅴ	450	40	250	4.63	2.08	0.82	Ⅴ	102.12	122.41	20.29
4—Ⅲ	750	50	300	2.77	2.08	0.71	Ⅲ	102.37	122.84	20.47
4—Ⅷ	750	80	350	3.06	2.30	0.83	Ⅷ	102.24	122.62	20.38

注：采用的经济流速同表 2-37。

2.8.4 环状管网的水力计算

2.8.4.1 环状管网的特点

由上节可知，当树枝状管网的节点流量算出后，利用节点流量平衡关系$\sum Q=0$就可以把每段管的流量直接计算出来，但环网的节点流量算出来后，每段管的流量却不能直接算出来。

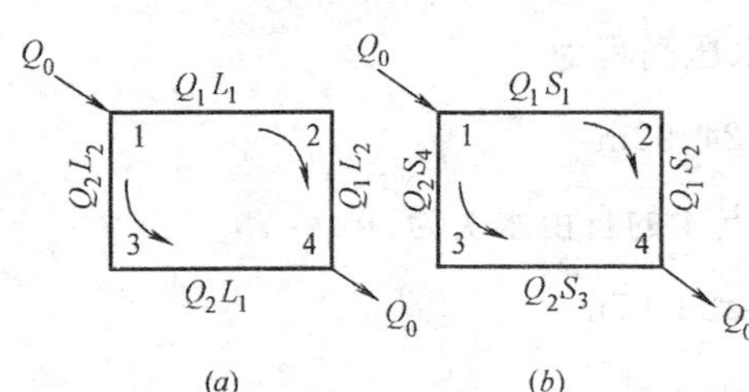

图 2-24 环状管网计算实例

下面用一个最简单的情况加以说明。

图 2-24 为环状管网实例，图 2-24（a）中在节点 1 流进已知流量 Q_0，由于环网上没有任何沿线流出流量，所以在节点 4 流出的流量也必定是 Q_0。由于各管段上没有沿线流量流出，因此在管段 1—2 和管段 2—4 上流量必然相等，假定为 Q_1；在管段 1—3 和管段 3—4 的流量也是相等的，令它为 Q_2。$\sum Q=0$ 可以得：

节点 1 $$Q_0-Q_1-Q_2=0 \tag{2-60}$$

节点 4 $$Q_1+Q_2-Q_0=0 \tag{2-61}$$

这两个方程式实际上是一个方程式，但式中包含两个未知数 Q_1 和 Q_2，因此 Q_1 和 Q_2 没有确切的答案。

上述矛盾的产生是忽略了另一个水力学的重要现象，即节点 1 和节点 4 两点间的水头差只能是一个数值，所以无论是 Q_1 流经管段 1—2、2—4 的水头损失或者是 Q_2 流经管段 1—3、3—4 的水头损失，都必须相等，即

$$h_{1-2}+h_{2-4}=h_{1-3}+h_{3-4} \tag{2-62}$$

$$h_{1-2}+h_{2-4}-h_{1-3}-h_{3-4}=0 \tag{2-63}$$

式中 h_{1-2}、h_{2-4}、h_{1-3}、h_{3-4}——分别表示管段 1—2、2—4、1—3 和 3—4 的水头损失。

如果分别选用管径 d_1 和 d_2，查出它们的比阻值 s_1 和 s_2，就可以算出 1—2、2—4、3—4 管段和 1—3 各管段的阻抗 S_1、S_2、S_3 和 S_4，如图 2-24（b）所示。

这样可以将式 2-62 和 2-63 写成：

$$S_1Q_1^2+S_2Q_1^2=S_4Q_2^2+S_3Q_2^2 \tag{2-64}$$

$$S_1Q_1^2+S_2Q_1^2-S_4Q_2^2-S_3Q_2^2=0 \tag{2-65}$$

也可写成

$$\sum h=0 \tag{2-66}$$

将式（2-65）和（2-60）联立，就可以解出 Q_1 和 Q_2 两个未知流量。

在式（2-66）中，规定以顺时针方向产生的水头损失为正，逆时针方向产生的水头损失为负，其代数和$\sum h$ 称为该环的闭合差。

由此看出，环状管网与树枝状管网的不同点在于：必须先定出各管段的管径；必须增加$\sum h=0$ 的条件，才能算出各管段的流量。

在大、中城市中，给水管网、管段数常多达百余条甚至数百条，计算工作量十分浩大，因此，必须用电子计算机才能快速求解。

2.8.4.2　环网的平差计算

环网计算时，先假定各管段的流量分配，并使满足连续方程$\sum Q=0$，但初步分配的流量不可能同时满足 n 环的能量方程$\sum h=0$ 的条件，为此，管段流量必须校正，使之在环内$\sum h$ 渐近于零或等于零。管段中增减校正流量应不破坏流量的平衡条件。

这种消除水头损失闭合差所进行的流量调整计算，称为管网平差。

管网平差计算的步骤如下：

第一步，按最短路线送水的原则，对每一个管段先假定它的流向，并估计一个流量，但要求每一个节点的流量都要满足$\sum Q=0$ 这个平衡条件；

第二步，根据第一步所给的流量定出每段管道的管径；

第三步，由每段管的管径、长度和流量，计算每段管长的水头损失 h；

第四步，按水流方向定正负号，计算每一个环的闭合差$\sum h$；

第五步，当某个环的闭合差$\sum h$ 不等于零时，即满足不了水头损失平衡的条件，说明原来假定的管段流量有误差，必须进行修正。这种修正是根据$\sum h$ 的大小和正负号对各管段定出流量修正值，它就起了平差的作用。另外，对于$\sum h=0$ 的环的流量不必进行修正（但当受邻环公共边影响时，也需随之修正）；

第六步，重新计算出每条管段修正后的流量；

第七步，重复第四步到第六步。当每个环的闭合差$\left|\sum h\right|<0.5$m 时，就可以停止计算。

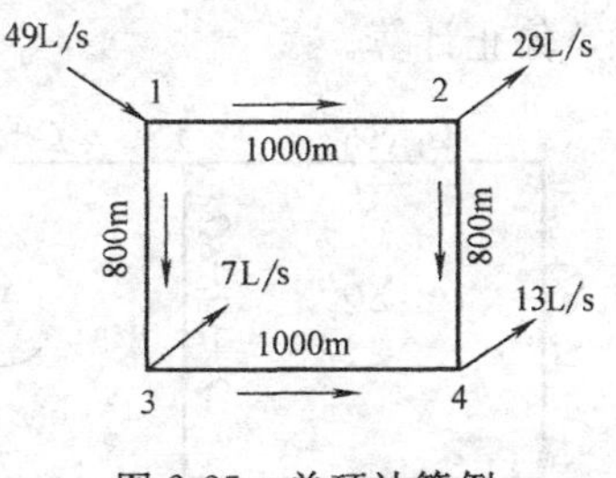

图 2-25　单环计算例

【例题 2-4】 计算图 2-25 的各管段流量。

【解】

(1) 先假定各管段流量　由图 2-25 看出节点 2 比节点 3 的流量大得多，所以节点 1 流量 49L/s 的大部分应该通过管段 1～2，假定为 39L/s，这样就可以用$\sum h=0$ 的关系把其管段的流量计算出来。

节点 1：管段 1—3 流量＝49－39＝10L/s；

节点 2：管段 2—4 流量＝39－29＝10L/s；

节点 3：管段 3—4 流量＝10－7＝3L/s；

（2）选定管径　利用水力计算表，管段1—2流量为39L/s，选用250mm管径，流速为0.78m/s，符合一般要求。其他管段流量虽然很小，但由于管段很长，管径不宜过小，所以均采用150mm。

（3）计算各管段水头损失

$$\sum h=h_{1-2}+h_{2-4}-h_{1-3}-h_{3-4}=4.43+3.75-3.75-0.53=3.90\text{m}$$

（4）流量修正

由$\sum h=3.90$m看，管段1—2、2—4的水头损失比管段1—3、3—4的水头损失大，所以要减小管段1—2、2—4的流量，增加1—3、3—4的流量。这种修正值是较小的，按2L/s估计，对管段1—2、2—4定为－2L/s，对管段1—3、3—4定为＋2L/s。则各管段的新流量为

管段1—2：39－2＝37L/s

管段2—4：10－2＝8L/s

管段1—3：10＋2＝12L/s

管段3—4：3＋2＝5L/s

按新流量计算出$\sum h=+0.04$m，符合要求，不必再进行流量修正。

环网平差中，关键问题是要求出流量修正值。流量修正值可用下式确定：

$$\Delta Q=-\frac{\Delta h}{1.85\sum\frac{h}{Q}} \tag{2-67}$$

或

$$\Delta Q=-\frac{\Delta h}{2\sum\frac{h}{Q}} \tag{2-68}$$

从式（2-67）或（2-68）中可以看出，ΔQ和Δh的符号相反。当Δh为正值时，ΔQ为负，反之亦然。即在一个环网中，同一流向的水头损失之和较大的各管段减去ΔQ，而同一流向的水头损失之和较小的各管段加上ΔQ。

用式（2-67）或（2-68）求出的ΔQ调整到各管段中去后，即为第一次修正后的流量值，直至试算到$\sum h=0$，此时Q、h值为所求之真实流量与水头损失。

通常$\sum h/h$在10%以下时即可停止计算，即单环$|\Delta h|\leqslant 0.5$m，多环$|\Delta h|\leqslant 1.5$m时，停止计算。

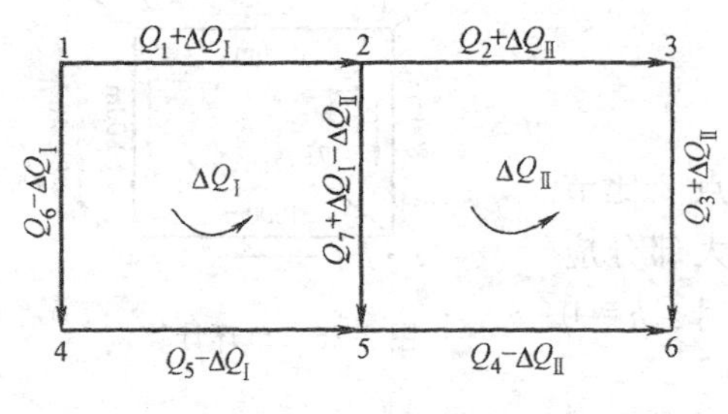

图2-26　两环环网修正流量

当管段为两环公共时，该管段修正流量应该是相邻两环的修正值的代数和。例如图2-26所示的两环环网，ΔQ_{I}和ΔQ_{II}分别是Ⅰ环和Ⅱ环的修正流量，故管段2-5的调整后的流量应为：

$$Q_7+\Delta Q_{\text{I}}-\Delta Q_{\text{II}} \tag{2-69}$$

【例题2-5】　某区的环网布置及节点高程如图2-27所示，各节点的自由水头要求不低于15m，最高日用水量为10800m^3，其中工业用水量为60L/s，供水点如图所示，其余

为居民生活用水，用水量及供水量曲线如图 2-28 所示。泵站按二级供水设计，从午夜 0 时～4 时为总供水量的 2.5%（即占全日用水量的 2.5%），4 时～24 时为总供水量的 4.5%（即占全日用水量的 4.5%）。求：

(1) 计算最高时的节点水压；

(2) 并绘出环网的水压线图；

(3) 核算最大转输的水压。

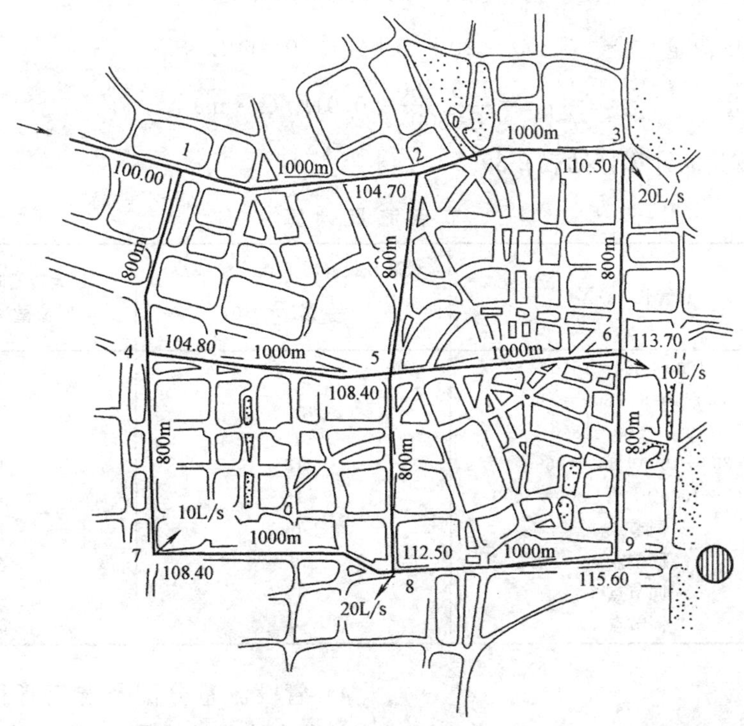

图 2-27　环网计算例题

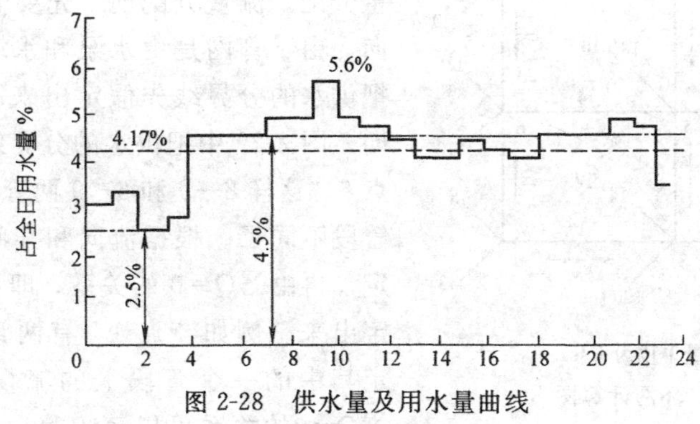

图 2-28　供水量及用水量曲线

【解】

(1) 计算最高时的节点水压；

1) 最高日最高时水力计算用水量计算：

由图 2-28 知，最高时用水量为最高日用水量 10800m^3 的 5.6%，即

$$\frac{10800\times5.6\times1000}{3600\times100}=168\text{L/s}$$

二级泵站最高时的供水量为最高日用水量的 4.5%，即

$$\frac{10800\times4.5\times1000}{3600\times100}=135\text{L/s}$$

水塔最高时的供水量为 168－135＝33L/s

2）比流量计算：由图 2-27 求出干管总长度为

$$6\times1000+6\times800=10800\text{m}$$

管网的集中流量　　　$\sum Q_i=20+10+20+10=60\text{L/s}$

干管比流量　　　$q_{cb}=\frac{168-60}{10800}=0.01\text{L/(s·m)}$

3）节点流量的计算：见表 2-39。

节点流量计算　　　　表 2-39

节点	总管长(m)$\sum L$	最高日最高时节点流量(L/s) $=\frac{1}{2}\sum L\times0.01$	最大转输时流量＝最高时流量×0.36(L/s)
1	1000＋800＝1800	9	3.25
2	1000＋1000＋800＝2800	14	5.05
3	1000＋800＝1800	9	3.25
4	800＋1000＋800＝2600	13	4.70
5	1000＋1000＋800＋800＝3600	18	6.50
6	同节点 4	13	4.70
7	同节点 1	9	3.25
8	同节点 2	14	5.05
9	同节点 1	9	3.25

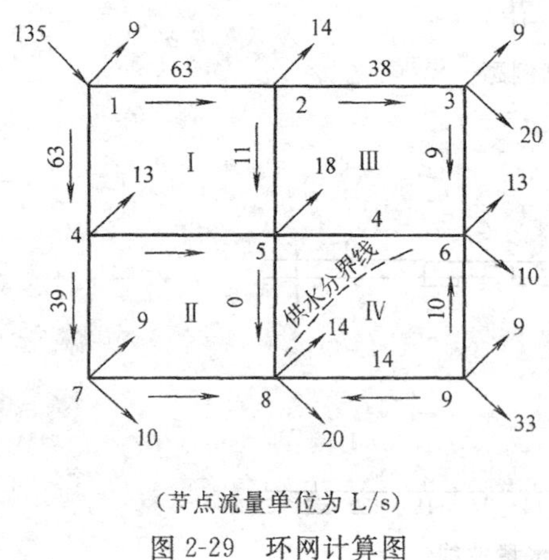

(节点流量单位为 L/s)

图 2-29　环网计算图

4）管段流量分配及选定管径：将表 2-39 求出的节点流量注在图 2-29 上后，可以进行流量分配。流量分配前，先要假定出各管段的流向，由于管网是由水泵和水塔同时供水的，要把供水的分界线先假定出来，才能定各段的定向。图 2-29 中把供水的分界线定为节点 8 到节点 6，这样 8—9 和 6—9 两管段的流向就和其他管段不同了。根据流向和某些管段上的流量假定，再由$\sum Q=0$ 的关系，即可把各管段的流量定出来。例如节点 1，有两管段相连接，先假定其中的一个管段上的流量，再根据节点处$\sum Q=0$的关系可以算出另一管段上的流量来。考虑到管网对角线 1—5—9 两边的流量基本相等，可以假定 1—2 和 1—4 管段的流量相等，每管段的流量应为：

$$\frac{1}{2}(135-9)=63\text{L/s}$$

在节点 2，可以考虑将管段 1—2 中 63L/s 的流量，除供给 2 和 3 的节点流量 4＋9＋

20=43L/s外，剩下63－43=20L/s，大致平均分配给管段3—6及2—5，管段2—5定为11L/s，3—6管段定为9L/s。这样，按环网流量分配原则，即可将逐个节点所有管段的流量定出来，结果填在表2-38中。

5）选择管径和水头损失计算：应用铸铁管水力计算表，由流量和经济流速选定管径，例如管段1—2，流量为63L/s，管径选用300mm，流速为0.89m/s，在要求的经济流速范围内。管段3—6、6—9和8—9是最大转输时的干线，如果选用150mm的管径，不能适应最大转输时流量增加的需要，故选用200mm的管径。2—5、4—5、5—8及5—6等管段，选用150mm的管径，流速在0.60m/s以下，原因是管段比较长，如果管径太小，在流量增加时引起的水头损失增加很快，对使用和发展不利。选定的管径及每段管的水头损失计算值列于表2-40中。

6）平差计算：

计算每个环的闭合差Δh。如环Ⅰ，管段1—2和2—5为顺时针流向，其水头损失之和为4.25+4.47=+8.72m；管段1—4和4—5为反时针流向，其水头损失之和为3.40+5.59=8.99m，应取负号。所以环Ⅰ的闭合差

$$\Delta h=8.72-8.99=-0.27\text{m}$$

由于$|\Delta h|<0.5$m，所不必平差。但环Ⅱ闭合差$\Delta h=-1.75$m，则应平差。平差先需计算每段管的h/Q值，例如环Ⅱ管段4—5的h为5.59m，流量为11L/s，所以

$$h/Q=5.59/11=0.509$$

流量的修正值按公式（2-68）计算，环Ⅱ的$\Delta Q\approx 1$L/s，因为第一次修正，所以不必把修正值算得很准，计算结果见表2-40。

由表2-40看出，第三次水力计算结果，各环的闭合差$|\Delta h|$均小于0.5m，满足小环允许闭合差的要求。整个大环的闭合差为

$$\begin{aligned}\sum h &= h_{1-2}+h_{2-3}+h_{3-6}-h_{6-9}+h_{8-9}-h_{7-8}-h_{4-7}-h_{1-4}\\ &=4.32+4.23+0.75-1.38+1.43-3.62-3.34-3.33=-0.94\text{m}\end{aligned}$$

大环闭合差也满足了$|\sum h|<1\sim1.5$m的要求，所以平差计算可以结束。

根据已知水头损失、节点高程及自由水头，则可求出各节点的水压高程。但在计算时要注意选择最不利点。本题的最不利点为节点9，因这点地形最高，在满足自由水头15m的条件下，水压高程应为

$$115.6+15=130.6\text{m}$$

各节点的水压高程计算结果见表2-41。

如果水塔到节点9的水头损失为0.5m，水塔水柜水深为4m，为了保证节点9的供水，水柜的最低水位高程应为

$$130.6+0.5=131.1\text{m}$$

水柜的最高水位应为131.1+4=135.1m

图2-30为利用表2-41资料绘出来的等水压高程。由图可以看出在靠近水塔供水的面积内，水压线分布很稀，而水泵供水的面积内，水压线则比较密，说明不够理想。

管网平差计算 表 2-40

环号	管段	管长 L (m)	管径 d (m)	第一次平差 流量 Q (L/s)	水力坡度 i (mm/m)	水头损失 h(m)	水头损失之和 Σh (m)	h/Q	流量修正值 ΔQ (L/s)	第二次平差 流量 Q (L/s)	水力坡度 i (mm/m)	水头损失 h(m)	水头损失之和 Σh (m)	h/Q	流量修正值 ΔQ (L/s)	第三次平差 流量 Q (L/s)	水力坡度 i (mm/m)	水头损失 h(m)	水头损失之和 Σh (m)
Ⅰ	1～2	1000	300	+63	4.25	4.25		0.067	0	+63	4.25	4.25	+8.72	0.068	+0.6	+63.6	4.32	4.32	+9.25
	2～5	800	150	+11	5.59	4.47	+8.72	0.406	0	+11	5.59	4.47		0.405	+0.6	+11.6	6.16	4.93	
	1～4	800	300	−63	4.25	3.40		0.054	0	−63	4.25	3.4	−9.95	0.054	+0.6	−62.4	4.17	3.33	−9.30
	4～5	1000	150	−11	5.59	5.59	−8.99	0.508	0−1	−12	6.55	6.55		0.546	+0.6	−11.4	5.97	5.97	
小计							−0.27	1.035					−1.23	1.073					−0.05
	$\Delta Q\approx 0$									$\Delta Q=1.23\div(2\times1.073)\approx0.6$						$\Delta Q\approx 0$			
Ⅱ	4～5	1000	150	+11	5.59	5.59		0.509	+1.0	+12	6.55	6.55			0−0.6	+11.4	5.96	5.96	
	5～8	800	150	+0	0	0	5.59	0	+1+2	+3	0.5	0.4	+6.95		0+0.6	+3.6	0.76	0.61	+6.57
	4～7	800	250	−39	4.44	3.55		0.091	+1	−38	4.23	3.38			0	−38	4.23	3.34	
	7～8	1000	200	−20	3.79	3.79	−7.34	0.189	+1	−19	3.62	3.62	−7.0		0	−19	3.62	3.62	−6.96
小计							−1.75	0.789					−0.05						−0.39
	$\Delta Q=1.75\div(2\times0.789)\approx1$									$\Delta Q\approx 0$						$\Delta Q\approx 0$			
Ⅲ	2～3	1000	250	+38	4.23	4.23		0.111	0	+38	4.23	4.23			0	+38	4.23	4.23	
	3～6	800	200	+9	0.942	0.75	+4.98	0.084	0	+9	0.942	0.75	+4.98		0	+9	0.942	0.75	+4.98
	2～5	800	150	−11	5.59	4.47		0.406	0	−11	5.59	4.47			0−0.6	−11.6	−6.17	4.43	
		1000	150	−4	0.91	0.91	−5.38	0.228	0+2	−2	0.227	0.23	−4.70		0+0.6	−1.4	0.11	0.11	−5.04
小计							−0.40	0.829					+0.28						−0.06
	$\Delta Q\approx 0$									$\Delta Q\approx 0$									
Ⅳ	5～6	1000	150	+4	0.91	0.91		0.228	−2	+2	0.227	0.23		0.115	−0.6	+1.4	0.11	0.11	
	8～9	1000	200	+14	2.08	2.08	+2.99	0.150	−2	+12	6.55	6.55	+6.78	0.546	−0.6	+11.4	1.43	1.43	+1.54
	6～9	800	200	−10	1.13	0.90		0.09	−2	−12	6.55	5.23		0.437	−0.6	−12.6	1.72	1.38	
	5～8	800	160	−0	0	0	−0.90	0	−1.0	−3	0.5	0.4	−5.63	0.133	−0.6	−3.6	0.76	0.61	−1.99
小计							+2.09	0.468					+0.15	1.231					−0.45
	$\Delta Q=-2.09\div(2\times0.468)\approx-2$									$\Delta Q=-1.15\div(2\times1.231)=-0.5$ 采用−0.6									

各节点的水压及自由水头计算　　表 2-41

节点	地面高程 (m)	最高日最高时			最大转输		
		水压高程 (m)	自由水头 (m)	计算根据节点	水压高程 (m)	自由水头 (m)	计算根据节点
1	100.0	138.5	38.5	2	153.71	53.7	2
2	104.7	134.2	29.5	3	149.21	44.5	3
3	110.5	130.0	19.5	6	142.89	32.4	6
4	104.8	135.3	30.5	1	149.95	45.2	1
5	108.4	129.4	21.0	2	143.32	34.9	2
6	113.7	129.2	15.5	9	138.49	24.8	9
7	108.4	132.0	23.6	4	144.35	36.0	4
8	112.5	129.20	16.7	9	140.42	27.9	7
9	115.6	130.6	15.0	水塔	135.60	20.0	水塔
水塔	115.6				135.10	19.5	水深 4m 损失 0.5m

（2）最大转输时水力计算

最大转输发生在 23 时～24 时（如图 2-28 所示）。该时水泵供水量为总用水量的 4.5%，即

$$\frac{10800\times4.5\times1000}{3600\times100}=135\text{L/s}$$

该时用水量只占总用水量的 3.3%，即

$$\frac{10800\times3.3\times1000}{3600\times100}=99\text{L/s}$$

最大转输水量为 135－99＝36L/s。

最大转输时的生活用水量可以从最大转输时的总用水量 99L/s，减去此时管网上的集中流量 60L/s 而得，即　99－60＝39L/s

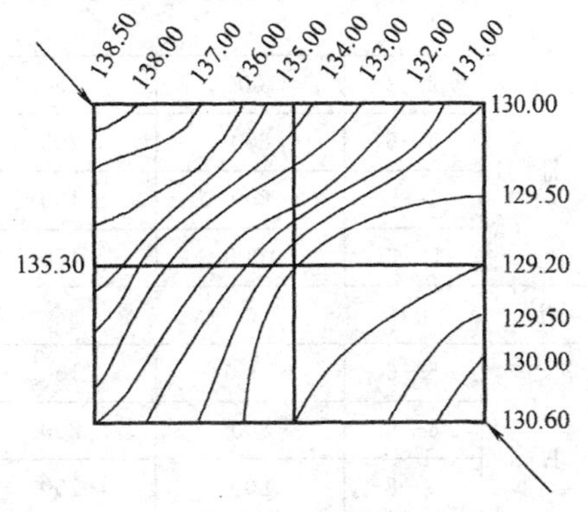

图 2-30　等水压线高程

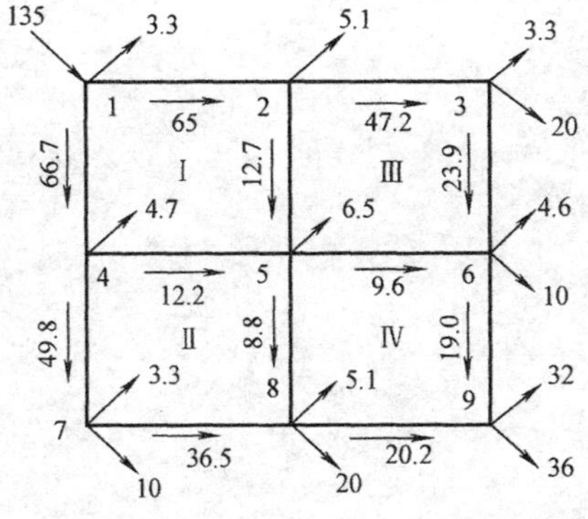

图 2-31　最大转输流量计算

最大转输时的生活用水量和最高时的生活用水量（108L/s）的比值为

$$\frac{39}{108}=0.36$$

最大转输时的节点流量可以由 0.36 这个系数乘以最高时的节点流量而得出，见表 2-39。由节点流量和 $\sum Q=0$ 的关系，按流量分配原则，定出各段流量（见最大转输流量计算图 2-31），即可进行环网平差，计算结果见表 2-42。经过一次平差已能满足闭合差 $|\sum h|<0.5\text{m}$ 的要求。随后，便可由各管段水头损失、地面高程计算出各节点的水压高程及自由水头（见表 2-42 所列）。注意在最大转输时，假定水塔最大水深为 4m，由节点 9 到水塔的水头损失为 0.5m，最后从 9—6—3—2 计算节点 1 的水压高程为 153.71m，自由水头为 53.7m，其他各节点计算结果见表 2-41。

最大转输时管网平差计算 表 2-42

环号	管段	管长 L(m)	管径 d(mm)	平差计算			
				流量 Q(L/s)	水力坡度 i (mm/m)	水头损失 h (m)	水头损失和 $\sum h$
Ⅰ	1—2	1000	300	65.1	4.50	4.50	
	2—5	800	150	12.7	7.37	5.89	+10.39
	1—4	800	300	66.7	4.72	3.77	
	4—5	1000	150	12.2	6.77	6.77	−10.54
小计							−0.15
Ⅱ	4—5	1000	150	12.2	6.77	6.77	
	5—8	800	150	8.8	3.73	2.98	+9.75
	4—7	1000	250	49.8	7.00	7.00	
	7—8	800	250	36.5	3.93	3.14	−10.14
小计							−0.39
Ⅲ	2—3	1000	250	47.2	6.32	6.32	
	3—6	800	200	24.0	5.50	4.40	+10.72
	2—5	800	150	12.7	7.37	5.89	
	5—6	1000	150	9.6	4.33	4.33	−10.22
小计							+0.50
Ⅳ	5—6	1000	150	9.6	4.33	4.33	
	6—9	800	200	19.0	3.62	2.89	+7.22
	5—8	800	150	8.8	3.73	2.98	
	8—9	1000	200	20.2	4.07	4.07	−7.05
小计							+0.17

第3章 城市排水工程规划

3.1 概 述

现代城市，除了具有完善的给水系统外，还必须具有良好的排水系统。城市排水工程同城市给水工程一样，也是城市最基本的市政工程设施。

人们在日常生活和生产活动中无处不用水。水一经使用就会变为污水或废水，如不及时排除与处理，将会对环境造成污染和破坏，甚至形成公害，影响生产、生活和人体健康，危及人类的生存。此外，城市内降水（雨水和冰雪融化水），亦应及时排放，否则会酿成洪涝灾害。我们将城市污水、废水、降水有组织的排除与处理的设施称为排水工程。城市排水工程规划就是对排水系统进行全面统一安排和布局，保护环境免受污染，保证城市生活和生产的正常秩序，满足社会效益、经济效益和环境效益等方面的要求。

3.1.1 城市排水来源及其特点

城市中排除的水按照其来源和性质分为三类，即生活污水、工业废水和降水。

（1）生活污水

生活污水指人们在日常生活中所产生的污水，譬如来自住宅、机关、学校、医院、商店、公共场所及工厂的厕所、浴室、厨房、洗衣房等处排出的水。这类污水中含有较多的有机杂质，并带有病原微生物和寄生虫卵等。

（2）工业废水

工业废水系指工业生产过程中所产生的废水，主要来自工厂车间或厂矿等地。根据它的污染程度不同，又可分为生产废水和生产污水两种。

1）生产废水：是指生产过程中，水质只受到轻微污染或仅水温升高，不需要处理可直接排放的废水，如机械设备的冷却水等。

2）生产污水：是指在生产过程中，水质受到较严重的污染，需要经处理后方可排放的废水。废水性质随工厂类型及生产工艺过程不同而异。其污染物质，有的主要是无机物，如发电厂的水力冲灰水；有的主要是有机物，如食品工厂废水；有的既含有有机物、又有无机物，并具有毒性，如石油工业废水、化学工业废水等。

（3）降水径流

降水径流是指径流于地面上的雨水和冰雪融化水，又称雨水径流。降水径流的水质与流经的地表面情况有关。一般较为清洁，但初期雨水径流却比较脏。雨水径流时间集中、量大，以暴雨径流危害最大。

以上三种水，均需及时妥善的处置。如解决不当，将会妨碍环境卫生、污染水体，影响工农业生产及人民生活，并对人们身体健康带来严重危害。

3.1.2 城市排水工程规划原则

（1）与城市整体功能相匹配。排水工程是城市建设的组成部分，排水工程规划是城市规划中单项规划。因此，排水工程规划必须符合城市规划所确定的原则，从全局观点出发，合理布局，并和其他单项工程建设密切配合、互相协调，使其成为整个城市有机的组成部分。

（2）符合环境保护需求。全面规划，合理布局，综合利用，尽可能减少污染源，化害为利，保护和改善环境，造福人民。

（3）充分发挥排水系统功能，满足使用要求。规划中应力求城市排水系统完善、技术上先进、设计上合理，使污、废、雨水能迅速排除，避免积水为患。对城市污（废）水应妥善地处理与排放，以保护水体和环境卫生。

（4）充分发挥原有排水设施的作用。除新建城市与地区外，排水工程规划都是在城市原有排水系统的基础上进行的。规划时，要从实际出发，认真分析研究存在的主要问题及改造利用的可能途径，使新规划系统与原有系统有机结合。

（5）考虑工程建设的经济性。在排水工程规划中，应尽可能降低工程总造价与经常性运行管理费用，节省投资。如尽量使各种排水管网系统简单、直捷、埋深浅，减少或避免污、雨水输送过程的中途提升等。在规划工业废水排除系统时，应充分考虑采用循环使用的可能性，以减少排水量、相应节约用水量。规划中要为污水和废水的处理与利用创造有利的条件等。

（6）处理好远近期关系。规划中应以近期为主，考虑远期发展可能，作好分期建设安排。实践证明，如果规划年限太短，不利于发展。但是，如果规划中过多地考虑不落实的城市远景需要，就可能使工程完成后若干年内不能充分利用，设备利用率低，造成浪费。因此，规划中必须认真处理好远近期关系。

以上六个方面，为排水工程规划中应考虑的一般原则。在实际工程中，应针对具体情况，提出一些补充规定与要求。规划中要分清主次，使方案合理、经济、实用。

3.1.3 排水工程规划的内容

（1）城市排水总体规划内容

1）估算城市各种排水量。要求分别估算生活污水量、工业废水量和雨水径流量。一般将生活污水量和工业废水量之和称为城市总污水量，而雨水径流量单独估算。

2）拟订城市污水、雨水的排除方案。包括确定排水区界和排水方向；研究生活污水、工业废水和雨水的排除方式，确定排水体制；对旧城区原有排水设施的利用与改造方案以及确定规划期限内排水系统的建设要求，近远期结合、分期建设等问题。

3）研究城市污水处理与利用的方法及其污水处理厂、出水口位置的选择。根据国家环境保护规定与城市的具体条件，确定污水处理程度、处理方案及污水、污泥综合利用的途径。

4）进行排水系统的平面布置。包括确定排水区界，划分排水流域，作污水管网、雨水管网、防洪沟布置等。管网布置中，要确定主干管、干管的走向、位置、管径以及提升泵站的位置等。

5）估算城市排水工程的造价。一般按扩大经济指标法粗略估算。

（2）城市排水工程分区规划内容

1）估算分区的雨、污水排放量；

2）按照确定的排水体制划分排水系统；

3）确定排水干管的位置、走向、服务范围、控制管径以及主要工程设施的位置和用地范围。

城市排水工程分区规划应以城市总体规划为依据，应对分区排水设施等作进一步规划安排，为详细规划和规划管理提供依据。必要时，根据实际情况对总体规划进行适当的调整。

（3）城市排水工程详细规划内容

1）对污水排放量和雨水量进行具体的统计计算；

2）对排水系统的布局、管线走向、管径进行计算复核，确定管线平面位置、主要控制点标高；

3）对污水处理工艺提出初步方案；

4）提出基建投资估算。

城市污水排水工程详细规划应以城市排水总体规划和分区规划为依据，作出对排水系统和设施的规划指标、规模及建设管理等详细规定，为专项排水规划提供设计依据。

3.1.4 城市排水工程规划的步骤

排水工程规划一般按下列步骤进行：

（1）搜集基础资料

搜集资料，调查研究，是编制规划方案的基础。排水工程规划中所需的资料，归纳如下：

1）城市发展对城市排水的要求；城市其他单项工程规划方案对排水工程的影响；上级部门对城市排水工程建设的有关指示；城市范围内各种排水量、水质情况资料，包括生活污水量、工业废水量、雨水径流量；环保、卫生、航运、农业等部门对水体利用及卫生防护方面的要求等。

2）城市道路、建筑物、构筑物、地下管线类别及现有排水情况，绘制排水系统现状图（1/5000～1/10000）。调查分析现有排水设施存在的主要问题及其排水系统的薄弱环节。

3）气象、水文、水文地质、地形、工程地质等。

（2）编制排水工程规划方案并进行分析比较

在基本掌握资料的基础上，着手考虑排水工程规划方案，绘制方案草图，估算工程造价，分析方案的优缺点。规划中一般要编制 2～3 套方案，进行技术经济比较，选择最佳方案。

（3）绘制城市排水工程规划图及文字说明

在确定方案的基础上，绘制城市排水工程规划图，图纸比例 1/5000～1/10000，图上表明城市排水设施的现状以及规划的排水分区界线、排水管渠的走向、位置、长度、管径、泵站、闸门的位置，污水处理厂的位置、用地范围、出水口位置等。

图上未能表达的内容应采用文字说明，如有关规划项目的性质、规划年限、工程建设规模，采用的定额指标，总排水量、各种排水量，排水工程规划原则，城市旧排水设施利用与改造措施，选用排水体制的理由，城市污水处理与利用的途径，工业废水的处置，排水工程的总造价及年经营费用，方案技术经济比较情况，采用该方案的理由，方案的优缺点以及尚存在的问题，下一步需进行的工作等等，并附整理好的规划原始资料。

3.1.5 正确处理与相关规划的关系

排水工程是城市建设的组成部分，城市排水工程规划是城市单项工程规划之一，因此，它与城市总体规划及其他各单项工程规划之间，有十分密切的联系。在进行排水工程规划中，不仅要考虑它自身的特点和要求，同时也要处理好与其他规划之间的关系，使彼此协调，有机结合。

3.1.5.1 与城市总体规划的关系

城市总体规划是排水工程规划的前提和依据，城市排水工程规划对城市总体规划也有一定的影响。

(1) 根据城市总体规划进行排水工程规划

排水工程的规划年限应与城市总体规划所确定的远、近期规划年限一致。通常城市规划年限近期为五年，远期十五至二十年。

根据城市总体规划所确定的城市发展的人口规模、工业项目和规模、大型公共建筑等估算城市污水量，了解工业废水的水质情况。在此基础上合理确定城市排水工程的规模，以适应城市、工业等发展的需要，避免过大或过小。过大造成设备、资金的积压浪费；过小需不断扩建，不合理也不经济。

根据城市用地布局及发展方向，确定排水工程的规划范围，明确排水区界，进行排水系统的布置。同时，根据城市发展计划拟定排水工程的分期建设规划。

从城市的具体条件、环境保护要求、拟定污水排放标准，决定城市污水处理程度，选择处理与利用的方法。确定污水处理厂及出水口的合适位置。

当排水工程规划与城市总体规划发生矛盾，一般应服从总体规划的要求。

(2) 城市总体规划中应考虑排水工程规划的要求

总体规划中应尽可能为城市污水的排放及处理与利用创造有利的条件，使其科学合理，并能节省工程投资，利于环境保护。

1) 在城市工业布局尽可能将废水量大、水质复杂污染大的工厂布置在城市下游，以有利于水体的卫生防护。

2) 对于工业废水处理与利用相互有关的工厂，在规划布置中尽可能相邻或靠近，为工厂之间的废水处理协作、综合利用创造条件。

3) 为了尽量缩短排水管渠的长度，减少排水工程的投资，城市用地布局应尽量紧凑、集中，避免在地形复杂、用地破碎、坡度过大的地段布置建筑。

4) 城市用地的布局与发展，分期建设的安排，要考虑对城市现有排水设施的结合与利用。

5) 城市郊区规划要为污水灌溉创造条件。

3.1.5.2 与其他单项工程规划的关系

排水工程规划是城市单项工程规划之一，此外，还有道路工程规划、交通系统规划、用地工程准备规划、给水工程规划、人防工程规划、燃气、电缆管线规划等。排水工程规划与这些单项工程规划都是在城市总体规划布局基础上平行进行的，要求各单项工程规划之间相互配合、协调，解决彼此间矛盾、避免冲突，使整个城市各组成部分之间构成有机的整体。

排水管渠应沿城市道路布置。道路的等级、宽度、横断面、纵坡以及交通状况与排水管渠布置有密切的关系，处置不当，将会造成相互矛盾，增加维护管理费用。街道的宽度直接影响到连接支管的长度，沿街究竟设置一根还是街道两侧各设置一根污水管，要看具体情况。此外，道路的纵坡度太大或太小都不利于管渠布置，特别是反坡，将会大大增加管渠埋深。因此，在规划中要考虑道路交通与管渠布置紧密配合，避免相互影响、干扰，为两者建设及充分发挥各自功能创造条件。

城市用地的竖向布置也直接影响排水系统的规划。在排水管渠布置及附属构筑物设置中要根据用地规划中改变了的地形条件。因此，必须先了解用地安排与竖向规划的设计。

至于给水与排水工程之间是互为依存关系，给水工程中水源、取水口的选择与污水处理厂、排放口位置的决定，都要通盘考虑，避免污染给水水源。

排水工程规划必须考虑城市中各类管线工程的综合要求。有时需对排水管渠的平面位置或高程进行适当的调整，同时管线综合规划中也应尽可能满足排水管渠布置的要求，合理解决各种管线之间的矛盾，做到统一安排，各得其所。

此外，排水工程规划中还应研究与人防工程的结合以及与河道整治、防洪排涝工程的结合等问题。

3.2 城市排水系统的体制选择

3.2.1 城市排水系统的体制

对生活污水、工业废水和降水径流采取的汇集方式，称为排水体制，也称排水制度。按汇集方式可分为分流制和合流制两种基本类型。

3.2.1.1 分流制排水系统

当生活污水、工业废水、降水径流用两个或两个以上的排水管渠系统来汇集和输送时，称为分流制排水系统（如图 3-1）。其中汇集生活污水和工业废水中生产污水的系统称为污水排除系统；汇集和排泄降水径流和不需要处理的工业废水（指生产废水）的系统称为雨水排除系统；只排除工业废水的称为工业废水排除系统。

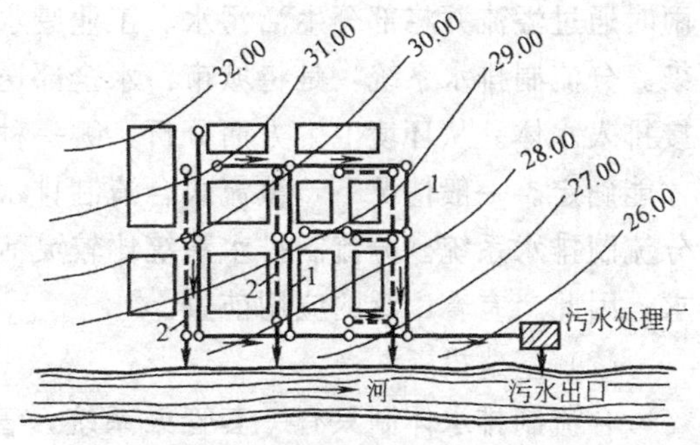

图 3-1 分流制排水系统
1—污水管道；2—雨水管道

分流制排水系统中对于单纯排除降水径流的雨水排除系统通常有两种方案。一是设置完善的雨水管渠系统，二是暂不设，雨水沿着地面流到路边沟或明渠后泄入天然水体，这种方案只有在地形条件有利时采用。对于新建城市或地区，在建设初期，往往也采取这种雨水排放方式，待今后随着道路工程的不断完善，再增设雨水管渠系统。

3.2.1.2 合流制排水系统

将生活污水、工业废水和降水用一个管渠系统汇集输送的称为合流制排水系统。根据污水、废水、降水径流汇集后的处置方式不同，可分为下列两种情况：

（1）直泄式合流制排水系统

管渠系统的布置就近坡向水体，分若干排除口，混合的污水未经处理直接泄入水体，这种形式的排水系统称为直泄式合流制排水系统。我国许多城市旧城区的排水方式大多是这种系统。其主要原因是以往工业尚不发达，城市人口不多，生活污水和工业废水量不大，直接泄入水体，对环境卫生及水体污染问题还不很严重。但是，随着现代工业与城市的发展，污水量不断增加，水质日趋复杂，所造成的污染危害也日趋严重。因此，这种直泄式合流制排水系统目前在我国已经禁止采用。

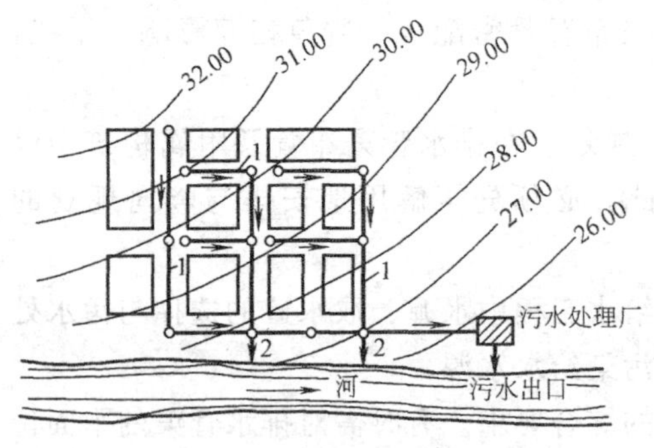

图 3-2 截流式合流制排水系统
1—合流管渠；2—溢流井

（2）截流式合流制排水系统

如图 3-2，这种体制是指把街道管渠中合流的生活污水、工业废水和雨水，一起排向沿河的截流干管。晴天时污水全部输送到污水处理厂；雨天时，当雨水、生活污水和工业废水的混合水量超过一定数量时，其超出部分通过溢流井泄入水体。这种体制目前在旧城区和中小城市仍在应用。

3.2.2 排水体制的选择

合理选择排水体制，是城市排水系统规划中十分重要的问题。它不仅关系到整个排水系统是否实用，能否满足环境保护的要求，同时也影响排水工程的总投资、初期投资和经营费用。目前，对于常用的分流制和截流式合流制主要从环境保护、基建投资、维护管理与建设施工等方面进行分析比较。

（1）环境保护

截流式合流制排水系统同时汇集了全部污水和部分雨水输送到污水厂处理，特别是初期雨水，带有较多的悬浮物，其污染程度有时接近于生活污水，这对保护水体有利。但暴雨时通过溢流井将部分生活污水、工业废水泄入水体，周期性的给水体带来一定程度的污染。分流制排水系统，是将城市污水全部送到污水厂处理，但初期雨水径流却未经处理直接排入水体。从环境卫生方面分析，哪一种体制较为有利，要根据当地具体条件分析比较才能确定。一般情况下，截流式合流制排水系统对保护环境卫生、防治水体污染而言不如分流制排水系统。分流制排水系统比较灵活，较易适应发展需要，通常能符合城市卫生要求，因此，有着广泛的应用前景。

（2）基建投资

合流制排水体制只有一套管渠系统，管渠总长度要比分流制减少 30%～40%，而断面尺寸和分流制雨水管渠基本相同，因此合流制排水管渠造价一般要比分流制低 20%～40%。虽然合流制泵站和污水厂的造价通常比分流制高，但由于管渠造价在排水系统总造价中占 70%～80%，所以分流制的总造价要比合流制高。从节省初期投资考虑，初期只建污水排除系统而缓建雨水排除系统，可以节省初期投资费用，同时施工期限短，发挥效益快，随着城市的发展，再行建造雨水管渠。

(3) 维护管理

合流制排水管渠可利用雨天剧增的径流量来冲刷管渠中的沉积物，维护管理较简单，可降低管渠的维护管理费用。但泵站与污水处理厂设备容量大，晴天和雨天流入污水厂的水量、水质变化剧烈，从而使泵站与污水厂的运行管理复杂，增加运行费用。而分流制流入污水厂的水量、水质变化比合流制小，利于污水处理、利用和运行管理。

(4) 建设施工

合流制管线单一，与其他地下管线、构筑物的交叉少，施工较简单，对于人口稠密、街道狭窄、地下设施较多的市区，有一定的优越性，但亦存在合流制本身的诸多问题。

综上所述，排水体制的选择是一个较为复杂的问题，应根据城市总体规划、环境保护、当地自然社会经济条件、水体条件、城市污水量和水质情况、城市原有排水设施等情况综合考虑，通过技术经济比较决定。一般新建城市或地区的排水系统，应采用分流制；旧城区排水系统的改造，可采用截流式合流制。同一城市的不同地区，可视具体条件，采用不同的排水体制。

3.3 城市排水系统组成与工程布置形式

3.3.1 城市排水系统的组成

(1) 城市污水排除系统组成

污水排除系统通常是以收集和排除生活污水为主的排水系统。在现代化房屋里，固定式面盆、浴缸、便桶等统称为房屋卫生设备。这些设备既是人们用水的容器，也是承受污水的容器，为生活污水排除系统的起端设备。

生活污水通常从卫生设备排出的污水顺次通过竖管收集而流至庭院污水管中，然后通过连接支管将污水排入城市道路下面的管道之中。图 3-3 为某城市污水排除系统组成示意。

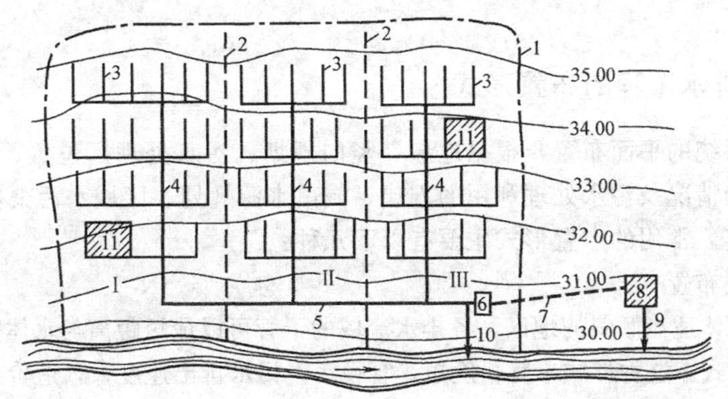

图 3-3 某城市污水排除系统组成示意

1—城市边界；2—排水流域分界线；3—污水支管；4—污水干管；5—污水主干管；6—污水泵站；7—压力管；8—污水处理厂；9—出水口；10—事故出水口；11—工厂

Ⅰ、Ⅱ、Ⅲ—排水流域

城市道路下面的污水管道分为支管、干管、主干管及管道系统上的附属构筑物。支管承受庭院管道的污水，通常管径不大；污水由支管汇集至干管，然后排入城市中的主干管，最终将污水输送至污水处理厂或排放地点。

在管道系统中，常因地形需要设置泵站把低处的污水向上提升。设在管道系统中途的泵站称中途泵站，设在管道系统终点的泵站，称为终点泵站。泵站后污水采用压力输送，因此应设置压力管道。

在管道中途，一些易于发生故障的部位，往往需要设置辅助性出水口，称为事故出水口。当某些部位发生故障、污水不能流通时，借助出水口可排除上游来的污水，这种出水口称为事故出水口。如设在污水泵站之前，当泵站检修时污水可从事故出水口排出，一般可就近排入水体。

(2) 工业废水排除系统组成

有些工业废水排入城市污水管道或雨水管道，不单独形成系统，而有些工厂单独形成工业废水排除系统。其组成包括车间内部管道系统及排水设备，厂区管道系统及附属设备，污水泵站和压力管道，污水处理站（厂）和出水口（渠）等。

(3) 城市雨水排除系统组成

雨水来自两个方面，一部分来自屋面；一部分来自地面。屋面上的雨水通过天沟和竖管流至地面，然后随地面雨水一起排除。地面上雨水通过雨水口流至街坊（或庭院）雨水管道或街道下面的管道。雨水排除系统主要包括：

1) 房屋雨水管道系统：包括天沟、竖管及房屋周围的雨水管沟；

2) 街坊（货厂区）和街道雨水管渠系统，包括雨水口，庭院与水沟，支管、干管等；

3) 泵站；

4) 出水口（渠）。

雨水一般可就近排入水体，不需要处理。在地势平坦、区域较大的城市或河流洪水位较高，雨水自流排放有困难的情况下，应设置雨水泵站排水。

对于合流制排水系统，只有一种管渠系统，并具有雨水口、溢流井、溢流口等辅助设施。在合流制排水管道系统中通常设置有截流干管，见图 3-2。其他组成部分和污水排除系统相同。

3.3.2 城市排水工程的布置形式

城市排水系统的平面布置，根据地形、竖向规划、污水处理厂位置、周围水体情况、污水种类和污染情况及污水处理利用的方式、城市水源规划、区域水污染控制规划等因素综合考虑来确定。常用的布置形式主要有以下几种：

(1) 正交式布置

在地势向水体适当倾斜的地区，各排水流域的干管可以最短距离与水体垂直相交的方向设置，称为正交式。这种形式干管长度短，管径小，污水排出速度大，造价经济。但污水未经处理直接排放，会使水体污染。这种方式在现代城市中仅用于排除雨水（见图 3-4*a*）。

(2) 截流式布置

在正交式布置中，沿河岸侧再敷设总干管，将各干管的污水截流收集统一送至污水厂，处理后的生活污水及工业废水排入天然水体，这种布置称为截流式。该方式可以减轻水体污染，改善和保护环境，适用于合流制污水排放系统，也适用于分流制排水系统。截流式合流制排水系统，因雨天有部分汇合污水排入天然水体，易造成水体污染（图 3-4*b*）。

(3) 平行式布置

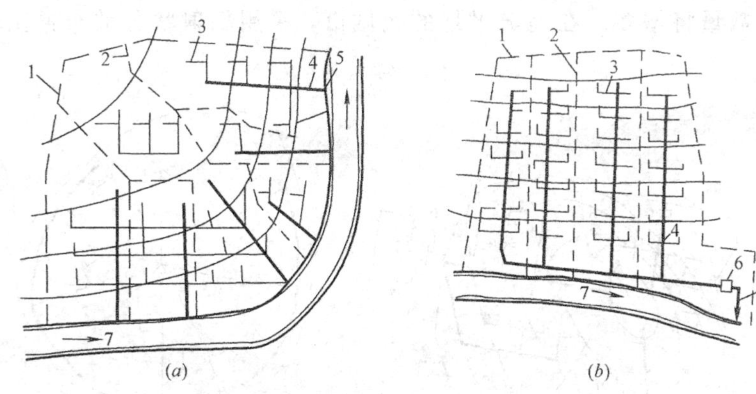

图 3-4　排水系统布置形式（1）

(a) 正交式；(b) 截流式

1—城市边界；2—排水流域分区界线；3—支管；

4—干管；5—出水口；6—泵站；7—河流

在地势向河流方向有较大倾斜的地区，为了避免因干管坡度及管内流速过大，使干管受到严重冲刷或跌水井过多，可使干管与等高线及河道基本上平行，主干管与等高线及河道成一定交角敷设，称为平行布置（图 3-5*a*）。

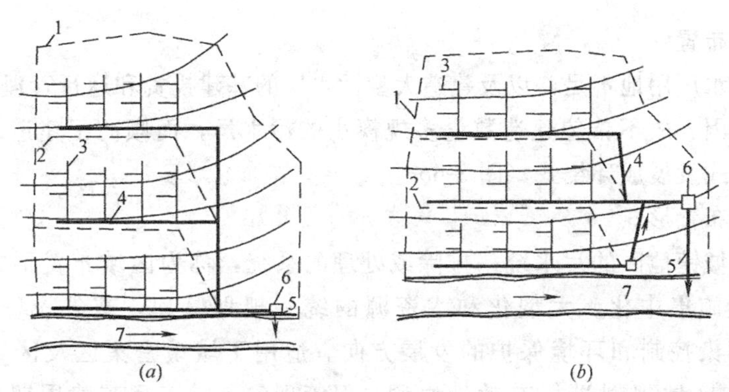

图 3-5　排水系统布置形式（2）

(a) 平行式；(b) 分区式

1—城市边界；2—排水流域分区界线；3—支管；

4—干管；5—出水口；6—泵站；7—河流

（4）分区式布置

在地势高低相差很大的地区，当污水不能靠重力流流至污水处理厂时，可采用分区布置形式，分别在高、低区敷设独立的管道系统。高区污水以重力流直接流入污水厂，低区污水则利用水泵抽送至高区干管或污水厂。这种方式只能用于阶梯地形或起伏很大的地区，其优点是能充分利用地形排水、节省电力。若将高区污水排至低区，然后再用水泵一起抽送至污水厂则不经济（图 3-5*b*）。

（5）分散式布置

当城市周围有河流，或城市中央部分地势高，地势向周围倾斜的地区，各排水流域的干管经常采用辐射状分散布置，各排水流域具有独立排水系统。

这种布置形式具有干管长度短、管径小、管道埋深浅、便于污水灌溉等优点，但污水厂和泵站的数量将增多。在地势平坦的大城市，采用辐射状分散布置比较有利（图3-6*a*）。

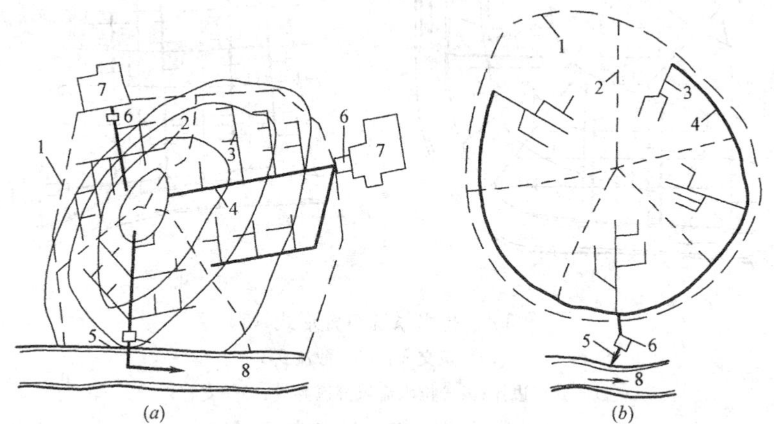

图 3-6 排水系统布置形式（3）

（*a*）分散式；（*b*）环绕式

1—城市边界；2—排水流域分区界线；3—支管；4—干管；

5—出水口；6—泵站；7—灌溉区；8—河流

（6）环绕式布置

由于建造污水厂用地不足，以及建造大型污水厂的基建投资和运行管理费用也较小型污水厂经济等原因，故不希望建造数量多规模小的污水厂，而倾向于建造规模大的污水厂，所以由分散式发展成环绕式（图3-6*b*）。

（7）区域性布置形式

把两个以上城镇地区的污水统一排除或处理的系统，称为区域布置形式。该形式有利于污水处理设施集中化、大型化和水资源的统一规划管理，节省投资，运行稳定，占地少，是水污染控制和环境保护的发展方向。适用于城镇密集区及区域水污染控制的地区，并能与区域规划进行有效地协调。但管理复杂，工程基建周期长，见效较慢（图3-7）。

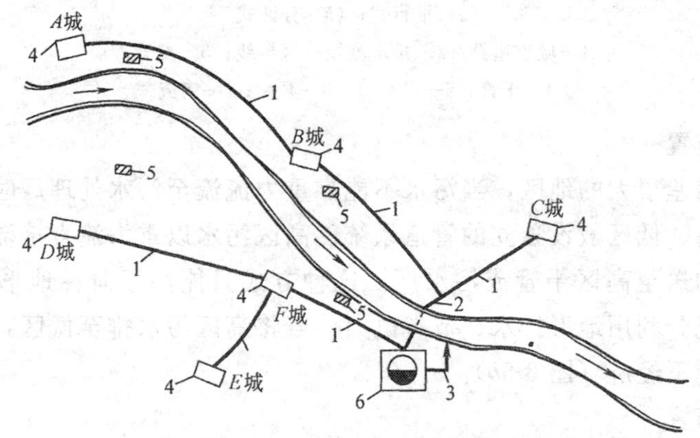

图 3-7 区域性布置形式

1—污水主干管；2—压力管道；3—排放管；4—泵站；

5—废除的城镇污水处理厂；6—区域污水处理厂

3.4 城市污水工程规划

城市污水工程分为污水管道系统和污水厂两部分。城市污水管道系统规划的基本任务包括城市污水和工业废水流量的确定、排水流域的划分、污水管道的定线和平面位置、污水管道的水力计算以及污水管道在道路上的位置确定等内容，这是城市污水工程规划的主体。污水厂规划则主要是选址、用地规模确定以及工艺流程的选择等内容。

3.4.1 城市污水量预测和计算

3.4.1.1 城市总体规划污水量计算

城市污水量包括城市生活污水量和部分工业废水量，它与城市规划年限、发展规模有关，是城市污水管道系统规划设计的基本数据。

在估算城市污水量时，可以用城市综合用水量（平均日）乘以城市污水排放系数求得。污水排放系数是在一定计量时间（年）内的污水排放量与用水量（平均日）的比值。按城市污水性质的不同，污水排放系数可分为城市污水排放系数、城市综合生活污水排放系数和城市工业废水排放系数。由于城市综合用水量包括城市综合生活用水量和城市工业用水量，因此，城市污水量可由城市综合生活污水量和城市工业废水量求和而得。城市综合生活污水量由城市综合生活用水量（平均日）乘以城市综合生活污水排放系数确定。城市工业废水量由城市工业用水量（平均日）乘以城市工业废水排放系数确定。

生活污水量的大小取决于生活用水量。在城市人民生活中，绝大多数用过的水都成为污水流入污水管道。根据某些城市的实测资料统计，污水量约占用水量的80%～100%。如果已知城市用水量，在城市污水管道系统规划设计时，可以根据当地具体条件，生活污水可按用水量的80%～90%采用。

当规划城市供水量、排水量统计分析资料缺乏时，城市分类污水排放系数可根据城市居住、公建设施和分类工业用地布局，结合以下因素，按表3-1的规定确定：

城市分类污水排放系数 **表3-1**

城市污水分类	污水排放系数	城市污水分类	污水排放系数
城市污水	0.70～0.80	城市工业废水	0.70～0.90
城市综合生活污水	0.80～0.90		

注：城市工业废水排放系数不含石油、天然气开采业和煤炭与其他矿采选业以及电力蒸汽热水产供业废水排放系数，其数据应按厂、矿区的气候、水文地质条件和废水利用、排放方式确定。

1）城市污水排放系数应根据城市综合生活用水量与工业用水量之和占城市总用水量的比例确定。

2）城市综合生活污水排放系数应根据规划城市的居住水平、给水排水设施完善程度与城市排水设施规划普及率，结合第三产业产值在国内生产总值中的比重确定。

3）城市工业废水排放系数应根据城市的工业结构和生产设备、工艺先进程度及城市排水设施普及率确定。

在城市总体规划阶段城市不同性质用地污水量也可按照《城市给水工程规划规范》中不同性质用地用水量乘以相应的分类污水排放系数确定。

城市生活污水量也像城市生活用水量一样，也逐年、逐月、逐日、逐时变化。在一年之内，冬季和夏季不同；一日之中，白天和夜晚不一样；每个小时也有变化，即使在一小时内污水量也是不均匀的。这种变化常给污水管道规划设计带来诸多不便。在城市污水管道规划设计中，通常都是假定在一小时内污水流量是均匀的。因为管道有一定容量，这样假定不致于影响运转。但对这种变化的幅度应给予计算，以保证管网的正常运行。污水量的变化情况通常用变化系数表示。变化系数有日变化系数、时变化系数和总变化系数。在数值上，总变化系数等于日变化系数与时变化系数的乘积。污水量变化系数随污水流量的大小而不同。污水流量愈大，其变化幅度愈小，变化系数亦较小；反之则变化系数较大。生活污水量总变化系数可按表 3-2 采用。当污水平均日流量为表中所列污水平均日流量中间数值时，其总变化系数可用内插法求得。

生活污水量总变化系数 **表 3-2**

污水平均日流量(L/s)	≤5	15	40	70	100	200	500	≥1000
日变化系数	2.3	2.0	1.8	1.7	1.6	1.5	1.4	1.3

3.4.1.2　城市详细规划污水量计算

（1）居住区生活污水量的计算

城市污水管道规划设计中需要确定居住区生活污水的最高时污水流量，常由平均日污水量与总变化系数求得。

1）居住区平均日污水量的计算：

$$Q_p = \frac{q_0 N}{24 \times 3600} \tag{3-1}$$

式中　Q_p——居住区平均日污水量（L/s）；

q_0——居住区生活污水量标准［L/(人·d)］；

N——居住区规划设计人口数（人）。

2）最高日最高时污水量的计算：

$$Q_1 = Q_p K_z + \sum \frac{N_g q_g K_h}{24 \times 3600} \tag{3-2}$$

式中　Q_1——居住区最高日最高时污水量（L/s）；

K_z——总变化系数，按表 3-2 采用；

N_g——公共建筑生活污水量单位的数量，相当于用水量单位；

q_g——某类公共建筑生活污水量标准，按表 2-10 生活用水量标准采用（L/d）；

K_h——小时变化系数，参照用水量时变化系数表 2-5 采用。

由于式（3-1）中未包括全市性的独立公共建筑的污水量，因此这部分污水量应单独计算［式（3-2）］。

为了便于计算，有些城市的设计部门根据人口密度、卫生设备、生活习惯与生活水平等条件制定相应的综合性指标。这项指标也称为污水的面积比流量，是指城市单位面积（包括公共建筑及小型工厂）每日排出的污水量。例如北京和天津就按 1L/(hm^2·s) 计算污水量。

（2）工业企业生活污水量的计算

工业企业的生活污水主要来自生产区的食堂、浴室、厕所等。其污水量与工业企业的性质、脏污程度、卫生要求等因素有关。工业企业职工的生活污水量标准根据车间性质确定，一般采用25～35L/(人·班)，时变化系数为2.5～3.0。淋浴污水量标准按表3-3确定。淋浴污水在每班下班后一小时均匀排出。

工业企业生活污水量用下式计算：

$$Q_2=\frac{25\times3.0A_1+35\times2.5A_2}{8\times3600}+\frac{40A_3 60A_4}{3600} \tag{3-3}$$

式中 Q_2——工业企业职工的生活污水量（L/s）；

A_1——一般车间最大班的职工总人数（人）；

A_2——热车间最大班的职工总人数（人）；

A_3——三、四级车间最大班使用淋浴的人数（人）；

A_4——一、二级车间最大班使用淋浴的人数（人）。

淋浴用水量 **表3-3**

分级	车间卫生特征	用水量(L/s)
一级、二级	非常脏污，对身体有较严重污染	60
三级、四级	不太脏的车间，有粉尘	40

（3）工业废水量的计算

工业企业废水量通常按工厂或车间的日产量和单位产品的废水量计算，其计算公式如下：

$$Q_3=\frac{mMK_z}{3600T} \tag{3-4}$$

式中 Q_3——工业废水量（L/s）；

m——生产单位产品排出的平均废水量（L/单位产品）；

M——每日生产的产品数量（单位产品）；

T——每日生产的小时数（h）；

K_z——总变化系数。

工业废水量也可按生产设备的数量和每一台设备单位时间排出的废水量计算。

工业废水量计算所需的资料通常由工业企业提供，规划设计人员应调查核实。若无工业企业提供的资料，可参考条件相似的工业企业的废水量确定。

（4）城市污水量的计算

城市污水量通常是将上述几项污水量累加计算，其公式如下：

$$Q=Q_1+Q_2+Q_3 \tag{3-5}$$

式中 Q——城市污水管道设计污水流量（L/s）。

工业废水量 Q_3 中，凡不排入城市污水管道的工业废水量不予计算。

3.4.2 城市排水管道系统的布置

城市排水工程系统的平面布置是城市排水工程规划的主要内容，它是在计算出城市排水量后，结合确定的排水体制及污水处理与利用方案进行的。在分流制中，污水系统的布置要确定污水处理厂、出水口、泵站、主要管渠的布置或其他利用方式；雨水系统布置要确定雨水管渠、排洪沟和出水口的位置等。在合流制中，污水系统的布置要确定管渠、泵站、污水处理厂、出水口、溢流井的位置。无论那种排水体制，在进行系统布置时，都要考虑地形、地物、城市功能分区、污水处理和利用方式、原有排水设施的现状及分期建设等的影响。

3.4.2.1　污水管道系统平面布置

管道系统平面布置，也称为排水管道系统的定线。定线工作主要是确定管道的平面位置和水流方向。

污水管道平面布置，一般按先确定主干管、再定干管、最后定支管的顺序进行。在城市排水总体规划中，只决定污水主干管、干管的走向与平面位置。在详细规划中，还要确定污水支管的走向及位置。

在污水管道系统的布置中，要尽可能用最短的管线，在顺坡的情况下使埋深较小，把最大面积上的污水送往污水处理厂或水体。

(1) 污水管道系统平面布置的原则

1) 根据城市地形特点和污水处理厂、出水口的位置，先布置主干管和干管。城市污水主干管和干管是污水管道系统的主体。它们的布置恰当与否，将影响整个系统的合理性。污水主干管一般布置在排水区域内地势较低的地带，沿集水线或沿河岸等敷设，以便支管、干管的污水能自流接入。

2) 污水干管一般沿城市道路布置。通常设置在污水量较大的或地下管线较少的一侧的人行道、绿化带或慢车道下。当道路宽度大于 50m 时，可以在道路两侧各设一条污水干管，这样，以减少过街管道，利于施工、检修和维护管理。

3) 污水管道应尽可能避免穿越河道、铁路、地下建筑或其他障碍物。同时，也要注意减少与其他地下管线交叉。

4) 尽可能使污水管道的坡度与地面坡度一致，以减少管道的埋深。为节省工程造价及经营管理费用，要尽可能不设或少设中途泵站。

5) 管线布置应简捷，要特别注意节约大管道的长度。要避免在平坦地段布置流量小而长度大的管道。因为流量小，保证自净流速所需要的坡度大，而使埋深增加。

(2) 城市污水管道系统平面布置的一般形式

1) 污水干管的布置的形式按污水干管与等高线的关系分为平行式和正交式两种。

平行式布置的特点是污水干管与等高线平行，而主干管则与等高线基本垂直，适用于地形坡度较大的城市，既减少管道埋深，改善管道的水力条件，又避免采用过多的跌水井(如图 3-8 所示)。正交式布置适用于地形比较平坦，略向一边倾斜的城市。污水干管与地形等高线基本垂直，而主干管布置在城市较低的一边，与等高线基本平行，如图 3-9 所示。

2) 污水支管的布置形式分为低边式、穿坊式和围坊式。

低边式布置将污水支管布置在街坊地形较低的一边，如图 3-10 (*a*) 所示。这种布置形式的特点是管线较短，在城市规划中采用较多。

围坊式布置将污水支管布置在街坊四周，如图 3-10 (*b*) 所示。这种布置形式适用于地势平坦的大型街坊。

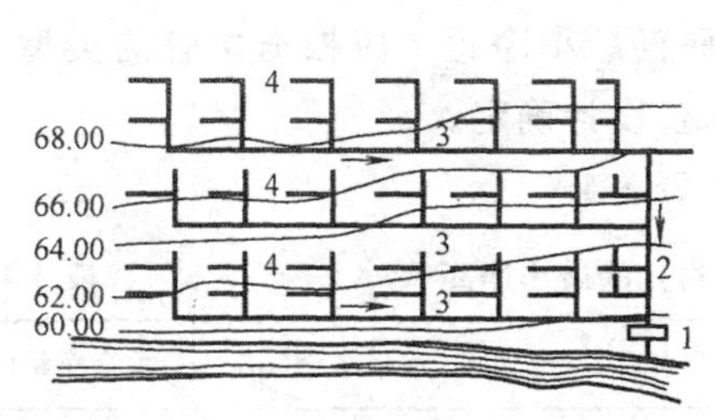

图 3-8 污水干管平行式布置

1—污水处理厂；2—主干管；3—干管；4—支管

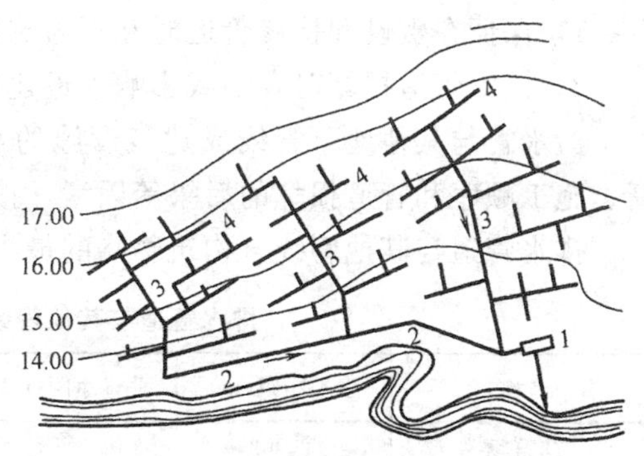

图 3-9 污水干管正交式布置

1—污水处理厂；2—主干管；3—干管；4—支管

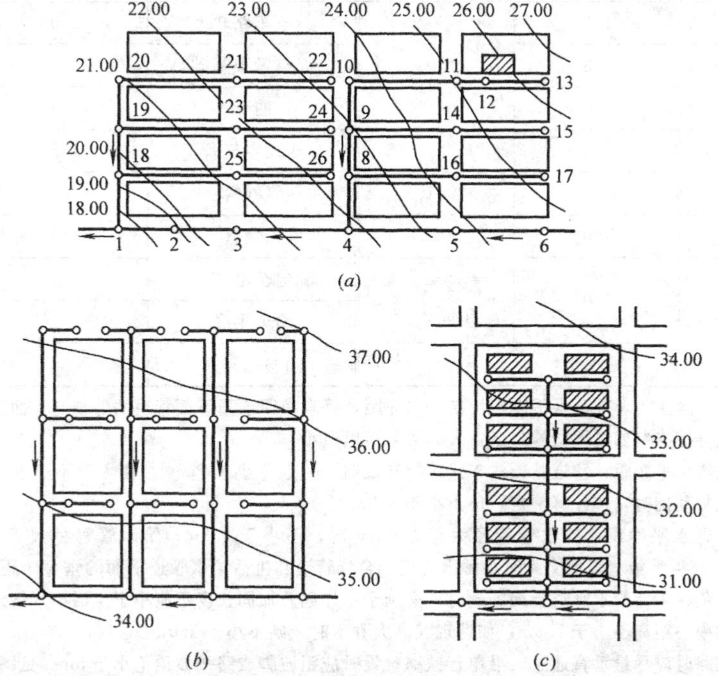

(*a*)

(*b*) (*c*)

图 3-10 污水支管布置形式

(*a*) 低边式；(*b*)；围坊式；(*c*) 穿坊式

穿坊式的污水支管穿过街坊，而街坊四周不设污水支管，如图 3-10（*c*）所示。这种布置管线较短，工程造价较低，但只适用于新村式街坊。

3.4.2.2 污水管道的具体位置

（1）污水管道在街道上的位置

污水管道一般沿道路敷设并与道路中心线平行。当道路宽度大于 50m，且两侧街坊都需要向支管排水时，常在道路两侧各设一条污水管道。在交通频繁的道路上应尽量避免污水管道横穿道路。

城市街道下常有多种管道和地下设施。这些管道和地下设施之间，以及与地面建筑之间，应当很好地配合。

污水管道与其他地下管道或建筑之间的相互位置，应满足下列要求：

1）保证在敷设和检修管道时互不影响；

2）污水管道损坏时，不致影响附近建筑物及基础，不致污染生活饮用水。

污水管与其他地下管线或建筑设施的水平和垂直最小净距，应根据两者的类型、标高、施工顺序和管道损坏的后果等因素，按管道综合设计确定。

排水管道与其他管线（构筑物）的最小净距如表 3-4。

排水管道与其他管线（构筑物）的最小净距　　表 3-4

名称		水平净距(m)	垂直净距(m)	名称	水平净距(m)	垂直净距(m)
建筑物		见注 3		地上柱杆(中心)	1.5	
给水管		见注 4	0.15	道路侧石边缘	1.5	
排水管		1.5	0.15	铁路	注 6	轨底 1.2
煤气管道	低压	1.0	0.15	电车路轨	2.0	1.0
	中压	1.5		架空管架基础	2.0	
	高压	2.0		油管	1.5	0.25
	特高压	5.0		压缩空气管	1.5	0.15
热力管沟		1.5	0.15	氧气管	1.5	0.25
电力电缆		1.0	0.5	乙炔管	1.5	0.25
通信电缆		1.0	直接埋 0.5 穿管 0.15	电车电缆		0.5
				明渠渠底		0.5
乔木		见注 5		涵洞基础底		0.15

注：1. 表列数字除注明者外，水平净距均指外壁净距，垂直净距系指下面管道的外顶与上面管道基础间净距。

2. 采取充分措施（如结构措施）后，表列数字可以减小。

3. 与建筑物水平净距：管道基础浅于建筑物基础时，一般不小于 2.5m（压力管不小于 5.0m）；管道基础深于建筑物基础时，按计算确定，但不小于 3.0m。

4. 与给水管水平净距：给水管管径大于 200mm 时，不小于 1.5m；给水管管径大于 200mm 时，不小于 3.0m。与生活给水管道交叉时，污水管道、合流管道在生活给水管道下面的垂直净距不应小于 0.4m。当不能避免在生活给水管道上面穿越时，必须予以加固。加固长度不应小于生活给水管道外径加 4m。

5. 与乔木中心距离不小于 1.5m；如遇现状高大乔木时，则不小于 2.0m。

6. 穿越铁路时应尽量垂直通过。沿单行铁路敷设时应距坡脚或路堑坡顶不小于 5m。见图 3-11。

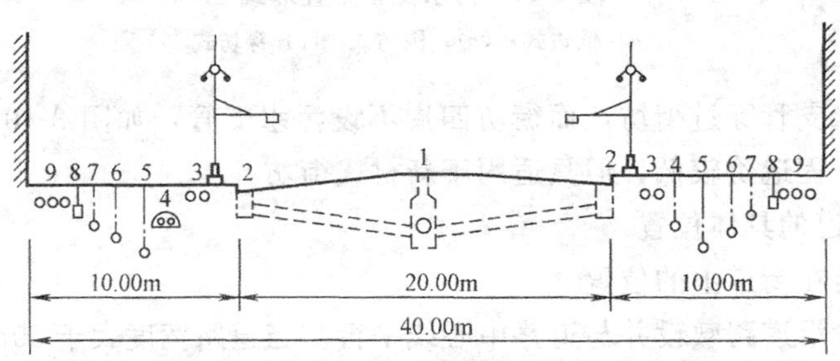

图 3-11　城市街道地下各种管线布置位置示意

1—雨水管；2—雨水口；3—电车电缆；4—热力管；5—污水管；6—给水管；7—燃气管；8—通信电缆；9—电缆

（2）污水管道埋设深度的确定

管道的埋深是指从地面到管道内底的距离。管道的覆土厚度则指从地面到管道外顶的距离。如图 3-12 所示。污水管道的埋深对于工程造价和施工影响很大。管道埋深越大，施工越困难，工程造价越大。显然，在满足技术要求的条件下，管道埋深越小越好。但是，管道的覆土厚度有一个最小限值，称为最小覆土厚度，其值取决于下列三个因素：

1）寒冷地区，必须防止管内污水冰冻和因土壤冰冻膨胀而损坏管道。

生活污水的水温一般较高，而且污水中有机物质分解还会放出一定的热量。在寒冷地区，即使冬季，生活污水的水温一般也在 10℃左右，污水管道内的流水和周围的土壤一般不会冰冻，因而无需将管道埋设在冰冻线以下。

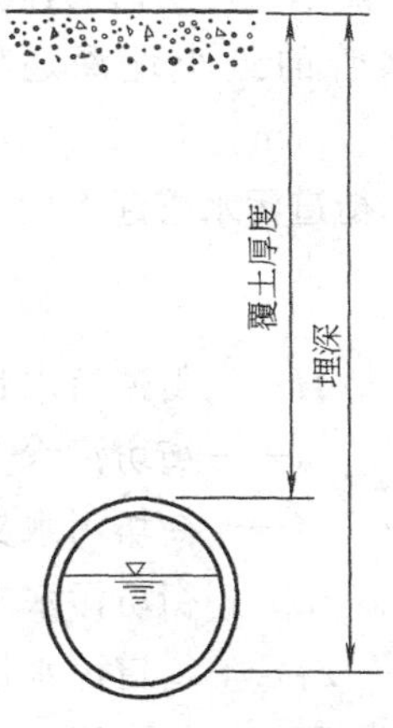

图 3-12　管道埋深与覆土厚

室外排水设计规范规定，没有保温措施的生活污水管道及温度与此接近的工业废水管道，其内底面可埋设在冰冻线以上 0.15m。有保温措施或水温较高的污水管道，其管底在冰冻线以上的标高还可以适当提高。

2）须防止管壁被交通动荷载压坏。

为了防止车辆等动荷载损坏管壁，管顶应有足够的覆土厚度。管道的最小覆土厚度与管道的强度、荷载大小及覆土密实程度有关。我国室外排水设计规范规定污水管道在车行道下的最小覆土厚度不小于 0.7m；在非车行道下，其最小覆土厚度可以适当减小。

3）必须满足管道与管道之间的衔接要求。

城市污水管道多为重力流，所以管道必须有一定的坡度。在确定下游管段埋深时就应该考虑上游管段的要求。在气候温暖、地势平坦的城市，污水管道最小覆土厚度往往决定于管道之间衔接的要求。

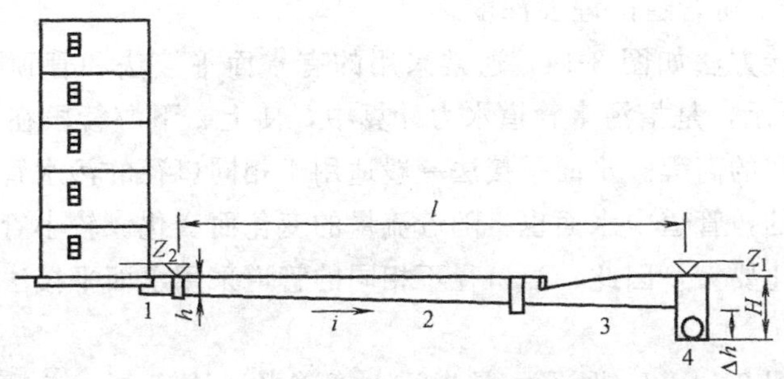

图 3-13　街道污水管起端埋深

1—住宅出水管；2—街坊污水支管；3—连接管；4—街道污水管

在排水区域内，对管道系统的埋深起控制作用的点称为控制点。各条管道的起端大都是这条管道的控制点，如图 3-13 中 1、4 点。其中离污水厂或出水口最远最低的是整个排水管道系统的控制点。

在规划设计中，应设法减小管道控制点的埋深，通常采用的措施有：1）增加管道的强度；2）如为防止冰冻，可以加强管道的保温措施；3）如为保证最小覆土厚度，可以填土提高地面高程；4）必要时设置提升泵站，减少管道的埋深。

管道的覆土厚度，往往取决于房屋排出管在衔接上的要求，如图 3-13 所示。街坊内的污水管道承接房屋排水管，它的起端就受房屋排出管埋深的控制。街道下的污水管道一定要能承接街坊内的污水管道。因此，它的最小覆土厚度就受街坊污水管道的控制。房屋排水管的最小埋深通常采用 0.55～0.65m，因而污水支管起端的埋深一般不小于 0.6～0.7m。

街道污水管起点的埋深，可按下式计算：

$$H=h+iL+Z_1-Z_2+\Delta h \tag{3-6}$$

式中 H——街道污水管起点的最小埋深（m）；

h——街坊污水支管起端的埋深（m）；

i——街坊污水支管和连接管的坡度；

L——街坊污水支管的长度（m）；

Z_1——街道污水检查管的地面标高（m）；

Z_2——街坊污水支管起端检查井的地面标高（m）；

Δh——街道污水管底与接入的污水支 管的管底高差（m）。

以上三种情况的计算结果，应选取最大值采用。

在污水管道埋设深度的确定中，除考虑管道最小埋深外，还应考虑污水管的最大埋深。管的最大埋深决定于土壤性质、地下水位及施工方法等。在干燥土壤中一般不超过 7～8m；在地下水位较高，流沙严重、挖掘困难的地层中通常不超过 5m。当管道埋深超过最大埋深时，应考虑设置污水泵站等措施，以减少管道的埋深。

（3）污水管道的衔接

为了满足衔接与维护的要求，在污水管中，通常要设置检查井。在检查井中，上下游管道的衔接必须满足两方面的要求：

1）要避免在上游管道中形成回水；

2）要尽量减少下游管道的埋设深度。

污水管道的衔接方法如图 3-14，通常采用的有水面平接法和管顶平接法。水面平接法如图 3-14（*a*）所示，是指污水管道水力计算中，使上、下游管段在设计充满度的情况下，其水面具有相同的高程。水面平接法一般适用于相同口径的污水管道的衔接。由于城市污水流量是变化的，管道中水面也将随着流量的变化而变化。较小管道中的水面变化比大管道中的水面变化要大，因此，当口径不相同的管道采用水面平接法衔接时，难免在上游管道中形成回水。

管顶平接法如图 3-14（*b*）所示，是指污水管道水力计算中，使上下游管道的管顶内壁位于同一高程。采用管顶平接，可以避免在上游管段产生回水，但是，增加了下游管道的埋深。管顶平接法一般适用于不同口径的衔接。

城市污水管道一般都采用管顶平接法。在坡度较大的地段，污水管道可采用阶梯连接

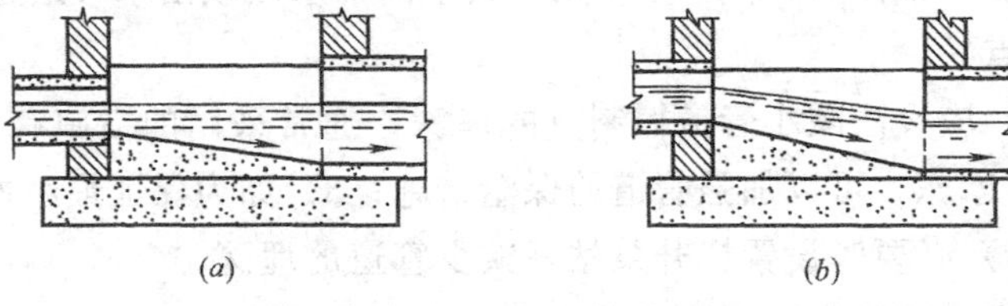

图 3-14 污水管道的衔接方法

（*a*）水面平接；（*b*）管顶平接

或跌水井连接。城市污水管道不论采用何种方法衔接，下游管段的水面和管底都不应高于上游管段的水面和管底。

污水支管与干管交汇出处，若支管管底高程与干管管底高差较大时，需在支管上设置跌水井，经跌落后再接入干管，以保证干管的水力条件。

3.4.2.3　城市排水管道系统布置的重点环节

（1）排水分区与污水排水系统的形式

排水分区通常根据城市的地形和总体规划，按分水线和建筑边界线、天然和人为的障碍物，并结合竖向规划、道路布局、坡向及城市污水受纳体和污水处理厂的位置划分排水流域的。如果每个流域的排水系统自成体系，可单独设污水处理厂和出水口，称为分散布置。如果将各流域组合成为一个排水系统，所有污水汇集到一个污水处理厂处理排放，称为集中布置。通常集中布置干管较长，需穿越天然或人为障碍物较多，但污水厂集中，出水口少，易于管理；分散布置则干管较短，污水回收利用便于接近用户，利于分期实施，但需建几个污水厂。对于较大城市，用地布局分散，地形变化较大，宜采用分散布置。对中小城市，用地布局集中，当地形起伏不大，无天然或人为障碍物阻隔时，宜采用集中布置。实际过程中，常对不同方案进行经济技术比较确定。

（2）污水处理厂及出水口

污水出水口应设在城市河流的下游，特别应在城市给水系统取水构筑物和河滨浴场的下游，并保持一定距离，出水口应避免设在回水区，防止回水污染。污水处理厂位置应与出水口靠近，以减少排水渠道的长度。污水厂应设在河流下游，并要求在城市夏季最小频率风向的上风侧，与居民区或公共建筑有一定卫生防护的距离。当采取分散布置，设几个污水厂与出水口时，将使污水厂位置选择复杂化，可采取一些补救措施，如控制设在上游污水厂的排放，将处理后的出水引入至灌溉田或生物塘；延长排放渠道长度，将污水引至下游再排放；提高污水处理程度，进行三级处理等等。

（3）工业废水和城市污水的关系

工业废水中的生产废水一般由工厂直接排入水体或排入城市雨水管渠。当工厂独立进行无害化处理时可直接排放；如果是一般性的生产污水，则可排入城市污水管道。而有毒害的生产污水经过无害化处理后即可直接排放，也可先经预处理后再排往城市污水厂合并处理。一般地，当工业企业位于城市内，应尽量考虑工业生产污水排入城市污水管道系统，一起排除与处理，比较经济合理。

（4）污水主干管的位置

每一个排水区域一般有一条或几条主干管，来汇集各干管的污水。为了使干管便于接入，主干管不能埋置太浅，但也不宜太深，以免给施工带来困难，增加造价。原则上在保证干管能接入的条件下尽量使整个地区管道的埋深最浅。主干管通常布置在集水线上或地势较低的街道上。若地形向河道倾斜，则主干管常设在沿河的道路上。主干管的走向取决于城市布局和污水厂的位置，主干管终端通向污水厂，其起端最好是排泄大量工业废水的工厂，管道建成后可立即得到充分利用。在决定主干管具体位置时，应尽量避免减少主干管与河流、铁路等的交叉，避免穿越劣质土壤地区。

（5）泵站的数量

由主干管布置情况综合考虑决定。排水管道为保证重力流，都有一定的坡度，一定距离后，管道将埋置很深，造成工程量大和施工困难，所以才采取在管道中途设置提升泵站的方法，来减少管道埋深。但中途泵站的设置将增加泵站本身造价及运行管理费用，应尽量减少泵站的使用。如确需设置时，应通过技术经济比较来综合确定。泵站建设用地应符合表 3-5、表 3-6 指标规定。

污水泵站规划用地指标 [$m^2/(L/s)$] 表 3-5

建设规模	污水流量(L/s)				
	2000 以上	1000～2000	600～1000	300～600	100～300
用地指标	1.5～3.0	2.0～4.0	2.5～5.0	3.0～6.0	4.0～7.0

注：1. 用地指标系按生产必须的土地面积；
2. 污水泵站规模按最大秒流量计；
3. 本指标未包括站区周围绿化面积；
4. 合流泵站可参考雨水泵站指标。

雨水泵站规划用地指标 [$m^2/(L/s)$] 表 3-6

建设规模	雨水流量(L/s)			
	20000 以上	10000～20000	5000～10000	1000～5000
用地指标	0.4～0.6	0.5～0.7	0.6～0.8	0.8～1.1

注：1. 用地指标系按生产必须的土地面积；
2. 雨水泵站规模按最大秒流量计；
3. 本指标未包括站区周围绿化面积。

(6) 排水管与竖向设计关系

排水管道布置应与竖向设计相一致。竖向设计时结合土方量计算，应充分考虑城市排水要求。排水管道的流向及在街道上的布置应与街道标高、坡度协调，减少施工难度。

(7) 城市废水受纳体的条件要求

城市废水受纳体即接纳城市雨水和达标排放污水的地域，包括水体和土地。受纳水体系指天然江、河、湖、海和人工水库、运河等地面水体。污水受纳水体应符合经批准的水域功能类别的环境保护要求，现有水体或引水增容后水体应具有足够的环境容量。雨水受纳水体应有足够的容量或排泄能力。

受纳土地则是指荒地、废地、劣质地、湿地以及坑、塘、淀洼等。受纳土地应具有足够的容量，同时不应污染环境、影响城市发展和农业生产。

城市废水受纳体宜在城市规划区范围内或跨区选择，应根据城市性质、规模和城市的地理位置、当地自然条件，结合城市的具体情况，经综合分析比较确定。

3.4.3 排水管材及管道附属构筑物

3.4.3.1 排水管渠材料及制品

排水管材应具有一定的强度，抗渗性能好，耐腐蚀及良好的水力条件，并应考虑造价低，尽量就地取材。

目前常用的排水管渠，主要有混凝土管、钢筋混凝土管、陶土管、砖石渠道、塑料管及铸铁管。

混凝土管及钢筋混凝土管，制作方便，造价较低，耗费钢材较少，在排水工程中应用极为广泛。但容易被碱性污水侵蚀，管径大时重量大、搬运不便、管段较短、接口较多。

混凝土管的直径一般不超过 600mm。为了增加管子的强度，直径大于 400mm 时，一般做成钢筋混凝土管。

陶土管是用塑性黏土焙烧而成，按使用要求可以做成无釉、单面釉及双面釉的陶土管。带釉的陶土管表面光滑，水流阻力小，不透水性好，并且具有良好的耐磨、抗腐蚀性能，适用于排除腐蚀性工业废水或铺设在地下水侵蚀性较强的地方。管径一般不超过 500～600mm。陶土管的缺点是：质脆易碎、抗弯抗拉强度低，因此不宜敷设在松土层或埋深很大的地方。

常用的金属管有排水铸铁管、钢管等。其优点是强度高，抗渗性好，内壁光滑，阻力小，抗压、抗震好性，而且每节管较长，接口少。但价格较贵、抗酸碱腐蚀性较差。适用于压力管道及对抗渗漏要求特别高的管段。如排水泵站的进出水管、穿越其他管道的架空管、穿越铁路、河流的管段等。使用金属管时，必须做好防腐保护层，以防污水和地下水侵蚀损坏。

为了节约钢材，降低排水工程成本，应尽量少用金属管，尽可能采用混凝土管、陶土管和钢筋混凝土管。

3.4.3.2 排水管渠的附属构筑物

(1) 检查井

为了便于对管渠进行检查和清通，在排水管渠上必须设置检查井。检查井应设置在排水管渠的管径、方向、坡度改变处，管渠交汇处以及直线管段上每隔一定的距离处。相邻两检查井之间的管渠应成一直线。现行室外排水设计规范规定了检查井在直线管渠上的最大间距，规划设计时按表 3-7 采用。

检查井最大间距 **表 3-7**

管渠类别	管径或暗渠净高(mm)	最大间距(m)	管渠类别	管渠或暗渠净高(mm)	最大间距(m)
污水管道	＜700 700～1500 ＞1500	50 75 120	雨水管渠和合流管渠	＜700 700～1500 ＞1500	75 125 200

检查井可分为不下人的浅井和下人的深井。不下人的浅检查井，构造比较简单。下人的深检查井，构造比较复杂，一般设置在埋深较大的管渠上。

(2) 跌水井

当检查井上下游管渠的管底高差大于 1m 时，应做成跌水井。跌水井中应有减速防冲及消能设施。目前常用的跌水井有竖管式和溢流堰式两种形式。前者适用于管径等于或小于 400mm 的管道，后者适用于管径大于 400mm 的管道。当检查井中上下游管渠跌落差小于 1m 时，一般只把检查井底部做成斜坡，不作跌水。

竖管式跌水井的一次允许跌落高度随管径大小不同而异。当管径不大于 200mm 时，一次跌落高度不宜超过 6m；当管径为 250～400mm 时，一次跌落高度不宜超过 4m。

溢流堰式跌水井常适用于大管渠，井底应坚固，以防冲刷损坏。

(3) 溢流井

截流式合流制排水系统中，为了避免降雨初期雨污混合水对水体的污染，通常在合流制管渠的下游设置截流管和溢流井，以便及时将短时超过进入污水厂管道输水能力的混合水流量排入天然水体。

(4) 雨水口

地面及街道路面上的雨水，由雨水口经过连接管流入排水管道。雨水口一般设置在道路的两侧和广场等地。雨水口多根据道路宽度、纵坡以及道路交叉口设立。在街道上雨水口的间距一般为25～60m，在低洼地段应适当增加雨水口的数量。

雨水口的底部由连接管和街道雨水管连接。连接管的最小管径为200mm，坡度一般为0.01，连接到同一连接管上的雨水口不宜超过两个。

(5) 出水口

排水管渠的出水口的位置及形式，要根据排出水的性质、水体的水位及其变化幅度、水流方向、波浪情况、岸边地质条件以及下游用水情况等决定。同时还要与当地卫生主管部门和航运管理部门联系征得同意。

排水管渠的出水口一般设在岸边，当排出水需要同受纳水体充分混合时，可将出水口伸入水体中，伸入河心的出水口应设置标志。

污水管的出水口一般应淹没在水体中，管顶高程在常水位以下。这样，既可使污水和河水混合得较好，也可避免污水沿岸边流泻，影响市容和卫生。

雨水管渠的出水口通常不淹没在水中。出水口的管底标高最好设在河流最高洪水位以上，以免河水倒灌。如果受条件限制，不能满足上述要求时，则需防洪及提升措施。

出水口与水体岸边连接处应做成护坡或挡土墙，以保护河岸及固定出水管与出水口。如果排水管渠出水口的高程与受纳水体水面高差很大时，应考虑设置单级或多级阶梯跌水。

在受潮汐影响的地区，排水管渠的出水口可设置自动启闭的防潮闸门，防止潮水倒灌。

3.4.4 城市污水管网的水力计算

污水管道系统的平面布置完成后，即可进行污水管道的水力计算。污水管道水力计算的目的，在于合理确定管径、管底坡度和管道埋深。

3.4.4.1 污水管道水力特性及计算的基本公式

管道中的污水流动，是依靠重力从高处流向低处。污水中虽然含有一定量的固体杂质，但99%以上是水分，所以认为城市管道中污水流动是遵循一般水流规律的，可以按水力学公式计算。虽然污水在管道中的流动是随时都在变化的，但在一个较短的管段内，流量变化不会太大，且管道坡度不变，可以认为管段内流速不变，所以通常把这种管段内污水的流动视为均匀流，设计中对每一个管段可直接按均匀流公式计算。另外，由于城市污水量难以准确计算，变化较大，所以设计时要留出部分管道断面，避免污水溢流。同时，管道中的淤泥会腐化而散发有毒害的气体，而污水内所含的易燃液体（如汽油、笨、石油等）易挥发成爆炸性气体，需让污水管道通风，也不能满流，即污水管道应按非满流进行设计。为了保证污水管道正常使用，鉴于污水中含有杂质，流速过小会产生淤泥，降低输水能力。但流速过大，则会对管壁冲刷造成损害。因此必须对其管道流速给予限定，即满足不冲不淤的水流条件。

管道水力计算时通常运用下列两个均匀流基本公式：

流量公式 $$Q=\omega \cdot v \tag{3-7}$$

流速公式 $$v=C\sqrt{RJ} \tag{3-8}$$

式中 Q——设计管段的设计流量（L/s 或 m^3/s）；

ω——设计管段的过水断面面积（m^2）；

v——过水断面的平均流速（m/s）；

R——水力半径（过水断面面积与湿周的比值）；

J——水力坡度（即水面坡度，等于管底坡度 I）；

C——流速系数（或谢才系数）。一般

$$C=\frac{1}{n}R^{1/6} \tag{3-9}$$

式中 n——管壁粗糙系数，由管渠材料决定，见表 3-8。

排水管渠粗糙系数表 **表 3-8**

管渠种类	n值	管渠种类	n值
陶土管	0.013	浆砌砖渠道	0.015
混凝土和钢筋混凝土管	0.013～0.014	浆砌块石渠道	0.017
石棉水泥管	0.012	干砌块石渠道	0.020～0.030
铸铁管	0.013	土明渠(带或不带草皮)	0.025～0.030
钢管	0.012	土槽	0.012～0.014
水泥砂浆抹面渠道	0.013～0.014		

对于非满流的污水管渠，管渠中水深 h 与管径 D 之比 h/D 或水深 h 与渠深 H 之比 h/H 称为充满度。

在污水管渠水力计算中，由于 ω、R 均为管径 D 和充满度 h/D 的函数，所以，

$$Q=\omega \cdot v=f_1(D,h/D,v) \tag{3-10}$$

$$v=\frac{1}{n}R^{2/3}i^{1/2}=f_2(n,D,h/D,i) \tag{3-11}$$

在 Q、D、n、v、I、h/D 六个水力要素中，除 Q、n 已知外，尚有四个未知。因为涉及到的不确定因素较多，管渠计算过程较为复杂。为简化计算，常通过水力计算图表进行。附录中的水力计算图表供计算使用。当选定管材和管径后，在流量 Q、坡度 i、流速 v、充满度 h/D 四个因素中，只要已知其中任意两个，即可由附录图表查出另外两个。查表方法如图 3-15 所示。

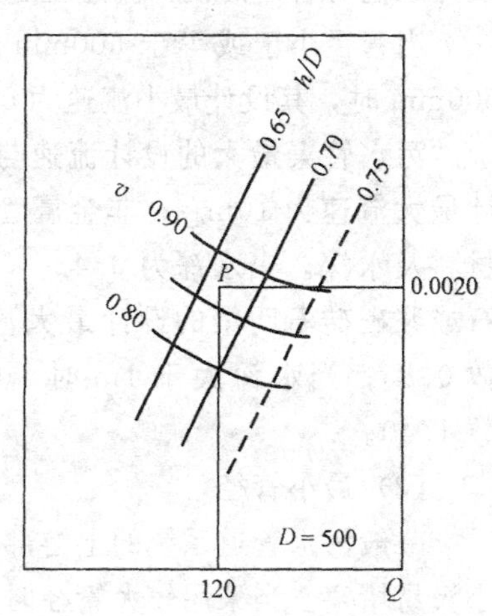

图 3-15 Q、i、v、D关系图

3.4.4.2 管渠的断面形式及其选择

(1) 排水管渠横断面形式

排水管渠的横断面形式必须满足静力学、水力学以及经济与维修管理方面的要求。在静力学方面，要求管道具有足够的稳定性和坚固性；在水力学方面，要求有良好的输水性能，不但要有较大的排水能力，而且当流量变化时，不宜在管道产生沉淀；在经济方面，要求管道用材省，造价低；在维修管理上要求便于清通。常用管渠断面形式有圆形、矩形、马蹄形、半椭圆形、梯形及蛋形等。

(2) 排水管渠断面形式的选择

在城市排水管渠设计中，确定管渠断面形式的一般要求是水力条件好、受力合理、省料、运输和施工方便并便于维护。

在众多的管渠断面形式中，圆形管道有较大的输水能力，底部呈弧形，水流较好，也比较能适应流量变化，不易产生沉淀。

同时圆管受力条件好、省料，便于预制和运输。因此，在城市排水工程中，圆管应用很广泛。

当然、在排水管渠设计中，确定管渠断面的形式，还要综合考虑其他各种因素，进行技术经济比较。对于中小型排水管渠，由于圆管具有很多优点，被广泛采用。对于大型管渠，由于过水断面过大，预制、运输十分不便，开槽埋管施工也比较困难，所以圆形断面很少采用。设计中常采用砖石砌筑、预制组装以及现场浇筑的方法施工，渠道断面多为较宽浅的形式。

3.4.4.3 污水管道水力计算的设计数据

为保证排水管道设计的经济合理，《室外排水设计规范》(GBJ 14—87) 对充满度、流速、管径与坡度作了规定，作为设计时的控制数据（表 3-9）。

(1) 设计充满度

污水管道是按不满流的情况下进行设计的。在设计流量下，管道中的水深 h 和管径 D 的比值称为设计充满度。设计充满度有一个最大的限值，即规范中规定的最大设计充满度。明渠的超高（渠中最高设计水面至渠顶的高度）应不小于 0.2m。

(2) 设计流速

设计流速是指管渠在设计充满度情况下，排泄设计流量时的平均流速。现行室外排水设计规范对管道的设计流速规定了一个范围：

当管径小于或等于 500mm 时，污水管道的设计最小流速为 0.7m/s；当管径大于 500mm 时，其设计最小流速为 0.8m/s。明渠的设计最小流速为 0.4m/s。

污水管渠最大的设计流速与管渠材料有关。室外排水设计规范规定：金属管道的设计最大流速为 10m/s；非金属管道为 5m/s。明渠设计流速的最大值决定于渠道的铺砌材料及水深。当水深为 0.4～1.0m 时，干砌块石明渠设计最大流速为 2.0m/s；浆砌块石或浆砌砖石明渠的设计最大流速 4.0m/s。当水深小于 0.4m 时，上述数值应乘以系数 0.85；当水深大于 1m 时，应乘以系数 1.25；当水深大于等于 2.0m 时应乘以系数 1.40。

(3) 最小管径

一般污水管道系统的上游部分流量很小，若根据流量计算，其管径必然很小，管径过小极易堵塞。当采用较大管径时，可选用较小的坡度，使管道埋深减小。因此规范规定了最小管径。若按计算所得的管径小于最小管径，则采用最小管径（表 3-10）。

<table>
<caption>污水管道最大允许流速、最大设计充满度、最小设计坡度　　表 3-9</caption>
<tr><th rowspan="2">管径（mm）</th><th colspan="2">最大允许流速(m/s)</th><th rowspan="2">最大设计充满度</th><th rowspan="2">在设计充满度下最小设计流速(m/s)</th><th colspan="2">按照设计充满度下最小设计流速控制的最小坡度</th><th rowspan="2">最小计算充满度</th><th rowspan="2">最小计算充满度下不淤流速(m/s)</th><th colspan="2">按照最小计算充满度下不淤流速控制的最小坡度</th></tr>
<tr><th>金属管</th><th>非金属管</th><th>坡度</th><th>相应流速(m/s)</th><th>坡度</th><th>相应流速(m/s)</th></tr>
<tr><td>150</td><td rowspan="16">≤10</td><td rowspan="16">≤5</td><td rowspan="3">0.6</td><td rowspan="5">0.7</td><td>0.007</td><td>0.72</td><td rowspan="5">0.25</td><td rowspan="5">0.4</td><td>0.005</td><td>0.40</td></tr>
<tr><td>200</td><td>0.005</td><td>0.74</td><td>0.004</td><td>0.43</td></tr>
<tr><td>300</td><td>0.0027</td><td>0.71</td><td>0.002</td><td>0.40</td></tr>
<tr><td>400</td><td>0.7</td><td>0.002</td><td>0.77</td><td>0.0015</td><td>0.42</td></tr>
<tr><td>500</td><td rowspan="7">0.75</td><td>0.0016</td><td>0.81</td><td>0.0012</td><td>0.43</td></tr>
<tr><td>600</td><td rowspan="6">0.8</td><td>0.0013</td><td>0.82</td><td rowspan="5">0.3</td><td rowspan="5">0.5</td><td>0.001</td><td>0.50</td></tr>
<tr><td>700</td><td>0.0011</td><td>0.84</td><td>0.0009</td><td>0.52</td></tr>
<tr><td>800</td><td>0.001</td><td>0.88</td><td>0.0008</td><td>0.54</td></tr>
<tr><td>900</td><td>0.0009</td><td>0.90</td><td>0.0007</td><td>0.54</td></tr>
<tr><td>1000</td><td>0.0008</td><td>0.91</td><td>0.0006</td><td>0.54</td></tr>
<tr><td>1100</td><td>0.0007</td><td>0.91</td><td rowspan="6">0.35</td><td rowspan="6">0.6</td><td>0.0006</td><td>0.62</td></tr>
<tr><td>1200</td><td rowspan="5">0.8</td><td rowspan="3">0.9</td><td>0.0007</td><td>0.97</td><td>0.0006</td><td>0.66</td></tr>
<tr><td>1300</td><td>0.0006</td><td>0.94</td><td>0.0005</td><td>0.63</td></tr>
<tr><td>1400</td><td>0.0006</td><td>0.99</td><td>0.0005</td><td>0.67</td></tr>
<tr><td>1500</td><td rowspan="2">1.0</td><td>0.0006</td><td>1.04</td><td>0.0005</td><td>0.70</td></tr>
<tr><td>>1500</td><td>0.0006</td><td></td><td>0.0005</td><td></td></tr>
</table>

注：1. $n=0.014$。

2. 计算污水管道充满度时，不包括淋浴水量或短时间内忽然增加的污水量。但管径≤300mm 时，按满流复核。

3. 含有机械杂质的工业废水管道，其最小流速宜适当提高。

（4）最小设计坡度

坡度和流速之间存在着一定关系，同最小设计流速相对应的坡度是最小设计坡度。相同管径的管道，如果充满度不同，可以有不同的最小设计坡度。

当设计流量很小而采用最小管径的设计管段称为不计算管段。由于这种管段不进行水力计算，没有设计流速，因此直接规定管道的最小坡度（表 3-10）。

污水管道的最小管径和最小设计坡度　　表 3-10

管道位置	最小管径(mm)	最小设计坡度	管道位置	最小管径(mm)	最小设计坡度
在街坊和厂区内	200	0.004	在街道下	300	0.003

3.4.4.4 污水管道水力计算方法

污水管道系统平面布置完成后，即可划分设计管段，计算每个管段的设计流量，以便进行水力计算。水力计算的任务是计算各设计管道的管径、坡度、流速、充满度和井底高程。

污水管道中，任意两个检查井间的连续管段，如果流量基本不变，则可选择相同的管径，这种管段称为设计管段，作为水力计算中的一个计算单元。通常根据管道平面布置图，以街坊污水支管及工厂污水出水管等接入干管的位置作为起讫点，划分设计管段。管段的起讫点须设置检查井。

每一设计管段的污水设计流量可以由三部分组成：

本段流量—是从管段沿线街坊流来的污水量；

转输流量—是从上游管段和旁侧管段流来的污水量；

集中流量—是从工厂或公共建筑流来的污水量。

为简化计算，假定本段流量集中在起点进入设计管段，且流量不变，即从上游管段和旁侧管段流来的转输流量以及集中流量在此管段内是不变的。

本段流量可用下式计算：

$$q = Fq_0 K_z \tag{3-12}$$

式中 q——设计管段的本段流量（L/s）；

F——设计管段服务的街坊面积（hm^2）；

K_z——生活污水总变化系数；

q_0——单位面积的本段平均流量，即比流量［$L/(s \cdot hm^2)$］。可用下式求得：

$$q_0 = \frac{n \cdot N}{86400} \tag{3-13}$$

式中 n——污水量标准［L/(人·d)］；

N——人口密度（人/hm^2）。

总体规划时，只估算干管和主干管的流量，详细规划时，则需计算支管的流量。

在确定设计流量后，即可从上游管段开始，进行各设计管段的水力计算。

3.4.4.5 排水工程管段设计流量计算举例

某市区污水管道布置如图 3-16 所示。各街坊人口数为：Ⅰ、Ⅴ各有 8000 人，街坊Ⅱ、Ⅲ、Ⅶ各有 4500 人，街坊Ⅷ、Ⅳ各有 6000 人，街坊Ⅵ有 5000 人。街坊Ⅱ中有一工厂，其污水流量为 15L/s，街坊Ⅴ内有一公共浴池，每天容量 600 人，浴池开放 12 小时，每人每次污水量 150L，变化系数为 1.0。城市居住区生活污水量标准为 q_0＝100L/人·d。

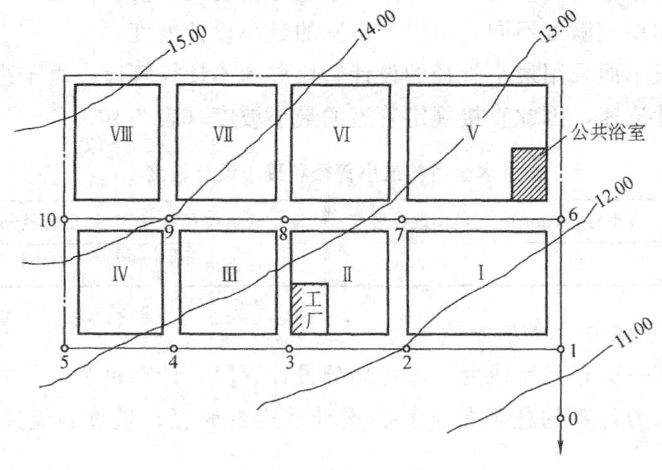

图 3-16 某市区污水管道平面布置

试计算管段设计流量。

(1) 排水量的计算

1) 居住区生活污水量 q_1 的计算：

居住区生活污水量按设计人口数 N 与生活污水量标准 q_0 计算。例如管段 10-9 的设计流量为：

平均日污水量为 q_1'：

$$q_1' = \frac{q_0 N}{24 \times 3600} = \frac{100 \times 6000}{24 \times 3600} = 6.94\text{L/s} = 7.0\text{L/s}$$

最高时污水量为 q_1：

$$q_1 = q_1' k_z = 6.95 \times 2.24 = 15.6\text{L/s}$$

2) 公共浴室最高时污水量的计算：

$$q_y = \frac{q_0 nk}{3600T} = \frac{150 \times 600 \times 1.0}{3600 \times 12} = 2.08\ \text{L/s}$$

3) 各管段设计流量的计算见表 3-11。

某市区管段设计流量计算 **表 3-11**

管段编号	沿线流量							集中流量			管段设计流量 (L/s)
	本线流量			转输流量 (L/s)	平均流量 (L/s)	k_z	q_1 (L/s)	本段流量 (L/s)	转输流量 (L/s)	q_2 (L/s)	
	街坊编号	设计人口 (人)	q_0N (L/s)								
10-9	Ⅷ	6000	7.0		7.0	2.24	15.7				15.6
9-8	Ⅶ	4500	5.2	7.0	12.2	2.08	25.4				25.4
8-7	Ⅵ	5000	5.8	12.2	18.0	1.98	35.6				35.7
7-6	Ⅴ	8000	9.3	18.0	27.3	1.90	51.9				51.8
6-1				18.0	27.3	1.90	51.9	2.1		2.1	54.0
5-4	Ⅳ	6000	7.0		7.0	2.24	15.6				15.6
4-3	Ⅲ	4500	5.2	7.0	12.2	2.08	25.4				25.4
3-2	Ⅱ	4500	5.2	12.2	17.4	1.98	34.5	15.0		15.0	49.5
2-1	Ⅰ	8000	9.3	17.4	26.7	1.90	50.7		15.0	15.0	65.7
1-0				54.0	54.0	1.75	94.5		17.1	17.1	111.6

如果已知该市区平均人口密度，也可以推算出面积比流量。然后根据各街坊排水面积，计算各设计管段设计流量。

(2) 污水管道水力计算步骤

污水管道水力计算步骤仍以上题为例，叙述如下：

根据图 3-16 某市区污水管道平面布置绘出污水管道水力计算简图，如图 3-17 所示。

1) 在水力计算简图上标注设计管段起讫点编号、管段长度及管段设计流量。

2) 从管道系统的控制点开始，向下游列表计算（见表 3-12）。先填入各管段的编号、长度及设计流量。

3) 由城市污水管道布置图及城市规划图，求得各设计管段起讫点检查井处的地面高程，并列入水力计算表的第 10、11 项。

4) 计算每一设计管段的地面坡度$\left(\text{地面坡度}=\frac{\text{地面高程}}{\text{水平距离}}\right)$，作为确定管道坡度的参考。例如管段 10-9 的地面坡度$=\frac{14.6-14.00}{180}=0.0033$。

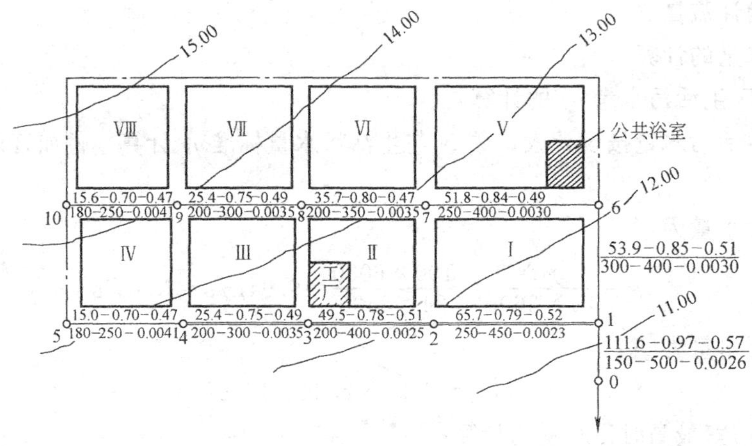

图 3-17 污水管道水力计算简图

5）根据管段设计流量，参照地面坡度，试定管径。例如管段 10-9 的设计流量 q=15.6L/s，如果选用 200mm 管径，要使充满度不超过规范规定的 0.60，则坡度必须采用 0.0061，大于本管段的地面坡度 0.0033，将使管道埋深较大。为了减小坡度，选用 250mm 管径。由管径为 250mm 的计算图（见附录）中查得，当流速为 0.7m/s 时，充满度为 0.47，坡度为 0.0041。流速及充满度都符合规范要求。因此，管段 10-9 采用管径 250mm，设计数据列入管道水力计算表的第 4、5、6、7 项，并注在水力计算简图上。

6）根据管段的设计坡度，计算管段两端的高差（管段两端的高差称为降落量），其值等于管段坡度与管段长之积。将求得的管段降落量列入管道水力计算表的第 9 项。

7）确定管段起端的标高，应注意满足埋深的要求，将管段起端管底标高列入水力计算表第 12 项。

8）确定管段终端管底标高，管段终端管底标高等于本段起端管底标高减降落量。将终端管底标高列入表第 13 项。

9）计算管段起端、终端的埋深及管段的平均埋深，将其列入表第 14、15、16 项。

（3）污水管道水力计算注意事项

1）计算设计管段的管底高程时，要注意各管段在检查井中的衔接方式，要保证下游管道上端的管底不得高于上游管道下端的管底。例如，管段 9-8 的设计管径为 300mm，比上游管段 10-9 的管径 250mm 大，故在 9# 检查井中上下游管道采用管顶平接。管段 7-6 的管径为 400mm 与管段 6-1 的管径相同，故在 6# 检查井中，上下游管道采用水面平接，两管段中水深相差 0.8cm，故取管段 6-1 的上端管底比管段 7-6 的终端管底低 1cm。

2）在水力计算过程中，污水管道的管径一般应沿程增大。但是，当管道穿过陡坡地段时，由于管道坡度增加很多，根据水力计算，管径可以由大变小。当管径为 250～300mm 时，只能减小一级；管径等于或大于 300mm 时，按水力计算确定，但不得超过两级。

3）在支管与干管的连接处，要使干管的埋深保证支管接入的要求。

4）当地面高程有剧烈变化或地面坡度太大时，可采用跌水井，以采用适当的管道坡度，防止因流速太大冲刷坏管壁。通常当污水管道的跌落差大于 1m 时，应设跌水井；跌落差小于 1m 时，只把检查井中的流槽做成斜坡即可。

污水管道水力计算

表 3-12

管段编号	管段长度 L(m)	管段设计流量 q (L/s)	管径 d (mm)	坡度 i	设计流速 v(m/s)	设计充满度		降落量 i_1(m)	高程				管底埋深(m)		
						h/d	水深 h(m)		地面		管底				
									起点	终点	起点	终点	起点	终点	平均
1	2	3	4	5	6	7	8	9	10	11	12	13	14	15	16
10-9	180	15.6	250	0.0041	0.70	0.47	0.117	0.74	14.60	14.00	13.60	12.86	1.00	1.14	1.07
9-8	200	25.4	300	0.0035	0.75	0.49	0.153	0.70	14.00	13.40	12.81	12.11	1.19	1.29	1.24
8-7	200	35.7	350	0.0035	0.80	0.47	0.164	0.70	13.40	12.80	12.06	11.36	1.34	1.44	1.39
7-6	250	51.8	400	0.0030	0.84	0.49	0.196	0.75	12.80	12.10	11.31	10.56	1.49	1.54	1.52
6-1	300	53.9	400	0.0030	0.85	0.51	0.204	0.90	12.10	11.30	10.55	9.65	1.55	1.65	1.60
5-4	180	15.6	250	0.0041	0.70	0.47	0.117	0.74	13.50	12.75	12.50	11.76	1.00	0.99	1.00
4-3	200	25.4	300	0.0035	0.75	0.49	0.153	0.70	12.75	12.50	11.71	11.01	1.04	1.49	1.27
3-2	200	49.5	400	0.0025	0.78	0.51	0.204	0.50	12.50	12.00	10.91	10.41	1.59	1.59	1.59
2-1	250	65.7	450	0.0023	0.79	0.52	0.230	0.58	12.00	11.30	10.36	9.78	1.64	1.52	1.58
1-0	150	111.6	500	0.0026	0.97	0.57	0.285	0.39	11.30	10.90	9.55	9.16	1.75	1.74	1.75

(4) 城市污水管道纵剖面图的绘制

污水管道纵剖面图，反映管道沿线高程位置，它应和管道平面布置图对应。在纵剖面图上应画出地面高程线、管道高程线（常用双线表示管顶与管底）。画出设计管段起讫点处检查井及主要支管的接入位置与管径。在管道纵剖面图的下方应注明检查井的编号、管径、管段长度、管道坡度、地面高程和管底高程等。

污水管道纵剖面图常用的比例尺为：横向 1/500～1/1000，纵向 1/50～1/100。污水管道纵剖面图如图 3-18 所示。

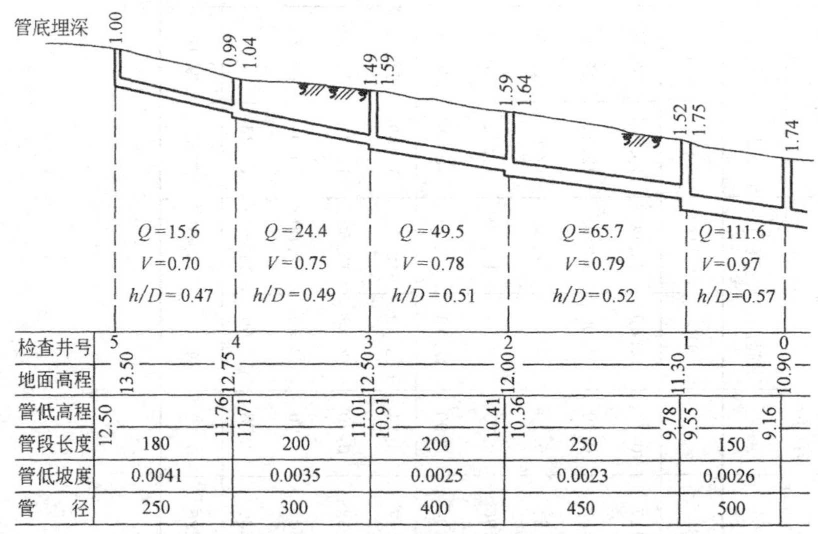

图 3-18　污水管道纵剖面

3.5　城市雨水工程系统规划

3.5.1　城市雨水管渠系统的布置

3.5.1.1　城市雨水管渠系统规划的内容

降落至地面上的雨水，除被植物截留、渗入土壤和填充洼地部分外，其余部分则循地面流动进入水体或滞留于地表，这部分雨水称为地面径流。严格地讲，雨水径流总量并不大，但因常集中在极短的时间内，来势猛烈，若不能及时排除，便会造成巨大的危害。城市雨水管渠系统规划的任务就是及时地排除暴雨形成的地面径流。短时雨水径流多，所需雨水管渠尺寸也大，造价也高。因此在进行城市排水规划时，除了建立完善的雨水管渠系统外，应对城市的整个水系进行统筹规划，保留一定的水 塘、洼地、截洪沟，考虑防洪的“拦、蓄、分、泄”功能。不少城市在建设中，把有自然防洪能力的水库、河塘、冲沟都填掉，结果使城市饱受洪水之苦，这种教训应当记取。

随着城市化进程的加快和路面普及率的提高，城区大部分地面已为混凝土、铺地砖等材料所覆盖，大地的保水、滞洪能力大大下降，雨水的径流量增大很快。通过建立一定的雨水贮流系统，一方面可以避免城市水淹之害，另一方面可以利用雨水作为城市水源、环境用水。

城市雨水系统管渠系统是由雨水口、雨水管渠、检查井、出水口等构筑物的一整套工程设施组成。城市雨水管渠系统规划的主要内容有：确定或选用当地暴雨强度公式；确定排水流域与排水方式，进行雨水管渠的定线；确定雨水泵房、雨水调节池、雨水排放口的位置；决定设计流量计算方法与有关参数；进行雨水管渠的水力计算，确定管渠尺寸、坡度、标高及埋深等。

3.5.1.2 雨水管渠系统布置要求

雨水管渠布置的主要任务，是要使雨水能顺利地从建筑物、车间、工厂区或居住区内排泄出去，既不影响生产，又不影响人民的生活，达到既合理又经济的要求。布置中应遵循下列原则：

（1）充分利用地形，就近排入水体

雨水径流的水质虽然和它流过的地面情况有关，一般来说，除初期雨水外，一般是比较清洁的，直接排入水体时，不致破坏环境卫生，也不致降低水体的经济价值。因此，规划雨水管线时，首先按地形划分排水区域，再进行管线布置。

根据分散和便捷的原则，雨水管渠布置一般都采用正交式布置，保证雨水管渠以最短路线，较小的管径把雨水就近排入水体。

某地区雨水管渠平面布置示意如图3-19所示。该区西南高东北低，有河流贯穿。布置雨水管渠时结合地形、河流位置和街区布置用短路线分别排入水体。于北部开挖一条明渠，以汇集北部地区的雨水，并泄入东面的河道。从整个布置情况来看，雨水出口较多，但雨水管渠接入明渠或河道的出水口构造比较简单，一般造价不高。由于就近排放，管线短，管径小，适当增加出水口的数量，将不会大量增加基建费用。但当河流的水位变化很大，管道出口离河很远时，出水口的建筑费用就会增加，在这种情况下，不宜采用过多的出水口。

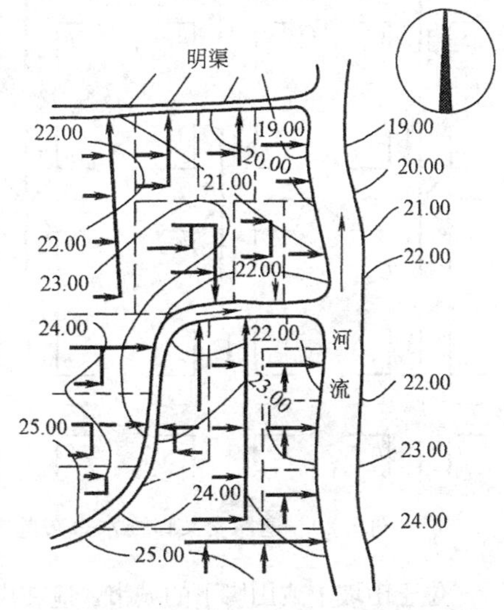

图3-19 某地区雨水管渠平面布置示意图

（2）尽量避免设置雨水泵站

由于暴雨形成的径流量大，雨水泵站的投资也很大，而且雨水泵站一年中运行时间短，利用率低。因此，应尽可能利用地形，使雨水靠重力流排入水体，不设置泵站。但在某些地形平坦、区域较大或受潮汐影响的城市，不得不设置雨水泵站的情况下，要把经过泵站排泄的雨水径流量减少到最小限度。

（3）结合郊区及道路规划布置雨水管渠

街区内部的地形、道路布置和建筑物的布置是确定街区内部雨水地面径流分配的主要因素。街区内的地面径流可沿街、巷两侧的边沟排除。道路通常是街区内地面径流的集中地，所以道路边沟最好低于相邻街区地面标高。应尽量利用道路两侧边沟排除地面径流，在每一集水流域的起端100～200m可以不设置雨水管渠。

雨水管渠应沿道路敷设，但是干管不宜设在交通量大的干道下，以免积水时影响交通。雨水干管应设在排水区的低处道路下。干管在道路横断面上的位置最好位于人行道下或慢车道下，以便检修。

从排水地面径流的要求而言，道路纵坡应控制在0.3%～6%范围内。

（4）结合城市竖向规划

城市用地竖向规划的主要任务之一，就是研究在规划城市各部分高度时，如何合理的利用自然地形，使整个流域内的地面径流能在最短的时间内，沿最短距离流到街道，并沿街道边沟排入最近的雨水管渠或天然水体。

（5）合理开辟水体

规划中应利用城市中的洼地和池塘，或有计划的开挖一些池塘，以便储存因暴雨量大时雨水管一时排除不了的径流量，避免地面积水。这样，雨水管渠可不按过高重现期设计，减小管渠断面，节约投资。同时，所开辟的水体可供游览、娱乐，在缺水地区，还可用于市郊农田灌溉。

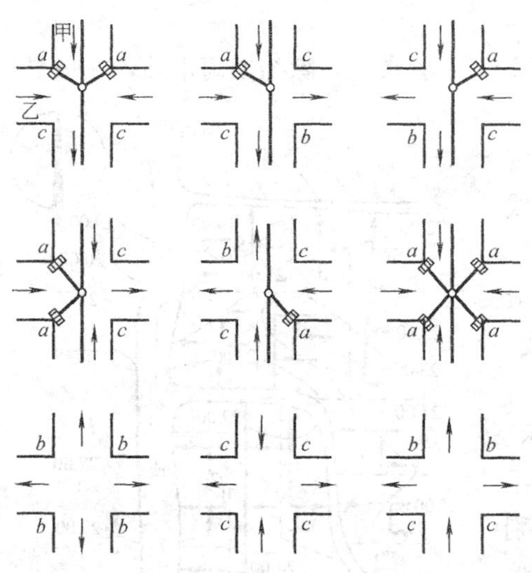

图 3-20　道路交叉口雨水口布置

（6）雨水口的设置

在街道两侧设置雨水口，是为了使街道边沟的雨水通畅地排入雨水管渠，而不致漫过路面。街道两旁雨水口的间距，主要取决于街道纵坡、路面积水情况以及雨水口的进水量，一般为30～80m。

街道交叉处雨水口设置的位置与路面的倾斜方向有关，如图 3-20 所示 。图中 b，c 为不需要设置雨水口的路口。

位于山坡上或山脚下的城市，应在山坡及山脚设置截洪沟，以拦集坡上的径流，保护市区。

3.5.2　雨水管渠水力计算

3.5.2.1　设计参数的选择

（1）暴雨强度公式

为了确定雨水管渠的断面尺寸，必须求出管渠的设计流量。为此，应该对降雨资料进行统计和分析，找出表示暴雨特征的降雨历时、降雨强度与降雨重现期之间的关系，作为雨水管渠设计的依据。

降雨量是降雨的绝对量，用深度 h(mm) 表示。降雨强度指某一连续降雨时段内单位时间的平均降雨量，用 i 表示。即

$$i=\frac{h}{t} \tag{3-14}$$

式中　i——降雨强度（mm/min）；

t——降雨历时，即连续降雨的时段（min）；

h——相应于降雨历时的降雨量（mm）。

降雨强度也可以用单位时间内单位面积上的降雨体积 q_0[L/(s·10^{-4}m^2)] 表示。

$$q_0=\frac{1\times1000\times10000}{1000\times60}i=166.7i \tag{3-15}$$

在设计雨水管渠时，假定降雨在汇水面积上均匀分布，并选择降雨强度最大的雨作为设计依据，根据当地多年（至少10年）的雨量记录，可以推算出暴雨强度的公式。按照规范，暴雨公式一般采用下列形式：

$$q=\frac{167A_l(1+c\lg P)}{(t+b)^n} \tag{3-16}$$

式中 q——暴雨强度 $[\mathrm{L/(s\cdot 10^{-4}m^2)}]$；

P——重现期（年）；

t——降雨历时（min）；

A_l，c，b，n——地方参数，根据统计方法进行计算确定。

（2）重现期

暴雨强度的频率是指等于或大于该暴雨强度发生的机会，以 N（%）表示；而暴雨强度的重现期指等于或大于该暴雨强度发生一次的平均时间间隔，以 P 表示，以年为单位。强度大的暴雨，其发生的平均时间间隔即重现期长；强度小的暴雨，其重现期也短。针对不同重要程度地区的雨水管渠，应采取不同的重现期来设计（表3-13）。因为若取重现期过大，则使管渠断面尺寸很大，工程造价会很高；若取值过小，一些重要地区如中心区、干道则会经常遭受暴雨积水损害。规范规定，一般地区重现期为1～3年，重要地区重现期为3～5年。进行雨水管渠规划时，同一管渠不同的重要性地区可选用不同的重现期。

设计降雨重现期（年） **表3-13**

地形		设计降雨重现期(年)		
地形分级	地面坡度	一般居住区 一般道路	中心区、使馆区、工厂区、仓库区、干道、广场	特殊重要地区
有两向地面排水出路的平缓地形	<0.002	0.333～0.5	0.5～1	1～2
有一向地面排水出路的谷地	0.002～0.001	0.5～1	1～2	2～3
无地面排水出路的封闭洼地	>0.01	1～2	2～3	3～5

注："地形分级"与"地面坡度"是地形条件的两种分类标准，符合其中的一种情况，即可按表选用。如两种不利情况同时占有，则宜选用表内数据的高值。

（3）集水时间

连续降雨的时段称为降雨历时，降雨历时可以指全部降雨的时间，也可以指其中任一时段。设计中通常用汇水面积最远点雨水流到设计断面时的集水时间作为设计降雨历时。

对管道的某一设计断面，集水时间 t 由两部分组成：从汇水面积最远点流到第一个雨水口的地面集水时间 t_1 和从雨水口流到设计断面的管内雨水流行时间 t_2。

t 可用下列公式计算：

$$t=t_1+mt_2 \tag{3-17}$$

式中 t_1 受地形、地面铺砌、地面种植情况和街区大小等因素的影响，一般为5～15min。式中 m 为折减系数，规范中规定：管道用2，明渠用1.2。t_2 为雨水在上游管道内的流行时间。

$$t_2=\sum\frac{L}{60v} \tag{3-18}$$

式中　L——上游各管段的长度（m）；

v——上游各管段的设计流速（m/s）。

（4）径流系数

降落在地面上的雨水，只有一部分径流流入雨水管道，其径流量与降雨量之比就是径流系数 Ψ。影响径流系数的因素有地面渗水性、植物和洼地的截流量、集流时间和暴雨雨型等。规范中主要根据地面种类对径流系数作了规定，见表 3-14。

单一覆盖径流系数　　**表 3-14**

覆盖种类	径流系数	覆盖种类	径流系数
各种屋面、混凝土和沥青路面	0.90	干砌砖石和碎石路面	0.40
大块石铺砌路面、沥青表面处理的碎石路面	0.60	非铺砌土路面	0.30
级配碎石路面	0.45	绿草和草地	0.15

由不同种类地面组成的排水面积的径流系数 Ψ 用加权平均法计算：

$$\Psi=\frac{\sum f_i\Psi_i}{\sum f_i} \tag{3-19}$$

式中　f_i——汇水面积上各类地面的面积（hm^2）；

Ψ_i——相应于各类地面的径流系数。

对于城市综合径流也可参考表 3-15。

城市综合径流系数　　**表 3-15**

序号	不透水覆盖面积情况	综合径流系数
1	建筑稠密的中心区(不透水覆盖面积>70%)	0.60～0.85
2	建筑较密的居住区(不透水覆盖面积 50%～70%)	0.50～0.70
3	建筑较稀的居住区(不透水覆盖面积 30%～50%)	0.40～0.60
4	建筑很稀的居住区(不透水覆盖面积< 30%)	0.30～0.50
5	公园、绿地等	0.20～0.45

（5）雨水管渠设计流量公式

在确定了降雨强度 i(mm/min) 或 q[L/(s·hm^2)]、径流系数 Ψ 后，根据设计管段的排水面积 F（hm^2），就可以计算管段的设计流量：

$$Q=166.7\Psi Fi=\Psi Fq\quad (L/s) \tag{3-20}$$

3.5.2.2　雨水管渠水力计算

（1）水力计算的设计规定

雨水管道一般采用圆形断面，但当直径超过 2m 时，也可用矩形、半椭圆形或马蹄形。明渠一般采用矩形或梯形。为保证雨水管渠正常工作，避免发生淤积、冲刷等情况，规范对有关设计数据作了规定。

1）设计充满度为 1，即按满流计算。明渠超高应大于或等于 0.2m。

2）满流时管道内最小设计流速不小于0.75m/s，起始管段地形平坦，最小设计流速不小于0.6m/s。最大允许流速同污水管道。

3）最小管径和最小设计坡度：雨水支干管最小管径300mm，相应最小设计坡度0.002；雨水口连接管最小管径200mm，设计坡度不小于0.01。梯形明渠底宽最小0.3m。

4）覆土与埋深：最小覆土在车行道下一般不小于0.7m；在冰冻深度小于0.6m的地区，可采用无覆土的地面式暗沟；最大埋深与理想埋深同污水管道。明渠应避免穿过高地。

5）管道在检查井内连接，一般用管顶平接。不同断面管道必要时也可采用局部管段管底平接。

雨水管渠水力计算仍按均匀流考虑，水力计算公式基本上与污水管道相同，但按满流即 $h/D=1$ 计算。工程设计中，通常在选定管材后 n 为已知值，混凝土和钢筋混凝土雨水管道的管壁粗糙系数 n 一般采用0.013。Q、v、i、D 的对应关系可据满流圆形管道水力计算图查得。

（2）雨水管渠的设计步骤

1）根据城市规划和排水区的地形，在规划图上布置管渠系统，划分干管汇水面积，确定水流方向。绘制水力计算简图。

2）确定各段管渠的汇水面积和水流方向。将计算面积及各段长度填写在计算简图中。各支线汇水面积之和应等于相应干管所服务的总汇水面积。

3）依据地形等高线，标出设计管段起讫点的地面标高，准备进行水力计算。

4）按排水区域内的地面性质确定各类地面径流系数，按加权平均方法求整个排水区的平均径流量。

5）根据街坊面积大小、地面种类、坡度、覆盖情况以及街坊内部雨水管渠的完善情况，确定起点地面集水时间。

6）根据区域性质、汇水面积、地形及管渠溢流后的损失大小等因素，确定设计重现期。

7）根据降雨强度公式，绘制单位径流量 Ψq 与设计降雨历时 t 关系曲线。

8）列表进行水力计算，确定管渠断面尺寸，纵向坡度、管渠底标高等，并绘制纵剖面图。雨水管渠水力计算与设计方法可参照污水管渠进行。

3.6 城市合流制排水规划

3.6.1 合流制排水系统的布置

3.6.1.1 合流制管渠系统特点

合流制管渠系统是在同一管渠内排除生活污水、工业废水及雨水的排水系统。我国城市旧排水管渠系统大多数采用这种体制。常用的则是截流式的合流制管渠系统。这种管渠系统是在临河侧的截流管上设溢流井，晴天时，截流管以非满流将生活污水和工业废水送往污水厂处理。雨天时，随雨量的增加，截流管以满流将生活污水、工业废水和雨水的混合污水送往污水处理厂。当雨水径流量继续增加到混合污水量超过截流管的设计输水能力时，溢流井开始溢流，并随雨水径流量的增加，溢流量增大。当降雨时间继续延长时，由于降雨强度的减弱，雨水溢流井处的流量减少，溢流量减少。最后，混合污水量又重新等于或小于截流管的设计输水能力，溢流停止，全部混合水又都流向污水处理厂。

截流式合流制消除了晴天时城市污水的污染及雨天时较脏的初期雨水和部分城市污水对水体的污染，在一定程度上满足了保护环境的需求。但在暴雨天，则有一部分带有生活污水和工业废水的混合污水溢入水体，使水体受到周期性污染。另外，合流制晴天雨天水质水量变化较大，给污水处理厂的运用管理带来一定的困难。但合流制的总投资比分流制节省，许多城市的旧城区多习惯采用合流制形式排污。

3.6.1.2　合流制排水系统布置

截流式合流制排水系统除应满足管渠、泵站、污水处理厂、出水口等布置的一般要求外，尚应考虑以下的要求：

1）管渠的布置应使所有服务面积上的生活污水、工业废水和雨水都能合理地排入管渠，并以最短距离坡向水体。

2）在合流制管渠系统的上游排水区域内，如有雨水可沿地面的街道边沟排泄，则可只设污水管道。只有当雨水不宜沿地面排出时，才布置合流管渠。

3）截流干管一般沿水体岸边布置，其高程应使连接的支、干管的水能顺利流入，并使其高程在最大月平均高水位以上。在城市旧排水系统改造中，如原有管渠出口高程较低，截流干管高程达不到上述要求时，只有降低高程，设防潮闸门及排涝泵站。

4）暴雨时，超过一定数量的混合污水应能顺利地通过溢流井泄入水体，并尽量减少截流干管的断面尺寸和缩短排放管道的长度。

5）溢流井的数目不宜过多，位置选择应适当，以免增加溢流井和排放渠道的造价，减少对水体的污染。溢流井尽可能位于水体下游，并靠近水体。

3.6.2　截流式合流制排水管渠水力计算

3.6.2.1　设计流量的确定

合流管渠的设计流量由生活污水量、工业废水量和雨水量三部分组成。生活污水量按平均流量计算，即总变化系数为1。工业废水量用最大班内的平均流量计算。雨水量按上一节的方法计算。

截流式合流制排水设计流量，在溢流井上游和下游是不同的。

（1）第一个溢流井上游管渠的设计流量

（如图3-21中1～2管段）为：

$$Q=Q_s+Q_g+Q_y=Q_h+Q_y \quad (3\text{-}21)$$

式中　Q_s——平均生活污水量（L/s）；

Q_g——最大班工业废水量的平均流量（L/s）；

Q_y——雨水设计流量（L/s）；

Q_h——溢流井以前的旱流污水量（L/s）。

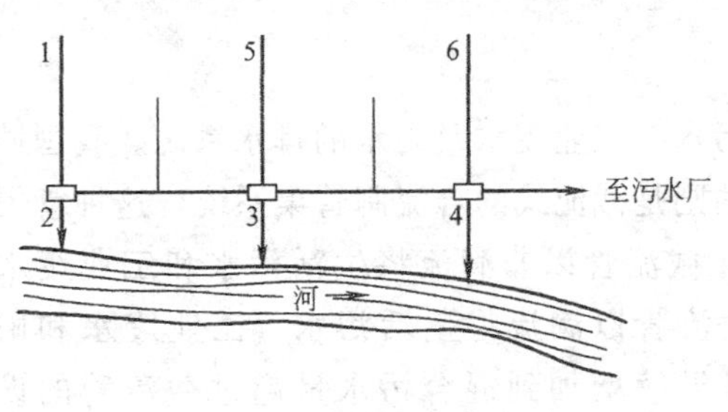

图3-21　设有溢流井的合流管渠

（2）溢流井下游管渠的设计流量

合流管渠溢流井下游管渠的设计流量，

对旱流污水量 Q_h 仍按上述方法计算，对未溢流的设计雨水量则按上游旱流污水量的倍数（n_0）计，此外，还需计入溢流井后的旱流污水量 Q'_h 和溢流井以后汇水面积的雨水流量 Q'_y。

$$Q' = (n_0 + 1)Q_h + Q'_h + Q'_y \tag{3-22}$$

式中　n_0——截流倍数，即开始溢流时所截流的雨水量与旱流污水量比。

上游来的混合污水量 Q' 超过（$n_0+1)Q_h$ 的部分从溢流井溢入水体。当截流干管上设几个溢流井时，上述确定设计流量的方法不变。

3.6.2.2　设计数据的规定

（1）设计充满度。设计流量按满流计算。

（2）设计最小流速。合流管渠设计最小流速为 0.75m/s。鉴于合流管渠在晴天时管内充满度很低，流速很小，易淤积，为改善旱流的水力条件，需校核旱流时管内流速，一般不宜小于 0.2～0.5m/s。

（3）设计重现期。合流管渠的雨水设计重现期一般应比同一情况下雨水管渠的设计重现期适当提高（可比雨水管渠的设计大 20%～30%），以防止混合污水的溢流。

（4）截流倍数。截流倍数数据根据旱流污水的水质、水量情况、水体条件、卫生方面要求及降雨情况等综合考虑确定。我国一般采用 1～5，较多用 3。见表 3-16。随着对水环境保护要求的提高，采用的 n_0 有逐渐增大的趋势。

不同排放条件下的 n_0 值　　**表 3-16**

排　放　条　件	n_0
在居住区内排入大河流	1～2
在居住区内排入小河流	3～5
在区域泵站前及排水总管的端部，根据居住区内水体的不同特性	0.5～2
在处理构筑物前根据不同的处理方法与不同构筑物的组成	0.5～1
工厂区	1～3

3.6.3　城市旧合流制排水管渠系统改造

我国大多数城市旧排水管渠系统都采用直排式的合流排水系统，然而随着城市社会经济的发展和水环境污染的加剧，在进行城市旧城区改建规划时，对原有排水管渠进行改建，势在必行。在体制上有两个选择途径：

（1）改合流制为分流制

一般是将旧合流制管渠局部改建后作为单纯排除雨水的管渠系统，另外新建污水管渠系统，以解决城市污水对水体的污染问题。这种方案适用于城市半新建区、成片彻底改造旧区、建筑物不密集的工业区以及其他地形起伏有利改造的地区。

把合流制改为分流制须具备以下条件：住房内部有完善的卫生设备，能够雨、污严格分流；城市街道横断面有足够的位置，有可能增设污水管渠；施工中对城市交通不会造成过大影响。针对我国旧区改建的现状，某些地区可以考虑由合流制改为分流制。

一种是在规划中近期采用合流制，埋设污水截流总管，但可采用较低的截流倍数，以便在较短时期内，使城市旧区水体的污染面貌得以迅速的初步改善。随旧区的逐步改造以及道路的拓宽，可以相应地埋设污水管，接通截流总管，并收纳污水管经过地区新建的或改造的房屋的污水，以及收纳原有建筑物的污染严重的污水，逐步由合流制过渡到合流与分流并存，以至最后做到旧区大部分污染严重的污水分流到污水管中去，基本上达到分流制的要求。而把原有合流管道作为雨水管道。此外，利用原有已建成的合流管的截流设施，在下雨时，还可以截流一部分污染严重的初期雨水，防止溢入水体。

另一种是以原有合流管道作为污水管道来进行分流，而另建一套简易和雨水排泄系统。通过采用街道暗沟、明渠等排泄雨水，既可免去接户管的拆装费用，也可避免破坏道路，增设管道。等条件成熟时，可以把暗沟、明渠等改为雨水管道。

（2）保留合流制，修建截流干管

将合流制改为分流制要改建所有的污水出户管及雨水连接管，需破坏很多路面，且要很长时间，投资也巨大。所以目前旧合流制管渠系统的改造大多保留原有体制，沿河修建截流干管，即将直排式合流制改造成为截流式合流制管渠系统。有的城市，为保护重要水源河道，在沿河修建雨污合流的大型合流管渠，将雨污水一同引往远离水源地的其他水体。截流式合流制因混合污水的溢流而造成一定的环境污染，可采取以下措施进行补救。

1）建混合污水贮水池或利用天然河道和洼塘，把溢流的合流污水调蓄起来，雨后再把贮存的水送往污水处理厂，能起到沉淀的预处理作用。

2）在溢流出水口设置简单的处理设施，如对溢流混合污水的筛滤、沉淀等。

3）适当提高截流倍数，增加截流干管及扩大污水处理厂容量等。

4）使降雨尽量多地分散贮留，尽可能向地下渗透，减少溢流的混合污水量。可运用公园、运动场、广场、停车场地下贮留雨水，依靠渗井、地下盲沟、渗水性路面渗透雨水，削减洪峰。

3.7 城市污水处理及污水厂

城市污水中常含有大量的有害、有毒物质，如不经处理任其排放，必然会恶化环境、污染水体、传播疾病，不仅严重地危害人民的生活和健康，造成“公害”，而且也影响工农业生产。因此，从保护环境，保障人民身体健康，保护水产资源和水体使用价值出发，要求污水在排放前必须进行处理。同时，城市污水中的有害，有毒物质，往往还是有用物质。回收利用这些物质，不仅可以消除污染，而且也为国家创造财富，化害为利，变“废”为宝。

3.7.1 城市污水性质及排放标准

3.7.1.1 污水的污染指标

污水的污染指标是衡量水在使用过程中被污染的程度，也称污水的水质指标。各种污水的水质很复杂，肉眼观察只能对它的某些物理性质得到一些感性认识，如颜色、浊度等。比较确切和全面的认识只有通过水质分析检验得到。污水分析的一些主要指标如下：

（1）有毒物质

有毒物质指城市污水中含有各种毒物的成分和数量，用“mg/L”表示。有毒物质对人类、鱼类、农作物有毒害作用，如汞、镉、砷、酚、氰化物等。这些有毒物质也是有用的工业原料，有条件时应尽量加以回收利用。

（2）有机物质

城市污水中含有大量有机物质，当它排入水体后，使水中溶解氧降低，甚至完全缺氧。在缺氧条件下有机物质进行厌氧分解，溢出物有毒害作用，并具有恶臭，使水色变黑，严重地恶化环境卫生，使鱼类无法生存。有机物的种类繁多，组成复杂，直接测定污水中各种有机物的含量较为困难，一般采用生化需氧量（BOD）和化学需氧量（COD）两个指标，间接概括地表示污水中有机物的浓度。单位采用 mg/L。

（3）固体物质

指污水中呈固体状态的物质。固体物质可分为悬浮固体（SS）与溶解固体两类：在水中呈悬浮或飘浮状态非溶解物质称为悬浮固体，单位为 mg/L。当含盐量大的污水渗入土壤后，将使土壤逐渐盐碱化。悬浮固体和溶解固体之和，称为总固体。

（4）pH 值

表示污水呈酸性或碱性的标志。pH 值是氢离子浓度倒数的对数，其值从 1～14，pH 值 7 为中性，小于 7 为酸性，大于 7 为碱性。生活污水一般呈弱碱性，而工业废水则是多种多样，其中不少呈强酸强碱的。酸、碱污水会危害鱼类和农作物，腐蚀管道。

（5）色、臭、热

城市污水呈现颜色、气味，影响水体的物理状况，降低水体的使用价值。此外，高温度的工业废水排入水体，对水体造成热污染，破坏鱼类的正常生活环境。

污水的性质取决于其成分。生活污水的成分主要为碳水化合物、蛋白质、脂肪等，一般不含有毒物质，但含有大量细菌和寄生虫卵。生产污水的成分复杂多变，主要取决于生产过程所用的原料和工艺，多半具有危害性。主要有害物质及其有关企业如表 3-17 所示。

生产污水中有害物质的来源 **表 3-17**

有害物质	主要排放工厂	有害物质	主要排放工厂
游离氯	造纸厂、织物漂白	砷及其化合物	矿石处理、农药制造厂、化肥厂
氨	煤气厂、焦化厂、化工厂	有机磷化合物	农药厂
氰化物	电镀厂、焦化厂、煤气厂、有机玻璃厂、金属加工厂	酚	焦化厂、煤气厂、炼油厂
氟化物	玻璃制品厂、半导体元件厂	酸	化工厂、钢铁厂、铜及金属酸洗、矿山
硫化物	皮革厂、染料厂、炼油厂、煤气厂、有机玻璃厂	碱	化学纤维厂、制碱厂、造纸厂
六价铬化物	电镀厂、化工颜料厂、合金制造厂、冶金厂、铬鞣制革厂	醛	合成树脂厂、青霉素药厂、毛纺厂
		油	石油炼厂、皮革厂、食品厂
铅及其化合物	电池厂、油漆化工厂、冶金厂	亚硫酸盐	纸浆厂、粘胶纤维厂
汞及其化合物	电解食盐厂、炸药制造厂、医用仪表厂	放射性物质	原子能工业、放射性同位素实验室、医院、疗养院
镉及其化合物	有色金属冶炼、电镀厂、化工厂		

3.7.1.2 污水排放标准

为了保护水体，必须严格控制排入水体的污水水质。通常污水在泄入水体前，须经处理，以减少或消除污水对水体的污染。

为保护水体而制定的一系列规程标准，是作为向水体排放污水时确定处理程度的依据。规程和标准既要保障天然水体的功能；又要使天然水体的自净能力得以充分利用，以降低污水处理的费用。

处理后的废水排入地面水系，水质应满足《地面水环境质量标准》（GB 3838—88）和《污水综合排放标准》（GB 8978—96）中的有关规定。处理后的废水用于农田灌溉，水质应达到《污水灌溉农田水质标准》（GB 5054—92）。处理后的废水排入海洋，水质应满足《海洋水质标准》（GB 3097—82）。处理后回用水除国家标准外，各地方和部门根据水体用途不同，制定地方标准（DB）。地面水环境质量标准及水质卫生要求如表 3-18，表 3-19 所示。

地面水环境质量标准 **表 3-18**

序号	参 数		Ⅰ类	Ⅱ类	Ⅲ类	Ⅳ类	Ⅴ类
	基本要求		所有水体不应有非自然原因所导致的下列物质： 1. 凡能沉淀而形成令人厌恶的沉积物 2. 漂浮物，诸如碎片、浮渣、油类或其他的一些引起感官不快的物质 3. 产生令人厌恶的色、臭、味或浑浊度的 4. 对人类、动物或植物有损害、毒性或不良生理反应的 5. 易滋生令人厌恶的水生生物的				
1	水温		人为造成的环境水温变化应限制在： 夏季周平均最大温升<1℃ 冬季周平均最大温升<2℃				
2	pH		6.5～8.5				6～9
3	硫酸盐①(以 SO_2^- 计)	≤	250 以下	250	250	250	250
4	氯化物①(以 Cl^- 计)	≤	250 以下	250	250	250	250
5	溶解性铁①	≤	0.3 以下	0.3	0.5	0.5	1.0
6	总锰①	≤	0.1 以下	0.1	0.1	0.5	1.0
7	总铜①	≤	0.01 以下	1.0(渔 0.01)	0.1 (渔 0.01)	1.0	1.0
8	总锌①	≤	0.05	1.0(渔 0.1)	1.0(渔 0.1)	2.0	2.0
9	硝酸盐(以 N 计)	≤	10 以下	10	20	20	25
10	亚硝酸盐(以 N 计)	≤	0.06	0.1	0.15	1.0	1.0
11	非离子氨	≤	0.02	0.02	0.02	0.2	0.2
12	凯式氮	≤	0.5	0.5	1	2	2
13	总磷(以 P 计)	≤	0.02	0.1(湖、库 0.025)	0.1(湖、库 0.05)	0.2	0.2
14	高锰酸盐指数	≤	2	4	6	8	10
15	溶解氧	≤	饱和率 90%	6	5	3	2
16	化学需氧量(COD_{cr})	≤	15 以下	15 以下	15	20	25
17	生化需氧量(BOD_5)	≤	3 以下	3	4	6	10
18	氟化物(以 F^- 计)	≤	1.0 以下	1.0	1.0	1.5	1.5
19	硒(四价)	≤	0.01 以下	0.01	0.01	0.02	0.02
20	总砷	≤	0.05	0.05	0.05	0.1	0.1
21	总汞②	≤	0.00005	0.00005	0.0001	0.001	0.001
22	总镉②	≤	0.001	0.005	0.005	0.01	0.01
23	铬(六价)	≤	0.01	0.05	0.05	0.05	0.1
24	总铅②	≤	0.01	0.05	0.05	0.05	0.1
25	总氰化物	≤	0.005	0.05(渔 0.005)	0.2(渔 0.005)	0.2	0.2
26	挥发酚②	≤	0.002	0.002	0.005	0.01	0.1
27	石油类②	≤	0.05	0.05	0.05	0.5	1.0
28	阴离子表面活性剂	≤	0.2 以下	0.2	0.2	0.3	0.3
29	总大肠菌群③(个/L)	≤			10000		
30	苯(α)并芘③(μg/L)	≤	0.0025	0.0025	0.0025		

注：① 允许根据地方水域背景值特征做适当调整的项目（标准值的单位除注明外，均为 mg/L)。
② 规定分析检测方法的最低检出限，达不到基本要求。
③ 试行标准。

地面水水质卫生要求　　表 3-19

指　标	卫　生　要　求
悬浮物质	含有大量悬浮物质的工业废水，不得直接排入地面水体
色、嗅、味	不得呈现工业和生活污水所特有的颜色、异味或异臭
悬浮物质	水面上不得出现较明显的油膜和浮沫
pH 值	6.5～8.5
生化需氧量(5d,20℃)	不超过 3～4mg/L
溶解氧	不超过 4mg
有害物质	不超过规定的最高容许浓度
病原体	含有病原体的工业废水和医院污水，必须经过处理和严格消毒，彻底消灭后方准排入地面水体

近年来，为了更有效地保护水体，控制污染物质的排放，有些国家推行除规定有害物质最高容许排放浓度外，同时还规定在一定时间内有害物质最高容许排放总量的办法。

3.7.2 城市污水处理与利用的基本方法

污水处理的内容通常包括：固液分离，有机物和氧化物的氧化，酸碱中和，去除有害物质，回收有用物质等。相应的污水处理和利用的方法可归纳为物理法、生物法、化学法三类。对于城市污水的处理，普遍采用前两类方法，化学法通常用于工业废水处理。

城市污水处理按处理程度划分，通常为一级、二级和三级。一级处理是去除污水中呈悬浮状态的固体污染物质，常用物理处理法。二级处理的主要任务是大幅度地去除污水中呈胶体和有机性污染物质，常用生物处理法。三级处理的目的在于进一步去除二级处理所未能去除的某些污染物质，所使用的处理方法随目的而异，如除氮、除磷以防止受纳水体的富营养化，进一步去除悬浮固体的双层滤料过滤，以降低 BOD 等。在一般情况下，城市污水用二级处理后基本上可以达到国家规定排放水体的标准，三级处理则用于对排放污水要求特别高的水体或为了使污水处理后回用。

3.7.2.1 城市污水的物理处理

物理法主要利用物理作用分离去除污水中呈悬浮状态的固体污染物质，在整个处理过程中不发生任何化学变化。属于这类处理方法的有重力分离法、离心分离法、过滤法等。对于城市污水处理，常用的是筛滤（格栅、筛网）与沉淀（沉砂池、沉淀池），习惯上也称机械处理。

污水先经过格栅，截留大块污物，再进入沉砂池沉下砂粒等较重无机物，然后进入沉淀池去除大部分较细的悬浮物，出水可用于灌溉或养殖（或排放水体）。沉砂池沉下的砂粒可用于填坑，沉淀池中的污泥被消化池发酵后作农肥，发酵中产生的沼气可作燃料。

3.7.2.2 城市污水的生物处理

生物法利用微生物的生命活动，将污水的有机物分解氧化为稳定的无机物，使污水得到净化。主要用来去除污水中胶体和溶解性的有机物质。

生物法分天然生物处理和人工生物处理两类。天然生物处理就是利用土壤或水体中的微生物，在自然条件下进行的生物化学过程来净化污水的方法，例如灌溉农田、生物塘等。人工生物处理是人为的创造微生物生活的有利条件，使其大量繁殖，提高净化污水的效率。根据微生物在分解氧化有机物过程中对游离氧的要求不同，生物法又可分为好氧生物处理和厌氧生物处理。污水处理常采用好氧法，污泥处理常采用厌氧法。生物处理法在城市污水处理厂中已得到广泛采用，通常作为污水经物理法处理后的进一步处理措施，提高污水处理程度，又称二级处理。

生物处理方法有多种，按照微生物栖食状态不同，分为活性污泥法和生物膜法两种类型。活性污泥法中微生物处于流动的悬浮状态，是水体自净过程的人工化，其代表性构筑物为曝气池。生物膜法微生物附着于固体滤料上，在滤料表面形成生物膜，是土壤自净过程的人工化，其代表性构筑物为生物滤池。

活性污泥是由大量的各种好氧微生物和其他杂质组成的絮凝体。当污水先经初次沉淀池预处理，去除大部分悬浮物后，再进入曝气池，使污水与池中混合液混合接触，同时充入空气，微生物在此吸附、分解氧化污水中有机物，然后流至二沉池，进行泥水分离，上层清水排出，沉下的活性污泥一部分回流至曝气池，以维持曝气池中一定数量的微生物，剩余活性污泥排至污泥池。曝气池为活性污泥法的主体构筑物，是微生物生长活动及吸附、分解氧化污水中有机物的地方。曝气池平面形状通常为方形、圆形或矩形。池内容纳活性污泥与污水的混合液，污水不断进入及流出，回流活性污泥不断地补充入池中，同时对曝气池混合液进行供氧与搅拌，以创造微生物生长活动的良好条件，使污水得到净化。

生物膜处理法是与活性污泥法并列的一种污水好氧生物处理技术。所谓生物膜是由大量的各种微生物与杂质粘结成的薄膜。污水与生物膜接触，污水中的有机污染物，作为营养物质，为生物膜上的微生物所摄取，污水得到净化，微生物自身也得到繁衍。

生物滤池为该处理法的主体构筑物。生物滤池由滤料、池壁、排水系统与布水系统几部分组成。滤料为繁殖微生物附着生物膜的地方，也是处理污水的区域。

在滤池滤料表面长满了生物膜，当污水均匀喷洒在滤池表面时，水滴沿滤料表面向下流动，与生物膜外面附着水层接触，交换彼此所含物质。水滴中的有机物进入附着水层，成为生物膜上食料，同时空气从滤料孔隙中进人生物膜，于是微生物在有氧条件下进行分解氧化，附着水层中有机物含量不断降低，其分解氧化产物排泄入流动水滴中去，使污水净化。

3.7.2.3　城市污水的消毒

污水经物理处理、生物处理后，水质大大改善，细菌含量也大幅度减少，但细菌的绝对值仍很可观，并存在有病原菌的可能。因此在排放水体前或在农田灌溉时，应进行消毒处理。

污水消毒的方法有药剂消毒、紫外线消毒、高温消毒等。最常用的方法是药剂消毒。采用的药剂有氯、溴、碘、二氧化氯和臭氧等。在污水消毒中，以加氯法用得最多。虽然加氯消毒的投量大时会产生二次污染，但此法在技术经济上最为可行。

3.7.3　污水处理方案的选择

3.7.3.1　城市污水应考虑的几个主要问题

城市污水处理耗资较多，运行管理费用较高，对环境卫生影响大。规划设计中必须慎重选择城市污水处理方案，首先应明确以下几个问题。

(1) 城市中工业废水的处理问题

在现代城市中，除了生活污水外，还有城市各处的工业企业产生的各种性质的工业废水（包括生产污水和生产废水）。因此工业废水占城市污水的百分比一般介于30%～70%

之间。因此，在城市污水处理时，必须考虑工业废水问题。

通常，除了大型的、集中的工业或工业区采用独立的污水处理系统外，对于多数的、分散的、中小型工业企业的废水，大多采用与生活污水一并处理、排放的方式，由城建部门设置统一的城市污水处理厂，采用综合治理方案。这种方案建设费用和运行费用较低，处理效果一般比分散处理好，总占地面积少，不影响环境卫生以及易于管理，节省维护人员。

但有些工业废水含有特殊的污染物质，有些工业废水所含污染物质浓度很高。为了保证污水处理厂的正常运行，必须限制某些工业企业废水的排放，要求在厂内经过预处理，达到规定标准后才能排入城市污水管网，输入城市污水处理厂。各工业企业排放废水时必须取得当地市政部门的同意。

(2) 预防为主，综合治理

为了降低污水处理厂的负担，减少污水处理的费用，在确定城市污水处理与利用方案中，要全面规划，统一安排，综合治理，互相协作。要求各行业、各部门共同来解决污水处理问题。应对城市中产生废水的工业企业、单位部门（医院、大型公建、对外交通、仓库等）逐一分析，并就哪些废水可直接排入城市污水管网，哪些废水应先预处理后再排入城市污水管网，哪些应单独处理，哪些可不经处理直接排入水体进行分类、统计，以便采取相应对策。

工厂与工厂之间要研究协作共同处理废水的可能性。工业废水中含有有用物质，一个工厂的废水可能成为另一个工厂的原料，就能变“废”为宝。另外，这个厂的废水与另一厂的废水混合后，可达到易于处理或减少有害物质浓度降低其危害性，如酸碱废水中和等。

城市污水处理中还要考虑用于灌溉农田或养殖的可能性，以便降低污水处理厂出水的处理程度，节省处理费用。

规划中要求各工业企业尽量压缩废水量和降低水中污染物质的浓度。通过采用改革生产工艺，回收利用废水中有用物质以及进行废水循环使用、循序利用等措施，减少废水及污染物的排放量。

(3) 合理决定污水处理程度

在考虑污水处理方案中，首先需确定污水应当达到的处理程度，以此作为选择污水处理方法、流程的依据。

城市污水处理程度划分为一级、二级、三级处理。处理程度的决定，取决于下列因素：

1) 环境保护的要求：包括受纳水体的用途、卫生、航运、渔业、体育等部门的意见，提出对污水排放标准的要求。

2) 经污水处理厂处理后的出水供灌溉农田或养殖的可能性，以及所能接受的污水量。

3) 当地的具体条件：包括污水管网现状，自然条件，城市性质及工业发展规模、速度，污水量、水质情况等。

4) 近期污水处理投资额，如限于经济条件，近期的不够，可先进行一级处理，以后再建二级处理，作分期建设安排。

3.7.3.2　城市污水处理的工艺流程

(1) 一级处理流程

污水处理采用物理处理法中的筛滤、沉淀为基本方法，污泥处置采用厌氧消化法。

1) 处理方案之一：如图3-22所示，采用沉淀池为基本处理构筑物，处理后的污水用于灌溉农田。沉淀池排出的污泥先贮存于污泥池，定期运走，进行堆肥发酵后作农肥。在非灌溉季节，污水可经消毒后排入水体。该方案造价低，运行管理费用省，但对水体还是有一定程度污染，宜慎重选用。

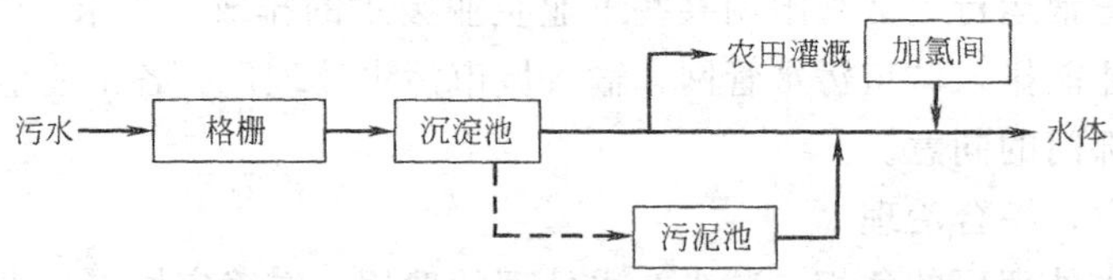

图3-22　污水处理方案之一

2) 处理方案之二：见图3-23，利用天然洼地或池塘作为生物塘，在生物塘中养鱼、繁殖藻类或其他水生物。其特点是造价低，运行管理费用少，但占地面积大，且易污染地下水源，选用时宜慎重。

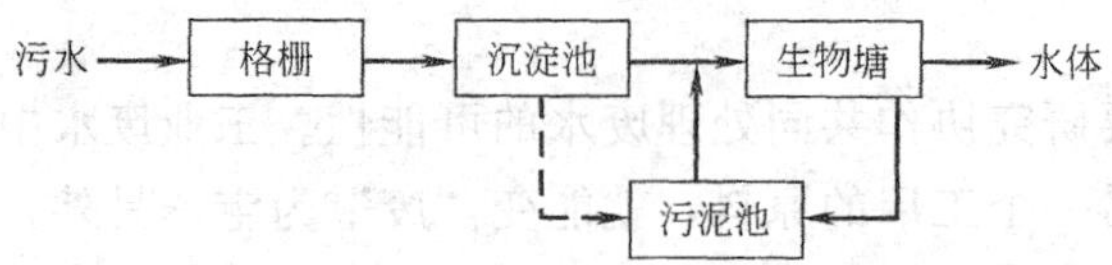

图3-23　污水处理方案之二

3) 处理方案之三：见图3-24，采用沉砂池、双层沉淀池为基本处理构筑物。适用于污水量少的中小城镇。其特点是造价较低，管理方便，运行维护费用较少，但处理后污水达不到排放标准要求。对于排放标准要求高的城区，不宜采用。

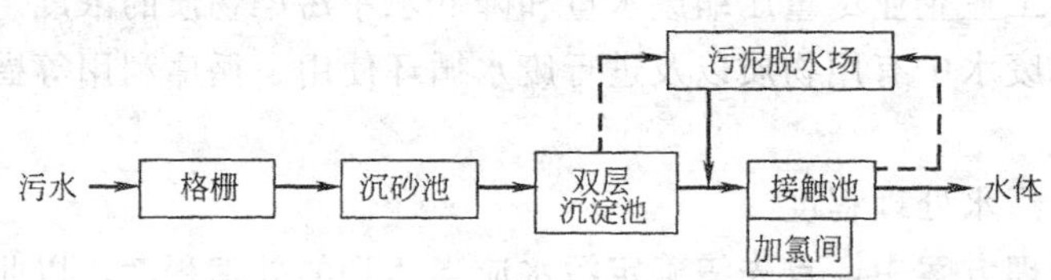

图3-24　污水处理方案之三

4) 处理方案之四：见图3-25，沉淀池、消化池为基本构筑物，所产生的沼气可以利用，开辟能源。其特点是污泥得到适当处理，处理效率较高，并可综合利用。但处理后的污水达不到排放标准要求，这是一级处理的共同特点

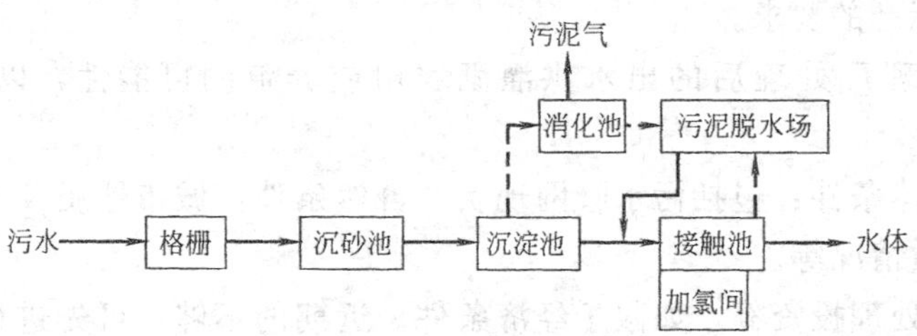

图3-25　污水处理方案之四

(2) 二级处理流程

鉴于一级处理出水达不到排放标推的要求，应采用生物处理法，以提高污水处理程度，满足排放技术。

1) 处理方案之五：见图 3-26，以生物滤池为生物处理构筑物，污水经过预处理（沉砂、沉淀）后进入生物滤池处理，污泥进入消化池处理。其特点是处理程度较高，处理后出水一般能达到排放标准的要求。但占地面积较大，造价较高，一般适用于水量不大的中小城镇。

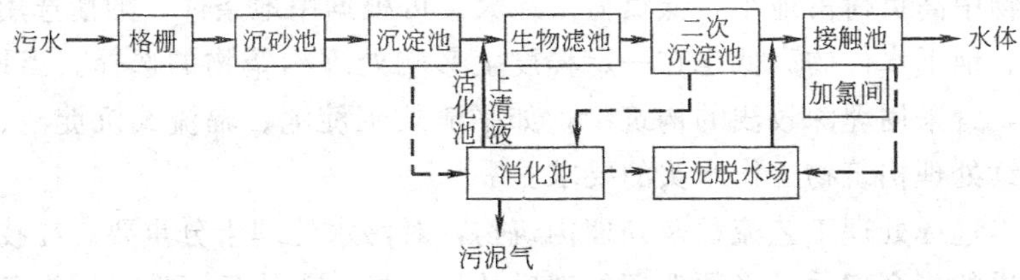

图 3-26 污水处理方案之五

2) 处理方案之六：见图 3-27，以曝气池为生物处理构筑物，污泥处理同方案五。其特点是处理程度较高，处理后的污水一般能达到排放标准。占地面积较生物滤池小，处理效率较高，适应性广，大、中、小水量均可采用。但构筑物造价较高，运行中消耗的电能亦较多，运转管理费用高。

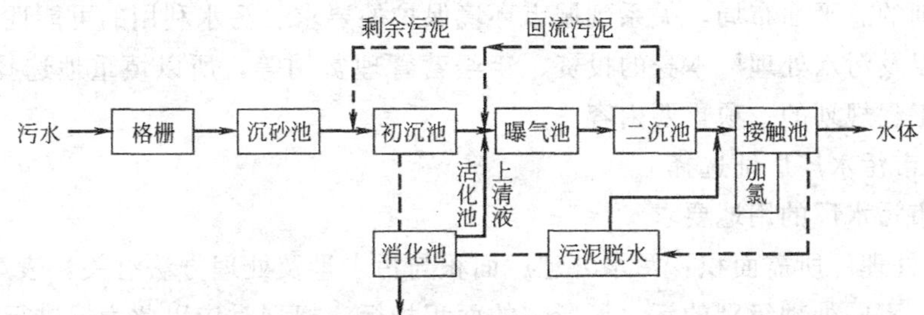

图 3-27 污水处理方案之六

3.7.3.3 污水处理方案的选择

污水处理方案包括处理工艺流程和处理构筑物形式的选择。

(1) 城市污水处理流程的选择

污水处理流程的确定，主要根据污水所需的处理程度。处理程度决定后，可按几种处理方法的不同处理效率，选定处理流程。

目前国外城市污水处理的趋势是以二级处理为主体，以一级处理为预处理，三级处理为精制手段。国内当前大力推广与普及二级处理。

(2) 处理构筑物形式的选择

处理构筑物形式的选用，应根据城市的具体条件，诸如污水量的大小、水质情况、处理程度的要求、污水厂位置、周围环境以及可能提供的厂区面积大小、地下水位高低、施工力量、建筑材料条件等。

从污水量大小分析，平流式或辐流式沉淀池适合于大污水量，而竖流式沉淀池宜用于中小污水量。生物处理构筑物中生物滤池一般适用于中小污水量，而曝气池适用性较广。当污水量大于 8000～10000t/d 情况下，采用合建式曝气沉淀池不合适，宜采用曝气池与沉淀池分建或采用其他形式处理构筑物。

从处理程度要求，一般活性污泥法比生物滤池法处理效果好些，但负荷不同，处理效率不一样，低负荷去除效率高，处理效果较好。

从污水处理厂位置分析，一般认为生物滤池对周围环境卫生影响比曝气池大，卫生防护要求高些。

从占地面积衡量，平流式沉淀池占地比竖流式、辐流式大，生物滤池占地比曝气池大，各种构筑物中高负荷占地小，低负荷占地大。可根据用地条件，酌情选用。

地质条件、地下水位的高低也在一定程度上影响处理构筑物的选择。当地下水位高，地质条件不好，宜采用埋深较浅的构筑物，如平流式沉淀池、辐流式沉淀池、生物滤池，同时要考虑后续处理构筑物工作水头的要求。

总之，正确选择处理工艺流程及处理构筑物，对污水处理十分重要。在技术上，必须是有效的、先进的、合理的，必须保证处理后的污水排入水体后不造成污染危害，并应尽可能采用高效的设施。在经济上，尽量节约基建投资，节省运行中的能量消耗与处理费用，并节省用地。在确定中，应作技术经济比较。

3.7.4 污水处理厂厂址选择及布置

城市污水处理厂是城市排水工程的一个重要组成部分，恰当地选择污水处理厂的位置，进行合理的总平面布局，关系到城市环境保护的要求、污水利用的可能性、污水管网系统的布置以及污水处理厂本身的投资、年经营管理费用等，所以慎重地选择厂址位置，是城市排水工程规划的一项重要内容。

3.7.4.1 城市污水厂厂址选择

(1) 城市污水厂的用地要求

1) 污水处理厂所需面积：污水处理厂面积与污水量及处理方法有关，表 3-20 所列为各种污水量、不同处理级别的污水厂所需的面积指标，规划时应以此为据进行确定，同时还要考虑污水厂的发展用地。

城市污水处理厂规划用地指标（$m^2 \cdot m^3$） **表 3-20**

建设规模	污水量				
	20 万 m^3 以上	10～20 万 m^3	5～10 万 m^3	2～5 万 m^3	1～2 万 m^3
用地指标	一级污水处理指标				
	0.3～0.5	0.4～0.6	0.5～0.8	0.6～1.0	0.6～1.4
	二级污水处理指标(一)				
	0.5～0.8	0.6～0.9	0.8～1.2	1.0～1.5	1.0～2.0
	二级污水处理指标(二)				
	0.6～1.0	0.8～1.2	1.0～2.5	2.5～4.0	4.0～6.0

注：1. 用地指标是按生产必须的土地面积计算。

2. 本指标未包括厂区周围绿化带用地。

3. 处理级别以工艺流程划分：

一级处理工艺流程大体为泵房、沉砂、沉淀及污泥浓缩、干化处理等。

二级处理（一），其工艺流程大体为泵房、沉砂、初次沉淀、曝气、二次沉淀及污泥浓缩、干化处理等。

二级处理（二），其工艺流程大体为泵房、沉砂、初次沉淀、曝气、二次沉淀、消毒及污泥提升、浓缩、消化、脱水及沼气利用等。

2）地形条件要求：污水处理厂用地要求比较完整，最好有适当坡度地段，以满足污水在处理流程上自流要求。用地形状最宜长方形，以利于按污水处理流程布置构筑物。

3）用地高程要求：污水处理厂不宜设在雨季容易被淹没的低洼之处。靠近水体的污水处理厂，厂址标高一般应在二十年一遇洪水位以上，不受洪水威胁。

4）地质条件要求：污水处理厂用地宜在地质条件较好、无滑坡、坍方等特殊地质现象，土壤承载力较好（一般要求在150kPa以上）的地方。要求地下水位低，方便施工。

5）其他方面要求：污水厂用地宜靠近公路及河流，水陆交通方便，以利于污泥运输。处理后出水可就近排入水体，以减少排放管的长度。厂址处要有水、电供应，最好是双电源。此外，要求厂址用地基建清理简便，不拆迁或少拆迁旧房及其他障碍物。

以上五点，是污水处理厂用地的各方面条件要求，在厂址选择中，尽量予以满足，使污水处理厂能很好发挥其功能并节省基建投资。

(2) 污水处理厂厂址选择

城市污水厂厂址选择与城市总体规划布局、城市污水管道系统的布置、出水口位置、灌溉田及湖塘（当污水用于农田灌溉及养殖时）位置等都有密切关系。选择中应考虑下列因素：

1）尽可能少占或不占农田，同时考虑污水处理后便于灌溉农田以及污泥作农肥利用。厂址最好靠近灌溉区域，以缩短输送距离。

2）厂址必须位于集中给水水源下游，并应设在城镇工厂区及居住区的下游。为保证卫生要求，厂址应与城镇工业区、居住区保持约300m以上距离。但也不宜太远，以免增加管道长度，提高造价。

3）厂址宜设在城市夏季最小频率风向的上风侧。

4）应有方便的交通、运输和水电条件。

5）结合污水管道系统布置及出水口位置，污水处理厂的位置选择应与污水管道系统布局统一考虑。当污水处理厂位置确定后，主干管的流向也就随之确定；反之，根据地形及其他条件确定排水方向后，污水处理厂选址方向也就随之确定。从利于污水自流排放出发，厂位置宜选在城市低处，沿途尽量不设或少设提升泵站。此外，厂址宜结合出水口位置考虑，通常污水处理厂设在水体附近，便于处理后污水，就近排入水体，减少排放渠道的长度。

6）污水处理厂具体位置的确定还应考虑污水处理厂本身对用地各方面要求，以利于污水处理厂建设的技术上合理性与投资上经济性。

7）应考虑厂址位置近远期结合问题。城市污水处理厂近期合适位置与远期合适位置往往不一致。如近期将污水处理厂选在离建成区较远的地方时，需建长距离排水干管，增加近期建设投资，而且干管利用率也低，水力条件不好。如近期将污水处理厂布置在靠近近期发展区域，若干年后，随着工业与城市发展，用地扩大，该厂位置离工业区、居住区太近，造成对周围环境卫生的影响，其位置显然需要调整。针对上述矛盾，处理中要通盘考虑，解决好远近期结合与分期建设等问题。

对于城市污水处理厂位置选择是十分复杂的，各种因素常互相矛盾。通常不可能各方面要求都得到满足，选择中要抓主要矛盾、分清主次条件，进行深入调查研究、分析比较。特别对于不能满足的某些条件，分析其影响大小及有无解决办法及弥补措施。当有几个位置可供选用时，要进行方案技术经济比较，确定最佳方案。

3.7.4.2 城市污水处理厂的总平面布置

污水处理厂总平面布置包括：处理构筑物布置，各种管渠布置，辅助建筑物布置，道路、绿化、电力、照明线路布置等。总平面布置图根据厂规模可用1/100～1/1000比例尺的地形图绘制。布置中应考虑下列要求：

(1) 根据污水处理的工艺流程，决定各处理构筑物的相对位置，相互有关的构筑物应尽量靠近，以减少连接管渠长度及水头损失，并考虑运转时操作方便。

(2) 处理构筑物布置应尽量紧凑，以节约用地，但必须同时考虑敷设管渠的要求、维护、检修方便及施工时地基的相互影响等。一般构筑物的间距为5～8m，如有困难达不到时至少应不小于3m。对于消化池，从安全考虑，与其他构筑物之间的距离应不小于20m。

(3) 构筑物布置结合地形、地质条件，尽量减少土石方工程量及避开劣质地基。

(4) 厂内污水与污泥的流程应尽量缩短，避免迂回曲折，并尽可能采用重力流。

(5) 各种管渠布置要使各处理构筑物能独立运转。当其中某一构筑物停止运转时，不迫使其他构筑物停止运转。这就要求敷设跨越管及事故排放管。厂内各种管路较多，布置中要全面安排避免互相干扰。

(6) 附属构筑物的位置应根据方便、安全等原则确定。

(7) 道路布置应考虑施工中及建成后运输要求，厂内加强绿化以改善卫生条件。

(8) 考虑扩建的可能性，为扩建留有余地，作好分期建设安排，同时考虑分期施工的要求。

图3-28为某污水处理厂（活性污泥处理法）总平面布置。

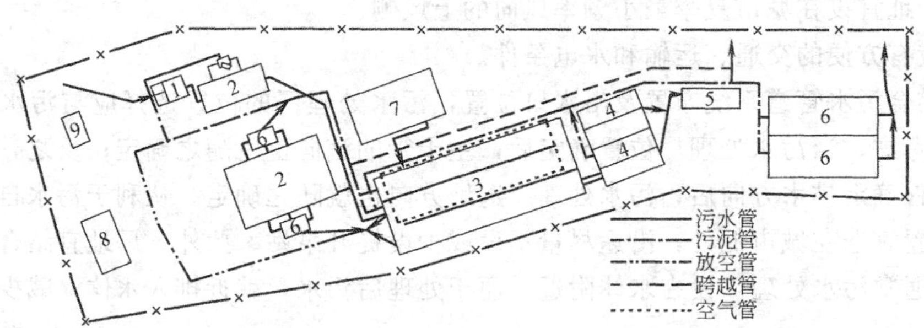

图3-28 某污水处理厂总平面布置

1—泵房；2—双层沉淀池；3—曝气池；4—二次沉淀池；5—计量槽；6—污泥池；7—空气压缩机房；8—办公楼；9—住房

3.7.5 中水利用与污泥处理处置

3.7.5.1 中水利用

中水系统是指将城市污水或生活污水经一定处理后用作城市杂用，或工业的污水回用系统。城市污水经以生物处理技术为中心的二级处理和一定程度的深度处理后，水质能够达到回用的标准，可以作为水资源加以利用。在水资源缺乏日益严重的情况下，中水将在下列利用方向上发挥重要作用：

(1) 城市市政用水

1）冲洗厕所用水；

2）城市绿地灌溉用水；

3）洒浇道路、消防用水和建筑用水（配置混凝土、洗料、磨石子等）；

4）城市景观 用于园林和娱乐设施的池塘、湖泊、河流、水上运动场的补充水（这类水应遵循《景观娱乐用水水质标准》（GB 12941—91）的规定）。

（2）污水灌溉

利用城市污水灌溉用地，可充分利用污水的肥效。在缺水地区或干旱季节，可起抗旱防灾的作用。

据有关资料介绍，当污水在水田中停留到5～8d后，出水BOD_5在20mg/L以下，BOD_5的去除率在90%左右，细菌总数去除90%～98%，基本上消除了污水对水体的危害。

用作灌溉的污水必须符合灌溉用水的水质标准，以免对土壤和农作物造成污染损害。

（3）污水养殖

利用天然湖泊、水塘，采用污水养殖鱼类及其他水生生物，是污水综合利用的又一途径。当污水排入湖塘后，可沉固体沉至水底，成为污泥，其中有机物进行厌氧分解。溶解后与悬浮水中的有机物进行好氧分解，排出物质成为藻类的养料，使藻类大量繁殖，通过光合作用放出氧气，供应好氧分解的需要，而藻类与其他微生物是原生动物和浮游动物的食料。污水中的有机物就转化为有生命的机体，供鱼类等食用，从而使污水得到净化。

（4）工业用水

在水资源贫乏、环保要求越来越高的情况下，工业企业经营者对于污水回用极为关注，企业污水工程设计，不仅要满足环保和市政排水要求，更要研究污水回用技术可能性和经济合理性，变废为宝，为经济持续发展作出贡献。

（5）地下水回灌

用于地下水回灌时，应考虑到地下水一旦污染，恢复将很困难。用于防止地面沉降的回灌水，必须注意不应引起地下水质的恶化。

（6）其他方面

主要回用于湿地、滩涂和野生动物栖息地，维持其生态系统的所用水。要求水中不含对回用对象的生态系统有毒有害的物质。

3.7.5.2 污泥的处置与利用

城市污水处理中同时要产生大量的污泥，其数量约占处理水量的0.3%～0.5%左右（以含水率为97%计）。这些污泥集聚了污水中的污染物，含有大量的有毒有害物质，如寄生虫、病原微生物、细菌、合成有机物及重金属离子等；也含有有用物质如植物营养素（氮、磷、钾）等。不经处理，任意堆放或排泄，会对周围环境造成二次污染。为满足环境卫生方面要求和综合利用的需要，必须对污泥进行处理。

污水处理厂的全部基建费用中，用于处理污泥的费用约占20%～50%，甚至70%。所以污泥处理是污水处理系统的重要组成部分。

污泥处理与利用基本流程如图3-29所示。含水率很高的污泥先进行浓缩，初步降低水分，再对有机污泥进行消化，消化后污泥可直接作农肥，也可进一步脱水干化，然后作最终处置。

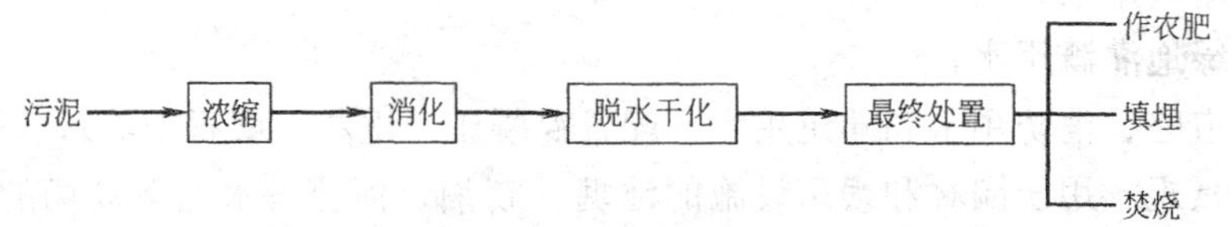

图 3-29 污泥处理与利用基本流程示意图

(1) 污泥脱水干化

污泥的含水率很高，一般为 96%～99.8%，体积很大，造成对污泥的处理、利用及输送均有较大的困难。污泥中所含水分大致分为四种：颗粒间的空隙水约占污泥总水分的 70%左右；污泥颗粒间的毛细管水约占 20%左右；颗粒的吸附水和颗粒内部水共占 10%左右。污泥脱水干化通常有重力浓缩、干化、焚烧等方法。

(2) 污泥厌氧消化

污泥厌氧消化是污泥中的有机物在无氧条件下，依靠厌氧、兼氧微生物，分解为甲烷、二氧化碳等气体，它是污泥处理的有效方法之一，适用于以有机物为主要成分的有机污泥。

(3) 污泥利用

污泥资源化是污泥利用的方向。对于城市污水处理厂排出的以有机物为主要成分的有机污泥，作为农田肥料使用是较好的方法之一。国内外长期实践证明，有机污泥作为农肥，不仅可增产，而且可提高土壤肥力。但必须进行无害化灭菌处理。

污泥也可经过一定处理加工作为建筑材料。

污泥不能利用时，其最终的处理方式是填埋、焚烧、投海等，但一定要注意防止对环境的污染。

第4章　城市电力工程规划

电力亦称电能，是由其他形式的能源（化学能、水能、原子能、太阳能等）转化而来的二次能源，由于其容易获得、便于输送、易于转换且清洁、经济，因而成为国民经济发展中的主要能源和先行行业。随着城市建设不断向现代化推进，电能的使用范围和种类日益扩大。如今，电力系统已成为现代城市社会不可缺少的市政设施。城市电力工程规划的基本任务就是构建安全、经济、方便、优质、技术先进的城市供电网络体系，满足国民经济各部门用电增长的要求，为国民经济和人民生活提供“充足、可靠、合格、廉价”的电力。

4.1　概　　述

4.1.1　基本概念

(1) 电力系统的组成

城市电力系统系由发电厂、各级变电站（所）、电力网和用电设备等组成。根据功能又可将电力系统分为供配电系统和用电系统两大类。供配电系统是接受电源输入的电能，并进行检测、计量、变压等，然后向用户和用电设备分配电能的系统；用电系统主要包括动力用电系统、照明用电系统以及其他用电系统，如通信等。

发电厂（站）是产生电能的设施，其作用是将其他形式的能转化为电能。如火力发电厂，水力发电站，原子能发电站等。

将发电厂输出的电能送到用户所在区域，称为电力输送。为了减少电能损耗和电压损失，通常采用高压输电。通过升压变电站把发电厂所生产的6kV、10kV或15kV的电能变为35kV、110kV、220kV或500kV的高压电经输电线送达用电区。

为满足电能输送和用户的要求，常需要配置变电站（所）和电力网。

变电站是改变供电的输配电压，以满足电力输送和用户用电要求的设施。为方便用户低电压用电要求，再通过降压变电站把高压电降为3kV、6kV或10kV，供用户使用。

电力网是指连接发电厂与变电站、变电站与变电站、变电站与用电设备之间的电力线网络，它是电能的输配载体，承担电能的接收与传输功能。

用电户将电能转化成其他形式的能量的用电设备或用电单位，以实现功能要求，如电动机、电冰箱、电灯，化工厂、铝厂、钢厂等。

将发电厂、变电站、用电设备（电用户）用电力线连接起来就构成了电力系统。

供配电系统简图如图4-1、图4-2所示。

(2) 电压等级

电压等级是根据国家的工业生产水平，电机电器制造能力，进行技术经济综合分析比较而确定的。在城市中，尤其是民用建筑用电电压，我国目前采用的仍然是1956年规定的三类电压标准：

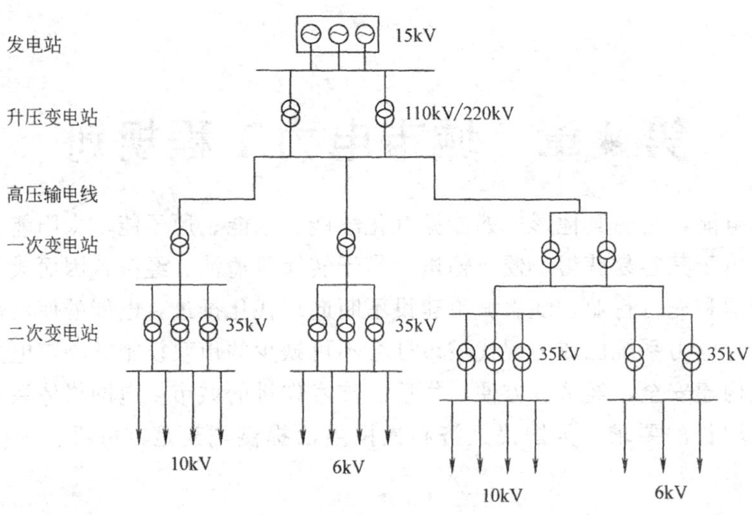

图 4-1　输配电力网

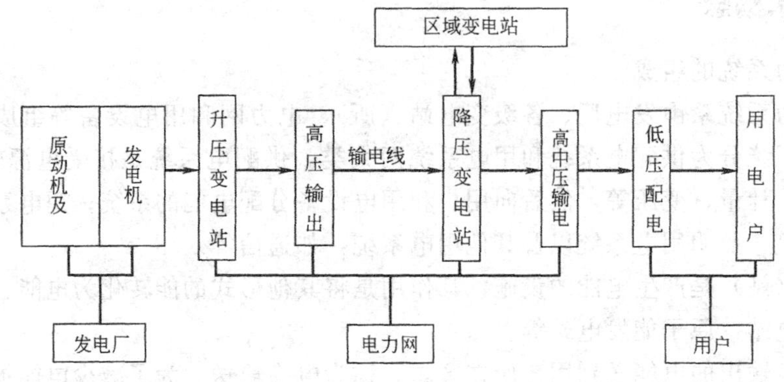

图 4-2　供配电系统简图

1）第一类额定电压：电压<100V，主要用于安全照明、蓄电池和其他开关设备的操作电源。

2）第二类额定电压：电压 100V～1000V，主要用于低压动力和照明。城市用电主要属于这个电压等级范围。

3）第三类额定电压：电压>1000V，主要用于高压用电设备及发电、输电的额定电压值。

城网的标准电压应符合国家电压标准。送电电压为 500kV、330kV、220kV 和 110kV，高压配电电压为 110kV 和 35kV，中压配电电压为 10kV，低压配电电压为 380/220V，选择电压等级时，应尽量避免重复降压。

（3）电压质量标准

1）电压偏移：指供电电压偏离用电设备额定电压的数值占用电设备额定电压值的百分数，规定一般不超过±5％。

2）电压波动：指用电设备接线端电压时高时低的变化。电压≥35kV 时，电压波动应≤±5%；电压<10kV 时，电压波动应≤±7%；低压照明的电压波动为+5%～－10%。城网中低压配电网一般是动力与照明混合，因此低压用户的电压波动允许为+5%～－7%。

3）频率：我国电力工业的标准频率（简称工频）规定为50Hz。交流电的频率直接影响到电动机的转速，工业产品的产量和质量，威胁到电力系统的稳定。因此，对频率的要求比电压值的要求要严格的多。供电局供电频率的允许偏差为：电网容量>300 万 kW 时，其波动范围为±0.2Hz，电网容量<300 万 kW 时，其波动范围为±0.5Hz。

4）电压平衡：供电系统应保证三相电压平衡，以维持供配电系统安全和经济运行，三相电压不平衡程度不应超过2%。

（4）容载比

容载比是城网内同一电压等级的主变压器总容量（kVA）与对应的供电总负荷（kW）之比，用 R_s 表示。其计算公式为：

$$R_s=\frac{k_1k_4}{k_2k_3} \tag{4-1}$$

式中 R_s——容载比，kVA/kW；

k_1——负荷分散系数，为同时率的倒数，>1；

k_2——平均功率因数；

k_3——变压器的经济负荷率，即最大负荷与其额定容量之比，一般取 0.7；

k_4——储备系数，包括事故备用系数和负荷发展备用系数，当 k_3 取 0.7 时，k_4 可取 1.1～1.2。

以上参数可按实际情况取值，但相关因素很多。计算时，应将地区发电厂的主变压器容量及其所供负荷、用户专用变电所的主变压器容量及其所负担的负荷扣除。

容载比是反映城网供电能力的重要技术指标之一。各地在电网规划时应根据现状统计资料和用电结构形式，确定合理的容载比。容载比过大，供电基建投资过大，电能成本增加；容载比过小将使电网适应性差，调度不灵，甚至发生“卡脖子”现象。规划时，220kV 变电站的容载比取 1.8～2.0，35～110kV 变电站的容载比取 2.2～2.5 比较合适。

4.1.2 城市电力工程规划

4.1.2.1 城市电力工程规划原则

1）城市电力工程规划是城市规划的组成部分，也是城市电力系统规划的组成部分。应结合城市规划和城市电力系统规划进行，并符合其总体要求。

2）城市电力工程规划编制期限应当与城市规划相一致。规划期限一般分为：近期 5 年，远期 20 年，必要时还可增加中期期限。

3）城市电力工程规划编制阶段可分为：电力总体规划和电力详细规划两个阶段。大、中城市可以在电力总体规划的基础上，编制电力分区规划。

4）城市电力工程规划应做到新建与改造相结合，远期与近期相结合，电力工程的供电能力能适应远期负荷增长的需要，结构合理，且便于实施和过渡。

5）发电厂、变电所等城市电力工程的用地和高压线路走廊宽度的确定，应按城市规划的要求，节约用地，实行综合开发，统一建设。

6）城市电力工程设施规划必须符合城市环保要求，减少对城市的污染和其他公害，同时应当与城市交通等其他基础设施工程规划相互结合，统筹安排。

4.1.2.2 城市电力工程各规划阶段的内容深度

（1）城市电力工程总体规划的内容：

1）确定城市电源的种类和布局；

2）分期用电负荷预测和电力平衡；

3）确定城市电网、电压等级和层次；

4）确定城市电网中主网布局及其变电所的选址、容量和数量；

5）高压线路走向及其防护范围的确定；

6）绘制市域和市区电力总体规划图；

7）提出近期电力建设项目及建设进度安排。

（2）城市电力工程分区规划的内容：

1）分区用电负荷预测；

2）供电电源的选择，包括位置、用电面积、容量及数量的确定；

3）高压配电网或高、中压配电网络结构布置，变电所、开闭所位置选择，用地面积、容量及数量的确定；

4）确定高、中压电力线路宽度及线路走向；

5）确定分区内变电所、开闭所进出线回数、10kV配电主干线走向及线路敷设方式；

6）绘制电力分区规划图。

（3）城市电力工程详细规划内容：

1）按不同性质类别地块和建筑分别确定其用电指标，然后进行负荷计算；

2）确定小区内供电电源点位置、用地面积及容量、数量的配置；

3）拟定中低压配电网结线方式，进行低压配电网规划设计；

4）确定中低压配电网回数、导线截面及敷设方式；

5）进行投资估算；

6）绘制小区电力详细规划图。

4.1.3 电力工程规划的步骤

1）搜集资料；

2）分析、归纳资料，进行负荷预测；

3）根据负荷及电源条件确定供电电源方式；

4）按负荷分布，拟定若干个输电和配电网布局方案，进行技术经济比较，提出推荐方案；

5）进行规划可行性论证；

6）编制规划文件及规划图表。

4.1.4 电力工程规划所需基本资料

城市电力规划是以地区动力资源、区域电力系统规划和城市总体规划为根据，对城市供电做出的综合安排。因此，编制城市供电工程规划时，一般以区域性供电规划为基础，再根据城市的具体情况和对规划深度的要求来搜集资料。

（1）区域动力资源：城市所在地区的水利资源、水力发电的可能性以及热能开发的情况；

（2）城市供电及有关电力系统的现状和发展资料：

1）电源资料：现有及计划修建的电厂和变电所的数目、容量、位置、电压、结线图及现有负荷，附近地区电源情况，地区间现有及计划修建的电力网回路数、容量、电压、路线走向等；

2）城市电力网络现状资料：城市电力网路布置图、结线图、线路的结构（电缆或架空的），导线的材料、截面和电压的等级，变电所、配电所和小区降压变电所的布置、容量、电压和现有负荷等。

（3）电力负荷情况：

1）工业方面：各企业原有及近期增长的用电量，用电性质、最大负荷、单位产品耗电定额、需要的电压、功率因数，对供电可靠性及质量的要求以及生产班次等；

2）农业方面：原有及近期增长的用电量、最大负荷、电力使用情况，对供电可靠性的要求及质量要求，需要的电压等级；

3）市政生活方面：现有居住面积上的平均照度，各类公共建筑照明情况；居民生活用电器使用情况，街道照明、给水排水、电气化运输、生活用水动力设备、广告照明等用电情况；

4）全市现有负荷类型：各类负荷的比重及逐年的增长情况；

5）利用系数：最大负荷利用系数的统计资料。

（4）自然资料

包括地形、气象、水文、地质、雷电日数等。

（5）城市规划有关资料

城市规划经济指标，包括规划年限、城市性质、人口规模、工业项目及规模、居民建筑、公共建筑、道路、绿化等定额；城市总体规划图，其中包括工厂位置网、街坊人口数、铁路、车站、仓库以及各种管线工程的位置等。

4.2 电力负荷预测

电力负荷，也称用电负荷。城市电力负荷系指城市内或城市某一局部片区内所有用户在某一时刻实际耗用的有功功率的总和。电力负荷预测是城市规划中电力工程规划一项最基本的任务。城市的供电规模、变电站（所）的容量、输电线路的输电能力等均依据电力负荷预测结果来确定。如果变电站（所）和输电线路的容量选择过大，将造成设备的积压和浪费。反之，如果变电站（所）和输电线路的容量选择过小，则不能满足城市生产和生活的需要，从而阻碍城市各项事业的发展，以致在短期内又要新建或扩建供电系统，造成浪费和布局不合理。因此，电力负荷的预测与计算的准确程度尤为重要，应予以足够的重视。

4.2.1 电力负荷分级及其用电要求

4.2.1.1 电力负荷分级

电力负荷根据其重要性和中断供电后造成的损失、影响程度及供电可靠程度的要求分三级：

（1）符合以下情况之一者，应为一级负荷：

1）中断供电将造成人身伤亡时；

2）中断供电将在政治、经济上造成重大损失时；

3）中断供电后将影响有重大政治、经济意义的用电单位的正常工作。

（2）符合以下情况之一者，应为二级负荷：

1）中断供电将在政治、经济上造成较大损失时；

2）中断供电将影响重要用电单位的正常工作。

（3）不属于一级和二级负荷者则为三级负荷。

4.2.1.2　供电要求

（1）一级负荷的供电电源应符合下列规定：

1）一级负荷应由两个电源供电，当一个电源发生故障时，另一个电源不应同时受到损坏；

2）一级负荷中特别重要的负荷，除由两个电源供电外，尚应增设应急电源，并严禁将其他负荷接入应急供电系统。

（2）二级负荷供电要求：二级负荷的供电系统，要求由两回线路供电，应做到不致中断供电，或中断后能迅速恢复供电。在负荷较小或地区供电条件困难时，二级负荷可由一回 6kV 及以上专用的架空线路或电缆供电。

（3）三级负荷的供电对电源无特殊要求。

4.2.2　电力负荷计算的参数

（1）用电量 A_n，表示规划区内各种用电器消耗电量的多少，单位为 kWh。

（2）设备额定容量 P_n，指设备铭牌上所标示的数据，单位为 kW 或 kVA。多台设备组成的用电设备组，其设备总额定容量就是各设备额定容量的总和，包括停止工作的用电设备在内，但不包括备用设备。

（3）计算负荷 P_j，即各类用电实际的最大负荷值，单位为 kW。

（4）同时系数 K_t

通过计算，可以得出各类用电的最大负荷，但各类用电的最大负荷并不是同一时间出现，即实际最大负荷值比各类最大负荷值之和小。实际最大负荷值与各类最大负荷值之和的比值称为同时系数 K_t。即

$$K_t=\frac{P_{jmax}}{\sum P_{nmax}} \tag{4-2}$$

（5）年最大负荷利用小时 T_{max}

年最大负荷利用小时 T_{max} 是一个假想的时间，在此时间内，电力负荷按最大负荷 P_{max} 持续运行所消耗的电能，恰好等于该电力负荷全年实际消耗的电能。于是有：

$$T_{max}=\frac{A_n}{P_j} \tag{4-3}$$

$T_{max}<8760h$（一年的小时数为 8760）。

(6) 需用系数 K_x

它反映某一时间电器设备的用电程度。通常把同类用户的用电最大负荷 P_{tmax} 与同类用户的设备定额容量的总和 $\sum P_{tn}$ 之比，叫需用系数 K_x，即

$$K_x = \frac{P_{tmax}}{\sum P_{tn}} \tag{4-4}$$

则该类用户的最大负荷为：$P_{tmax} = K_x \sum P_{tn}$

(7) 平均负荷率和负荷系数

平均负荷 P_v 是指电力负荷在一定时间 t 内平均消耗的功率，也就是电力负荷在此段时间内消耗的电能 W_t 除以这段时间 t，即

$$P_v = \frac{W_t}{t} \tag{4-5}$$

年平均负荷 P_{av} 是指电力负荷在一年时间 t（小时数）内平均消耗的功率，也就是电力负荷在全年内消耗的电能 W_{at} 除以这段时间 8760h，即

$$P_{av} = \frac{W_{at}}{8760} \tag{4-6}$$

如图 4-3 所示，年平均负荷的横线与两坐标轴所包围的面积，恰好等于年负荷曲线与两坐标轴所包围的面积。

负荷系数，也称为负荷率，就是平均负荷与最大负荷的比值，即

$$K_L = \frac{P_{av}}{P_{max}} \tag{4-7}$$

对于用电设备而言，负荷系数也就是设备在最大负荷时的输出功率与设备额定容量的比值。

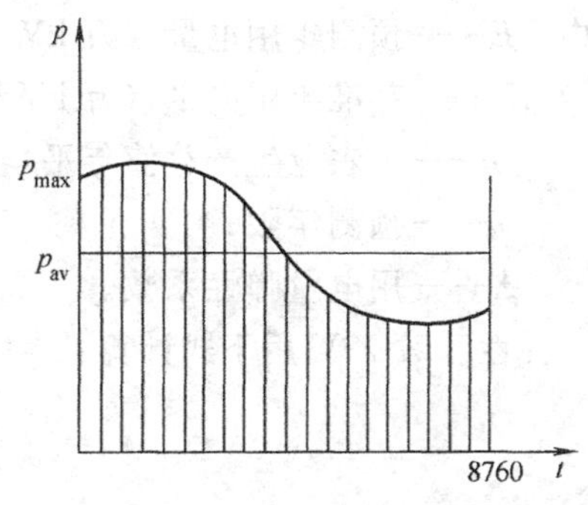

图 4-3 年平均负荷

4.2.3 电力负荷预测

电力负荷预测，就是规划时段期末的需用负荷预测，其值将是电气设备和导线截面选择的依据，要求尽可能准确，过大则造成设备资源的浪费，过小则可能出现线路设备过热或烧坏，引起火灾。然而，在城市中，电力用户很多，如工厂、机关、学校、住宅、商业、交通、农业……，电力各类用户设备容量、配套情况、负载变化等各异，使得负荷预测变得十分复杂，必须通过大量的调查研究。

4.2.3.1 电量预测方法

电力负荷预测一般先从用电量预测入手，然后由用电量转化为市内各分区的负荷；也可以从计算市内各分区现有的负荷密度入手，进行预测。

电量预测主要有以下方法，现介绍如下：

(1) 单耗法

根据单位产品（或产值）用电平均耗电指标和产品数（或产值）来推算用电量，是预

测有单耗指标的工业、部分农产品生产用电量的一种直接有效的方法。预测时，应注意单耗的变化趋势以及产品结构的变化。总用电量可按不同门类、行业分类预测，然后进行汇总。该方法适用于近、中期规划。

(2) 综合用电水平法

根据预测人口及每人平均用电量来推算城市总用电量。对于市政用电，可通过小区调查分析，按市区人口的人均用电量来估算。

(3) 年平均增长率法

该方法是根据历史资料数据的变化规律和未来国民经济发展规划估算出今后的用电平均增长率，采用复利公式计算的。这里，增长率可以是一个数值，也可以是一个时段的数值。

(4) 弹性系数法

电力弹性系数是地区总用电平均增长率与工农业总产值平均增长率的比值。城网内的电力弹性系数应根据产业结构、用电性质，并对历史资料及各类用电比重发展趋势加以分析后慎重确定。弹性系数法一般用于校核中期或远期的规划预测值。弹性系数的数学模型为

$$E=E_0(1+\gamma)^n\cdot X \tag{4-8}$$

式中 E——预测年用电量（万 kWh）；

E_0——基准年用电量（万 kWh）；

γ——工农业生产总值年平均增长率（%）；

n——预测年限；

X——用电量弹性系数。

弹性系数 X 可用下式计算：

$$X=\frac{X_p}{X_c} \tag{4-9}$$

式中 X_p——电力消耗年增长率（%）；

X_c——国内生产总值 GNP 年增长率。如果 GNP 年增长率缺乏时，可以用工农业总产值代替计算。

电量弹性系数选择应注意以下几点：

1) 不宜用预测前期的弹性系数，应选分期年份的弹性系数；

2) 选择弹性系数的分段年份以 10～15 年较合适；

3) 预测时选择的弹性系数，一般近期大于中期值，中期大于远期值。选择时可参考表 4-1。

以上四种方法可以同时应用，以资相互校核、补充，最后确定规划期间城网的总用电量。

4.2.3.2 城市用电量预测

城市用电量预测一般将电用户分为工业用户、市政用户和农业用户三类分别进行。

(1) 工业用用电量

工业用电在城市中所占比重较大，据统计一般达 70%以上，工业比重大的城市更是

一些国家电力弹性系数 **表 4-1**

国　别	1950～1980 年	其　中			1981～1987
		1951～1960	1961～1970	1971～1980	
美国	1.84	2.23	1.87	1.26	
前苏联	1.27	1.26	1.36	1.16	
日本	1.26	1.57	1.13	1.01	
前联邦德国	1.41	1.25	1.58	1.51	
法国	1.49	1.77	1.21	1.59	
中国	1.73	2.24	1.66	1.22	0.51

如此。工业用电主要用于动力、照明、电解、电热和控制等。规划时，一般采用以下方法预测：

1）产量（或产品）单耗法：

年用电量
$$A_n=\sum_{i=1}^{n}W_iD_i \tag{4-10}$$

最大负荷
$$P_{max}=\frac{A_n}{T_{max}} \tag{4-11}$$

式中　D_i——某种产品的产量（实用单位，如吨、台、件等）；

W_i——某种产品的用电单耗，kWh/相同实用单位。

2）产值单耗法：

年用电量
$$A_n=\sum_{i=1}^{n}W_iM_i \tag{4-12}$$

最大负荷
$$P_{max}=\frac{A_n}{T_{max}} \tag{4-13}$$

式中　M_i——某种产品或全部产品的产值（注意不应重复计算产值）（万元）；

W_i——相应产品单位产值的电耗（kWh/万元）。

3）需用系数法

各类工业用电负荷的需用系数 K_x 就是实际用电最大负荷 P_{max} 与用电设备总功率 P_n 的比值，其表达式为

$$K_x=\frac{P_{max}}{P_n} \tag{4-14}$$

此法比较简单，广泛用于规划设计和方案估算。在已知用电设备总装配功率而不知其最大负荷和年用电量的情况下，用总装配功率乘以需用系数，可求出最大负荷；然后再乘以年最大负荷利用小时，即可求得年用电量，即

$$P_{max}=P_nK_x\quad(\text{kW}) \tag{4-15}$$

$$A=P_{max}T_{max}\quad(\text{kWh}) \tag{4-16}$$

4）年平均增长率法（也称外推法）：

计算公式：
$$E=E_0(1+\alpha)^n \tag{4-17}$$

式中 E——预测年的用电量；

E_0——基准年用电量；

α——年用电量平均增长率（%）；

n——预测年限。

预测时，年增长率应以10年、20年、30年为阶段进行分析计算，选用用电增长较为稳定，期限较为适中的阶段（10年或20年为宜），经计算比较后确定。

5）按部门分项分析叠加法：

工业划分为黑色金属、有色金属、煤炭、石油、化学、机械、建材、纺织、造纸、食品、及其他等共11小项，采用产值单耗法进行预测。

（2）市政生活用电量预测

1）综合用电水平法 一般是以人口或建筑面积或功能分区面积进行计算的。这里的人口、建筑面积或功能分区面积均指当以人口进行计算时，所得的用电水平相当于人均电耗。当以功能分区面积进行计算时，所得的用电水平即相当于负荷密度。

年用电量 $$A_n = Sd \tag{4-18}$$

式中 S——指定计算范围内的人口数或建筑面积或土地面积，km^2；

d——用电水平指标，下述资料可供参考：

农业区用电水平 d=3.5～28万kWh/km^2；

中小工业区用电水平 d=2000～4000万kWh/km^2；

大工业区用电水平 d=3500～5600万kWh/km^2；

居民住宅区用电水平 d=4.3～8.5万kWh/km^2；

我国城市1980、1985、1990、2000年人均用电水平及平均增长率如表4-2所列，以资规划时参考。

我国城市人均用电水平（kWh/km^2）及平均增长率 **表4-2**

	1980年	a%	1985年	a%	1990年	a%	2000年
市政生活用电	124	4.75	156.4	5.6	205.4	6.2	374.8
人口100万以上大城市	235	10	378.5	10	609.5	7.5	1260
一般工业城市	180	6.2	243	9.3	379	4.7	600

2）按部门分项分析叠加法：市政生活划分为市政设施、道路照明、非工业动力、生活、公共设施及其他等小项用电，采用表4-2人均用电指标进行预测。

分项分析叠加法是我国目前进行用电量预测的主要方法。此方法对于近期预测比较可靠，但工作量较大。

（3）农业用电量预测

农业用电可分为灌溉、农副产品加工、乡村工业、生活用电及其他5小项。其预测方法基本与工业及市政用电负荷预测方法相同。如采用产量单耗法进行预测，按农村小康水平设想，人均用电可达200～300kWh/(人·年)。

4.2.3.3 负荷预测

城市供电负荷用预测最常用的方法是负荷密度法。另外，还有综合需用系数法和最大负荷年利用小时数法等。

（1）负荷密度法

以城市各负荷区或负荷小区目前负荷密度已经达到的每平方公里千瓦数（kW/km^2），参考城市规划中有关的经济发展、人口、居民收入水平等规划指标，再与类似城市相比，推算出各负荷区或负荷小区的负荷密度预测指标，乘以各自的面积，就可得规划区的负荷预测值。

在我国编制的1986～2015年电力发展规划中，对2015年城市用电水平的预测，一般城市负荷密度可能达25000kW/km^2左右，大城市的闹市区有可能达到50000～60000kW/km^2。

(2) 综合需用系数法

某类负荷的设备综合需用系数K_x值实际是该类负荷的负荷系数K_f与同时系数K_t的乘积，即

$$P_{max}=K_x\sum P_e \tag{4-19}$$

或

$$P_{max}=K_f K_t\sum P_e \tag{4-20}$$

式中 P_{max}——最大负荷；

P_e——设备定额容量；

K_x——设备综合需用系数，一般取0.16～0.3；

K_f——负荷系数；

K_t——同时系数，取值经验数据：各用户之间K_t=0.85～1.0，用户特别多时K_t=0.7～0.85，用户较少时K_t=0.95～1.0；区域或系统之间K_t=0.85～0.95。

(3) 最大负荷年利用小时数T_{max}法

用年用电量的预测值除以年综合量负荷利用小时数可求得最大负荷的预测值。即

$$P_{max}=\frac{E}{T_{max}} \tag{4-21}$$

T_{max}可由城市平均日负荷率，月不平衡负荷率和季不平衡负荷率三者的连乘积再乘以8760而求得。规划期内进行负荷预测，一般T_{max}取5000～6500h。

按用电分类分项叠加法求得各类年用电量预测值除以下列各相应用电的T_{max}值，即可求出各类年用电的最大负荷预测值。

第一产业用电：T_{max}=2000～2800h；

第二产业用电：T_{max}=4000～5500h；

第三产业用电：T_{max}=3500～4000h；

城乡居民生活用电：T_{max}=2500～3500h。

由以上得到的各类年用电量预测值之和乘以同时系数，即可求得城市年综合最大用电负荷。

4.2.4 城市电力规划各阶段的电力负荷预测

4.2.4.1 总体规划电力负荷预测

城市电力总体规划一般分为近、中、远三期或近、远两期。预测用电量和负荷时，应以规范制定的各项用电指标作为远期用电负荷的控制指标。规范制定的各项用电指标包括人均城市用电量指标、单项建设用地负荷密度指标和城市建筑单位建筑面积负荷密度指标三部分。

城市居民人均生活用电指标应根据城市性质、人口规模、地理位置、经济基础、居民

生活消耗水平等，在调研的基础上，因地制宜确定，预测时可参考表 4-3。

规划人均生活用电指标 **表 4-3**

指标分级	城市生活用电水平类别	人均生活用电量[kWh/(人·年)]	指标分级	城市生活用电水平类别	人均生活用电量[kWh/(人·年)]
Ⅰ	较高生活用电水平城市	2500～1501	Ⅲ	中等生活用电水平城市	800～401
Ⅱ	中上生活用电水平城市	1500～801	Ⅳ	较低生活用电水平城市	400～250

预测中，根据现状和历年供用电资料的实际情况和发展要求，可采用外推法、弹性系数法和负荷密度法。对于第一产业和第二产业的电量和负荷，多运用外推法和弹性系数法进行预测，对第三产业和城乡居民生活负荷，则采用综合指标法和年增长率法进行预测。我国在二次能源预测研究中，根据第三产业及生活用电水平将全国城市分为四个用电水平层次（不包括特区城市）（表 4-4）。应用时，可结合城市用电水平，选择相应的层次指标进行预测。

我国第三产业及生活用电规划推荐指标（不含市辖市、县） **表 4-4**

指标分级	城市用电水平分级	人均用电量[kWh/(人·年)]
	用电指标	
Ⅰ	较高用电水平城市	1300～801
Ⅱ	中上用电水平城市	800～401
Ⅲ	中等用电水平城市	400～201
Ⅳ	较低用电水平城市	200～80
	2010～2015 年规划用电指标	
Ⅰ	较高用电水平城市	3000～2701
Ⅱ	中上用电水平城市	2700～1301
Ⅲ	中等用电水平城市	1300～801
Ⅳ	较低用电水平城市	800～500

对于用电水平较高的特大城市或沿海城市，第三产业和生活用电，可分为居住照明、家用电器、公共建筑照明、小型动力、给水排水、电气化运输、道路照明、装饰艺术照明等八项进行预测（表 4-5）。

用电分类分年份预测参考值 **表 4-5**

分类	现状	规划	分类	现状	规划
1. 居住照明用电			5. 给水排水用电		
额定容量指标(W/人)	70～95	100～134	公用水源耗电指标(kWh/t)	0.4	0.5
负荷同时系数	0.8	0.8	负荷同时系数	0.65	0.65
负荷利用小时数	2200	2500	负荷利用小时数	5000	5500
2. 家用电器用电			6. 电气化运输用电		
额定容量指标(W/人)	155～175	280～320	额定容量指标(W/人)	26	30.9
			其中：无轨电车	6	6.9
			地下铁路	20	24
负荷同时系数	0.5	0.5	负荷同时系数	0.65	0.65
负荷利用小时数	2500	2800	负荷利用小时数	5500	5500
3. 公共建筑照明用电			7. 道路照明用电		
额定容量指标(W/人)	140～160	200～215	额定容量指标(W/人)	11～13	14.1～16.6
负荷同时系数	0.8	0.8	负荷同时系数	0.95	0.95
负荷利用小时数	2200	2600	负荷利用小时数	3300	3500
4. 小型动力用电			8. 装饰艺术照明用电		
额定容量指标(W/人)	200～220	300～340	取全部照明的%	4～5	6～7
负荷同时系数	0.6	0.6	负荷同时系数	0.75	0.75
负荷利用小时数	2500	2800	负荷利用小时数	1800	2000

4.2.4.2　分区规划电力负荷预测

分区电力负荷宜采用负荷密度法进行预测，也可采用与供电总体规划阶段相同的方法预测。对新兴城市新建区分区电力负荷进行预测时，使用分类综合用电指标。其规划范围内的居住、公共设施、工业三大类主要用地用电则可选用规划单相建设用地供电负荷密度指标（表4-6、4-7）。

规划单项建设用地供电负荷密度指标　　表4-6

类别名称	单项建设用地负荷密度(kW/hm²)	类别名称	单项建设用地负荷密度(kW/hm²)
居住用地用电	100～400	工业用地用电	200～800
公共设施用地用电	300～1200		

分类综合用电指标表　　表4-7

用地分类及其代号			综合用电指标	备　注
居住用地R	一类居住用地	高级住宅别墅	18～22 W/m²	每户2台及以上空调、2台电热水器、有烘干的洗衣机，有电灶，家庭全电气化
	二类居住用地	中级住宅	15～18W/m²	有空调、电热水器，无电灶，家庭基本电气化
	三类居住用地	普通住宅	10～15W/m²	每户一般76m²以下，安装有一般家用电器
公共设施用地C	行政办公用地(C1)		15～26W/m²	行政、党派和团体等机构用地
	商业金融业用地(C2)		20～44W/m²	商业、金融业、服务业、旅馆业和市场等用地
	文化娱乐用地(C3)		20～35W/m²	新闻出版、文艺团体、广播电视、图书展览、游乐设施用地
	体育用地(C4)		14～30W/m²	体育场馆和体育训练基地
	医疗卫生用地(C5)		18～25W/m²	医疗、保健、卫生、防疫、康复和急救设施等用地
	教育科研设计用地(C6)		15～30W/m²	高校、中专、科研和勘测设计机构用地
	文物古迹用地(C7)		15～18W/m²	
	其他公共设施用地(C9)		8～10W/m²	宗教活动场所、社会福利院等
工业用地M	一类工业用地(M1)		20～25W/m²	无干扰、无污染的工业，如高科技电子工业、缝纫工业、工艺品制造工业
	二类工业用地(M2)		30～42W/m²	指部分有一定干扰、污染的工业，如食品、医药、防止等工业
	三类工业用地(M3)		45～56W/m²	重型机械、电器工业企业
仓储用地W	普通仓储用地(W1)		5～10W/m²	
	危险品仓库用地(W2)			
	堆场用地(W3)		1.5～2W/m²	
对外交通用地T	T1、T2中的铁路公路站		25～30W/m²	
	港口用地(T4)		①100～500kW ②500～2000kW ③2000～5000kW	①年吞吐量10～50万吨港 ②年吞吐量50～100万吨港 ③年吞吐量100～500万吨港 不同港口用电量差别很大，实用中宜作点负荷调查比较确定
	机场用地(T5)		35～42W/m²	
道路广场用地S	道路用地(S1)		17～20kW/km²	系全开发区(新区)考虑的该类用电符合密度
	广场用地(S2)			
	社会停车场库用地(S3)			
市政公用设施用地U	供应(供水、供电、供燃气、供热)设施用地(U1)		830～850kW/km²	系全开发区(新区)考虑的该类用电符合密度
	交通设施用地(U2)			
	邮电设施用地(U3)			
	环卫设施用地(U4)			
	施工与维修设施用地(U5)			
	其他(如消防等)			

4.2.4.3　城市供电设施详细规划电力负荷计算

根据城市现状用电水平，结合城市供电总体规划，采用建筑用电负荷分类，比照表4-8中的指标，进行电力负荷预测。

城市建筑用电负荷分类负荷指标　　表4-8

大　类	小　类	用电指标
居住建筑用地	多层普通住宅	2～3kW/户
	多层中级住宅	3～5kW/户
	高层高级住宅	5～8kW/户
	别墅	7～10kW/户
公共建筑用地	高级宾馆、饭店及40层以上高层写字楼	120～160W/m²
	中档宾馆及40层以下15层以上写字楼	100～140W/m²
	普通宾馆及15层以下写字楼	70～100W/m²
	科技馆、影剧院、医院等大型公建	60～100W/m²
	银行	60～100W/m²
	大型商场	80～120W/m²
	一般商场	25～50W/m²
	行政办公楼	40～60W/m²
	科研设计单位	20～60W/m²
	中小学、幼儿园、托儿所	20～50W/m²
	体育馆	70～100W/m²
	停车场建筑	15～40W/m²
工业建筑用地	工业标准厂房	45～80W/m²
仓储建筑用地	一般仓库	2～6W/m²
	冷藏仓库	8～15W/m²
其他建筑用地		12～18W/m²

4.3　城市电力工程电源规划

4.3.1　电源的种类与特点

城市电源由城市发电厂直接提供，或由外地发电厂经高压长途输送至变电所，接入城市电网。变电所除变换电压外，还起到集中电力和分配电力的作用，并控制电力流向和调整电压。

城市电源通常分为城市发电厂和变电站（所）两种基本类型。

4.3.1.1　发电厂的分类

发电厂种类很多，如太阳能发电厂、地热发电厂、核能发电厂等。目前，我国的电能主要还是以火力发电厂以及水力发电厂为主，另外尚有少量的核能、太阳能、风能、地热等发电。根据我国能源发展战略，以原子能为新能源的核电站将会受到重视和大力发展。

（1）火力发电厂

利用燃料所产生的热能发电的电厂称为火力发电厂，燃料有煤、石油、天然气、沼气、煤气等。

1）分类：按照蒸汽参数（蒸汽压力和温度）来分类，有低温低压电厂、中温中压电厂、高温高压电厂、超高压电厂、亚临界压力电厂等五种（见表 4-9）。按燃料种类分类，可分为燃煤发电厂、燃油发电厂、燃气发电厂。装有供热机组的电厂，除发电外，还向附近工厂、企业、住宅区供应生产用蒸汽和采暖热水，因此又称为热电厂。

火力发电厂按蒸汽参数（蒸汽压力和温度）分类 **表 4-9**

电厂类型	气压(大气压)		气温(℃)		电厂和机组容量的大致范围
	锅炉	汽轮机	锅炉	汽轮机	
低温低压电厂	14	13	350	340	1 万 kW 以下的小型电厂(1500～3000kW 机组)
中温中压电厂	40	35	450	435	1～20 万 kW 中小型电厂(6000～50000kW 机组)
高温高压电厂	100	90	540	535	10～60 万 kW 大中型电厂(2.5～10 万 kW 机组)
超高压电厂	140	135	540	535	25 万 kW 以上大型电厂(12.5～20 万 kW 机组)
亚临界压力电厂	170	165	570	565	60 万 kW 以上大型电厂(30 万 kW 机组)

2）规模：火力发电厂的规模按其装机容量分为大型发电厂，中型发电厂和小型发电厂，如表 4-10。

火力发电厂按装机容量的划分规模 **表 4-10**

规模	大型	中型	小型
装机容量(万 kW)	＞25	2.5～25	＜2.5

（2）水力发电厂

利用水的位能发电的电厂称为水力发电厂，简称水电厂或水电站。水力发电特点在于同时能使发电、防洪、灌溉、航运、给水、渔业等各方面的要求得到合理解决，且成本低，约为火力发电的 1/3～1/4，但投资大，建设工期较长，受自然条件影响较大。

1）分类：水力发电厂按使用的水头分为高水头发电厂、中水头发电厂和低水头发电厂。高水头发电厂使用水头在 80m 以上，中水头发电厂使用水头在 30～80m 之间，低水头发电厂使用水头在 30m 以下。

按集中水头的方式分类，水力发电厂分为堤坝式水电厂、引水式水电厂和混合式水电厂。

A. 堤坝式水电厂，又分为河床式和坝后式两种。河床式水电厂建于河流中下游的平原地带，水位不高，厂房和大坝均位于河床中，起挡水作用。坝后式水电厂建于河流中、上游的峡谷河段，由于水头高，厂房无法挡水，一般厂房置于坝体下游或坝内。

B. 引水式水电厂，这种水电厂建于河流中、上游，河段上部不允许淹没，河段下部有急滩、陡坡或大河湾，在河段上游筑坝引水，用引水渠、压力隧道、压力水管等将水引到河段末端，用以集中落差。

C. 混合式水电厂，由于河流的峡谷河段或水库边缘地形陡，水电厂用地条件差，则在略远离水库的下游位置建厂，引水库水发电。

2）规模：水力发电厂的规模通常以装机容量分为大型、中型和小型，具体指标参见表 4-11。

水力发电厂划分规模 **表 4-11**

规　模	大　型	中　型	小　型
装机容量(万 kW)	＞15	1.2～15	＜1.2

(3) 原子能发电厂

原子能发电厂是利用热核反应所释放出来的能量发电的电厂。其主要特点是能源密度大（1kg 铀核燃料的能量相当于 2500t 煤或 2000t 石油的能量），功率高。缺点是放射性核对环境造成热污染。

4.3.1.2 变电所

变电所是变换电压，交换、分配电力，控制电力流向和调整电压的场所。

(1) 按功能分类：

1) 变压变电所，即改变电压的设施，又分为升压变电所和降压变电所。通常发电厂的变电所为升压变电所，城区的变电所为降压变电所。

2) 变流变电所，即将直流电和交流电互变的变电所。

(2) 按职能分类：

1) 区域变电所，为区域性长距离输送电服务的变电所。

2) 城市变电所，为城市供配电的变电所。

(3) 按变电所等级分类：

电压等级通常按分级有 500kV、330kV、220kV、110kV、35kV、10kV 等，通常 220～500kV 变电所为区域性变电所，110kV 及以下的变电所为城市变电所。

4.3.2 城市电源规划

4.3.2.1 电源规划的原则

1) 对于以水电供电为主的大中城市，应建设一定比例的火电厂作为补充电源；对于以变电所为城市电源的大中城市，应有接受电力系统电力的两个或多个不同电源点，以保证供电的可靠性。

2) 城市电源点应根据城市性质、规模和用电特点，合理布局，尽可能的实现多电源供电系统。

3) 对经济基础好，但能源比较缺乏，交通运输负荷过重且具备建核电厂条件的大中城市，可考虑建核电厂。

4) 发电厂应靠近负荷中心，且要有良好的供水条件，要保证燃料的供应，解决排灰渣问题，有方便的运输条件，有高压线进出的可能性，卫生防护距离达到国家标准，并且要有扩建的可能性，有预留用地。

4.3.2.2 电源选址

(1) 火力发电厂

1) 符合城市总体规划的要求。

2) 应尽量利用劣地或非耕地，不占农田。

3) 电厂尽量靠近负荷中心，使达到热负荷和电负荷的距离经济合理，以便缩短热管道的距离。正常输送蒸汽的距离为 0.5～1.5km，一般不超过 3.5～4.0km。输送热水的距离一般为 4～5km，特殊情况下可达 10～12km。

4) 厂址应尽量选在接近燃料产地，以减少燃料运输费，减少国家铁路负担。在劣质煤源丰富的矿区，适宜建设坑口电站，既可减少铁路运输，降低造价，又能节约用地。

5）火电厂铁路专用线选线要尽量减少对国家干线通过能力的影响，接轨方向最好是重车方向为顺向，以减少机车摘钩作业，并应避免切割国家正线。专用线设计应尽量减少厂内股道，缩短线路长度，简化厂内作业系统。

6）应有丰富方便的水源。火电厂生产用水量大，包括汽轮机凝汽用水，发电机核油的冷却用水，除灰用水等。大型火电厂首先应考虑靠近水源，以便直流供水。但是，在取水高度超过 20m 时，采用直流供水是不经济的。

7）燃煤电厂应有足够储灰场，储灰场的容量要能容纳电厂 10 年的贮灰量。分期建设的灰场的容量一般要容纳 3 年的储灰量。厂址选择时，同时要考虑灰渣综合利用场地。

8）厂址选择应充分考虑出线条件，留有足够的出线走廊宽度，高压线路下不能有任何建筑物。

9）厂址应满足地质、防震、防洪及环境要求。

（2）水力发电厂选址规划

1）一般选址在便于修建拦河坝的河流狭窄处，或水库下游处。

2）建厂地段必须工程地质良好，地耐力高，无地质断裂带。

3）有较好的交通运输条件。

（3）核电厂选址规划

1）靠近负荷中心。原子能电站使用燃料少，运输量小，无论建设在任何地点，发电成本几乎都是一样的。因此选址时首先应该考虑电站靠近负荷中心，以减少输电费，提高电力系统的可靠性和稳定性。

2）厂址要求在人口密度较低的地方。以电站为中心，半径 1km 内为隔离区，在隔离区外围，人口密度也要适当。在外围种植作物也要有所选择，不能在其周围建设化工厂、炼油厂、自来水厂、医院和学校等。

3）水源方便，水量充足。由于现代原子能电站的热效率较低，而且不像烧矿物燃料电站那样可以从烟囱释放部分热量，所以原子能电站比同等容量的矿物燃料电站需要更多的冷却水。

4）用地面积要求：电站的用地面积主要决定于电站的类型、容量及所需的隔离区。一个 60 万 kW 机组，电站占地面积约为 $40hm^2$，由四个 60 万 kW 机组组成的电站占地面积大约为 $100\sim120hm^2$。选择场地时，应留有发展余地。

5）地形要求平坦，尽量减少土石方工程。

6）地质基础要稳定：场地不能选在断层、褶皱、崩塌、滑坡地带，以免发生地震时造成地基不稳定。最好选在岩石床区，以保持最大的稳定性。

7）要求有良好的公路、铁路或水上交通条件，以便运输电站设备和建筑材料。

8）还应考虑防洪、抗震及环境保护等要求。

（4）变电站（所）选址规划

1）变电站（所）尽可能的接近主要用户，靠近负荷中心。

2）便于各级电压线路进出线布置，进出线走廊与站（所）址应同时确定。

3）变电所建设地点工程地质条件良好，地耐力高，地质构造稳定。避开断层、滑坡、塌陷区、溶洞地带等。避开有岩石和易发生滚石的场所，如选址在有矿藏的地区，应征得有关部门同意。

4）站（所）址要求地势高且尽可能平坦，不宜设在低洼地段，以免洪水淹没或涝灾影响，山区变电所的选址标高宜在百年一遇的洪水位以上。

5）交通运输方便，并考虑方便职工生活。

6）尽量避开污染源及不符合变电所选址设计规程的场所。

7）具有生产和生活用水的可靠水源。

8）尽量不占或少占农田。

9）应考虑对周围环境和邻近设施的影响和协调。

4.4 城市电力工程供电网络规划

4.4.1 城市电力网络等级

1）电力等级对城网的标准电压，应符合国家电压标准。城市电力线路电压等级有500kV、330kV、220kV、110kV、66kV、35kV、10kV、380V /220V 等八个等级。城市一次送电电压为 500kV～220kV，二次送电电压为 110kV、35kV，高压配电电压为10kV，低压配电电压为 380V /220V。现有非标准电压，应限制发展，合理利用，根据设备寿命与发展分期分批进行改造。

2）各地城网电压等级及最高一级电压的选择，应根据现有供电情况及远景发展慎重确定。城网应尽量简化变压层次，一般不宜超过四个变压层次。老城市在简化变压层次时可以分区进行。

3）一个地区同一级电压电网的相位和相序应相同。

4.4.2 城市电力网结线方式

城网的典型接线方式有以下几种。

1）放射式：可靠性低，适用于较小的负荷（图 4-4）。

2）多回线式：可靠性较高，适用于较大的负荷。多回线式可与放射式组合成多回平行放射供电式，也可与环式合成双环式或多环式（图 4-5）。

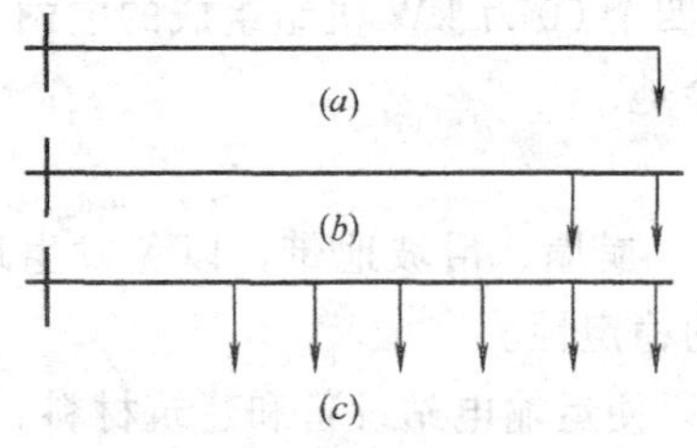

图 4-4 放射式分布负荷

（a）单个终端负荷；（b）两个负荷；（c）多个负荷

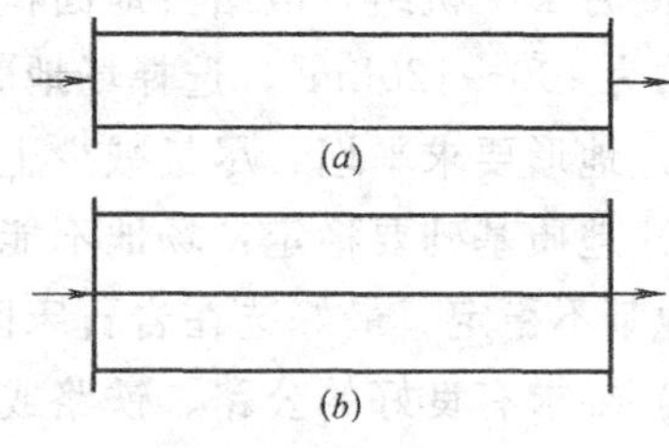

图 4-5 多回线式

（a）双回平行式；（b）多回平行式

3）环状式：可靠性很高，适用于一个地区的几个负荷中心。环路内一般应有可断开的位置，形成环路开断运行方式（图 4-6）。

4）格网式：可靠性最高，使用于负荷密度很大且均匀分布的低压配电地区。但这种形式造价高，干线结成网格式，在交叉处固定连接（图 4-7）。

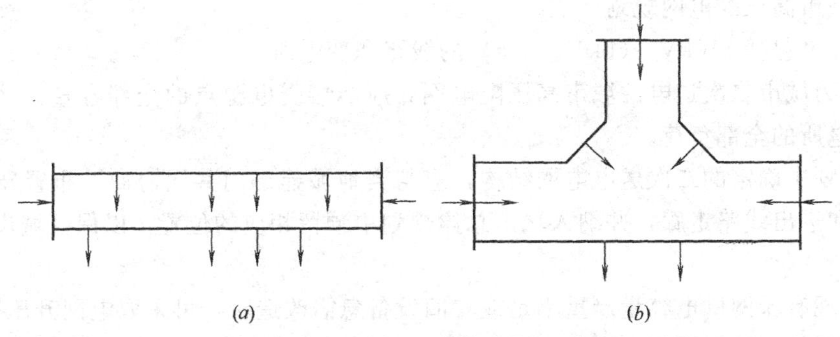

图 4-6　2～3 个电源环式网络
(a) 两电源环式网络；(b) 三电源环式网络

4.4.3　城市电网结构规划的原则

电网结构对电网具有决定性作用，电网结构合理，不仅节约投资，还可限制电网短路电流，简化继电保护，提高系统稳定性。城市电网结构规划应符合以下基本原则：

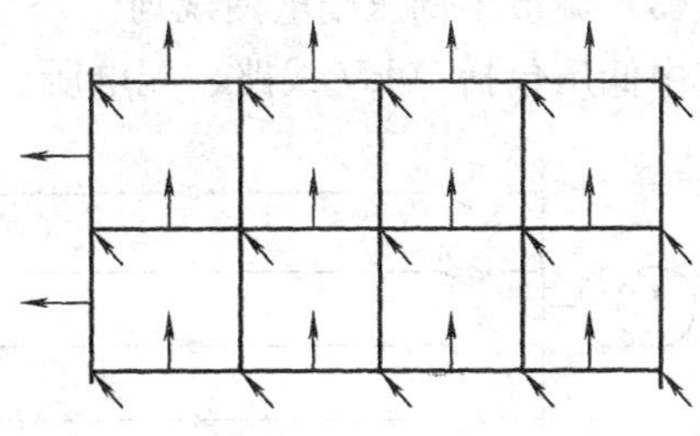
图 4-7　格网式网络

1）按城市电压等级分层，按地区进行分区，并做到主次分明；

2）一次送电网骨架必须加强，高压主干网应尽早形成；

3）全国主力电厂一般应与电网骨架连接；

4）受端电压应力求加强，要有足够的电压支撑；

5）相邻电网之间的连接宜采用一点连接方式，一旦稳定破坏，可以解列；

6）二次网络宜采用环网布置，开环运行。

4.4.4　城市送电网规划

(1) 城市一次送电电网规划

一次送电网包括与城市电网有关的 220kV 送电线路和 220kV 变电站。

1）一次送电网是系统电力网的重要组成部分，又是城市电网的电源，应有充足的吞吐量。城网电源点应接近负荷中心，一般设在市区边缘。在大城网或特大城网中，如符合以下条件并经技术经济比较后，可采用高压深入供电方式：

A. 地区负荷密集，容量很大，供电可靠性要求高；

B. 变电所结线比较简单，占地面积较小；

C. 进出线路可用电缆或多回并架的杆塔；

D. 通信干扰及环境保护符合要求。

高压深入市区变电所的一次电压，一般采用 220kV 或 110kV；二次电压直接降为 10kV。

2）一次送电网架的结构方式，应根据系统电力网的要求和电源点的分布情况确定，一般宜采用环式（单环、双环等）结构形式。

(2) 城市高压配电网规划

高压配电包括 110kV、66kV、35kV 的线路和变电所。

1) 作为城市二次送电的城市高压配电网，应能接受电源点的全部容量，并能满足供应二次变电所的全部负荷。

2) 规划中确定的二次送电电网结构，应与当地城建部门共同协商，布置新变电所的地理位置和进出线路走廊，并纳入城市总体规划中预留相应的位置，以保证城市建设发展的需要。

3) 当现有城网供电容量严重不足或者旧设备急需改造时，可采取电网升压措施。

4) 高压配电网的网络宜采用环网布置，开环运行，双回式多回路布置，但受端分裂进行并可带 T 接的单电源辐射等方式的结线。

(3) 城市中低压配电网规划

中低压包括 10kV 线路、配电所、开闭所和 380V/220V 线路。

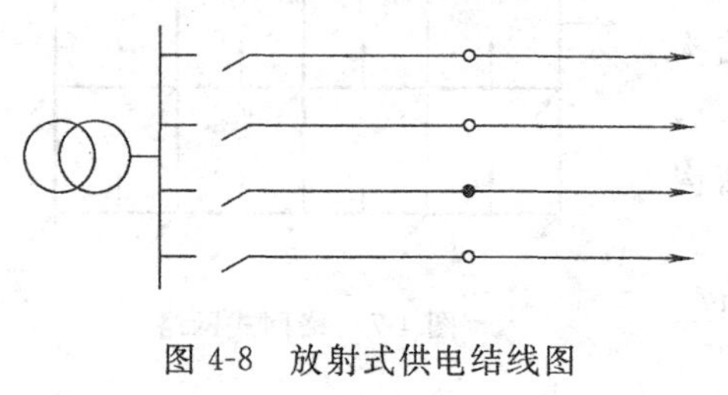

图 4-8 放射式供电结线图

1) 中压配电网应与城市高压配电网密切配合，可以互通容量。

2) 中压配电网的结线方式，架空线路主要有以下五种：

A. 放射式，仅适用于小城市采用（图 4-8）。

B. 普通环式：适合于大中城市边缘和小城市采用（图 4-9）。

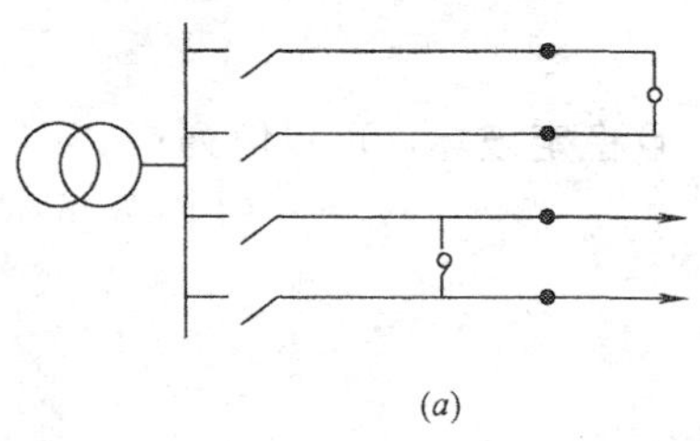

(a)

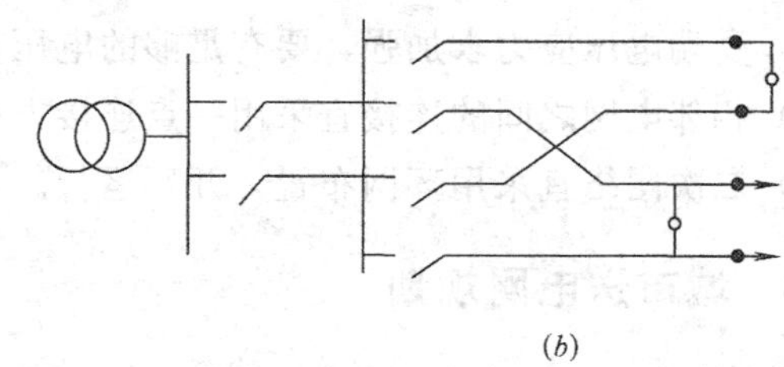

(b)

图 4-9 普通环式供电结线图

(a) 母线不分段；(b) 母线分段

C. 双线放射式：其工程造价高，使用于一般城市中的双电源用户和城市中心区（图 4-10）。

D. 双线拉手环式：供电可靠性高，但造价过高，很少采用（图 4-11）。

3) 低压配电网一般采用放射式，负荷密集地区及电缆线路宜采用环式，市中心个别地区有条件时可采用格网式。

图 4-10 双线放射式供电结线图

4) 配电网应不断加强网络结构，尽量提高供电可靠性，以适应广大用户连续用电的需要，逐步减少重要用户建设双电源和专线供电线路。必须由双电源供电的用户，进线开关之间应有可靠的连锁装置。

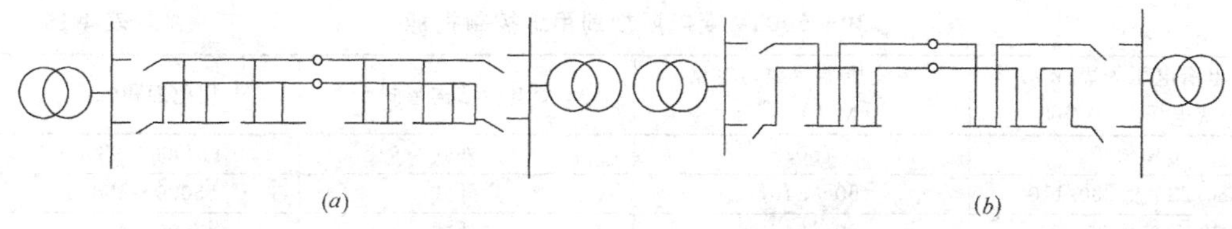

图 4-11　拉手环式结线图

4.4.5　城市变配电规划

(1) 城市变配电分类

按在城市电网中的地位和作用分类，可分为升压和降压变电所。

按变电所一次电压分类，可分为大型变电所（电压为 330kV 及以上电压等级）、中型变电所（电压为 220kV 和 110kV）、小型变电所（电压为 110kV 及以下电压等级）。

按用途分类，可分为用户专用变电所和公用变（配）电所。

按变电所结构分为 4 大类 8 小类，见表 4-12。

城市变电所结构形式分类　　　表 4-12

大类	1		2		3		4	
结构类型	户外式		户内式		地下式		移动式	
小类	1	2	3	4	5	6	7	8
结构类型	全户外式	半户外式	常规户内式	小型户内式	全地下式	半地下式	箱体式	成套式

(2) 变电所合理供电半径，如表 4-13 所示。

变电所合理供电半径　　　表 4-13

变电所电压等级(kV)	6,10	35	110	220	330	500
变电所二次侧电压(kV)		6～10	35,6～10	110,6～10	110,220	220
合理供电半径(km)	0.25～8	5.0～15	15～50	50～110	100～200	200～300

(3) 变电所供电范围和布局

1) 对于电压为 6kV、10kV 的中小型发电厂附近的用户，一般直接由发电机母线直接供电而不宜设变电所。

2) 在枢纽变电所附近出现用电负荷比较大的用户，可设置用户专用变电所。

3) 变电所主变压器台数不宜少于 2 台或多于 4 台，单变压器容量应标准化、系列化(见表 4-14、表 4-17)。

变电所主变压器设置参考表　　　表 4-14

变电所电压等级(kV)	主变压器台数与容量 (台数×kVA)	变电所电压等级(kV)	主变压器台数与容量 (台数×kVA)
500	2×500000～4×1500000	110	2×20000～4×63000
330	2×90000～4×240000	35	2×53000～4×20000
220	2×90000～4×240000	—	—

4) 城市配电网格变电所的主变压器总容量不宜过大，否则，低压出线过多，造成出线走廊困难，或造成低压线输送过远，不经济。我国目前多采用 2 台变压器。

规划 220～500kV、35～110kV 变电站（所）时，其用地控制指标，应按表 4-15、表

220～500kV 变电所规划用地控制指标 **表 4-15**

变电所电压等级(kV) 一次电压/二次电压	主变压器台数与容量 (MVA/)/台	变电所结构形式	用地面积(m^2)
500/220	750/2	户外式	110000～98000
330/220 及 330/110	90～240/2	户外式	55000～45000
330/110 及 330/10	90～240/2	户外式	47000～40000
220/110(66,35)及 220/10	90～180/2～3	户外式	30000～12000
220/110(66,35)	90～180/2～3	户外式	20000～8000
220/110(66,35)	90～180/2～3	半户外式	8000～5000
220/110(66,35)	90～180/2～3	户内式	4500～2000

35～110kV 变电所规划用地控制指标 **表 4-16**

变电所电压等级(kV) 一次电压/二次电压	主变压器台数与容量 (MVA/)/台	户外式用地面积(m^2)	半户外式用地面积(m^2)	户内式用地面积(m^2)
110(66)/10	20～63/2～3	5500～3500	3000～1500	1500～800
35/10	5.6～31.5/2～3	3500～2000	2000～1000	1000～500

35～500kV 变电所单台主变压器容量 **表 4-17**

变电所电压等级(kV)	单台主变压器容量(MVA)	变电所电压等级(kV)	单台主变压器容量(MVA)
500	500 750 1000 1500	110	20 31.5 40 50 63
330	90 120 150 180 240	66	20 31.5 40 50
220	90 120 150 180 240	25	5.6 7.5 10 15 20 31.5

4-16 执行。

5）变电所的总量与相邻变电所之间的距离，既受负荷密度影响，又受低压出线的影响。对于降压变电所之间的距离，可按其低压出线电压和供电范围的负荷密度决定。

6）进行 10kV 公用配电所和城市开闭所布局时，供电半径不宜大于 300m，郊区不宜大于 500m。以地埋电缆供电时，供电半径不宜大于 250m。

4.5 城市电力线路规划

4.5.1 城市电力线路分类

按线路电压等级分类，可分为：500kV、330kV、220kV、110kV、66kV、35kV、10kV 和 380V/220V。

按线路敷设方法分类，可分为架空线路和地下电缆线路。

4.5.2 高压线路路径规划原则

确定高压线路走向，必从整体出发，综合安排，既要节省投资，保障居民和建筑物的安全，又要和城市规划布局协调，与其他建设不发生冲突。

1）线路短捷，减少线路电荷损失，降低工程造价。

2）保证线路与居民、建筑物、各种工程构筑物之间的安全距离。按照国家规范规定，留有合理的高压走廊带。尤其接近电台、飞机场的线路，更应严格按照国家规定，以免发生通信干扰、飞机撞线等事故。

3）高压线路不宜穿过城市的中心地区和人口密集的地区，并考虑城市的远景发展，避免线路占用工业备用地或居住备用地。

4）高压线路穿过城市时，须考虑对其他管线工程的影响，尤其是对通信线路的干扰，并应减少与河流、铁路、公路以及其他管线工程的交叉。

5）高压线路必须经过有建筑物的地区时，应尽可能选择不拆迁或少拆迁房屋的路线，并尽量少拆迁建筑质量较好的房屋，减少拆迁费用。

6）高压线路应尽量避免在有高大乔木成群的树林地带通过，保证线路安全，减少砍伐树木，保护绿化植被和生态环境。

7）高压走廊不应设在易被洪水淹没的地方，或地质构造不稳定（活动断层、滑坡等）的地方。在河边敷设线路时，应考虑河水冲刷的影响。

8）高压线路尽量远离空气污浊的地方，以免影响线路的绝缘，发生短路事故，更应避免接近有爆炸危险的建筑物、仓库区。

9）尽量减少高压线路转弯次数，选择合理的档距（即两杆之间的距离），使线路较为经济。

在城市供电规划中，上述原则不能同时满足时，应综合考虑各方面因素，做多方案的技术经济比较，选择最合理的路径方案。

4.5.3 城市电力线路敷设

4.5.3.1 架空送电线路敷设

市区架空送电线路敷设可采用双回线或与高压配电线同杆架设。变电所进出线应尽量采用同杆架设双回路或多回路型杆塔。35kV 线路一般采用钢筋混凝土杆，电杆根部与各种管道及沟边最小应保持 1.5m 的距离，距消防栓、贮水池等应大于 2m。110kV 线路可采用钢管型杆塔或窄基铁塔以减少走廊占地面积。

市区架空送电线路杆塔应适当增加高度，缩小档距，以提高导线对地距离。杆塔结构的造型、色调应尽量与环境协调配合。

对路边植树的街道，杆塔设计应与园林部门协商，将提高导线对地高度与修剪树枝协调考虑，保证导线与树木的安全距离。

城网的架设导线截面除按电气、机械条件校核外，在一个城网内应力求统一，每个电压等级可选用两种规格，一般情况下，主干线截面可参考表 4-18。

城网电压等级与架设导线截面 **表 4-18**

电压(kV)	钢芯铝线截面(mm^2)				
35	240	185	150	120	95
66	300	240	185	150	
110	300	240	185		
220	400	300	240		

注：必要时可采用多分裂导线布置。

通过市区的架空线路所用的安全系数应根据现场条件适当提高，导线的安全系数一般在 5 以上，悬式绝缘子、瓷横担、金具、杆塔及基础的安全系数一般按污秽区考虑。

4.5.3.2　城市配电线路敷设

市区高、低压配电线路应同杆架设，并尽可能作到是同一电源。

当架空线路为多层排列时，自上而下的顺序是：高压、动力、照明及路灯。

市区内线路走廊拥挤地区，可采用中、低压配电线路和电车线路合杆架设，作到“一杆多用”。

在同一地区的中、低压配电线路的导线相位排列应统一规定。

市区中、低压配电线路主干线的导线截面不宜超过两种，可参考表4-19。

中、低压配电线路主干线的导线截面　　表4-19

电　压	钢芯铝线截面(mm^2)				
380/220V	185	150	120	95	70
10kV	240	185	150	120	95

大型建筑物或繁华街道两侧的接户线，可采用沿建筑物在次要道路的外墙安装架空电缆及特制的分接头盒分户接入。

4.5.3.3　架空电力线路耐张段与档距

（1）架空电力线路耐张段

35kV及以上架空线路耐张段的长度一般采用3～5km，如运行、施工条件许可，可适当延长，在高差或档距相差非常悬殊的山区和重冰区，应适当缩小。10kV及以下架空电力线路耐张段的长度，不宜大于2km。

（2）线路档距

架空电力线路的档距应根据当地地形、风力和运行经验来确定（表4-20）。

架空电力线路档距表　　表4-20

电压(kV)		110	35	6～10	380/220V
档距	平均档距	380	200	50～100	40～60
	城区内档距	200～300	100～200	40～50	40～50

高压接户线（1～10kV）的档距不宜大于40m；档距超过40m时，应按高压配电线路设计。低压接户线（1kV以下）的档距不宜大于25m；档距超过25m，宜设接户杆。低压接户杆的档距不应超过40m。

4.5.3.4　城市电力电缆线路敷设

（1）电力电缆适用条件

1）市区送电线路和高压配电线路有下列情况的地段可采用电缆线路：

A. 架空线路走廊在技术上难以解决时；

B. 狭窄街道、繁华市区高层建筑地区及市容环境有特殊要求时；

C. 重点风景旅游地区的某些地段；

D. 对架空线有严重腐蚀的特殊地段。

2）低压配电线路有下列情况的地段可采用电缆线路：

A. 负荷密度较大的市中心区；

B. 建筑面积较大的新建居民楼群、高层住宅区；

C. 不宜通过架空线的主要街道或重要地区；

D. 无特殊条件外，城市新区应一律按电缆网络进行规划设计。

(2) 电缆敷设方式

市区电缆线路路径应与城市其他地下管线统一安排。通道的宽度、深度应考虑远期发展的要求。路径选择应考虑安全、可行、维护便利及节省投资等条件。沿街道的电缆道入孔及通风口等的位置应与环境相协调。

电缆敷设方式应根据电压等级、电缆最终数量、施工条件及初期投资等因素确定，可按不同情况采取以下敷设方式：

1) 直埋敷设　此法适用于市区人行道上、公园绿地及公共建筑间的边缘地带，敷设方法简单经济，应用较为广泛。直埋敷设时应注意以下原则：

A. 直埋的电缆应使用铠装电缆；

B. 直埋电缆沟底必须具有良好的土层，不应有石块或硬质杂物；

C. 电缆从地下或电缆沟引出地面时，地面上 2m 的一段应用金属管或金属罩加以保护。

2) 隧道敷设　此法适用于变电所出端及重要市区街道电缆条数多或多种电压等级电缆平行且电缆根数在 30 根以上的地段。

3) 沟槽敷设　使用于电缆较多，不能直接埋入地下且无机动负载的通道。

4) 排管敷设　适用于不能直接埋入地下且有机动负载的通道。

(3) 电缆选型

电缆的选型应在满足运行条件下，决定线路敷设方式，然后确定结构和形式。在条件适宜时，应优先采用塑料绝缘电缆。低压配电电缆可用单塑料电缆，便于支接。

电缆导线、材料与截面的选择除按输送容量、经济电流密度、热稳定、敷设方式等一般条件校核外，一个城网内 35kV 及以下的主干线电缆应力求统一，每个电压等级可选用两种规格，预留容量，一次埋入。一般情况主干线的截面可参考表 4-21 选择。

电缆导线主干线的截面　　**表 4-21**

电　缆	电缆铝芯截面(mm^2)			
380/220V	240	185	150	120
10kV	300	240	185	150
35kV	300	240	185	150

4.5.4 城市电力线路安全保护规划

4.5.4.1 城市电力线电缆安全保护

地下电缆安全保护区为电缆线路两侧各 0.75m 所形成的两平行线内的区域；海底电缆保护区一般为线路两侧各 3.7km 所形成的两平行线内的水域；江河电缆一般不小于线路两侧各 100m 所形成的两平行线内的水域，中小河流一般不小于线路两侧各 50m 所形成的两平行线内的水域。

直埋电缆与树木主干的距离，一般不宜小于 0.7m。

4.5.4.2 城市架空电力线路安全保护

架空电力线路保护区为电力导线外侧延伸所形成的两平行线内的区域，也称之为电力线走廊。高压线路部分通常称为高压走廊。高压走廊就是高压线与其他物体之间应当保持的距离。走廊的宽度的确定一是确保线路安全，同时不能对人或物体造成伤害或影响。因此，此区域内应该进行保护。高压走廊宽度见表 4-22。

一般城市架空线路高压走廊宽度控制指标　　表 4-22

线路电压等级(kV)	高压走廊宽度控制指标(m)	线路电压等级(kV)	高压走廊宽度控制指标(m)
500	65～75	110,66	15～30
330	35～45	35	12～20
220	30～40		

单回线路的走廊宽度用下式确定（见图 4-12）：

$$L=2L_{安}+2L_{偏}+L_{导} \qquad (4\text{-}22)$$

式中　L——走廊宽度（m）；

$L_{安}$——边导线与建（构）筑物之间的最小距离（m）；

$L_{偏}$——有风时边导线最大外偏移距离（m）（与气候及导线材料有关）；

$L_{导}$——电杆两外侧导线之间的距离（m）（参阅电力设计技术规范）。

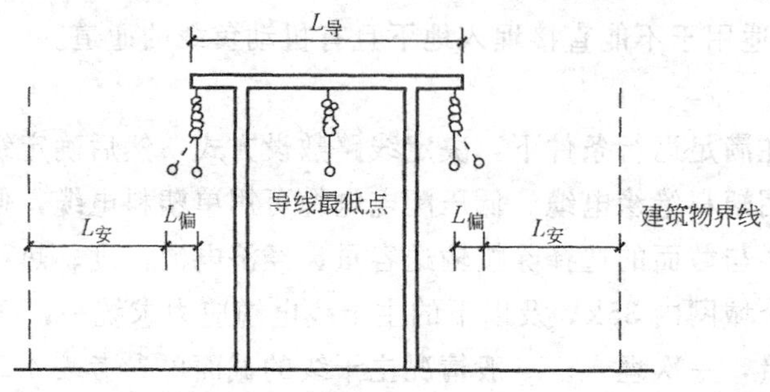

图 4-12　单回线路高压走廊宽度

（1）一般地区的保护区

各架空电力线路通过一般地区的边导线外侧延伸距离不应少于表 4-23 所列数值。

边导线外侧延伸距离　　表 4-23

线路电压(kV)	1～10	10～35	154～330	500
边导线外侧延伸距离(m)	5	10	15	20

（2）人口密集地区的保护区

在人口密集地区，各级电压导线边导线延伸的距离，不应小于导线边线在最大计算弧垂及最大计算风偏后的水平距离和风偏后距建筑物的安全距离之和。

线路边导线与建筑物之间的距离，在最大计算风偏情况下，不小于表 4-24 所列数值。

边导线与建筑物之间的最小距离（m）　　表 4-24

线路电压(kV)	<1	1～10	35	66～110	154～220	330	500
距离(m)	1.0	1.5	3.0	4.0	5.0	6.0	8.5

在无风情况下，导线与不在规划范围内的城市建筑物之间的水平距离，不应小于上表所列数值的一半。

(3) 导线与各种地表物的最小安全距离

1) 导线与地面的最小距离：导线与地面的距离，在最大计算弧垂的情况下，不应小于表4-25所列数值。

导线与地面的最小距离（m）　　表4-25

线路经过地区	线路电压(kV)					
	<1	1～10	35～110	154～220	330	500
居民区	6.0	6.5	7.0	7.5	8.5	14.0
非居民区	5.0	5.0	6.0	6.5	7.5	10.5～11.0
交通困难地区	4.0	4.5	5.0	5.5	6.5	8.5

注：1. 居民区：工业企业地区、港口、码头、火车站、城镇、集镇等人口密集地区。

2. 非居民区：上述居民区以外的地区，均属非居民区，虽然时常有人、有车辆或农业机械达到，但未建或房屋稀少的地区，亦属非居民区。

3. 交通困难地区：车辆、农业机械不能达到的地区。

2) 导线与山坡、峭壁、岩石的最小净空距离

导线与山坡、峭壁、岩石之间的净空距离，在最大计算风偏情况下，不小于表4-26所列数值。

导线与山坡、峭壁、岩石的最小净空距离（m）　　表4-26

线路经过地区	线路电压(kV)					
	<1	1～10	35～110	154～220	330	500
步行可以达到的山坡	3.0	4.5	5.0	5.5	6.5	8.5
步行不能达到的山坡、峭壁和岩石	1.0	1.5	3.0	4.0	5.0	6.5

3) 导线与建筑物之间的最小垂直距离：送电线路不应跨越屋顶为燃烧材料做成的建筑物。对耐火屋顶的建筑物，亦应尽量不跨越，如需跨越时，应与有关单位协商或取得当地政府的同意。导线与建筑物之间的垂直距离，在最大计算弧垂情况下，不小于表4-27所列数值。

导线与建筑物之间的最小垂直距离　　表4-27

线路电压(kV)	<1	1～10	35	66～110	154～220	330	500
垂直距离(m)	2.5	3.0	4.0	5.0	6.0	7.0	9.0

4) 导线与树木之间的最小垂直距离：送电线路通过林区，应砍伐出通道。通道净宽度不应小于线路宽度加林区主要树种高度的2倍。通道附近超过主要树种高度的个别树木应予以砍伐。

在下列情况下，如不妨碍架线施工，可不砍伐出通道：

A. 树木自然生长高度不超过2m；

B. 导线与树木（考虑自然生长高度）之间的垂直距离，不应小于表4-28所列数值。

导线与树木之间的最小垂直距离 表 4-28

线路电压(kV)	35～110	154～220	330	500
垂直距离(m)	4.0	4.5	5.5	7.0

5）导线与树木之间的最小净空距离：线路通过公园、绿化区或防护林带，导线与树木之间的净空距离，在最大计算风偏情况下，不应小于表 4-29 所列数值。

导线与树木之间的最小净空距离 表 4-29

线路电压(kV)	<1	1～10	35～110	154～220	330	500
距离(m)	3.0	3.0	3.5	4.0	6.0	7.0

6）导线与果林等最小垂直距离：线路通过果林、经济作物林或城市灌木林不应砍伐出通道。导线与果树、经济作物、城市灌木以及街道行道树之间的垂直距离，不应小于表 4-30 所列数值。

导线与果树、经济作物、城市灌木以及街道行道树之间的最小垂直距离 表 4-30

线路电压(kV)	<1	1～10	35～110	154～220	330	500
距离(m)	1.0	1.5	3.0	3.5	4.5	7.5

注：1. 表中 35kV 及以下架空导线的最小垂直距离为最大计算弧垂情况下的垂直距离。

2. 35kV 及以下架空导线与街道行道树在最大计算风偏下的水平距离为：35kV 线路不应小于 3.5m；1～10kV 线路，不应小于 2.0m；1kV 以下线路，不应小于 1.0m。

7）架空电力线路与弱电线路的交叉角：架空电力线路跨越弱电线路时，其交叉角应符合表 4-31 的要求。

架空电力线路与弱电线路的交叉角 表 4-31

弱电线路等级	一级	二级	三级
交叉角	≥45°	≥30°	不限制

注：跨越弱电线路或电力线路，如导线截面按允许载流量选择，还应校验最高允许温度时的交叉距离，其数值不得小于 0.8m。

（4）送电线路与特殊建筑物及设施的安全距离

1）送电线路与甲类火灾危险性的生产厂房、甲类物品库房、易燃、易爆材料堆场以及可燃或易燃、易爆液（气）体贮罐的防火间距，不应小于杆塔高度的 1.5 倍；与散发可燃气体的甲类生产厂房的防火间距，应大于 20m。

2）送电线路与铁路、道路、河流、管道、索道及各种架空线路交叉或接近，应符合规范要求。

（5）接户线的安全距离

1）接户线受电端的对地面距离，高压接户线≥4m，低压接户线≥2.5m；

2）高压接户线至地面的垂直距离应符合有关规定，跨越街道的低压接户线至路面中心的垂直距离：通车街道≥6m，通车困难的街道、人行道≥3.5m，胡同≥3m；

3）低压接户线与建筑物有关部分的距离：与下方窗户的垂直距离≥0.3m，与上方阳台或窗户的垂直距离≥0.8m，与窗户或阳台的水平距离≥0.75m，与墙壁构架的距离≥0.05m；

4）低压接户线与弱电线路的交叉距离：在弱电线路上方≥0.6m，在弱电线路的下方≥0.3m，如不能满足上述要求，应采取隔离措施。

5）高压接户线与弱电线路的交叉角应符合有关规定。

6）高压接户线与道路、管道、弱电线路交叉或接近，应符合规范的规定。

7）低压接户线路与其他设施交叉跨越：

导线与地面、建筑物、树木、铁路、道路、河流、管道、索道及各种架空线路的距离，应根据最高气温情况或覆冰情况求得最大弧垂，和根据最大风速情况或覆冰情况求得的最大风偏进行计算。

大跨越的导线弧垂应按导线实际能够足以承受的最高温度计算。

4.5.5 电力变压器容量的选择

严格来说，前面计算出的用电负荷，应该称为是有功负荷（P_{js}），而要确定变压器的容量，还需求出无功负荷（Q_j），然后再求出视在负荷（S_s），变压器的容量则是以视在负荷来确定的。有功负荷（P_{js}）、无功负荷（Q_j）、视在负荷（S_s）三者的关系可用下式表达：

$$S_s^2 = Q_j^2 + P_{js}^2 \tag{4-23}$$

$$S_s = \sqrt{Q_j^2 + P_{js}^2} = P_{js}/\cos\varphi \tag{4-24}$$

$$Q_j = P_{js} \times \tan\varphi \tag{4-25}$$

其中，$\cos\varphi$ 为功率因数，选择变压器容量时，功率因数可取 0.7～0.8。

一般地，所选的变压器容量应大于总计算负荷。单台变压器的容量选择时，应符合表4-32容量指标。变电所主变压器台数不宜少于 2 台或多于 4 台。

35kV～500kV 变电所单台变压器容量表 **表 4-32**

变电所电压等级(kV)	单台变压器容量(MVA)	变电所电压等级(kV)	单台变压器容量(MVA)
500	500 750 1000 1500	110	20 31.5 40 50 63
330	90 120 150 180 240	66	20 31.5 40 50
220	90 120 150 180 240	35	5.6 7.5 10 15 20 31.5

城区中低压传输功率和距离 **表 4-33**

电压(kV)	传输方式	传输功率(kW)	传输距离(km)
0.22	架空	<10	0.15
	电缆	<100	0.2
0.38	架空	100	0.25
	电缆	175	0.35
6	架空	2000	10～3
	电缆	3000	<8
10	架空	3000	15～5
	电缆	3000	<10

中压 10kV 网络一般由 35kV 及其以上的变电站所引入，由变压器变为 0.4kV 低压接入低压网络，低压网直接供电给用户，因此低压网络的电压与用户用电器具的电压相同，目前广泛采用的是 380/220V。为保证电能使用质量，输电功率和距离必须控制在经济合理范围内。城区中低压不同距离的传输功率如表 4-33 所示。

第5章　城市通信工程规划

5.1　概　　述

通信业务内容包括邮政和电信。将用户的信息资料（包括固体、液体和气体的）由人工方式进行传输的行为称为邮政。邮政通信传送的主要是实物信息，如信函、包裹、汇款、报刊发行等，处理手续上分为收寄、分拣、封发、运输、投递等。其业务除了一些内部作业逐渐采用机械化和自动化的分拣传输外，大量的工作全靠人工进行传递。

电信通信是利用无线电、有线电、光等电磁系统传递符号、文字、图像或语言等信息的通信方式，被誉为国家的神经系统。电信是用电来传送信息的，而不是原物的信息，收到的是信息的复制品。按业务分为电话、电报、传真、数据传输等。按通信方式可分为有线和无线两类。

5.1.1　城市通信工程规划的原则

（1）城市通信工程规划要纳入城市规划，依据城市发展规模和布局进行。

（2）城市通信工程规划要以社会信息化的需求为主要依据，考虑社会各行业、各阶层对基本通信业务的需求，保证向社会提供普遍服务的能力，通信工程要符合国家和通信相关部门颁布的各种通信技术体制和技术标准。

（3）城市通信工程规划要充分考虑原有设施的情况，充分挖掘现有通信工程设施能力，合理协调新建通信工程的布局。规划必须论证方案的技术先进性、网络的安全、可靠性、工程设施的可行性和经济合理性，同时还要考虑今后通信网络的发展，以适应电信技术的智能化、数字化、综合化、宽带化和电信业务的多样化的发展趋势。

（4）城市通信工程的规划要综合考虑，避免通信基础设施的重复建设，电信业务的开放经营和竞争趋势。

（5）城市通信工程规划要考虑电信设施的电磁保护，以及其他为维护电信设施安全的安全措施；也要考虑无线电信设施对其他专用无线设备的干扰。

（6）城市通信工程的规划要按近细远粗的原则进行。

5.1.2　城市通信工程规划的内容深度

5.1.2.1　城市通信工程总体规划内容深度

（1）城市通信工程总体规划的主要内容

1）依据城市经济、社会发展目标、城市性质与规模及通信有关基础资料，宏观预测城市近期和远期通信需求量，预测与确定城市近、远期电话普及率和装机容量，研究确定邮政、移动电信、广播、电视等发展目标和规模。

2）依据市域城镇体系布局、城市总体布局，提出城市通信规划的原则及其主要技术措施。

3）研究和确定城市长途电话网近、远期规划，确定城市长途网结构方式、长途局规模及选址、长途局与市话局间的中继方式。

4）研究和确定城市电话本地网近、远期规划，包含确定市话网络结构、汇接局、汇接方式、模拟网、数字网（IDN）、综合业务数字网（ISDN），及模拟网向数字网过渡方式，拟定市话网的主干路规划和管道规划。

5）研究和确定近、远期邮政、电信局所的分区范围、局所规模和局所选址。

6）研究和确定近、远期广播及电视台、站的规模和选址，拟定有线广播、有线电视网的主干路规划和管道规划。

7）划分无线电收发讯区，制定相应的主要保护措施。

8）确定城市微波通道，制定相应的控制保护措施。

（2）城市通信工程总体规划图纸

1）市域通信工程现状图

主要表示市域范围现状的邮政局所分布，电话长途网、本地网分布和敷设方式，以及现有广播电视台站、电视差转台、微波站、卫星通信收发站、无线电收发讯区等设施。

2）市域通信工程设施规划图

表示市域内邮电局所规划分布长途电话网规划，本地网及敷设方式；广播电视台、电视差转台、微波站、卫星通信收发站等设施分布，以及无线电收发讯区。

3）城市通信工程现状图

主要表示城市现状的邮政局所、电信局所、广播电台、电视台、卫星接收站和微波通信站其他通信线路、干线分布位置和敷设方式、微波通道位置等。

通信种类多、量大、复杂的城市可按邮政、电话、广播电台、无线电通信等专项分别作出现状图。通信种类少而简单的城市可将城市现状通信图与城市规划中其他专业工程现状图合并，同在城市基础设施现状图上表示。

4）城市通信工程总体规划图

表示城市邮政枢纽、邮政局所、电话局所、广播电台、电视台、广播电视制作中心、电视差转台、卫星通信接收站、微波站及其他通信设施等的规划位置和用地范围；

无线电收发讯区位置和保护范围，电话、有线广播、有线电视及其他通信线路干线规划、走向和敷设方式，微波通道位置、宽度、高度控制。

5.1.2.2　城市通信工程详细规划内容深度

（1）城市通信工程详细规划的主要内容

1）预测规划范围内的通信需求量；

2）确定邮政、电信局所等设施的具体位置、规模；

3）确定电信线路的路由、敷设方式、管道埋深等；

4）划定规划范围内电台、微波站、卫星电信设施控制保护界线；

5）估算规划范围内电信线路造价。

（2）城市通信工程详细规划图纸

通信工程详细规划图表示规划范围内的邮政、电话局所的平面位置以及有线电视、广播等管线的位置及敷设方式、埋深和管孔数等。

5.2 邮政通信规划

5.2.1 邮政需求量预测

城市邮政设施的种类、规模、数量主要依据邮政通信总量来确定，城市邮政需求量通常用邮政通信总量来表示。城市邮政通信总量是以货币形式表现一个城市的邮政企业在生产过程中产品量的总和，是反映邮政通信企业劳动量（业务量）的综合指标，其单位用RMB表示。

预测通信总量常采用发展态势延伸法、单因子相关系数法、综合因子相关系数法等预测方法。

(1) 发展态势延伸预测法：即找出历年邮政量的数据变化规律，从中分析其走势，以预测未来需求量。预测公式为：

$$y_{t}=y_{0}(1+\alpha)^{t} \tag{5-1}$$

式中 y_t——规划期内某年邮政通信总量（万元）；

y_0——规划基年的需求量（现状业务总量）（万元）；

α——邮政业务收入或通信总量增长态势系数（$\alpha>0$）；

t——规划年限。

(2) 单因子相关预测法：在影响邮政需求量的各个变化因子中，寻找出其中的一个与其变化相关最密切的一个因子，用该因子的变化分析邮政需求的变化，通过对该因子进行修正，以达到规划期末城市邮政需求量的预测。预测公式为：

$$y_{t}=x_{t}c(1+\alpha)^{t}=x_{t}\frac{y_{0}}{x_{0}}(1+\alpha)^{t} \tag{5-2}$$

式中 x_t——规划期某年的经济社会因子值；

c——现状邮政年业务收入量 y_0 与经济社会因子值 x_0 之比值；

y_t、α、t 与上式相同。

(3) 综合因子相关预测法：在单因子相关的基础上，将各个因子对城市邮政需求量的预测进行综合因子修正，以达到规划期末城市邮政需求量的预测。预测公式为：

$$y_{t}=\sum_{i=1}^{n}\beta_{i}x_{it}c_{i}(1+\alpha)^{t} \tag{5-3}$$

式中 i——其中某一因子；

n——因子的数目；

x_{it}——规划期内预测年的经济社会因子 x_i 的值；

β_i——各因子的权重；

y_t、c、α、t 与上式相同。

5.2.2 城市邮政局（所）规划

(1) 城市邮政局（所）等级划分及标准

邮政局是设置在城市内的邮政企业分支机构，邮政支局是具有营业功能和投递功能的分支机构，邮政所是归属邮政支局管辖的，只办理部分邮政业务。

城市邮政支局的等级划分及标准根据《城市邮电支局（所）工程设计暂行技术规定》（YDJ 61—90）执行（见表 5-1、表 5-2）。

城市邮电支局的等级划分及标准 **表 5-1**

项　　目	单位	一等局	二等局	三等局
城市邮电支局邮政营业席位数	席	18～25	15	9
城市邮电支局邮政部分生产面积标准(建筑面积)	m^2	1041～1181	936	739
城市邮电支局生产辅助用房面积标准(建筑面积)	m^2	653	520	409
城市邮电支局生活辅助用房面积标准(建筑面积)	m^2	319	243	183
城市邮电支局所含电信部分的生产用房面积	m^2	398	270	178
城市邮政支局建筑标准(合计)	m^2	2411～2551	1969	1509
处理标准邮件的数量	件	≥2000	≥1000	≥250

注：建筑标准中，包括邮政营业、投递、发行等生产面积，生产辅助用房和生活辅助用房的面积。

城市邮电所的等级划分及标准 **表 5-2**

项　　目	单位	一等所	二等所	三等所
邮电所建筑面积	m^2	254～278	215～239	141～165
邮电所使用面积	m^2	216～236	183～203	120～140
处理标准邮件的数量	万件	≥55	≥18	<18

（2）邮政局所的设置原则

1）邮政支局、所是面向社会和广大群众、直接为用户提供服务的网点。从整个城市规划发展来看，邮政支局、所建设与整个城市的发展建设密切相关，应与城市总体规划相符合。

2）邮政企业要考虑社会经济效益，其建设要体现广泛性、群众性和服务性，使其构成布局合理、技术先进、功能齐全、迅速方便的服务网络。

3）邮政支局、所的设置既要立足现实，满足当前需要，又要兼顾长远，满足远期城市发展的需要。规划时要留有余地，在建设的数量和规模方面要以邮政各类业务发展为前提，并向发展现代化、标准化、规范化的邮政支局、所发展。

4）邮政支局、所的设置

为方便广大群众能够就近邮递，通常以不同的人口密度制定相应的服务半径、标准来确定邮政局所的数量及分布。人口密度不同则可选择不同的服务半径，计算出大小不一的邮政所的服务面积，进而确定邮政支局、所的数量。规划邮政局所时，服务半径参照表 5-3 执行。

邮政局所服务半径 **表 5-3**

城市人口密度（万人/km^2）	2.5	2.0～2.5	1.5～2.0	1.0～1.5	0.5～1.0	0.1～0.5	0.05～0.1
服务半径(km)	0.5	0.51～0.6	0.61～0.7	0.71～0.8	0.81～1.0	1.01～2.0	2.01～3.0

城市邮政局所具体位置的选择要考虑便于邮件的收集与投递。对于负担邮件集散功能的邮政支局，要根据投递范围以及邮路投递道段数量合理规划。按我国邮政部门要求，一般邮政支局的投递道段数为15～20条比较适宜。

(3) 城市邮政局（所）位置选择

1) 邮政局（所）应设在邮政业务量较为集中及方便人群邮寄或领取邮件的地方，如闹市区、商业区、车站、机场、港口、文化游览胜地等。

2) 邮政支局应设在面临主要街道、交通便利的地段，便于快捷、安全传递邮件。

3) 邮政支局（所），既要布局均衡，又便于投递工作的组织管理。投递区划分要合理，投递道路要组织科学。

4) 邮政支局（所）应选择在火车站一侧，以方便接发邮件。同时要有方便的邮政交通通道。

5.2.3 其他邮政设施规划

邮政支局、所是基本服务网点，其他邮政设施是邮政支局、所功能的补充和延伸，服务范围的扩大，是邮政通信网必不可少的物质基础。

(1) 报刊亭

报刊亭是邮政部门在城市合适地点设置的专门出售报刊的简易设施，是报刊零售的重要组成部分。报刊亭设置应符合《邮亭、报刊亭、报刊门市部工程设计规范》(YD 2073—94) 的规定。其等级与面积见表5-4。

报刊亭设施等级面积表 **表5-4**

项目	一类亭(m^2)	二类亭(m^2)	三类亭(m^2)
报刊亭	16	12	8

(2) 邮亭

主要设置在繁华地段定点办理邮政业务的简易设施，大多为过往用户提供方便的服务。在尚不具备设置邮政局所服务网点，且有一定邮政业务市场的条件下，可采用邮亭这种设施。邮亭设施面积见表5-5。

邮亭设施面积表 **表5-5**

项目	单人亭	双人亭
面积标准(m^2)	8	12

(3) 信报箱、信筒设置

信报箱、信筒是邮政部门设在邮政支局、所门前或交通要道、较大单位、车站、机场、码头等公共场所，供用户就近投递平信的邮政专用设施。信报箱、信筒由邮政局所设专人开取，严格遵守开取频次和时间。

信报箱群（间）是指设置于城镇新建住宅小区、住宅楼房及旧房改造小区的邮政设施。居民住宅楼房必须在每幢楼的单元门地面一层楼梯口的适当位置，设置与该单元住户数相对应的信报箱或信报间。

根据《住宅区信报箱群（间）工程设计规范》(YD/T 2009—93)，信报箱亭的使用面

信报箱亭设施面积表　表 5-6

类型	形式/户数	前开总门 600	前开总门 1200	后开总门 600	后开总门 1200
无人职守	m^2	20	30	40	60
有人职守	m^2	25	35	45	65

积可按信报箱的服务人口数来确定（见表 5-6）。

5.3 电信工程规划

5.3.1 概述

改革开放以来，我国的城市电信事业得到了迅猛发展。电信事业的发展又为高新技术进步和高新技术产业的形成创造了良好的市场条件。电信业和高科技产业的良性循环以及它们相互促进的巨大力量有力地推动了城市新兴产业的形成。当今，通信事业已成为人类社会技术进步最活跃、最迅速的一个领域。电信作为社会的重要基础设施和国民经济要素日益被世界各国政府所认同。电信的根本作用在于把社会的生产、分配、交换和消费有机地联系起来，使社会活动节奏更快，效率更高。

由于微电子技术、光电子技术、计算机技术、软件技术等的飞速发展，尤其是计算机与通信的密切合作，电信事业越来越多样化。当代通信网（通信技术）在数字化、综合化发展的基础上，已经向宽带化、智能化、个人化的方向发展。

5.3.1.1　电信系统的基本组成

电信网由电话局（交换中心）及用户线构成。电话网一般有全互联网、格状网、星形网及部分互联网四种结构。各市话局之间的线路称为中继线路，用于市话局之间的接续中继呼叫的交换局称为汇接局。

电信系统指在城镇区域内外的电信部门（局）与微波站、卫星及卫星地面站，电信局与中转设备，电信局与用户集中设备，电信局与用户终端设施以有线和无线的形式进行信息传输的系统。

按设备组成要素，电信系统可分发送设备系统、传输设备系统、接收设备系统三个子系统。

发送设备系统：即把需要传送的信息（文字、语音等）变成电信号的设备。

传输设备系统：即传输电信号的线路或电路系统。

传输系统的方式包括有线传输、无线传输和卫星传输。有线传输主要是通过光缆、电缆实现通信传输的工程，其中对称电缆容量只有 60 路，用于短距离传送。同轴电缆可开通 480～1800 路，用于本地长途网中的各种路由。而光缆则因其容量大（为同轴电缆容量的数十倍以上）、不受电磁干扰、投资比同轴电缆省 20%而备受青睐。无线通信传输主要通过微波站接力的方式进行传递，可装 1800～2700 多门载波电话，是全国自动长途电信网的基础。一般每 100～150km 设一枢纽站，50～70km 设一中间站，用于长途干线网。卫星通信依托天上的通信卫星和地面收发站传递信息。目前我国已建成 37 座大型卫星地面站，覆盖了全国主要城市，可同时提供 65300 多条数字电路的数字卫星通信网已基本完成。开通亚太地区 22 个国家近 31 亿人口的、中心设在北京的个人卫星移动通信（APMT）系统，通信容量达 16000 条，可提供双向语音通信、传真及其他 GSM 数字移动电话网相同的增值业务。

公用移动通信系统是典型的移动通信方式，使用范围广，用户数量多，由移动台、基地站、移动控制台及自动交换中心等组成，并由自动交换中心接入市话汇接局进入公共电话网，是一种无线和有线传输的结合。大中城市多实行小区制，每区设一个基地台。

接收设备系统：把经过传输线路传输送来的电信号复制成原来信息的设备。

5.3.1.2　电信系统的分类

(1) 按业务，电信系统分为电话系统和电传系统。

电话系统：把用户的声音以电信号或数字电信号传输的行为称为电话。其中，按通信方式分为电话通信方式和数字电话通信方式，按传输媒质可分为有线电话和无线电话。

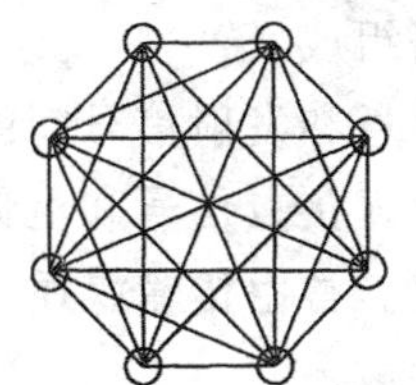

图 5-1　用户各个相连

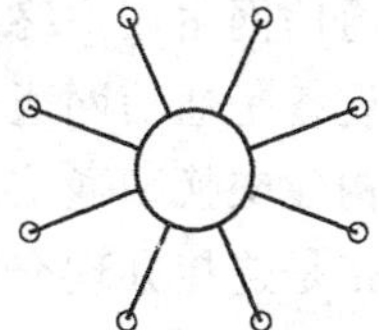

图 5-2　交换节点的引入

电传系统：将用户的图文资料以电码信息或直接转换为电信号的传输称为电传。其中，电报是用户文字资料以电码信息的方式以无线形式进行传输的；电话传真是把用户图文资料利用普通电话网络以有线的形式进行传输的。

(2) 按电信系统的局制分类：

电信系统的局制分为单局制和多局制。单局制适用于业务量少、用户少的小城镇。多局制适用于服务量大、业务量大的城市或中继站。

电信通信网可分为：市话通信网、长途通信网、农用话网。

长途通信网的结构形式分为直达式、汇接式和混接式三种。直达式，即对固定的对象使用，无中间环节，传递最迅速、可靠，但费用较高，线路复杂（如图 5-1 所示）；汇接式（辐射式），以长话为中心进行转接（如图 5-2 所示）；混接式，是直达式和汇接式的混合形式。对于高级别传递用直达式，而对于其他传递则用汇接式。

按混接式线图将电信号分为四个等级，一级为省际间的电信网，二级为省内的电信网，三级为县际间的电信网，四级为县内范围的电信网。

与此对应，我国将电信线路分为四级：一级线路即长途通信中的干线网路，为省中心以上的线路；二级线路是省中心以下县级中心以上之间的线路；三级线路是县中心以下的线路；四级线路为乡级之间的线路，主要为农用线路。

(3) 按系统分类：电信系统按系统分为通信系统和通信网。

1) 通信系统：是指由完成通信全过程的各相关功能实体有机组合而成的体系。通信系统一般由发端、信道和收端等几大部分组成。

通信系统按信源分为电报通信、电话通信、数据通信、图集通信、多媒体通信等类型。电报通信是指将发端的符号、表格、图形、图像等书面消息由电报机转换成书面消息的通信方式。电话通信是指通过电话的方式传递语音的通信方式，是目前全球范围引用最广的电信业务。数据通信是指为满足计算机间的数据、表格、图形等的相互传递，将计算机技术与通信网络相结合而形成的通信形式。图像通信是指专门用于传递图像信息或同时携带语音信息的通信方式。多媒体通信是指是多媒体信息有机组合进行传输，用手段给信息以视觉、听觉感受的新型通信方式。

通信系统按信道可分为有线通信系统和无线通信系统两大类。有线通信系统是利用电磁波在导体中的导引传播进行通信的通信系统。无线通信系统是指借助电磁波在自由空间的传播、散射进行通信的通信系统。

通信系统按传输信号类型可分为模拟通信系统和数字通信系统。模拟通信系统是传输模拟信号的通信系统。数字通信系统是传递数字信号的通信系统。

2）通信网：指将众多的通信系统按一定的拓扑结构和组织结构组成一个完整体系，称为通信网。通信网由用户终端设备、交换设备、传输链路组成。

用户终端设备是通信网通信的汇点和终点，亦称原始消息和发射信号间的交换。交换设备是组织、构建交换型通信网的核心，基本功能是完成介入接点信号和汇集转接接续和分配。传输链路是连接办理交换结点，实现信号传输的通路。常由传输媒质（有线通道或无线通道）附加一定的传输设备（如放大器、均衡器等）构成。

通信网的分类如表 5-7 所示。

电信通信网分类 **表 5-7**

特征属性	分类	
服务范围	电话网	长话网/本地网
	非话网	广域网/城域网/局域网
开放业务	电话网/移动网/电报网/传真网/数据网/综合业务	
服务对象	公用网/专用网	
信号类型	模拟网/数字网	
传统媒质	有线网/无线网	
处理方式	交换网/广播网	

本地网是指局部地区的电话网，长途网系指承载本地网间长途电话业务的网络。非话网主要指包括计算机通信网以内的数据通信网。局域网是指一个房间或几个相邻房间或一幢楼内的网络。城域网是指直径在 50～100km 范围内或一个城市中进行通话的网络。广域网是指一个国家或几个相邻国家或全球通信的网络。

公用网是由国家通信主管部门或经过国家有关机构认可的机构建设并管理的面向全社会开放的通信网。专用网是指由某一专用部门或单位专用并管理的通信网。

模拟网是传输模拟信号的网络。

数字网是传输数字信号的网络。

有线通信网是借助固体媒质进行信号传输的通信网。无线通信网是借助电磁波在自由空间的传播进行信号传输的通信网。

交换网是指由交换结点和传输链路构成的具有信号分配、交换的通信网。广播网无交换功能，所有终端共享传输链路，即一点发送信号后，网络上任一点均可收到此信号。

5.3.2 城市电信工程需求量的预测

5.3.2.1 城市电话需求量的预测

（1）简易市话需求量相关预测：即寻找城市电信增长与国内生产总值增长的关系。预测公式为：

$$y_t = y_0(1+\alpha)^t \tag{5-4}$$

式中 y_t——规划期期末的城市电话需求量；

y_0——规划期开始时的城市电话量；

α——市话变化增长量与国内生产总值增长的比值，一般采用调查值，无资料时，可取 1.5；

t——预测年数。

（2）国际推荐预测方法

$$y = 1.675x^{1.4156} \times 10^{-4} \tag{5-5}$$

式中 y——电话普及率（门/百人）；

x——人均国民生产总值（美元）。

（3）根据我国规定的发展目标进行预测

交换装机容量＝(1.2～1.5)［目前所需电话容量＋（10～20）年后的远期发展总容量］

中继线数量是通信部门总体规划的内容，为了路由规划方便，暂按装机容量的20%～30%计算。

（4）单项指标套算法

1）总体规划阶段

总体规划阶段可用指标进行套算：每户住宅按 1 部电话计算；非住宅电话占总住宅电话的 1/3；电信局设备装机率规划近期为 50%，中期为 80%，远期为 85%；端局最终电话达 4～6 万门，电话站最终期电话容量 1～2 万门。

2）详细规划阶段主要是通过市话的服务面积来套算需求量，即每部电话的服务面积如表 5-8 所示。

每部电话的服务面积 **表 5-8**

用地类别	面积指标(m^2)	用地类别	面积指标(m^2)
办公	20～25	商业	3～—40
多层住宅	60～80	幼托	80～95
高层住宅	80～100	医院	100～120
仓库	150～200	学校	90～110
旅馆	35～45	文化	110～130

其中，小区内每 50～100 户必须至少设置 2 部公话（来话去话各一部），电话配线间（室内）一处，使用面积不小于 $6m^2$。

（5）电话增长率预测法

$$y_t = P_t R_t \tag{5-6}$$

式中　y_t——规划年的话机总量；

P_t——预测年的话机普及率；

R_t——预测年的人口总数；

t——预测年。

根据国家人口增长确定不同阶段的人口增长率，预测人口 R_t。根据全国及地区电信发展目标，城市经济发展特点来确定电话总量的增长率，最后得到电话普及率等发展目标。

5.3.2.2　移动电话需求量及普及率预测

（1）用移动电话占市话的百分比来预测，一般而言，移动电话与市话之间存在一定的比率。参考国外移动电话的发展比例，我国城市移动电话可按下式预测：

移动电话用户数＝公用电话实装数×(0.7～1.0)。

（2）弹性系数预测法

移动电话发展与经济发展关系极为密切。根据二者的关系，移动电话量按以下公式计算：

$$y_t = y_0 (1 + \alpha k)^t \tag{5-7}$$

式中　y_t——预测年的移动电话量；

y_0——基准年的移动电话量；

k——经济发展平均增长速度；

α——弹性系数，由历史数据中移动电话的增长率除以经济发展的增长率；

t——预测年数。

（3）移动电话普及率法

根据国际电联（ITU）的统计和预测，世界不同国家的移动电话的普及率如表 5-9 所示。由于经济活动能力、贸易、交通及市政公用设施等方面的不同，我国城乡移动电话普及率应根据自身的水平和条件，参照国内外同等水平城市的情况，自行确定。

国外移动电话普及率　　　　**表 5-9**

国别	1980 年(部/千人)	1988 年(部/千人)	2000 年(部/千人)
美国	1.29	6.54	41.3
瑞典	1.38	20.40	47.1
德国	0.37	3.34	32.4
英国	0.26	5.02	26.2
芬兰	1.75	14.99	45.2
挪威	3.42	28.31	52.2
日本	—	1.21	42.8

5.3.3　城市电信局规划

5.3.3.1　电信局所的分区

由于电信局所有限，但管理范围较大，故而通常将电信局覆盖的范围划分为不同的区块。分区时应遵循以下原则：

1）按不同时期发展要求进行配制，把城市作为整体进行划分，并且近、远期相协调。

2）分区要照顾到自然地形、铁路、地貌、人工设施等因素，同时分析各分区用户间的话务量情况，通话关系密切的地区尽量划在同一区内，以减少局间中继线和中继设备的数量。

3）根据人口规模及预测的话务量。

4）划区时，尽可能避免大拆大移，尽可能保留使用原有设备。

5）当分区块人口较少时，交换机容量可小些；反之大些，但要有预留容量，详见表5-10所示。

局所容量与电话密度服务面积的关系　　表 5-10

用户密度	类别	交换机(万门)	服务面积(km^2)	服务区边长(km)
100 部/公顷	上限	20	20	4.5
	最优	15	14	3.8
	下限	10	10	3.3
10 部/公顷	上限	4	36	6
	最优	3.5	30	5.4
	下限	2	21	4.7

建议城市每个交换局容量 10～20 万门，服务面积 10～20km^2。

5.3.3.2　电信局所选址

(1) 电信局所的勘定：

1）单局制，通常将电信局所设在区域中心或靠近中心处或用户交换中心处。

2）多局制，则将电信局所设在各个中心位置。

(2) 电信局所的地址选择

地址选择要以网络规划和通信技术要求为主，结合水文、地质、城市规划、投资效益等因素比较确定。电信局所选址时应遵循下列原则：

1）局址尽可能选在较安静、卫生条件良好、无干扰的地方；

2）避开高层密集区内或高楼大厦包围地区；

3）局址应选在地形平坦，土质良好的地段，避开地质不良地段及洪水淹灌区；

4）局址应有安全环境，远离易燃、易爆的建筑物或堆积场；

5）满足通信安全、保密、人防、消防等条件；

6）选址要考虑近期适用，远期发展的可能，留有建设余地。

5.3.3.3　城市电信楼的规划设计要求

(1) 电信局楼的分类

一般分为综合电信枢纽楼、一般电信局楼和综合电信楼三种：

1）综合电信枢纽楼，一般安装长途干线传输设备。设置长途交换机房、长途网管中心、长途计费中心等。

2）一般电信局楼，主要安装本地普通传输设备，电话交换端局、电话基站设备等。

3）综合电信楼，除具有一般电信局楼的功能外，还应考虑安装本地重要的传输设备、移动电话交换设备等。

(2) 电信局楼设置

1) 电信枢纽楼的设置一般特大城市 3～4 个，较大省会城市 2～3 个，其他一般城市 1 个，个别较大的城市根据需要可设 2 个。

2) 综合电信楼设置，大城市 12～20 个，中等城市 2～10 个，一般不超过 12 个，其他城市应根据本地区人口及城市规模设置，如表 5-11 所示。

综合电信楼设置 **表 5-11**

综合电信楼数量(个)	8～20	4～8	2～4	2
城市人口(万人)	500 以上	200～500	100～200	100 以下

3) 一般电信局楼设置

$$一般电信局楼数量=INT[0.4\div a\times 城市人口(百万)+0.5]$$

式中 a 取 3～10，对于较大城市 a 取值应大些。

设置原则为，最远用户离电信局在 2.5～3.5km 之内，一般电信局楼的密度为 8～10km^2 设一个。

(3) 电信建筑的规划设计要求

1) 有利于信息的交换和传输，卫生、安静、安全；

2) 楼内布局合理，空间灵活可变，有利于远期发展；

3) 创造无人值守和少人值守的条件，减少不必要的房屋；

4) 考虑防火要求。

5.3.4 城市有线通信线路规划

城市有线通信线路按使用功能分为长话、市话、郊区电话、有线电视、有线广播、计算机信息网络等，按通信线路材料来分主要有电缆、光缆、金属线等三种。通信线路按敷设方式有架空敷设和地面敷设（地面埋入）两种。

线路是各类电话局之间、电话局与用户之间的联系纽带，是电话通信系统最重要的环节。合理确定线路路由和线路容量是电话线路规划的两个重要因素。线路应优先采用通信光缆以及同轴电缆等高容量线路，以提高其安全性和可靠性。线路敷设的最理想方式是管道埋设，其次是直埋。经济条件较差的城市，近期可以采用架空线路敷设，远期也应逐步过渡到地下埋设。在一般情况下，线路应尽量直达、便捷，避免拐弯。

在城市市区内，光缆线路应采用管道埋设方式。当现有管道不能利用或暂时不具备建筑管道的条件或费用较高时，可采用架空敷设作为过渡措施。光缆线路在城市郊区，当没有管道或不能建筑管道时，宜采用直埋敷设。

5.3.4.1 规划原则

(1) 电缆路由应符合城市规划，使电缆路由长期安全稳定地使用；

(2) 电缆路由应尽量短直，并应选择在比较永久性的道路上敷设；

(3) 主干电缆与配线电缆走向一致，互相衔接。在多局制的电缆网路设计时，用户主干电缆应与局间中继电缆的路由一并考虑；

(4) 环境条件良好，安全性好；

(5) 光缆电缆集中；

(6) 重要的主干电缆和中继电缆宜采用迂回路由，构成环形回路；

(7) 充分利用原有线路设备，尽量减少不必要的拆移而使线路设备受损。

5.3.4.2 电缆路由不宜选择的地段

(1) 预留发展用地或规划未确定的用地；

(2) 电缆局主控地区；

(3) 易受腐蚀地区或地下水位较高，有岩石的地段；

(4) 易燃、易爆和有腐蚀性气体的地方；

(5) 架空电缆有碍绿化或影响公共建筑美观的地段；

(6) 在高等级道路下的地段。

5.3.4.3 电缆建筑方式的选择

电缆建筑方式一般有管道电缆、直埋电缆、架空电缆和墙壁电缆。电信管道是结合电信网的远期发展规划要求而建设的，具有通信效率高、安全可靠以及维护管理方便的特点。

(1) 管道电缆线路适用于以下情况：

1) 要求管道隐蔽；

2) 线路重要，有较高安全要求；

3) 近期出线的电话机容量在600对及其以上，且有发展趋势；

4) 与市内电话通信管道有接口要求。

(2) 直埋电缆线路，可应用于以下情况：

1) 用户较固定，电缆容量和条数不多，且今后较长时间内不增加电缆时；

2) 要求线路安全的电缆条数不多；

3) 不允许采用架空或墙壁电缆，又不能使用管道；

4) 跨越一般铁路、公路或城市街道不宜采用架空电缆时。

(3) 架空电缆线路，可应用于以下情况：

1) 总体规划无隐蔽要求；

2) 远期电缆总容量在200对及以下；

3) 地下情况复杂或土壤具有腐蚀性。

(4) 墙壁电缆线路，可应用于以下情况：

1) 电缆容量在100对以下且没有相邻的房屋建筑物敷设的配线电缆；

2) 墙面较干净，建筑物较坚固、整齐；

3) 旧市区街道两侧有紧密相连的骑楼；

4) 住宅小区室外配线宜采用。

5.3.4.4 管道电缆的位置设置

(1) 一般在人行道或非机动车道下，不允许在机动车道下；

(2) 线路平行于道路中心线；

(3) 埋深在0.8～1.2m，确因条件限制无法满足时，可适当减小；

(4) 应埋在冰冻层以下，且在地下水位以上。

管道敷设应有一定坡度，一般为3‰～4‰，但不得小于2.5‰，以利于排水。

5.3.4.5　直埋电缆的位置设置

直埋电缆、光缆路由要求与管道线路路由相同，埋深应为0.7～0.9m，并应加覆盖物保护，设置标志。直埋电缆、光缆穿过电车轨道或铁路轨道时，应设置于水泥管或钢管等保护管内，其埋深不宜低于管道埋深的要求。

5.3.4.6　架空电话线路的位置设置

架空电话线路不应与电力线路、广播明线线路合杆架设。如果必须与1～10kV电力线合杆时，电力线与电信电缆之间的距离不应小于2.5m；与1kV电力线合杆时，电力线与电信电缆之间的距离不应小于1.5m。

一般情况下，市话线路的杆距为35～40m，郊区杆距为45～50m。

5.3.5　城市无线通信规划

5.3.5.1　移动电话网络规划

(1) 移动电话网络的结构

按覆盖范围可分为三区制，其分区技术指标如下：

1) 大区制移动通信系统

服务区内只设一个基站，其本身承担的用户不太多，几十户到几百户。覆盖半径达30～60km，使用频率为450MHz。

2) 中区制移动通信系统

把整个服务区划分为若干个中区，每个中区设一个基站，为中区内移动用户服务。覆盖半径达15～30km，可服务用户1000～10000户。

3) 小区制移动通信系统

把每个中区划分为若干小区，每个小区设一个基站，为该小区内移动用户服务。覆盖半径为1.5～15km，小区制的基站发射功率一般≤20W。最大容量为100万户，使用频率为900MHz。每个基站都与无线中心控制局或交换局相连。

(2) 移动通信频点的配制

1) 移动通信的频率划分

1982年，国家无线电管理委员会将我国陆地移动业务使用的频率划分如下：

VHF频段

27.5～48.5MHz

72.5～74.6MHz

138～149.9MHz

150.5～167MHz

UHF频段

403～420MHz

450～470MHz

789～960MHz

1710～1814MHz

2) 工作频段

A. 150MHz频段

138MHz～149.9MHz

150.5MHz ～167MHz

B. 蜂窝状公众网工作频段

450MHz 频段

450.5MHz～453.5MHz

460.5MHz～463.5MHz

900MHz 频段

879MHz～899MHz

924MHz～944MHz

3）频道间隔

A. 短波调频通信的相邻频道间隔是 25kHz。

B. 900MHz 和 1800MHzTDMA 数字移动网的同步频段相邻频道间为 200kHz。

C. 基站工作频率发送取最高端，接收取最低端。不同收发间隔频率如下：

150MHz 收发间隔 5.7MHz

450MHz 收发间隔 10MHz

900MHz 收发间隔 45MHz

1800MHz 收发间隔 95MHz

4）频道配制

在蜂窝移动通信网中，将服务区划分若干六边形小区，每个小区使用一组频道。为了避免同频干扰和邻频干扰，在枢纽小区内使用的频道应有足够的隔离。然而在保护距离之外的不同小区内则可再次使用，达到频道重复使用，扩大网络容量的目的。

按照网络的容量和频道区地形可采用不同频道配制的特点。我国规定采用 7 个基站 21 个扇区的频道配置方式，这样可尽量减少全国网时，由于频道复用而发生的干扰。

在实际建网中，其服务区内各部分的用户分布是不均匀的，因此在用户密度高的地区将小区划分得小些，频道配置数也相应增加。反之，对于用户密度小的地区，应作相应的调整。

5.3.5.2 无线电寻呼系统

（1）系统的组成和作用

无线电寻呼是通过本地电话网和无线电寻呼系统来实现的。其组成有：

1）寻呼接入设备（它是通过公用电信网接入到寻呼控制系统后的设备，常为电话机）

2）寻呼控制系统（它是整个系统的枢纽，是完成寻呼业务的各种功能、管理寻呼机用户资料及各种信息的统计，并将用户的寻呼信息转换成信息格式）

3）基站发射系统

4）寻呼接收机

5）传输网络

寻呼台与公用电话网连接有两种，一种为通过用户线连接，另一种为通过中继线连接，寻呼设备分人工接触和自动接触，即分别进入人工台和自动台。

（2）服务类型：联网服务和本地服务，支持的基本业务有：数字寻呼、中文寻呼及透明数据传输。

（3）无线电寻呼频率：根据我国国家无线电委员会规定，寻呼的频段使用 150MHz 和 280MHz 频段。

5.4 广播规划

5.4.1 概述

广播分为有线广播和无线广播。有线广播是指企事业单位内部或某一建筑物（群）自成体系的独立有线广播，无线广播主要是指国家、政府等机构对外传输信息的电台。广播规划主要用于有线广播系统的布置。

5.4.2 广播系统

广播系统主要由信息节目制作间、无线电发射及接收台、转播站、传输线路、广播电台、信号接收发生转播设备、信号放大设备、收听设备等部分组成。

广播系统按其规模大小分类，可分为：国际广播系统、省级和省内广播系统、市级广播系统、乡镇级有线广播系统。

广播系统规模分类及其专用的建筑规划设计指标如表 5-12、表 5-13 所示。

市级广播电视中心建设规模分类 **表 5-12**

	项目	Ⅰ类	Ⅱ类
广播($h \cdot d^{-1}$)	中波节目播出量	≥10	≥14
	调频节目播出量	≥5	≥8
	自制节目量	≥1	≥1.4
电视($h \cdot d^{-1}$)	综合节目播出量	≥2.5	≥3.5
	教育节目播出量	≥2.5	≥3
	自制节目播出量	≥0.4	≥0.75
	自制教育节目量		≥0.75
建筑面积(m^2)		6000	8000
占地面积(hm^2)		1.2～1.5	1.6～2

乡镇级有线广播站房屋建设规模分类 **表 5-13**

序　号	项　目	Ⅰ类	Ⅱ类	Ⅲ类
1	建筑面积(m^2)	120～150	200～230	270～300
2	占地面积(m^2)	不小于总建筑面积的 2 倍		

5.4.2.1 有线广播系统

（1）有线广播系统的组成：

有线广播系统主要由播音室、线路、放音设备三部分组成。

（2）有线广播系统的分类：

按播音方式分为：集中播放、分路广播系统、利用共用电视天线系统传输的高频调制广播系统等。

1）集中播放、分路广播系统，即为采用一台扩音机作信道分多路，同时广播相同的内容。

2）利用共用电视天线系统传输的高频调制广播系统。它是用在CCTV系统的前端，将音频信号调制成发射频信号，经同轴电缆传输到用户后，经过频道解调器后被收音机接受。

按其播放功能划分：

1）业务性广播系统，即以业务及行政管理为主的语言广播要求，它由主管部门管理。

2）服务性广播系统，包括一至三级的旅馆、大型公共活动场所设的服务性广播等，主要以欣赏音乐类广播为主。

3）火灾事故、保安报警广播系统，其主要是满足火灾时引导人员疏散的要求以及危险时的报警要求。

5.4.2.2　有线广播设施布置

（1）有线广播控制室及其设置原则

1）办公类建筑，广播控制室宜靠近主管业务部门，当与消防值班室合用时，应符合消防控制室的有关规定。

2）旅馆类建筑，服务性广播宜与电视播放合并设置控制室。

3）车站等建筑，宜靠近调度室。

（2）广播控制室的技术用房

一般符合以下几个规定：

1）一般广播系统只设控制室，当有噪声干扰时，应设立录播室。

2）大型广播系统宜设置面积较大，有办公室、录播室、机房等用房。

3）录播室与机房间应设观察窗和联络信号。其设置应符合现行《有线广播录音（播音）室声学设计规范和技术房间的技术要求》的要求。

4）广播控制室技术用房的土建及其他设施应符合有关规范。

（3）有线广播系统的信号接收和发生设备

1）天线：主要是接收空间调频调幅广播的无线电波。

2）话筒，又称麦克风，是一个将声能转化为电能的器件，是最直接的信号发生设备。其常用的有电容式和动圈式等。

3）转播接收机，用来转播中央或地方广播电台的广播节目，目前主要有调频调幅接收功能。

4）录放音机，兼有录、放、收音等多种功能，是有线广播系统中的重要设备之一。

（4）放大设备

节目源的信号在空中传播时，将随着距离的增大而衰减，在一定的距离之外信号很弱，必须由放大设备放大后才能驱动发声（扬声器）。放大设备又称扩音机，是有线广播系统中的重要设备之一。

扩音机主要由前级放大器、功率放大器和电源三部分组成。其主要工作过程是：扩音机在电源供电正常运作时，通过前级放大器将输入的信号初步放大，使放大的信号能满足功率放大器对输入电平的要求；再通过功率放大器把信号进一步放大，以达到有线广播系统广播所需的功率。

有线广播系统还设置有前线增音机（又称调音台）、声频处理设备，其主要用于改善播音质量，提高广播技术性能指标。

（5）扬声器

扬声器俗称喇叭，是终端设备，也是向用户直接传播音响信息的基本设备。

扬声器的工作原理是：驱动设备把电能转换为机械能，驱动音膜振动，激励其周围空气作声音振荡。

为增强扬声器的音响效果，通常将其放置于一封闭的盒内，称为扬声箱。不同的扬声器按一定形式要求组合在一起称为音柱。

民用建筑中扬声器安装应满足以下要求：

1）办公室、生活室、客房等可采用1～2W的扬声器箱。

2）走廊、门厅及公共活动场所的背景音乐、业务广播等场所，宜采用3～5W。

3）建筑物内的扬声器明装时，安装高度（以箱底部距地面的高度）≥2.2m。

（6）广播线路的敷设

1）当广播线路沿建筑物敷设时，不宜设于建筑物的正立面。

2）室内配线宜采用铜芯塑料绞合线，但旅馆内服务性广播线路宜采用电缆。

（7）有线广播系统的工作程序

有线广播系统内的节目是在广播控制室内组织的，其节目来源有自制节目和通过信号接收来的节目，节目电信号在控制室内经扩音机放大后，再经广播线路及变压器转运至用户扬声器。

广播线路分为输送较高音频电压的反馈电线和输送较低音频的用户线。为了适应不同性质广播用户的不同要求，控制室一般采用多路输出，而在每一分路上连接性质相同的用户。

5.5 电视工程规划

5.5.1 概述

电视系可视信息传输系统。从传输媒介分，可分为有线电视系统和无线电视系统。电视系统工作原理是通过电视台或发射台把实物的影像变成电信号，以电磁波的形式或通过线路传输其信号，达到电视机后，电视机把接收到的电视信号再还原成影像映在荧光屏上。

有线电视系统均设有公用天线，所以亦称为共用天线电视系统（简称CATV系统）。

共用天线电视系统是许多用户电视机共用一组室外天线的设备，共享设备之间采用大量的同轴电缆作为信号传输线，因而，CATV系统又叫电缆电视系统或有线电视。

CATV系统的工作原理是，由公共天线接收电视台的电视信号，经调整放大后由专用部件将信号合理地分配给各用户电视机。其优点是：电视信号强烈，信息完整，电视图像清晰，不受地形条件和气象条件的影响，且利于各种信息传递工作，可形成功能完善的电视服务网络。

5.5.2 有线电视系统的分类

CATV系统按其规模大小，即按其室内用户输出口的数量分为四类，见表5-14。

CATV 系统分类表 **表 5-14**

A类		10000户以上
B类		20001～10000户
其中	B_1类	5001～10000户
	B_2类	2001～5000户
C类		301～2000户
D类		300户

5.5.3 有线电视系统的组成

(1) 接收天线

它是接收预定空间的高频电视信号能并转化为高频电流能的部件。最简单的接收天线是偶极天线（所谓偶极天线就是两个极，两段导线从两级伸向两端）。在有线电视中，通常在一根天线杆上安装多副天线，每副天线主要对准一个电视频道的信号，接收卫星信号，一般还需用抛物面天线。

在系统中，须安装放大器，以提高信号电平（信号电压）。放大器有单频道、频段和宽带放大器三种。而安装在天线竖杆上的紧靠偶极天线的放大器称为天线放大器。

接收天线安装位置通常要求放在较高处，避开接收电波传输方向上的阻挡和周围的金属构件的影响，并远离公路、电气化铁路、高压线及工业干扰源等。

接收天线应符合下列要求：

1）天线与天线竖杆应承受设计规定的风荷载和冰荷载，且应防潮、防霉、抗腐蚀，其金属构件表面应镀锌或涂防锈漆。

2）天线在竖杆上调整时，应能上下转动和上下移动，其组件应安装方便，固定可靠。

(2) 前端设备

1）自办节目设备：包括摄像机、录像机和电影电视转换设备等，这些设备用于提供自播节目的电视信号。

2）调制器：是将视频信号、单频信号调制成电视射频信号的专用设备，可直接与摄像机、卫星接收机等配合使用。

3）混合器：是将两路或两路以上高频输入信号混合一路输出的部件。通常将天线接收的电视节目信号、卫星节目信号和自办节目信号混合，然后由一根同轴电缆线传输出。

有自办节目功能的前端，应设置单独的前端机房。播出节目10套以下时，前端机房的使用面积为$20m^2$，播出节目每增加5套。机房面积宜增加$10m^2$。

具有自制节目功能的有线电视台，可设置演播室和相应的技术用房，室内温度夏季不高于28℃，冬季不低于18℃，演播室天幕高度宜为3.0～4.5m。

(3) 传输与分配网络

1）线路放大器：包括干线放大器、干线延长放大器，主要用于补偿传输线上的损失，从而确保以标准电平的电视信号分配用户。

2）均衡器：是一种由电容、电感和电阻构成的无源器件，对较低频率信号衰减较大，而对较高的频率信号衰减较小，因而可弥补传输电缆不均匀的幅频特性造成的频率失真。

3）分配器：为合理的传递高频信号电能，必须根据全网络的大小确定若干条传输干线，分配器就是将一路高频信号电能分给几路干线的器件，其通常接于放大器输出端或把一条主干线分成几条支干线等处。

4）分支器：是从传输高频电视信号的传输干线中取出一部分信号分给电视用户插座的部件。有一个分支输出端的称为一个分支器，有两个分支输出端的称为二分支器。

分配器平均分配电能，而分支器是从传输线中取出一部分信号电能给用户，大部分电能继续向后传输。

5）传输线：用以连接天线与电视机之间的导线称为传输线或馈线，是专门用于传输高频电视信号的。

有线电视系统广泛使用的是同轴电缆传输线。它由同轴的内外导体组成，内导体为定芯导体，外导体一般为金属网。内外导体之间用聚乙烯高频绝缘材料或空气绝缘，最外层为聚氯乙烯保护层。在有线电视系统中，常用特性为75Ω的同轴电缆，它的损耗较小，工作频率范围较宽，屏蔽效果好，抗干扰能力强。

（4）用户终端

1）有线电视系统的用户终端是供给用户电视机电视信号的接线器，又称用户接线盒。盒中有电视信号插座，分配网络中的分支线就是与该插座连接。用户界限盒又分为明盒与暗盒两种。

2）有线电视系统的设施工作环境温度要求

在寒冷地区室外工作的设施，温度要求在－40～＋35℃，其他地区室外工作的设施，温度要求在－10～＋55℃；室内工作的设备，其工作温度在－5～＋40℃为宜。

5.5.4 有线电视系统建设规模与安装要求

5.5.4.1 建设规模

电视系统的传输线路、专用建筑与电信系统、广播系统类似，在专用建筑建设时，可考虑合建，以利于资源设备共享。省级电视中心建设规模及分类如表5-15所示。

省级电视中心建设规模分类 **表5-15**

项目		Ⅰ类	Ⅱ类
播出节目量	一套综合节目	4～5	8～10
	一套教育节目	3～4	6～8
自制节目量	自制综合节目	1	2
	自制教育节目	1～2	3～4
建筑面积(m^2)		14000	19000
占地面积(hm^2)		3～4	4～5

5.5.4.2 安装要求

（1）天线应架设在天线竖杆或专用铁塔上，其机械承载能适应当地气象条件，一般，基本风压不小于300Pa。

（2）天线杆周围的范围内应为净空，在净空范围内不得有除天线及天线架设构件外的其他金属物体。

(3) 前端设施应设置在用户区域的中心部位，宜靠近接收天线和自办节目源。

(4) 前端设备应组装在结构坚固、防尘、散热良好的标准箱、柜或主架中，部件和设备在主架中应便于组装、更新。

(5) 前端机房和演播控制室宜设置控制台。控制台正面与墙净距不小于 1.2m，侧面与墙或其他设备的净距，与主要通道不应小于 1.5m，与次要通道不应小于 0.8m。

(6) 有自办节目的前端机柜正面与墙净距不小于 1.5m，背面需检修时不应小于 0.8m。

(7) 前端机房内的电线敷设宜采用地槽。对改建工程或不宜设置地槽的机房，可采用电缆或电缆架。

(8) 传输分配设备的部件不得安装在高温、潮湿或易受损伤的场所。

(9) 室外线路敷设方式宜符合下列要求：

当用户的位置和数量比较稳定，要求电缆线路安全隐蔽时，宜采用直埋敷设方式。

当有可利用管道时，可采用管道电缆敷设方式，但不得与电力电缆共管敷设。

当不宜采用直埋或管道电缆敷设方式时，用户的位置和数量变动大，且需要扩充和调整，并有可供用的架空通信、电力杆路时，可采用架空电缆敷设。

(10) 电缆与其他架空明线线路共杆架设时，其两线间的最小间距应符合表 5-16 的规定。

电缆与其他架空明线线路共杆架设的最小间距　　表 5-16

种　类	间距(m)	种　类	间距(m)
1kV～10kV 电力线	2.5	广播线	1.0
1kV 以下电力线	1.5	通信线	0.6

(11) 电缆在室内敷设，应符合以下规定：

新建或有室内装饰的改造工程，宜采用暗管敷设方式。在已有建筑内，可采用明敷方式。

明敷的电视电缆同照明线、低压电力线平行间距不应小于 0.3m，交叉间距不应小于 0.3m。

不得将电视电缆与照明线、电力线槽、同出线盒、同连接箱安装。

(12) 有线电视系统用单相 220V、50Hz 交流电供电，电源一般都靠近前端的照明配电箱以专用回路方式供给。

(13) 有线电视系统应有可靠的防雷与接地措施。

第 6 章　城市燃气工程规划

6.1　概　　述

燃气是一种高效、无污染的清洁能源。城市燃气系指城市居民、工业企业、事业单位等使用的各种气体燃料的总称。城市燃气供应系统是城市市政公用事业建设的一项重要的基础设施，也是能源供应的组成部分，是建设现代化城市的标志和象征。积极发展城市燃气，不断提高燃气普及率，对于改善居民生活条件和职工工作条件，减少大气污染和环境保护，都有重要意义（表 6-1）。

各类用户使用城市煤气与燃煤、燃油的热效率比较（%）　　表 6-1

序　号	燃料用途	燃　料　种　类		
		煤	油	城市煤气
1	城镇居民	15～20	30	55～60
2	公共建筑	25～30	40	55～60
3	一般锅炉	50～60	＞70	60～80
4	电厂锅炉	80～90	85～90	90

6.1.1　燃气分类

城市民用和工业用的燃气是由几种气体组成的混合气体，其中含有可燃气体和不可燃气体。可燃气体有碳氢化合物、氢和一氧化碳，不可燃气体有二氧化碳、氮和氧等。

6.1.1.1　按气源分类

燃气的种类一般分为天然气、人工煤气、液化石油气、生物气等。城市燃气有天然气、煤制气、液化石油气等。

(1) 天然气

天然气是指在地下多孔地质构造中自然形成的烃类气体和蒸汽的混合气体，含有一定的杂质，常与石油伴生。根据其来源可分为四种：1) 从气井开采来的气田气，或称为纯天然气；2) 伴随石油开采出来的石油气，也称为油田伴生气；3) 含石油轻质馏分的凝析气田气；4) 从井下煤层抽出的矿井气。

(2) 人工煤气

人工煤气是从固体燃料或液化燃料加工中制取的可燃气体。根据制气原料或制气方法的不同，人工煤气可分为四种。

1) 固体燃料干馏煤气

利用焦炉、连续式直立炭化炉和立箱等对煤进行干馏所获的煤气称为干馏煤气。用干馏方法生产煤气，每吨煤可产煤气 300～400m^3。干馏煤气中的甲烷和氢含量较高，低热值一般在 16.75MJ/m^3左右。干馏煤气的生产历史最长，工艺比较成熟，是我国目前城市燃气的主要来源之一。

2）固体燃料气化煤气

将固体燃料在高压（2.0～3.0MPa）下与气化剂相互作用而制取气体燃料的过程，称为固体燃料的气化。压力气化煤气、水煤气和发生炉煤气均属此类。压力气化煤气的低热值一般在16.75MJ/m^3 左右，可作为城市煤气；发生炉煤气和水煤气的热值低，其低热值分别在5.44MJ/m^3 和10.47MJ/m^3 左右，一氧化碳含量高，毒性大，不宜单独作为城市气源。在城市煤气的气源中，这类煤气多用来加热焦炉和连续式直立炭化炉，以顶替热值较高的干馏煤气，增加供气城市的供气量；也可以和干馏煤气、重油蓄热裂解煤气掺混，调整燃气热值和调节供气量，作为城市燃气的调度气源；或通过甲烷化等改制增热措施后作为小城市的主供气源。

3）油制气

由重油经蓄热裂解和蓄热催化裂解而制成的煤气，统称为油制气。重油蓄热裂解气以甲烷、乙烯和丙烯为主要成分，发热值约为41.9MJ/m^3，每吨重油产气量500～550m^3。重油蓄热催化裂解气中氢是其主要成分，也含有一定量的甲烷和一氧化碳，发热值约为17.6～20.9MJ/m^3，每吨重油产气量1200～1300m^3。

生产油制气装置简单，投资省，占地少，建设速度快，管理人员少，启动、停炉灵活，既可作为城市燃气的基本气源，也可作为城市燃气的调度气源。

4）高炉煤气

高炉煤气是在高炉炼铁过程中产生的副产品，主要成分为一氧化碳和氮气，低热值为3.80～4.20MJ/m^3。高炉煤气可作为炼焦炉的加热煤气，以取代焦炉煤气供应城市，也常用作锅炉的燃料或与焦炉煤气掺混用于冶金工厂的加工工艺。

(3) 液化石油气

液化石油气是在开采和炼制石油过程中，作为副产品而获得的一部分碳氢化合物。我国目前供应的液化石油气主要来自炼油厂的催化裂化装置。

液化石油气的主要成分为丙烷、丙烯、丁烷和丁烯。从气态转化为液态，其体积约缩小至1/250～1/300。气态石油气发热值约为92.11～121.42MJ/m^3，液化石油气的发热值约为45.22～46.06MJ/kg。

液化石油气供应设施简单，投资省，供应方式、规模灵活，建设速度快，所以近年来发展很快，已成为我国城市燃气的主要气源之一。

(4) 生物气（沼气）

沼气是各种有机物质在隔绝空气的条件下，保持一定的温度、湿度、酸碱性，经过细菌的发酵分解作用而产生的一种可燃气体。沼气的主要成分为甲烷，热值高，一般为20.9MJ/m^3，一氧化碳含量在1%以下，是一种优质燃料。

6.1.1.2　按热值分类

燃气的热值指1Nm^3 燃气燃烧所放出的热量，单位为kJ/Nm^3。对于液化石油气，热值单位也可为kJ/kg。热值分为高热值与低热值，高热值与低热值之差为水蒸气的气化潜热。

燃气根据热值的大小可分为高热值燃气（HCV gas）、中热值燃气（MCV gas）和低热值燃气（LCV gas）三个等级。气化煤气多属于低热值燃气，热值12～13MJ/Nm^3，或更低一些。中热值燃气热值20MJ/Nm^3 左右，以干馏煤气等城市燃气为代表。高热值燃气的热值在30MJ/Nm^3 以上，天然气、部分油制气和液化石油气都属于高热值燃气。

6.1.1.3　按燃烧特性分类

影响燃气燃烧特性的参数有燃气的热值、相对密度以及火焰传播速度，而华白数是一个热值与相对密度的综合系数，它常作为燃气燃烧特性分类的主要参数。华白数可按下式计算：

$$W=\frac{Q_H}{\sqrt{d}} \tag{6-1}$$

式中　W——华白数（MJ/Nm^3）；

Q_H——燃气高热值（MJ/Nm^3）；

d——燃气相对密度（空气=1）。

国际煤联（International Gas Union，IGU）根据华白数制定燃气分类如表 6-2 所示。几种燃气的密度和相对密度见表 6-3。

国际煤联（IGU）燃气分类　　**表 6-2**

分　类	华白数(MJ/Nm^3)	典型燃气
一类燃气	17.8～35.8	人工燃气、烃——空气混合气
二类燃气	35.8～53.7	天然气
L 族	35.8～51.6	
H 族	51.6～53.7	
三类燃气	71.5～87.2	液化石油气

几种燃气的密度和相对密度　　**表 6-3**

燃　气　种　类	密度(kg/m^3)	相　对　密　度
天然气	0.75～0.8	0.58～0.62
焦炉煤气	0.4～0.5	0.3～0.4
气态液化石油气	1.9～2.5	1.5～2.0

当燃气的组分和性质变化较大，或者掺入的燃气与原燃气性质相差较远时，燃气的燃烧速度会发生明显的改变，因此，仅用华白数分类就不能满足设计需要，需通过加入另一个指标—燃烧势，才能全面地判断燃气的燃烧特征。燃烧势是反映燃气燃烧时火焰所产生的离焰、黄焰、回火和不完全燃烧的倾向性的一项综合指标，它反应了燃具燃烧的稳定性。

我国根据华白数与燃烧势对燃气的分类如表 6-4 所示。

城市燃气的分类　　**表 6-4**

类　别		华白数 W(MJ/m^3)		燃烧势 CP	
		标准	范围	标准	范围
人工气	5R	22.7	21.1～24.3	94	55～96
	6R	27.1	25.2～29.0	108	63～110
	7R	32.7	30.4～34.9	121	72～128
天然气	4T	18.0	16.7～19.3	25	22～57
	6T	26.4	24.5～28.2	29	25～65
	10T	43.8	41.2～47.3	33	31～34
	12T	53.5	48.1～57.8	40	36～88
	13	56.5	54.3～58.8	41	40～94
液化气	19Y	81.2	76.9～92.7	48	42～49
	22Y	92.7	76.9～92.7	42	42～49
	20Y	84.2	76.9～92.7	46	42～49

6.1.2 城市燃气质量要求

城市燃气是一种易燃易爆气体，在一定压力下输送和使用。由于材质和施工方面存在的问题或使用不当，常常造成泄漏，引发爆炸、失火和人身中毒等事故。随着燃气事业的发展，气源类型、供气规模和用具类型都在不断增加，要保证用户燃具的正常使用，就必须要求燃气组分和特性的变化在一定范围内。燃气生产和供应部门根据规定，调整多种燃气的掺混比例，以确保燃气供应的基本质量。

(1) 城市燃气的质量指标

国家规范（SY 7514—88）对天然气的质量标准作了规定（表 6-5），对液化石油气的质量标准（GB 11174）、人工煤气的质量标准（GB 13612）分别也作了相应规定，应用时可查阅相关规范。

天然气质量标准（SY 7514—88）※　　　　**表 6-5**

项目		质量指标			
		Ⅰ	Ⅱ	Ⅲ	Ⅳ
高热值（MJ/m³）	A 组	>31.4			
	B 组	14.65～31.4			
总硫（以硫计）（mg/m³）小于		150	270	460	>480
硫化氢含量（mg/m³）小于		6	20	实测	实测
二氧化碳含量（体积%）小于		3		—	
水分		无游离水			

※石油工业部标准代号 SY 7514—88。

(2) 城市燃气组分变化的要求

1) 燃气的华白数波动范围，一般不超过±7%。

2) 燃气燃烧性能的所有参数指标，应与用气设备燃烧性能的要求相适应。

(3) 城市燃气应具有可以察觉的臭味，无臭或臭味不足的煤气应加臭，其加臭的程度应符合下列要求：

1) 有毒燃气泄漏到空气中，达到对人体允许的有害浓度之前，应能察觉。

2) 无毒燃气泄漏到空气中，达到爆炸下限浓度 20%时，应能察觉。

6.1.3 不同燃料的折算

国际上一般以标准煤的吨数或公斤数作为能源的统一计量单位。标准煤是人们假设的一种标准燃料，1kg 重的标准煤的热值为 29.308MJ。

在城市燃气规划设计时，常遇到新的气源供应种类，如：由人工煤气改为天然气，或由瓶罐供应液化石油气改为人工煤气、天然气或矿井气，就需要进行体积换算。一般各种燃气的使用效率相近，故在工程设计计算中可简单地由热量变换为体积量，其换算系数为原有燃气的低热值与拟用燃气的低热值之比。不同燃气的体积换算见表 6-7。

在进行不同燃料之间相互换算时，不仅需要考虑不同燃料之间的热量换算系数，同时还需要考虑各自使用的热效率。

当公共建筑和工业企业的用气量定额，不易得到统计资料和规划指标时，可用其他燃料的年用量，按下列公式折算燃气的年用气量：

$$V=\frac{1000G_1Q_d\eta_1}{Q_D\eta_2} \tag{6-2}$$

式中 V——燃气年用量（m^3/a）；

G_1——其他燃料用量（t/a）；

Q_d——其他燃料低热值（MJ/kg）；

Q_D——燃气低热值（MJ/m^3）；

η_1——其他燃料的燃烧设备热效率（%）；

η_2——燃气燃烧设备热效率（%）。

常用燃料的 Q_d 值可按表 6-6 采用。η_1、η_2 由表 6-8 查得。

各种燃料热值与折算率表 **表 6-6**

燃料名称	热值	折算率
一、固体燃料	(MJ/kg)	
焦炭	25.12～29.307	0.857～1.000
无烟煤	25.12～32.65	0.857～1.114
烟煤	20.93～33.50	0.714～1.143
褐煤	8.38～16.76	0.286～0.572
泥煤	10.87～12.57	0.371～0.429
石煤	4.19～8.38	0.143～0.286
二、液体燃料	(MJ/kg)	
原油	41.03～45.22	1.400～1.543
重油	39.36～41.03	1.343～1.400
柴油	46.04	1.571
煤油	43.11	1.471
汽油	43.11	1.471
沥青	37.69	1.286
焦油	29.31～37.69	1.000～1.286
三、气体燃料	(MJ/m^3)	
天然气	36.22	1.236
油田伴生气	45.46	1.551
矿井气	18.85	0.643
焦炉煤气	18.26	0.623
直立炉煤气	16.15	0.551
油煤气(热裂)	42.17	1.439
油煤气(催裂)	18.85～27.23	0.643～0.929
发生炉煤气	5.01～6.07	0.171～0.207
水煤气	10.05～10.87	0.343～0.371
两段炉煤气	11.72～12.57	0.400～0.429
混合煤气	13.39～15.06	0.457～0.514
高炉煤气	3.52～4.19	0.120～0.143
转炉煤气	8.38～8.79	0.286～0.300
沼气	18.85	0.643
液化石油气(气态)	87.92～100.50	3.000～3.429
液化石油气(液态)	45.22～50.23(MJ/kg)	1.543～1.714
电能	3.6(MJ/kWh)	0.1229

不同燃气之间体积换算 表 6-7

	城市燃气（H_L=14.56 MJ/m^3）	天然气（H_L=36.22 MJ/m^3）	热裂解油制气（H_L=42.17 MJ/m^3）	催化裂解油制气（H_L=23.03MJ/m^3）	炼焦煤气（H_L=18.26 MJ/m^3）	矿井气（H_L=18.85 MJ/m^3）	液化石油气（H_L=45.22 MJ/m^3）
1m^3 城市燃气	1	0.4	0.35	0.64	0.8	0.78	0.32
1m^3 天然气	2.47	1	0.86	1.57	1.98	1.92	0.80
1m^3 热裂解油制气	2.88	1.61	1	1.83	2.31	2.24	0.93
1m^3 催化裂解油制气	1.57	0.64	0.55	1	1.26	1.22	0.51
1m^3 炼焦煤气	1.25	0.50	0.43	0.79	1	0.97	0.40
1m^3 矿井气	1.29	0.52	0.45	0.82	1.03	1	0.40
1kg 液化石油气	3.08	1.25	1.07	1.96	2.48	2.40	1

各类用户应用城市燃气和燃煤、燃油的热效率（%） 表 6-8

序　号	燃 料 用 途	燃 料 种 类		
		煤	油	城市燃气
1	城镇居民	15～20	30	55～60
2	公共建筑	25～30	40	55～60
3	一般锅炉	50～60	>70	60～80
4	电厂锅炉	80～90	85～90	90

6.1.4 燃气的爆炸极限

可燃气体和空气的混合物遇明火而引起爆炸的可燃气体浓度范围，称为爆炸极限。在这种混合物中，当可燃气体的含量减少到不能形成爆炸混合物时的含量，称为可燃气体爆炸下限，而当可燃气体的含量一直增加到不能形成爆炸混合物时的含量，称为可燃气体爆炸上限。

爆炸极限的单位一般用可燃气体在混合物中的体积百分数表示。

混合气体的爆炸极限可按下式计算：

$$L=\frac{100}{\sum_{i=1}^{n} y_i/L_i} \tag{6-3}$$

式中 L——混合气体的爆炸的下限（或上限）（体积%）；

y_i——混合气体各组分的爆炸的下限（或上限）；

L_i——混合气体各组分的容积成分（%）。

6.2 城市燃气供气范围和供气原则

6.2.1 城市燃气供气范围

城市燃气的供气范围一般为城市建成区。供气范围的确定主要取决于气源的供气能力和管网供气能力。对于管道燃气而言，应根据气源的产气量来选择城区的某个区域或城区及相邻城镇作为供气范围。同时，应考虑气源生产工艺和输配系统工艺的要求。

6.2.2 城市燃气供气对象

城市燃气供气对象按用户类型，通常分为居民生活用户、公共建筑用户和工业企业用户。

（1）居民生活用户　居民生活用户是城市燃气供气的基本对象，是优先安排和保证连续稳定供气的用户。

（2）公共建筑用户　公共建筑用户是与城市居民生活密切相关的一类用户，它也是城市燃气供应的重要对象。

（3）工业企业用户　工业企业用气主要用于生产工艺。主要指城市中不宜建气源厂、站，生产工艺必须使用燃气，节能显著和经济效益较好的工业企业。

此外，城市燃气也可用作部分供暖、空调及汽车的能源。

6.2.3 供气原则

（1）居民和公共建筑用户的用气原则

1）优先满足城镇居民炊事和日常生活热水用气；

2）应尽量满足供气范围内的各类公共建筑的用气需要；

3）人工煤气一般不供锅炉用气，尤其不供季节性的供暖锅炉用气；

4）天然气若气量充足，并经技术经济比较认为合理时，可发展燃气供暖，但要有调节季节不均衡用气的手段。

（2）工业企业用户的供气原则

人工煤气：

1）先满足工艺上必须使用煤气，但用气量不大，自建煤气发生站又不经济的工业企业用气。

2）对工艺上必须使用煤气，但用气量较大的工业企业，是供应城市燃气，还是自建煤气发生站，需进行技术经济比较，并考虑“三废”处理和运输等具体条件。

3）对临近管网用气量不大的其他工业企业，如使用煤气可提高产品质量，改善劳动条件和生产条件的，可考虑供应煤气。

4）根据我国的能源政策，以城市燃气代替烧油和用电，经过技术经济比较，节能效果确实比较显著，气源和输配系统又具备条件的，可以考虑供应这类工业用户。

5）宜供应远离城市燃气管网的工业用户与将煤气大量用于加热的工业用户。

6）油煤气不宜供应可以直接烧重油的工业企业。

天然气：

当天然气的气量充足时，供应范围可以比人工煤气适当放宽。同时，还可考虑供应下列用户：

1）用气量较大又位于重要地段，改用气体燃料后能显著减轻大气污染的工业企业。

2）能代替电力、冶金焦和其他优质燃料的工业企业。

3）作为缓冲用户的工业企业，如电厂等。

6.3 城市燃气负荷预测与计算

城市燃气的负荷，包括居民生活用气量、公共建筑用气量、房屋供暖用气量和工业企业用气量，以及未预见用气量。

6.3.1 城市燃气年用气量的计算

6.3.1.1 居民生活用气量的预测

(1) 影响居民生活用气量的因素

影响居民生活用户耗气定额的因素主要有：住宅内用气设备情况，公共生活服务网的发展程度，居民的生活水平和生活习惯，居民每户平均人口数，地区的气象条件，燃气价格等。

(2) 居民生活耗气量指标

对于已有燃气供应的城市，居民炊事及生活热水耗气量指标，通常是根据实际统计资料，经过分析和计算得出；当缺乏用气量的实际统计资料时，可根据当地的实际燃料消耗量、生活习惯、气候条件等具体情况，参照相似城市用气定额确定。表 6-9 是我国部分城市和地区耗气量指标。

城镇居民生活用气指标 [MJ/(人·年)、1.0×10^4 kcal/(人·年)] 表 6-9

城镇地区	有集中供暖的用户	无集中供暖的用户
东北地区	2303～2712(55～65)	1884～2303(45～55)
华东、中南地区	—	2093～2303(50～55)
北京	2721～3140(65～75)	2512～2931(60～70)
成都	—	2512～2931(60～70)
青海西宁市	3285(78)	—
陕西	2512(60)	—

(3) 居民生活用气量计算

计算居民生活用气量时，应根据该区域或城市的气化率、居民用气定额及规划期末的人口数进行。

6.3.1.2 公共建筑用户用气量的计算

(1) 影响公共建筑用气量的因素

1) 城市燃气供应状况；

2) 燃气管网布置与公共建筑的分布状况；

3) 居民使用公共服务设施的普及程度、设施标准；

4) 用气设备的性能、效率、运行管理水平和使用均衡程度；

5) 地区的气候条件等。

(2) 公共建筑用户耗热量指标

公共建筑用户耗热量指标一般应采取调查值，如果实际资料获取有困难时，可参考表 6-10。

公共建筑用气量指标 表 6-10

类别		单位	用气量指标
职工食堂		MJ/(人·年)	1884～2303
饮食业		MJ/(座·年)	7955～9211
托儿所	全托	MJ/(人·年)	1884～2512
幼儿园	半托	MJ/(人·年)	1256～1675
医院		MJ/(床位·年)	2931～4187
旅馆	有餐厅	MJ/(床位·年)	3350～5024
招待所	无餐厅	MJ/(床位·年)	670～1047
高级宾馆		MJ/(床位·年)	8374～10467
理发店		MJ/(人·次)	3.35～4.19

(3) 公共建筑用户用气量计算

$$Q=\sum q_i N_i \tag{6-4}$$

式中 Q——公共建筑总用气热量 (MJ/h);

q_i——某一类用途的用气耗热量;

N_i——用气服务对象数量。

6.3.1.3 房屋供暖用气量计算

房屋供暖用气量与建筑面积、耗热指标和供暖期长短等因素有关。

$$Q_c=Fqn/H_L\eta \tag{6-5}$$

式中 Q_c——年供暖用气量 (m^3/a);

F——使用燃气供暖的建筑面积 (m^2);

q——耗热指标 [$kJ/(m^2 \cdot h)$];

n——年供暖小时数 (h);

H_L——燃气低热值 (kJ/m^3);

η——燃气燃烧设备热效率。

由于各地冬季供暖计算温度不同,所以各地耗热指标不同,一般由实测确定。房屋供暖耗热指标可参考表 6-11。

房屋采暖耗热指标 表 6-11

序号	房屋类型	耗热指标[kJ/(m²·h)]
1	工业厂房	418.68～628.02
2	住宅	167.47～251.21
3	办公楼、学校	209.34～293.08
4	医院、幼儿园	230.27～293.08
5	宾馆	209.34～252.21
6	图书馆	167.47～272.14
7	商店	210.27～314.01
8	单层住宅	293.08～376.81
9	食堂、餐厅	418.68～502.42
10	影剧院	334.94～418.68
11	大礼堂、体育馆	418.68～586.15

在居民住宅中利用燃气供暖，经实践和测试，三居室房（70～80m^2），用燃气供暖热负荷为25.12MJ/h，两居室房或一室半（50m^2 左右），用燃气供暖热负荷为16.75MJ/h。

居民用燃气供暖，季节性强，在以人工燃气为主的情况下，若大面积利用燃气供暖将难以平衡季节性用气峰值。此外，人工燃气成本高，大多数居民难以承受燃气供暖费用。在编制城市燃气规划设计时，对居民供暖用气量的确定，必须根据气源性质和规模综合考虑。

6.3.1.4 工业企业用气量计算

工业企业年用气量与生产规模和工艺特点有关，一般只进行粗略估算。估算方法大致有下列两种：

(1) 工业企业年用气量可利用各种工业产品的用气定额及其年产量来计算。工业产品的用气定额，可根据有关设计资料或参照已有用气定额选取。

(2) 在缺乏产品用气定额资料的情况下，通常是将工业企业其他燃料的年用量，折算成用气量，折算公式如下：

$$Q_y=\frac{1000G_y H_i'\eta'}{H_1\eta} \tag{6-6}$$

式中 Q_y——年用气量（Nm^3/a）；

G_y——其他燃料年用量（t/a）；

H_i'——其他燃料的低发热值（kJ/kg）；

H_1——燃气的发热值（kJ/Nm^3）；

η'——其他燃料燃烧设备热效率（%）；

η——燃气燃烧设备热效率（%）。

6.3.1.5 城市总用气量的计算

(1) 分项相加法

分项相加法适用于各类负荷均可用计算方法求出较准确的情况：

$$Q=K\sum Q_i \tag{6-7}$$

式中 Q——燃气总用量；

Q_i——各类燃气用量；

K——未预见用气量，一般按总用气量的3%～5%估算。

(2) 比例估算法

在各类燃气负荷中，居民生活用气和公共建筑用气一般可以比较准确的求出，当其他各类负荷不确定时，可以通过预测未来居民生活和公共建筑用气在总气量中所占的比例，即可求出总气量：

$$Q=Q_s/p \tag{6-8}$$

式中 Q——燃气总用量；

Q_s——居民生活和公共建筑燃气用量；

p——居民生活和公共建筑用气在总气量中所占的比例（%）。

燃气的供应规模主要是由燃气的计算月平均日用气量决定的。一般认为，工业企业用气、公共建筑用气、采暖用气以及未预见用气都是较均匀的，而居民生活用气是不均匀的。燃气的计算月平均日用气量可由下式得出：

$$Q=\frac{Q_a K_m}{365}+\frac{Q_a(1/p-1)}{365} \tag{6-9}$$

式中 Q——计算月平均日用气量（m^3 或 kg）；

Q_a——居民生活年用气量（m^3 或 kg）；

p——居民生活和公共建筑用气在总气量中所占的比例（%）；

K_m——月高峰系数（1.2～1.3）。

由上式计算出来的数据即为可以确定城市燃气的总供应规模，也就是城市的燃气总用量。

在对城市燃气输配管网管径进行计算时，需要利用的主要数据是燃气高峰用气量，可用下式计算：

$$Q'=\frac{Q}{24}K_d K_h \tag{6-10}$$

式中 Q'——燃气高峰小时最大用气量（m^3）；

Q——计算月平均日用气量（m^3）；

K_d——日高峰系数（1.05～1.2）；

K_h——小时高峰系数（2.2～3.2）。

6.3.2 燃气的需用工况

燃气的需用工况系指用气的变化规律。可分为三种：月不均匀性、日不均匀性和小时不均匀性。用气不均匀性受很多因素影响，如气候条件、居民生活水平与生活习惯、机关和企业单位的工作时间安排和用气设备状况。

(1) 月不均匀系数

一年中各月的用气不均匀情况用月不均匀系数表示。根据字面意义，它应该是各月的用气量与全年平均月用气量的比值，但不确切，因为每个月的天数是在28～31天之间变化的。因此月不均匀系数 K_1 应由下式确定

$$K_1=\frac{\text{该月平均日用气量}}{\text{全年平均日用气量}} \tag{6-11}$$

一年12月中平均日用气量最大的月份，也即月不均匀系数最大值的月份称为计算月，计算月的不均匀系数 K_m 称为月高峰系数。

影响城市用气月不均匀性的主要因素是气候条件。各类用户中，居民和公建用户的用气量随季节变化较明显，一般夏季用气量少，冬季用气量大；而工业企业的用气量随季节变化较小，可视为均匀用气。另外，由于我国居民炊事用气春节期间大大增加，2月份的居民用气量明显高于其他月份。

(2) 日不均匀系数

日不均匀系数表示一月（或一周）中的日用气量的不均匀性。日不均匀系数 K_2 可按下式计算：

$$K_2=\frac{\text{该月中某日用气量}}{\text{该月中平均日用气量}} \tag{6-12}$$

该月中日最大不均匀系数 K_d 称为该月的日高峰系数。根据一些实测资料，我国居民生活用气周末与节假日有所增加，而工业企业用气节假日与轮休日则有所减少，一般可按均衡用气考虑。居民用气日高峰系数 K_d 的取值一般为 1.05～1.2。

(3) 小时不均匀系数

小时不均匀系数表示一日中各小时用气量的不均匀性，小时不均匀系数 K_3 按下式计算：

$$K_3=\frac{\text{该日某小时用气量}}{\text{该日平均小时用气量}} \tag{6-13}$$

该日最大小时不均匀系数 K_h 称为该日小时高峰系数。

居民生活用气和公建用气一般早、午、晚有三个用气高峰，而午、晚高峰又较为显著；而工业企业用气的小时用气量波动较小，可按均匀用气考虑。居民用气的小时高峰系数 K_h 可在 2.2～2.3 中取值，当用户较多时，宜取低值，用户少时，宜取高值。

6.3.3 燃气计算用气量的确定

燃气的年用气量不能直接用来确定城市燃气管网、设备通过能力和储备设施规模。确定城市燃气管网、设备通过能力和储配设施规模时，要根据燃气的需用工况确定计算用气量。一般以小时计算流量为燃气设施的计算用气量。小时计算流量的确定，关系着输配系统的经济性和可靠性。小时计算流量定得过高，将增加输配系统的金属耗量和基建投资；定得过低，又会影响用户的正常用气。

通常确定燃气小时计算流量的方法有两种，即：不均匀系数法和同时工作系数法。对于既有居民和公共建筑用户，又有工业用户的城市，小时计算流量一般采用不均匀系数法，也可采用最大负荷利用小时法确定。对于只有居民用户的居住区，尤其是庭院管网的计算，小时计算流量一般采用同时工作系数法。

(1) 不均匀系数法

燃气的小时计算流量，采用不均匀系数法，可按公式计算：

$$Q_j=\frac{Q_y}{365\times24}K_mK_dK_h \tag{6-14}$$

式中 Q_j——燃气的计算流量（m^3/h）；

Q_y——燃气的年用量（m^3/a）；

K_m——月高峰系数；

K_d——日高峰系数；

K_h——小时高峰系数。

一般情况下 $K_m=1.1\sim1.3$；$K_d=1.05\sim1.2$；$K_h=2.20\sim3.20$。供应用气数越多，越应取低限值。

$$K_m\cdot K_d\cdot K_h=2.54\sim4.84$$

几个城市居民和公共建筑用气高峰系数见表 6-13。

工业企业的用气量较为均匀，其计算流量可按各用户燃气用量的变化叠加后计算。

(2) 最大负荷利用小时法

最大负荷利用小时是指在一段时间内，居民和公共建筑（不包括浴池、洗衣房等大型用户）用户在不变的最大需用条件下，连续用完全年用气量的时间，即

$$Q_j = \frac{Q_y}{n} \tag{6-15}$$

式中 Q_j——燃气的计算流量（m^3/h）；

Q_y——燃气的年用量（m^3/a）；

n——全年最大负荷利用小时（h/a）。

目前，我国尚无 n 值的统计数字，计算时可利用式（6-16）进行推算，也可参考表 6-12。

$$n = \frac{365 \times 24}{K_m K_d K_h} \tag{6-16}$$

式中符号意义同前。

供气量利用小时 **表 6-12**

气化人口数(万人)	0.1	0.2	0.3	0.5	1	2	3
n(h/a)	1800	2000	2050	2100	2200	2300	2400
气化人口数(万人)	4	5	10	30	50	75	≥100
n(h/a)	2500	2600	2800	3000	3300	3500	3700

(3) 同时工作系数法

计算庭院管网时，应按燃具的额定热负荷，采用同时工作系数法来确定小时计算流量，可按下式计算：

$$Q_j = K \sum nq \tag{6-17}$$

式中 Q_j——燃气的计算流量（m^3/h）；

K——燃气灶具的同时工作系数（表 6-14）；

$\sum nq$——全部灶具的额定耗气量（m^3/h）；

n——同一类型的灶具数（表 6-14）；

q——某一种灶具的额定耗气量（m^3/h）（表 6-15）。

几个城市居民和公共建筑用气高峰系数 **表 6-13**

序号	城市名称	高峰系数			
		K_m	K_d	K_h	$K_m K_d K_h$
1	北京	1.15～1.25	1.05～1.11	2.64～3.14	3.20～4.35
2	上海	1.24～1.30	1.10～1.17	2.72	3.7～4.14
3	大连	1.21	1.19	2.25～2.78	3.24～4.00
4	鞍山	1.06～1.15	1.03～1.07	2.40～3.24	2.61～4.00
5	沈阳	1.18～1.23		2.16～3.00	
6	哈尔滨	1.15	1.10	2.90～3.18	3.66～4.02
7	一般	1.1～1.3	1.05～1.20	2.20～3.20	2.54～4.99

同时工作系数 K 反映出燃气灶具集中使用的频率，它与用户的生活规律，燃气灶具的种类、数量等因素密切相关。各种不同工况的燃气灶具的同时工作系数是不同的，燃气灶具越多，同时工作系数越小。

居民生活燃具的同时工作系数 K　　表 6-14

同类型燃具数目 N	燃气双眼灶	燃气双眼灶和快速热水器	同类型燃具数目 N	燃气双眼灶	燃气双眼灶和快速热水器
1	1.00	1.00	40	0.39	0.18
2	1.00	0.56	50	0.38	0.178
3	0.85	0.44	60	0.37	0.176
4	0.75	0.38	70	0.36	0.174
5	0.68	0.35	80	0.35	0.172
6	0.64	0.31	90	0.345	0.171
7	0.60	0.29	100	0.34	0.17
8	0.58	0.27	200	0.31	0.16
9	0.56	0.26	300	0.30	0.15
10	0.54	0.25	400	0.29	0.14
15	0.48	0.22	500	0.28	0.138
20	0.45	0.21	700	0.26	0.134
25	0.43	0.20	1000	0.25	0.13
30	0.40	0.19	2000	0.24	0.12

居民住宅煤气用具耗热量　　表 6-15

煤气用具名称	用气量(MJ/h)	煤气用具名称	用气量(MJ/h)
双眼灶，使用：		烤箱，使用：	
液化石油气	(9.2～10.5)×2	液化石油气	8.4～14.6
天然气	(10.5～11.5)×2	天然气	9.2～14.6
人工煤气	(10.5～11.5)×2	人工煤气	9.2～14.6
矿井气	10.8×2	热水器	35.0～52.0
水煤气、半水煤气	10.5×2	煤气火锅	8.8
单眼灶、使用：		煤气采暖器(热水式、热风式、红外线式)	14.0～18.0
人工煤气	11.8	煤气烤箱	≤14.6

6.4　城市燃气气源规划

燃气气源系指向城市燃气输配系统提供燃气的设施。在城市中，主要指煤气制气厂、天然气门站、液化石油气供应基地及煤气发生站、液化石油气气化站等设施。气源规划就是选择城市气源，确定其规模，并在城市中进行合理布局。

6.4.1　城市燃气气源设施

(1) 天然气气源设施

天然气的生产和储存设施大都远离城市，一般是通过长输气管道来实现对城市的供应的。天然气长输气管道的终点配气站称为城市接收门站，是城市天然气输配管网的气源站，其任务是接收长输气管道输送来的天然气，在站内进行净化、调压、计量后，进入城市燃气输配管网。在城市近郊，天然气的储存基地有储存、净化和调压功能的，也可视为城市气源。

（2）人工煤气气源设施

目前，我国已有部分城市开始使用天然气，但是，煤气制气厂仍是城市的主要气源之一。煤气厂按工艺设备不同，分为炼焦制气厂、直立炉煤气厂、水煤气型两段炉煤气厂和油制气厂等几种。水煤气型两段炉煤气厂和油制气厂可作为城市机动气源（或称调峰气源），在中小城市中也可作为主气源。

（3）液化石油气气源设施

液化石油气，具有供气范围、供气方式灵活的特点，适用于各种类型的城市和地区。但因供气能力有限，可作为中小城市的主气源及大城市的片区气源，也可作为调峰机动气源。

液化石油气气源包括液化石油气储存站、储配站、灌瓶站、汽化站和混气站等。其中液化石油气储存站、储配站和灌瓶站又可通称为液化石油气供应基地。液化石油气储存站是液化石油气的储存基地，其主要功能是储存液化石油气，并将其输送给灌瓶站、汽化站和混气站。液化石油气灌瓶站是液化石油气灌瓶基地，主要功能是进行液化石油气的灌瓶作业，并送到瓶装供应站或用户，同时也灌装气槽车，并将其送至气化站和混气站。液化石油气气化站是指采用自然或强制气化方法，使液化石油气转变为气态供出的基地。混气站是指生产液化石油气混合气的基地。除了上述设施外，液化石油气瓶装供应站乃至单个气瓶或瓶组，也能形成相对独立的供应系统，但一般不视为城市气源。

液化石油气供应基地的规模一般用年液化气供应能力来表示，有时也用贮存能力表示。表 6-16 为几种液化石油气供应基地的有关指标。

液化石油气供应基地主要技术经济指标 表 6-16

供应规模(t/a)	供应户数(户)	日供应量(t/d)	占地面积(hm^2)	储罐总容积(m^3)
1000	5000～5500	3	1.0	200
5000	25000～27000	13	1.4	800
10000	50000～55000	28	1.5	1600～2000

6.4.2 气源选择方案

一个理想的气源方案，必须资源可靠，技术可行，有利于环境保护。同时，还应该达到正常的商业化运作。选择气源种类时应遵循以下原则：

（1）必须遵照国家的能源政策，因地制宜地根据本地区燃料资源的状况，选择技术上可靠，经济上合理的气源。

（2）合理利用现有气源，这是发展城市燃气的一条重要途径，应积极争取钢铁厂、炼油厂、化工厂等多余的可燃气体供应城市，做到物尽其用，发挥最大效益。在选择现有气源时，燃气的总气量、燃气的质量和供气的可靠性必须满足城市燃气的要求。选择自建气源时，必须确定制气原料的供应和产品的销路。建设炼焦制气厂时，应特别注意对焦炭产品的产销平衡。

（3）确定气源的基本制气装置时，要结合城市燃气输配系统中储存设施的情况，考虑建设适当规模的机动制气装置作为调峰手段，通常将基建投资大、生产机动性小的制气工艺作为城市燃气的主气源，基建投资小、生产调度灵活的制气工艺宜作机动气源。

（4）对大中城市，要根据城市燃气供应系统的规模、负荷分布、气源产量等情况，在可能条件下，力争安排两个以上气源。

（5）在城市中，当选择若干种气源联合运行时或调峰气源启动时，应考虑各种燃气之间的互换性，以确保用户灶具正常工作。

6.4.3　气源规模的确定

（1）气源厂按供气规模划分

一级：日供气规模　>600000m³；

二级：日供气规模　300000～600000m³；

三级：日供气规模　150000～300000m³；

四级：日供气规模　<150000m³。

（2）煤气制气厂规模的确定

我国大多数的城市，煤气制气厂是其主气源。由于燃气的需用工况不均匀，而煤气制气厂的生产又需要有一定的稳定性和连续性，因此必须确定一个合理的生产规模，保证煤气生产和使用的基本平衡。

炼焦制气厂、直立制气厂等规模较大的煤气厂，生产调度能力差，规模一般宜按平均日的燃气负荷确定：

$$Q=\frac{Q_a}{365} \tag{6-18}$$

式中　Q——制气厂生产能力（m^3/d）；

Q_a——城市年用气量（m^3）。

当燃气负荷小于产气量时，多余燃气可供给缓冲用户；当燃气负荷大于产气量时，不足部分可由机动气源生产补足。如此，可以避免因主气源本身规模或机动气源规模过大，造成投资过大和燃气浪费。

除干馏煤气的产量不能或不宜调节外，重油蓄热裂解制气和水煤气气源的机动性较大，设备启动和停关较方便，宜作为城市的机动气源，当其作为城市的主气源时，规模可由计算月平均日用气负荷决定：

$$V=\frac{K_m Q_a}{365} \tag{6-19}$$

式中　K_m——月高峰系数。

（3）液化石油气气源规模的确定

液化石油气气源规模主要指站内液化石油气储存容量。

液化石油气储配站的规模，要根据燃气来源情况、运输方式和运距等综合因素确定。储罐容积可按下式计算：

$$V=\frac{nK_{m}Q_{a}}{365\rho\varphi} \tag{6-20}$$

式中 V——总储存容积（m^3）；

n——储存天数；

ρ——最高工作温度下液化石油气密度（kg/m^3）；

φ——最高工作温度下储罐允许充装率，一般取 90%。

对于液化石油气气化站和混气站，当其直接由液化石油气生产厂供气时，其储罐设计容量应根据供气规模、运输方式和运距等因素确定，由液化石油气供应基地供气时，其储罐设计容量可按计算月平均日用气量的 2～3 倍计算。

6.4.4 城市燃气气源厂的选址

制气厂的厂址一般分为新建气源厂、老厂改扩建及余气利用工程三种。老厂改造和余气利用工程宜依托老厂选址，应尽量利用现有的设施，以减少投资，加快进度。新建气源厂，要根据城市总体规划提出几个备选厂址方案，然后按照合理的气源布局、地形地貌、环境影响、营运条件、公用工程、外部协作条件等遴选出一个比较合适的厂址。

燃气厂选址要求如下：

(1) 必须和城市总体规划相协调；

(2) 应尽量占用贫瘠地、荒地和低产田，不占或少占良田、菜园和果园；

(3) 要有良好的工程地质条件和较低的地下水位，土壤的承载力应大于 100kPa，地下水宜在建筑物基础底面以下；

(4) 应有方便、经济的运输条件，并与铁路、公路或水路航运有便捷的接线条件；

(5) 应具备较好的供电、供水和煤气管道出线条件，电源要保证双路供电；

(6) 宜靠近在运输、公共设施、动力、三废处理等方面有协作可能的地区；

(7) 在满足环保和防火要求的情况下，厂址应靠近煤气的负荷中心；

(8) 厂址不应设在易受洪水和内涝威胁的地带，气源厂的防洪标准应视其规模等条件综合分析确定；平原地区的气源厂，当场地标高难以满足防洪要求时，要进行充分的技术经济论证，采取垫高场地或修筑防洪堤坝等措施；

(9) 要预留发展用地；

(10) 下述地段上不宜选择厂址：

1) 滑坡、溶洞、泥石流等直接危害地段，较厚的Ⅲ级自重湿陷性黄土，新近堆积黄土，Ⅰ级膨胀土等工程地质恶劣地段；

2) 地震断层和基本烈度高于 9 度的地震区；

3) 纵横坡度均较大，且宽度小于 100m 的低洼沟谷内；

4) 不能确保安全的水库下游及山洪、内涝严重的地段；

5) 具有爆炸危险的范围内；

6) 具有开采价值的矿区及其影响范围内；

7) 国家规定的历史文物，自然生态保护区和风景名胜区内；

8) 对机场电台的使用有影响的地区。

6.5 城市燃气输配系统规划

城市燃气输配系统是指从城市气源厂开始到用户间的所有输送和分配储存设施与管网的总称。在这个系统中，输配设施主要有储配站、调压站和液化石油气瓶装供应站等。输配管网按压力不同分为高压管网、中压管网和低压管网。进行城市燃气输配管网规划，就是确定输配设施的规模、位置和用地，选择输配管网的制式，布局输配管网，并估算输配管网的管径。

6.5.1 城市燃气输配系统规划原则

(1) 根据气源的类型、规模、压力、位置等因素选择城市燃气输配管网系统的压力级制和形式；

(2) 根据城市总体规划的居住区、公共建筑、工业布局和城市道路规划，确定各级管网的走向和布局；

(3) 根据城市总体规划和燃气负荷构成与分布，确定系统调峰方式，以及储配站和调压站的位置；

(4) 为确保燃气供应的安全性、可靠性和经济性，应根据建设的可能性提出若干方案，经全面的技术经济比较后确定。

6.5.2 城市燃气管道的分类

(1) 按用途分为：长输气干线、城市燃气管道和工业企业燃气管道。

(2) 按敷设方式分：地下燃气管道和架空燃气管道。

(3) 按输气种类分：天然气管道、液化石油气管道和人工煤气管道。

(4) 按输气压力分：低压、中压、高压燃气管道。

6.5.3 城市燃气输配设施

(1) 燃气储配站

在城市燃气输配中，需通过城市燃气主气源和机动气源的生产调度来平衡燃气使用的月不均匀性，并缓解燃气负荷的日不均匀性。而平衡燃气负荷的日不均匀性和小时不均匀性，满足各类用户的用气需求，必须在城市燃气输配系统中设置燃气储配站。

燃气储配站有三个功能：1) 储存必要的燃气量，用以调峰；2) 对多种燃气进行混合，达到适合的热值等燃气质量标准；3) 将燃气加压，以保证输配管网内适当的压力。

(2) 调压站

城市燃气有多种压力级制，各种压力级制的转换必须通过调压站来实现。调压站的主要功能是将上一级输气压力降至下一级压力。当系统负荷发生变化时，通过流量调节，将压力稳定在设计要求的范围内。

按现行《城市燃气设计规范》(GB 50028—93) 规定，我国城市燃气管网管道压力 P 分为 5 级，具体如下：

城镇燃气

高压燃气管道 A：0.8$<P\leqslant$1.6（MPa）；

高压燃气管道 B：0.4$<P\leqslant$0.8（MPa）；

中压燃气管道 A：0.2$<P\leqslant$0.4（MPa）；

中压燃气管道 B：0.005$<P\leqslant$0.2（MPa）；

低压燃气管道：$P\leqslant$0.005（MPa）。

调压站按性质分，有区域调压站、用户调压站和专用调压站。区域调压站是指连接两套输气压力不同的城市输配管网的调压站；用户调压站主要指与中压或低压管网连接，直接向居民用户供气的调压站。专用调压站指与较高压力管网连接，向用气量较大的工业企业和大型公共建筑供气的调压站。

调压站还可按调节压力范围分，有高压调压站、中压调压站和低压调压站。

按建筑形式分，有地上调压站、地下调压站和箱式调压站。调压站的主要设备是调压器。调压站自身占地面积小，只有十几平方米，箱式调压站甚至可以安装在建筑物的外墙上。

布置调压站站址时应遵循以下原则：

1）调压站的供气半径以 0.5km 为宜；

2）调压站尽量布置在负荷中心；

3）调压站应避开人流量大的地区，并尽量减少对景观环境的影响；

4）调压站布置时应保持必要的防护距离，具体数据见表 6-17。

调压站与其他建筑物、构筑物的最小距离　　表 6-17

建筑形式	调压器入口燃气压力级制	最小距离(m)				
		距建筑物或构筑物	距重要建筑物	距铁路或电车轨道	距公路路边	距架空输电线
地上单独建筑	中压(B)	6.0	25.0	10.0	5.0	
	中压(A)	6.0	25.0	10.0	5.0	
	高压(B)	8.0	25.0	12.0	6.0	
	高压(A)	10.0	30.0	15.0	6.0	
地下单独建筑	中压(B)	5.0	25.0	10.0		大于1.5倍杆高
	中压(A)	5.0	25.0	10.0		

注：1. 当调压装置露天设置时，则指距离装置的边缘。

2. 重要建筑物系指政府、军事建筑、国宾馆、使馆、领馆、电信大厦、广播、电视台、重要集会场所、大型商店、危险仓库等。

3. 当达不到上表要求且又必须建筑时，采取隔离围墙及其他有效措施，可适当缩小距离。

（3）液化石油气瓶装供应站

瓶装供气站主要为居民用户和小型公建服务，供气规模以 5000～7000 户为宜，一般不超过 10000 户。当供气站较多时，几个供气站中可设一管理所（中心站）。供气站的实际储存量一般按计算月平均日销售量的 1.5 倍计，空瓶储量按计算月平均销售量的 1 倍计，供应站的液化石油气总储量一般不超过 10m^3（15kg 钢瓶约 350 瓶）。

瓶装供应站的站址选址要点：

（1）应选择在供应区域的中心，以便于居民换气。服务半径不宜超过 0.5～1.0km。

（2）有便于运瓶汽车的出入的道路。

（3）瓶库与站外建、构筑物的防火间距不应小于表 6-18 的规定。

瓶装供应站的瓶库与站外建、构筑物的防火间距（m）　　表 6-18

项　目	总存瓶容量(m^3)	
	≤10	>10
明火、散发火花地点	30	35
民用建筑	10	15
重要建筑	20	25
主要道路	10	10
次要道路	5	5

注：总存瓶容量应按实瓶个数乘单瓶几何容积计算。

液化石油气瓶装供应站的用地面积一般在 500～600m^2，而管理所面积略大，约为 600～700m^2。

6.5.4 城市燃气管网系统与特性

现代化的城市燃气输配系统是复杂的综合设施，通常由下列部分构成：

1）低压、中压以及高压等不同压力等级的燃气管网；

2）城市燃气分配站或压气站、各种类型的调压站或调压装置；

3）储配站；

4）监控与调度中心；

5）维护管理中心。

各种不同压力的燃气管道构成了城市燃气管网系统，它是城市输配系统的主要组成部分。根据选用的管网压力级制不同，城市燃气管网形式可分为一级系统、二级系统、三级系统、多级系统和混合系统。不同的管网系统，有不同的形式和特点。

6.5.4.1　一级系统

采用一个压力等级进行输送配气的燃气管网系统称为一级系统，见图 6-1。

（1）低压一级系统

从气源送出的燃气先进入储气罐，然后经稳压器，最后进入低压管网。该系统具有以下优点：

1）输送时不需要增压，能有效节省加压用电能耗；

2）系统简单，供气比较安全可靠，维护管理费用低。

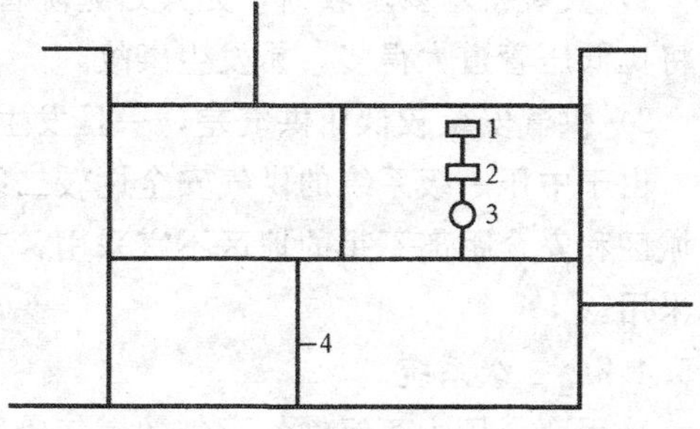

图 6-1　低压一级系统示意图

1—气源厂；2—储配站；3—稳压器；4—低压管网

然而，这种系统存在明显不足，主要体现在以下两方面：

1）由于供气压力低，致使管道直径大，一次投资费用较高；

2）管网起、终点压差较大，造成多数用户灶前压力偏高，燃烧效率降低，并增加烟气中 CO 含量，厨房卫生条件较差。

因此此系统适用于用气量较小、供气范围为 2～3km 的城镇和地区。

(2) 中压一级系统

燃气自气源厂（或天然气长输管线）送入城市燃气储配站（或天然气门站、配气站），经加压（或调压）送入中压输气干管，再由输气干管送入配气管网，最后经箱式调压器调至低压后送入户内管道（见图 6-2）。该系统有以下优点：

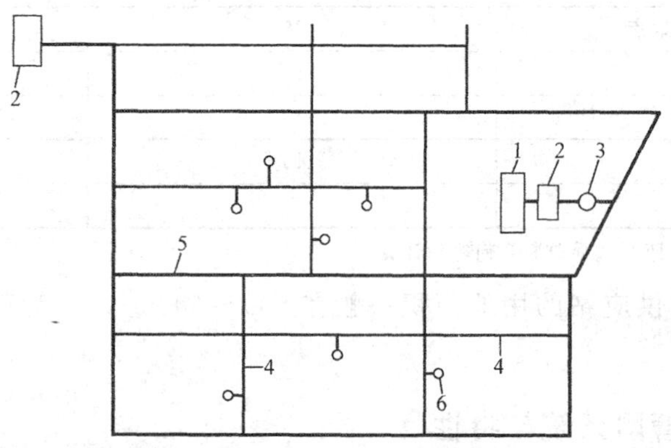

图 6-2 中压一级系统示意图

1—气源厂；2—储配站；3—调压器；4—中压配气管网；

5—中压输气管网；6—箱式调压器

1）减少管道长度。此系统避免在一条道路上敷设两条不同压力等级的管道。

2）节省投资。

据统计，中压 A 一级管网系统较三级系统节省管网投资 40%左右；中压 A 一级管网系统较中压 A—低压二级系统节省管网投资 30%左右；中压 B 一级管网系统较中压 B—低压二级系统节省管网投资 20%左右。

3）能够保证大多数用户气压相同，有较好的适应性。

4）灶具燃烧效率较高。

但该系统也存在以下缺点：

1）安装技术要求较高，尤其是庭院管道在中压下运行，需保证安装质量，否则漏气量将比低压管道大得多，易发生事故。

2）供气安全较低压供气差，一旦发生庭院管道断裂漏气，其危及范围较大。

由于中压一级系统的供气安全性较二级或三级系统差，对于街道狭窄、房屋密度大的老城区和安全距离不足的地区不宜采用，对于新城区和安全距离可以保证的地区可优先考虑采用。

6.5.4.2 二级系统

采用两个压力等级输气配气的燃气管网系统称为二级系统。

二级系统一般均有一级低压管网，另一级管网则可以是中压 A、中压 B 或者高压。中压或高压管网输气，低压管网配气。

(1) 中、低压二级系统

1）人工煤气中压 B、低压二级系统如图 6-3 所示，由气源厂送出的燃气先进入储配站的低压储气罐，然后由压缩机加压后送入中压管网，再经调压站将压力降至低压，送入低压管网，由低压管分配入户。

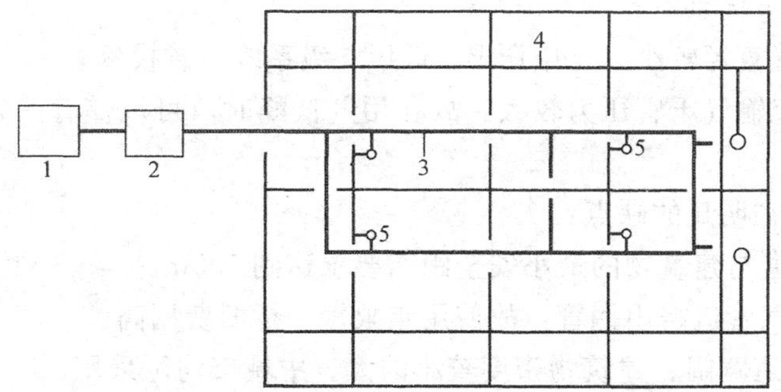

图 6-3 人工煤气中压 B、低压二级系统示意图

1—气源厂；2—储配站；3—中压管网；

4—低压管网；5—中低压调压站

该系统优点如下：

A. 供气安全。该系统采用低压配气，庭院管道在低压下运行比较安全，出现漏气故障危及范围小，抢修比较容易。

B. 安全距离容易保证。低压管道距房屋基础边缘为 0.7m，一般情况下可以满足。中压 B 或中压 A 管道的安全距离为 1m 和 1.5m，要求较高。

C. 可以全部采用铸铁管材。

中压 B、低压二级系统主要不足体现在以下方面：

A. 投资较大。此系统的平均管径要比中压一级系统大。

B. 管道长度增加。二级系统有部分街道同时要敷设中、低压管道各一条，因此增加了城市地下设施，加大了管道综合的难度，同时也是使投资增加的一个重要因素。

C. 占用城市用地较多。

2）天然气中压 B、低压二级系统

自长输管线来的天然气先进入门站或配气站，经调压、计量后送入城市中压管网，然后经中、低压调压站调压后送入低压管网（如图 6-4 所示）。该系统的优缺点与人工煤气中压 B、低压二级系统基本相同。

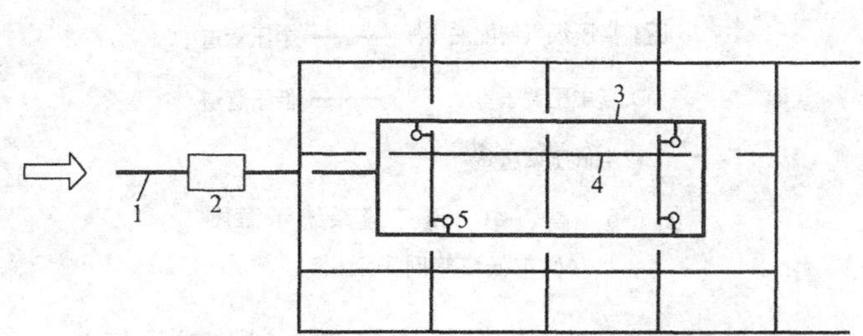

图 6-4 中、低压二级系统示意图

1—长输管线；2—门站或配气站；3—中压管网；

4—低压管网；5—中低压调压站

(2) 中压 A、低压二级系统

天然气或加压气化煤气通常可以采用中压 A、低压二级系统。人工制气厂的煤气，由于加压耗电费用大，使输配气的成本增加，故不宜采用中压 A，而是采用中压 B。

该系统具有以下优点：

1）其输气干管直径较小，比中压B、低压二级系统节省投资。

2）由于此系统输气干管压力较大，故在用气低峰时，可以储存一定量的天然气用于调峰。

但该系统也存在明显的缺点：

1）中压A管道与建筑物的最小安全距离要求达到1.5m。

2）中压A煤气管道需用钢管，故使用年限短，折旧费用高。

该系统对于街道宽阔、建筑物密度较小的大、中城市均可采用。

6.5.4.3　三级系统

采用三个压力等级进行输气配气的燃气管网系统称为三级系统。

三级系统中通常含有中压B、低压两级，另外一级管网是中压A或高压B管网，也可以是高压B、中压A、低压构成三级系统，它们统称为高、中、低压三级系统（如图6-5所示）。

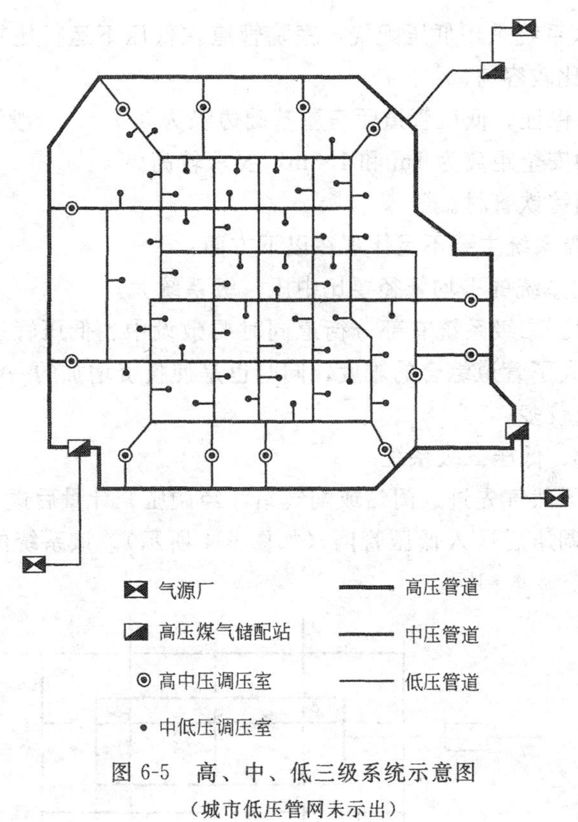

图6-5　高、中、低三级系统示意图

（城市低压管网未示出）

自长输管线来的天然气（或加热气化煤气）先进入门站或配气站，经调压、计量后进入城市高压管网，然后经中、低压调压站调压后送入低压管网。

该系统具有如下优点：

(1) 供气比较安全可靠。该系统的高压或中压A管道一般布置在人口稀少的地区，若出现漏气故障，危及不到人口密集地区和住宅。

(2) 高压或中压A外环管网可以储存一定数量的天然气。

该系统具有以下不足之处：

(1) 系统复杂，维护管理不便。

(2) 投资大。在各级输配管网系统中，以三级系统投资最高。

(3) 经二级调压，将使煤气的部分压力消耗在调压器阻力上，这也是造成输配管管径大的因素之一。

由于三级管网系统的投资大，通常只有在特大城市，并要求供气有充分保证时才考虑选用。

6.5.4.4 混合系统

在城市燃气管网系统中，一、二、三级管网系统同时存在上述两种系统以上的系统称为混合管网系统（如图 6-6)。

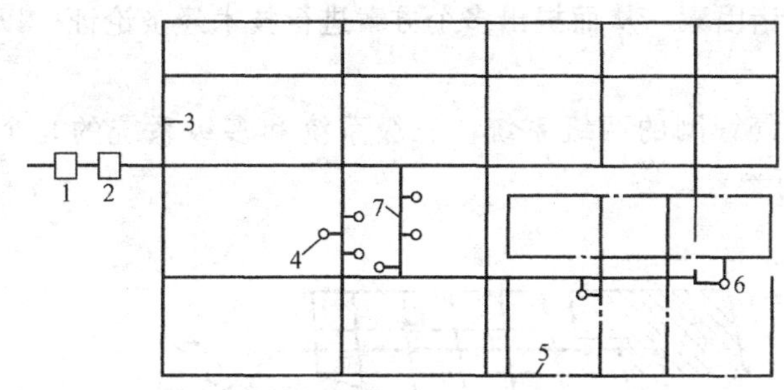

图 6-6 混合系统示意图

1—气源厂；2—储配站；3—中压输气管；4—箱式调压器；5—低压管网；6—中、低压调压站；7—中、低压配气管网

混合系统中，燃气自气源厂送入储配站，经加压后进入中压输气管网，其中一些区域经由中压配气管网送入箱式调压器，最后进入户内管道。另一些地区则经中、低压区域调压站，再送入低压管网，最后送入庭院及户内管道。

该系统优点如下：

(1) 投资较省。此系统的投资介于一级系统与二级系统之间。

(2) 管道总长度较短。

(3) 该系统的特点是在街道宽阔、符合安全距离的地区采用一级中压供气；在人口稠密、街道狭窄的地区采用低压供气，因此，供气安全保证率高。

该系统不足之处介于一级系统与二级系统之间。

6.5.5 管网系统的选择

在选择管网系统时，主要应从管网系统本身的优缺点和气源情况、城市规模和布局、用户需求等方面的因素来综合考虑。

(1) 供气的可靠性　供气的可靠性取决于管网系统的干线布局，环状管网的可靠性大于树枝状管网。

(2) 供气的安全性　管网的压力高低影响到管网的安全性，尤其是庭院管网的压力不宜过高。

(3) 供气的适应性　供气的适应性主要由用户至调压器之间管道的长度决定，用户至调压设备远近不同会导致用户压力的不同。

（4）供气的经济性　供气的经济性取决于管网长度、管径大小、管材费用、寿命以及管网的维护管理费用。

（5）气源情况　诸如燃气的种类，供气压力和供气量，气源的布局和发展规划等。

（6）城市规模和布局　城市布局集中，供气规模大的城市可采用二级以上的系统，输气压力也可选高些；对于中小城市可以采用一、二级混合系统，其输气压力可以低些。

（7）道路和住宅的状况　道路宽阔，新建住宅区多的地区可选用一级系统。

（8）原有的城市燃气供应设施情况。

（9）大型燃气用户的数目和分布对燃气压力的要求。

（10）发展燃气事业所需的材料和调压设备的生产与供应情况　规划设计城市燃气管网时应综合考虑上述诸因素，从而提出多个方案进行技术经济论证，以便选择出经济合理的最佳方案。

下面介绍城市燃气管网的两级系统、三级系统和多级系统的几个例子（图 6-7～图 6-10），供规划设计时参考。

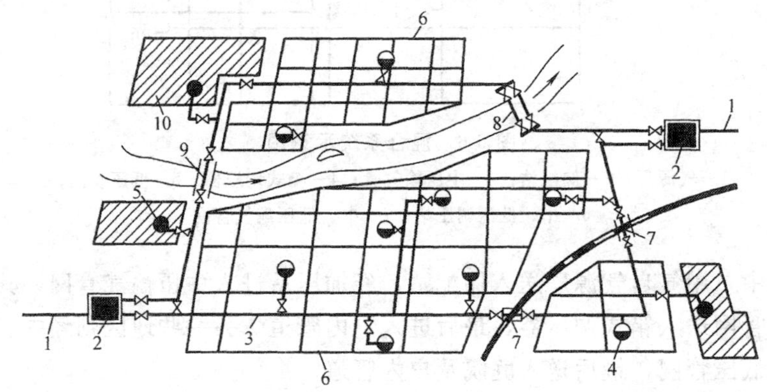

图 6-7　低压—中压 A 两级管网系统

1—长输管线；2—城市燃气分配站；3—中压 A 管网；4—区域调压站；
5—工业企业专用调压站；6—低压管网；7—穿越铁路的套管敷设；
8—穿越河底的过河管道；9—沿河敷设的过河管道；10—工业企业

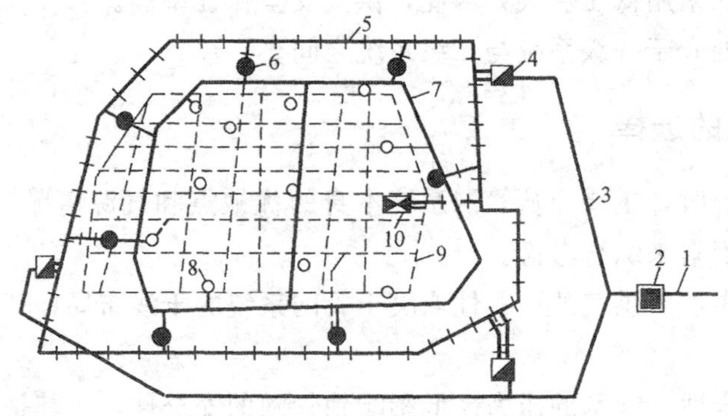

图 6-8　三级管网系统

1—长输管线；2—城市燃气分配站；3—郊区高压管道（1.2MPa）；
4—储气站；5—高压管网；6—高、中压调压站；7—中压管网；
8—中、低压调压站；9—低压管网；10—煤制气厂

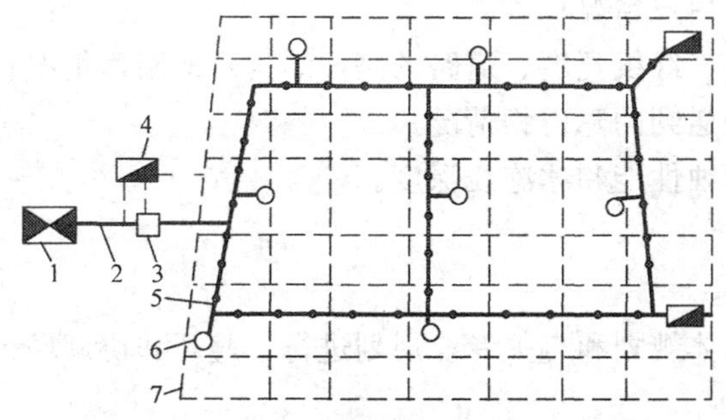

图 6-9　低压—中压 B 两级管网系统

1—气源厂；2—低压管道；3—压气站；4—低压储气站；
5—中压 B 管网；6—区域调压站；7—低压管网

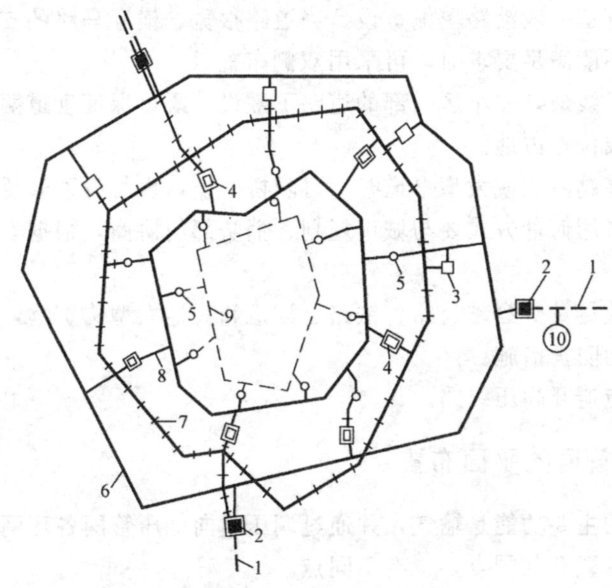

图 6-10　多级管网系统

1—长输管线；2—城市燃气分配站；3—调压计量站；4—储气站；5—调压站；
6—2.0MPa 高压环网；7—高压 B 环网；8—中压 A 环网；
9—中压 B 环网；10—地下储气库

6.6　城市燃气管网布线

城市中的燃气管道均采用地下敷设。城市燃气管网布线指城市管网系统基本格局确定后，对各管段在城市中的具体位置的安排。

6.6.1　布线依据

地下燃气管道应沿城市道路、人行道或在绿化带内敷设。布置不同压力的燃气管道时，应考虑以下基本情况：

(1) 各种燃气管道的压力情况；

(2) 道路下面各种管道的性质及分布情况；

(3) 与管道连接的用户情况；

(4) 道路的交通量、红线宽度、道路的路面结构及横断面情况；

(5) 线路所经之处遇到的障碍物情况；

(6) 土壤性质、腐蚀性能和冰冻线深度。

6.6.2 布置原则

(1) 应结合城市总体规划和有关专业规划进行，避开和协调城市现状与规划的各项地下设施。

(2) 燃气干线应尽量靠近大型用户，以减少管网的转输流量，提高管网的输送效率。

(3) 为保证供气的可靠性，各级管网的主干线应环路布置。

(4) 输气管网要尽量避开交通干线和繁华的街道，以免施工安装和检修影响交通。

(5) 城市燃气管道一般沿路单侧敷设。当道路很宽、横穿马路的支管很多或输送燃气量较大、一条管道不能满足要求时，可采用双侧布置。

(6) 配气管网干线最好在小区内部的道路下敷设，既可保证管道两侧均能供气，又可减少主要干道的管线位置占地。

(7) 燃气管道穿越河流或大型渠道时，可随桥架设，也可设置管桥，或采用倒虹吸管由河底通过，具体采用何种方式要与城市规划、消防部门协商，根据安全、市容及经济等条件统一考虑。

(8) 燃气管道应尽量少穿越公路、铁路、沟道和其他大型构筑物，以减少投资。必须穿越时，要有一定的防护措施。

(9) 燃气管网应避开高压线路。

6.6.3 高、中压管网的平面布置

高、中压管网的主要功能是输气，并通过调压站向低压管网各环网配气。因此，高压管和中压管的平面布置有共同点，也有不同点。

(1) 高压管道宜布置在城市边缘或市内有足够埋管安全距离的地带，并应成环，以提高高压供气的可靠性。

(2) 中压管道宜布置在城市用气区便于与低压环网连接的规划道路上，但应尽量避免沿车辆来往频繁或闹市区的交通线上敷设，否则将对管道施工和管理维修造成困难。

(3) 中压管道亦应布置成环网，以提高其输气和配气的安全可靠性。

(4) 高、中压管道的布置，应考虑调压站的布点位置和对大型用户直接供气的可能性，应使管道通过这些地区时尽量靠近各调压站和这类用户，以缩短连接支管的长度。

(5) 从气源厂连接高压或中压管道的连接管段应采用双线敷设。

(6) 由高、中压管道直接供气的大型用户，其用户管末端必须考虑设置专用调压站的位置。

(7) 高、中压管道应尽量避免穿越铁路等大型障碍物，以减少工程量和投资。

(8) 高、中压管道是城市输配系统的输气和配气主要干线，必须综合考虑近期建设与远期规划的关系，以延长敷设的管道有效使用年限，尽量减少建成后改线、增大管径或增设双线的工程量。

（9）当高、中压管网初期建设的实际条件只允许布置半环形、甚至枝状管网时，应根据发展规划使之与规划环网有机联系，防止以后出现不合理的管网布局。

6.6.4 低压管网的平面布置

低压管网的主要功能是直接向各类用户配气。布置时，应按以下原则进行：

（1）低压管道的输气压力低，沿程压力降的允许值也较低，故低压管网的每环边长一般宜控制在 300～600m 之间。

（2）低压管道直接与用户相连，而用户数量随城市建设发展而逐步增加，故低压管网除以环状管网为主体布置外，也允许存在枝状管网。

（3）有条件时，低压管道宜尽可能布置在街区内兼庭院管道，以节省投资。

（4）低压管道应沿街道敷设（一侧或双侧）。在有轨电车通行的街道上，当街道宽度大于 20m、横穿街道的支管过多时，低压管道可采用双侧敷设。

（5）低压管道应与道路轴线或建筑物的前沿相平行，尽可能避免在高级路面下敷设。

6.6.5 管道的纵断面布置

在确定纵断面布置时，要符合下列要求：

（1）地下燃气管道埋设深度，宜在土壤冰冻线以下。管顶覆土厚度应满足下列要求：

埋设在车行道下时，不得小于 0.8m；埋设在非车行道下时，不得小于 0.6m。

随着天然气的广泛使用以及管道材质的改进，埋设在人行道、次要街道、草地和公园等的燃气管道可采用浅层敷设。

（2）输送湿燃气的管道，不论是干管还是支管，其坡度一般不小于 0.003。布线时，最好能使管道的坡度和地形相适应。在管道的最低点应设排水器。

（3）燃气管道不得穿过房屋或其他建筑物，不得平行敷设在有轨电车轨道之下，也不得与其他地下设施上下并置。

（4）在一般情况下，燃气管道不得穿过其他管道，如因特殊情况要穿过其他大断面管道（污水管道、雨水管道、热力管沟）时，需征得有关方面同意，同时燃气管道必须安装在钢套管内。

（5）燃气管道与其他各种构筑物以及管道相交时，应按规范规定保持一定的最小垂直净距。

如受地形限制，燃气管道按有关规范要求以及埋设深度的规定布线有困难，又无法解决时，要与有关部门协商，再采取行之有效的防护措施，保证输送的湿燃气中的冷凝物不致冻结，管道也不致遭受机械损伤之后，则可适当降低标准。

6.6.6 燃气管网的敷设

（1）架空敷设

架空敷设主要适用于长输干线的特殊地形地区、城市管网的跨越工程、厂区内部和工业区，以及管道液化气的小区庭院中压进户工程。室外架空的燃气管道，可沿建筑物外墙和支柱敷设。如采用支柱敷设时，应符合下列要求：

1）管底至人行道路面的垂直距离不应小于2.2m；至道路路面的垂直净距不应小于5m；至铁路轨顶的垂直净距不应小于6m。厂区内部的燃气管道，在保证安全的情况下，管底至道路路面和铁路轨顶的垂直净距可取4.5m和5.5m。电车机车铁路除外。

2）输送湿燃气的管道应采取排水措施，在寒冷地区还应采取保温措施。

燃气管道通过河流时，应采用河底穿越、随桥架设或采用管桥跨越等三种形式。

（2）地埋敷设

地埋敷设是城市燃气管网普遍采用的一种方式。为防止车辆碾压造成管道因超出抗压强度而损坏，或因耕种损坏管道，管道的最小覆土厚度应符合下列要求：

1）埋设在车行道下时，不得小于0.8m；

2）埋设在非车行道下时，不得小于0.6m；

3）埋设在庭院内时，不得小于0.3m；

4）埋设在水田地下时，不得小于0.8m。

6.7 城市燃气管网水力计算

城市燃气管网水力计算的目的是根据流量分配和确定的压力降来计算管径，并对管道进行流量和压力损失验算，以充分发挥管道的输送能力，核定是否对原有管道进行改造。

6.7.1 燃气水力计算公式

燃气管道的水力计算，通常是将摩阻系数λ代入水力基本公式后进行计算的。

6.7.1.1 低压管道计算公式：

$$\frac{\Delta p}{l}=6.26\times10^{7}\lambda\frac{Q^{2}}{d^{5}}\rho\frac{T}{T_{0}} \tag{6-21}$$

式中 Δp——燃气管道摩阻力损失（Pa）；

λ——燃气管道的摩阻系数；

l——燃气管道的计算长度（m）；

Q——燃气管道的计算流量（m^3/h）；

ρ——燃气的密度（kg/m^3）；

d——燃气管道的内径（mm）；

T——设计中所采用的温度（K）；

T_0——标准状态下绝对温度（273.16K）。

燃气在管道中的运动状态不同，摩阻系数λ也不同。摩阻系数λ值与燃气的流态、管道的材料、管子制造和连接方式有关，也与安装质量有关。

不同流态时，管道单位长度的摩擦阻力损失按下列各式计算：

（1）层流状态：$Re<2100$ $\lambda=64/Re$

$$\frac{\Delta p}{l}=1.13\times10^{10}\frac{Q}{d^{4}}\nu\rho\frac{T}{T_{0}} \tag{6-22}$$

（2）临界状态：$Re=2100\sim3500$ $\lambda=0.03+\dfrac{Re-2100}{65Re-10^{5}}$

$$\frac{\Delta p}{l}=1.9\times10^{6}\left(1+\frac{11.8Q-7\times10^{4}d\nu}{23Q-10^{5}d\nu}\right)\frac{Q^{2}}{d^{5}}\rho\frac{T}{T_{0}} \tag{6-23}$$

（3）紊流状态：Re>3500

1）钢管

$$\lambda=0.11\left(\frac{k}{d}+\frac{68}{\mathrm{Re}}\right)^{0.25}$$

$$\frac{\Delta p}{l}=6.9\times10^{6}\left(\frac{k}{d}+192.2\frac{d\nu}{Q}\right)^{0.25}\frac{Q^{2}}{d^{5}}\rho\frac{T}{T_{0}} \tag{6-24}$$

2）铸铁管

$$\lambda=0.102\left(\frac{1}{d}+5158\frac{d\nu}{Q}\right)^{0.284}$$

$$\frac{\Delta p}{l}=6.4\times10^{6}\left(\frac{1}{d}+5158\frac{d\nu}{Q}\right)^{0.284}\frac{Q^{2}}{d^{5}}\rho\frac{T}{T_{0}} \tag{6-25}$$

式中 Re——雷诺数；

ν——0℃、101.325kPa 时的燃气运动黏度（m^2/s）；

k——管壁内表面的当量绝对粗糙度，对于钢管取 0.2mm。

6.7.1.2 高压和中压管道计算公式

$$\frac{P_{1}^{2}-P_{2}^{2}}{L}=1.27\times10^{10}\lambda\frac{Q^{2}}{d^{5}}\rho\frac{T}{T_{0}}Z \tag{6-26}$$

式中 P_1——燃气管道起点的压力（绝对压力 kPa）；

P_2——燃气管道终点的压力（绝对压力 kPa）；

λ——燃气管道的摩擦阻力系数；

Q——燃气管道的计算流量（m^3/h）；

d——管道内径（mm）；

ρ——燃气的密度（kg/m^3）；

T——设计中所采用的燃气温度（K）；

T_0——273.16（K）；

Z——压缩系数，当燃气压力小于 1.2MPa（表压）时，Z 取 1；

L——燃气管道的计算长度（km）。

不同管材，其单位长度摩擦阻力损失可按下列各式计算：

（1）钢管：

$$\lambda=0.11\left(\frac{k}{d}+\frac{68}{\mathrm{Re}}\right)^{0.25}$$

$$\frac{P_{1}^{2}-P_{2}^{2}}{L}=1.4\times10^{9}\left(\frac{\nabla}{d}+192.2\frac{d\nu}{Q}\right)^{0.25}\frac{Q^{2}}{d^{5}}\rho\frac{T}{T_{0}} \tag{6-27}$$

（2）铸铁管：

$$\frac{\Delta p}{l}=0.102236\left(\frac{1}{d}+5158\frac{d\nu}{Q}\right)^{0.284} \tag{6-28}$$

$$\frac{P_1^2-P_2^2}{L}=1.3\times10^9\left(\frac{1}{d}+5158\frac{d\nu}{Q}\right)^{0.284}\frac{Q^2}{d^5}\rho\frac{T}{T_0} \tag{6-29}$$

式中 ν——燃气的运动黏度（m^2/s）；

∇——管壁内表面的当量绝对粗糙度，对于钢管取0.2mm。

在实际工程中，燃气管道水力计算并不是利用公式，而是常将上述公式制成图表。这些图表是在如下条件制成的：$\rho=1kg/m^3$，$T=273.16K$，$Z=1$。运动黏度：人工燃气 $\nu=25\times10^{-6}m^2/s$，天然气 $\nu=15\times10^{-6}m^2/s$，气态液化石油气 $\nu=4\times10^{-6}m^2/s$。因此，在应用图表时，对 ρ、T、Z、ν 应按实际数值进行修正。因后三项对城市管网计算影响不大，故一般不修正计算。ρ 的修正是将图上查得的结果乘以工程中采用的燃气密度，即为实际单位长度压力损失。

$$\frac{P_1^2-P_2^2}{L}=\left(\frac{P_1^2-P_2^2}{L}\right)_{\rho=1}\cdot\rho \tag{6-30}$$

$$\frac{\Delta P}{l}=\left(\frac{\Delta P}{l}\right)_{\rho=1}\cdot\rho \tag{6-31}$$

6.7.1.3 计算示例

（1）已知人工燃气密度 $\rho=0.7kg/Nm^3$，运动黏度 $\nu=25\times10^{-6}m^2/s$，有 $\phi219\times7$ 中压燃气钢管，长 $L=200m$，起点压力 $P_1=150kPa$，输送燃气流量 $Q=2000Nm^3/h$，求0℃时该管段末端压力 P_2。

1）公式法

按公式（6-27）计算：

$$\frac{P_1^2-P_2^2}{L}=1.4\times10^9\left(\frac{\nabla}{d}+192.2\frac{d\nu}{Q}\right)^{0.25}\frac{Q^2}{d^5}\rho\frac{T}{T_0}$$

代入已知值 $$\frac{150^2-P_2^2}{0.2}=1.4\times10^9\left(\frac{0.17}{205}+192.2\frac{205\times25\times10^{-6}}{2000}\right)^{0.25}\frac{2000^2}{205^5}\times0.7$$

解之，得 $P_2=148.7kPa$

2）图表法

按 $Q=2000Nm^3/h$ 及 $d=219\times7mm$，查附录燃气水力计算图，得密度 $\rho_0=2kg/Nm^3$ 时管段的压力平方差为

$$\left(\frac{P_1^2-P_2^2}{L}\right)_{\rho_0=1}=3.1\quad(kPa)^2/m$$

密度修正 $$\left(\frac{P_1^2-P_2^2}{L}\right)_{\rho_0=0.7}=3.1\times0.7=2.17\quad(kPa)^2/m$$

代入已知值 $$\left(\frac{150^2-P_2^2}{200}\right)_{\rho_0=0.7}=2.17\quad(kPa)^2/m$$

解之，得 $P_2=148.7\text{kPa}$。

（2）已知人工燃气密度 $\rho_0=0.5\text{kg/Nm}^3$，运动黏度 $\nu=25\times10^{-6}\text{m}^2/\text{s}$，温度为15℃，燃气流经 $L=100\text{m}$ 长的低压燃气钢管，当燃气流量 $Q=10\text{Nm}^3/\text{h}$ 时，管段压力降为 4Pa 输送，求该管段管径。

1）公式法

若假定燃气流动状态为层流，则根据公式（6-22）计算：

$$\frac{\Delta p}{l}=1.13\times10^{10}\frac{Q}{d^4}\nu\rho\frac{T}{T_0}$$

$$\frac{4}{100}=1.13\times10^{10}\frac{10}{d^4}\times25\times10^{-6}\times0.5\times\frac{288}{273}$$

解之，得 $d=78.16\text{mm}$，取标准管径 80mm。

流态判断：

$$\text{Re}=\frac{dW}{\nu}=\frac{0.08\times10}{\frac{\pi}{4}\times0.08^2\times3600\times25\times10^{-6}}=1768$$

因 Re<2000，则可判断管内燃气流态为层流，与假定相符，上述计算有效。

2）图表法

已知 $\rho_0=0.5\text{kg/Nm}^3$，单位长度摩阻损失为

$$\left(\frac{\Delta p}{l}\right)_{\rho_0}=\frac{4}{100}=0.04\text{Pa/m}$$

由式（6-31）得

$$\frac{\Delta P}{l}=\left(\frac{\Delta P}{l}\right)_{\rho=1}\cdot\rho=\frac{0.04}{0.5}=0.08\text{Pa/m}$$

据此及已知流量，查附录燃气水力计算图，得管径为 80mm。

6.7.2 燃气管道的压降与分配

城市燃气规划中管网局部阻力一般不具体计算。高中压燃气管道的局部摩擦阻力损失可按沿程压力损失的 5%计算，低压燃气管网的局部摩擦阻力损失可按沿程压力损失的 10%计算。

高中压燃气管道的计算压力降（允许压力降），应根据气源厂（或天然气远程干线门站）、燃气储配站（高压或低压）、高压燃气调压室出口压力和高中压（或高低压、中低压）调压室的进口压力要求确定。

由燃气管道水力计算公式可以看出，如果管径相同，则压力降愈大，燃气管道的通过能力也愈大。因此，利用较大的压力降输送和分配燃气，可以节省燃气管道的投资和金属消耗。但是，对低压燃气管道来说，压力降的增加是有限度的。低压燃气管道直接与用户灶具相连接，其压力必须保证燃气管网内燃气灶具能正常燃烧。因此，低压燃气管道压力降的大小及其分配要根据城市的建筑密度、街坊情况、建筑层数和燃气灶具的燃烧性能等

因素确定。

室外低压燃气管道允许压力降可按下式计算：

$$\Delta P=0.75P_e \tag{6-32}$$

式中 ΔP——室外低压燃气管道允许压力降（Pa）；

P_e——低压燃气燃具的定额压力（Pa），对于人工燃气 $P_e=0.8\sim1\text{kPa}$；天然气 $P_e=2\sim5\text{kPa}$；气态液化石油气 $P_e=2.8\sim3\text{kPa}$。

低压管网压力降分配应根据技术经济条件，选择最佳的分配比例，一般低压输配干管为总压降的55%～75%。

低压燃气管网压力降在街区、庭院和室内管中分配推荐值如表6-19。

低压燃气管网压力降分配推荐表（Pa）　　**表6-19**

燃气种类	燃具额定压力(Pa)	总压力降 ΔP	街区	单层建筑		多层建筑	
				庭院	室内	庭院	室内
人工煤气	800	750	400	200	150	100	250
	1000	900	550	200	150	100	250
天然气	2000	1650	1050	350	250	250	350

几个城市低压燃气管道计算压力降及其分配如表6-20所示。

我国几个城市低压燃气管道计算压力降及其分配　　**表6-20**

项　目	城市名称			
	北　京	上　海	沈　阳	天　津
	压力和压力降分配(Pa)			
燃具额定压力	800	800	800	2000
调压气出口压力	1100～1200	1500	1800～2000	3200～3300
燃具前最低压力	600	600	600	1600
低压管网总压力降	550	900	1300	1650
其中：干管	150	500	1000	1100
支管	200	200	100	300
户内管	100	80	80	100
煤气表	100	120	120	150

注：北京、上海、沈阳均为人工煤气，低热值14.654～20.934MJ/m³；天津为石油伴生气，低热值为40.193MJ/m³。

6.7.3 环状管网的计算

环状管网的计算，不仅要确定管径的大小，还要使燃气管网在均衡的水力工况下运行。因此，计算比树枝状管网要复杂的多。环网的计算，主要工作是消除管网中不同气流方向的压力降闭合差，故称为平差计算或调环。

目前采用的环网计算方法有两种，一是途泄法，二是节点法。低压环网可用途泄法或节点法；高中压管网宜用节点法。

计算步骤：

（1）参照管网平面布置图绘制水力计算草图，并标明环号、节点号、管段长度、燃气负荷及集中用户负荷、气源及调压室位置等。

（2）列表计算各环单位长度途泄流量、各管段的途泄流量、转输流量和计算流量。

根据计算的各节点流量和拟定的气流方向，由离气源点（或调压室）最远的汇合点（即不同流向的燃气流汇合的地点，也称零点）开始，向气源点（或调压室）方向逐段推算，即可得到各管段的计算流量。

途泄流量只包括居民用户、小型公共建筑和小型工业用户的燃气用量。如果管段上连接了用气量较大的用户，则该用户应看作集中负荷计算。在实际计算中，一般均假设居民、小型公共建筑和小型工业用户是沿管道长度方向均匀分布的。因此，将环网内的燃气消耗量与环网管道的计算长度相除，即得到管道单位长度的途泄流量。每段管道的途泄流量就等于该管段的计算长度和单位长度途泄流量的乘积。

（3）计算节点流量。

在环状燃气管网计算中，特别是利用电子计算机进行燃气环状管网水力计算时，常采用节点流量来表示途泄流量。这时可以认为途泄流量相当于两个从节点流出的集中流量值。在燃气分配管网中，由于从分配管接出的支管较多，途泄流量在管段总流量中所占比重较大，因此管段始端节点的流量为 $0.45Q$，而终端节点的流量为 $0.55Q$。就某一节点来说，节点流量为流入该节点所有管段途泄流量的 0.55 倍，加上流出该节点所有管段途泄流量的 0.45 倍，再加上该节点的集中流量。当转输流量在管段总流量中所占比重较大时，管段始端和终端节点的流量均可按 $0.5Q$ 计算。这时，某一节点的流量就等于与该节点相连的各管段途泄流量一半的总和，再加上由该节点流出的集中流量。

（4）拟定环网各管段的气流方向。

在拟定气流方向时，应使大部分气量通过主要干管输送；在各气源（或调压室）压力相同时，不同气流方向的输送距离应大致相同。在同一环内必须有两个相反的流向，一般以顺时针方向为（+），逆时针方向为（−）。将气流方向标注在计算草图上。

（5）求个管段的计算流量。

根据计算的节点流量和假定的气流方向，由离气源点（或调压室）最远的汇合点（即不同流向的燃气流汇合的地方，即零点）开始，向气源点（或调压室）方向逐段推算，即可得到各管段的计算流量。

推算管段流量，必须使流入节点的气量等于流出节点的气量即 $\sum Q=0$。

当不计算节点流量时，管段计算流量 Q 可按下式计算：

$$Q=0.5Q_1+Q_2 \tag{6-33}$$

式中 Q_1——途泄流量（m^3/h）；

Q_2——转输流量（m^3/h）。

（6）计算单位长度平均压力降。

根据管网允许压力降和供气点至零点的管道长度（局部阻力损失通常取沿程压力损失的 10%），求得单位长度平均压力降，据此即可按管段流量选择管径。

相邻管段管径的拟定不宜相差太大，一般相差一号为宜。将初步拟定的各管段管径标注在图上。

（7）进行各环路压力降闭合差计算。

在进行环网计算时，每一节点均须满足$\sum Q=0$，任一环正反气流方向的各管段压力降的闭合差应该等于零，即$\sum \Delta P=0$。但要完全做到这一点是困难的。若计算得到的环路压力降闭合差<10%时，则认为符合要求，可不再计算。当环路压力降闭合差>10%时，应进行校正计算。

（8）计算零点位移。

当零点位移值较大，足以影响环路闭合差时，则应按新零点位置重新进行平差计算。

（9）当闭合差小于10%时，则认为符合要求。

（10）校正供气点至零点的总压力降是否小于且接近计算压力降，如果小于且接近计算压力降可认为所选管径是合适的，否则应调整部分管径再进行计算。

各环路的闭合差可由下式求得：

$$\frac{\sum \Delta P}{0.5\sum |\Delta P|}\times 100\% \tag{6-34}$$

式中　ΔP——各管段的压力降；

$|\Delta P|$——各管段的压力降的绝对值。

为了不破坏节点流量的平衡，通常采用校正流量来消除环网的闭合差。低、高中管网闭合差的修正流量计算公式为：

低压管网：
$$\Delta Q=-\frac{\sum \delta P}{1.75\sum \frac{\delta P}{Q}}+\frac{\sum \Delta Q'_{nn}\left(\frac{\Delta P}{Q}\right)_{nn}}{\sum \frac{\Delta P}{Q}} \tag{6-35}$$

高中压管网：
$$\Delta Q=-\frac{\sum \delta P}{2\sum \frac{\delta P}{Q}}+\frac{\sum \Delta Q_{nn}\left(\frac{\Delta P}{Q}\right)_{nn}}{\sum \frac{\Delta P}{Q}} \tag{6-36}$$

$$\delta P=P_1^2-P_2^2 \tag{6-37}$$

式中　$\Delta Q'_{nn}$、ΔQ_{nn}——邻环校正流量的第一近似值（m^3/h）；

$\left(\frac{\Delta P}{Q}\right)_{nn}$、$\left(\frac{\delta P}{Q}\right)_{nn}$——该环路中有邻环各管段的压力降与其计算流量的比值。

6.7.4　例题

【例题6-1】

试计算图6-11所示的低压管网，图上标有环网各边长度及环内建筑用地面积。

人口密度为600人/hm^2，人均耗气指标为$0.06m^3/h$，有两个集中用户，用气量各为$100m^3/h$。气源为焦炉煤气，$\rho=0.46kg/m^3$，$\nu=25\times 10^{-6}m^2/s$。管网中的计算压力降$\Delta P=500Pa$。

计算顺序如下：

（1）计算各环的单位长度途泄流量

1）按管网布置将供气区域分成若干小区；

2）求出每环内的最大小时用气量（以面积、人口密度与每人的单位用气量相乘）；

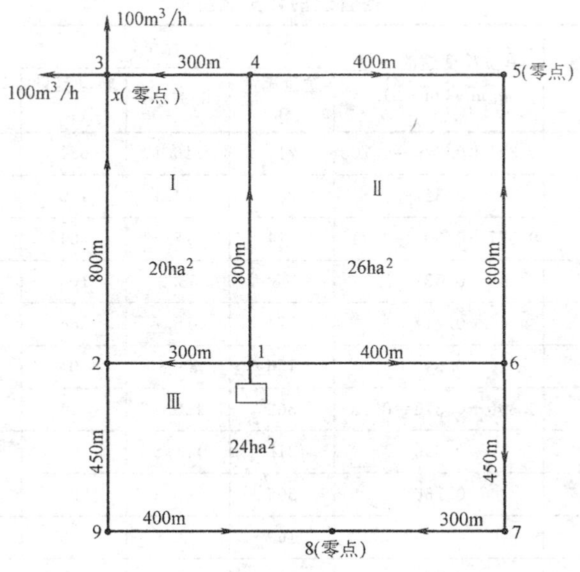

图 6-11　低压环状管网计算简图

3）计算供气环周边的总长；

4）求出单位长度的途泄流量。计算结果见表 6-21。

各环的单位长度途泄流量　　　　**表 6-21**

环　号	面积(hm²)	气化人口（人）	每人平均用气量[m³/(人·h)]	本环供气量(m³/h)	环周边长(m)	单位长度途泄流量[m³/(m·h)]
Ⅰ	20	12000	0.06	720	2200	0.327
Ⅱ	26	15600	0.06	936	2400	0.390
Ⅲ	24	14400	0.06	864	2300	0.376
合计	70	42000		2520		

(2) 计算各管段的途泄流量

(3) 计算转输流量

计算由零点开始，与气流方向相反推算到供气点。如节点的集中流量负荷由两侧管段供气，则转输流量以各分担一半左右为宜。这些转输流量的分配，可在计算表的附注中加以说明。例如，1—2 管段的转输流量＝262＋100＋169＋150＝681m³/h。

(4) 各管段计算流量确定

根据计算简图，求出管网中的每一管段的计算流量。计算结果见表 6-22。

(5) 根据初步流量分配及单位长度平均压力降选择管段的管径。局部阻力损失取沿程损失的 10％。由供气点至零点的平均距离为 1150m，则单位长度平均压力降值为：

$$\frac{\Delta p}{l}=\frac{500}{1150\times1.1}=0.395\text{Pa/m}$$

因本题所用燃气重力密度 $\rho=0.46\text{kg/m}^3$，故使用水力计算图表时，需进行重力密度修正。

各管道的计算流量　　表 6-22

环号	管段号	管段长度(m)	单位长度途泄流量 $q[m^3/(m\cdot h)]$	流量(m^3/h) 途泄流量 Q_1	$0.55Q_1$	转输流量 Q_2	计算流量 Q	备注
Ⅰ	1—2	300	0.327+0.376=0.703	211	116.1	681	797.1	
	2—3	800	0.327	262	144.1	100	244.1	
	1—4	800	0.327+0.390=0.717	574	315.7	354	669.7	
	4—3	300	0.327	98	53.9	100	153.9	
Ⅱ	1—4	800	0.717	574	315.7	354	669.7	
	4—5	400	0.390	156	85.8	0	85.8	
	1—6	400	0.390+0.376=0.766	306	168.3	594	762.3	集中负荷预计由 2—3、3—4 管段各供 $100m^3/h$
	6—5	800	0.390	312	171.6	0	171.6	
Ⅲ	1—6	400	0.766	306	168.3	594	762.3	
	6—7	450	0.376	169	93.0	113	206.0	
	7—8	300	0.376	113	62.2	0	62.2	
	1—2	300	0.703	211	116.1	681	797.1	
	2—9	450	0.376	169	93.0	150	243.0	
	9—8	400	0.376	150	82.5	0	86.5	

$$\frac{\Delta P}{l}=\left(\frac{\Delta P}{l}\right)_{\rho=1}\times 0.46$$

查表并计算各管段的压力降，结果列于表 6-23。

(6) 校正计算

经初步计算，各环路闭合差均超过允许范围，须进行校正计算。

1) 不考虑临环影响的校正流量为：

$$\Delta Q'_{\mathrm{I}}=\frac{-\sum\Delta p}{1.75\sum\dfrac{\Delta p}{Q}}=\frac{-139}{1.75\times 3.115}=-25.5\mathrm{m^3/h}$$

$$\Delta Q'_{\mathrm{II}}=\frac{-64}{1.75\times 4.089}=-8.9\mathrm{m^3/h}$$

$$\Delta Q'_{\mathrm{III}}=\frac{-(-146)}{1.75\times 5.707}=14.6\mathrm{m^3/h}$$

2) 考虑临环影响的校正流量为：

$$\Delta Q''_{\mathrm{I}}=\frac{\sum Q'_{\mathrm{nn}}\left(\dfrac{\Delta p}{Q}\right)_{\mathrm{ns}}}{\sum\dfrac{\Delta p}{Q}}=\frac{14.6\times 0.139-8.9\times 0.323}{3.115}=-0.27\mathrm{m^3/h}$$

$$\Delta Q''_{\mathrm{II}}=\frac{-25.5\times 0.323+14.6\times 0.178}{4.089}=-1.4\mathrm{m^3/h}$$

$$\Delta Q''_{\mathrm{III}}=\frac{-8.9\times 0.178-25.5\times 0.139}{5.707}=-0.9\mathrm{m^3/h}$$

燃气管道环网水力计算表 表 6-23

环号	管段			初步计算					校正流量计算(m^3/h)			校正计算			
	管段号	临环号	长度 l (m)	管段流量 (m^3/h)	管径 d (mm)	单位压力降 $\Delta p/l$(Pa/m)	管段压力降 Δp(Pa)	$\frac{\Delta p}{Q}$	$\Delta Q'$	$\Delta Q''$	ΔQ	管段校正流量 (m^3/h)	校正后管段流量(m^3/h)	单位压降 (Pa/m)	管段压降 (Pa)
Ⅰ	1—2	Ⅲ	300	797.1	250	0.370	111.0	0.139	−25.5	−0.27	−26	−40	757	0.368	110.0
	2—3	—	800	244.1	150	0.500	400.0	1.639				−26	218	0.400	316.5
	1—4	Ⅱ	800	−669.7	250	0.270	−210.0	0.323				−16	−686	0.029	−228.2
	4—3	—	300	−153.9	125	0.570	−156.0	1.014				−26	−180	0.667	−200.0
							+139.0 (31.5%)	3.115							1.7(0.4%)
Ⅱ	1—4	Ⅰ	800	669.7	250	0.270	216.0	0.323	−8.9	−1.4	−10	16	686	0.029	228.2
	4—5	—	400	85.8	100	0.500	200.0	2.331				−10	76	0.391	156.4
	1—6	Ⅲ	400	−726.3	250	0.340	−136.0	0.178				−24	−786	0.368	−147.2
	6—5	—	800	−171.8	150	0.270	−216.0	1.257				−10	−182	0.029	−228.2
							+46 (16.7%)	4.089							+9.2(2.4%)
Ⅲ	1—6	Ⅱ	400	762.3	250	0.340	136.0	0.178	14.6	−0.9	14	24	786	0.368	147.2
	6—7	—	450	206.0	150	0.360	162.0	0.786				14	220	0.391	176.0
	7—8	—	300	62.2	100	0.280	84.0	1.351				14	76	0.414	124.2
	1—2	Ⅰ	300	−797.1	250	0.370	−111.0	0.139				40	−757	0.368	−110.0
	2—9	—	450	−243.0	150	0.500	−225.0	0.926				14	−229	0.437	−196.7
	9—8	—	400	−82.5	100	0.480	−192.0	2.327				14	−73	0.368	−147.2
							−146.0 (32%)	5.707							−6.5(1.4%)

注：$\Delta Q'=\frac{-\sum\Delta p}{1.75\sum\frac{\Delta p}{Q}}$；$\Delta Q''=\frac{\sum\Delta Q'_{nn}\left(\frac{\Delta p}{Q}\right)_{ns}}{\sum\frac{\Delta p}{Q}}$；$\Delta Q=\Delta Q'+\Delta Q''$

3）各环校正流量为：

$$\Delta Q_{\mathrm{I}}=-25.5-0.27=-25.77\approx-26\mathrm{m}^3/\mathrm{h}$$

$$\Delta Q_{\mathrm{II}}=-8.9-1.4=-10.3\approx-10\mathrm{m}^3/\mathrm{h}$$

$$\Delta Q_{\mathrm{III}}=14.6-0.9=13.7\approx14\mathrm{m}^3/\mathrm{h}$$

各管段的校正流量应是原流量和校正流量的代数和。有临环管段的校正流量应是校正流量减去临环校正流量。

校正计算要计算到各环闭合差小于10%为止。

计算结果见表6-23。

（7）零点移动

经校正计算后，网路上的流量重新做了分配，原定零点也有移动。

零点3点所在Ⅰ环校正流量为$-26\mathrm{m}^3/\mathrm{h}$，即在1—2—3流向中减去$26\mathrm{m}^3/\mathrm{h}$，原零点3流向2方向移动，其长度为：

$$\Delta l=\frac{26}{0.327}=80\mathrm{m}$$

同样，零点5向4方向移动3

$$\Delta l=\frac{10}{0.390}=26\mathrm{m}$$

零点8向7方向移动3

$$\Delta l=\frac{14}{0.376}=37\mathrm{m}$$

（8）验证总压力降

本例题允许压力降为500Pa。现验算供气点至各零点的压力降。

$$\Delta P_{1\text{-}{}^{2}_{4}\text{-}3}=\frac{110+316.5+228.2+200}{2}\times1.1=427.35\times1.1=470\mathrm{Pa}$$

$$\Delta P_{1\text{-}{}^{4}_{6}\text{-}5}=\frac{228.2+156.4+147.2+228.2}{2}\times1.1=418\mathrm{Pa}$$

$$\Delta P_{1\text{-}{}^{6}_{2}{}^{7}_{9}\text{-}8}=\frac{147.2+176+124.2+110+196.7+147.2}{2}\times1.1=496\mathrm{Pa}$$

计算表明，闭合差和总压降均符合要求。

【例题6-2】

按节点法计算低压管网，条件同例题1。

计算步骤：

（1）计算各环单位长度途泄流量，同例题1。

（2）计算各管段途泄流量，同例题1。

（3）计算各节点流量

$Q_1=0.5(Q_{1-2}+Q_{1-4}+Q_{1-6})=0.5(211+574+306)=546\mathrm{m}^3/\mathrm{h}$；

$Q_2=0.5(211+262+169)=321\mathrm{m}^3/\mathrm{h}$；

节点法水力计算表 表 6-24

环号	管段号	管段长度(m)	管径(mm)	第一次平差			第二次平差			第三次平差		
				计算流量(m^3/h)	单位压降(Pa/m)	压降(Pa)	计算流量(m^3/h)	单位压降(Pa/m)	压降(Pa)	计算流量(m^3/h)	单位压降(Pa/m)	压降(Pa)
Ⅰ	1-2	300	250	843	0.405	121	793	0.414	124	783	0.359	108
	2-3	800	150	231	0.414	331	191	0.299	239	184	0.290	232
	1-4	800	250	−354	0.092	−74	−408	0.115	−92	−408	0.115	−92
	4-3	300	125	−149	0.552	−166	−189	0.782	−235	−196	0.828	−248.4
						+212 (61%)			+36 (10%)			−0.4 (0.1%)
Ⅱ	1-4	800	250	354	0.092	74	408	0.115	92	408	0.115	92
	4-5	400	100	78	0.345	138	92	0.552	221	85	0.506	202
	1-6	400	250	−737.5	0.313	−125	−731	0.299	−120	−744	0.322	−129
	6-5	800	150	−156	0.221	−177	−142	0.184	−147	−149	0.207	−166
						−90 (−35%)			+46 (16%)			−1 (0.3%)
Ⅲ	1-6	400	250	737.5	0.313	125	734	0.299	120	744	0.322	129
	6-7	450	150	272.5	0.575	259	283	0.644	290	286	0.644	290
	7-8	300	100	56.5	0.239	72	67	0.308	93	70	0.333	100
	1-2	300	250	−843	0.405	−121	−793	0.414	−124	−783	0.359	−108
	2-9	450	150	−291	0.644	−290	−281	0.644	−290	−278	0.644	−290
	9-8	400	100	−75	0.391	−156	−65	0.299	−120	−62	0.276	−110
						−111 (22%)			−31 (6%)			+8 (1.6%)

$Q_3=0.5(262+98)+100+100=380m^3/h$；

$Q_4=0.5(98+156)=127m^3/h$；

$Q_5=0.5(156+312)=234m^3/h$；

$Q_6=0.5(312+306)=309m^3/h$；

$Q_7=0.5(169+113+150)=216m^3/h$；

$Q_8=0.5(169+113+150)=216m^3/h$。

计算结果标在水力计算简图上，见图 6-12。

（4）平差计算

选定零点，确定气流方向，自零点进行流量分配。零点仍选择点 3、5、8 初分流量后，就可初选管径，按计算步骤（9～11）进行平差计算，计算结果见表 6-24。

（5）验证总压力降

$$\Delta P_{1\text{-}\frac{2}{4}\text{-}3}=\frac{108+232+92+248.4}{2}=340.2\text{Pa}$$

$$\Delta P_{1\text{-}\frac{4}{6}\text{-}5}=\frac{92+202+129+166}{2}=294.5\text{Pa}$$

$$\Delta P_{1\text{-}\frac{6}{2}\frac{7}{9}\text{-}8}=\frac{129+290+100+108+290+110}{2}=513.5\text{Pa}$$

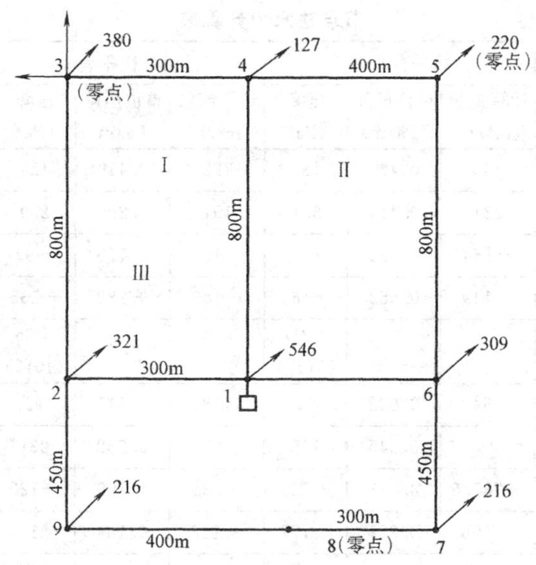

图 6-12　低压环状管网计算简图（节点法）

均接近于 500Pa，可以满足要求。

【例题 6-3】

计算图 6-13 所示低压环状煤气管网。图中已注明节点号、环号、管段长度和每环的煤气负荷，并给出了需要由管段 1～2、2～3、1～6 供应的环外临近区域的负荷以及由节点 3、6 引出支线的负荷。煤气管网供应的是焦炉煤气，其密度 $\rho=0.46\text{kg/m}^3$，$\nu=25\times10^{-6}\text{m}^2/\text{s}$。管网中的计算压力降 $\Delta P=550\text{Pa}$。

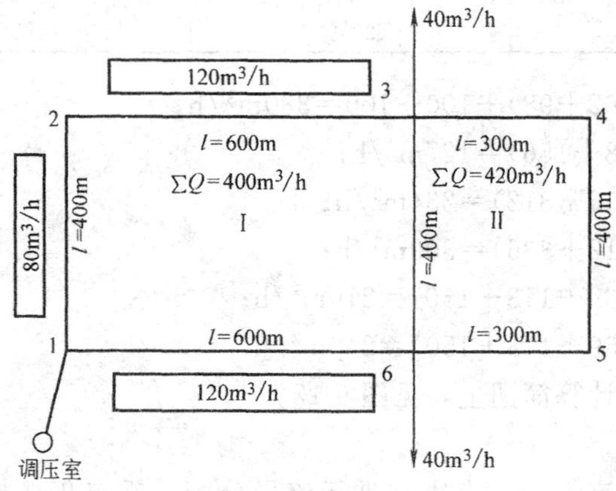

图 6-13　低压环状煤气网

【解】

(1) 求各管段的途泄流量（见表 6-25、6-26）

各环单位长度途泄流量计算　　**表 6-25**

环　　号	环内总负荷(m^3/h)	环内管段总长(m)	单位长度途泄流量[m^3/(m·h)]
I	400	2000	0.2
II	420	1400	0.3

各管段途泄流量计算　　　　表 6-26

管段	管段长	环内单位长度途泄流量 [m³/(m·h)]	环内管段途泄流量(m³/h)	与管段靠近的环外途泄流量(m³/h)	管段途泄流量小计(m³/h)	备注
1～2	400	0.2	80	80	160	
2～3	600	0.2	120	120	240	
3～4	300	0.3	90	—	90	
4～5	400	0.3	120	—	120	
5～6	300	0.3	90	—	90	
1～6	600	0.2	120	120	240	
3～6	400	0.2+0.3	200	—	200	3～6 为Ⅰ、Ⅱ环的公共管段

(2) 拟定气流方向

在距调压室最远处（4 点）假定为零点位置，同时决定气流方向（见图 6-14）。

(3) 计算节点流量

节点号	相接管段	节点流量(m³/h)
1	1～2,1～6	160×0.45+240×0.45=180
2	1～2,2～3	160×0.55+240×0.45=196
3	2～3,3～4,3～5	240×0.55+90×0.45+200×0.55+40=322.5
4	3～4,4～5	90×0.55+120×0.55=115.5
5	4～5,5～6	120×0.45+90×0.55=103.5
6	3～6,5～6,1～6	200×0.45+90×0.45+240×0.55+40=302.5

(4) 推算各管段计算流量

根据节点流量和气流方向推算的管段计算流量，见图 6-14。

(5) 初步拟定管径

根据允许总压降 550Pa 和由供应点 1 到汇合点 4 的平均距离，并考虑局部阻力后计算允许单位长度压降，即

$$\frac{\Delta P}{l}=\frac{550}{1300\times1.1}=0.38$$

根据允许单位长度压降和管段计算流量，由水力计算图表查得管径。

(6) 平差计算

用表格进行管网平差计算。先进行初步计算，再依次作校正计算。

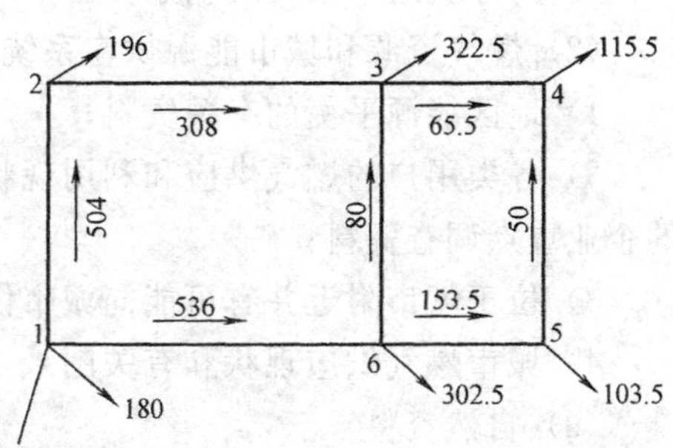

图 6-14　气流方向和管段计算流量结果

在初步计算中，根据拟定的管径和管段流量计算管段压力降和各环压力闭合差。经初步计算，第Ⅱ环闭合差为 15.2%，超过了允许误差范围。为分析其原因，计算由调压站至汇合点 4 的全部压降：

1～2～3～4　　(20.4+13.2+9.3)×1.1=47.19；

1～6～5～4　　(33+6.3+7.6)×1.1=51.59；

1～6～3～4　　(33+2.64+9.3)×1.1=49.43。

计算结果表明，总压降基本未超过允许总压降。说明初步拟定的管径基本合适，无需调整管径，只需调整管段流量。

校正各管段流量后，再计算各环闭合差。结果为：第Ⅰ环闭合差 0.5%。第Ⅱ环闭合差 0.7%，已满足精度要求。

最后再核算总压力降：

1～2～3～4　　(20.8＋13.8＋10.5)×1.1＝49.6；

1～6～5～4　　(32.4＋6＋6.8)×1.1＝49.7；

1～6～3～4　　(32.4＋2.4＋10.5)×1.1＝49.8。

计算结果表明，闭合差和总压力降均满足要求。

环状燃气管网的平差，需要进行反复的运算。对于较大的管网，利用手工平差时，往往动用很多人力和时间。利用电子计算机平差，不仅省时、省力，而且能保证较高的计算精度，是管网平差计算的发展方向。

6.8 规划设计所需资料及其成果要求

6.8.1 规划设计需要的资料准备

(1) 城市现状和近期、远期发展资料：

1) 城市总体规划说明书、附件及相关图纸；

2) 城市人口及其分布状况；

3) 工业规模、类型、数量及其分布情况；

4) 大型公共建筑的数量及其分布状况；

5) 居住区建筑的层数、面积和配套公共福利设施情况；

6) 城市道路系统、道路等级、红线和宽度；

7) 地下管道和地下构筑物等设施的分布情况；

8) 对外交通和市内运输条件。

(2) 燃气资源和城市能源供应系统的有关资料：

1) 地区能源平衡的有关资料；

2) 各类用户的燃气供应和利用现状，燃料历年的增长情况，对工艺上必须使用燃气的企业重点调查资料；

3) 位于城市附近并有可能向城市供应燃气的现有气源现状和发展资料；

4) 城市燃气供应现状和有关图纸，以及各种技术经济指标和主要设备的技术性能等。

(3) 自然资料

1) 城市气象资料，如气温、地温、风向、最大冻土深度；

2) 城市水文地质资料，如水源、水质，地下水位、主要河流的流量、流速、水位等；

3) 城市工程地质资料，如地震基本烈度、地质构造与土壤的物理化学性质；

4) 有可能用作地下储气库的地质构造资料。

6.8.2 规划成果

(1) 规划说明书

1）规划的依据、指导思想和原则；

2）根据城市人口规模、公共建筑及工业用气等情况，选择相应的用气定额，并确定城市供气规模；

3）气源选择与供气规模的论证；

4）确定城市燃气管网系统布置，并对输配系统的选择与方案进行技术经济比较；

5）拟采取的储存方式与调节用气不平衡；确定储气量和燃气储存方式，选择储配站址的手段；

6）城市燃气管道穿越重要河流、铁路的方案；

7）“三废”治理措施和环境影响报告；

8）规划分期年限及其相应的投资以及规划期限内的经济效益。

（2）规划图纸

城市燃气规划总平面图，常用比例为1：1000；1：2000；1：5000；1：10000和1：20000。图中应标出气源、储配站、主要调压室位置、管网分布和供气区域。

（3）附件

1）城市燃气用气量计算书；

2）用气不均衡气量和储气容积计算书；

3）燃气管网水力计算书；

4）方案技术经济比较的图纸和计算书；

5）主要厂、站选址图；

6）典型小区的管网布置图及投资、材料消耗计算；

7）经济效益计算书。

第 7 章　城市供热工程规划

7.1　概　　述

在寒冷地区的冬季，人们为维持日常生活、工作和生产活动所需要的一定的环境温度，就必须保持房间在此温度下的热平衡，为达此目的，通常需要建立供热系统进行供热，这种供热系统称之为供热工程。目前，应用最广泛的是以蒸汽或热水作为热媒的集中供热系统。城市集中供热，又称区域供热，是在城市的某个或几个区域乃至整个城市，利用集中热源向工业企业、民用建筑供应热能的一种供热方式，是现代城市建设中公共事业的一项重要设施。

7.1.1　城市发展集中供热的意义

《中华人民共和国环境保护法》明确规定："在城市要积极推广区域供热"。发展集中供热对于保护环境和营造优越的人文居住环境，提高经济效益和环境效益，具有十分重要的意义。

（1）提高能源利用率，节约大量燃料。集中供热可以使锅炉热效率提高 20%。

（2）改广泛的"面源"为比较集中的"点源"，减少大气污染，也便于采用整改措施，进行集中治理。

（3）减少城市运输量。

（4）节省城市用地。一个集中热源可以代替多个分散的锅炉房，可以减少燃料和灰渣的堆放场地，对改善市容也十分有利。

（5）使用大型设备，容易实现机械化和自动化，减少管理人员数量，降低运行成本，也有利于管理科学化和现代化，提高供热质量。

7.1.2　集中供热规划的主要内容

（1）调查了解城市现状，并收集规划资料，包括各类建筑的面积、层数、质量及其分布，工业类别、规模、数目、发展状况及其分布等；

（2）根据当地近 20 年的气象统计资料，绘制采暖热负荷年利用小时数图；

（3）在调查的基础上，确定热指标，计算各规划期的热负荷，绘制总热负荷曲线；

（4）根据热负荷分布情况，绘制不同规划期的热区图；

（5）合理选择集中供热的热源、集中供热规划的热网参数；

（6）根据道路、地形和地下管网敷设位置等条件，确定城市管网的布局和主要供热干管的走向，确定与用户的连接方式、管网敷设方式等；

（7）确定供热管道直径；

（8）进行投资估算；

（9）编写城市规划集中供热规划说明书。

7.1.3　城市集中供热系统的组成和分类

（1）组成

城市集中供热系统由热源、热力网和热用户三部分组成。凡是能使燃料产生热能，将热媒加热成为高温水或蒸汽的设施，总称为热源。根据热源的不同，可分为热电厂集中供热系统（即热电合产的供热系统）和锅炉房集中供热系统。另外，还有由各种热源（包括热电厂、锅炉房、工业余热和地热等）共同组成的混合系统。由供热蒸汽管网或热水管网组成的热媒输配系统，总称为热力网或热网。热用户则是包括供暖、生活及生产用热系统与设备组成的热用户系统。

（2）分类

根据采暖供热服务对象，采暖供热常分为民用供热和工业供热。

根据采暖供热服务范围大小的不同，可分为区域采暖供热、集中采暖供热和局部采暖供热三种系统。一般地，把设置在散热器附近和单个房间内的采暖系统称为局部采暖供热系统；设置在采暖供热量大，一幢和几幢建筑物的居住区或小型工业企业内部的采暖供热系统称为集中采暖供热系统；在城市区域内或大型工业企业内建设的统一市政热力管网，设置统一的采暖供热系统称为区域采暖供热系统。其中，区域采暖供热系统的热效率最高，如条件允许，应当优先采用。

根据供热热媒的不同，采暖供热系统可分为热水采暖、蒸汽采暖和热风采暖三类。其中热水采暖按温度参数的不同，可分为低温低压热水采暖系统（水温≤115℃）和高温高压热水采暖系统（水温＞115℃）；蒸汽采暖按蒸汽压力大小，可分为低压蒸汽采暖系统（气压≤70kPa）和高压蒸汽采暖系统（气压＞70kPa）。

根据供热热源，采暖供热系统分为热电厂供热和锅炉房供热。

热电厂供热按照热电厂供热机组的形式不同，一般又分为四种类型：

1）装有背压式汽轮机的供热系统，主要用于工业企业的自备热电站。

2）装有低压或高压单抽汽汽轮机的供热系统。低压单抽汽系统常用于城市居民供热，高压单抽汽系统通常用于工业企业用汽。

3）装有高、低压双抽汽汽轮机的供热系统。这种系统可同时用于城市居民供热和工业用汽。

4）把凝汽机组改造后用于供热系统，属于对老电厂的改造供热形式。

锅炉房供热根据提供的热媒形式不同，集中供热可分为两种类型：

1）蒸汽锅炉房集中供热系统，多用于工业生产供热。

2）热水锅炉房集中供热系统，常用于城市居民供热。

此外，还有一些分类，譬如，根据循环动力的不同，采暖系统可分为重力循环系统和机械循环系统。按供回水方式可分为单管和双管两种系统：凡热水按顺序流过多组散热器并在它们里边冷却的布局系统称为单管式系统；当热水平行地分配给全部散热器并从每组散热器冷却后，直接流回热网或锅炉，这样的布局形式则称为双管式系统。

7.2 城市集中供热负荷的预测和计算

7.2.1 城市集中供热负荷类型

（1）根据热负荷性质分类

1）民用热负荷。包括采暖、通风和热水供应三类，在计算和预测热负荷时，一般分类进行，最后求和。民用热用户通常以热水为热媒，使用的热媒参数较低。

2）工业热负荷。包括生产过程用于加热、烘干、蒸煮、熔化等工艺的用热，同时还包括部分动力热负荷，用于带动机械设备如汽锤、气泵等，使用的热媒参数较高。

(2) 根据用热时间和用热规律分类

1）季节性热负荷。采暖、通风、空气调节属于季节性热负荷。

2）常年性热负荷。生活热水和生产工艺系统用热属于常年性热负荷，与气候条件关系不大，即一年中用热状况变化不大，但全日中用热状况变化较大。

热水供应热负荷主要取决于使用人数和生活习惯、生活水平、作息制度等。生产工艺热负荷取决于生产性质、生产规模、生产工艺、用热设备数量和生产作业班次等因素。

7.2.2 城市供热对象的选择

对于各类热用户，从城市供热系统技术和经济角度来说，不可能全部供应，必须对供热对象进行合理选择。

(1) 在供热规模有限的情况下，应以“先小后大”为原则，首先满足分散用热、规模较小的热用户，如居民家庭、中小型公共建筑和小型企业，以便发挥城市集中供热的最大效益。一般大型公共建筑和大中型企业的余热资源丰富，用热条件比较复杂，可以自成体系，独立解决。

(2) 选择布局较集中的热用户作为供热对象，“先集中后分散”，以使系统经济合理。城市供热系统与其他能源供应系统比较，损耗大、成本高、维护难。因此，供热系统的服务半径较小。如果热用户在空间分布上较集中，则有利于热网布置，减少投资和运营成本。

选择供热对象还有一个指标，即“集中供热普及率”。集中供热普及率是指已经实行集中供热的面积与需要供热的建筑面积的比值百分数。

7.2.3 城市热负荷预测和计算

7.2.3.1 热负荷计算的步骤

(1) 收集热负荷现状资料。热负荷现状资料既是计算的依据，又可作为预测取值的参数。

(2) 分析热负荷的种类和特点。对采暖、通风、生活热水、生产工艺等各类用热来说，需采用不同方法、不同指标进行预测和计算，必须对热负荷进行准确分析，然后才能进行计算与预测。

(3) 预测与计算供热总负荷。地区的供热总负荷是布局供热设施和进行管网计算的依据，在各类热负荷计算与预测结果得出后，经校核后相加，同时考虑一些其他变数，最后计算出供热总负荷。供热总负荷一般体现为功率，单位取瓦、千瓦或兆瓦（W、kW、MW）。

7.2.3.2 民用热负荷预测计算

我国的民用热负荷主要是满足住宅和公共建筑的热负荷，生活热水和通风热负荷所占的比例很小。

(1) 采暖热负荷

在冬季，由于室内与室外温度不同，房屋通过其围护结构（如门、窗、地板、墙体、屋顶等），将发生热量散失。在一定室温下，室外温度越低，房间的热损失越大。为了保证室内温度符合有关规定，满足人们正常工作、学习和其他活动的需要，就必须用采暖设备向室内补充与损失相等的热量。

在采暖室外计算温度下，每小时需要补充的热量称为采暖热负荷，通常以 W 计。

房屋基本热损失可用下式计算：

$$Q=\sum KF(t_i-t_o)a \tag{7-1}$$

式中 Q——采暖热负荷（W）；

F——某种围护结构的面积（m^2）；

K——某种围护结构的传热系数，一般根据手册查得［$W/(m^2 \cdot ℃)$］；

t_i——室内计算温度（℃）；

t_o——采暖室外计算温度（℃）；

a——围护结构的温差修正系数。

当围护结构邻接非采暖房间时，对室外温度进行修正的系数，可用下式求出：

$$a=\frac{t_i-t_{lin,i}}{t_i-t_o} \tag{7-2}$$

式中 $t_{lin,i}$——围护结构邻接非采暖房间室内的温度（℃）。

由公式 7-1 可知，通过围护结构传出的热量与室内外空气的温度差成正比。当室内温度保持一定时，室外温度越低，则耗热量越大。而室外温度常受气候条件，如气温、湿度、风速、风向等的影响，变化幅度较大。因此，如何确定室外计算温度，对于合理计算建筑物热损失就显得十分重要。

若以历年极端最低温度作为室外最低温度，计算出的耗热量显然太大，这种几十年才出现一次且历时很短的小机率温度作为设计计算依据，其技术性、经济性明显不尽合理。况且实际上围护结构具有热惰性，这就使得室外温度向围护结构表面传播中存在时间的延滞性和温度波动的衰减性，往往对室内温度影响不大。因此，我国《工业企业采暖通风及空气调节设计规范》规定，采暖室外计算温度采取历年平均每年不保证五天的日平均温度，而不用极端最低温度作为室外最低温度。室内计算温度则是指室内离地面 1.5～2.0m 高处的空气温度。

关于室内计算温度和室外计算温度，国家有关规范已做出规定（表 7-1、表 7-2），使用时可直接查阅。

室内计算温度 **表 7-1**

建筑类别	住宅	办公室	商店	旅馆	影剧院	工业辅助用房	车间		
							轻作业	中作业	重作业
室内计算温度(℃)	18	18	15	20	16	12	15	12	10

在采暖工程设计中，常采用房屋基本热损失公式计算，其结果较为精确，但在规划中难以采用。规划中多采用热指标法，现予以介绍。

全国主要城市供暖时数表 表 7-2

城市名称	供暖室外计算温度 t_o(℃)	供暖期日平均温度 t_p(℃)	供暖期		平均负荷系数 φ	热负荷最大利用小时数 n_m(h)
			天数(d)	小时数(h)		
北京	−9	−1.3	124	2976	0.715	2127
天津	−9	−1.2	120	2880	0.711	2048
承德	−14	−4.8	142	3408	0.713	2428
唐山	−11	−2.2	129	3096	0.697	2157
保定	−9	−1.3	122	2928	0.715	2093
石家庄	−8	−0.7	110	2640	0.719	1899
大连	−12	−1.8	128	3072	0.660	2028
丹东	−15	−3.9	144	3456	0.664	2295
营口	−16	−4.7	143	3432	0.668	2291
锦州	−15	−4.5	142	3408	0.682	2324
沈阳	−20	−6.1	150	3600	0.634	2283
本溪	−20	−5.7	149	3576	0.624	2230
赤峰	−18	−6.2	161	3864	0.672	2597
长春	−23	−8.4	170	4080	0.644	2627
通化	−24	−7.8	167	4008	0.614	2462
四平	−23	−8.0	163	3912	0.634	2480
延吉	−20	−7.2	169	4056	0.663	2690
牡丹江	−24	−10	177	4248	0.667	2832
齐齐哈尔	−25	−9.9	178	4272	0.649	2772
哈尔滨	−26	−9.5	174	4248	0.625	2655
嫩江	−33	−14.3	197	4728	0.633	2994
海拉尔	−35	−14.9	208	4992	0.621	3099
呼和浩特	−20	−6.7	167	4008	0.650	2605
银川	−15	−4.2	144	3456	0.673	2325
西宁	−13	−4.0	161	3864	0.710	2742
酒泉	−17	−4.7	154	3696	0.649	2397
兰州	−11	−2.7	136	3264	0.714	2330
乌鲁木齐	−23	−8.3	154	3696	0.641	2334
太原	−12	−1.4	137	3288	0.647	2126
榆林	−16	−4.4	148	3552	0.659	2340
延安	−12	−2.4	135	3240	0.680	2203
西安	−5	0.5	99	2376	0.761	1808
济南	−7	0.5	100	2400	0.700	1680
青岛	−7	0	113	2712	0.720	1953
徐州	−6	0.9	91	2184	0.713	1556
郑州	−5	1.1	94	2256	0.735	1658
甘孜	−9	−1.1	165	3960	0.707	2801
拉萨	−6	0	127	3048	0.750	2286
日哈则	−8	−0.6	156	3744	0.715	2678

注：表中平均负荷系数按室内采暖计算温度 18℃计。

已知规划区内各建筑物的建筑面积，建筑物用途及层数等基本情况，常采用面积热指标法来确定热负荷。热指标是在采暖室外计算温度下单位面积每小时所需要的热量，用“W/m^2”表示。建筑物的采暖热负荷可按下式进行概算：

$$Q=q_f \cdot F/1000 \tag{7-3}$$

式中 Q——采暖热负荷（kW）；

F——建筑物的建筑面积（m^2）；

q_f——建筑物采暖面积热指标（W/m^2），它表示每平方米建筑面积的采暖热负荷。q_f 值见表 7-3。

采暖面积热指标（W/m^2） **表 7-3**

建筑类型	住宅	居住区综合	学校办公	旅馆	商店	食堂餐厅	影剧院展览馆	医院幼托	大礼堂体育馆
q_f	58～64	60～67	60～80	60～70	65～80	11～140	95～115	65～80	11～165

表中 q_f 的取值有一定的范围，确定 q_f 值的方法为：（1）对当地已建的采暖建筑进行调研，以确定合理的 q_f 值。（2）如不具备上述条件，q_f 取值应遵循如下原则：

1）严寒地区取较大值，反之采用小值；

2）建筑层数少的取较大值，反之采用小值；

3）建筑外形复杂的取较大值，建筑外形接近正方形的取较小值。

（2）通风热负荷计算

在城市中，为了在室内营造良好的空气环境，使空气具有一定的清洁度和湿度，必须对房间不断送入新鲜空气，进行通风调节。当冬季室外温度较低时，室外进入的新鲜空气必须经过加热后方可送入室内。加热新鲜空气所消耗的热量，称为通风热负荷。

通风热负荷可按下式计算：

$$Q_T=nV_i c_r(t_i'-t_o') \tag{7-4}$$

式中 Q_T——通风热负荷（W）；

n——通风换气次数（次/h）；

V_i——室内空气体积（m^3）；

c_r——空气容积比热［$J/(m^3 \cdot ℃)$］；

t_i'——室内计算温度（℃）；

t_o'——通风室外计算温度（℃）。

以上公式计算较复杂，且需要大量详细资料。在一般情况下，可用下式计算通风热负荷：

$$Q_T=K \cdot Q/1000 \tag{7-5}$$

式中 Q_T——通风热负荷（kW）；

K——加热系数，一般取 0.3～0.5；

Q——采暖热负荷（kW）。

（3）生活热水热负荷

在日常生活中，洗脸、洗澡、洗衣服和洗器皿等所消耗的热水的热量，称为生活热水热负荷。

生活热水热负荷的计算，主要涉及两个重要参数，一是水温，二是热水用水标准。

一般情况下，生活热水的使用温度为40～60℃，采用的生活热水计算温度为65℃。

不同的热工分区中，采用的冷水计算温度也不尽相同。我国主要有五个热工分区：第一分区包括东北三省及内蒙、河北、山西和陕西北部；第二分区包括北京、天津、河北、山东、山西、陕西大部、甘肃宁夏南部、河南北部、江苏北部；第三分区包括上海、浙江、江西、安徽、江苏大部、福建北部、湖南东部、湖北东部和河南南部；第四分区包括两广、台湾、福建和云南南部；第五分区包括云贵川大部，湖南、湖北西部，陕西、甘肃秦岭以南部分。各分区冷水计算水温如表7-4所示。

各分区冷水计算温度 **表7-4**

分　区	第一分区	第二分区	第三分区	第四分区	第五分区
地面水水温(℃)	4	4	5	10～15	7
地下水水温(℃)	6～10	10～15	15～20	20	15～20

使用生活热水的各类建筑热水用水标准如表7-5所示：

生活热水用水标准 **表7-5**

建筑类型	卫生设施状况	用　水　量
住宅	卫浴具全	75～100L/人·日
宿舍	有淋浴盥洗设施	35～50L/人·日
	有盥洗设施	25～30L/人·日
旅馆	有公共盥洗室和浴室	50～60L/床·日
	客房有卫生间	120～150L/床·日
医院	高标准	200L/床·日
	一般标准	120L/床·日

计算生活热水热负荷一般采用以下公式：

$$Q_w = 1.163\frac{K \cdot mV(t_r - t_1)}{T} \tag{7-6}$$

式中 Q_w——生活热水热负荷（W）；

m——人数或床位数；

V——生活热水用水标准［L/(人·d)］；

t_r——生活热水计算温度，一般为65℃；

t_1——冷水计算温度；

T——热水用水时间（h）；

K——小时变化系数，一般取1.6～3.0。

K值随用水量总体规模的变化而变化，用水规模愈大，用水人数愈多，K值愈小，用水规模愈小，K值愈大。另外，住宅、旅馆和医院的生活热水使用时间一般都为24h。

以上公式中，计算得到的生活热水热负荷为采暖期生活热水热负荷，非采暖期生活热水热负荷用下式得出：

$$Q'_w=\frac{t_r-t'_1}{t_r-t_1}Q_w \tag{7-7}$$

式中 Q'_w——非采暖期生活热水热负荷（W）；

Q_w——采暖期生活热水热负荷（W）；

t_r、t_1——同公式（7-6）；

t'_1——冷水计算温度，见表 7-4。

生活热水热负荷也可用指标估算，对于居住区来说，可采用下列公式：

$$Q=K\cdot q\cdot F/1000 \tag{7-8}$$

式中 Q——生活热水热负荷（kW）；

K——小时变化系数；

q——平均热水热负荷指标（W/m^2）；

F——居住区总用地面积（m^2）。

在住宅无热水供应，仅向公建供应热水时，q 取 2.5～3W/m^2，当住宅供应洗浴用热水时，q 取 15～20W/m^2。

（4）空调冷负荷的计算

空调冷负荷一般可采用指标概算法进行估算，其公式为：

$$Q_c=\beta\cdot q_c\cdot A/1000 \tag{7-9}$$

式中 Q_c——空调冷负荷（kW）；

β——修正系数；

q_c——冷负荷指标，一般为 70～90W/m^2；

A——建筑面积（m^2）。

对于不同的建筑，β 取值不同，具体如表 7-6 所示。

建筑冷负荷指标修正系数值 **表 7-6**

建筑类型	旅馆	住宅	办公楼	商店	体育馆	影剧院	医院
冷负荷指标修正系数 β	1.0	1.0	1.2	0.5	1.5	1.2～1.6	0.8～1.0

注：当建筑面积小于 5000m^2 时，取上限，建筑面积大于 10000m^2 时，取下限。

7.2.3.3 工业热负荷预测计算

对规划的工厂，可以采用设计热负荷资料或根据相同企业的实际负荷资料进行估算。当条件不具备时，只能采取同时工作系数进行修正。

生产热负荷的大小，主要取决于工业产品的种类、生产工艺过程的性质、用热设备的形式以及工厂企业的工作制度。由于工厂企业产品及生产设备多种多样，工艺过程对用热要求的热介质种类和参数各异，因此生产热负荷应由工艺设计人员提供。计算集中供热系统最大生产工艺设计热负荷时，应以核实的各工厂（或车间）的最大生产工艺热负荷之和乘以同时使用系数，即：

$$Q_{W\cdot max}=K_{sh}\cdot Q_{sh\cdot max} \tag{7-10}$$

式中 $Q_{W \cdot max}$——工厂（或车间）的生产工艺最大设计热负荷（GJ/h）；

K_{sh}——同时工作系数，一般取0.7～0.9；

$Q_{sh \cdot max}$——经核实的各工厂（或车间）的最大生产工艺热负荷。

一些产品单位耗热概算指标如表7-7所示。

一些产品单位耗热概算指标 表7-7

产品类型	单 位	耗热指标	产品类型	单 位	耗热指标
合成纤维	GJ/t	115	硫酸	GJ/t	0.5
化学纤维	GJ/t	75	钢管和黑色金属	GJ/t	0.35
酚	GJ/t	30	铸铁	GJ/t	0.23
塑料合成树脂	GJ/t	25	马丁钢	GJ/t	0.13
化学纸浆	GJ/t	15	胶合板	GJ/m^2	6
苛性钠	GJ/t	13	刨花板	GJ/m^2	5
纸和纸板	GJ/t	10	毛织品	GJ/m^2	0.02
合成氨	GJ/t	5	丝织品	GJ/m^2	0.04
焦炭	GJ/t	1	麻织品	GJ/m^2	0.015
石油制品	GJ/t	0.9	棉织品	GJ/m^2	0.01
粗制烧碱	GJ/t	7			

7.2.4 供热总负荷的计算

供热总负荷，是将上述各类负荷的计算结果相加，进行适当的校核处理后得出的数值。必须说明的是，供热总负荷中的采暖通风热负荷与空调冷负荷实际上是一类负荷，在相加时应取两者中较大的一个进行计算。

对于民用热负荷，还可采用更为简便的综合热指标进行概算（表7-8）。对于居住区（含公共建筑），采暖综合热指标建议取值60～75W/m^2。

民用建筑供暖面积热指标概算 表7-8

建筑物类型	单位面积热指标(W/m^2)	建筑物类型	单位面积热指标(W/m^2)
住宅	58～64	商店	64～87
办公楼、学校	58～81	单层住宅	81～105
医院、幼儿园	64～81	食堂、餐厅	116～140
旅馆	58～70	歌剧院	93～116
图书馆	47～76	大礼堂、体育馆	116～163

注：总建筑面积大，外围护结构热工性能好，窗户面积小，可采用表中较小的数值，反之采用较大值。

7.2.5 热负荷预测与计算示例

【例题7-1】 某北方城市规划总人口20万人，规划用地面积20km²，到规划期末，规划集中供热普及率为70%，现状生产热负荷约20MW，预计生产热负荷的年增长率为10%（规划期为15年）。试估算规划期末城市热负荷的规模。

【解】 在城市总体规划的供热专项规划中，对热负荷的估测一般是粗线条，通常采用的是综合指标概算的方法。在没有可能进一步获取详细资料的情况下，对民用热负荷的估算可以按以下步骤进行：首先，根据一般城市用地比例构成情况，公建与居住用地占总用地的比例约为40%～50%，则在该城市中，公建与居住用地的面积约为8～9km^2，若按建筑容积率平均为0.8计，则居住与公建建筑面积为6～7km^2。集中供热普及率为70%，则民用建筑供热面积约为400～500万m^2。在得出民用建筑供热面积后，采用综合热指标75W/m^2，则可得出民用热负荷为300～400MW。

已知在未来15年内生产热负荷以每年10%的速度递增，据此可得出规划期末的生产热负荷为85MW。

将民用热负荷和生产热负荷相加，可知规划期末该城市的总用热规模在400～500MW左右。

【例题7-2】 某大学学校规划建成教学建筑面积17万m^2，生活建筑面积17万m^2，预计学生8000人，教工人数1000人（带眷）。学生宿舍，有公共浴室，供应热水时间为8h，教工住房全天供应热水。试计算该校热负荷。

【解】 该例中，热负荷有采暖通风与生活热水两类。

采暖通风热负荷采用综合指标70W/m^2计算，则34万m^2总建筑面积的采暖通风热负荷约为24MW。

计算热水热负荷时，教工与学生应分开计算。生活热水热负荷的计算公式为：

$$Q=[K\cdot m\cdot V(t_r-t_1)/T]\times 1.163$$

式中K取2.3，m取1000人，V取90L/(人·日)，t_r取65℃，t_1取5℃，T取24h，则可计算出教工生活热水热负荷。K取3.0，m取8000人，V取35L/人·日，T取8h，则可计算出学生生活热水热负荷。K的取值主要考虑用地规模，另外还考虑用热水时间，学生使用生活热水的时间相对集中，故K的取值较大。经以上公式计算出的生活热水热负荷为8MW。

将生活热水热负荷与采暖通风热负荷相加，即24+8=32
则得出该学校总热负荷为32MW。

7.3 城市集中供热热源规划

7.3.1 城市集中供热热源的种类与特点

城市集中供热的热源主要是热电厂和锅炉房，另外还有工业余热和地热、核能、太阳能等。

(1) 热电厂

热电厂是联合生产电能和热能的火电厂，它是在凝气式电厂的基础上发展而来的。在凝气式电厂中，燃料燃烧产生的热能将锅炉内的水变成具有一定压力和温度的水蒸气，蒸汽经管道输送进入汽轮机膨胀做功，使汽轮机转子旋转并带动发电机产生电能。做过功的蒸汽由汽轮机尾部进入冷凝器，蒸汽放出汽化潜热变成水，汽化潜热的热量被冷却水带走。凝气式电厂的工作过程实际上是一个能量转换的过程，将不可避免地产生能量损失。

凝气式电厂的能量损失较大，假定用于发电的燃料发热量为100%，一般凝气式电厂的各种能量损失如下：

锅炉能量损失　　10%～15%

管道热损失　　1%～2%

汽轮机机械损失　　1%～2%

发电机损失　　1%

冷凝器热损失　　40%～60%

凝气式电厂的总能量主要损失在冷凝器部分。为了利用冷凝器中损失的这部分能量，采用热电联产方式，使热电厂的热效率大大高于凝气式电厂。热电厂的形式主要有背压式和抽汽式两种供热机组。

1）背压式供热机组　排气压力大于大气压力的供热机组称之为背压式供热机组。背压式供热机组没有冷凝器，供用户的蒸汽压力即汽轮机尾部压力，通常为0.4～1.3MPa绝对大气压。利用背压式汽轮机的排气进行供热，热电厂的热能利用效率最高，但热、电负荷常常互相制约。

2）抽汽式供热机组　从汽轮机中间抽汽供热的汽轮机称为抽汽式供热机组。抽汽式汽轮机后半部分可以有两级抽汽，一级抽汽口的抽汽压力较高，压力调节范围0.8～1.3MPa绝对大气压，主要解决工业用汽；二级抽汽口的抽汽压力较低，压力调节范围0.12～0.25MPa绝对大气压，主要解决采暖、通风等用热。

热电厂的供热量是根据最大小时热负荷来确定的，而供热能力是决定选择汽轮机供热机组的类型、台数的依据。部分国产汽轮机供热机组的主要技术参数见表7-9。

部分国产供热机组的主要技术参数　　表7-9

供热机组类型	型号	额定功率（kW）	进汽压力（MPa）	进汽温度（℃）	进汽量（t/h）	抽汽压力（MPa）	抽汽量（t/h）	排汽压力（MPa）
背压式	B3-35/10	3000	3.5	435	57			0.8～1.3
	B6-35/10	6000	3.5	435	93			0.8～1.3
	B12-35/5	12000	3.5	435	114			0.4～0.7
	B12-35/10	12000	3.5	435	178			0.8～1.3
	B25-90/10	25000	9.0	535	200			0.8～1.3
单级抽汽	C3-35/10	3000	3.5	435	28	0.8～1.3	10	0.007
	C6-35/10	6000	3.5	435	60	0.8～1.3	20	0.007
	C12-35/10	12000	3.5	435	120	0.8～1.3	80	0.005
	C25-90/10	25000	9.0	535	160	0.8～1.3	50	0.005
	C50-90/10	50000	9.0	535	310	0.8～1.3	160	0.005
	C100-90/5	100000	9.0	535	550	0.3～0.5	180	0.005
两级抽汽	CC25-90-10/1.2	20000	9.0	535	155	1.0/0.12	50/40	0.005

（2）锅炉房

1）锅炉房的分类　锅炉房的核心部分是锅炉，锅炉根据制备热媒的种类不同，可分为蒸汽锅炉和热水锅炉。蒸汽锅炉通过加热水产生高温高压蒸汽，向用户进行供热。热水锅炉不产生蒸汽，只提高进入锅炉水的温度，以高温水供应热用户。蒸汽锅炉通过调压装置，可向用户提供参数不同的蒸汽，还可通过换热装置向用户提供热水。

A. 蒸汽锅炉房。根据热用户使用热媒的方式不同，蒸汽锅炉房可分两种主要形式：a. 向系统的所有热用户供应蒸汽；b. 在蒸汽锅炉房内同时制备蒸汽和热水热媒，以满足生产工艺、生活用热、采暖、通风等各种类型热用户的要求。

B. 热水锅炉房。热水锅炉房主要满足生活用热水、采暖、通风的热用户；生产工艺中仅需加热的工艺也可以采用热水锅炉。

热水锅炉房的出力通常以产热量表示。规模较小的锅炉房，供热量宜在 5.8～30MW，供热半径 1.0～2.0km 范围。规模较大的热水锅炉房，供热量往往超过 30MW，供热半径可达 3.0～5.0km。

2）锅炉房的平面布置　锅炉房包括锅炉间、辅助间和生活间。锅炉间是锅炉房的本体，人工加煤的锅炉房，锅炉的台数不宜超过 5 台。机械加煤的锅炉房，锅炉的台数不宜超过 7 台。辅助间一般包括风机、水泵、水处理站、修理间、计量及控制设备等。生活间包括办公室、休息室、更衣室、浴室等。中小型锅炉房的锅炉间和辅助间可以结合在一座建筑内，而规模较大的区域锅炉房，辅助用房较多，一般应分别布置。

3）用地面积　使用固体燃料的锅炉房用地规模与锅炉的总容量有关，安排用地时，可在表 7-10 指标中选取，使用气体燃料的锅炉房用地面积宜采用下限值。

不同热水锅炉房用地面积参考表　　**表 7-10**

锅炉房总容量(MW)	用地面积(hm^2)	锅炉房总容量(MW)	用地面积(hm^2)
5.8～11.6	0.3～0.5	58.0～116	1.6～2.5
11.6～35.0	0.6～1.0	116～232	2.6～3.5
35.0～58.0	1.1～1.5	232～350	4～5

7.3.2 城市热源选择

7.3.2.1　城市热源种类的选择

热源种类的选择，要根据具体情况，进行技术经济比较后再行确定。

（1）热电厂的适用性与经济性

热电厂实行热电联产，可有效提高能源利用率，节约燃料，同时产热规模大，能向大面积区域和用热大户供热。在有一定的常年工业热负荷而电力供应不足的地区，应建设热电厂。当主要供热对象是民用建筑和生活用热水时，地区的气象条件直接影响热电厂的经济效益。在气候冷、采暖期长的地区，热电合产运行时间长，节能效果明显。有些地方已开始尝试建设“热、电、冷三联供”系统，以提高热电厂的效率。

（2）区域锅炉房的适用性和经济性

区域锅炉房与一般的工业和民用锅炉房相比，它的供热面积大，供热对象多，热效率高，机械化程度高。与热电厂相比，区域锅炉房节能效果较差，但是其建设费用少，建设周期短，能较快收到节能和减轻污染的效果。区域锅炉房建设运行灵活，除可作为中、小城市的供热主热源外，还可在大中城市内作为区域主热源或过渡性主热源。

7.3.2.2　城市热源规模的选择

（1）供暖平均负荷

按供暖室外设计温度计算出来的热指标为最大小时热指标。用最大小时热指标乘以平均负荷系数，即可得到平均热指标。平均负荷系数由式（7-11）得出：

$$\phi=\frac{t_{\mathrm{n}}-t_{\mathrm{p}}}{t_{\mathrm{n}}-t_{\mathrm{W}}} \tag{7-11}$$

式中　ϕ——平均负荷系数；

t_{n}——供热室内计算温度（℃）；

t_{W}——供热室外计算温度（℃）；

t_{p}——冬季室外平均温度（℃）。

实际工作中，常应用平均热指标概念，以平均热指标计算出来的热负荷，即为供暖平均负荷，主热源的规模应能基本满足供暖平均负荷的需要。超出这一负荷的热负荷，为高峰负荷，则需要以辅助热源来满足。我国黄河以北地区供暖平均负荷可按供暖设计计算负荷的60％～70％计。

（2）热化系数

热化系数是指热电联产的最大供热能力占供热区域最大热负荷的比例。在选择热电厂供热能力时，应根据热化系数来确定。

针对不同供热的主要对象，热电厂应选定不同的热化系数。一般来说，以工业热负荷为主的系统，热化系数宜取0.8～0.85。以采暖热负荷为主的系统，热化系数宜取0.52～0.6。工业和采暖负荷大致相当的系统，热化系数宜取0.65～0.75。稳定的常年负荷值越大，热化系数越高，反之，则热化系数越低。

7.3.2.3　热电厂、锅炉房的选址

（1）热电厂的选址条件

1）厂址应符合城市规划的要求，并征得规划部门和电力、水利、环保、消防等主管部门的同意；

2）热电厂应尽量靠近热负荷中心。热电厂蒸汽的输送距离一般为3～4km比较经济。如果热电厂远离热用户，压降和温降过大，则会降低供热质量。与此同时，由于供热管网造价较高，如输热管道较长，将使热网投资增大，显著降低集中供热的经济性；

3）水陆交通方便；

4）供水条件良好；

5）要有妥善解决排灰的条件；

6）有方便的出线条件；

7）有一定的防护距离；

8）尽量占用荒地、次地和低产田，不占或少占良田；

9）厂址应避开滑坡、溶洞、塌方、断裂带、淤泥等不良地质的地段；

10）选址时也应考虑方便职工居住和上下班等因素。

（2）锅炉房的选址条件

1）靠近热负荷比较集中的地区；

2）便于引出管道，并使室外管道的布置在技术、经济上合理；

3）便于燃料贮运和灰渣排除，并使人流和煤、灰车流分开；

4）有利于自然通风与采光；

5）位于地质条件较好的地区；

6）有利于减少烟尘及有害气体对居民区和主要环境保护区的影响。全年运行的锅炉房宜位于居住区和主要环境保护区的全年最小频率风的上风侧；季节性运行的锅炉房宜位于该季节盛行风的下风侧；

7）有利于凝结水的回收。

7.4 城市供热管网规划

城市供热管网又称热力网，系指由热源向热用户输送和分配供热介质的管线系统，又称为热力网。供热管网主要由热源至压力站及热力站至用户之间的管道、管道附件和管道支座组成。

7.4.1 城市供热管网的分类

根据热源与管网之间的关系，热力网可分为区域式和统一式。区域式管网仅与一个热源相连，只服务此热源所及的区域。统一式管网则与所有热源相连，用户可以从任一热源获得热能供给，管网也允许所有热源共同工作。显然，统一式管网供热的可靠性高，但系统较为复杂。

根据热媒介质的不同，热力网可分为蒸汽管网、热水管网和混合式管网三种。一般情况下，从热源到热力站的管网多采取蒸汽管网，而在热力站向民用建筑供暖的管网中，更多采取的是热水管网。主要原因是卫生条件较好，而且安全。

根据用户对介质的使用情况，供热管网可分为开式和闭式。在开式管网中，热用户可以使用供热介质，如蒸汽和热水，系统须不断补充新的热介质。在闭式管网中，热介质只许在系统内部循环，不供给用户，系统只需补充运行过程中泄漏损失的少量介质。

此外，供热管网还可根据一条管路上敷设的管道数目，分为单管制、双管制和多管制。单管制的热力网在一条管路上只有一根输送热介质的管道，没有供介质回流的管道。此类型主要用于用户对介质用量稳定的开式热力网中。双管制的热力网在一条管路上有一根输送热介质管道的同时，还有一根介质回流管。此类型较多用于闭式热力网中。对于用户种类多，对介质需用工况要求复杂的热力网，一般采用多管制。多管制管网网路复杂，投资较大，管理亦较困难。

7.4.2 城市供热管网的布置形式

供热管网的布置方式按平面布置类型，可分为枝状管网和环状管网两种。枝状管网又有单级枝状管网和两级枝状管网两种形式。

（1）枝状管网

1）单级枝状管网　从热源出发经供热管网直接接到各热用户的布置形式称为单级枝状管网。枝状管网是呈树枝状布置的形式，如图 7-1 所示。枝状管网布置简单，供热管道的直径随着离热源越远而逐渐减小。管道的金属耗量小，建设投资小，运行管理方便，但

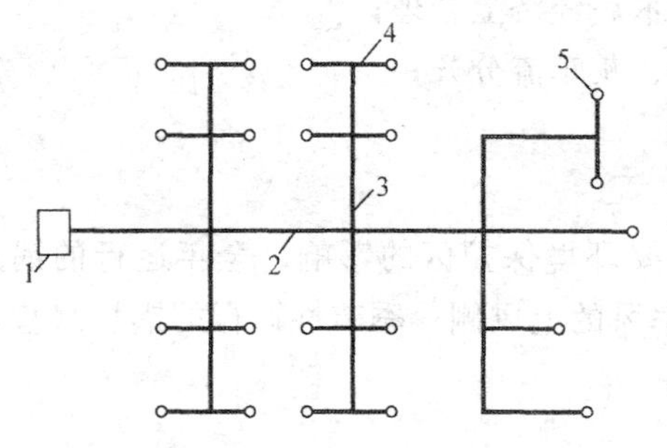

图 7-1　单级枝状管网

1—热源；2—主干线；3—支干线；4—用户支线；5—热用户

枝状管网不具有后备供热能力。当供热管网某处发生故障时，在故障点后的热用户都将停止供热。因此，枝状管网一般适用于规模较小的且允许短时间停止供热的热用户。

2）两级枝状管网　由热源至热力站的供热管道系统称为一级管网；由热力站至热用户的供热管道系统称为二级管网。两级枝状管网的规模较大，其形式如图 7-2 所示。

（2）环状管网

环状管网是一具有 2 个以上的热源所组成的大型集中供热系统。图 7-3 为一多热源供热系统的环状管网示意图。环状管网供热能力高，同时还可以根据热用户热负荷的变化情况，经济合理地调配供热热源的数量和供热量。

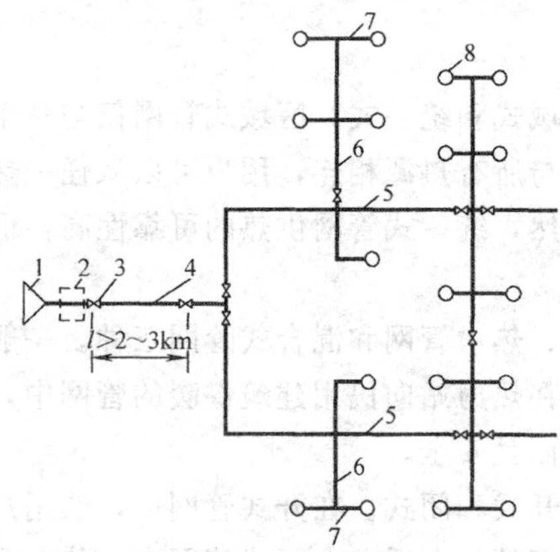

图 7-2　两级枝状管网

1—热电厂；2—锅炉房；3—阀门；4—总干管；5—干管；6—支干管；7—支管；8—热力站

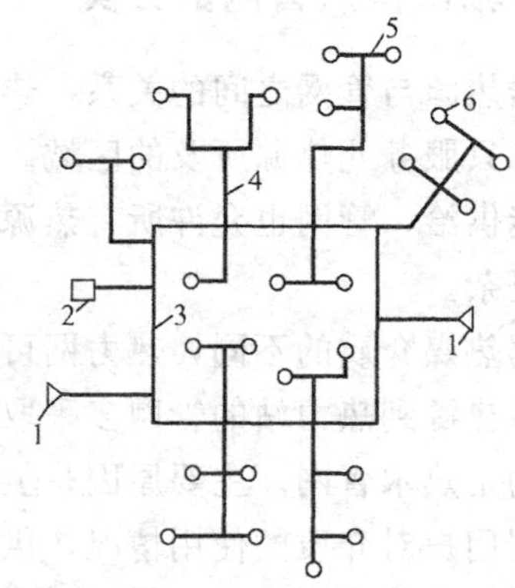

图 7-3　环状管网示意图

1—热电厂；2—区域锅炉房；3—环状管网；4—支干线；5—分支干线；6—热力站

与枝状管网相比，环状管网的投资增大，运行管理亦较为复杂，一般应有较高的自控和监控系统。目前，国内采用环状管网的实例尚不多见。

7.4.3　城市供热管网选择要点

7.4.3.1　热水供热系统

（1）以采暖和热水供应热负荷为主的供热系统，一般均采用热水管网。

（2）热水热力网宜采用闭式双管制。

（3）以热电厂为热源的热水热力网，同时有生产工艺、采暖、通风、空调、生活热水等多种热负荷，在生产工艺热负荷与采暖热负荷供热介质参数相差较大，或季节性热负荷占总负荷比例较大，且技术经济合理时，可采用闭式多管制。

（4）当热水热力网满足下列条件，可采用开式热力网：

1）具有水处理费用低的补给水源；

2）具有与生活热水热负荷相适应的廉价低位热能。

（5）开式热水热力网在热水热负荷足够大时可不设回水管。

7.4.3.2 蒸汽供热系统

（1）蒸汽供热系统一般适用于以生产工艺热负荷为主的供热系统。

（2）蒸汽热力网的蒸汽管道，宜采用单管制。当符合下列情况时，可采用双管或多管制：

1）各热用户用蒸汽的参数相差较大，或季节性热负荷占总热负荷的比例较大且技术经济合理时，可采用双管或多管制。

2）当热用户按规划分期建设时，可采用双管或多管制。

3）蒸汽供热系统中，如用户凝结水质量差，凝结水回水率低，或凝结水能够回收，但凝结水管网经技术经济比较不合算时，可不设凝结水管网。

7.5 城市供热管网的布置

7.5.1 供热管网的平面布置

供热管网的布置，应根据热源布局、热负荷分布和管线敷设条件等情况，在满足使用要求、尽量节省投资的前提下，按照全面规划、远近结合的原则，做出分期建设安排。

具体进行平面布置时，必须协调好地下管网关系，并遵循以下原则：

（1）主要干管应该靠近大型用户和热负荷集中的地区，避免长距离穿越没有热负荷的地段。

（2）供热管道要尽量避开主要交通干道和繁华的街道，以免给施工和运行管理带来困难。

（3）供热管道通常敷设在道路的一边，或者是敷设在人行道下面，在敷设引入管时，则不可避免的要横穿干道，但要尽量少敷设这种横穿街道的引入管，应尽可能使相邻建筑物的供热管道相互连接。对于有很厚的混凝土层的现代新式路面，应采用在街坊内敷设管线的方法。

（4）供热管道穿越河流或大型渠道时，可随桥架设或单独设置管桥，也可采用虹吸管由河底通过。

（5）和其他管线保持一定的间距。

7.5.2 供热管网的竖向布置

（1）地沟管线敷设深度应尽量浅一些，以减少土方工程量。为了避免地沟盖受汽车等动荷载的直接压力，地沟的埋深自地面至沟盖顶面不少于0.5～1.0m。当地下水位高或其他地下管线相交情况极其复杂时，允许采用较小的埋设深度，但不少于0.3m。

（2）热力管道埋设在绿化带时，埋深应大于0.3m。热力管道土建结构路面至铁路路轨基底间最小净距应大于1.0m；与电车路基底为0.75m；与公路路面基础为0.7m。跨越有永久路面的公路时，热力管道应敷设在通行地沟或半通行地沟中。

（3）热力管道与其他地下设备相交叉时，应在不同的水平面上互相通过。

（4）当地上热力管道与街道或铁路交叉时，管道与地面之间应留有足够的距离，此距离根据不同运输类型所需高度尺寸来确定。汽车运输 3.5m；电车 4.5m；火车 6.0m。

（5）地下敷设时必须注意地下水位，沟底的标高应高于近 30 年来最高地下水位 0.2m 以上，在没有准确地下水位资料时，应高于已知最高地下水位 0.5m 以上，否则地沟要进行防水处理。

（6）热力管道和电缆之间的最小净距为 0.5m，如电缆地带土壤受热的附加温度在任何季节都小于 10℃，且热力管道有专门的保温层时，则可减小此净距。

（7）横过河流时应采用悬吊式人行桥梁和河底管沟方式。

7.5.3 城市供热管网的敷设方式

供热管网的敷设方式有架空敷设和地下敷设两类。

7.5.3.1 架空敷设

架空敷设是将供热管道设在地面上的独立支架或带纵梁的桁架以及建筑物墙壁上。架空敷设不受地下水位的影响，维修、检查方便。同时，只有支承结构基础的土方工程，施工土方量小。因此是一种较为经济的敷设方式。但其占地面积大，管道热量损失多，在某些场合不够美观。

架空敷设方式一般适用于地下水位较高，年降雨量较大，地质土为湿陷性黄土或腐蚀性土壤，或地下敷设时需进行大量土石方工程的地区。在市区范围内，架空敷设多用于工厂区内部或对市容要求不高的地段。在厂区内，架空管道应尽量利用建筑物的外墙或其他永久性的构筑物。在地震活动区，采用独立支架或地沟敷设方式比较可靠。

按照支架的高度不同，分低、中、高支架三种形式。

低支架一般设在不妨碍交通和厂区、街区扩建的地段，并常常沿工厂的围墙或平行于公路、铁路敷设。为了避免地面水的侵袭，管道保温层外壳底部离地面的净高不小于 0.3m，当公路、铁路等交叉时，可将管道局部升高并敷设在杆架上跨越。

中支架一般设在人行频繁、且通过车辆的地方，其净高为 2.5～4m。

高支架净空高为 4.5～6m，主要在跨越公路或铁路时采用。

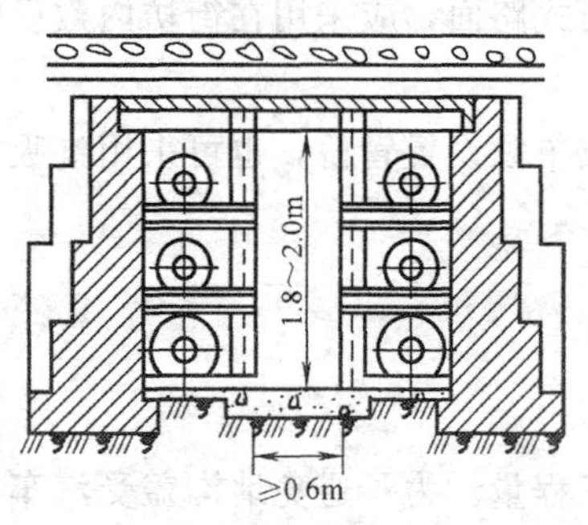

图 7-4 通行地沟

7.5.3.2 地下敷设

地下敷设可分为地沟敷设和直埋敷设。

（1）地沟敷设：地沟是地下敷设管道的维护构筑物。地沟的作用是承受土压力和地面荷载并防止水的侵入。

根据地沟的断面尺寸，可分为通行地沟、半通行地沟和不通行地沟。

1）通行地沟，见图 7-4。通行地沟内要保证工作人员直立行走，因此造价高，一般供热管道穿越交通干道时才采用。现代化的城市已开始采用综合管沟。综合管沟内，除了敷设供热管道外，还可以敷设上水管、电缆线等。综合管沟的优点是便于维修管理，并可避免各种管线敷设和维修时重复开挖路面。

2）半通行地沟，见图 7-5。在半通行地沟内留有高度 1.2～1.4m，宽度不小于 0.5m 的人行通道，操作人员可以在半通行地沟内检查管道和进行小型维修工作。半通行地沟适用于供热管道穿越交通干道而地下空间有限的场合。

3）不通行地沟，见图 7-6。

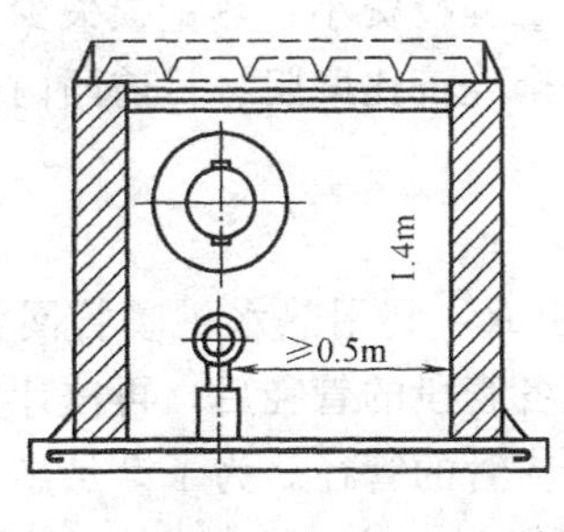

图 7-5　半通行地沟

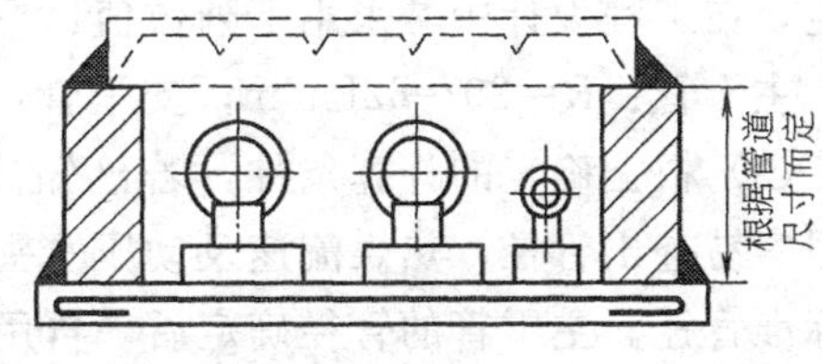

图 7-6　不通行地沟

不通行地沟的断面尺寸小，仅需满足管道施工安装的必要尺寸间距，因此造价低，占地面积小，是城市供热管道经常采用的敷设形式。其缺点是管道检修时须掘开地面。

地沟通常设在土壤下面，管沟盖板覆土深度不宜小于 0.2m。地沟埋在土壤中的深度，应根据当地的水文气候条件确定，一般在冻土层以下和最高地下水位线以上。

（2）直埋敷设

与传统的地沟敷设方式相比，直埋敷设具有占地少，施工周期短，使用寿命长等优点。适用于供热介质温度小于 150℃的供热管道。因此常用于热水供热系统。直埋方式见图 7-7。直埋敷设管道常采用“预制保温管”，它将钢管、保温层和保护层紧密粘在一起，具有足够的机械强度和良好的防水防腐性能，是供热管道敷设方式发展的趋势。

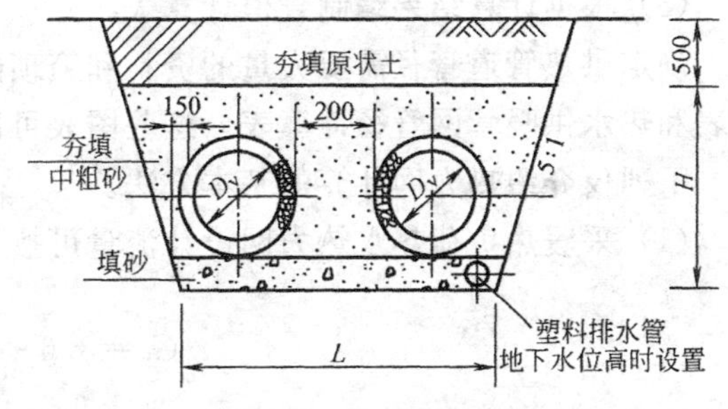

图 7-7　直埋敷设示意图

7.5.4　供热管道的水力计算

在城市集中供热规划中，需要对管道的管径进行计算或估算，即进行水力计算。供热管网水力计算的主要任务是根据热媒流量 G 和允许比摩阻 R 值（单位管道长度的沿程压力损失）来选择管径，或者根据管径和热媒流量来验算压力损失，以及求出管网中各点的压力，分析调整系统的水力工况；亦可根据管径和比摩阻校核管道流量。正确地选择管径和压力损失，对于整个管网投资、管网运行管理及经济效益都具有重要意义。

供热管道的水力计算一般可按下列顺序进行：

（1）绘制管道平面布置图或计算系统图，并在图上标明：

1）热源和用户的流量与参数；

2）各管段的几何展开长度（即计算长度）；

3）管道附件等；

4）对于热水管道应注明各管段的始点和终点（沿流动方向）的标高。

（2）确定计算条件（即各计算量），选择计算主干线，确定经济比摩阻 R 值。

在实际工作中，热水管网主干线通常选取从热源到最远用户的一条干线。由于各供暖用户所预留的压差一般都相等，主干线最长，因此平均比摩阻最小。选择合适的比摩阻值，对于确定管径起决定作用。比摩阻值大则管径小，工程投资小，热量损失少，但管网压力损失增大，循环水泵耗电量增加。所以必须确定一个经济比摩阻。目前国内尚无统一规定，在工程设计中常采用下列数值：

主干管：$R=20\sim62$Pa/m；支干管：$R=50\sim100$Pa/m。

(3) 根据确定的计算条件，若已知流量 G 和比摩阻 R，利用热水供暖管网管径计算表很容易查出管径、热媒流速及动压水头。初步计算出各管段的管径后，再按计算结果选用标准管径。主干管的管径确定后，再用同样方法确定支管的管径。为了满足热力网中各用户的作用压力，必须提高热源处用户支线的比摩阻，但管内的流速不宜超过限定流速。热水管网的限定流速如表 7-11 所示。

热水管网限定流速 **表 7-11**

公称直径 D_g(mm)	15	20	25	32	40	50	100	≥200
限定流速(m/s)	0.6	0.8	1.0	1.30	1.50	2.00	2.30	2.50～3.00

(4) 根据选用的标准管径，核算各管段的压力损失和流速，并对管网最远用户和热媒参数有要求的用户核算是否满足设计要求。当管道阻力超过允许值、用户压力不够时，应考虑适当增加管径，重新按上述步骤计算，直至达到要求。

(5) 根据计算结果编制管道计算表。

确定供热管道管径需要大量的资料和繁琐的计算工作，通常利用公式编制了水力计算图表和热水供暖管网管径计算表，这些图表可以在一些专业书籍中找到，本书从略。

下列仅介绍热力网计算的基本方法。

(1) 采暖热负荷热水热力网设计流量可按下式计算：

$$G_n=3.6\frac{Q_n}{c(t_1-t_2)} \tag{7-12}$$

式中 G_n——采暖热负荷热力网设计流量（kg/h，t/h）；

Q_n——采暖热负荷（W），(1kJ/h=0.278W)；

c——水的比热容［kJ/(kg·℃)］，可取 $c=4.1868$kJ/(kg·℃)；

t_1——采暖室外计算温度下的热力网供水温度（℃）；

t_2——采暖室外计算温度下的热力网回水温度（℃）。

热媒流速 v 与流量的关系为：

$$v=\frac{G_n}{3600\frac{\pi d^2}{4}\gamma}=\frac{G_n}{900\pi d^2\gamma} \tag{7-13}$$

式中 G_n——介质流量（t/h）；

v——流速（m/s）；

d——管径（m）；

γ——热媒的密度（kg/m³）。

(2) 管径计算参数的确定

1) 流量的确定。各管段的计算流量按下列原则确定：

A. 从热源引出的主管，按热源最大外供能力进行计算；

B. 直接与用户连接的支管，按用户远期负荷所需流量进行计算；

C. 主干管或分支干管，按所通过的各用户最大流量之和进行计算；

D. 双管或环形干管，根据各用户最大流量进行计算，并保证在任何工况下不能间断用户供热。

最大流量按式（7-14）计算：

$$G_{max}=K(1+K_f)\sum G'_{max} \tag{7-14}$$

式中 G_{max}——最大流量（t/h）；

$\sum G'_{max}$——各用户最大流量之和（t/h）；

K——同时使用系数（如果设计负荷已考虑，此处不重计）：生产负荷 $K=0.8\sim0.9$，采暖负荷 $K=1.0$，通风负荷 $K=0.8\sim1.0$，生活热水负荷 $K\leqslant0.4$；

K_f——流量附加系数，包括管道漏损裕量，蒸汽管道 $K_f=0.15\sim0.30$，热水管道 $K_f=0.02\sim0.05$。

2) 流速的确定。蒸汽和热水管道的允许流速见表 7-12。

蒸汽、热水管道流速表 **表 7-12**

工作介质	管道种类	允许流速(m/s)
过热蒸汽	$DN>200$	40～60
	$DN=200\sim100$	30～50
	$DN<100$	20～40
饱和蒸汽	$DN>200$	30～40
	$DN=200\sim100$	25～35
	$DN<100$	15～30
热网循环水	室外管网	0.5～3
凝结水	压力凝结水管	1～2
	自流凝结水管	<0.5

(3) 热水管网中管段总压降估算法

在集中供热方案设计、可行性研究或城市供暖规划设计时，常利用每米管道长度沿程损失法和局部阻力当量长度百分数估算法，公式如下：

$$\Delta P=RL+\Delta P_j=RL+RL_d=R(L+L_d)=RL_{zh} \tag{7-15}$$

式中 ΔP——管段总压力损失，Pa；

RL——管段沿程压力损失，Pa；

ΔP_j——管段局部压力损失，Pa；

L——管段长度，m；

L_d——管段局部阻力当量长度，m；

L_{zh}——管段折算长度，m；

R——每米管长的沿程压力损失，也称比摩阻，Pa/m。

R 值可用下式计算：

$$R = 6.88 \times 10^{-3} K^{0.25} \frac{G_n}{\rho d^{5.25}} \tag{7-16}$$

式中 G_n——管道热水流量，t/h；

K——管壁粗糙系数；

ρ——水的密度；

d——管道内径，m。

局部阻力当量长度 L_d 可按管道长度 L 的百分数来计算。即

$$L_d = \alpha L \tag{7-17}$$

式中 α——局部阻力当量长度百分数（%），详见表 7-13。

热水管道局部阻力损失当量长度比值 α 表 7-13

管道等别	伸缩器形式	公称直径 D_g(mm)	α 值(%)
主干线	套管伸缩器	≤1000	20
	煨弯管伸缩器	≤300	30
	焊接弯管伸缩器	200～350 400～500 600～1000	50 70 100
支线	套管伸缩器	≤400 450～1000	30 40
	煨弯管伸缩器	≤150 175～200 250～300	30 40 60
	焊接弯管伸缩器	175～200 250～300 400～500 600～1000	60 80 90 100

城市规划中，因许多项目具有不确定性，参数的确定困难较大。因此，上述计算公式仅能作为参考，而不能作为施工的依据。而实际工程设计计算采用的公式和应用的参数要复杂得多，为简化繁琐计算，通常利用图表进行。图表可参阅有关专门书籍，这里不再介绍。

（4）热水管网管径估算，参见表 7-14。

热水管网管径估算表 表 7-14

热负荷		供回水温差(℃)									
		20		30		40(110～70)		60(130～70)		80(150～70)	
(万 m²)	(MW)	流量(t/h)	管径(mm)	流量(t/h)	管径(mm)	流量(t/h)	管径(mm)	流量(t/h)	管径(mm)	流量(t/h)	管径(mm)
10	6.98	300	300	200	250	150	250	100	200	75	200
20	13.96	600	400	400	350	300	300	200	250	150	250
30	20.93	900	450	600	400	450	350	300	300	225	300
40	27.91	1200	600	800	450	600	400	400	350	300	300
50	34.89	1500	600	1000	500	750	500	500	400	375	350

续表

热负荷		供回水温差(℃)									
		20		30		40(110～70)		60(130～70)		80(150～70)	
(万 m^2)	(MW)	流量(t/h)	管径(mm)	流量(t/h)	管径(mm)	流量(t/h)	管径(mm)	流量(t/h)	管径(mm)	流量(t/h)	管径(mm)
60	41.87	1800	600	1200	600	900	600	600	400	450	350
70	48.85	2100	700	1400	600	1050	500	700	450	525	400
80	55.82	2400	700	1600	600	1200	600	800	450	600	400
90	62.80	2700	700	1800	700	1350	600	900	450	675	450
100	69.78	3000	800	2000	800	1500	600	1000	500	750	450
150	104.67	4500	900	3000	900	2250	700	1500	600	1125	500
200	139.56	6000	1000	4000	1000	3000	800	2000	700	1500	600
250	174.45	7500	2×800	5000	1000	3750	800	2500	700	1875	600
300	209.34	9000	2×900	6000	2×900	4500	900	3000	800	2250	700
350	244.23	10560	2×900	7000	2×900	5250	900	3500	800	2625	700
400	279.12			8000	2×900	6000	1000	4000	900	3000	800
450	314.01			9000		6750	1000	4500	900	3375	800
500	348.90			10000		7500	2×800	5000	900	3750	800
600	418.68					9000	2×900	6000	1000	4500	900
700	488.46					10500	2×900	7000	1000	5250	900
800	558.24							8000	2×900	6000	1000
900	628.02							9000	2×900	6750	1000
1000	697.80							10000	2×900	7500	2×800

注：当热指标为 70W/m^2 时，单位压降不超过 49Pa/m。

7.6 城市供热调配设施布置

7.6.1 热力站布置

7.6.1.1 热力站的作用

集中供热系统的热力站是供热管网与热用户的连接场所。大型的集中供热系统，第一级管网接至热力站；在热力站内采用不同的连接方式将热媒加以调节或转换，然后向热用户系统分配热量以满足各热用户的需求；根据需要，热力站内可进行计量、检测供热热媒的参数和数量。

7.6.1.2 热力站的分类

(1) 根据用户热力站的位置和规模分为：

1) 用户热力站；

2) 小区热力站；

3) 区域性热力站。

(2) 根据热力站的用户性质，分为：

1) 民用热力站，它主要是采暖、通风、热水供应热用户，一般为热水管网的集中供热系统。

2) 工业热力站，它主要是生产工艺热负荷，一般为蒸汽管网的集中供热系统。

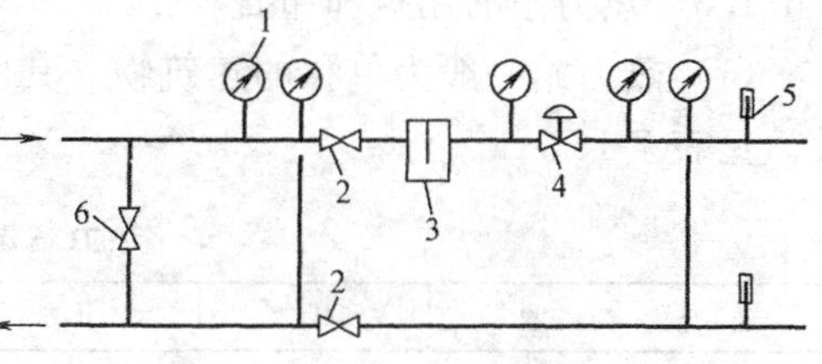

图 7-8 用户引入口示意图

1—压力表；2—阀门；3—除污器；4—调节阀；5—温度计；6—旁通管阀门

热力站形式，如图所示。图 7-8 为用户引入口的示意图，图 7-9 为民用热力站示意图，图 7-10 为工业蒸汽热力站示意图。

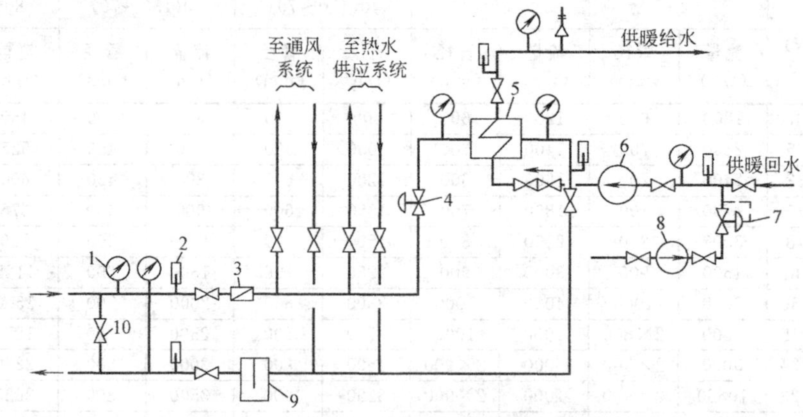

图 7-9 民用小区热力站示意图

1—压力表；2—温度计；3—流量计；4—调节阀；5—加热器；6—循环水泵；7—补水调节阀；8—补给水泵；9—除污器；10—旁通管

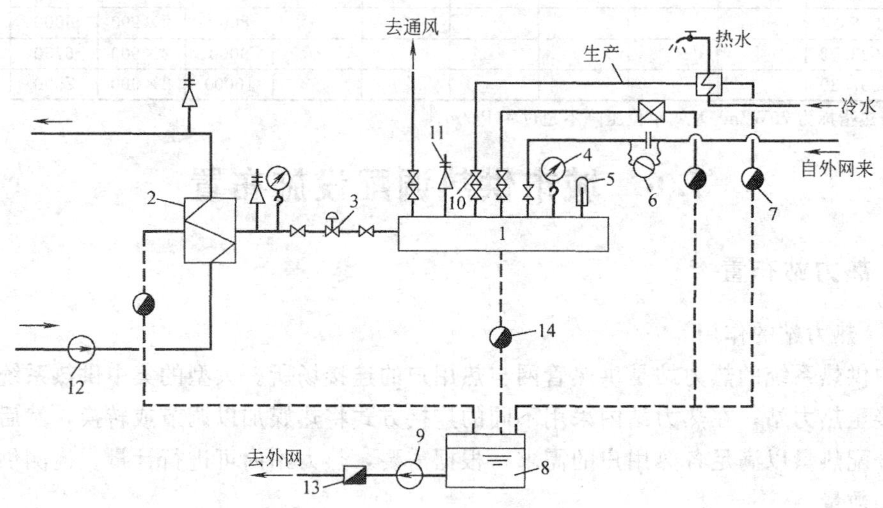

图 7-10 工业蒸汽热力站示意图

1—分气缸；2—汽水换热器；3—减压阀；4—压力表；5—温度计；6—蒸汽流量计；7—疏水器；8—凝结水箱；9—凝结水泵；10—调节阀；11—安全阀；12—循环水泵；13—凝结水流量计；14—疏水器

7.6.1.3 热力站的用地和布置

(1) 热力站一般为单独的建筑物，其所需要的建筑面积与热力站所服务的供热面积有关。见表 7-15。

热力站建筑面积参考表 **表 7-15**

规模类型	Ⅰ	Ⅱ	Ⅲ	Ⅳ	Ⅴ	Ⅵ
供热建筑面积(万 m^2)	<2	3	5	8	12	16
热力站建筑面积(m^2)	<200	<280	<330	<380	<400	≤400

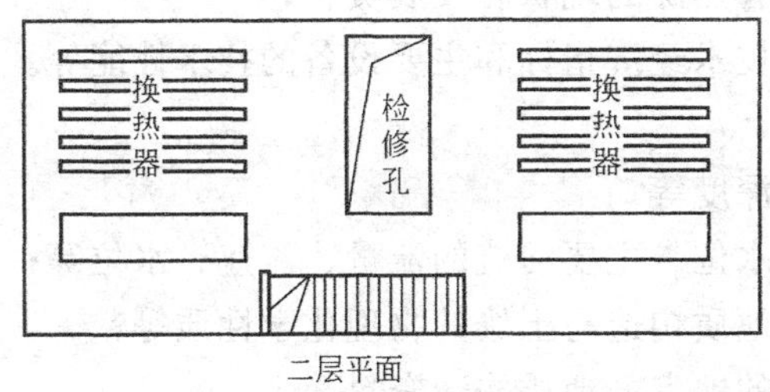

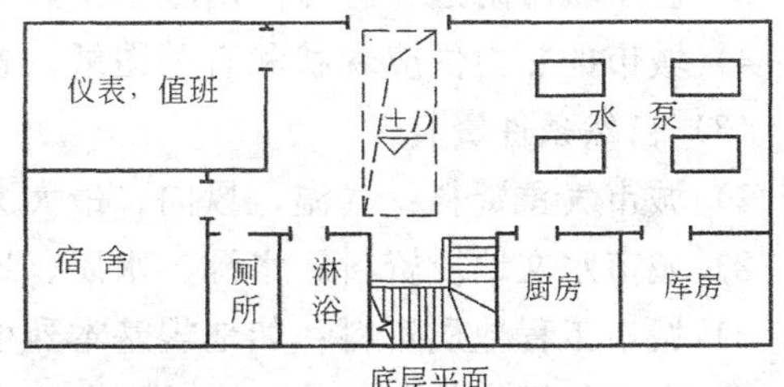

图 7-11 汽—水热力站平面布置示意图

（2）热力站的平面布置，见图 7-11、图 7-12。

7.6.2 中继加压泵站

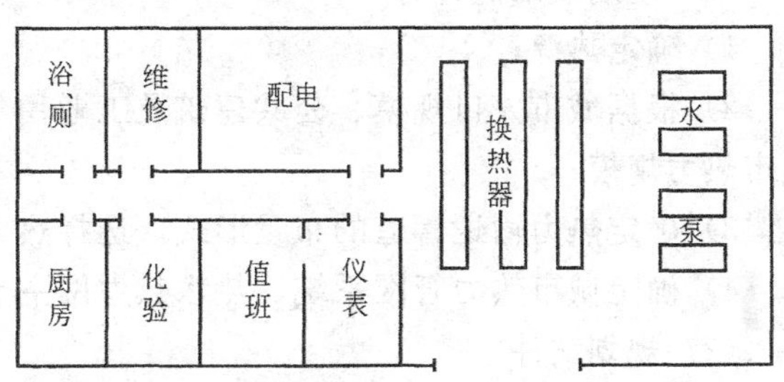

图 7-12 水—水热力站平面布置示意图

（1）中继加压泵站的适用场合

1）大型热水供热管网；

2）供热区域地形复杂，高差悬殊的热水供热管网；

3）热水管网扩建。

（2）中继加压泵站的位置和作用

中继加压泵站一般设在热力水网的供水管网或回水干管上，具体位置由热水管网内所要求的压力工况确定，其作用是满足热水网络和大多数热用户压力工况的要求。

中继加压泵站一般应设在单独的建筑物内，泵站与周围建筑物的距离，应考虑防止噪声对周围环境的影响。

7.7 规划设计的成果及要求

7.7.1 资料准备工作

（1）城市现状和近期、远期发展资料

1）城市总体规划说明书、附件及相关图纸；

2）城市人口及其分布状况；

3）工业规模、类型、数量及其分布情况；

4）大型公共建筑的数量及其分布状况；

5）居住区建筑的层数、面积和配套公共服务设施情况；

6）城市道路系统、道路等级、红线和宽度；

7）地下管道和地下构筑物等设施的分布情况；

8）对外交通和市内运输条件。

（2）燃气资源和城市能源供应系统的有关资料，主要有：

1）地区能源平衡有关资料；

2）各类用户的燃气供应和利用现状、燃料历年的增长情况、工艺上必须使用热力的企业等调查资料；

3）位于城市附近并有可能向城市供热的现有热源的现状和发展资料；

4）城市的热力供应现状和有关图纸，各种技术经济指标和主要设备的技术性能等。

（3）自然条件资料

1）城市气象资料：气温、风向、最大冻土深度等；

2）城市水文地质资料：水源、水质、地下水位、主要河流的流量、流速、水位等；

3）城市工程地质资料：如地震基本烈度、地质构造与土壤的物理化学性质等；

4）有可能用作热源、热力中继站和热力站的地点的地质构造资料。

7.7.2 规划成果

（1）规划成果内容有：

1）确定热源；

2）根据城市人口规模、公共建筑及工业用气等情况，选择相应的用气定额，并确定城市热力规模；

3）确定热力输送管道的布置形式，选择热力中继站、热力站、检查室等的位置；

4）确定城市热力管网系统、热水热力网主干线，合理布置城市燃气管网。

（2）规划文件

1）规划说明书，规划说明书包括的内容如下：

A. 规划的依据、指导思想和原则；

B. 热源、供热介质、补给水源的选择，包括自备热源状况和热力规模的论证；

C. 热力供应对象与居民用热率，各类用户用热量和热量平衡表；

D. 热力网中单管或双管以及输配系统的选择与方案的技术经济比较；

E. 热力方式与调节用热不平衡的手段；

F. 重要厂、站选址及与有关部门协商的结果；

G. 城市热力管道穿越重要河流、铁路的方案；

H. 城市热力供应的技术维修、设备加工与生活设施等配套工程项目；

I.“三废”治理措施和环境影响报告；

J. 规划分期年限及其相应的投资、主要设备数量、原材料消耗、管理人员定额以及规划期限内的经济效益。

2）规划图纸

城市热力规划总平面图，常用比例有1/1000、1/2000、1/5000、1/10000或1/20000。图中应标出热源、热力中继站、热力站位置、管网分布和供气区域。

热负荷延续时间图。

各种主要运行方案的热力网主干线水压图；在地形复杂的地区，还应绘制必要的支干线水压图。

第8章　城市工程管线综合规划

8.1　概　　述

在城市中，为了便于居民生活和发展生产，需要敷设给水、排水、电力、电信、燃气、热力等多种管道和线路，这些管道和线路统称为管线工程。这些管线工程的用途和技术要求各不相同，由于承担的设计单位不一，施工时间也有先有后，往往会造成诸多问题。例如，各种管线在平面上和竖向断面上位置相互冲突、干扰，住宅区、工业区、各企事业单位及厂矿区内外敷设的各种管线互不衔接；规划设计的管线和现状管线彼此矛盾；局部和整体互不配套等等。这些问题如果在规划设计阶段不予以解决，不仅会影响施工的顺利进行，影响城市的发展和功能的正常运转，有时还会发生安全事故。因此，对规划设计的管线工程必须进行统一安排和综合协调，即工程管线综合。

城市工程管线综合，就是对搜集到的城市规划区范围内各项管线工程的规划设计资料(包括搜集现状资料)，认真加以分析研究，按照工程管线综合原理进行统一安排和布置，发现并解决各项管线工程在规划设计上存在的矛盾，使它们在城市用地上占据合理的空间地位（包括地上和地下），以指导单项工程下阶段的设计、施工，并为今后管线管理创造有利条件。

所谓统一安排和布置，就是以各项管线工程的规划设计资料为基础，从总体上、全局上进行分析研究，如发现某一单项工程管线布置的走向、位置不合理或与其他工程管线工程发生冲突，就要提出调整和解决问题的意见与建议，会同有关单位协商解决。

在城市规划过程中，加强管线工程的系统规划、及时进行综合不仅可使城市规划部门和设计单位全面了解各种管线的布置情况，而且能够达到密切配合与协调。为了避免相互矛盾，各设计单位在交付图纸之前，应对所承担设计的部分与相关的工程管线进行校对和检查，既可及时解决矛盾，避免发生冲突，从而提高了规划设计质量，也有利于各项工程的建设。

8.1.1　城市工程管线种类

(1) 按性质和用途分

1）给水管道：包括工业给水、生活给水、消防给水管道等。

2）排水沟管：包括工业污水、生活污水、雨水等管道和明沟等。

3）电力线路：包括高压输电、高低压配电、生产用电、电车用电线路等。

4）电信线路：包括市内电话、长途电话、因特网、有线广播、有线电视线路等。

5）热力管道：包括蒸汽、热水管道等。

6）可燃或助燃气体管道：包括煤气、乙炔、氧气管道等。

7）空气管道：包括新鲜空气、压缩空气管道等。

8）灰渣管道：包括排泥、排灰、排尾矿管道等。

9）城市垃圾输送管道。

10）液体燃料管道包括石油、酒精管道等。

11）工业生产专用管道：主要是工业生产上用的管道，如氯气管道，以及化工厂专用管道。

（2）按输送方式分

1）压力管线：指管道内流体介质由外部施加压力使其流动的工程管线，通过一定的压力设备将流体介质由管道系统输送给终端用户。给水、煤气、灰渣管道属于此类。

2）重力自流管：指管道内流体在重力作用下沿其设置的方向流动的工程管线。这类管线有时还需要中途提升设备将流体介质引向终端。污水、雨水管道系统即为重力自流管。

（3）按敷设方式分

1）架空线：指通过地面支撑设施在空中布线的工程管线。如架空电力线，架空电话线。

2）地铺管线：指在地面铺设明沟或盖板明沟的工程管线，如雨水沟渠，地面各种轨道等。

3）地埋管线：指在地面以下有一定覆土深度的工程管线。根据覆土深度不同，地下管线又可分为深埋和浅埋两类。所谓深埋，是指管道的覆土深度大于1.5m，覆土深度小于1.5m则称为浅埋。我国北方地区土壤冰冻厚度较深，一般给水、排水、煤气、热力等管道需要深埋，以防冻裂。而电力、电信等线路不受冰冻影响，则可以浅埋。

（4）按弯曲程度分

1）可弯曲管线：指通过加工易将其弯曲的工程管线。

2）不易弯曲管线：指通过加工不易将其弯曲的工程管线或强行弯曲会损坏的工程管线。

城市工程管线综合规划中常见的管线有6种：给水管道、排水管道、电力线路、电话线路、热力管道、燃气管道等。城市开发建设中常提到的“七通一平”中的“七通”即指上述六种管道和道路贯通。

8.1.2 综合术语

1）管线水平净距：指平行方向敷设的相邻两管线外表面之间的水平距离。

2）管线垂直净距：指两条管线上下交叉敷设时，从上面管道外壁最低点到下面管道外壁最高点之间的垂直距离。

3）管线埋设深度：指地面到管道内底的距离，即地面标高减去管道内底标高。

4）管线覆土深度：指地面到管道顶的距离，即地面标高减去管顶标高。

5）同一类别管线：指相同专业，且具有同一使用功能的工程管线。

6）不同类别管线：指具有不同使用功能的工程管线。

7）专项管沟：指敷设同一类别工程管线的专用管沟。

8）综合管沟：指不同类别工程管线的专用管沟。

8.2 城市工程管线综合规划原则与技术规定

8.2.1 城市工程管线综合布置原则

(1) 城市各种管线的位置应采用统一的坐标及标高系统，局部地区内部的管线定位也可以采用自己的坐标系统，但区界、管线进出口处则应与城市主干管线的坐标一致。如存在几个坐标系统，必须加以换算，取得统一。

(2) 管线综合布置应与总平面布置、竖向设计和绿化布置统一进行，使管线之间，管线与建筑物之间在平面上及竖向上相互协调、紧凑合理。

(3) 管线敷设方式应根据地形、管线内介质的性质、生产安全、交通运输、施工检修等因素，经技术经济比较后择优确定。

(4) 当管道内的介质具有毒性、可燃、易燃、易爆性质时，严禁穿越与其无关的建筑物、构筑物、生产装置及贮灌区。

(5) 管线带的布置应与道路或建筑红线平行。同一管线不宜自道路一侧转到另一侧。

(6) 必须在满足生产、安全、检修的条件下节约用地。当经济技术比较合理时，应共架、共沟布置。

(7) 应尽量减少管线与铁路、道路及其他干管的交叉。当管线与铁路或道路必须交叉时，应设置为正交。确有困难时，其交叉角不宜小于45°。

(8) 在山区，管线敷设应充分利用地形，并应避免山洪、泥石流及其他不良地质现象的危害。

(9) 当规划区分期建设时，管线布置应全面规划，近期集中，远近结合。当近期管线穿越远期用地时，不得影响远期用地的使用。

(10) 管线综合布置时，干管应布置在用户较多的一侧或将管线分类布置在道路两侧。

(11) 充分利用现状管线。改建、扩建工程中的管线综合布置，不应妨碍现有管线的正常使用。当管线间距不能满足规范规定时，在采取有效措施后，可适当减小。一般地，管线综合布置应按下列顺序，自建筑红线或道路红线向道路中心线方向平行布置：

1) 电信电缆；2) 电力电缆（低压应在高压之上）；3) 配水管线；4) 电信管线；5) 燃气配气管线；6) 热力管线；7) 燃气管线；8) 输水管线；9) 雨水管线；10) 污水管线。

(12) 工程管线与建筑物、构筑物之间以及工程管线之间水平距离应符合规范规定。当受道路宽度、断面以及现状工程管线位置等因素限制难以满足要求时，可重新调整规划道路断面或宽度。在同一条城市干道上敷设同一类型管线较多时，宜采用专项管沟敷设，或规划建设某类工程管线统一敷设的综合管沟等。

在交通运输十分繁忙和管线设施繁多的快车道、主干道以及配合兴建地下铁道、立体交叉等工程地段、不允许随时挖掘路面的地段，广场或交叉口处、道路下需同时敷设两种以上管道以及多回路电力电缆的情况下，道路与铁路或河流的交叉处，开挖后难以修复的路面下以及某些特殊建筑下，应将工程管线采用综合管沟集中敷设。

(13) 敷设管道干线的综合管沟应在车行道下，其覆土深度必须根据道路施工和行车

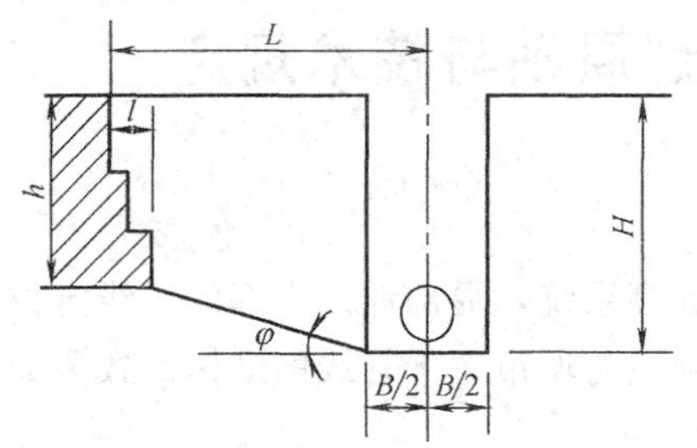

图 8-1　地下管道与建筑物的水平距离

荷载的要求、综合管线的结构强度以及当地的冰冻深度等确定。敷设支管的综合管沟应在人行道下，其埋设深度可以浅些。

埋深大于建筑物基础的工程管线与建筑物之间最小水平距离，可按图 8-1 所示考虑，按下列公式计算：

$$L=\frac{H-h}{\mathrm{tg}\varphi}+l+\frac{B}{2} \tag{8-1}$$

式中　L——管道中心与建筑物之间的距离（m）；

H——管道槽深（m）；

h——建筑物基础砌置深度（m）；

φ——土的内摩擦角（°）；

l——建筑基础扩大部分长度（m）；

B——沟槽底宽（m）。

此式仅适用于一般性土，对如湿陷性黄土或其他特殊土，则不能用此式。

对于埋深大的工程管线，至铁路的水平距离可按下列公式计算：

$$L=1.25+h+B/2\geqslant 3.75 \tag{8-2}$$

式中　L——管道中心与铁道中心之间的距离（m）；

h——枕木底至管道底之间的深度（m）；

B——开挖管道槽的宽度（m）。

埋深较大的工程管线至公路的水平距离，按公式（8-3）计算，其结果与表 8-1 中的规定比较，采用较大值。

$$L=H+B/2 \tag{8-3}$$

式中　H——管道中心与公路之间的距离（m）；

B——开挖管沟宽度（m）。

（14）电信线路与供电线路通常不合杆架设。在特殊情况下，征得有关部门同意、并采取相应的措施后，可同杆架设。同一性质的线路应尽可能同杆，如高低压供电线等。

高压输电线路与电信线路平行架设时，要注意干扰问题。

（15）综合布置管线时，管线之间或管线与建筑物、构筑物之间的水平距离，除了要满足技术、卫生、安全等要求外，还必须符合人防等有关规定。

（16）在不妨碍运行、检修和占地合理的前提下，应使管线路径尽量短捷。

（17）与城市规划发展方向一致，规划管线工程的管位和容量应留有余地。

8.2.2　城市地下工程管线避让原则

（1）压力管让自流管；

（2）管径小的管道让管径大的管道；

地下工程管线最小水平净距表（单位：m） **表 8-1**

序号	管线名称	1 建筑物	2 给水管 $d\leqslant 200$mm	2 给水管 $d>200$mm	3 排水管	4 燃气管 低压	4 燃气管 中压 B	4 燃气管 中压 A	4 燃气管 高压 B	4 燃气管 高压 A	5 热力管 直埋	5 热力管 地沟	6 电力电缆 直埋	6 电力电缆 缆沟	7 电信电缆 直埋	7 电信电缆 管道	8 乔木	9 灌木	10 地上杆柱 通信、照明 $\leqslant$10kV	10 地上杆柱 高压铁塔基础边 $\leqslant$35kV	10 地上杆柱 高压铁塔基础边 $>$35kV	11 道路侧石边缘	12 铁路钢轨（或坡脚）
1	建筑物		1.0	3.0	2.5	0.7	1.5	2.0	4.0	6.0	2.5	0.5	0.5		1.0	1.5	3.0	1.5					6.0
2	给水管 $d\leqslant 200$mm	1.0			1.0	0.5			1.0	1.5	1.5		0.5		1.0		1.5		0.5	3.0		1.5	5.0
	给水管 $d>200$mm	3.0			1.5																		
3	排水管	2.5	1.0	1.5		1.0	1.2		1.5	2.0	1.5		0.5		1.5		0.5		0.5	1.5		1.5	
4	燃气管 低压 $p\leqslant 0.005$MPa	0.7	0.5		1.0	$D\leqslant 300$mm 0.4 $D>300$mm 0.5					1.0		0.5		0.5	1.0	1.2		1.0	1.0	5.0	1.5	
	燃气管 中压 B $0.005<p\leqslant 0.2$MPa	1.5			1.2						1.0	1.5											
	燃气管 中压 A $0.2<p\leqslant 0.4$MPa	2.0																					
	燃气管 高压 B $0.4<p\leqslant 0.8$MPa	4.0	1.0		1.5						1.5	2.0	0.5		1.0							2.5	
	燃气管 高压 A $0.8<p\leqslant 1.6$MPa	6.0	1.5		2.0						2.0	4.0	1.5		1.5								
5	热力管 直埋	2.5	1.5		1.5	1.0	1.0		1.5	2.0			2.0		1.0		1.5		1.0	2.0	3.0	1.5	1.0
	热力管 地沟	0.5					1.5		2.0	4.0													
6	电力电缆 直埋	0.5	0.5		0.5	0.5	0.5		1.0	1.5	2.0				0.5		1.0		0.6			1.5	3.0
	电力电缆 缆沟																						
7	电信电缆 直埋	1.0	1.0		1.0	0.5			1.0	1.5	1.0		0.5		0.5		1.0	1.0	0.5	0.6		1.5	2.0
	电信电缆 管道	1.5				1.0											1.5						
8	乔木（中心）		1.5		1.5	1.2					1.5		1.0		1.0	1.5			1.5			0.5	
9	灌木														1.0								
10	地上杆柱 通信、照明$\leqslant$10kV		0.5		0.5	1.0					1.0		0.6		0.5		1.5					0.5	
	地上杆柱 高压铁塔基础边 $\leqslant$35kV		3.0		1.5	1.0					2.0		0.6·		0.6							0.5	
	地上杆柱 高压铁塔基础边 $>$35kV					5.0					3.0												
11	道路侧石边缘		1.5		1.5	1.5			2.5		1.5		1.5		1.5		0.5		0.5				
12	铁路钢轨（或坡脚）	6.0			5.0						1.0		3.0		2.0								

(3) 易弯曲的管道让不易弯曲的管道；

(4) 临时管道让永久的管道；

(5) 支管让干管；

(6) 工程量小的管道让工程量大的管道；

(7) 新建管道让现有的管道；

(8) 检修次数少、方便的管道让检修次数多、不方便的管道。

8.2.3 城市工程管线共沟敷设原则

(1) 热力管不应与电力、通信电缆和压力管道共沟；

(2) 排水管道应布置在沟底。当沟内有腐蚀介质管道时，排水管道应位于其上面；

(3) 腐蚀性介质管道的标高应低于其他管线；

(4) 火灾危险性属于甲、乙、丙类的液体、液化石油气、可燃气体、毒性气体和液体以及腐蚀性介质管道，不应共沟敷设，并严禁与消防水管共沟敷设；

(5) 凡有可能产生相互影响的管线，不应共沟敷设。

8.2.4 技术规定

(1) 地下工程管线最小水平净距，见表 8-1。

(2) 地下工程管线交叉时最小垂直净距，见表 8-2。

地下工程管线交叉时最小垂直净距（单位：m） **表 8-2**

下边管道的名称		上边管道的名称							
		给水管线	排水管线	热力管线	燃气管线	电信管线		电力管线	
						直埋	管沟	直埋	管沟
给水管线		0.15							
排水管线		0.40	0.15						
热力管线		0.15	0.15	0.15					
燃气管线		0.15	0.15	0.15	0.15				
电信电缆	直埋	0.50	0.50	0.15	0.50	0.25	0.25		
	管块	0.15	0.15	0.15	0.15	0.25	0.25		
电力电缆	直埋	0.15	0.50	0.50*	0.50	0.50	0.50	0.50	0.50
	管沟	0.15	0.50	0.50	0.15	0.50	0.50	0.50	0.50
沟渠（基础底）		0.50	0.50	0.50	0.50	0.50	0.50	0.50	0.50
涵洞（基础底）		0.15	0.15	0.15	0.15	0.20	0.25	0.50	0.50
电车（轨底）		1.00	1.00	1.00	1.00	1.00	1.00	1.00	1.00
铁路（轨底）		1.00	1.20	1.20	1.20	1.00	1.00	1.00	1.00

注：表中 0.50* 表示电压等级≤35kV 时，电力管线与热力管线最小垂直净距为 0.5m；若>35kV 应为 1.00m。

(3) 地下工程管线最小覆土深度，见表 8-3。

(4) 架空工程管线及与建筑物最小水平净距，见表 8-4。

(5) 架空工程管线交叉时最小垂直净距，见表 8-5。

地下工程管线最小覆土深度表（单位：m）　　表 8-3

序号	管线名称		最小冻土深度		备注
			人行道下	车行道下	
1	电力管线	直埋	0.60	0.70	10kV 以上电缆应不小于 1.00m
		管沟	0.40	0.50	敷设在不受荷载的空地下时，数据可适当减小
2	电信管线	直埋	0.70	0.80	
		管沟	0.40	0.70	敷设在不受荷载的空地下时，数据可适当减小
3	热力管线	直埋	0.60	0.70	
		管沟	0.20	0.20	
4	燃气管线		0.60	0.80	冰冻线以下
5	给水管线		0.60	0.70	根据冰冻情况、外部荷载、管材强度等因素确定
6	雨水管线		0.60	0.70	冰冻线以下
7	污水管线		0.60	0.70	

架空工程管线及与建筑物最小水平净距（单位：m）　　表 8-4

名　称		建筑物（突出部分）	道路（路基边石）	铁路（轨道中心）	通信管线	热力管线
电力	10kV 以下杆中心	2.0	0.5	杆高加 3.0	2.0	2.0
	35kV 边导线	3.0	0.5	杆高加 3.0	4.0	4.0
	110kV 边导线	4.0	0.5	杆高加 3.0	4.0	4.0
电信管线		2.0	0.5	4/3 杆高		1.5
热力管线		1.0	1.5	3.0	1.5	

架空工程管线交叉时最小垂直净距表（单位：m）　　表 8-5

名　称		建筑物（顶端）	道路（路面）	铁路（轨顶）	电力管线		热力管线
					电力线有防雷装置	电力线无防雷装置	
电力管线	10kV 以下	3.0	7	7.5	2	4	2.0*
	35kV～110kV	4.0	7	7.5	3	5	3.0*
电信管线		1.5	4.5	7.0	0.6	0.6	1.0
热力管线		6.0	4.5	5.5	1.0	1.0	0.25

注：标中 * 数值是指热力管道在电力管线下面通过时管线垂直净距。

8.3　城市工程管线综合总体规划步骤

城市工程管线综合总体规划（含分区规划）是城市总体规划的一门综合性专项规划。因此，应该与城市总体规划同步进行。其规划一般分三个步骤：资料收集；规划协调综合；编制规划成果。

8.3.1　资料收集

收集基础资料是城市工程管线综合总体规划的基础，也是工程管线综合详细规划和综合设计深化的基础。所以，收集基础资料应尽量详尽、准确。城市工程管线综合总体规划的基础资料有下列几类：

（1）城市自然地形资料：城市或分区的地形、地貌、地面高程、河流水系、气象等。上述资料除气象外，均可在城市地形图上取得。

（2）城市土地利用状况资料：城市或分区的各类用地的现状和规划布局。

（3）城市人口分布资料：城市或分区现状和规划居住人口的分布。

（4）城市道路系统资料：城市或分区现状和规划的道路系统。

（5）有关工程管线规范资料：国家和有关主管部门对工程规划管线敷设的规范，尤其是当地对工程管线布置的特殊规定，例如南北方城市因土壤和冰冻深度不同，对给水、排水等管道的最小埋深及最小覆土深度等有不同规定。

（6）各工程专业现状和规划资料：各工程管线现状分布，各工程管线专业部门对本系统近远期规划或设想等资料。各类工程管线都有各自的技术规范和要求，因此，收集城市工程管线综合总体规划专业基础资料，均有自己的侧重点。

1）给水工程基础资料：城市现有、在建和规划的水厂，地表水、地下水取水工程的现状和规划资料，包括水厂的规模、位置、用地范围，取水构筑物的规模、位置，以及水源卫生防护带。区域输配水工程管网现状和规划，包括配水管网的布置形式（枝状、环状等），给水干管的走向、管径及在城市道路中的平面位置和埋深情况等。

2）排水工程基础资料：城市现状和排水工程总体规划确定的排水体制。现状和规划的雨水、污水工程管网，包括雨水、污水干管的走向、管径及在城市道路中的平面位置，雨水干渠的截面尺寸和敷设方式，雨水、污水干管的埋深情况，雨水、污水泵站的位置，排水口的位置等。

3）电力工程基础资料：城市现状和规划电厂、变电站（所）的位置、容量、电压等级和分布形式（地上、地下）。城市现状和规划的高压输配电网的布局，包括高压电力线路（35kV及其以上）的走向、位置、敷设方式，高压走廊位置和宽度，高压输配电线路的电压等级，电力电缆的敷设方式（直埋、管沟等）及在城市道路中的平面位置和埋深情况等。

4）通信工程基础资料：城市现状和规划的邮电局所的规模和分布，现状和规划电话网络布局，包括城市内各种电话（市话、农话、长话）干线的走向、位置、敷设方式，电话主干电缆、中继电缆的断面形式，通信光缆和电话电缆在城市道路中的平面位置和埋深情况。有线电视台的位置、规模，有线电视干线的走向、位置、敷设方式。有线电视主干电缆的断面形式，在城市道路中的平面位置和埋深要求等。

5）供热工程基础资料：城市现状和规划的热源情况，包括热电厂、区域锅炉房、工业余热的分布位置和规模，地热的分布位置、热能储量、开采规模。现状和规划的热力网布局，包括热力网的供热方式（蒸汽供热、热水供热），蒸汽管网的压力等级，蒸汽、热水干管的走向、位置、管径，热力管的敷设方式（架空、地面、地下）及在城市道路中的平面位置和埋深要求等。

6）燃气工程基础资料：城市现状和规划燃气气源状况，包括城市采用的燃气种类（天然气、各种人工煤气、液化石油气），天然气的分布位置，储气站的位置和规模，煤气制气厂的位置和规模，对置储气站的位置和规模，液化石油气气化站的位置和规模。现状和规划的城市燃气系统的布局，包括城市中各种燃气的供应范围，燃气管网的形式（单级系统、二级系统、多级系统）和各级系统的压力等级，燃气干管的走向、位置、敷设方式，以及在城市道路中的平面位置和埋深情况，各级调压设施的位置等。

8.3.2 规划综合协调

此阶段是对所收集的基础资料进行汇总综合，将各项内容汇总到管线综合平面图上，检查各工程管线规划自身是否协调，各工程管线规划之间是否矛盾，进而提出综合总体协调方案，组织相关专业共同讨论，确定符合城市工程管线综合敷设规定，制定基本满足各专业工程管线规划的管线综合总体规划方案。

(1) 总体规划底图编制

规划底图不仅能清晰地反映各专业工程管线系统及其相互间的关系，而且还是管线综合的基础，因此，规划底图编制极为重要。编制底图时，应当精心、细致地进行，绝对不可操之过急或潦草从事。底图的编制通常有手绘法和机绘法。手绘法具体的步骤如下：

1) 在硫酸纸上打好坐标方格网，然后把规划区（或范围）的地形图（最新施测）垫在下面描绘地图。选择性地绘出主要河流、湖泊及表明地势的等高线和主要标高。坐标网要求制作准确，否则会影响综合的准确程度。

2) 把总体规划的土地利用底图垫在硫酸纸图下面，对准坐标，把规划的工业、仓储、居住、公共建筑等各类用地以及道路网（红线）等用铅笔描入图中。

3) 将现状和规划的工程管线及主要设施逐一描入图中。需要指出的是，在编制底图时，务必将供抄绘的原图缩放到统一比例后再进行描绘，以确保准确。

机绘法是用计算机进行规划底图编制，其步骤和要求与手绘法相同。

(2) 规划综合协调

规划综合协调就是以单项工程（专项工程）的现状、规划资料为基础，在工程管线综合原则的指导下进行统一总体布局，主要解决各项工程的主干管在总体布局上的问题，并检查各工程管线规划自身是否符合规范，如各工程管线是否过分集中在某一条干道上，管线走向是否出现矛盾等。调整或完善综合方案，在此基础上，绘制工程管线综合规划图，标出必要的数据，并附注扼要的说明。由于该阶段的主要任务是总体布局，因此，对于管线的具体位置，除必须定出的少数控制点外，一般不作具体肯定。但应对各单项工程的规划布局提出修改建议。对于已确定的管线，则可在道路断面图上标出其具体位置。

8.3.3 编制城市工程管线综合总体规划成果

城市工程管线综合总体规划成果有图纸和说明书两部分，主要内容如下：

(1) 总体规划平面图

图纸比例通常采用1/5000～1/10000。比例尺的大小随城市规模的大小、管线的复杂程度等情况而有所变化，但应尽可能和城市总体规划图的比例尺一致。图中包括的主要内容：

1) 自然地形、主要的地物、地貌以及表明地势的等高线；

2) 规划的工业、仓库、居住、公共设施等用地，以及道路网、铁路等；

3) 规划确定的各种工程管线和主要工程设施以及防洪堤、防洪沟等设施平面布置；

4）标明道路横断面所在位置。

（2）工程管线道路标准横断面图编绘

工程管线道路标准横断面图的比例通常采用1/200～1/500，图面内容主要包括：

1）道路红线范围内的各组成部分在横断面上的位置及宽度，如机动车道、非机动车道、人行道、分隔带、绿化带等；

2）规划确定的工程管线在道路中的位置；

3）道路横断面的编号。

工程管线道路标准横断面图的绘制方法比较简单，即根据该路的各管线布置位置和次序逐一配入城市总体规划所确定的横断面，并标注必要的数据。对于在配置管线位置时，树冠与架空线路、树根与地下管线的矛盾，要合理加以解决。道路横断面的各种管线与建筑物的距离，应符合各有关单项设计规范的规定。

绘制城市工程管线综合总体规划图时，通常不把电力和电信架空线路绘入综合总体规划图中，而在道路横断面图中定出它们与建筑红线的距离，就可以控制它们的平面位置。如果把架空线路也绘入综合规划图，会使图面过于复杂和繁乱。

（3）总体规划说明书

总体规划说明书内容包括对所综合的管线的说明，引用资料和资料准确程度的说明，管线综合规划的原则和依据，单项专业工程详细规划与设计应注意的问题等。

8.4 城市工程管线综合详细规划的步骤

城市工程管线综合详细规划是城市详细规划中的一门专项规划，其作用主要在于协调城市详细规划中各专业工程详细规划的管线布置，确定各种工程管线的平面位置和控制标高。规划一般分为三个阶段：基础资料收集；汇总综合，协调定案；编制规划成果。

8.4.1 城市工程管线综合详细规划的基础资料

城市工程管线综合详细规划在实际操作中常有两种情况：一是在城市工程管线综合总体规划完成的基础上，进行某一地域的工程管线综合详细规划；二是该城市未有城市工程管线总体规划，直接进行某一地域的工程管线综合详细规划。

（1）自然地形资料：规划区内地形、地貌、地物，地面高程，河流水系等。一般由规划委托方提供的最新地形图（1/500～1/2000）上取得。

（2）土地利用状况资料：规划区内详细规划平面图（1/500～1/2000），规划区内现有和规划的各类用地，建筑物、构筑物、铁路、道路、铺装硬地、绿化用地等。

（3）道路系统资料：规划区内现状和规划道路系统平面图（1/500～1/2000），各条道路横断面图（1/100～1/200），道路控制点标高等。

（4）城市工程管线综合总体规划资料：城市工程管线排列原则和规定，本规划区各种工程设施的布局，各种工程管线干管的走向、位置、管径等。

（5）各专业工程现状和规划资料：规划区内现状各类工程设施和工程管线分布，各专业工程详细规划的初步设计成果，以及相应的技术规范。城市给水、排水、供电、电信、供热、燃气等工程管线综合详细规划需收集的基础资料。

工程管线综合详细规划收集基础资料要有针对性。工程管线综合详细规划的基础资料应侧重于详细规划方面的资料，而以现状资料为辅。

8.4.2 城市工程管线综合详细规划协调

工程管线综合详细规划的第二阶段是对基础资料进行汇总分析，将各专业工程详细规划的初步设计成果按一定的排列次序汇总到管线综合平面图上，检查管线之间的矛盾及不协调之处，组织相关专业讨论调整方案。其步骤如下：

(1) 准备底图

(2) 工程管线平面综合

通过工程管线综合规划图的编制，各种管线在平面上的相互位置与关系，管线与建筑物、构筑物的关系业已清楚。然后，在工程管线综合原则的指导下，检验各工程管线水平排列、不同种类管线之间的相互关系是否符合有关规定要求。如发现问题，应组织专业人员进行研究，确定平面综合的方案。

(3) 工程管线竖向综合

通过前述步骤，基本可以解决管线自身及管线之间，管线和建筑物、构筑物之间在平面上的矛盾。本阶段主要是检查路段和道路交叉口工程管线在竖向上配置是否合理，管线交叉的垂直净距是否符合有关规范规定。若有矛盾，需与各专业工程详细规划设计人员共同研究、协调，共同修改各专业工程管线详细规划，确定工程管线综合调整方案。

1) 路段检查主要在道路断面图上进行，逐条逐段地检查每条道路横断面中已经确定平面位置的各类管线有无垂直净距不足的问题。依据收集的基础资料，绘制各条道路横断面图，根据各工程详细规划初步设计成果中工程管线的截面尺寸、标高，检查相邻两条管道之间的垂直净距是否符合规范，在深埋允许的范围内给予调整，从而调整专业工程详细规划。

2) 道路交叉口是工程管线分布最复杂的地区，多个方向的工程管线在此交叉，同时交叉口又是工程管线的各种管井密集地区。因此交叉口的管线综合是工程管线综合详细规划的重点。有些工程管线埋深虽然相近，但在路段上不易彼此干扰，而到了交叉口就容易产生矛盾。在进行交叉口的工程管线综合时，应将规划区内所有道路交叉口平面放大至一定比例（1/200～1/500），按照工程管线综合有关规范和当地关于工程管线净距的规定，调整部分工程管线标高，使各种工程管线在交叉口处能安全有序的敷设。

8.4.3 编制详细规划成果

(1) 城市工程管线综合详细规划平面图编制

城市工程管线综合详细规划平面图的图纸比例通常采用 1/1000。图中内容和编制方法，基本与综合总体规划图相同，而在内容深度上有所差别。编制综合详细平面图时，需确定管线在平面上的具体位置，道路中心线交叉点、管线的起始点、转折点以及各大单位管线进出口处的坐标及标高。

(2) 管线交叉点标高图。此图的作用是检查和控制交叉管线的高程——竖向位置。图纸比例大小及管线的布置和综合详细平面图相同，并在道路的每个交叉口编上号码，便于查对。

管线交叉点标高等表示方法有以下几种：

1）在每一个管线交叉点处画一垂距简表，然后把地面标高、管线截面大小（用直径表示）、管底标高以及管线交叉处的垂直净距等项填入表中，如图 8-2 中的第①号道路交叉口所示。如果发现交叉管线发生冲突，则将冲突情况和原设计的标高在表下注明，将修正后的标高填入表中，表中管线截面尺寸单位一般用 mm，标高等均用 m。这种表示方法使用比较方便，但当管线交叉点较多时，往往会出现在图中绘不下的情况。

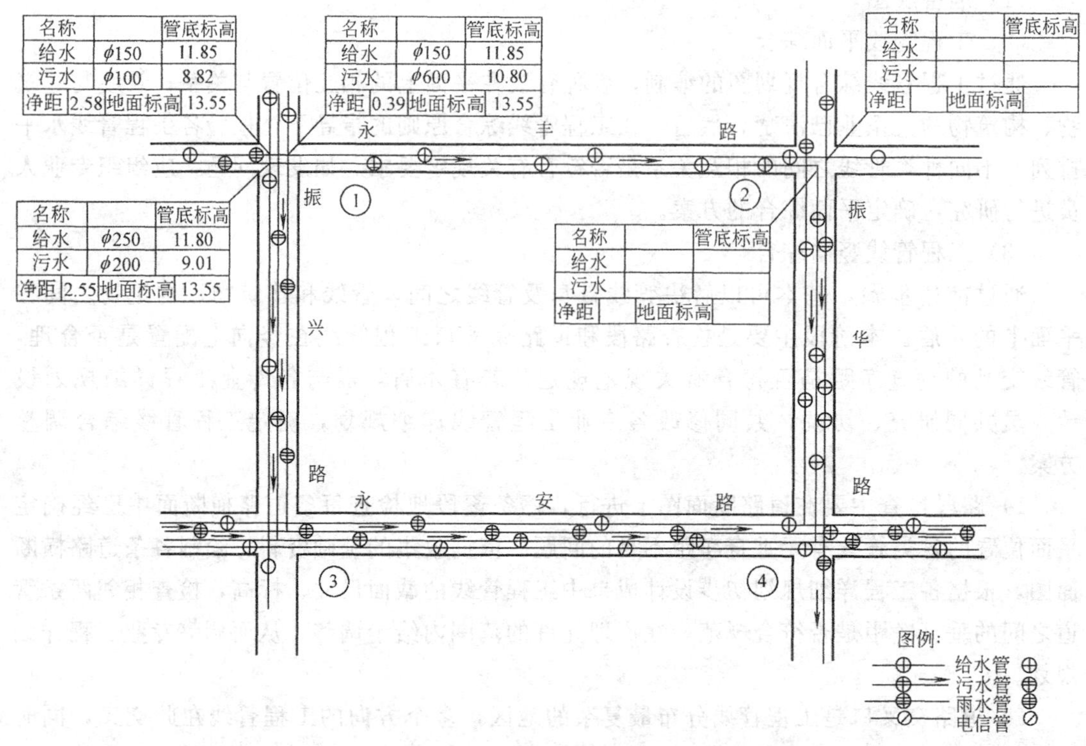

图 8-2 管线交叉点标高图

2）先将管线交叉点编上号码，而后依照编号将管线标高等数据填入，另外绘制交叉管线垂距表，有关管线冲突和处理的情况则填入垂距表的附注栏内，修正后的数据填入相应各栏中（表 8-6）。这种方法不受管线交叉点标高图图面大小的限制，但使用起来不如前一种方便。

3）一部分管线交叉点用垂距简表绘在标高图上，对另一部分交叉点则进行编号，并将数据填入垂距表中。当道路交叉口的管线交叉点很多而无法在标高图中注清楚时，通常又用较大的比例（1/1000～1/500）把交叉口画在垂距表的第一栏内。采用此法时，往往把管线交叉点较多的交叉口，或者管线交叉点虽少但在竖向发生冲突的交叉口，列入垂距表中。

4）不绘制交叉管线标高图，而将每个道路交叉口用较大的比例（1/1000 或 1/500）分别绘制，每个图中附有该交叉路口的垂距表。此法的优点是交叉口图的比例较大，比较清晰，使用起来也较灵活简便，缺点是绘制时较费工，如果要观察管线交叉点的全面情况，不如第一种方法方便。

交叉管线垂距表　　表 8-6

<table>
<tr><th rowspan="2">道路交叉口图</th><th rowspan="2">交叉口编号</th><th rowspan="2">管线交点编号</th><th rowspan="2">交点处的地面标高</th><th colspan="4">上　面</th><th colspan="4">下　面</th><th rowspan="2">垂直净距（m）</th><th rowspan="2">附注</th></tr>
<tr><th>名称</th><th>管径（mm）</th><th>管底标高</th><th>埋设深度（m）</th><th>名称</th><th>管径（mm）</th><th>管底标高</th><th>埋设深度（m）</th></tr>
<tr><td rowspan="8">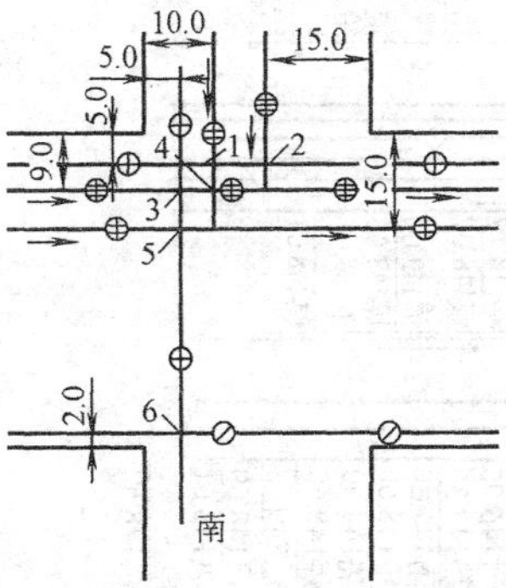
</td><td rowspan="8">3</td><td></td><td></td><td></td><td></td><td></td><td></td><td></td><td></td><td></td><td></td><td></td><td></td></tr>
<tr><td>1</td><td></td><td>给水</td><td></td><td></td><td></td><td>污水</td><td></td><td></td><td></td><td></td><td></td></tr>
<tr><td>2</td><td></td><td>给水</td><td></td><td></td><td></td><td>雨水</td><td></td><td></td><td></td><td></td><td></td></tr>
<tr><td>3</td><td></td><td>给水</td><td></td><td></td><td></td><td>雨水</td><td></td><td></td><td></td><td></td><td></td></tr>
<tr><td>4</td><td></td><td>雨水</td><td></td><td></td><td></td><td>污水</td><td></td><td></td><td></td><td></td><td></td></tr>
<tr><td>5</td><td></td><td>给水</td><td></td><td></td><td></td><td>污水</td><td></td><td></td><td></td><td></td><td></td></tr>
<tr><td>6</td><td></td><td>电信</td><td></td><td></td><td></td><td>给水</td><td></td><td></td><td></td><td></td><td></td></tr>
<tr><td></td><td></td><td></td><td></td><td></td><td></td><td></td><td></td><td></td><td></td><td></td><td></td></tr>
<tr><td rowspan="8">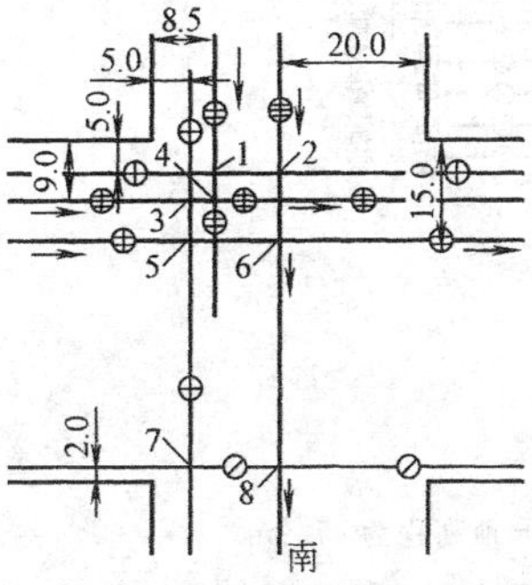
</td><td rowspan="8">4</td><td>1</td><td></td><td>给水</td><td></td><td></td><td></td><td>污水</td><td></td><td></td><td></td><td></td><td></td></tr>
<tr><td>2</td><td></td><td>给水</td><td></td><td></td><td></td><td>雨水</td><td></td><td></td><td></td><td></td><td></td></tr>
<tr><td>3</td><td></td><td>给水</td><td></td><td></td><td></td><td>雨水</td><td></td><td></td><td></td><td></td><td></td></tr>
<tr><td>4</td><td></td><td>雨水</td><td></td><td></td><td></td><td>污水</td><td></td><td></td><td></td><td></td><td></td></tr>
<tr><td>5</td><td></td><td>给水</td><td></td><td></td><td></td><td>污水</td><td></td><td></td><td></td><td></td><td></td></tr>
<tr><td>6</td><td></td><td>雨水</td><td></td><td></td><td></td><td>污水</td><td></td><td></td><td></td><td></td><td></td></tr>
<tr><td>7</td><td></td><td>电信</td><td></td><td></td><td></td><td>给水</td><td></td><td></td><td></td><td></td><td></td></tr>
<tr><td>8</td><td></td><td>电信</td><td></td><td></td><td></td><td>雨水</td><td></td><td></td><td></td><td></td><td></td></tr>
</table>

注：—⊕—给水管；—⊕—污水管；—⊕—雨水管；—⊘—电信管。

5）不采用管线交叉点垂距表的形式，而将管道直径、地面控制高程直接注在平面图上（1/500）。然后将管线交叉点两管相邻的外壁高程用线分出，注于图纸空白处。这种方法适用于管线交叉点较多的交叉口，优点是能看到管线的全面情况，绘制时也较简便，使用灵活。见图 8-3。

表示管线交叉点标高的方法较多，采用何种方法应根据管线种类、数量，以及当地的具体情况而定。总之，管线交叉点标高图应简单明了、使用方便，不一定拘泥于某种表示方法，其内容可根据实际需要增减。

（3）修订道路断面标准横断面图

工程管线综合详细规划时，有时由于管线的增加或调整规划所作的布置，需根据综合详细平面图，对原有配置在道路横断面中的管线位置进行补充修订。

道路标准横断面的数量较多，通常是分别绘制，汇订成册。

图 8-4 为图 8-2 中的振兴路道路断面图。

在现状道路下配置管线时，一般应尽可能保留原有的路面，但需根据管线拥挤程度、路面质量、管线施工时对交通的影响以及近远期结合等情况作方案比较，尔后确定各种管线的位置。同一道路的现状横断面和规划横断面均应在图中表示出来。表示的方法可采用不同的图例和文字注释绘在一个图中（图 8-5），或将二者分上下两行绘制。

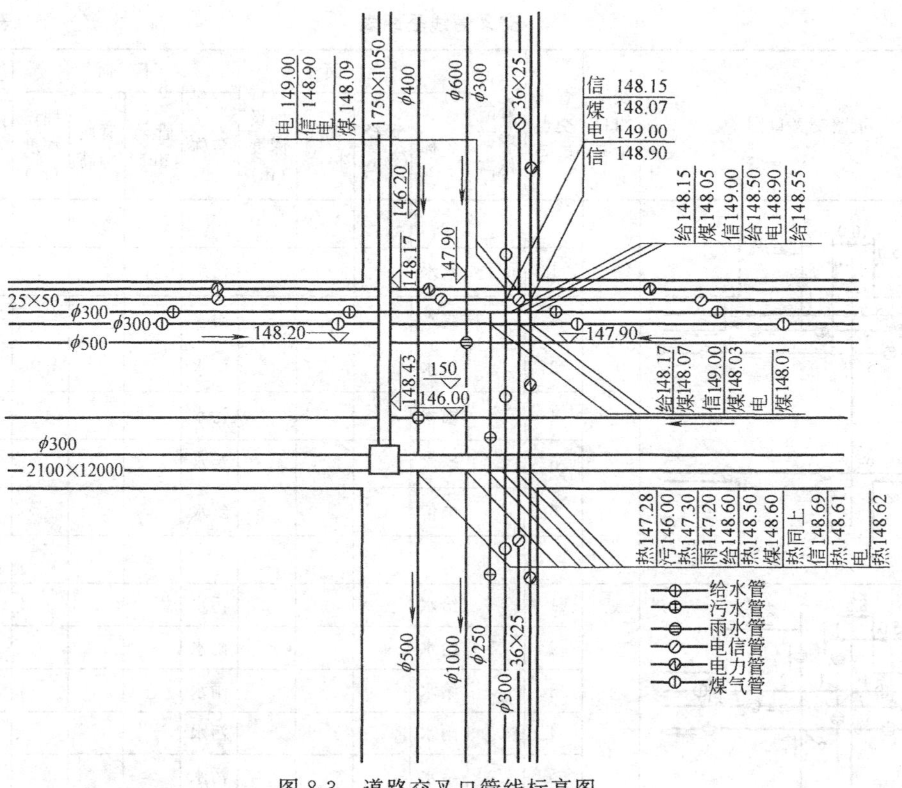

图 8-3　道路交叉口管线标高图

注：150 ▽ 指路面高程；

$\frac{\text{信 } 42.5}{\text{煤 } 41.2}$ 表示电信在上面，外底高程为 42.5m；煤气在下面，上顶高程为 41.2m；

热力管道简称热；给水管道简称给；污水管道简称污；雨水管道简称雨；电力管道简称电；电信管道简称信；煤气管道简称煤。

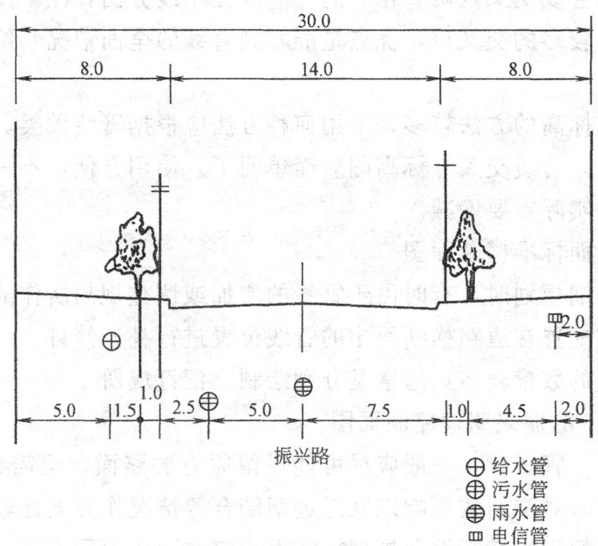

图 8-4　规划道路工程管线横断面图

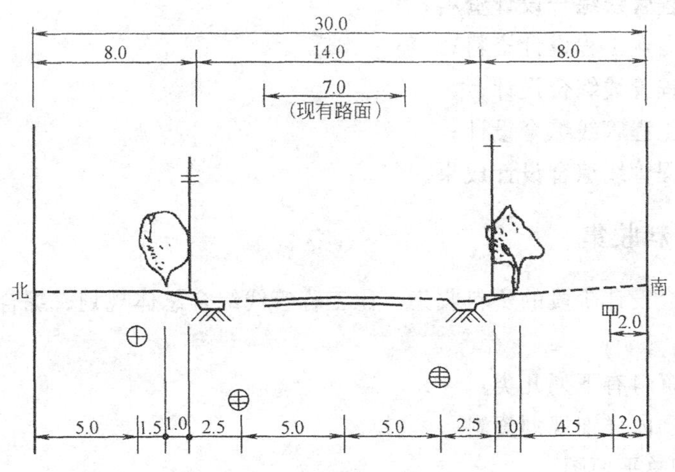

图 8-5　现状道路工程管线横断面图

(4) 工程管线综合详细规划说明书

工程管线综合详细规划说明书的内容，包括所综合的各专业工程详细规划的基本布局，工程管线的布置，国家和当地城市对工程管线综合的技术规范和规定，本工程管线综合详细规划的原则和规划要点，以及必需叙述的有关事宜；对管线综合详细规划中所发现的目前还不能解决，但又不影响当前建设的问题提出处理意见，并提出下一阶段工程管线设计应注意的问题。

工程管线综合详细规划图，应根据城市的具体情况而有所增减，如管线简单的地段、图纸比例较大时，可将现状图和规划图合并在一张图上；对于管线情况复杂的地段，可增绘辅助平面图等。有时，根据管线在道路中的布置情况，采用较大的比例尺，按道路逐条绘制图纸。总之，应根据实际需要，并在保证质量的前提下尽量减少综合规划工作量。

8.5　管线综合设计方法

经过工程管线综合详细规划，一般的矛盾和问题都可以得到解决，但在各工程管线施工设计过程中，因设计深入，工程管线的井位、泵站等的设置，用户支管线的接入，管材的确定，或由于客观情况的变化，工程管线需作调整，各种工程管线之间会出现新的矛盾，甚至会对原来的专业工程管线综合详细规划和管线综合详细规划作某些调整和改动。同时，某些城市的某些地区未做工程管线综合详细规划，而直接进行该地区的工程管线设计和施工，出现冲突和矛盾的可能性更大。因此，必需进行工程管线综合设计。

工程管线综合设计是各工程管线设计与管线工程施工合理衔接的必不可少的过程，也是工程管线详细规划的深化与完善。只有通过工程管线综合设计，才能直接、具体、有效地解决各工程管线彼此协调、避让问题，科学地指导各工程管线施工的顺利进行。

工程管线综合设计与各专业工程管线设计交叉进行。首先，工程管线综合设计汇总各专业工程设计提供的成果资料，检查工程管线之间是否有矛盾和重大问题。发现矛盾和问题，应与专业工程设计人员一起磋商，共同确定工程管线综合设计方案，使各工程管线施工设计更为协调合理。

工程管线综合设计工作一般分五个步骤：

(1) 收集工程管线综合设计资料；

(2) 汇总各专业工程设计资料；

(3) 路段工程管线综合设计；

(4) 交叉口工程管线综合设计；

(5) 编制工程管线综合设计成果。

8.5.1 设计资料收集

工程管线综合设计阶段的资料收集，比工程管线综合总体规划、综合详细规划阶段要具体、深入。

设计的基础资料有下列几类：

(1) 设计范围内详细规划资料

1) 详细规划总平面图

2) 道路规划图

3) 竖向规划图

4) 各专业工程详细规划图

(2) 设计范围内工程管线综合详细规划资料

1) 管线综合详细规划剖面图

2) 道路标准横断面图

3) 交叉口工程管线平面布置图

(3) 设计范围内道路工程设计资料

1) 道路设计平面图

2) 道路桩号和控制点标高图

3) 道路横断面布置图，以及横断面在平面图中的剖切位置

4) 道路分段纵断面图，包括道路纵坡、坡度、坡向、起止点设计标高

5) 路面结构图

(4) 设计范围内各专业工程管线设计资料

1) 给水管网设计图，内容包括设计范围内给水干管、支管、过路管的分布，水平位置，管径、管底标高；管径变化点的具体位置、管底标高；配水构筑物的设计详图及其与给水管网的衔接方式。

2) 雨水管网设计图，内容包括设计范围内各级雨水管道的分布、具体位置、管径、管底标高、坡度；变坡点位置和管底标高、管径；管径变化点的具体位置、管底标高；雨水泵站、窨井排水口的具体位置设计详图。

3) 污水管网设计图，内容包括设计范围内污水干管、支管、过路管的分布、具体位置、管径、管底标高、坡度；变坡点位置和管底标高、管径；管径变化点的具体位置、管底标高；污水检查井、污水泵站的具体位置、形式和设计详图；该范围内污水处理厂的设计详图及其与污水管网的衔接方式。

4) 燃气管网设计图，内容包括设计范围内燃气干管、支管、过路管的分布、具体位置、管径、管底标高、坡度；变坡点位置和管底标高、管径；管径变化点的具体位置、管底标高；燃气站、燃气调压站的具体位置和设计详图。如果燃气管网输送的是煤气，还应

包括集水器的具体位置和详图。

5）电力管网设计图，包括设计范围内电力管网的敷设方式；电力排管的分布、具体位置、孔数、截面尺寸、管底标高；共井的具体位置和设计详图；过路管的具体位置、孔数、截面尺寸；直埋电力电缆的分布、水平位置、回数、截面形式、电缆底部和缆顶部标高；该范围内各级电源、变配电设备的具体位置和设计详图。

6）电话网络设计图，包括设计范围内电话管网的敷设方式；电话管道的分布、具体位置、孔数、截面尺寸、管底标高、标高；电话共井的具体位置和设计详图；直埋电话电缆的分布、水平位置、回数、截面形式、电缆底和电缆顶标高；电话局所、电话交换箱的具体位置、设计详图及其与管网的衔接方式。

7）供热管网设计图，包括设计范围内热力管道的敷设方式、分布、管径、管底标高、坡度；变坡点位置和管底标高；管径变化点的具体位置、管底标高；通行地沟位置和设计详图；抢修孔的数量、具体位置和设计详图。

8.5.2 汇集各专业工程设计资料

在工程管线综合详细规划基础上，将各专业工程管线设计图的资料汇总到工程管线综合设计平面图上，操作过程为：

（1）将工程管线综合详细规划平面图放大，作为工程管线综合设计的底图。如该地区未做工程管线综合详细规划，则用最新的 1/1000 或 1/500 地形图作底图。

（2）将道路设计图的主要内容按比例绘制在底图上，包括桩号、道路纵坡、控制点设计标高等。

（3）将各专业工程管线设计图的主要内容按比例绘制到底图上。

8.5.3 路段工程管线综合设计

各类专业工程管线设计资料汇总后，必然会出现设计深化带来的新矛盾。首先检查路段上各类管线之间的水平、垂直的间距、净距是否满足规范要求，从而调整管线综合道路横断面。路段综合操作过程为：

（1）检查路段管线、管井、过路管之间的矛盾

1）分段检查管井对两侧管线的影响，因为管井的形式和位置可能会干扰两侧管线的通行。根据各类管井、共井、检查井的设计详图提供的外围尺寸和标高等数据，按比例绘制在工程管线综合设计平面图上。

2）逐一检查各种过路管与相交管线的矛盾。因过路管在工程管线综合详细规划时，尚未布置设计，故无具体位置、管径、标高。在工程管线设计时，则有其具体位置、管径、标高等要求。因此，工程管线综合设计时，必须解决过路管与道路下工程管线垂直净距之间的矛盾。根据各类过路管及与之相交的其他管线的具体位置、管径、标高等数据，在平面图上检查各种过路管在路段上是否和上下管线保持足够的垂直间距、净距。

3）分段检查重力管（雨水管、污水管），在坡度变化途中是否与其他管线产生矛盾。因为重力管的埋深，一般在地面下 0.8～4.0m，而大多数管线的最佳埋深在0.8～1.5m之间，所以两者可能产生矛盾。而且重力管有时坡度变化比较大，又缺乏灵活性，容易与其他管线发生矛盾，所以需要按照排水分区和排水方向，逐段核查重力管与其他管线的

矛盾。

(2) 综合调整路段工程管线水平和竖向位置

根据路段各种井位对两侧管线的影响，分段调整路段工程管线的水平位置，使各种工程管线及与各种井位的水平净距，符合规范的要求；针对各种过路管与相交管线的矛盾，根据管线综合基本原则，调整路段工程管线的竖向排列、过路管平面排列位置和竖向标高，尽量使各类过路管在平面和竖向上错开，避免过分集中；并根据压力管让重力管、细管让粗管等原则，协调因坡度变化大的重力管在坡度变化途中与其他管线产生的垂直净距等矛盾。由此做出调整后的分段道路工程管线综合设计横断面图、分段道路工程管线综合设计平面图。

8.5.4 道路交叉口工程管线综合设计

交叉口管线综合是管线综合设计的重点。各专业工程管线设计的各种管线从不同方向通过道路交叉口形成大量的管线交叉点。而且，同一工程管线需在道路交叉口汇接转向，因而在道路交叉口必须设有各种工程管线的管井、共井、检查井。此外，有时交叉口四周街坊内用户汇总管也能接入各种管井中，两街坊之间过路管也通过道路交叉口，从而使道路交叉口在平面和竖向上均出现复杂的管线交叉点。在道路交叉口有限的空间内，需要合理地安排好各种管线和各种井位，确保各种管线安全畅顺通过。

道路交叉口管线综合设计过程如下：

(1) 检查道路交叉口工程管线、井位布置的合理程度

1) 逐个检查交叉口各种管线、井位平面布置是否合理。将各专业工程设计的管线和井位按设计位置汇总到1/500的道路设计图或更大比例的设计图纸上，检查各管线之间、井位和井位之间、管线和井位之间的水平净距是否符合规范要求。由于各专业工程设计时，各种支管、街坊过路管等均要设计表示出来。因此，道路交叉口的管线要比综合详细规划时多，而且道路交叉口的各种井位平面尺寸均比本专业管线平面尺寸大。所以，往往在道路交叉口的管线平面布置均有矛盾，需合理调整。

2) 逐条检查道路交叉口管线竖向布置是否合理。将各专业工程设计的管线、井位的平面位置、标高等汇总到综合设计底图上后，各管线交叉口的竖向净距比较清晰，可逐个检查是否符合规范要求。由于各种工程管线的首尾方向、坡度方向不相同，往往在未经管线综合设计之前，各工程管线交叉点的竖向净距，难以全部符合规范要求。

(2) 综合调整道路交叉口工程管线井位布置

1) 调整道路交叉口的管线、井位平面布置。首先要减少、简化交叉口的管线交叉，尽可能将进入交叉口的支管、过路管、街坊汇总管移出交叉口密集地区，或移出道路交叉口，使其在路段上通过或接入。由于井位平面尺寸大，阻碍管线通过，或水平净距不满足规范要求，则应先调整管线平面位置，若无法调整，则可采用移出井位或调整井位长宽方向等方法来解决。

2) 调整道路交叉口的管线竖向位置。根据已汇总的各专业工程设计的管线标高，在基本适合专业工程技术规范、管线埋深等规定的前提下，调整某些管线在交叉口段内的管线标高，使各种管线在交叉口交叉均有合理的垂直净距，以免引起某根管线在交叉口段内上下起伏变化过大、过多，保证管线平顺地通过交叉口。

3）调整管线交叉点的垂直净距和管线标高。通过道路交叉口管线、井位的平面调整和管线竖向调整，交叉管线的垂直净距矛盾大部分已解决。然后，按照管线综合避让原则，调整个别垂直净距矛盾未解决的交叉点的管线标高。微调时仍要考虑管线平顺性，不要使一根管线上下起伏变化过大。

4）编制工程管线综合设计道路交叉口详图。将综合调整后的交叉口各类管线、井位的具体平面位置尺寸按比例绘制到放大的道路交叉口平面图上，并将各个管线交叉口编号，列表注明该点的两条管线的种类、管径、管顶标高、管材等。具体绘图方法可参考图 8-2、图 8-3 和表 8-6。

8.5.5 综合设计成果

工程管线综合设计成果以图纸为主，辅有少量文字说明。工程管线综合设计图纸有：

(1) 设计平面图

此图表示综合设计范围内道路平面、道路交叉口中心线的坐标、路面标高、各类工程管线、泵站、井位、过路管、支管接口等具体平面位置。图纸比例通常为 1/500，若设计范围过大，图纸比例也可采用 1/1000，但需要有 1/500 的分段道路工程管线综合设计平面图补充。

(2) 道路横断面图

此图为工程管线综合设计范围内，各条道路的标准横断面和控制点横断面经综合协调确定后的各种工程管线水平和竖向排列图，各横断面图表示道路断面、各种工程管线的水平位置、管径、截面形式与尺寸、水平净距、地下工程管线的路段控制标高等。图纸比例通常为 1/50～1/100。

(3) 道路交叉口详图

该图为每个道路交叉口，或过路管密集地段的各种工程管线、各种井位综合布置平面图。图纸表示交叉口各种工程管线，各类井位的具体平面位置、尺寸，道路中心线交叉点路面标高，管线交叉点编号等。图纸比例一般为 1/200～1/500。同时，配有交叉口管线竖向标高综合控制表。表中分别列出交叉口每个交叉点上下管线的种类、管径、管顶标高、管材等详尽内容，以便在施工时控制。通常每个道路交叉口单独成图，并附有交叉口管线竖向标高综合控制表，图表一体。

(4) 文字说明

工程管线综合设计通常只有简单说明，叙述综合设计范围、设计依据与原则，并在有关图纸上备注有关说明和必要的解释。

第9章　城市环境卫生设施规划

随着社会文明的不断进步，人们对环境质量要求越来越高，以人为本，营造干净、整洁、卫生的人居环境已成为时代的要求。因此，旨在整治城市市容市貌，加强城市环境卫生设施建设与管理，提高城市环境卫生设施水平，保障人民身心健康，促进城市经济发展的环境卫生设施规划就成为当代城市规划的重要内容。环卫设施虽然不产生直接经济效益，但它却关系到整个城市的环境质量和面貌，涉及到投资环境和城市的发展。因此，城市环卫设施规划必须贯彻生活垃圾处理无害化、减量化和资源化的原则，从总体上满足环卫设施安排布局合理、使用方便、整洁卫生和有利于环境卫生作业等功能要求，并与旧区改造、新区建设同时规划设计、施工、验收和投产使用。

9.1　城市环境卫生设施规划的内容

9.1.1　总体规划内容

(1) 城市环境卫生设施工程规划的主要内容

1) 测算城市固体废弃物产量，分析其组成和发展趋势，提出污染控制目标；

2) 确定城市固体废弃物的收运方案；

3) 选择城市固体废弃物处理和处置方法；

4) 确定公共厕所的布置原则及数量；

5) 确定各类环境卫生设施规划原则、类型、设置标准、服务范围、设置规模、运作方式、用地指标等。

(2) 规划成果要求

规划成果要求包括规划文本、图纸和说明书。

规划图纸包括：1) 城市环境卫生设施现状图；2) 城市环境卫生设施规划图。图纸比例与城市总体规划及其他专业规划的图纸比例相统一。

9.1.2　详细规划的内容

(1) 城市环境卫生设施工程规划的主要内容

1) 估算规划范围内固体废物产量；

2) 提出规划期的环境卫生控制要求；

3) 确定垃圾收运方式；

4) 拟定废物箱、垃圾箱、垃圾收集点、垃圾转运站、公共厕所等设施布局，确定其位置、服务半径、用地、防护隔离措施等。

(2) 城市环境卫生设施工程详细规划图纸

环境卫生设施工程详细规划图表示各种环卫设施的位置、用地规模和设施结构布局。

9.2 城市固体废物规划

9.2.1 城市固体废物种类

固体废物，也称固体废弃物，是指人们在开发建设、生产经营、日常生活等活动中向外界环境排放、丢弃的固态或泥态的废弃物质，它对于持有者已经失去了利用价值。

固体废弃物按来源可分为工业固体废弃物、农业固体废弃物和城市垃圾，其中城市垃圾系指城市居民生活、商业活动、市政建设与维护、公共服务等过程中产生的固体废物。城市市政工程中的环卫设施规划主要考虑城市垃圾的收集、清运、处理、处置与利用。

城市中的固体废物，主要包括四大类，即城市生活垃圾、城市建筑垃圾、一般工业固体废物和危险固体废物。

(1) 城市生活垃圾

城市生活垃圾主要指市民生活中产生的固体废弃物，有居民生活垃圾、商业垃圾、清扫垃圾、粪便和污水厂污泥等。这类垃圾具有明显的区域性和季节性特点，且在成分上有有机物增加、无机物减少、可燃物增多的趋势，部分生活垃圾可回收利用。

(2) 城市建筑垃圾

城市建筑垃圾主要指城市建设工地拆建和新建过程中产生的固体废弃物，主要有砖瓦块、渣土、碎石、混凝土块、废管道等。随着城市建设规模的不断扩大，建筑垃圾数量增加较快。

(3) 一般工业固体废物

一般工业固体废物主要指工业生产过程中和工业加工过程中产生的废渣、粉尘、碎屑、污泥等，包括尾矿、煤矸石、粉煤灰、炉渣、废品工业废物等。这类垃圾对环境的毒性小，多数可以回收利用。

(4) 危险固体废物

具有腐蚀性、急性毒性、浸人毒性及反应性、传染性、放射性等一种或一种以上危害特性的固体废物，主要来源于冶炼、化工、制药等行业，以及医院、科研机构等。危险废物一般数量不大，但因其危险性大，应有专门机构集中管理。

9.2.2 城市固体废物量预测

(1) 城市生活垃圾产生量

城市生活垃圾产生量预测一般有人均指标法和增长率法，规划时常采用两种方法，并结合历史数据进行校核。

1) 人均指标法　人均指标乘以规划的人口数则可得到城市生活垃圾总量。据统计，目前我国城市人均生活垃圾产量 0.6～1.2kg/d。比较发达国家的垃圾产生情况，我国城市生活垃圾规划人均指标以 0.9～1.4kg/d 为宜。

计算公式如下：

$$Q=\delta nq/1000 \tag{9-1}$$

式中　Q——规划期末的生活垃圾生产量（t/d）；

n——城市规划期末的规划人口数（人）；

q——城市人均生活垃圾日产量［kg/(人·d)］；

δ——生活垃圾产量变化系数。按当地实际资料采用，若无资料时，一般可采用1.3～1.4。

2）增长率法。增长率法的计算公式为

$$W_t = W_0(1+i)^t \tag{9-2}$$

式中 W_t——规划期末年城市生活垃圾产量（万 t）；

W_0——规划基年城市生活垃圾产量（万 t）；

i——年增长率（%）；

t——预测年限（年）。

该方法根据历史数据和城市发展趋势，确定增长率。它综合了人口增长、建成区的扩展、经济发展状况和燃气化进程等有关因素，但忽略了突变因素。1979 年以来，我国城市生活垃圾的年平均增长率为 9%。国外发达国家经验表明，城市垃圾产生量增长到一定程度后，增加幅度逐渐降低，如 1980～1990 年，欧美国家城市生活垃圾增长率基本在3%以下。所以，在规划时，对于不同的规划时段，可选取不同的增长率。

（2）工业固体废物产生量

工业固体废物的产生量与城市的产业性质与产业结构、生产管理水平等有关系。预测的方法有：

1）单位产品法　根据各行业的统计数据或调查数据，得出每单位原料或产品的产废量。冶金工业中，每吨铁产生高炉渣 400～1000kg；每吨钢产生钢渣 150～250kg；每吨铁合金产生合金渣 2000～4000kg。有色金属工业中，每生产 1t 有色金属排出 300～600kg 废渣。电力工业中，每烧 1t 煤产生炉灰渣及粉煤灰 100～300kg。化学及石化工业中，每吨硫酸产品，排硫铁矿渣 500kg；每吨磷酸，排磷石膏 4000～5000kg 等。规划时，若明确了工业性质和计划产量，则可预测出产出的工业固体废物。

2）万元产值法　根据规划的工业产值乘以每万元的工业固体废物产生量，即可得出工业固体产量。参照我国部分城市的规划指标，可采用 0.04～0.1t/万元的指标。

3）增长率法：

$$Q_t = Q_0(1+i)^t \tag{9-3}$$

式中 Q_t——规划期末年城市工业固体废物产量（万 t）；

Q_0——基年城市工业固体废物产量（万 t）；

i——年增长率（%），根据历史数据和城市产业发展规划确定；就全国平均情况，年增长率可取 2%～5%；

t——预测年限（年）。

9.2.3 城市生活垃圾收集与运输

（1）生活垃圾的收集

生活垃圾的收集方法有混合收集和分类收集两种。混合收集是将产生的各种垃圾混在一起进行收集，这种方法简单、方便，对设施和运输的条件要求低，是我国各城市通常采用的方法。但从处理的角度讲，混合垃圾在处理前要经过分选，然后才能对有机物、无机物、可回收利用物质与不可回收利用物质等进行不同的处理，所以混合收集不便于后期处理和资源的回收。分类收集，是将城市生活垃圾分为可回收物、有害垃圾和其他垃圾三类，并设置不同颜色的回收容器进行分类回收。可回收物（Recyclable）垃圾容器为蓝色，表示适宜回收和可再利用的垃圾，包括纸类、塑料、玻璃、织物和瓶罐等；有害垃圾（Harmfulwaste）垃圾容器为红色，表示含有害物质，需要特殊安全处理的垃圾，包括电池、灯管和日用化学品等；其他垃圾（Otherwaste）垃圾容器为灰色，表示分类以外的垃圾。对于有回收价值的垃圾在经济技术允许情况下应尽可能回收利用，使其资源化；对于有害垃圾，必须焚烧、填埋或特殊处理；对于其他垃圾可视具体情况进行焚烧或填埋。

必须指出，分类收集应与垃圾的整个运输、处理和回收利用构成完整的系统。若清运时未能分类清运，也没有建立分类回收利用系统，分类收集则无意义。

垃圾收集通常有以下几种方式：

1）垃圾箱收集　垃圾箱置于居住小区楼旁、街道、广场等范围内，用户自行就近向其中倾倒垃圾。在小区内的垃圾箱一般应置于垃圾间内。现在城市的垃圾箱一般是封闭的，并有一定规格，便于清运车辆出入。

2）垃圾管道收集　在多层或高层建筑物内设置垂直的管道，每层设倒入口，底层垃圾间设垃圾容器。

3）袋装化收集　指居民将袋装垃圾放至固定地点，由环卫人员定时将垃圾取走，送至垃圾站或垃圾压缩站，压缩后，集装运走。垃圾袋装可以避免清运过程中垃圾的散失，减少垃圾箱周围臭气散溢和蚊蝇孳生。采用压缩集运的方式，提高了运输效率。该方式是定点、定时收集，需要居民和单位配合。

4）厨房垃圾自行处理　厨房垃圾通常占日常生活垃圾的50%左右，成分主要是有机物。在一些发达国家中，把厨房垃圾粉碎成较细小的颗粒，冲入排水管，通过城市排水系统进入污水厂进行处理。在保证不堵塞管道和城市排水系统健全的情况下，这种方式可大大减少垃圾的产量，同时也便于其他垃圾的分类回收，对于污水处理厂的二级生化处理也较为有利。

5）垃圾气动系统收集　它利用压缩空气或真空作动力，通过敷设在住宅区和城市道路下的输送管道，把垃圾传送至集中点。这种方式主要用于高层公寓楼房和现代住宅密集区，具有自动化程度高、方便卫生的优点，可节省劳动力和运输费用，但一次性投资很高。

(2) 生活垃圾的运输

生活垃圾的运输是从各垃圾收集点（站）把垃圾装运到转运站、加工厂或处理厂的过程。垃圾的运输应实现机械化，并保证清运机械能够顺利到达垃圾收集点。由于城市扩展和环境保护要求的提高，垃圾处理厂距城市愈来愈远。为了解决垃圾运输车辆不足、道路交通拥挤、贮运费用提高等问题，须在清运过程中设中转站。中转运输指从垃圾各收集点收运的垃圾，在转运站换成大车或其他运输成本较低的运载工具，继续送往垃圾处理厂或处置场。中转站的设置与否或设置位置的确定，需进行技术经济比较。

规划时，除了要求布置收集点外，还应考虑便于清运，使清运路线合理。路线规划应进行优化，即根据道路交通情况、垃圾产量、收集点分布、车辆情况、停车场位置等，考虑如何使收集车辆在收集区域内行程距离最小。垃圾清运路线选择时主要应遵循以下原则：

1）收集线路的出发点尽可能接近停放车辆场；

2）线路的开始与结束应邻近城市主要道路，便于出入，并尽可能利用地形和自然疆界作为线路疆界；

3）线路应使每日清运的垃圾量、运输路程、花费时间尽可能相同。

9.2.4 城市固体废物处理和处置

固体废弃物的处理是通过物理的、化学的或生物的方法，使固体废弃物减量化、无害化、稳定化和安全化，加速其在自然环境中的再循环，减轻或消除对土壤、水体、大气等环境组成要素的污染。同时，回收利用固体废弃物中的有用物质和能量，以减少资源消耗，保护环境。固体废弃物的处置是指固体废弃物的最终归宿，将最终产物长期置于一定的环境之中，彻底实现无害化。因此，固体废弃物的处理与处置程序应为：先考虑减量化、资源化，再考虑加速物质循环，最后对残留物质进行无害化处置。

（1）城市固体废弃物处理和处置方法

1）自然堆存　指把垃圾倾卸在地面上或水体内，如废置在荒地洼地或海洋中，不加防护措施，使之自然腐化发酵。这种方法因对环境污染严重，已经逐渐被禁止。

2）土地填埋　土地填埋是将固体废物填入确定的谷地、平地或废坑等，然后用机械压实后覆土，使其发生物理、化学、生物等变化，分解有机物质，达到减容化和无害化的目的。土地填埋的优点是技术比较成熟，操作管理简单，处置量大，投资和运行费用低，还可以结合城市地形、地貌开发利用填埋物。缺点是垃圾减容效果差，需占用大量土地；且产生的渗沥水易造成水体和环境污染，产生的沼气易爆炸或燃烧，所以选址受到地理和水文地质条件限制。

3）堆肥化　在有控制的条件下，利用微生物将固体废物中的有机物质分解，使之转化为具有稳定腐殖质的有机肥料，这一过程可以消灭垃圾中的病菌和寄生虫卵。堆肥化是一种无害化和资源化的过程。堆肥化的优点是投资较低，无害化程度较高，产品可以用作肥料。缺点是占地较大，卫生条件差，运行费用较高，在堆肥前需要分选掉不能分解的物质。

4）焚烧　也称焚化，是将可燃固体废物通过高温燃烧，使其氧化分解，转变为惰性残渣。焚烧可以灭菌消毒，回收能量。焚烧可以达到减容化、无害化和资源化。城市中的生活垃圾、工业固体废物、污泥、危险固体废物等均可进行焚烧处理。

焚烧处理具有如下优点：

A. 能迅速而大幅度减少容积，体积可减少85%～95%，质量减少70%～80%；

B. 有效地消除有害病菌和有害物质；

C. 所产生的能量也可以供热、发电；

D. 焚烧法占地面积小，选址灵活。

焚烧处理具有如下缺点：

A. 投资和运行管理费用高，管理操作要求高；如果对所产生的废气处理不当，容易造成二次污染；

B. 对固体废物有一定的热值要求。

5）热解　在缺氧的情况下，固体废物有机物受热分解，转化为液体燃料或气体燃料，并残留少量惰性固体。热解减容量达60%～80%，污染少，并能充分回收资源，适于城市生活垃圾、污泥、工业废物、人畜粪便等。但其处理量小，投资运行费用高，工程应用尚处在起步阶段。从发展的角度来看，热解是一种有前途的固体废物处理方式。

6）危险废物的处理处置　危险废物处理是通过改变其物理、化学性质，减少或消除危险废物对环境的有害影响。常用的方式有减少体积、有害成分固化、化学处理、焚烧去毒、生物处理等。我国要求对城市医院垃圾集中焚烧。

（2）城市生活垃圾处理方法选择

选择城市生活垃圾的处理方法在规划中应重点予以考虑，因为它直接关系到处理场所的选址和布局。由于各个城市的经济发展情况、自然条件、传统习惯等不同，处理方法也不同。

城市生活垃圾的处理工艺选择时既要考虑工艺技术的可靠性、城市经济社会发展水平，又要考虑垃圾的性质与成分、场地选择的难易程度，还要考虑环境污染危险性、资源化价值及某些特殊制约因素等。因此，为达到技术上可靠、安全，经济上合理，通常一个城市的垃圾处理方式不是单一的，而是一个综合系统，并多方案比较，择优选用。填埋、焚烧、堆肥三种处理方法比较见表9-1，可供参考。

填埋、焚烧、堆肥三种处理方法的比较　　表9-1

项　目	方　法		
	填　埋	焚　烧	堆　肥
技术可靠性	可靠	可靠	可靠、国内有一定经验
操作安全性	好	较大、注意防火	好
选址	较困难，要考虑地理条件，防止水体受污染，一般远离市区，运输距离大于20km	易，可靠近市区建设，运输距离可小于10km	较易，需避开住宅密集区，气味影响半径小于200m，运输距离10～20km
占地面积	大	小	中等
适用条件	适用范围广，对垃圾成分无严格要求；但对无机物含量大于60%，填埋场征地容易，地区水文条件好，气候干旱、少雨等条件尤为适用	要求垃圾热值大于4000kJ/kg；土地资源紧张，经济条件好	垃圾中生物可降解有机物含量大于40%；堆肥产品有较大市场
最终处置	无	残渣需作处置，占初始量的10%～20%	非堆肥物需作处置，占初始量的25%～35%
产品市场	有沼气回收的填埋场，沼气可作发电等利用	热能或电能易为社会使用	落实堆肥市场有一定困难，需采用多种措施
能源化意义	部分有	部分有	无
资源利用	恢复土地利用或再生土地资源	垃圾分选可回收部分物质	作农肥和回收部分物质
地面水污染	有可能，但可采取措施防止污染	残渣填埋时与填埋方法相仿	无
地下水污染	有可能需采取防渗保护，但仍有可能渗漏	无	可能性较小
大气污染	可用导气、覆盖等措施控制	烟气处理不当时，对大气有一定污染	有轻微气味
土壤污染	限于填埋场区域	无	需控制堆肥有害物含量
管理水平	一般	较高	较高
投资运行费用	最低	最高	较高

9.3 城市环境卫生公共设施规划

城市环境卫生公共设施应方便社会公众使用，满足卫生环境和城市景观环境以及运送、处理要求。

9.3.1 固体废弃物收运处理设施规划

(1) 垃圾收集点

1) 垃圾收集点应满足居民生活产生的生活垃圾的分类收集要求，既方便居民使用、不影响城市卫生和景观环境，又便于分类投放和分类清运。

2) 生活垃圾收集点的服务半径不宜超过 70m，生活垃圾收集点可放置垃圾容器或建造垃圾容器间。

3) 医疗垃圾等危险废弃物必须单独收集、单独运输、单独处理。

4) 生活垃圾收集点的垃圾容器或垃圾容器间的容量按垃圾分类的种类、生活垃圾日排出量及清运周期计算。

生活垃圾收集点收集范围内的生活垃圾日排出重量计算公式如下：

$$Q=RCA_1A_2 \tag{9-4}$$

式中 Q——收集点收集范围内的生活垃圾日排出重量（t/d）；

R——收集点收集范围内的居住人口（人）；

C——预测人均生活垃圾日排出重量［t/(人·d)］；

A_1——收集点收集范围内的生活垃圾日排出重量不均匀系数，$A_1=1.1\sim1.5$；

A_2——居住人口变动系数，$A_2=1.02\sim1.05$。

生活垃圾收集点收集范围内的生活垃圾日排出体积计算公式如下：

$$V_{ave}=\frac{Q}{D_{ave}A_3} \tag{9-5}$$

$$V_{max}=KV_{ave} \tag{9-6}$$

式中 V_{ave}——生活垃圾日排出体积（m^3/d）；

D_{ave}——生活垃圾平均密度（t/m^3）；

A_3——生活垃圾平均密度变动系数，$A_3=0.7\sim0.9$；

V_{max}——生活垃圾高峰日排出最大体积（m^3/d）；

K——生活垃圾高峰日排出体积变动系数，$K=1.5\sim1.8$。

生活垃圾收集点所设置的垃圾容器数量：

$$N_{ave}=\frac{V_{ave}A_4}{EB} \tag{9-7}$$

式中 N_{ave}——生活垃圾收集点所设置的垃圾容器数量（个）；

A_4——生活垃圾清除周期（d/次）；当每日清除一次，$A_4=1$；当每日清除 2 次，$A_4=0.5$；每 2 日清除一次，$A_4=2$，以此类推；

E——单个垃圾容器的容积（m^3/个）；

B——垃圾容器填充系数，$B=0.75\sim0.9$。

(2) 废物箱

废物箱是设置在公共场合，供行人丢弃垃圾的容器，一般设在城市街道两侧和路口、居住区或人流密集地区。废物箱应美观、卫生、耐用，并防雨、阻燃。

废物箱设置间隔规定如下：

商业大街废物箱设置间隔25～50m，交通干道废物箱设置间隔50～80m，一般道路废物箱设置间隔80～100m，居住区主要道路可按100m左右间隔设置。车站、码头、广场、体育场、影剧院、风景区等公共场所，应根据人流密度合理设置。

(3) 垃圾管道

低层和多层住宅不宜设置垃圾管道，中高层和高层住宅可以设置垃圾管道。垃圾管道的有效断面不得小于0.6m×0.6m。每层应设倒垃圾的小间。垃圾管道底层须设有专用垃圾间，垃圾间应设排水沟，并便于机械装运。

(4) 垃圾容器和垃圾容器间

垃圾容器指储存垃圾的垃圾桶，垃圾容器间是指存垃圾容器的构筑物，可以独立设置，也可以依附于主体建筑。供居民使用的生活垃圾容器以及袋装垃圾收集堆放点的位置要固定，既应方便居民和不影响市容，又要利于分类收集和机械化清除。

医疗废物及其他危险废物必须单独存放，不能混入生活垃圾之中。

(5) 垃圾压缩站

采用垃圾袋装、垃圾上门收集的城市，为减少垃圾容量和垃圾容器间的设置，集中设置具有压缩功能的垃圾收集点，称为垃圾压缩站。垃圾压缩站的服务半径以500m左右为宜。垃圾压缩站四周距住宅至少8～10m。压缩站应设在通畅的道路旁，便于车辆进出掉头。

(6) 垃圾转运站

转运站的选址应尽可能靠近服务区域中心或垃圾产量最多的地方，周围交通应比较便利。有铁路及水运便利条件的地方，当运输距离较远时，宜设置铁路及水运垃圾转运站，转运站内必须设置装卸垃圾的专用站台或码头。垃圾转运站的规划用地标准如表9-2所示。

小型转运站每0.7～1.0km^{2}设置1座，用地面积不小于100m^2，与周围建筑物间隔大于5m。服务半径为10～15km^{2}或垃圾运输距离超过20km，需设大、中型转运站时，用地面积根据日转运量定。

垃圾转运站的用地标准 **表9-2**

规　模	转运量(t/d)	用地面积(m^2)	附属建筑面积(m^2)
小型	150	1000～1500	100
中型	150～300	1500～3000	100～200
	300～450	3000～4500	200～300
大型	>450	>4500	>300

注：表中转运量按每日工作一班制计算。

供居民直接倾倒垃圾的小型垃圾收集转运站，其收集服务半径不应大于200m，占地面积不小于40m^2。

转运站的总平面布置应结合当地情况，要求经济合理。大、中型转运站应按区域布置，作业区宜布置在主导风向的下风向，站前布置应与城市干道及周围环境相协调。站内排水系统应采用分流制，污水不能直接排入城市污水管道，应设有污水处理装置。转运站内的绿化面积为10%～30%。

（7）垃圾堆肥、焚烧处理场

处理厂应设置在水陆交通方便的地方，可以靠近污水处理厂，便于综合处理污泥。在保证与建筑物有一定隔离的前提下，处理厂应尽量靠近服务中心。处理厂用地面积根据处理量、处理工艺确定（见表9-3）。

垃圾堆肥、焚烧处理场用地指标 **表9-3**

垃圾处理方式	用地指标（m^2/t）	垃圾处理方式	用地指标（m^2/t）	垃圾处理方式	用地指标（m^2/t）
静态堆肥	260～330	动态堆肥	180～250	焚烧	90～120

（8）卫生填埋场

卫生填埋的场址对城市布局、交通区位、项目的经济性等都有一定影响。场址选址应最大限度地减少对环境的影响，并尽可能减少投资费用。卫生填埋的场址场地选择应考虑以下因素：

1）规模及使用年限：依据垃圾的来源、种类、性质和数量确定可能的技术要求和场地规模。应有充分的填埋容量和较长的使用期，一般不少于15～20年。

2）地形条件：能充分利用天然洼地、沟壑、废坑，便于施工；易于排水，避开易受洪水泛滥或受淹地区。

3）水文条件：离河岸有一定距离的平地或高地，避免洪水漫滩，距人畜供水点至少800m。底层距地下水位至少2m；厂址应远离地下蓄水层、补给层；地下水应流向场址方向；场址周围地下水不易作水源。

4）地质条件：基岩深度大于9m，避开坍塌地带、断层区、地震区、矿藏区、灰岩坑及溶岩洞区。

5）土壤条件：土壤层较深，但避免淤泥区；容易取得覆盖土壤，土壤容易压实，防渗能力强。

6）气象条件：蒸发量大于降水量，暴风雨的发生率较低，具有较好的大气混合、扩散条件，避开高寒区。

7）交通条件：要方便、运距较短，具有可以全天候使用的公路。

8）区位条件：生活垃圾卫生填埋场应位于城市规划建成区以外、远离居民密集地区。规范规定，距大、中城市城市规划建成区的距离应大于5km，距小城市城市规划建成区的距离应大于2km，距居民点的距离应大于0.5km。应设置在夏季主导风向下方，距人畜居栖点800m以上。远离动植物保护区、公园、风景区、文物古迹区、军事区和水源保护区。

9）土地条件：容易征用土地和取得社会支持，并便于改造开发。

10）基础设施条件：场址处应有较好的供水、排水、供电、通信条件。填埋场排水系统的汇水区要与相邻水系分开。

填埋场的平面布置除了主要生产区外，还应有辅助生产区。

11）填埋场用地内绿化隔离带宽度不应小于20m，并沿周边设置。填埋场的四周宜设置宽度不小于 100m 的防护绿地。

9.3.2 公共厕所

公共厕所是市民反应敏感的环境卫生设施，其数量的多少，布局的合理与否，建造标准的高低，直接反映了城市的现代化程度和环境卫生面貌。城市公共厕所设置的数量应根据城市性质和人口密度确定，其平均设置密度应按每平方公里规划 3～5 座选取。

(1) 公共厕所的布局

因地制宜，合理规划，并符合公共卫生要求。

城市中下列范围应设置公共厕所：

1) 广场和主要交通干路两侧；

2) 车站、码头、展览馆等公共建筑附近；

3) 风景名胜古迹游览区、公园、市场、大型停车场、体育场附近及其他公共场所；

4) 新建住宅区及老居民区。

独立式公共厕所与相邻建筑物间宜设置不小于 3m 的绿化隔离带。在满足环境及景观要求下，城市绿地内可以设置公共厕所。

为满足环卫要求，公共厕所应设在饮用水源的下游、住宅的下风侧和地下水较低的地方。

(2) 公共厕所设置数量

1) 主干路、次干路、有辅道的快速路公共厕所设置的间距为 500～800m，支路、有人行道的快速路公共厕所设置的间距为 800～1000m。

2) 主要繁华街道公共厕所的距离宜为 300～500m，流动人口高度密集的街道宜小于 300m。一般街道公共厕所之间的距离以 750～1000m 为宜。新建居住区为 300～500m，未改造的老居住区为 100～150m。

3) 旧区成片改造地区和新建小区，每 km^2 不少于 3 座公共厕所。

4) 城市公共厕所一般按常住人口每 2500～3000 人设置 1 座。

5) 街巷内建造的供没有卫生设施住宅的居民使用的厕所，按服务半径 70～100m 设置 1 座。

(3) 公共厕所建筑面积规划指标

1) 新住宅区内公共厕所，千人建筑面积指标 6～10m^2。

2) 车站、码头、体育场等场所的公共厕所，千人建筑面积指标为 15～25m^2。

3) 居民稠密区公共厕所，千人建筑面积指标为 20～30m^2。

4) 街道公共厕所，千人建筑面积指标为 5～10m^2。

5) 城市公共厕所建筑面积一般为 30～60m^2。

公共厕所的用地范围是距厕所外墙皮 3m 以内空地为其用地范围。如受条件限制，则可靠近其他房屋修建。有条件的地区应发展附建式公共厕所，其应结合主体建筑一并设计和建造。

各类城市用地公共厕所的设置标准应按表 9-4 控制。

公共厕所的附近和入口处，应设置明显的统一标志。公共厕所内部应空气流通，光线充足，道通路平，并有防臭、防蛆、防蝇、防鼠等技术设施。

公共厕所设置标准 表 9-4

城市用地类型	设置密度（座/km^2）	设置间距（m）	建筑面积（m^2）	独立式公共厕所用地面积（m^2/座）	备注
居住用地	3～5	500～800	30～60	60～100	旧城区宜取密度上限，新区宜取密度中低限
公共设施用地	4～11	300～500	50～120	80～170	人流密集区域和商业金融用地取高限密度、下限间距，人流稀疏区域取低限密度、上限间距，其他公共设施用地宜取中低限密度，中、上限间距
工业用地	1～2	800～1000	30	60	
仓储用地	1～2	800～1000	30	60	

公共厕所的粪便严禁直接排入雨水管、河道或水沟内。在有污水管道的地区，应排入污水管道。没有污水管道的地区，须建化粪池或贮粪池等排放设施。在采用合流制排水系统而没有污水处理厂的地区，水冲式公共厕所的粪便污水，应经化粪池后方可排入下水道。

9.3.3 化粪池

最早的化粪池起源于19世纪的欧洲，距今已有100多年的历史，化粪池就是流经池子的污水与沉淀污泥直接接触，有机固体厌氧细菌作用分解的一种沉淀池。最初化粪池作为一种避免管道发生堵塞而设置的截粪设施，在截留、沉淀污水中的大颗粒杂质、防止污水管道堵塞、减小管道埋深、保护环境上起着积极作用。在我国，化粪池是人民生活不可缺少的配套生活设施，几乎每一个建筑物都设有相应的化粪池设施。

化粪池有圆形和矩形之分，实际使用以矩形居多。内部结构有两格与三格之别，三格处理效果较好。化粪池位置宜设于楼幢背侧靠卫生间一边，公共厕所的化粪池也宜设在背面或人们不常停留、活动之处，但要便于机械清掏。从卫生安全的角度出发，化粪池距地下取水构筑物必须大于30m，其边壁距其他建筑物的外墙壁不宜小于5m。

由于传统砖混化粪池设计、施工、使用、管理等方面的诸多问题，致使95%以上的化粪池使用1～2年后开始渗漏，严重污染了地下饮用水源和城市地下供水管道，甚者还会造成建筑物不同程度倾斜。

在西方发达国家，20世纪70年代就开始用造价低、抗压强度高、抗酸碱、密封性好、无渗漏的高强度玻璃钢材料制成的整体型化粪池替代了传统砖混化粪池，有效解决了砖混结构化粪池使用寿命短、因渗漏污染地下水资源并引起建筑物地基沉降等诸多问题。同时节约土地及矿产资源，由于在化粪池内部增加了高效厌氧生物降解技术，大大减少了化粪池的清淘周期，使原本普通的化粪池变成了高效能的一体化污水处理设备。

我国砖混化粪池所带来日益严重的环境污染问题，已得到政府部门、水处理专家的充分重视，并有企业在借鉴西方发达国家成熟技术经验基础上，自主研发符合中国国情的新型玻璃钢化粪池，目前这种新型化粪池已在河南、上海、江苏等地推广使用。

9.3.4 贮粪池

贮粪池是建在郊外的城市粪便的集中贮运点，具有初步的无害化功能。其周围须设置绿化隔离带。贮粪池应封闭，并防止渗漏、爆炸和沼气燃烧。贮粪池的数量、容量和分布，应根据粪便日储存量、储存周期和粪便利用情况确定。

9.3.5 城市环境卫生工作设施规划

（1）环境卫生基层机构的用地

凡在城市或某一区域内负责环境卫生的行政管理和环境卫生专业业务管理的组织称为环境卫生机构。

环境卫生基层机构的用地面积和建筑面积按管辖范围和居住人口确定（表 9-5）。

环境卫生基层机构的用地指标 表 9-5

基层机构设置(个/万人)	万人指标(m^2/万人)		
	用地规模	建筑面积	修理工棚面积
1/1～5	310～470	160～204	120～170

（2）环境卫生车辆停车场与修造厂

市、区、镇环境卫生管理机构应根据需要建立环境卫生停车场、修造厂。环境卫生停车场和修造厂的规模由服务范围和停放车数量等因素确定。环境卫生停车场用地可按每辆大型车辆用地面积不少于 200m^2 计算。环境卫生的车辆、机具等修造厂的用地，根据生产规模确定。

（3）环境卫生清扫、保洁人员作息场所

在露天、流动作业的环境卫生清扫、保洁人员工作区域内，必须设置工人休息场所，以提供工人休息、更衣、淋浴和停放小型车辆、工具等。作息场所的面积和设置数量，一般以作业区域的大小和环境卫生工人的数量计算（表 9-6）。

环境卫生清扫、保洁工人作息场所设置指标 表 9-6

作息场所设置数(个/万人)	环境卫生清扫、保洁工人平均占有建筑面积(m^2/人)	每处空地面积(m^2)
1/0.8～1.2	3～4	20～30

（4）环境卫生车辆通道要求

必须保证环卫车辆的通达，各项环境卫生设施满足作业需要（表 9-7）。通往环境卫生设施的通道应满足下列要求：

1）新建小区和旧城区改建应满足 5t 载重车通行；

2）旧城区至少应满足 2t 载重车通行；

3）生活垃圾转运站的通道应满足 8～15t 载重车通行。

通往环境卫生设施的通道宽度不小于 4m。环境卫生车辆通往工作点倒车距离不大于 20m，作业点必须调头时，应有足够的回车余地，至少保证 12m×12m 的空地面积。

各项环境卫生设施作业车辆吨位表 表 9-7

设施名称	新建小区	旧城区	设施名称	新建小区	旧城区
化粪池	≥5	2～5	垃圾转运站	8～15	≥5
垃圾容器设置点	2～5	≥2	粪便转运站		≥5
垃圾管道	2～5	≥2			

第 10 章　城市综合防灾系统规划

现代城市是一个复杂的有机综合体，其中生产系统、生活系统、基础设施系统、生态系统等各司其职，相互配合，从而构成了一个大的系统。随着城市现代化水平的提高，城市中的各个系统相互依存关系更加密切。当城市遭遇到突发灾害时，对城市的危害常呈现出综合性、广泛性和复杂性的特点。一种灾害可以带来各种各样的次生灾害，一次事故也会引发出多种灾难，即形成所谓的“灾害链”。而防御灾害以及灾后救援和恢复重建，常涉及许多行业与部门，同样具有综合性的特点。因此，城市的防灾减灾必须是一个综合防灾体系，绝不是一个学科、一个行业或一个部门能够单独完成的，必须强调相互协调与密切配合。

我国政府历来对防灾减灾十分重视，并制定了“预防为主、防治结合”、“防救结合”的方针。现行的城市规划中，各项专业性的防灾规划，如抗震防灾规划、防洪工程规划、消防规划等，一般都进行编制，而且也自成系统，在保障城市安全、防灾减灾中发挥着重要作用。但是各项专业性的防灾规划各自为战，分兵把守，力量分散，没有加以综合与协调，未能形成一个综合性的防灾体系。在城市建设中，往往重开发轻防护、重建设轻管理，或者由于经济利益驱动，侵占绿地、盲目围湖填河造田、随意提高建筑密度等，常常造成重大灾害的不断发生。

1986 年全国人防建设和城市建设相结合座谈会于厦门召开，在认真总结 1976 年唐山地震以来城市防灾实践的基础上，指出城市应当实行综合防灾，并首次提出了“城市综合防护体系”，标志着我国城市防灾进入到全面发展、综合防御的新阶段。

随着城市不断向现代化推进，对自然环境的改造和冲击也越来越严重剧烈，城市抗御各种灾害的能力却未得到相应的加强。因此，建立综合防灾系统，认真做好城市综合防灾规划对于保障城市的安全运行和健康协调发展具有十分重要的意义。

10.1　城市灾害的种类与特点

编制城市综合防灾系统规划，必须了解城市灾害及其主要特点。随着城市的发展，城市灾害的种类构成和危害机制都在发生变化，现代城市的灾害也常呈现出许多新的种类和新的特点。

10.1.1　城市灾害的种类

城市灾害可以根据不同的标准分为不同的类型。根据灾害发生的原因，城市灾害可分为自然灾害与人为灾害两类；根据灾害发生的时序，可分为主灾和次生灾害。此外，城市灾害还可根据损失的程度进行分类与分级。

10.1.1.1　自然灾害与人为灾害

自然灾害主要是由自然界的变化引起的，人为灾害则主要是由人类行为失误造成的，我们分别称之为自然灾害与人为灾害。实际上，在城市灾害中，有时很难准确地划清二者之间的界限。自然灾害常常是人类行为失误的促发因素（或激发因素）引起的，如高温导致的火灾，浓雾引发的交通事故；而人为活动如工程开挖、过量抽取地下水，也可引起滑坡，地面沉陷和地震等自然灾害的发生。

(1) 自然灾害

自然灾害主要有以下几种：

1）气象灾害。是由大气圈物质运动与变异形成的灾害。气象灾害也有许多种类，如干旱、雨涝、热带气旋、寒潮与冻害、雹灾、沙尘暴等。

2）海洋灾害。是由水圈中海洋水体运动与变异形成的灾害，如海啸、赤潮等。

3）洪水灾害。是由水圈中大陆部分地表水体运动形成的灾害，是发生最频繁的灾害种类之一。

4）地质与地震灾害。是由岩石圈运动形成的灾害。这类灾害有滑坡、泥石流、地面沉降、地面塌陷以及火山、地震等，其中地震是对城市威胁和损失最大的灾害种类之一。

除上述几种灾害外，自然灾害还包括生物原因引起的生物灾害（如蝗灾），天文原因引起的天文灾害（如陨石雨）等，但对城市有较大影响的主要是上述四类自然灾害。

(2) 人为灾害

城市是人口密集的地区，许多城市灾害都有其人为失误的特性。人为灾害的主要成灾原因是人和人所属的社会集团所为。人为灾害可以分为以下几类：

1）战争。战争在我国古代又被称为“兵灾”或“兵祸”。战争对城市的破坏相当大，许多历史名城的毁灭和衰败都是由战火造成的。现代化战争中，武器的破坏力剧增，尤其是核武器的发展，对城市构成最大的威胁，因此，战时防御应为城市防灾的重要内容。

2）火灾。火灾在城市中发生频率极高，破坏力也相当强。伦敦、巴黎、芝加哥、东京和我国的长沙等城市，都曾发生过城市性大火，造成大量人员伤亡与财产损失。

3）化学灾害。城市中有一些生产、储存、运输化学危险品的设施，往往由于人为失误引起中毒、爆燃等事故。化学灾害中，煤气中毒或燃气爆炸则是最常见的事故。

4）交通事故。城市中交通流量大，人流、车流的交叉点多，交通事故频繁，人员伤亡数和财产损失十分巨大。

5）传染病流行。城市中由于人口密集，一些传染性疾病容易在短时间内大范围爆发。例如上海市曾爆发过大规模甲肝和红眼病疫情，2003 年肆虐我国各地的“SARS”，以及近年来出现的艾滋病、禽流感等，均给城市居民生产、生活及生命造成极大威胁，也严重制约了城市功能的正常发挥。

除上述几类人为灾害外，城市发展过程中不断有新的灾种产生，如局部风环境、光环境恶化，强电磁辐射等，都影响着城市的正常生产生活活动，阻滞了城市的健康发展。

10.1.1.2 主灾与次生灾害

城市灾害有多灾种持续发生的特点，各灾种间有一定因果关系。发生在前，造成较大损害的灾害称为主灾；发生在后，由主灾引起的一系列灾害称为次生灾害。主灾规模一般较大，常为地震、洪水、战争等大灾。次生灾害在开始形成时一般规模较小，但灾种多，发生频次高，作用机制复杂，发展速度快，有些次生灾害最终的破坏规模甚至远超过主灾。1923 年 9 月 1 日发生在日本的著名的关东大地震，死亡 14 万人，其中因地震被倒塌房屋压死者占 2.5%，而被地震引发的全城性大火烧死者占总死亡人数的 87%，次生灾害对城市的危害可见一斑。

10.1.2 城市灾害的特点

（1）高频度与群发性

城市系统构成复杂，致灾源多，导致城市灾害总体上呈现出高频度与群发性特点。具体体现在："事故"型的小灾害，如交通事故、火灾、煤气中毒等，发生频度较高，而且城市规模与灾害发生次数基本呈正相关关系；地震、洪水等大灾，则体现出群发性特点，次生灾害多，危害时间长，范围广，形成灾害群，多方面持续地给城市造成损害。

（2）高度扩张性

城市灾害的另一个特点是发展速度快，许多小灾若得不到及时控制，会酿成大灾，而对大灾不能进行有效抗救，会引发众多次生灾害。由于城市各系统间相互依赖性较强，灾害发生时往往触及一点，波及全城，形成"多米诺骨牌"效应。

（3）损失巨大性

城市是人群与财富聚集之处，一旦发生灾害，造成的损失很大。虽然现代城市进行自我保护的能力有所增强，但承受大地震、洪水台风、火患打击的能力还相当薄弱，一次中型灾害可能使一个城市的发展进程延缓多年。而且城市的防护重点目前还集中在人员的安全上，对财物，尤其是固定资产的防护手段较少。因而，尽管在灾害中人员的伤亡总体上呈下降趋势，但在同等灾情下，城市经济损失仍有快速上升的势头。

（4）区（地）域性

城市灾害的区域性特点主要表现在两个方面：一方面城市灾害往往是区域性灾害的组成部分，尤其是较大的自然灾害，常引发多个城市受到影响。因此，灾害的治理防御不仅仅是一个城市的任务，单个城市也无法有效地防抗区域性灾害。另一方面，城市灾害的影响往往超出城市范围，扩展到城市周边地区，这种影响不仅是物质的，还包括精神的。灾后的灾民安置与恢复重建工作，也属于区域性问题。

10.1.3 我国自然灾害与城市防灾形势

10.1.3.1 我国自然灾害的基本情况

我国地域辽阔，气候与地质、地貌特点差异较大、条件复杂，各种灾害种类繁多，旱、涝、震、火、雹、风等灾害频繁发生。

我国是一个多山国家，地势西高东低，形成三级台阶地形，平均海拔高度 1525m，2/3的国土是山地、高原和丘陵地带，超过海拔 1000m 的山地占国土面积的 58%。水力侵蚀和冲刷十分严重，极易造成洪水泛滥，并伴随着严重的水土流失。

目前全国 1/10 的国土面积、5 亿人口、5 亿亩耕地、100 多座大中城市、70%的全国工农总产值受到洪水灾害的威胁。洪水灾害主要集中在中东部地区。除黄河凌汛外，我国的洪水大多发生在 7、8、9 三个月，洪水的范围主要分布在我国七大江河及其支流的中下游，这七大江河指长江、黄河、珠江、淮河、海河、辽河、松花江。而这些江河流域恰恰是我国最为富庶的地区，一旦发生洪水，损失十分巨大。

从地质特点来看，我国位于太平洋地震带与欧亚地震带交汇部位，构造复杂，有史以来就是地震频发的国家。根据中国地震烈度分区图，全国有41%的国土面积和45%以上的大城市位于7度和7度以上地震设防区内，北京、天津、太原、西安、兰州、昆明等重要大城市位于8度设防区内。从20世纪80年代中期开始，我国地震活动又趋频繁，河北、云南、新疆、西藏和东海黄海海域等相继发生地震。

除洪水与地震外，其他自然灾害在我国发生也较频繁。台风与热带风暴每年数次侵袭我国东南沿海地区，每年发生的滑坡事件上万起，冰雹、干热风、龙卷风等灾害每年出现上千次。

由于人口增加和社会发展，区域开发由低风险区不断向高风险区扩张，以及对自然资源的过度开发，特别是人为的“建设性”破坏不断增加，各类灾害造成的经济损失也呈现出上升趋势。

10.1.3.2 我国城市总体防灾形势

(1) 城市人口密度大，防灾的难度增加

城市是人口高度集中的区域，人口密度大，建筑密布，防护间距保持较困难，城市防灾的难度随之增大。在许多城镇中，人口最为密集的旧区改造步履艰难，火灾、交通事故和化学事故频频发生，防灾抗灾方面存在很多问题。

(2) 城市市政基础设施差，直接影响抗灾救灾的有效进行

城市的给水、排水、电力、电信等管线设施，因其在城市中的重要作用，一直被称为城市的“生命线”系统。然而在我国城市中，市政基础设施建设多年来一直处在相对滞后的状态，许多城市的工程管线设施配套不齐，设备陈旧落后，除了这些系统本身建设存在不足外，对系统的防护措施也相当薄弱，以致在较大灾害发生时，断水、断电、通信中断、排水不畅等情况经常出现，严重影响了城市灾害防御和抗灾救灾工作。

(3) 城市设防标准低，灾害防御能力薄弱

我国城市在防火、防涝、防洪、抗震方面的设防标准普遍偏低。1976年，地震前的唐山地区原地震基本烈度仅为6度，当地震发生时，大多数建筑倒塌，造成巨大伤亡。按照我国防洪标准，全国大中城市的防洪能力应达到100～50年一遇的水平，一般城镇防洪标准应达到50～20年一遇的水平，但实际上大多数城镇的设防标准均在20年一遇以下。城镇的设防标准低，普通的灾害都会给城镇造成巨大损失。

(4) 社会防灾观念薄弱，潜在危险严重

多年来，社会各方面对城市防灾问题未予以足够重视，严重存在着“头痛医头、脚痛医脚”、“好了伤疤忘了痛”的现象。许多城市连续多年受同一灾害袭扰，当地有关部门一直未能下决心根治，防灾投入严重不足，结果灾害损失不断攀升。另外，防灾宣传不够，使人为失误致灾的次数大增，不了解防灾知识而造成的人员伤亡屡见不鲜，灾害发生时往往出现恐慌情绪，影响社会稳定。

(5) 城市防灾科学技术的总体水平比较落后，城市防灾投入长期不足

目前，我国对城市灾害还缺乏深入系统的综合研究，在灾害的认识深度上差距甚远；防灾技术也偏重单一技术，缺乏综合性，对一些重要灾害还缺乏有效的防灾措施，科学技术进步缓慢。一些新材料、新技术，对可能引起的灾害及相应的对策研究很不够。国家尚缺乏保障和促进城市防灾科技发展的长效机制。与此同时，在城市防灾投

入上与实际需要差距甚大。近年来，每年国家拨给建设部的抗震研究经费虽有所增加，但远不能满足需要。

10.2 城市综合防灾体系规划

10.2.1 城市综合防灾体系规划的目标

城市综合防灾规划的总体目标是建立与城市经济社会发展相适应的城市灾害综合防治体系，综合运用工程技术以及法律、行政、经济、教育等手段，加强生命线工程建设，提高城市防灾减灾能力，为人民生命财产安全和城市持续稳定发展提供可靠保障。

为此，各类城市中的建设工程应根据国家颁布的抗震技术标准进行设防；全国大中小城市的防洪能力应达到相应的设防标准；城市火灾控制应达到消防标准的要求；制定并完善全国大中城市的减灾综合规划，并纳入城市经济社会发展计划和城市总体规划，同步实施。

这里的“减灾”包含了两重含义，一是指采取措施，减少灾害的发生次数和频度，二是指要减少或减轻灾害造成的损失。对于一个国家来说，灾害的发生和造成损失是难以避免的，因此，国家和区域应采取各种措施进行减灾。

城市由于财富和人口高度集中，一旦发生灾害，造成的损失很大。所以，在区域减灾的基础上，城市综合防灾规划应立足于防灾，其重点是防止城市灾害的发生以及防止城市所在区域发生的灾害对城市造成影响。城市防灾系统不仅仅指防御或防止灾害的发生，实际上应包括对城市灾害的监测、预报、防护、抗御、救援和灾后恢复重建等多方面工作的综合。

城市灾害的种类很多，但其中对城市影响最大和发生较为频繁的灾害主要有地震、洪涝、火灾和战争。这四种灾害应作为城市综合防灾规划的重点。当然，城市的具体情况不同，防灾的侧重点也应有所区别。

10.2.2 城市防灾措施

城市防灾措施可以分为两种，一种为政策性措施，一种是工程性措施。政策性措施又可称为“软措施”，工程性措施可称为“硬措施”。城市防灾必须从政策制定和工程设施建设两方面入手，“软硬兼施，双管齐下”，才能取得良好的防灾效果。

(1) 政策性城市防灾措施

政策性城市防灾措施是建立在国家和区域防灾政策基础上的，主要包括两方面的内容。一方面，城市总体及城市内各部门的发展计划是政策性防灾措施的主要内容。城市总体规划通过对用地适建性的分析评价，确定城市发展方向，实现避灾的目的。城市总体规划中有关消防、人防、抗震、防洪等各项防灾专项规划，对城市防灾工作具有直接指导作用，是防灾建设的主要依据。

政策性防灾的另一个主要内容就是法律、法规、标准和规范的建立与完善。近年来，我国相继制定并完善了《城市规划法》、《人民防空法》、《消防法》、《防洪法》等一系列法律，各地各部门也根据各自情况编制出台了一系列关于抗震、消防、防洪、人防、交通管理、基础设施建设等各方面的法规和标准、规范，对于加强指导城市防灾工作具有重要作用。

(2) 城市工程性防灾措施

城市的工程性防灾措施是在城市防灾政策指导下，建设一系列防灾设施与机构的工作，也包括对各项与防灾工作有关的设施采取的防护工程措施。城市的防洪堤、排涝泵站、消防站、防空洞、医疗急救中心、物资储备库，以及气象站、地震局、海洋局等带有测报功能的机构建设，建筑抗震加固处理、管道柔性接口等处理方法，都属于工程性防灾措施范畴。政策性防灾措施必须通过工程性防灾措施，才能真正起到作用。

10.2.3 城市防灾体系的组成

一个城市拥有较完善的防灾体系，就能有效地防抗各种灾害，减少损失。一般来说，城市防灾包括对灾害的监测、预报、防护、抗御、救援和恢复援建六个方面，每个方面都由组织指挥机构负责指挥协调。它们之间有着时间上的顺序关系，也有着工作性质上的协作分工关系。从时间顺序来看，可分为四个部分：

(1) 灾前防灾减灾

灾前工作包括灾害区划、灾情预测、防灾教育、预案制定与防灾工程设施建设等内容。实践表明，灾前工作对整个防灾工作的成败有着决定性影响。灾情尚未发生时，应对城市及周边地区已发生过的灾害进行调查研究，总结经验教训，摸索规律，教育人民，训练队伍，建设设施，做好准备，防御可能发生的灾害。

与此同时，还应加强灾害的监测、预报等研究工作，以及防灾预案的制定和防灾教育工作。

我国曾经成功地预报了1975年2月4日发生的辽宁海城地震，震前将城市大部人口疏散，结果虽然发生了7.3级地震，城市大部被毁，死亡人数却仅为1328人；而1976年7月28日发生的7.8级唐山地震，由于种种原因未能做出预报，死亡人数竟达到24万余人。

日本是一个多地震国家，许多城市每年都要进行民众参与的、规模不等的各种防灾演习，以检查防灾队伍和防灾设施的预备情况，修改完善防灾预案，同时对人民进行防灾知识教育，提高全民防灾素质。这一经验值得我们学习与借鉴。

(2) 应急性防灾

在预知灾情即将发生或灾害即将影响城市时，城市必须采用应急性防灾措施，如成立临时防灾救灾指挥机构，进行灾害警告，疏散人员与物资，组织临时性救灾队伍等。应急措施必须得力，方能有效防抗灾害，减少灾害损失。

(3) 灾时抗救

灾时抗救，主要是抗御灾害和灾时救援，如防洪时的堵口排险，抗震时废墟挖掘与人员救护等。所谓“养兵千日，用兵一时”，各种防灾设施、防灾队伍、防灾指挥机构等，都应在此时发挥作用，保护人民生命和财产安全。

(4) 灾后工作

主要灾害发生后，应及时防止次生灾害的产生与蔓延，进行灾后救援及灾害损失评估与补偿，并积极重建防灾设施和损毁的城市。实际上，灾后工作是下一次灾害前期防灾减灾工作的组成部分。

从防灾机构的组成来看，防灾机构分为研究机构、指挥机构、专业防灾队伍、临时防灾救灾队伍、社会援助机构和保险机构等。研究机构对当地情况进行全面调查了解，根据专业知识进行监测、分析、研究和预报；指挥机构负责灾时的抗灾救灾指挥和平时防灾设施的建设；专业防灾队伍是经过训练，装备较好的抗救灾队伍，如消防队。

重大灾情出现时，军队因具有极强的战斗力，可以将其归入专业防灾队伍；临时抗灾救灾队伍是在灾情发生时，由指挥机构组织或民间志愿人员组成的抗灾救灾队伍，辅助专业防灾队伍工作；社会援助机构和保险机构在灾时和灾后在经济上对防灾工作和受灾人员与单位给予支持，帮助恢复生产，重建家园。

10.2.4 构建完整的城市综合防灾体系

10.2.4.1 城市综合防灾体系存在的主要问题

(1) 现有防灾体系基本上以单灾种防抗为系统，在规划和建设中，往往各自为政，造成防灾设施布局不合理，配置重复，浪费投资。

(2) 忽视城市整体防灾组织指挥系统的建设、生命线系统的防护等重要环节，因此难以快速、高效地防抗多元化、群发性的城市灾害。

(3) 缺乏平灾结合、综合利用防灾设施的观念、规划和措施，防灾设施的效能未能充分发挥，也未形成城市防灾设施投资、使用维护的良好环境，严重影响了防灾系统在灾时的正常运作。

10.2.4.2 构建城市综合防灾体系

针对城市灾害的特点和现有城市防灾体系的缺陷，必须在全面认识城市灾害的基础上，树立城市综合防灾的观念，建立城市综合防灾体系。注重各灾种防抗系统的彼此协调，统一指挥，共同运作，强调城市防灾的整体性和防灾设施的综合利用。同时，城市综合防灾还应注重防灾设施建设使用与城市开发建设的有机结合，形成规划—投资—建设—维护—运营—再投资的良性循环机制。

(1) 加强区域减灾和区域防灾协作

城市防灾是区域防灾减灾的重要组成部分，尤其是对洪灾和震灾等影响范围大的自然灾害，防灾的区域协作十分重要。我国已在大量研究和实践经验的基础上，对某些灾害作了相应的大区划，并成立了一些灾种固定或临时的管理协调机构，城市的防灾工作必须在国家灾害大区划的背景下进行，应根据国家灾害大区划，确定城市设防标准，同时，城市防灾工作应服从区域防灾机构的指挥协调和管理。1991 年我国太湖水系发生特大洪水期间，经过区域协调，采取了一系列分洪、行洪和泄洪的措施，牺牲了一些局部利益，但有效地降低了太湖的高水位，缩短了洪水持续的时间，保障了沿湖大多数大中城市的安全，区域整体防灾取得了很好的效果。此外，市际以及市域范围的防灾协作也十分必要。我国小城镇和城郊地区的防灾设施往往较为匮乏，一旦遇到较大规模的灾害发生，经常束手无策，如果能与其周边城镇联手，配置共用防灾设施，或依托邻近规模较大、经济实力较强的城市，与之进行防灾协作，能够较快地提高这些城镇的防灾能力。

(2) 合理选择与调整城市建设用地

城市总体规划必须进行城市建设用地的适宜性评价，确定城市未来的用地发展方向和进行现状用地布局调整。地形、地貌、地质、水系等评价因子决定了地区未来可能遭受的灾害及其影响程度，在用地布局规划中应避开灾害易发地区。另外，城市灾害小区划，是对城市用地的灾害与灾度的全面分析评估，为制定城市总体防灾对策、确定城市各地区设防标准提供充分依据，可以节省并更合理地分配防灾投资。一些城市进行了抗震小区划后，对城市内的抗震设防标准作了相应调整，合理使用城市抗震投资，取得了较好效果。对于处在防灾不利地带的老城市，应该结合城市的旧城区改造，降低防灾不利地区的人口与产业密度，逐步改变其内部的用地布局，使城市的居住、公建、工业等主要功能区完全避开防灾不利地带，实现城市总体布局的防灾合理化。

(3) 优化城市生命线系统的防灾性能

城市生命线系统是城市的“血液循环系统”和“免疫系统”。但在大灾（尤其是地震、海啸）发生时很容易受到破坏，因此必须加强和提高这些生命线系统的安全性。当城市遭受灾害袭击时，生命线系统的破坏不仅使城市生活和生产能力陷于瘫痪，而且使城市失去了抵抗能力，许多次生灾害由此而产生、发展和蔓延，直至失去控制。所以，城市生命线系统被破坏本身就是灾难性的。由于城市防灾对生命线系统的依赖性极强，城市消防主要依靠城市的给水系统，城市灾时与外界联系和抗灾救灾指挥组织主要依靠城市通信系统，城市交通系统必须在灾时保证抗灾救灾和疏散通道畅通，应急电力系统要保证城市重要设施的电力供应，所以，生命线系统只有在保证自身安全的前提下，才能为城市的抗灾服务，这就要求生命线系统必须建立健全应急机制和应急备用设施，以防万一。从体系构成、设施布局、结构方式、组织管理等方面，提高并优化生命线系统的防灾能力和抗灾功能，也是城市防灾的重要环节。例如，1923 年日本关东大地震发生后，由于东京城市供水系统被毁，消防用水难以保证，形成席卷全城的大火。地震全部死难者中，87%被火烧死，10%由于避火而落水淹死。1906 年旧金山地震中，因煤气主管被震裂，使 75%的市区被大火焚烧。阪神地震中，由于神户交通、通信设施受损，致使来自 20km 外的大阪的援助不能及时到达。1989 年 10 月发生的美国加州地震和 1995 年 1 月发生的日本阪神大地震中，都出现了城市高架路被震倒造成的城市干道交通瘫痪的现象。

(4) 强化城市防灾设施的建设与运营管理

城市防灾设施是城市综合防灾体系主要的硬件部分，除城市生命线系统外，城市的堤坝、排洪沟渠、消防设施、人防设施、地震测报台网以及各种应急设施等，都属于城市防灾设施。这些设施一般专为防灾设置，直接面对灾害的考验，担负着城市灾前预报、灾时抗救的主要任务。防灾设施的标准和建设施工水平，直接关系到城市总体防灾能力。

提高防灾设施的综合使用效益，是防灾工作中的关键。我国城市的防灾设施，一般情况下都是针对单个灾种设置的，如堤坝是为防洪而建，消防站是为防火而设。各种设施分属于不同的防灾部门，在建设、使用和管理、运营上高度专门化，设施的使用频率较低，防护面较窄。我国城市防灾设施的这种布局和管理体制很难适应城市灾害多元化、群发性的特点。

城市综合防灾体系中防灾设施的建设布局要充分考虑城市灾害的特点，尤其是针对灾害链的特点，综合组织布局防灾设施，并使它们的管理指挥机构之间保持畅通的联络协调渠道，以便在链发性与群发性灾害时，形成防灾设施的联动机制。同时，也应充分考虑防灾设施使用的平灾结合。近年来，城市的地下人防设施的综合利用已得到推广普及，产生了较好的社会效益和经济效益。一些省市开始实施“110”报警电话，由单纯报警发展成为社会救助提供综合服务的网络，给城市防灾设施的综合利用提出了一条很好的思路。

(5) 建立城市综合防灾指挥组织体系

城市防灾涉及到很多部门，担负着各种灾害的测、报、防、抗、救、援以及规划与实施工作，但由于这些部门在防灾责任、权力方面既有交叉，又存在盲区，缺乏综合协调城市建设与防灾、城市防灾科学研究与成果综合利用关系的能力，使政府部门的防灾职能难以充分发挥。

应该说，在防灾中，灾前预防预报、灾时的抗救和灾后的恢复重建等均居十分重要的地位。然而在实际防灾中，对于灾中的抗救都比较重视，但对于灾前灾后的工作则往往被忽略。由于缺乏持久组织机构和有力的领导，城市防灾对策的研究与制定、城市防灾规划的编制与实施、城市防灾部门设施的运营与管理、城市防灾宣传教育等常处于无人问津状态，直接影响了城市防灾能力的提高。因此，必须在单项灾害管理的基础上，组建从中央到地方，条块结合，常设的综合性防灾指挥组织机构进行组织协调和统筹指挥，方能有效地提高城市的总体防灾能力。东京在 1962 年 10 月即设置了“东京都防灾会议”，负责指导城市综合防灾工作，尤其是地区防灾计划的制定与修改工作。一些国外城市也根据自身的情况，设立了综合防灾组织指挥机构，负责防灾工作。

(6) 健全、完善城市综合救护系统

城市急救中心、救护中心、血库、防疫站和各类医院是城市综合救护系统的重要组成部分，具有灾时急救、灾后防疫等功能。无论发生何种城市灾害，城市综合救护系统是必不可少的。因此，城市规划必须合理布置城市救护设施，避免将这些设施布置在地质不稳定地区、洪水淹没区、易燃易爆设施与化学工业及危险品仓储区附近等不安全地带上，保证救护设施的合理分布与服务范围，以及设施自身安全。同时，不仅要加强这些设施平时的救护能力和自身防灾能力，尤其要加强这些设施灾时急救能力，从人员、设备、体制上给予保证。

10.2.4.3 加强与提高城市生命线系统的防灾能力

城市生命线系统包括交通、能源、通信、给排水等城市基础设施。本书论述关于各种工程管线设施的布局与防护要求，一般都适用于城市生命线系统。对于城市生命线系统，由于与城市防灾关系密切，应该具有较普通建、构筑物高的防灾能力，其防灾的要求应特别强调。

(1) 提高设施设防标准

一般情况下，城市生命线系统应采用较高的标准进行设防。如广播电视和邮电通信建筑，一般为甲类或乙类抗震设防建筑，而交通运输建筑、能源建筑，应为乙类建筑；高速公路和一级公路路基，应按百年一遇洪水设防；城市重要的市话局和电信枢纽，防洪标准为百年一遇；大型火电厂的设防标准为百年一遇或超百年一遇。各项规范中关于城市生命线系统的设防标准普遍高于一般建筑，而我们在城市规划设计中也要充分考虑这些设施的较高设防要求，将其布局在较为安全的地带。

(2) 设施地下化

城市生命线系统地下化，被证明是一种有效的防灾手段。生命线系统地下化后，可以不受地面火灾和强风的影响，减少战争时的受损程度，减轻地震的作用，并为城市提供部分避灾空间。通信、能源、给水设施和管线地下化，可大大提高其可靠度。城市市政管网综合汇集、管线共沟后能够方便地进行维护和保养。因此，城市生命线系统地下化是城市减灾防灾的发展方向。

（3）设施节点的防灾处理

城市生命线系统的一些节点，如交通线的桥梁、隧道，管线的接口，都必须进行重点防灾处理。高速公路和一级公路的特大桥，其防洪标准应达到300年一遇；在震区预应力混凝土给排水管道应采用柔性接口；燃气、供热设施的管道出、入口处，均应设置阀门，以便在灾情发生时，及时切断气源和热源；各种控制室和主要信号室，防灾标准必须较一般设施提高。

（4）设施的备用率

要保证城市生命线系统在灾区发生设施部分毁损时，仍具有一定的服务能力，就必须保证有备用设施，在灾害发生后投入系统运作，以期至少维持城市最低需求。这种设施备用率应高于平时生命线系统的故障备用率，具体备用率水平应根据系统情况、城市灾情预测和城市经济水平决定。

第11章 城市防洪工程规划

11.1 概　　述

众所周知，人体本身时刻需要水分并由水分支持着生存，这就迫使人们必须生活在有水的区域内，即傍水而居。城市是人口密集的区域，企业集中，建筑物林立，对水的需求量很大，因而依江傍河沿湖沿海而设是不言而喻的。诚然，江河为城市提供了用水、排水、灌溉、舟楫之利，但同时又使城市蒙受着洪水侵扰之虞。

洪水是河道水位暴涨且超过某一有影响水位的特大径流。当河流发生洪水时，往往因河槽不能容纳而发生漫溢泛滥。洪灾则指超过人们防洪能力或未采取有效预防措施的大洪水对人们生命和财产所造成的损害与祸患。洪灾一旦发生，损失往往十分严重。1998年我国南方长江、北方松花江、嫩江洪水泛滥，直接经济损失1666亿元，死亡人数3300人。

洪水按成因分为暴雨型洪水、融雪型洪水、雨雪混合型洪水、冰凌型洪水、溃坝型洪水和海岸型洪水，就其强度、危害和影响范围而言，暴雨型洪水所引起的灾害最甚，因而，常成为人们预防的重点。

人类经济活动的发展，使自然植被不断遭到破坏，地表涵蓄水源的功能不断减退，由暴雨径流所引起的洪水灾害日趋频繁。洪水虽是一种随机的自然现象，但由于我国处于季风区，暴雨洪水几乎年年爆发，因此洪涝灾害已成为我国主要的一种自然灾害，也是对城市威胁很大并造成惨重损失的水害。

事实上，城市水患不仅仅是洪水的侵害，遭暴雨洪水后的适应和保护能力严重缺失，才是城市更普遍的水患困扰。暴雨是洪水形成的根本原因，作为城市水患还应包括水土流失、泥石流等灾害。

解放以来，我国先后对黄河、淮河、海河、长江等流域进行治理，已取得很大成绩，城市防洪也得到加强。但必须指出，我国城市防洪依然问题不少，面临的形势仍十分严峻。

(1) 防洪标准低

据统计，1994年底全国共有城市622座，其中531座有防洪任务。但防洪标准大多较低，设防标准达到50年一遇及其以上者有93座，占总数的18%；设防标准20～50年一遇的161座，占30%；设防标准10～20年一遇的118座，占22%；防洪标准低于10年一遇的120座，占23%；防洪标准有待进一步核定的有39座，占7%。城市内部的排洪标准，一般只有5～10年一遇。很多城市，特别是中小城市，则是“不设防”城市。

(2) 洪涝灾害损失严重

1949年以来，平均每年出现影响范围较广的洪涝5.8次，平均每年受灾面积0.08亿hm^2。1977年7月，延河流域发洪水，延安地区11个县市受灾，直接经济损失达7000万元。

1981年四川大水，省会成都被淹，受淹建筑面积54.73万m^2，房屋倒塌1.54万m^2，市区被淹48万m^2（成都市防洪标准仅10年一遇）。1985年辽河洪水只有3～5年一遇，因洪水造成直接经济损失竟高达47亿元。1991年5～7月上旬，我国淮河及太湖流域连降大暴雨，流域最大30天降雨量达502mm，造成了安徽、江苏两省百年罕见的洪灾，死亡801人，伤14478人，受灾面积8579万亩，倒塌房屋214万间，毁坏300万间，直接经济损失达400亿元以上。1994年，全国30个省（区）2.15亿人受灾，倒塌房屋349万间，死亡5340人，直接经济损失1796.6亿元。

1998年，我国南北均发生了洪涝灾害，全国洪涝面积达22580万hm^2，受灾人口2.31亿人，死亡3656人，倒塌房屋566万间，铁路中断400条次，冲毁公路7.0万km，毁坏输电和通信线路8.3万km，毁坏水库55座，水库垮坝90座，造成直接经济损失1666亿元人民币。2003年8月下旬，陕西全境降雨（5年一遇），渭河下游遭遇了历史上罕见的洪水灾害（50年一遇），给沿河的临渭、华县、华阴、潼关、大荔等县（市）区带来了严重的灾难和经济损失。洪水淹没了6.8万公顷农田和55个村庄，致渭南东部250平方千米的大地沦为一片汪洋，56万人受灾。在灾情最重的华县和华阴市，13万人无家可归，直接经济损失超过20亿元。这是渭河流域50多年来最为严重的洪水灾害。此次洪水被称为典型的“小水酿大灾”。这种现象对于滨水城市而言，则具有普遍的警示意义。

（3）城市防洪管理与建设严重滞后

1）城市防洪建设投资严重不足，城市防洪工程质量差。

城市防洪建设所需资金数额巨大，少则千万，多则数亿。但城市防洪投入严重不足，工程建设缓慢。多数城市财政困难，实际用于城市防洪工程建设的投资远远不能满足工程建设要求。一些完成防洪规划的城市，因缺乏资金，规划难以实现。

据统计仅31座全国重点防洪城市的规划静态总投资就达90多亿元，而中央和地方实际用于城市防洪工程建设的投资严重不足。一些防洪工程质量差，标准低，难以抵御洪水袭击，1998年长江下游“豆腐渣工程”决堤出现险情就是明证。

2）城市防洪规划和管理工作薄弱。

目前，全国只有44%的城市完成了城市防洪规划的编制工作。城市防洪管理亦很薄弱，部分城市河道设障严重，岸线管理混乱，规章制度不健全，人为破坏现象时有发生，其中河道设障最突出也最为严重。如珠江三角洲是我国城市化程度较高的地区，近几年河道两岸滩地被盲目围占，河道中阻水建筑物众多。1994年该地区来水仅50年一遇，而河网内部分测站的水位却超过历史最高水位。

（4）城市防洪意识不强

一些城市对防洪工作没有真正重视，水患意识淡漠，存在侥幸心理，没有按照《防洪法》的要求采取措施加强防洪工程设施建设。

根据《中华人民共和国城市规划法》，防洪规划已被确定为城市总体规划的重要内容和组成部分。当然，各个城市的地理位置不同，受到洪水危害的程度也不一样。为保证城市安全，要求对于下列有可能遭受洪水危害的城市必须做好防洪规划：

1）城市及工业区位于河流沿岸，且地面高程低于河道洪水位，洪水期可能造成城市淹没；

2）河流穿城而过，当发生洪水时，水位高于两岸地面，洪水直接威胁城区安全；与此同时，由于洪水对河岸的冲刷侵蚀作用，造成河道塌岸，影响城区安全；

3）城市位于河流下游，而河流上游建有水库，虽然对于洪水起到一定的调节作用，但河流下游城市附近的洪水将不同于天然情况，对这类城市必须考虑水库对洪水的影响；

4）位于山前区城市，由于山地坡度陡，山沟众多，一遇暴雨、洪水由各沟口涌出，来势汹涌，常对城区及工业区的安全有较大影响；

5）位于山区小沟道中的城市，一般情况下是临河依山，前有河洪威胁，背有山洪侵扰，更应注意防洪问题；

6）有的城市虽然与河没有直接关系，但位置低下，一遇暴雨洪水，水流不畅，往往也受到淹没，也需要采取防洪排涝工程措施；

7）有的城市位于海边，由于海水涨潮和台风影响也可使城市受到海水侵袭，造成损失，同样需要采取防潮措施。

广州、成都、九江、武汉、南京、梧州、安庆、南宁、长沙、岳阳、开封、郑州、柳州、北京、济南、天津、蚌埠、淮南、芜湖、合肥、上海、南昌、黄石、荆州、哈尔滨、齐齐哈尔、佳木斯、长春、吉林、沈阳、盘锦 31 座城市为全国重点防洪城市，必须认真做好防洪工程规划，且其防洪规划应由省（自治区、直辖市）人民政府批准，实施计划应报水利部、建设部、国家计委、国家防汛抗旱总指挥部和有关流域机构备案。除此之外，凡受到洪水威胁与侵扰的城市，均应编制城市防洪规划。

11.2 城市防洪工程规划的内容

11.2.1 城市防洪工程规划的任务

(1) 确定城市防洪区域（即可能对城市造成洪水威胁的水体或附近山区的汇水流域范围）；

(2) 合理选定城市防洪标准，对超过设计标准的洪水所造成的危害做出对策方案；

(3) 根据城市用地选择的要求，对可能遭受洪水淹没、泥石流的袭击以及滑坡骚扰的地段，提出技术上可行、经济上较为合理的工程治理措施或生物治理措施；

(4) 确定规划年限内的城市防洪工程的设计规模，使之真正改善城市用地条件，确保城区人民的生命、财产安全。

11.2.2 城市防洪工程规划的设计原则

(1) 贯彻防治结合和以防为主的方针。在充分发挥堤防作用的同时，进行全面规划、综合治理，因地制宜，因害设防，以达到提高防洪标准，保护城市工业生产和人民生命财产的安全的目的；

(2) 要与流域防洪规划相配合，与城市总体规划相协调，防洪工程布局还应与城市规划中的建筑物、铁路、航运、道路、排水等工程设施的布局综合考虑确定；

(3) 根据城市的大小及其重要性，在充分分析防洪工程效益的基础上，合理选定城市防洪标准；

(4) 充分发挥城市防洪工程的防洪作用，并考虑流域防洪设施的联合利用，防洪措施应与农田灌溉、水土保持、园林绿化等相结合；

（5）充分利用洼地及山谷、原有的湖塘等有利地形，修建泄洪塘库，搞好河湖防洪系统的建设，同时应考虑溃堤后对城市居民点或乡镇企业、农田区域等所产生的影响和应采取的相应的措施；

（6）防洪工程应尽量避免设置在不良地质的区域内。

11.3　防洪标准及设计洪水流量

城市防洪工程，并不像城市供水、城市燃气、集中供热等市政公用设施，直接参与工业生产和经常为居民生活服务，而是通过为城市提供安全保障，间接体现其经济效益、社会效益和环境效益的。特别是经济效益，只有在发生洪水时才集中突出的反映出来，通常由避免或减少洪灾损失来体现。由于洪水的发生具有偶然性，其发生的几率较少，且历时较短，人们往往容易产生麻痹思想和侥幸心理。加之城市防洪建设需要投资较多，且资金没有保证，这也是部分城市对防洪不够重视、防洪设施长期迟建、缓建或达不到标准而造成惨重损失的基本原因之一。

当然，城市防洪工程的规划设计标准并不是所有城市采取同一个标准，而应根据城市规模的大小、等级的高低及在国民经济中的地位与作用，受洪水、雨水威胁的程度，淹没损失大小、工程修复难易程度、人口多少、环境污染状况以及其他自然经济条件等因素，进行综合分析，合理选定。设防标准的采用应依据当地经济技术等条件，因地制宜，不同期限及不同对象可采用不同的设防标准。

11.3.1　防洪标准

洪水的特征常以洪峰流量（洪峰水位）、洪水总量、洪水流量过程线来描述，统称为洪水三要素。其中洪峰流量对于防洪工程具有重要控制作用。

所谓防洪标准，是指防洪工程能防多大的洪水。防洪工程的规模是以所抗御洪水的大小为依据，洪水的大小在定量上通常以某一重现期（或某一频率）的洪峰流量表示。防洪规划的设计标准，关系到城市的安危，也关系到工程造价和建设期限，是防洪规划中体现国家经济政策和技术政策的一个重要环节。确定城市防洪标准时一般应明确设防城市或工业区的规模；城市或工业区的地理位置、地形、历次洪水灾害情况；以及当地的经济技术条件等。对于上游有大中型水库的城市，防洪标准应适当提高。

水利部、建设部在总结我国历史防洪经验教训的基础上，结合国民经济发展水平，于1994年6月2日专门颁布了《防洪标准》（GB 50201—94）（1995年1月1日实施），该标准即为我们进行防洪规划时确定防洪标准的法律依据（表11-1）。

城市的等级和防洪标准　　**表 11-1**

等　级	重　要　性	非农业人口（万人）	防洪标准[重现期（年）]
Ⅰ	特别重要的城市	＞150	＞200
Ⅱ	重要的城市	150～50	200～100
Ⅲ	中等城市	50～20	100～50
Ⅳ	一般城市	＜20	50～20

注：1. 城市人口是指市区和近郊区非农业人口。
2. 城市是指国家按行政建制设立的直辖市、市、镇。

(1) 城市等级和防洪标准

目前，我国城市已达660多座，城市大小不仅人口差别悬殊，而且在政治、经济、文化上的重要程度相差甚大。一般地讲，人口愈多、重要程度愈高者，其防洪标准应当愈高；反之，其防洪标准就要低些。为了科学制定不同城市的防洪标准，需要对有防洪任务的城市，按人口多少和重要程度划分等级。

特大城市、大城市及城区范围较大分为几个城区的城市可分为几部分单独进行防护的，各防护区的防洪标准，应根据其重要性、洪水危害程度和防护区非农业人口的数量分别确定。

位于山丘的城市，当城区分布高程相差较大时，应分析不同量级洪水可能淹没的范围，并根据淹没区非农业人口和损失的大小，确定其防洪标准。

位于平原、湖洼地区的城市，当需要防御持续时间较长的江河洪水或湖泊高水位时，其防洪标准可取表11-1规定中的较高者。

位于滨海地区中等级以上城市，当按表11-1的防洪标准确定的设计高潮位低于当地历史最高潮位时，应当采取当地历史最高潮位进行校核。

对于重要的工程，除了按照设计标准规划设计外，还应考虑在非常情况下，洪水可能会漫淹堤顶，因此，常需要提高标准进行校核。校核标准可按表11-2采用。

防洪校核标准 表11-2

设计标准频率(重现期)	校核标准频率(重现期)	设计标准频率(重现期)	校核标准频率(重现期)
1%(100年一遇)	0.2%～0.33%(500～300年一遇)	5%(20年一遇)	2%～4%(50～25年一遇)
2%(50年一遇)	1%(100年一遇)		

以乡村为主的防护区，应根据其防护人口或耕地面积，按表11-3确定防洪标准。

乡村防护区等级与防洪标准 表11-3

等级	防护区人口(万人)	防护区耕地面积(万亩)	防洪标准[重现期(年)]
Ⅰ	≥150	≥300	100～50
Ⅱ	150～50	300～100	50～30
Ⅲ	50～20	100～30	30～20
Ⅳ	≤20	≤30	20～10

关于防洪城市等级划分以及各等级城市防洪标准，我国水利部门也做了行业规定，其基本上与国标规定是一致的。例如，沿江河城市和沿海城市的防洪标准，行标与国标完全一致，因为同一等级城市，不同类型洪水可造成的灾害程度和损失大小是不大相同的。所以，行业标准规定，同一等级城市，遭受不同洪水威胁，可采用不同的防洪标准。其中，江河洪水和风暴潮洪水对城市危害严重，防洪标准应适当提高；山洪一般因每条山洪沟汇水面积较小，洪灾损失一般都是局部性的，灾害较轻，防洪标准可采用较低值；泥石流是一种特殊的山洪，危害较一般山洪严重，所以防洪标准比一般山洪高些。行标规定，城市防洪标准是根据城市等级和洪灾类型按表11-4分析确定。

在城市规划与区域规划以及历史文化遗产保护规划中，常常涉及到文物古迹和旅游设施受到洪水的威胁，必须加以设防，防洪标准根据其等级与价值按表11-5、表11-6确定，对于特别重要的文化遗产和旅游设施，其防洪标准可适当提高。

城市等级和洪灾类型　　表 11-4

城市等级	防洪标准[重现期(年)]		
	河(江)洪、海潮	山洪	泥石流
一	≥200	100～50	>100
二	200～100	50～20	100～50
三	100～50	20～10	50～20
四	50～20	10～5	20

文物古迹等级和防洪标准　　表 11-5

等级	文物保护的级别	防洪标准[重现期(年)]
Ⅰ	国家级	>100
Ⅱ	省(自治区、直辖市)级	100～50
Ⅲ	县(市)级	50～20

旅游设施的等级和防洪标准　　表 11-6

等级	旅游价值、知名度和受淹损失程度	防洪标准[重现期(年)]
Ⅰ	国家景点,知名度高,受淹后损失巨大	100～50
Ⅱ	国家相关景点,知名度较高,受淹后损失较大	50～30
Ⅲ	一般旅游设施,知名度较低,受淹后损失较小	30～10

(2) 确定防洪标准注意事项

1) 江河沿岸城市城区段堤防的防洪标准，应与流域堤防的防洪标准相适应。城市城区段堤防的防洪标准应高于流域堤防的防洪标准；当城市城区段堤防成为流域堤防组成部分时，不论城市大小，其堤防的防洪标准均不应低于流域堤防的防洪标准。

2) 江河沿岸城市，当城市上游规划有大型水库或分（滞）洪区时，城市防洪标准可以分期达到。近期主要依靠堤防防御洪水，其防洪标准可以适当低些；待上游水库或分（滞）洪区建成投入运转后，城市防洪标准再达到或超过防洪规范要求的防洪标准。

3) 江河下游沿岸城市和沿海城市，地面高程往往低于洪（潮）水位，主要依靠堤防来保卫城市安全。堤防一旦决口，必将全城受淹，后果不堪设想。因此，防洪标准应在规范规定的范围内选用防洪标准的上限。

4) 当城市防洪可以划分几个防护区单独设防时，各防护区的防洪标准，应根据其保护区的重要程度和人口多少，选用相应的防洪标准。如此可以使重要保护区采用较高的防洪标准，而不必提高整个城市的防洪标准。重要性较低和人口较少的防护区，可以采用较低的防洪标准，以降低防洪工程投资。

5) 在城市防治山洪、泥石流规划中，排洪渠道的设计，一般不考虑规划中水土保持措施削减洪峰的作用，仍按自然条件下设计洪峰流量计算排洪渠需要的泄洪断面。水土保持措施实施后的削减洪峰作用，可作为增加防洪安全度的一个有利因素。

6) 兼有城市防洪作用的港口码头、路基、涵闸、围墙等建筑物、构筑物，其防洪标准应按城市防洪和该建筑物、构筑物的防洪要求较高者来确定，即不得低于城市防洪标准，否则，必须采用必要的防洪保安措施。

11.3.2 设计洪峰流量

相应于防洪设计标准的洪水流量，称为设计洪峰流量。此流量是防洪工程规划设计的基本依据。洪水量计算与泥石流计算是正确规划防洪、防泥石流工程的重要依据。

在推求设计洪峰流量时，工程上常采用下面几种方法：

(1) 推理公式

推理公式是缺乏资料时小流域计算设计洪水时常用的方法。在城市防洪工程中，对于山洪防治特别适用。山洪发生地带一般都无观测站观测资料；有些流域虽有短期暴雨资料，但由于流域之间自然条件相差悬殊，而具有较多资料的流域又很大，短期资料难以延长。推理公式有一定的理论基础，方法简便。被应用的流域由于自然条件各异，有关参数的确定也存在一定的任意性，因此必须对计算成果进行合理性与可靠性分析，并与其他方法综合分析比较，从中进行取舍。

$$Q=0.278\frac{\psi s}{t^n}F \tag{11-1}$$

式中 Q——设计洪峰流量（m^3/s）；

s——与设计重现期相应的最大的一小时降雨量（mm/h）；

ψ——洪峰径流系数；

t——流域的集流时间（h）；

F——流域面积（km^2）；

n——与当地气象有关的参数。

该推理公式的适用范围为流域面积 $F \leqslant 500km^2$。公式中各参数的确定方法，需要通过查阅相关计算图表和当地水文手册求得。

(2) 经验公式

在缺乏水文直接观测资料的地区，可采用经验公式。常见的经验公式以流域面积为参变数。其中“公路科学研究所”经验公式使用方便，应用较广，其公式如下：

$$Q=CF^n \tag{11-2}$$

式中 Q——洪峰流量（m^3/s）；

C——径流模数，是概括了流域特征、气候特征、河槽坡度和粗糙程度及降雨强度公式中的指数 n 等因素的综合系数，可根据不同地区按表 11-7 采用；

F——流域汇水面积（km^2）；

n——面积参数，当 $1<F<10km^2$ 时按表 11-7 采用；当 $F \leqslant 1km^2$ 时，$n=1$。

该经验公式适用于汇水面积小于 $10km^2$ 的流域。

经验公式使用方便，如果建立在资料较为充足且可靠的基础上，使用时只需要知道流域面积大小即可，且发生的误差不会太大，因此得到广泛的推广。但它的地区性较强，在采用现成公式到新区时，必须注意两地条件是否基本相同。地区性经验公式很多，应用时可参阅有关资料和各省水文手册。

径流模数及面积参数 表 11-7

地　区	在不同洪水频率时的 C 值					n 值
	1：2	1：5	1：10	1：15	1：25	
华北	8.1	13.0	16.5	18.0	19.0	0.75
东北	8.0	11.5	13.5	14.6	15.8	0.85
东南沿海	11.0	15.0	18.0	19.5	22.0	0.25
西南	9.0	12.0	14.0	14.5	16.0	0.75
华中	10.0	14.0	17.0	18.0	19.6	0.75
黄土高原	5.5	6.0	7.5	7.7	8.5	0.80

注：表中的洪水频率反映不同大小洪水发生的可能性，例如 1：5 反映这种洪水发生的可能性是 20%（即 5 年中可能发生一次，或 100 年中可能发生 20 次）。

（3）洪水调查法

当城市或工业区附近的河流或沟道，没有实测资料或资料不足时，设计洪水流量可采用洪水调查法进行推算。当采用推理公式或经验公式进行计算时，为了论证其正确性，也可采用洪水调查法推算洪水流量加以验证。

洪水调查主要是对河流、山溪历史上出现的特大洪水流量的调查和推算。调查的主要内容是历史上洪水的概况及洪水痕迹标高。

通过洪水调查，取得了洪痕标高（洪水水位）、调查河段的过水断面及河道的其他特征数值，根据这些数值，即可整理分析计算洪水流量。计算洪水流量的方法较多，其中均匀流公式最为常用。公式如下：

$$Q = wv \tag{11-3}$$

式中 Q——通过调查面的洪水流量（m^3/s）；

w——调查断面的过水面积（m^2）；

v——相应调查断面的流速（m/s）。

（4）实测流量法

城市上游设有水文站，且具有二十年以上的流量等实测资料，利用这些多年实测资料，采用数理统计方法，计算出相应于各重现期的洪水流量。计算成果的准确性优于其他几种方法。在有条件的地区，最好采用实测流量推算洪水流量。

11.4 城市防洪的一般措施

11.4.1 调节径流

调节径流就是在河流的上游修筑塘库，把季节河流不能容纳的部分洪水蓄积起来，以削减洪峰，同时还可以利用其进行农田灌溉、发展水产、搞园林绿化、修建电站等，化害为利。这是一种通过坝库拦蓄达到防洪并兼顾除害兴利的综合措施。但此种蓄调方案应注意修筑塘库条件并协调有关方面的关系：

（1）选择水文、地质条件可靠，天然地形良好的地区；

（2）注意池塘、水库修建后，其上游水位升高对工农业、交通运输的影响；

(3) 靠城市较近的 (≤3km) 池塘，水深不宜小于 2m，以利于城市卫生及综合利用；

(4) 池塘和水库进、出水在可能条件下，要与城市原有河流、水沟、洼地等死水地段结合起来，变城市死水为活水，改善城市卫生。

11.4.2 整治河道

整治河道、提高河道行洪能力，是一种以及时宣泄洪水达到防洪的治理措施。整治河道一般采用疏浚河床、取直河道两种措施。

(1) 疏浚河床，通常是把平缓或淤积的河床段挖深并使底坡坡度增大，同时清理河障，而不是加宽，目的是增大排泄能力和防止河床的淤积，以畅其流。

(2) 取直河道，目的是加大水力坡度，提高河床排泄能力，使洪水位降低。

11.4.3 设置截洪沟

受到山坡方向地面径流威胁的城市，必须设置截洪沟截引山洪泻入河中。

(1) 设置截洪沟的条件

1) 根据实地调查山坡土质、坡度、植被情况及径流计算，综合分析可能产生冲蚀的危害，设置截洪沟。

2) 建筑物后面山坡长度小于 100m 时，可作为市区或厂区雨水排出。

3) 建筑物在切坡下时，切坡顶部应设置截洪沟，以防止雨水长期冲蚀而发生坍塌或滑坡。

(2) 截洪沟布置基本原则

1) 必须结合城市规划或厂区规划。

2) 应根据山坡径流、坡度、土质及排出口位置等因素综合考虑。

3) 因地制宜，因势利导，就近排放。

4) 截洪沟走向宜沿等高线布置，选择山坡缓、土质较好的坡段。

5) 截洪沟以分散排放为宜。

(3) 截洪沟规划布置应注意的几个问题

1) 与农田水利、园林绿化、水土保持、河湖系统规划结合考虑；

2) 截洪沟应因地制宜地布置，尽量利用天然沟道，一般不宜穿过建筑群；

3) 截洪沟的设计纵坡不应过大，若必须设置较大纵坡时，则此段应设计跌水或陡槽，但不可在弯道处设置；

4) 当沟体宽度改变时，应设置渐变段，其长度为底宽差 (或顶宽差) 的 5～20 倍；

5) 截洪沟的弯曲半径不应小于水面宽度的 5～10 倍，沟顶标高应超过沟中最大水位标高的 0.3～0.5m。

11.4.4 修筑防洪堤

(1) 防洪堤的布置

防洪堤应在常年洪水位以下的城市用地范围以外布置，堤线必须顺畅，不能拐直弯。同时也要考虑最高洪水位和最低枯水位、城市泄洪口标高、地下水位标高等因素。当居民点内支流与防洪堤之间出现矛盾时，应参考以下方案妥善解决排除：

1）沿干流及市内支流的两侧筑堤，而将部分地面水采用水泵排除。此方案排泄支流洪水方便，但要增加防洪堤的长度和道路桥梁的投资；

2）只沿干流筑堤，支流和地面水则在支流和干流交接处设置暂时蓄洪区，洪水到来时，闸门关闭，待河流退洪后，再开闸放出蓄洪区的洪水，或者设置泵房排除蓄洪水。此方案适用于支流的流量小，洪峰持续时间较短，堤内又有适当的洼地、水塘可作蓄洪区的情况；

3）沿干流筑堤，把支流下游部分的水用管道排出，不需抽水设备，这种方案一般在城市用地具有适宜坡度时才宜采用；

4）在支流修建调节水库，城市上游修截洪沟，把所蓄的水引向市区外，以减少堤内汇水面积的水量。

(2) 防洪堤的技术要求

1）防洪堤的轴线应大致与洪水流向相同，并与常水位的水边线有一定的距离；

2）防洪堤的起点应设于水流平顺的地段，以避免产生严重冲刷；对设于河滩的防洪堤，若对过水断面有严重挤压时，则首段还应布置成八字形，以使水流平顺，避免发生严重淘刷现象；

3）防洪堤顶可以与城市道路结合，但功能上必须以堤为主；

4）防洪堤的顶部标高，可采用同一标高或采用与最高洪水的水面比降相一致的坡度。

堤顶标高可用下式计算：

$$H=h_h+h_b+\Delta h \tag{11-4}$$

式中 H——堤顶标高（m）；

h_h——最高洪水位（m）；

h_b——风浪爬高（m）；

Δh——安全超高（m）；一般取0.3～0.5m。

h_b 可用下式计算：

$$h_b=3.2h_L K\cdot\tan\alpha \tag{11-5}$$

式中 α——护堤迎水面坡角（度）；

h_L——浪高（m），可用下式计算：

$$h_L=0.0208V_{max}^{5/4}\cdot L^{1/3}\quad(\text{m}) \tag{11-6}$$

式中 V_{max}——当地最大风速（m/s）；

L——最大水面宽（m）；

K——与护面糙度及渗透性有关的系数。混凝土护坡，$K=1.0$；土坡或草皮护坡，$K=0.9$；块石护坡，$K=0.8$。

5）堤岸迎水面应用块石或混凝土砌护，背坡可栽种草皮保护。为防止超过设防标准的洪水，堤顶可加修0.8～1.2m高的防浪墙。

11.4.5 填高被淹没用地

填高被淹没用地是防治水淹的一种较为简单的措施，在下列情况下可以采用：

（1）当采用其他方法不经济，而又有方便足够的土源时；

（2）由于地质条件不适宜筑堤时；

（3）填平小面积的低洼地段，以免积水影响环境卫生。

填高低地可以根据建设需要进行填高，并可分期投资，以节约开支。但土方工程量一般较大，总造价昂贵。

11.4.6 修建与整治城市湖塘

（1）在小河、小溪或冲沟上筑坝，形成坝式池塘；

（2）在河漫滩开阔地段筑围堤或者挖深，营造一个较大水面，形成围堤式池塘；

（3）整治原有池塘，开挖出水口，变死水为活水。由于水源和地质条件的限制，往往不是所有的洼地都能建成湖塘，为了保证湖塘有足够的水源，需要作仔细的经济技术比较。

整治城市湖塘，一则可以调节气候，改善城市卫生，美化城市；二则可蓄积雨水，作为地面水的排放水体，灌溉园林农田；三则可增加副业生产，养鱼和种藕等；四则可利用其修建福利设施，增加城市文化休息的活动场所。因此，有条件的城市，应当充分改造利用之。

11.5 规划基础资料及成果

11.5.1 规划应准备的基础资料

（1）水文气象资料

1）历年最高洪水位，洪峰流量及持续时间，历史洪水及灾害调查资料；

2）历年暴雨量资料（至少十至二十年以上）；

3）河道含砂量及河道变迁情况；

4）地区水文图集及水文计算手册；

5）实地调查历史最高洪水位和多年洪水位，以及当地最大暴雨强度和持续时间。

（2）地质资料

1）地质构造及地貌条件；

2）地震设防资料，包括地震断裂带、滑坡、陷落段资料；

3）地基岩石和土壤物理性质。

（3）其他资料

1）汇水流域内的地貌和植被情况；

2）洪水汇水域图，比例1/5000～1/50000；

3）城市总体规划，河湖及城市市区、工业区、郊区布局规划图，比例1/5000～1/50000；

4）当地建材价格、运输及当地概算有关资料；

5）现有防洪、排水、人防工程等设施及使用情况；

6）有关河道湖泊管理的文件规定等；

7）城市市区防洪、排水设施现状图，比例1/1000～1/10000；

8）生活、生产污水的水质、水量、环境污染状况以及造成的危害；

9）环保、卫生、农业、水利等部门对水体防护的要求；

10）工业发展预测资料：在规划年限内可能发展的工业企业类型，产品种类和产量以及规划位置等；

11）规划区域内的地形测量成果图，1/500～1/5000；

12）市区道路工程规划图，1/2000～1/10000。

11.5.2 规划成果及其要求

(1) 城市防洪工程专业规划说明书，主要内容包括：

1）城市概况，主要说明城市人口及发展预测、污水排放情况和历年洪水情况以及现状、自然条件等；

2）防洪、排水设施现状；

3）防洪工程规划的范围及任务；

4）规划依据；

5）城市防洪工程规划的原则及内容：主要指城市防洪标准的选择；洪水量的计算方法，计算公式及洪水的计算成果；防洪工程主要措施（包括工程防治和生物防治）；防洪渠的定线及水力计算成果；

6）需要新建设的城市防洪工程设施与现有防洪工程设施的互相衔接的技术措施；

7）主要设备材料及工程量情况；

8）存在问题及意见。

(2) 规划图纸

城市洪水防治区域规划图，比例一般 1/2000～1/50000，主要反映防洪、排洪沟的布置及其长度、坡度等等。若城市用地规模过大、过小或过于分散，或有其他特殊要求时，可视情况缩小或放大比例尺。

11.6 城市泥石流防治工程规划

11.6.1 泥石流及其在我国的分布

(1) 泥石流的概念

泥石流是指发生在山区小型流域内，突然爆发的夹杂有泥砂、石块、含大量固体物质（泥、砂、石）的特殊洪流，能在顷刻间将大量泥砂从流域内带出沟外，它来势凶猛，具有很大的破坏性，常给沟外的城市、农田、交通和环境带来巨大的危害，是山区常见的、多发的自然灾害之一。

(2) 泥石流在我国的分布

我国泥石流主要分布在西南、西北地区，其次是东北、华北地区。华东、中南部分地区及台湾省、湖南省等山地，也有泥石流零星分布。据初步调查，泥石流在全国的分布总面积约有 100～110 万 km^2，占国土面积的 11%，危害较严重的泥石流区面积约为 65～70 万 km^2，占全国总面积的 7%。

11.6.2 泥石流的成因及类型

(1) 泥石流的成因

导致泥石流形成的因素很多，而主要因素可概括为三要素，也称为泥石流形成的三个基本条件：

1) 充足的岩屑供给。流域内有较多的泥、砂和石块能直接补给泥石流，是泥石流形成的最基本物质条件。泥砂、石块补给泥石流的方式有滑坡坍塌等直接将泥石推入沟道，甚至堵塞河道；山坡上由于地下水作用而引起的浅层滑塌以及沟道中的原河床物质也是补给来源之一，山坡上的面蚀也会补给泥石流物质。

2) 丰富的水源。流域内的降雨、冰雪消融、水库或湖泊溃决等水源是直接引发泥石流的动力原因。我国城市泥石流大多是由降雨洪水引起的。

3) 有能使大量的岩屑和水体迅速集聚、混合和流动的有利地形条件。据调查，我国泥石流多发生在小型流域内，流域面积 $10km^2$ 的泥石流沟占总数的86.9%。流域平均比降0.05～0.30，占总数的79%，山坡坡度在20°～50°的占71%。

另外，人类不合理的经济活动，如滥垦坡地、滥伐森林以及城市建设时不适当的开炸建筑石料及矿渣和路渣等大量岩屑乱堆在山坡和沟谷中，破坏了当地的生态平衡，影响了坡地的稳定性，并提供了大量松散的固体物质，加速了泥石流的发生和发展，扩大了泥石流的活动范围，增加了泥石流发生的频率和强度，也可能使已经停息的泥石流又重新活跃起来。

(2) 泥石流类型

泥石流的分类方法很多，有按规模大小，分为大中小三类的，也有按灾害严重程度，分为严重、中度和一般三类的。但就其本质而言，按其物质组成、运动情况和形成的地质条件进行分类比较合适（参见表11-8），也利于治理。

泥石流类型　　表11-8

泥石流类型		组成部分	运动情况	地质条件
Ⅰ	泥流及泥石流	以黏土为主，有时含有小直径的石块、碎屑	形成稠密的流体，有弹性、塑性，有阵流现象，停止时凝聚，表面成波浪状	黄土、第三纪红土层及其他以黏土为主的地层
Ⅱ	浑水流	水流挟带少量的泥沙及石块	与水流性质相近似	覆盖层较薄、缺乏植物保护
Ⅲ	石流	大部分石块、砂砾，黏土颗粒较少	呈紊流状态，固体材料分段沉积	风化的岩石破碎地区，沟谷下切至基岩或为断层带及滑坡塌方体

11.6.3 泥石流量的计算方法

统计规律表明，泥石流的爆发具有一定的周期性，周期的长短与暴雨情况和松散物质的储存情况有关。根据对典型泥石流沟的剖析可知，一个泥石流沟沿流程可以划分为三个区域：上游为物质供给区；中游为流通区（或通过区）；下游为沉积区（或堆积区）。泥石流流量是泥石流防治工程规划的重要依据，据此可以制定泥石流防治工程的断面尺寸。有关的水文计算方法很多，现介绍几种经验公式，以满足规划的要求。

（1）不考虑阻塞影响时的流量计算

$$Q_{ns}=Q_{p}\left[1+\frac{\rho(1-\varepsilon)}{\gamma_{ch}(100-\rho)}\right] \tag{11-7}$$

式中 Q_{ns}——泥石流流量（m^3/s）；

Q_p——洪峰流量（m^3/s）；

ε——冲积物的孔隙率；

γ_{ch}——冲积物的比重；

ρ——泥石流中冲积物含量重量百分数。ρ 可用下式确定：

$$\rho=5.3Ai^{0.39}$$

式中 i——泥石流坡面的平均坡度（%）；

A——泥石流坡面被冲毁程度系数。对不易冲毁的边坡（如良好的草坡、石质或河卵石边坡），$A=0.6$；一般中等的能被冲毁的边坡，$A=1.0$；对于易冲毁的边坡（如外露松散的细粒土），$A=1.4$。

（2）考虑阻塞影响时流量的计算

$$Q_{ns}=Q_{p}(1+\varphi)+q \tag{11-8}$$

式中 q——考虑阻塞时的附加流量（m^3/s）；

当缺乏实测资料时，可按下列数值采用：轻微阻塞时，取洪峰流量的10%；一般阻塞时，取洪峰流量的20%；严重阻塞时，取洪峰流量的30%。

φ——泥石流系数，可按下式计算：

$$\varphi=\frac{\gamma_{ns}-1}{\gamma_{ch}-\gamma_{ns}} \tag{11-9}$$

式中 γ_{ns}——泥石流容重，t/m^3。γ_{ns} 可分不同情况按下式计算：

$$\gamma_{ns}=\frac{\gamma_{ch}X_{ch}+1}{X_{ch}+1} \tag{11-10}$$

式中 X_{ch}——泥石流中冲积物体积与清水体积之比，由现场调查或取样测定求得。

（3）含沙量较大地区洪水量计算

水土流失严重的流域，洪水中常挟带大量的泥沙，其混水流量比清水流量偏大，在此情况下，含有泥沙大的洪水流量可用下式计算：

$$Q_{n}=\beta Q_{p} \tag{11-11}$$

式中 Q_n——洪峰流量（m^3/s）；

Q_p——未考虑泥沙的清水洪峰流量（m^3/s）；

β——混水换算系数；可用下式计算：

$$\beta=\frac{1}{1-\frac{\rho}{\gamma_{s}\gamma_{ns}}} \tag{11-12}$$

式中　ρ——洪水期最大含沙量（kg/m^3）；

γ_s——水的比重（1000kg/m^3）；

γ_{ns}——泥石流容重，可现场测定（kg/m^3）。

（4）泥石流流速估算

泥石流的流速是泥石流动力学的重要特征值，它是泥石流流量、泥石流体容重、泥石流物质的矿物质组成及其级配和沟道各要素的符合函数，其确定十分复杂。目前大多根据泥石流治理需要和具体实践，以表达水流均匀流运动的曼宁公式为基础进行推导，引入泥石流的运动参数，加以适当改进。现介绍几个公式，供参考。

1）薛齐公式

$$v_m = K \cdot H^{2/3} \cdot i^{1/2} \tag{11-13}$$

式中　v_m——泥石流流速（m/s）；

H——泥石流深（m）；

i——沟床、泥位或水石坡降，以小数计；

K——泥石流沟糙率系数。其取值见下表 11-9。

泥石流沟糙率系数　　**表 11-9**

类别	沟床特性	K			
		平均泥深(m)			
		0.5	1.0	2.0	4.0
Ⅰ	较大型粘性泥石流沟，沟床较平坦，流体中大块石很少，i=2%～6%	—	29	22	16
Ⅱ	中小型粘性泥石流沟，沟谷一般顺直，流体中大块石较少，i=3%～8%	26	21	16	14
Ⅲ	中小型粘性泥石流沟，沟道狭窄而弯曲，有小跌坎，或顺直但流体中含大块石较多，i=4%～12%	20	15	11	8
Ⅳ	中小型稀性泥石流沟，碎石性沟床，多块石，不平整，i=10%～18%	12	9	6.5	—
Ⅴ	沟道弯多顽石，有跌坎，床石板不平整的稀性泥石流沟	—	55	3.5	—

2）启动石块经验公式

$$v_m = 6.5 d^{1/3} h^{1/5} \tag{11-14}$$

式中　d——平均最大粒径（m）；

h——泥石流深（m）。

（5）泥石流沉积总量计算

最大一次泥石流沉积量的估算，通常由现场调查确定，一般是根据冲刷扇中新旧分层的一次最大沉积厚度及其面积来计算，也可按（11-15）式估算：

$$W_{ch} = 1000 H_p a F P \tag{11-15}$$

式中　W_{ch}——泥石流沉积总量（m^3）；

H_p——相应与洪峰流量 Q_p 的降雨量（mm）；

a——径流系数，海拔高程高于 2500～3000m 的地区，a=0.5～0.7；中等高程地区，a=0.3～0.5；低山区，a=0.1～0.3；

F——汇水面积（km^2）；

P——冲积物含量的百分数，一般0.3～0.5。

泥石流和一般水流不同，对一般水流沟道，只要瞬间洪峰能够通过，该沟道可认为是安全的。泥石流具有淤积作用，即使本次泥石流顺利通过，而下次泥石流就未必能通过，今年的泥石流通过了，明年的泥石流不一定能通过。因此，在泥石流的排洪道设计时，必须了解可能发生的泥石流总量、通过沟道时的淤积、流出沟道后的泥砂的堆积态势，在使用年限中对城市的影响。泥石流防治工程设计的成功与否，往往决定于这种预测的正确程度。

11.6.4 泥石流的预防处理

泥石流产生和运动过程的复杂性决定了泥石流防治的难度。目前的治理工程，只能达到一定的防御标准，对人口密集的城市地区，仍存在很大的潜在危险。因此，做好城市总体规划，是防治泥石流最重要的工作，例如主要城区应避开严重的泥石流沟，将危害区域规划为绿地、公园、运动场等人口稀少的地区，泥石流沟道应与街区用绿化带隔开等。对城市防治来说，应以防为主，尽量减少泥石流规模。对已发生的泥石流则须以拦为主，将泥砂拦截在流域内，尽量减少泥砂进入城市。

在建设用地选择时，应尽量避开泥石流区。如无法避开时，必须采用综合防治措施。如在上游区采取预防措施（包括清理松散堆积物），中游区采取拦截措施，下游区采取排泄措施等。

（1）预防措施

预防措施是防止泥石流发生的较彻底的方法，主要有如下几种：

1）保护山坡的杂草和树木，种植树木和草皮，进行水土保持，防止水土流失；

2）做好排水、修筑土埂、平整坡面，降低坡面的汇流速度；

3）固定坡面，使坡面保持稳定，必要时在滑坡、塌方处设置支挡构筑物。

（2）拦截措施

拦截措施一般是在泥石流沟的中游设置拦截坝，削刹水势，以降低泥石流速度，截留冲积物使之沉积，从而防止泥石流对居住区、工业区造成危害。

（3）排泄措施

为防止泥石流淤积对工业、居住地造成危害，在泥石流流通区设置导流构筑物，使泥石流通畅下泄，可采取以下措施来解决：

1）修建导流堤、陡槽，将泥石流地段河床固定，压缩水流断面，加大纵坡（为防止泥石流淤积，纵坡应大于5%～6%），使流速加大，从而使泥石流顺利下泄。

2）改直河道，将沟道进行裁弯取直，局部缩短沟道长度，使纵坡增大，从而加大流速，使泥石流直线下泄。

11.6.5 城市泥石流防治规划成果要求

城市泥石流防治规划应以城市发展、国土及区域规划为依据，充分分析当地的自然条件、经济、历史特点等，按照上游采取保水固土措施、中游采取拦截措施、下游采取排泄措施的防治原则进行编制，城市泥石流防治工程的设防标准应按表11-4执行。规划成果包括规划说明书和规划图纸两部分。

11.6.5.1 规划说明书内容

（1）明确规划指导思想，确定防治规划区范围，分清防治层次和保护对象的主次；

（2）城市所在的地理位置、自然条件、存在问题及发展依据等方面的说明和分析；

（3）泥石流形成的地貌、地质、气象条件、激发因素、爆发频率。泥石流的类型、规模、固体物质的贮量、补给方式及一次性补给量的估算、危害程度、发展趋势预测的分析与评价；

（4）总体布局说明，提出“拦挡泥石流工程”的位置及主要技术条件（坝型、坝数、坝的几何尺寸、库容、回淤长度等），确定封山育林区、退耕还林区的位置、面积，新种和补种植物面积、树种种类；

（5）确定泥石流通过地段的疏导工程位置、类型（如桥渡、导流堤、急流槽、渡槽等）及主要技术条件；

（6）社会管理，包括行政措施、机构设置、部门职责分工、法规建设及统筹解决群众生活的办法、建议等；

（7）预警监测规划，包括测点、测项、设备、预警方法、功用、投资等；

（8）提出近期防治工程建设计划，“拦挡”、“排泄”工程的具体内容与部署；估算防治工程的总投资及分期投资安排意见；进行必要的综合经济技术论证；

（9）拟定实施规划步骤和措施，并与城市发展相衔接。

11.6.5.2 规划需编制的图件

（1）流域工程地质图，比例 1/2000～1/100000。主要标明并勾绘出泥石流固体物质补给区、流通区、堆积区的范围。

（2）流域防治规划图，比例 1/2000～1/100000。主要标明防治范围、各项用地（封山育林区、退耕还林区、新种补种区、拦截库容区、排泄疏导区等）的位置与范围。

（3）流域防治工程规划图，比例 1/2000～1/10000。根据沟床地形、地质条件以及泥石流物质组成，确定泥石流排泄区导流建筑物（桥渡、导流堤、急流槽、渡槽、缓冲丁坝等）的平面位置与范围。

（4）近期建设规划图，比例 1/2000～1/10000。主要标明近期建设的界限、各种规划用地的位置与范围以及主要建设项目的位置、种类等。

图纸比例，可根据需要掌握，以能准确、清晰反映图中内容为准。对于泥石流防治规划相对简单的城市，可以将流域防治规划图与流域防治工程规划图合并。

第12章 城市抗震防灾工程规划

12.1 概　　述

地震即地面震动，它与风雨、雷电一样，是一种极为普遍的自然现象。强烈的地面震动，即强烈地震，会直接或间接造成破坏，成为灾害。凡是由地震引起的灾害，统称为地震灾害，简称震灾。

由于地震是地球内部缓慢累积起来的应力突然释放而引起的大地突然运动，因而是一种危害最大的潜在自然灾害。直接地震灾害是指由强烈地面振动波及形成的地面断裂和变形，引起建筑物倒塌和破坏，造成人员伤亡和经济损失。与地震相关的灾害，包括地面振动、地表断裂、地面破坏及海啸等。大量地震灾害统计表明，一次地震可在瞬息间毁灭整个城市或一个城市区域，破坏价值数十亿至上百亿美元的城市设施及建筑物，导致千千万万无辜者伤亡，从根本上使城市的社会经济功能完全瘫痪。

例如震惊中外的1976年7月28日唐山大地震（7.8级），使整个唐山市变成一片废墟，24.2万人死亡，16万余人顿成伤残，直接经济损失达100多亿元。1920年宁夏海原地震（8.5级），死亡22万人。

中国地处世界两大最活跃地震带，东濒环太平洋地震带，西部和西南部是欧亚地震带经过的地区，是世界地震多发国之一。地震已成为我国尤其是城市自然灾害危险度最大的“首灾”，其原因之一是中国地震活动分布区域广，6度及其以上地区占全部国土面积的60%，因而震中分散，难以捕捉准防御目标。其二是中国地震的震源浅、强度大，据多年统计有2/3地震发生在大陆且基本上是位于40km之内的浅源，因而对地面建筑物和工程设施破坏严重。其三是中国位于地震带、地震区域上的重要城市多，全国有200多个城市位于地震基本烈度7度及其以上地区，在20个特大城市中有70%在7度以上地区，尤其像北京、天津、西安、兰州、太原、大同、包头、海口等市甚至位于基本烈度8度的高危险区域中。

强烈地震一旦发生在人口密集的城市或其邻近地区，将会造成巨大灾难。抗震规划设计的目的就是为了减轻地震损失，降低震害伤亡，使人民的生命财产损失达到最小限度，同时使地震发生时的诸如消防、救护等活动得以维持和进行。

12.2 地震的基本知识

12.2.1 地震分类

地震按其成因分为两大类，即天然地震和人为地震。天然地震主要是构造地震，它是由于地层下深处岩石破裂、错动把长期积累起来的能量急剧释放，引起山摇地动。构造地震约占地震总数的90%以上。其次是由于火山喷发引起的地震，称为火山地震，约占地震总数的7%。人为地震是由于人为活动引起的地震，如工业爆破、地下核爆炸等。此外，在深井中进行高压注水以及大水库蓄水后增加了地壳的压力，有时也会诱发地震。一般人们所说的地震，多指天然地震，特别是构造地震，这种地震，对人类危害和影响最大。

地震按照人类感觉与否分为有感地震和无感地震。在一般情况下，小于 3 级的地震，人们感觉不到，称为微震或无感地震。3 级以上的地震称为有感地震。地球上平均每年发生可以记录到的大小地震次数达 500 万次，有感地震 15 万次以上，其中能造成严重破坏的地震约 20 次左右。

地震一般发生在地球内部地壳和地幔中的特殊部位，我们把地球内部发生地震的地方称为震源。理论上常将震源看成一个点，实际上它是具有一定规模的区域。震源在地面上的投影叫震中。与震源相类似，震中也是一个区域，即震中区。

按照地震震源距离地表的远近划分为浅源地震、中深源地震和深源地震。通常把地震震源距离地表在 70km 以内的地震称为浅源地震，深度在 70～300km 之间的地震称为中深源地震，深度大于 300km 以上的地震称为深源地震。我国除了东北和东海一带少数中深源地震外，绝大多数地震的震源深度在 40km 以内；大陆东部的震源更浅一些，多在 10～20km 左右。

12.2.2 地震分布

(1) 地球上主要有两组地震活动带：

1) 环太平洋地震带　沿南北美洲西岸至日本，再经我国台湾省而达菲律宾和新西兰。

2) 地中海南亚地震带　西起地中海，经土耳其、伊朗、我国西部和西南地区、缅甸、印度尼西亚与环太平洋地震带相衔接。

我国地处两大地震带中间，是一个多地震国家。从历史地震状况看，全国除了个别省份外，绝大部分地区都发生过较强的破坏性地震，许多地区的地震活动在目前仍然相当强烈。

(2) 我国地震分布

我国主要分布着三条主要地震带，一条是北起贺兰山经六盘山南下穿越秦岭，沿川西直至云南省东南部的南北地震带；东西地震带有两条，一条沿陕西、山西、河北北部向东延伸直至辽宁省东北部；另一条西起帕米尔高原，经昆仑山、秦岭直至大别山区。

12.2.3 震级和烈度

地震震级与地震烈度是表征地震特征的基本参数，在抗震防灾规划和工程设计中常以此为重要依据。

(1) 地震震级

地震的震级即地震的级别，它表示地震震源释放能量的大小。释放的能量越大，地震震级越高。由于地震释放的能量巨大，因而摧毁力和破坏力极强。据测定，一个 7 级地震所释放的地震波能量相当于 1000 个万吨级炸弹爆炸所释放的能量，或者相当于 500 枚在日本广岛爆炸的原子弹能量。震级越高，所释放的能量也就越大。据计算，震级每升高一级，所释放的能量平均增大 32 倍。

震级级别是根据标准地震仪所记录的最大水平位移（即振幅 A，以微米计）的常用对数值来计算的。1935 年里克特（Richter，C. F）提出了震级的最初定义，迄今国际上仍广泛应用。里氏震级将地震震级分为10级，至今有记录的最大地震是1960年5月发生在智利的地震，震级8.9级，尚未超过9级。若地震震级用M表示，即：

$$M=\lg A \tag{12-1}$$

5级以上的地震，在震中附近已引起不同程度的破坏，统称为破坏性地震；7级以上为强烈地震；8级以上称为特大地震。

(2) 地震烈度

地震烈度一般系指某一地区受到地震以后，地面及建筑物等受到地震影响的强弱程度。对于一次地震来说，表示地震大小的震级只有一个，但是由于各区域距震中远近不同、地质构造情况不同，所受到的地震影响不一样，所以地震烈度也有所不同。一般情况下，震中区烈度最大，离震中越远则烈度越小。震中区的烈度称为“震中烈度”，用I表示，我国和国际上普遍将地震烈度分为12个等级。

地震烈度与震级是一个问题的两个方面。它们之间的相互关系可以用以下公式近似地来表达：

$$M=0.58I(\text{烈度})+1.5 \tag{12-2}$$

在震源深度为10～30km时，震级与烈度之间大致关系如表12-1所示。

地震震级与烈度关系表 **表12-1**

震级(级)	2	3	4	5	6	7	8	8级以上
烈度(度)	1～2	3	4～5	6～7	7～8	9～10	11	12

(3) 地震基本烈度

一个地区的基本烈度是指该地区今后一定时期内，在一般场地条件下可能遭遇的最大地震烈度，即现行《中国地震烈度区划图》规定的烈度。所谓“一定时期内”系以100年为限期。100年内可能发生的最大地震烈度是以长期地震预报为依据。这期限只适用于一般工业与民用建筑的使用期限，其中超越概率系指地震事件超过某一重现期发生的频率。

我国规定地震基本烈度分为12度，6度以上的地区为抗震设防区，低于6度的地区称为非抗震设防区。

(4) 抗震设防烈度和设计烈度

我国建筑物抗震设计的原则是“小震不坏、中震可修、大震不倒”，即当遭受到低于本地区抗震设防烈度的多遇地震影响时，一般建筑物不受损坏或不需要修理仍然可以继续使用；当遭受到本地区抗震设防烈度的地震影响时，建筑物可能损坏，但经过一般修理或不需要修理仍然可以继续使用；当遭受到高于本地区抗震设防烈度的罕遇地震影响时，建筑物不致倒塌或发生危及生命安全的严重破坏。抗震设防烈度是指按国家批准权限审定，作为一个地区抗震设防依据的地震烈度，一般情况下可采用基本烈度。

设计烈度是在基本烈度的基础上，根据建筑物的重要性按区别对待的原则进行调整确定的，这是抗震设计时实际采用的烈度。

对于建筑来说，可以根据其重要性确定不同的抗震设计标准。按照重要性，通常分为甲、乙、丙、丁四类建筑：

甲类建筑——特殊要求的建筑，如遇地震破坏后会导致严重后果的建筑，必须经过国家规定的批准权限批准；

乙类建筑——国家重点抗震城市的生命线工程的建筑；

丙类建筑——甲、乙、丁类以外的建筑；

丁类建筑——次要的建筑，如遇地震破坏不易造成人员伤亡和较大经济损失的建筑等。

1）对甲类建筑、乙类建筑、特别重要的建筑物，设计烈度须经国家批准，可比基本烈度提高一度采用。所谓特别重要的建筑物，是指具有重大政治意义、文化价值高以及地震后产生的次生灾害特别严重的少数建筑物（如核电站、核反应堆等），这些建筑物必须保证具有特殊的安全度；

2）丙类建筑、丁类建筑，如一般仓库、人员较少的辅助建筑物等，其设计烈度可按当地基本烈度或比基本烈度降低一度采用；

3）为了保证属于6度地区的建筑物都具有一定的抗震能力，设计烈度不再降低。根据我国具体情况以设计烈度6度作为设防起点。9度以上的地区应避免进行重大工程建设。

城市市政工程中的给水工程、排水工程、电力工程、电信工程、燃气工程等都属于城市生命线工程。国家要求，当遭受本地区抗震设防烈度的地震影响时，其震害不致使人民生命安全和重要生产设备遭受危害，建筑物（包括构筑物）不需要修理或经过一般修理仍然可以继续使用，管网震害应控制在局部范围内，尽量避免造成次生灾害，并便于抢修和迅速恢复使用。

地震烈度在6度以上的城市都应编制抗震防灾规划，并纳入城市总体规划，统一组织实施。位于7度以上（含7度）地区的大中型工矿企业，应编制与城市抗震防灾规划相结合的抗震防灾对策或措施。

12.3 城市抗震防灾规划

12.3.1 城市抗震防灾规划的基本目标

城市抗震防灾规划编制应当达到下列基本目标：

(1) 逐步提高城市的综合抗震能力，最大限度地减轻城市地震灾害，保障地震时人民生命财产的安全和经济建设的顺利进行。

(2) 当遭受多遇地震时，城市一般功能正常；要害系统不遭较重破坏，重要工矿企业能正常或很快恢复生产，人民生活基本正常。

(3) 当遭受相当于抗震设防烈度的地震时，城市一般功能及生命系统基本正常，重要工矿企业能正常或者很快恢复生产；其震害不致使人民生命安全和重要生产设备遭受危害，建筑物（包括构筑物）不需要修理或经过一般修理可继续使用，管网震害控制在局部范围内，尽量避免造成次生灾害，并便于抢修和迅速恢复使用。

(4) 当遭受罕遇地震时，城市功能不瘫痪，要害系统和生命线工程不遭受破坏，不发生严重的次生灾害。

12.3.2 城市抗震规划设计基本原则

(1) 各城市的地震危险性，直接采用国家地震部门颁发的《中国地震烈度区划图》规定的基本烈度，作为抗震防灾规划的防御目标。

（2）位于城市规划区的大型工矿企业的抗震防灾规划的编制，由国务院建设行政主管部门统一安排。

（3）城市抗震防灾规划的规划期和规划区的范围应和城市总体规划一致。

12.3.3 城市抗震防灾规划的内容

12.3.3.1 城市抗震防灾规划的内容

（1）抗震防灾规划的指导思想、目标和措施，规划的主要内容和依据等。

（2）易损性分析和防灾能力评价，地震危险性分析，地震对城市的影响及危害程度估计，不同强度地震下的震害预测等。

（3）城市抗震防灾规划目标、抗震设防标准。

（4）建设用地评价与要求：根据地震危险性分析、地震影响小区划和震害预测，区划出对抗震有利和不利的区域范围，不同地区适宜于建筑的结构类型、建筑层数和不应进行工程建设的地域范围。

1）城市抗震环境综合评价，包括发震断裂、地震场地破坏效应的评价等。

2）抗震设防区划，包括场地适宜性分区和危险地段、不利地段的确定，提出用地布局要求。

3）各类用地上工程设施建设的抗震性能要求。

（5）抗震防灾措施：

1）市、区级避震通道及避震疏散场地（如绿地、广场等）和避难中心的设置与人员疏散的措施。

2）城市基础设施的规划建设要求：城市交通、通信、给排水、燃气、电力、热力等生命线系统，及消防、供油网络、医疗等重要设施的规划布局要求。

3）防止地震次生灾害要求：对地震可能引起水灾、火灾、爆炸、放射性辐射、有毒物质扩散或者蔓延等次生灾害的防灾对策。

4）重要建（构）筑物、超高建（构）筑物、人员密集的教育、文化、体育等设施的布局、间距和外部通道要求。

5）其他措施。

（6）防止次生灾害规划。主要包括水灾、火灾、爆炸、溢毒、疫病流行以及放射性辐射等次生灾害的危害程度、防灾对策和措施。

（7）震前应急准备及震后抢险救灾规划。

（8）抗震防灾人才培训等。

城市抗震防灾规划中的抗震设防标准、建设用地评价与要求、抗震防灾措施应当列为城市总体规划的强制性内容，作为编制城市详细规划的依据。

12.3.3.2 城市抗震防灾规划的步骤

（1）搜集分析资料。广泛搜集、调查与城市抗震防灾有关的各种基础资料，然后加以分析和整理，作为编制规划的依据。各有关部门和单位，有义务提供编制抗震防灾规划必须的各项基础资料，对个别确需补充的资料，应根据可能条件适当安排。

（2）进行地震危险分析。对城市及附近地区可能发生地震的危险性做出分析和判断。

地震地质、土质和地形地貌等条件比较复杂的城市，要根据地震危险性分析结果，并考虑本城市历史地震的实际地震影响，做出地震影响小区划，以便于城市规划、工程建设和抗震防灾的应用。

(3) 对城市抗震防灾的现状和防灾能力做出评价。

(4) 确定抗震防灾规划的防御目标，根据地震对城市的影响及危害程度估计。

(5) 抗震设防区划（含土地利用规划）：包括根据地震地质、地形地貌、场地条件和历史地震震害，提出城市不同地区的地震影响或破坏趋势（可以用烈度或地震参数来表达），划出对抗震有利和不利的区域范围，不同地区适建的建筑结构类型和建筑层数。

(6) 进行震害预测。首先根据不同的烈度或不同的概率标准预测各类房屋建筑、工程设施和设备等工程的震害，以及滑坡、塌方、震陷、河流堵塞等地表震害和次生灾害，然后在此基础上做出人员伤亡、经济损失以及社会影响的预测。

建筑物震害预测，一般房屋进行群体预测，生命线工程和重要工程应进行单体预测，预测方法可采用目前国内常用房屋震害预测方法；亦可利用工程建筑抗震鉴定标准，对房屋进行抗震鉴定，估计其震害，以此作为建筑物震害预测的参考结果。

(7) 编制抗震防灾规划：根据地震危险性分析和震害预测，找出城市抗御地震灾害的各个薄弱环节，然后运用各种抗震手段对减轻城市各个薄弱环节地震灾害的措施做出规划。

城市抗震防灾规划应以规划图件、表格和文字相结合的形式表达，要有指导性、科学性、普及性并便于实施。

12.3.4 城市抗震防灾对策

(1) 选择建设项目用地时应考虑对抗震有利的场地和基地。

避免在地质上有断层通过或断层交汇的地带，特别是有活动断层的地段进行建设。在地形方面，宜选择地势平坦、开阔的地方作为建设项目的场地。

选择建筑场地时，应按表12-2来划分对建筑有利、不利以及危险的地段。

建筑场地各类地段划分　　表12-2

地段类别	地质、地形、地貌
有利地段	坚硬土或开阔平坦、密实均匀的中硬土等
不利地段	软弱土、液化土、条状突出的山嘴、高耸孤立的山丘、非岩质的陡坡、河岸和边坡边缘、平面分布成因、岩性、状态明显不均匀的土层（如古河道、断层破碎带、暗埋的塘滨沟谷及半填半挖地基）等
危险地段	地震时可能发生滑坡、崩塌、地陷、地裂、泥石流等及发震断裂上可能发生地表错位的部位

(2) 构、建筑物基础与地基处理

地基和基础设计，宜符合下列要求：

1) 同一结构单元不宜设置在性质截然不同的地基上；

2) 同一结构单元不宜部分采用天然地基，部分采用人工地基；

3) 地基有软弱粘性土、液化土、新近填土以及严重不均匀土层时，宜采取措施以加强基础的整体性和刚性。

(3) 规划布局的抗震减灾措施

1) 城市抗震防灾规划中，人口稠密区和公共场所必须考虑疏散问题。地震区居民点的房屋建筑密度不得太高，房屋间距以不小于1.1～1.5倍房高为宜。烟囱、水塔等高耸构筑物，应与住宅（包括锅炉房等）保持不小于构筑物高度1/3～1/4的安全距离。易于酿成火灾、爆炸和气体中毒等次生灾害的工程项目应远离居民点住宅区。

2) 抗震防灾工程规划设计要为地震时人员疏散、抗震救灾修建临时建筑用地留有余地。

3) 道路规划要考虑地震时避难、疏散和救援的需要，保证必要的通道宽度并有多个出入口。

4) 充分利用城市绿地、广场作为震时临时疏散场地。

(4) 在单体建筑方面应选择经济上合理、技术上可行的抗震结构方案。

矩形、方形、圆形的建筑平面，因形状规整，地震时能整体协调一致，并可使结构处理简化，有较好的抗震效果。Π形、L形、V形建筑平面，因形状凸出凹进，地震时转角处应力集中，易于破坏，必须从结构布置和构造上加以处理。

(5) 房屋附属物，如高门脸、女儿墙、挑檐及其他装饰物等，抗震能力极差，在抗震设防区不宜设置。

(6) 在满足抗震强度的前提下，尽量采用轻质材料来建造主体结构和围护结构，以减轻建筑物的重量。

12.3.5 抗震设施规划

避震和震时疏散通道及避震疏散场地为城市抗震主要设施。

避震和震时疏散分为就地疏散、中程疏散和远程疏散。就地疏散指城市居民临时疏散至居所或工作地点附近的公园、操场或其他旷地；中程疏散指城市居民疏散至1～2km半径内的空旷地；远程疏散指城市居民使用各种交通工具疏散至外地的过程。

(1) 疏散通道

考虑到消防车道（4m）、人行道（2m）、两旁停车道（7m）和机动路面（2m）的要求，城市内疏散场地周围道路和疏散通道的宽度不应小于15m，一般为城市主干道，通向市内疏散场地或郊外旷地，或通往长途交通设施。疏散通道要求两旁建筑具有高一级的抗震性能和防火性能，以免房屋倒塌、高空物体下落对疏散人群造成伤害。另外，沿疏散通道的管线应具有较高的抗震性能，以保证疏散道路的消防灭火、防燃和防毒。

对于100万人口以上的大城市，至少应有两条以上不经过市区的过境公路，其间距应大于20km。

为保证震时房屋倒塌不致影响其他房屋及人员疏散，城市居住区与公共建筑之间的间距规定如表12-3所示。

房屋抗震间距要求　　表12-3

较高房屋高度 h(m)	≤10	10～20	>20
较小房屋间距 d(m)	12	$6+0.8h$	$4+h$

（2）疏散场地

疏散场地也称避难场所，一般应由公园、广场、绿地、学校、公共体育场以及空旷场地组成。不同烈度设防区域对疏散场地要求不同，人均疏散面积规定如表12-4所示。

人均避震疏散面积 **表12-4**

城市设防烈度	6	7	8	9
面积(m^2)	1.0	1.5	2.0	2.5

疏散场地布局应符合以下要求：

1）远离火灾、爆炸和热辐射源；

2）地势较高，不易积水；

3）内有供水设施或易于设置临时供水设施；

4）无崩塌、地裂和滑坡危险；

5）易于铺设临时供电和通信设施；

6）避难距离不宜超过3km。

12.3.6 抗震规划设计的措施

（1）在进行城市规划布局时，注意设置绿地等空地，作为震灾发生时的临时救护场地和灾民的暂时栖身之所。

（2）与抗震救灾有关的部门和单位（如通信、医疗、消防、公安、工程抢险等）应分布在建成区内受灾程度最低的地方，或者提高建筑的抗震等级，并有便利的联系通道。

（3）城市规划的路网应有便利的、自由出入的道路，居民点内至少应有两个对外联系通道。

（4）供水水源应有一个以上的备用水源，供水管道尽量与排水管道远离，以防在两种管道同时被震坏时饮用水被污染。

（5）多震地区不宜发展燃气管道网和区域性高压蒸汽供热，少用和不用高架能源线，尤其绝对不能在高压输电线路下面搞建筑。

12.3.7 抗震防灾规划基础资料

（1）城市基本情况

1）城市总体规划、分区规划以及相关的专业规划，城市环境、历史变迁及发展概况（包括城市地理位置、气候特点、工农业生产概况、建筑物概况等）；

2）城市人口、人口密度及地区分布，季节和昼夜人流分布、人口年龄构成及老幼人口的分布；

3）城市公园、绿地、空旷场地和人防工程的分布及其可利用的情况；

4）城市生活必需的储备能力及其分布（包括水源分布、粮食、熟食储备及加工能力、商业网点分布情况等）；

5）城市指挥机构及重要公共建筑的分布；

6）重要文物、古迹分布及防灾能力；

7）环境污染的分布及危害情况。

(2) 有关城市及附近地区的历史地震与地质资料

1) 历史地震记载及震害资料；

2) 断层分布（包括活动断层和发震断层的分布、走向及规模）；

3) 本地区的地震预报及震情背景。

(3) 工程地质和水文地质资料

1) 城市及周围地区的工程地质勘探资料和典型地质剖面图；

2) 市区填土分布图，第四系土层等厚线图；

3) 地下水位及分布、古河道分布、可液化土层分布。

(4) 地形地貌资料

1) 规划区内的地形测量图；

2) 可能出现震陷、滑坡、崩塌的地区及分布；

3) 地面沉降或隆起的观测资料。

(5) 城市建筑物工程设施和设备的抗震能力

1) 建筑物、工程设施的分布、结构形式和抗震能力（包括房屋普查资料、重要建筑物的施工图、供水、供电、通信线路图、重要桥梁施工图等）；

2) 不同时期的建筑特点、设防情况和施工质量，按年代分不同结构形式统计；

3) 水利工程及其防灾能力，特别是位于城市上游水库的影响范围，可能造成的危害等；

4) 工业构筑物及设备的抗震能力分析（包括位于城市及附近地区易产生次生灾害的工矿企业及重要厂矿的构筑物及设备，如各种容器、塔类、设备管道系统等的抗震能力分析）；

5) 生命线系统的抗震能力及分析（包括通信、电力、医疗、供水、供气、粮食、交通、消防等系统的现状、人员构成、设备、应急物质储备、建筑物抗震能力等）；

6) 有可能发生地震次生灾害的分析（包括地震引起的火灾、水灾、爆炸、溢毒、疫病流行等，重点分析潜在次生灾害的规模，可能发生的地区、影响范围等）。

(6) 规划区内各企事业单位固定资产

1) 各企事业单位固定资产的原值和净值；

2) 固定资产的使用情况（分在用、闲置、待报废等）。

12.3.8 抗震防灾规划编制模式

根据建设部2003年9月19日颁布的《城市抗震防灾规划管理规定》(第117号)，抗震防灾规划按城市规模、重要性和抗震防灾的要求分为甲、乙、丙三类模式：(1) 位于地震基本烈度7度及7度以上地区的大城市应当按照甲类模式编制；(2) 中等城市和位于地震基本烈度6度地区的大城市按照乙类模式编制；(3) 其他在抗震设防区的城市按照丙类模式编制。

12.3.8.1 甲类模式抗震防灾规划内容

(1) 规划纲要

1) 城市抗震防灾的现状和防灾能力；

2) 抗震防灾规划的防御目标，及其根据地震对城市的影响及危害程度的估计；

3）抗震防灾规划的指导思想、目标和措施。

（2）抗震设防区划（含土地利用规划）：包括根据地震地质、地形地貌、场地条件和历史地震震害提出城市不同地区的地震影响破坏势（可以用烈度或地震参数来表达），区划出对抗震有利和不利的区域范围，不同地区适于建筑的结构类型和建筑层数；

（3）避震疏散规划：包括规划出市、区、街坊级的避震通道、防灾据点以及避震疏散场地（如绿地、广场等）；

（4）城市生命线工程防灾规划：包括城镇交通、通信、供水、供电、供气、医疗卫生、粮食、消防等系统的提高抗震能力和防灾措施规划；

（5）防止地震次生灾害规划：主要包括水灾、火害、爆炸、溢毒、疫病流行以及放射性辐射等次生灾害的危害程度、防灾对策和措施；

（6）工程抗震规划：包括新建设防管理和提高现有工程设施、建（构）筑物和设备抗震能力的规划；

（7）震前应急准备及震后抢险救灾规划：包括抗震救灾组织机构、应急预案和抢险救灾对策等；

（8）抗震防灾人才培训、宣传教育、防灾训练和防灾演习规划；

（9）规划实施要点：包括近期（5年）和远期（15～20年）实施计划。

12.3.8.2　乙类模式抗震防灾规划内容

（1）规划纲要：包括城市抗震防灾的现状和防灾能力分析，震害预测，规划指导思想、目标和措施；

（2）避震疏散和临震应急措施规划；

（3）城市生命线工程防灾规划；

（4）防止地震次生灾害规划；

（5）工程抗震加固规划；

（6）震前应急准备及震后抢险救灾规划；

（7）规划实施要点。

12.3.8.3　丙类模式抗震防灾规划内容

（1）总说明：包括城市抗震防灾的现状和防灾能力分析；

（2）主要地震灾害估计，根据城市建筑物、工程设施和人口分布状况，阐明遭遇城市防御目标地震影响时可能出现的主要灾害（包括可能产生的重大次生灾害）及生命线工程震害预测；

（3）减轻地震灾害的主要对策和措施。

12.3.9　规划成果和要求

规划成果包括规划说明书和规划图纸。说明书分别按三类模式内容编写。规划图纸包括：

（1）城市及其附近地区地质构造图（比例1/10000～1/500000）；

（2）城市地貌单元划分图（根据分布高度、自然形态、岩性特征等进行划分，比例1/5000～1/25000）；

（3）地面破坏小区划图（包括地面破坏危险区、滑坡和崩塌危险区、砂土液化和软土震陷区等划分，比例 1/5000～1/25000)；

（4）工程地质分区图及说明（比例 1/5000～1/25000)；

（5）建筑场地类别区划图及说明（按照国家建筑抗震设计规划要求编制，比例 1/5000～1/25000)；

（6）震害损失：

1）建筑物震害损失分布图（比例 1/2000～1/10000)；

2）生命线工程抗震能力分析，列出生命线工程管、线网分布及生命线单位分布示意图（比例 1/1000～1/5000)；

3）经济损失和人员伤亡分布图（比例 1/2000～1/10000)；

4）潜在次生灾害源估计及示意图（比例 1/1000～1/5000)。

（7）抗震救灾组织机构、避震疏散道路、场地示意图（比例 1/2000～1/5000)；

（8）建筑场地土类别区划图及说明（1/2000～1/10000)；

（9）其他有关附图。

第 13 章　城市消防规划

火灾是威胁社会公共安全和社会发展的灾害。城市由于人口和社会财富高度集中，一旦发生火灾，损失十分严重。近几个世纪以来，世界上有不少城市相继发生了大火，损失惨重。因此，城市消防规划引起了一些国家与地区的普遍关注。

随着我国经济建设的发展，火灾损失也呈交替起伏上升趋势。据统计，20 世纪 50 年代每年平均火灾损失小于 5000 万元，60 年代约 1.2 亿元，70 年代约 2.5 亿元，80 年代约 3.2 亿元，90 年代仅 1994 年就达 12.4 亿元，一起火灾死亡人数达几十人甚至几百人，损失几千万元甚至以亿元计。究其原因，一是在城市建设中缺乏总体规划的指导，即使作了总体规划，但未能严格控制，乱搭乱建，造成一些易燃、易爆的项目布置在居民区或公共建筑附近；二是城市原有易燃、易爆的工厂和仓库距离很近或毗邻相连，且周围未考虑防火间距，布置有许多新建筑或设施，一旦起火，就会形成较大面积的火灾，造成巨大损失；三是基础设施落后，道路不畅，水源不足，水压偏低，消防力量和技术设备严重滞后，一旦发生火灾，不能及时有效扑救，常使小火酿成重灾。

需要指出的是，我国的城市绝大多数历史悠久。旧城的格局，纵然显示了各个不同历史阶段的发展轨迹和风采，但也不可避免地遗留下了历史时期存在的种种矛盾和弊端。不少旧城区建设布局混乱，房屋破旧，建筑物耐火性能差；居住拥挤，防火间距不足，交通阻塞，环境污染，市政公用设施短缺，这往往也是火灾易于发生的客观原因。

为确保城市安全健康发展，适应和满足城市社会经济发展和改革开放的需要。我国先后颁布了《中华人民共和国消防法》、《中华人民共和国消防法实施细则》以及《城市消防建设管理规定》等一系列法规，这些法规均指出把消防事业与建设纳入城市规划，要求消防基础设施建设必须与城市建设统一规划、同步发展。上报城市总体规划，如果缺少消防规划或消防规划不合理，上级部门不予批准。因此，消防规划已成为城市规划的重要组成部分。

城市消防规划是一定时期内城市消防建设发展的目标和计划，是城市消防建设综合部署和城市消防建设的管理依据。城市消防建设，要结合城市建设的规模和性质，在城市功能布局上满足消防安全布局的需要，结合城市各项市政建设，在可靠的工程技术基础上，安排各项市政消防设施建设；根据城市规模、性质和功能分区，安排消防站及其消防装备建设规划。

13.1　概　　述

13.1.1　火灾的起因

火是一种发光放热的化学现象，是物质分子游离基的连锁反应。火造福于人类，人们的生产、生活一天都不能离开火。但火在人们对它失去控制之后，也会危害人类，成为一种灾害，即通常所说的“火灾”。起火必须具备以下三个条件：1）存在能燃烧的物质；2）有助燃的氧气或氧化剂；3）有能使可燃物质燃烧的火源并达到着火点（燃点）。只要这三个条件同时满足，相互接触就能起火。

火灾的起因复杂多样，但从大的方面来讲，可分为两大类，即明火火灾及暗火火灾。

（1）明火火灾：在生产和生活中，因使用明火不慎引起的火灾较多，如焊接、烘烤物品过热、熬油溢锅、乱扔烟头、小孩玩火、燃放烟花爆竹等。这类火灾多因缺乏防火常识，思想麻痹造成。

（2）暗火火灾：暗火引起的火灾情况也不少。其中有些有火源，如炉灶、烟囱的表面过热烤着靠近的木结构而引起火灾；也有没有火源的，如大量煤炭堆积，因通风不畅，内部发热以至积热不散而自燃；化学性质相互抵触的物品混在一起，发生化学反应起火或爆炸；化工生产设备失修，出现可燃气体、易燃、可燃液体跑、冒、滴、漏现象，一遇明火便燃烧或爆炸；机械设备摩擦发热，使接触到的可燃物自燃起火等。

另外，不规范的用电也是暗火火灾的原因之一，主要是因为用电设备超载运行、导线接头接触不良电阻过大发热、短路线路的电弧、保险丝和开关的火花、接地不良等原因造成。在雷击较多的地区，如果建筑物没有可靠的防雷保护设施，就有可能发生雷击起火。地震、火山及战争的空袭也是引起火灾的起因之一。

13.1.2 固体物质起火

一般的固体燃烧，是在受热条件下，由内部分解出可燃气体，当可燃气体遇到明火便开始与空气中的氧进行激烈的化合，发光发热，即所谓的物质发焰燃烧或着火。固体能用明火点燃，发焰燃烧时的最低温度，称为该物质的燃点，也叫着火点或起火点。可燃固体物质达到燃点温度时，遇到明火就会起火燃烧，已为人们所熟知，这即是明火起火。部分可燃固体的燃点如表13-1所示。但有时固体物质在没有明火也能自行发焰燃烧，这即是暗火起火。例如，木材受热在100℃以下时主要是蒸发水分，超过100℃时开始分解可燃气体，并逐渐发出热量，当温度达到260～270℃，放出的热量不断增多，即使在外界热源移走后，木材仍能靠自身的发热来提高温度达到燃点。木材在没有外界明火点燃的情况下，由于自身温度逐渐提高达到发焰燃烧的燃点，表明木结构靠近炉灶、烟囱，在通风散热不好的条件下，天长日久，也能够自燃。

可燃固体的燃点 **表13-1**

名　称	燃点(℃)	名　称	燃点(℃)	名　称	燃点(℃)
纸张	130	麻绒	150	松木	270～290
棉花	150	粘胶纤维	235	橡胶	130
棉布	200	涤纶纤维	390		

有些固体在常温下能自行分解，或在空气中氧化导致迅速自燃或爆炸，如硝化棉、黄磷等，有的在常温下受到水或空气中蒸汽的作用，能产生可燃气体，并引起燃烧或爆炸，如金属钠、金属钾、电石、氢化钠等，有的受到撞击、摩擦或与氧化剂、有机物接触能引起燃烧或爆炸，如赤磷、五硫化磷、氯化钾、氯化钠等。上述这些固体都属于易燃易爆的化学危险品。

13.1.3 液体起火

有些液体，能在常温下挥发，但挥发的速度有快有慢。在低温下易燃、可燃液体挥发的蒸汽与空气混合达到一定浓度时，遇到明火点燃即发生蓝色一闪即灭，不再继续燃烧的现象，称之为闪燃，出现闪燃的最低温度叫闪点。

闪燃出现的时间不长，主要原因是液体蒸发的速度供不上燃烧的需要。如果温度继续升高，液体挥发的速度加快，这时再遇明火，就有起火爆炸的危险。可见，闪点是易燃、可燃液体即将起火的前兆，这对防火有重要意义。

一般而言，闪点温度越低，火灾的危险性就越大，所以闪点是确定液体火灾危险性的重要依据。为了便于管理，有区别地对待不同火灾危险性的液体，现将液体的闪点以45℃为界分为两类，凡闪点≤45℃的液体划为易燃性液体，凡闪点＞45℃的液体划为可燃性液体。

13.1.4 气体起火

可燃气体、易燃、可燃液体蒸汽、粉尘与空气混合，达到一定浓度时，遇到明火就会爆炸。它们与空气组成的爆炸性气体混合物，遇明火发生爆炸的最低温度，叫做爆炸下限，遇明火发生爆炸的最高温度，叫做爆炸上限。

浓度在下限以下时，可燃气体、易燃、可燃液体蒸汽、粉尘的数量很少，不足以起火燃烧。浓度在下限与上限之间，浓度比较合适，遇明火就要爆炸。超过上限，则氧气供应不足。为了防爆安全需要，应选择最容易出现的危险性浓度。因此，爆炸性混合物的爆炸下限常作为防爆的控制指标。部分可燃气体爆炸下限如表13-2所示。

可燃气体、易燃、可燃液体蒸汽爆炸下限 **表13-2**

名　称	爆炸下限(%容积)	名　称	爆炸下限(%容积)
煤油	1.0	丁烷	1.9
汽油	1.0	乙烯	2.75
丙酮	2.55	丙烯	2.0
苯	1.5	丁烯	1.7
二硫化碳	1.25	乙炔	2.5
甲烷	5.0	硫化氢	4.3
乙烷	3.22	一氧化碳	12.5
丙烷	2.37	氢	4.1

13.1.5 火灾的发展过程

火灾发生的过程大致分为三个阶段。

第一阶段：火灾初起阶段，时间约5～20min，此时的燃烧是局部的，火势发展不稳定，室内平均温度不高，随时有中断的可能。

第二阶段：猛烈燃烧阶段，室内物体猛烈燃烧，火势已蔓延至整个房间，室内温度迅速升高到1000℃左右，燃烧稳定，扑救灭火比较困难。

第三阶段：燃烧衰减熄灭阶段，室内可燃烧的东西已基本烧完，门窗破坏，木结构屋顶烧穿，温度逐渐下降，直至室内外温度平衡，燃烧向着自行熄灭的方向发展。

根据火灾的发展过程及其特点，消防灭火应尽量及早发现，配备和安装适当数量的灭火设备，把火灾及时控制和消灭在第一阶段。针对第二阶段温度高、时间长的特点，建筑设计应设置必要的防火分隔物（如防火墙、防火门、耐燃顶板等），把火灾限制在起火部位，使其不会很快蔓延扩散。建筑应选择耐火时间长的材料，直到消防人员到达把火扑灭。在第三阶段，室内可燃物已全部烧尽，防火的实际意义已经不大。但是，要防止火灾向四周扩散，以免引起更大面积的灾情。

13.1.6 建筑材料的燃烧性能

建筑材料受到火烧后，有的起火燃烧，有的只觉火热、不见火焰（如沥青混凝土），有的只见炭化成灰、不见起火，如毛毡等。砖石、钢筋混凝土等建筑材料，则不起火，不微燃，不炭化。建筑材料按燃烧性能可分为三类：

（1）非燃烧体，是在空气中受到火烧或高温作用时不起火、不微燃、不炭化的材料，如金属材料和无机矿物材料。

（2）难燃烧材料，指在空气中受到火烧或高温作用时，难起火、难微燃、难炭化，当火源移走后，燃烧或微燃立即停止的材料。如经过防火处理的有机材料等。

（3）燃烧材料，指在空气中受到火烧或高温作用时，立即起火燃烧或微燃，且火源移走后，仍能继续燃烧或微燃的材料，如木材等。

13.1.7 建筑构件的耐火极限

建筑构件按燃烧性能也分为非燃烧体、难燃烧体和燃烧体三类。非燃烧体即为非燃烧材料做成的构件；难燃烧体即为难燃烧材料做成的构件，或用燃烧材料做成而用非燃烧材料作保护层的构件；燃烧体即为燃烧材料做成的构件。建筑物耐火性能取决于建筑构件的耐火性能，或耐火极限。我们把建筑构件从受到火的作用时起，到失掉支撑能力或发生穿透裂缝或背火一面温度升高到220℃止的时间间隔，称为耐火极限，用小时（h）表示。

建筑物的耐火等级，是由组成房屋的构件的燃烧性能和构件最低的耐火极限决定的。根据房屋建筑常用的几种结构形式，按其耐火性能划分成四级：一级耐火等级建筑，用钢筋混凝土结构楼板、屋顶、砌体墙组成；二级耐火等级建筑和一级基本相似，但所用材料的耐火极限较低；三级耐火等级建筑，用木结构屋顶、钢筋混凝土楼板和砖墙组成的砖木结构；四级耐火等级建筑，是木屋顶，难燃烧体的楼板和墙的可燃结构。

具体划分耐火等级时，是以楼板为基准的。例如，钢筋混凝土楼板的耐火极限可达1.50h，即一级为1.50h，二级为1.00h，三级为0.50h，四级为0.25h。一级耐火等级的构件都是非燃烧体；二级耐火等级的构件除顶棚为难燃烧体外，都是非燃烧体；三级耐火等级的构件除顶棚和隔墙为难燃烧体外，也都是非燃烧体；四级耐火等级的构件，除防火墙为非燃烧体外，其余的构件按其部位不同有难燃烧体，也有燃烧体。

13.1.8 民用建筑防火间距与道路消防

为了防止建筑间的火势蔓延，各幢建筑物之间须留出一定的安全距离，它既能减少辐射热的影响，避免对面建筑物被火烤着，又可提供人员疏散和消防灭火的场地。

两建筑物之间的防火间距系指相邻外墙间最近的那段距离（从凸出部分外缘算起）。例如三级与三级耐火等级之间的距离采用 8m，四级与四级耐火等级之间的距离采用 12m，一、二级耐火等级之间的距离最少采用 6m。按高度而论，要求多层建筑与多层建筑之间的防火间距应不小于 6m，高层建筑与多层建筑之间的防火间距不小于 9m，而高层建筑与高层建筑之间的防火间距不小于 13m。

进行城市道路设计时，必需考虑道路消防要求：

（1）当建筑沿街部分长度超过 150m 或总长度超过 220m 时，均应设置穿过建筑的消防车道。建筑物内部开设的消防车道，净高和净宽不应小于 4m；

（2）沿街建筑应设连接街道和内院的通道，其间距不大于 80m（可结合楼梯间设置）；

（3）消防道路宽度应大于等于 3.5m，净空高度不应小于 4m；

（4）尽端式消防通道的回车场尺寸应大于等于 15m×15m；

（5）高层建筑宜设环形消防车道，或沿两长边设消防车道；

（6）超过 3000 座的体育馆、超过 2000 座的会馆、占地面积超过 $3000m^2$ 的展览馆、博物馆、商场，宜设环形消防车道。

从防火需要出发，民用建筑内部消防车通道宽度应不小于 3.5m。液化石油气供应站的火灾危险性大，一般气瓶库与周围建筑物之间的防火间距应不小于 10m。居住小区的道路宽度应不小于 3.5m，间距不大于 160m，∪、∟形建筑物，其沿街部分长度不宜超过 150m。国产消防车供水距离为 180m，在火场上水枪手要有 10m 长的机动水带，且水带的铺设系数为 0.9，则（180－10）×0.9＝153m。因此，从室外消火栓到灭火地点不宜超过 150m。

13.1.9 工业建筑特点及其消防

工业建筑一般空间大，形式多样，生产也多使用明火，容易发生火灾。生产厂房及库房内生产和贮藏原料、半成品、成品的种类繁多，火灾和爆炸的危险性差异很大，必须按照实际情况，区别对待。

因此，规划设计工业厂房和库房时，先要明确生产或贮存物品的火灾危险性类别，然后按照所属火灾危险性类别确定建筑物的耐火等级、层数、面积和设置必要的防火分隔物、安全疏散设施、防爆泄压设施，以及确定它所在的基地内的适当位置和周围建筑物间的防火间距等。

13.1.9.1 生产和贮存物品的火灾危险性分类

生产的火灾危险性分类是按生产过程中使用或加工物品的火灾危险性进行的。库房贮存物品的火灾危险性分类，是按物品在贮存过程中的火灾危险性进行的。生产和贮存都是按不同物品火灾危险性特点进行分类的。现将固体、液体、气体划分火灾危险性的标准简述如下。

（1）固体分类标准

1）凡在常温下能自行分解或在空气中氧化导致迅速自燃或爆炸的物品，如硝化棉、硝化纤维、黄磷等；或在常温下受到水或空气中水蒸气的作用，能产生可燃气体并产生引起燃烧或爆炸的物品，如钾、钠、锂、钙、氢化钠、氢化钾等，属于甲类。

2）凡不属于甲类的化学易燃危险固体和不属于甲类的氧化剂，如硝化铜、亚硝酸钾、漂白粉等，以及常温下与空气接触能缓慢氧化，积热不散引起自燃的危险物品，如桐油漆布、油纸、油绸、浸油金属等，都属乙类。

3）可燃固体，如竹、木、纸张、橡胶、粉食等属于丙类。

4）难燃固体，如酚醛塑料、水泥刨花板等属于丁类。

5）钢材、玻璃、搪瓷等不燃固体，属于戊类。

（2）液体分类标准

液体分类的标准，是根据汽油、煤油、柴油等物质的闪点来划分的。将闪点小于28℃的液体，如二硫化碳、苯、甲苯、甲醇、乙醚、汽油、丙酮等，划为甲类。闪点在28～60℃之间的液体，如煤油、松节油、丁烯醇、糠醛、冰醋酸、溶剂油等，划为乙类。闪点≥60℃的液体，如动物油、植物油、机油、重油、柴油，划为丙类。

（3）气体分类标准

大多数可燃性气体在空气中混合很小数量遇到明火时便会发生爆炸。它们在空气中的下限均小于10%，如甲烷5.0%，乙烷3.2%，乙烯2.8%，丙烯2.0%，苯1.5%，甲苯1.4%，丙酮2.0%，氢4.0%，汽油1.0%，石油3.2%等，按气体火灾危险性都属于甲类。少数可燃性气体在空气中的下限大于10%时遇明火才能爆炸，如氨、氟及助燃的氧等，按气体火灾危险性都属于乙类。氦、氖、氩、氪等不燃气体则划为戊类。

必须指出，在生产过程中，由于可燃气体在设备内受热，压力增大，温度可能超过燃点，火灾危险性增大，本属于丙类的气体，就应按甲类或乙类对待。相反，个别物品，如桐油制的雨伞、油布，生产中不会自燃，比较安全，应属于丙类生产；但在贮存情况下，常温下与空气接触能缓慢氧化，积热不散易引起自燃，具有一定火灾危险性，所以，需要按乙级火灾危险品来贮存。

一般而言，不管是生产的分类，还是贮存物品的分类，凡接触到易燃易爆化学危险品的生产厂房或仓库，都属于甲、乙类。甲、乙类的区别主要是在正常条件下发生火灾或爆炸危险性大小的区别，危险性大的属于甲类，次之属于乙类。

丙类生产，是对可燃性物体如焦油、甘油、木材、棉花的加工生产。丁类生产，是指对钢材等金属的热加工，对难燃性材料如树脂、塑料的冷加工，以及用煤炭、可燃气体、易燃或可燃液体作燃料的生产，如锅炉房、汽车库等。戊类生产，是在常温下对非燃烧材料如黑色金属冷加工的生产。

建筑物设计防火措施，是以生产和贮存物品的火灾危险性类别为依据的。生产和贮存类别决定厂房和仓库应有的耐火等级。

13.1.9.2　厂房、库房的耐火等级

（1）厂房的耐火等级

厂房的耐火等级是厂房建筑物防火措施的重要环节。一般地，厂房的耐火等级、层数和面积应与生产的火灾危险性类别相适应。甲、乙类生产厂房应采用一、二级耐火等级的建筑物，丙类生产厂房应采用不低于三级耐火等级的建筑物，丁、戊类生产厂房的耐火等级可任选一级。

对于建筑物层数，甲、乙类生产厂房应采用单层，丙类生产厂房尽量不超过两层，丁、戊类生产厂房应不超过三层。从减少火灾损失出发，各类生产厂房在面积上也要给予限制，甲类生产厂房在采用一级耐火等级单层建筑物时，防火墙间的面积不得超过$4000m^2$，其他各类生产、各类耐火等级建筑物的占地面积也应符合有关规定。

（2）库房的耐火等级

根据防火要求，甲、乙类库房的耐火等级，一般不低于一、二级。在中小企业中，甲类物品库房面积较小，并为独立的建筑物时，可采用三级耐火等级。丙、丁、戊类物品库房中，大部为粮、棉、百货、机械设备等贵重物资，此类库房最好采用一、二级耐火等级的建筑物。

13.1.9.3　防火距离

厂房或库房的防火间距应根据生产和贮存物品的火灾危险性等级类别以及建筑物与周围建筑物的耐火等级确定。一般地，一、二级耐火等级厂房或库房之间的防火间距不得小于10m，一、二级耐火等级厂房或库房与三级耐火等级厂房或库房之间的防火间距不得小于12m，三级耐火等级厂房或库房与三级耐火等级厂房或库房之间的防火间距不得小于14m。厂房与民用建筑之间的防火距离，最好大于10m。甲类库房起火爆炸的危险性大，其间的防火间距不应小于20m。具有爆炸与火灾危险的甲、乙类厂房与民用建筑之间的防火距离，一般不小于25m，距重要的公共建筑物不小于50m。

13.2　城市消防规划

13.2.1　城市消防规划的要求

13.2.1.1　对城市总体布局的要求

（1）必须将生产、储存易燃易爆化学物品的工厂、仓库设在城市边缘的独立安全地区，并与人员密集的公共建筑保持规定的防火安全距离。对布局不合理的旧城区影响城市消防安全的工厂、仓库，必须纳入近期建设规划，有计划、有步骤地采取限期迁移或改变生产使用性质等措施，消除不安全因素。

（2）合理选择液化石油气供应站的瓶库、汽车加油站和煤气、天然气调压站的位置，使之符合防火规范要求，并采取有效的消防措施，确保安全。合理选择城市输送甲、乙、丙类液体和可燃气体管道的位置，严禁在输油、输送可燃气体的干管上修建任何建筑物、构筑物或堆放物资。管道和阀门井盖应当设有标志。

（3）装运易燃易爆化学物品的专用车站、码头，必须布置在城市或港区的独立安全地段。装运液化石油气和其他易燃易爆化学物品的专用码头，与其他物品码头之间的距离不应小于最大装运船舶长度的两倍，距主航道的距离不应小于最大装运船舶长度的一倍。

（4）城区内应以一级、二级耐火等级的建筑为主，控制三级建筑，严格限制四级建筑。

（5）城市中原有的耐火等级低且相互毗连的建筑密集区或大面积棚户区，必须纳入城市近期建设规划，并采取防火分隔、提高耐火性能、开辟防火间距和消防车通道等措施。

（6）地下道、地下交通隧道、地下街、地下停车场的规划建设与城市其他建设，应有机地结合起来，合理设置防火分隔、疏散通道、安全出口和报警、灭火、排烟等设施。安全出口必须满足紧急疏散的需要，并应直接通到地面安全地点。

(7) 在城市设置集市贸易市场或营业摊点时，城市规划行政主管部门应会同公安交通管理部门、公安消防监督机构、工商行政管理部门，确定其设置地点和范围，不得堵塞消防车通道和影响消火栓的使用。

13.2.1.2 对城市组成要素布局的要求

(1) 工业布局

1) 布置上应满足运输、水源、动力、劳动力、环境和工程地质等条件，综合考虑风向、地形、周围环境等多方面的影响因素，同时根据工业生产火灾危险程度和卫生类别、货运量及用地规模等，合理进行布局，以保障消防安全。

2) 按照经济、消防安全、卫生的要求，应将石油化工、化学肥料、钢铁、水泥、石灰等污染较大的工业以及易燃易爆的企业远离城市布置，将协作密切、占地多、货运量大、火灾危险性大、有一定污染的工业企业，按其不同性质组成工业区，一般布置在城市的边缘。

3) 易燃易爆和可能散发可燃性气体、蒸汽或粉尘的工厂，应布置在当地常年主导风向的下风侧，且人烟稀少的安全地带。

4) 工业区与居民区之间要设置一定的安全防护距离地带，以起到阻止火灾蔓延的分隔作用。

5) 工业区的布置应注意靠近水源并能满足消防用水量的需要；应注意交通便捷，消防车沿途必须经过的公路建筑物及桥涵应能满足其通过的可能，且尽量避免公路与铁路交叉。

(2) 仓库布局

1) 应根据仓库的类型和用途、火灾危险性、城市的性质和规模，结合工业、对外交通、生活居住等的布局，综合考虑确定。

2) 火灾危险性大的仓库应布置在单独的地段，与周围建筑物、构筑物要有一定的安全距离。石油库宜布置在城市郊区的独立地段，并应布置在港口码头、水电站、水利工程、船厂以及桥梁的下游。如果必须布置在上游时，则安全距离要增大。

3) 化学危险品库应布置在城市远郊的独立地段，但要注意与使用单位所在位置方向一致，避免运输时穿越城市。

4) 燃料及易燃材料仓库（煤炭、木材堆场）应满足防火要求，布置在独立地段。气候干燥、风速较大的城市，须布置在大风季节城市主导风向的下风向或侧风向。

5) 仓库应有方便的供水条件，并能满足消防用水量的需要。

(3) 公共建筑布局

1) 公共建筑的消防布置应考虑分期建设、近远期结合、留有发展余地的要求。

2) 对于旧城区原有布置不均衡、消防条件差的公共建筑，应结合规划作适当调整，并考虑充分利用原有设施逐步改善消防条件的可能性。

(4) 居住区布局

1) 居住区消防规划应结合城市规划，按照消防要求，合理布置居住区和各项市政工程设施，满足居民购物、文化生活的需要，提供消防安全条件。

2) 在综合居住区及工业企业居住区，可布置市政管理机构或无污染、噪声小、占地少、运输量不大的中小型生产企业，但最好安排在居住区边缘的独立地段上。

3）居住区住宅组团之间要有适当的分隔，一般应用绿地分隔、公共建筑分隔、道路分隔和利用自然地形分隔等。

4）居住区的道路应分级布置，要能保证消防车驶进区内。组团级的道路路面宽不小于4～6m；居住区级道路，车行宽度为9m，尽端式道路长不宜大于200m，在尽端处应设回车场。居住区内必须设置室外消火栓。

5）液化石油气储配站要设在城市边缘。液化石油气供应站可设在居民区内，每个站的供应范围一般不超过1万户。供应站如未处于市政消火栓的保护半径时，应增设消火栓。

13.2.2 城市消防规划的内容

（1）消防站布局；

（2）消防给水系统规划；

（3）对易燃易爆、火灾危险性大的工厂、仓库、燃气调压站、液化石油储存站、储备站、灌瓶站、加油站点等的布局、消防安全以及其与周围建筑物、构筑物、铁路、公路之间防火安全距离提出控制要求；

（4）城市消防通信装备规划。

13.2.3 城市消防站规划

13.2.3.1 消防站分级与设置

消防站分普通消防站和特勤消防站两类。普通消防站分标准型普通消防站和小型普通消防站两种。

消防站的设置，应符合下列规定：

（1）所有城市均应设立标准型普通消防站；

（2）城市建成区内现有消防站责任区面积过大且设置标准型普通消防站确有困难的区域，可设立小型普通消防站；小型普通消防站是普通消防站的特例；

（3）省、自治区人民政府所在城市、直辖市、人口在50万上（含50万）的城市，以及经济较发达地区的城市应设特勤消防站。

13.2.3.2 城市消防站规划布局与选址

（1）规划布局

1）根据消防灭火最少时间确定。城市消防站的规划布局原则是，消防队接到火警后要能尽快地到达火灾现场。具体地说，发生火灾时，消防队接到火警在5min内必须到达责任区最远点。这一要求是根据消防站扑救责任区最远点的初期火灾所需要15min消防时间而定的。15min消防包括发现起火、报告火警、接警出动、消防车到场和开始出水扑救的全部时间。

根据对35个大、中、小城市调查，100多次实地测验结果，15min的消防时间分配如下：A. 发现起火时间4min；B. 报警时间2min30s；C. 接警到车辆出动时间1min；D. 消防车行车时间5min；开始出水扑救时间2min30s。共需时间15min。

根据我国通信、道路和消防技术装备等情况，15min消防时间可以扑救砖木结构建筑物的初期火灾，有效防止火势蔓延。因此，规定15min消防时间是比较合适的。

2）根据消防站责任区范围确定。《城市消防规划建设管理规定》规定每个城市消防站责任区面积，一般为 4～7km²。具体布局时要根据工业企业、人口密度、重点单位、建筑条件以及道路交通、水源、地形等条件确定。

A. 责任区面积不宜超过 4～5km² 的区域有：石油化工、大型物资仓库、商业中心、高层建筑集中区、重点文物集中区、政府机关、砖木和木结构、易燃建筑集中区以及人口密集、街道狭窄地区。

B. 责任区面积不宜超过 5～6km² 的区域有：丙类生产火灾危险性的居民区（如纺织、造纸、服装、印刷、卷烟、电视机收音机装配、集成电路工厂等），大专院校、科研单位集中区，高层建筑比较集中的地区。

C. 责任区面积不超过 6～7km² 的区域有：一、二级耐火等级建筑的居民区，丁、戊类生产火灾危险性的工业区（炼铁厂、炼钢厂、有色金属冶炼厂、机床厂、机械加工厂、机车制造厂、制砖厂、建材加工厂等），以及砖木结构建筑分散地区等。

上述三种情况可采用下列经验公式计算消防站责任区面积：

$$A=2R^2=2(S/\lambda)^2 \tag{13-1}$$

式中 A——消防站责任区面积（km²）；

R——消防站保护半径（消防站至责任区最远点的直线距离）（km）；

S——消防站至责任区最远点的实际距离（km），即消防车 4min 行驶路程（km），消防车时速为 30～36km；

λ——道路曲度系数，即两点间实际交通距离与直线距离之比，$\lambda=1.3\sim1.5$。

D. 在市区内如受地形限制，被河流或铁路干线分隔时，消防站责任区面积应当小一些。

E. 风速在 5m/s 以上或相对湿度在 50%左右，火灾发生的次数较多的地区，其责任区面积应缩小。

F. 高层建筑、地下工程、易燃易爆化学药品企业、古建筑较多的城市，应建设特勤消防站。

G. 物资集中、货运量大、火灾危险性大的设施及内河城市，应规划建设水上消防站。水上配备的消防艇吨位，应视需要而定，海港应大些，内河可小些。水上消防队（站）责任区面积可根据本地实际情况确定。

（2）消防站的责任区面积确定

消防站的责任区面积按下列原则确定，标准型普通消防站不应大于 7km²；小型普通消防站不应大于 4km²。特勤消防站兼有责任区消防任务的，其责任区面积同标准型普通消防站。

城市居住小区要按照公安部和建设部颁布的《城镇消防站布局与技术装备标准》的规定，结合工业、商业、人口密度、建筑现状及道路、水源、地形等情况，合理的设置消防站（队）。有些城郊的居住小区，如离城市消防中队较远，且小区人口在 15000 人以上时，应设置一个消防站。

（3）消防站站址选择

消防站的选址应符合下列条件：

1）应选择在本责任区的中心或靠近中心的地方；

2）必须设置在交通方便，利于消防车迅速出发的地方；

3）其主体建筑距医院、学校、幼儿园、托儿所、影剧院、商场等容纳人员较多的公共建筑的主要疏散出口不应小于50m，以防相互干扰，保证安全、迅速出车；

4）责任区内有生产、贮存易燃易爆化学危险品单位的，消防站应设置在常年主导风向的上风或侧风处，其边界距上述部位一般不应小于200m；

5）消防站车库门应朝向城市道路，至城市规划道路红线的距离宜为10～15m；

6）设在综合性建筑物中的消防站，应有独立的功能分区。

13.2.3.3　消防站建设用地

消防站建设用地应根据建筑占地面积、车位数和室外训练场地面积等确定。配备有消防艇的消防站应有供消防艇靠泊的岸线。

各类消防站建设用地面积应符合下列规定：

标准型普通消防站　　　　2400～4500m^2

小型普通消防站　　　　400～1400m^2

特勤消防站　　　　4000～5200m^2

上述指标应根据消防站建筑面积大小合理确定，面积大者取高限，面积小者取低限。

13.2.3.4　建筑标准

（1）消防站的建筑标准，应根据消防站的类别和有利执勤备战、方便生活、安全使用等原则合理确定，消防站的建筑面积指标应符合下列规定：

标准型普通消防站　　　　1600～2300m^2

小型普通消防站　　　　350～1000m^2

特勤消防站　　　　2600～3500m^2

消防站各种用房的使用面积可参照表13-3确定。

消防站各种用房的使用面积指标（m^2）　　　　**表13-3**

房屋类别	名　称	消防站类别		
		普通消防站		特勤消防站
		标准型普通消防站	小型普通消防站	
业务用房	消防车库(车位数)	290～380 (4～5)	80～150 (2)	420～600 (6～8)
	通信、接待室	30	10～30	40
	体能训练室	40～80	20～60	80～120
	训练塔	120	—	210
	灭火抢险与个人防护器材及被装营具库	50～100	6～70	100～150
	修理间、清洗室、烘干室、呼吸器充气室	0～100	0～30	60～100
	蓄电池室	10	—	10
	图书阅览会议室	50～150	12～60	110～200
	干部备勤宿舍	48～100	20～60	90～120
	消防员备勤宿舍	156～204	50～90	270～360

续表

房屋类别	名　　称	消防站类别		
		普通消防站		特勤消防站
		标准型普通消防站	小型普通消防站	
辅助用房	餐厅、厨房	90～100	30～60	140～160
	锅炉房、浴室	70～110	8～60	130～150
	晾衣室（场）	14	—	20
	贮藏室	30	0～10	40～60
	盥洗室、厕所	40	9～20	40～70
	配电室	10	—	10
	油料库	12	—	20
	其他	20	—	30～50
合计		1120～1610	245～700	1820～2450

注：1. 消防车库面积也可按实际配置的车型计算；
　　2. 表中指标应根据使用地区的经济条件合理确定。

(2) 消防站建筑物的耐火等级不应低于二级。位于抗震设防烈度为6～9度地区的消防站建筑，应按乙类建筑进行抗震设计，并按本地区设防烈度提高1度采取抗震构造措施。其中8～9度地区的消防站建筑应对消防车库的框架、门框、大门等影响消防车出动的重点部位，按有关设计规范要求进行验算，限制其地震位移。

(3) 消防站内建筑应包括车库、值勤宿舍、训练场、油库和其他建筑物、构筑物。消防车库应保障车辆停放、出动、维护保养和非常时期执勤备战的需要。

1) 消防站的消防车配备数量应符合表13-4中的规定：

消防车库的车位配备数　　表 13-4

消防站类别	普通消防站		特勤消防站
	标准型普通消防站	小型普通消防站	
车辆数	4～5	2	6～8

2) 值勤宿舍面积，消防队（站）长面积应不小于10m^2/人；消防战斗员面积不小于6m^2/人。

3) 训练场面积，应根据消防站的规模、车辆数确定，一般应符合表13-5的要求。

训练场地面积表　　表 13-5

车辆数	2	4～5	6～8
训练场地(m^2)	1500	2000	2500

在执行上表的规定中尚应考虑以下两点：

1) 有条件的城市，在一些消防站内设置宽度不小于15m，长度宜为150m的可进行全套基本功训练的训练场地。如有困难时，其长度可减为100m。

2) 对于旧城区新建、扩建的消防站，也应设如上标准的基本功训练场，同时如用地确实紧张，可适当缩小表13-5的标准，但最低应保证有1000m^{2}的场地。

（4）训练塔

消防站内应设置不少于4层（高层建筑较多的城市宜设置8层以上）训练塔，其正面应设有长度不少于35m的跑道。训练塔宜设置室外消防梯，并应通至塔顶。消防电梯宜从离地面3m高处设起，其宽度不宜小于500mm。

13.2.4 城市的防火布局

（1）城市的防火布局主要考虑以下几个方面的问题：

1）城市重点防火设施的布局。城市中安排布置如液化气站、煤气制气厂、油品仓库等一些易燃易爆危险品的生产、储存和运输设施时，应慎重布局，特别是要保证规范要求的防火间距。

2）城市防火通道布局。城市中消防车的通行范围涉及火灾扑救的及时性，城市内消防通道的布局应合乎各类设计规范。

3）城市旧区改造。城市旧区是建筑耐火等级低、建筑密集、道路狭窄、消防设施不足的地区，是火灾高发地区，并且燃烧的危险性很大。因此，城市旧区的改造，是城市防火的重点。

4）合理布局消防设施。城市消防设施包括消防站、消防栓、消防水池、消防给水管道等，应在城市中合理布局。

（2）建、构筑物的防火设计

各类建、构筑物，如厂房、仓库、民用建筑，以及地下建筑、管线设施等，都应遵照有关规范，进行防火设计，提高其耐火等级和内部消防能力，减少火灾发生和蔓延的可能性。

（3）健全消防制度，普及消防知识

城市火灾多由人为失误引起，因此，城市消防必须依靠群众。一方面，健全消防巡逻检查制度，及时发现火灾隐患，并通过教育群众，减少人为失误引起火灾的概率；另一方面，在群众中组织义务消防队伍，普及消防知识，增强群众自救和辅助专业消防队伍扑救火灾的能力。

13.2.5 城市消防给水规划

13.2.5.1 消防用水量

（1）城市室外消防用水量必须包括城市中居住区、工厂、仓库和民用建筑的室外消防用水量。

规划城市居住区室外消防用水量时，应根据人口数确定同一时间的火灾次数和一次灭火所需要的水量（见表2-13）。此外，尚应满足以下要求：

在冬季最低温度达到－10℃的城市，如采用消防水池作为水源时，必须采取防冻保温措施，保证消防用水的可靠性。

城市中的工厂、仓库、堆场等没有单独的消防给水系统时，其同一时间内火灾次数和一次火灾消防用水量，可分别计算。

消防总用水量应为灭火延续时间与消防用水量的乘积。由于日常发生火灾的时间往往不易准确掌握，为统计方便起见，一般从接到报警时起到消防队归队为止的一段时间，称为灭火延续时间。根据实践经验，灭火延续时间一般可按 2h 计算，甲、乙、丙类库房可按 3h 计算，易燃、可燃材料的露天、半露天堆场可按 6h 计算。

(2) 城市中的工业与民用建筑物室外消防用水量，应根据建筑物的耐火等级、火灾危险性类别和建筑物的体积等因素确定。一般不应小于表 2-14 的规定。

在确定建筑物室外消防用水量时，应按其消防需水量最大的一座建筑物或一个消防分区计算。

火车站、机场和海港、内河码头的中转库房，其室外消防用水量应依相当耐火等级的丙类物品库房确定。例如某港口码头库房均为一、二级耐火等级的建筑，它经常中转除化学易燃物品以外的其他各种物品，其室外消防用水量就应按一、二级耐火等级的丙类物品库房确定。

(3) 易燃及可燃材料露天、半露天堆场，可燃气体储罐或储罐区的室外消防用水量，不应小于表 13-6 的要求。

(4) 油罐区的消防用水量，一般包括灭火用水量和冷却用水量两个部分。

堆场、储罐的室外消防用水量 **表 13-6**

名称		总储量或总容量	消防用水量(L/s)
粮食(t)	圆筒仓 土圆仓	30～500	15
		501～5000	25
		5001～20000	40
		20001～40000	45
	席茓仓	30～500	20
		501～5000	35
		5001～20000	50
棉、麻、毛、化纤、百货(t)		10～500	20
		501～1000	35
		1001～5000	50
稻草、麦秸、芦苇等易燃材料(t)		50～500	20
		501～5000	35
		5001～10000	50
		10001～20000	60
木材等可燃性材料(m^3)		50～1000	20
		1001～5000	30
		5001～10000	45
		10001～25000	55
煤和焦炭(t)		100～5000	15
		>5000	20
可燃气体储罐或储罐区(m^3)	湿式	501～10000	20
		10001～50000	25
		>50000	30
	干式	≤10000	20
		10001～50000	30
		>50000	40

总之，应根据城市的生产、生活用水条件，参考国内外类似城市的用水标准，合理确定用水定额［一般为200～700L/(人·d)］，在此基础上，规划地表水源与地下水源，以满足生产、生活和消防用水量的需要。

13.2.5.2　消防水源

根据我国目前经济技术条件和消防装备能力，在规划城市消防供水时，宜根据不同条件和当地具体情况，采用多水源供水方式，设置两个消防水源的条件见表13-7。一方面对现有的水厂进行设备更新、扩建改造，同时增建新的自来水厂，逐步提高供水能力；另一方面，要积极开发利用就近天然地表水（如江、河、湖泊、水池、水塘、水渠等）、人工水池或地下水（如水流井、管井、大口井、渗渠等），以便达到多水源供水，保证消防用水的需要。

设置两个消防水源的条件　　**表13-7**

名　称	人数（万人）	工业企业基地面积（hm^2）	附属于工业企业的居住区人数（万人）
城镇	＞2.5	/	/
独立居住区	＞2.5	/	/
大中型石油化工企业	/	＞50	＞1.0
其他工业企业	/	＞100	＞1.5

在有水网的城市，在规划中要采取积极措施加以保护，并由城建部门、水利部门通力合作，综合治理，付诸实施。

无河网的城市，宜结合重要公共建筑修建蓄水池、喷水池、荷花池、观鱼池等，并设置环形车行道，为消防车取水灭火创造有利条件。这类水池，平时可作为消防水源，遇到战争或地震等破坏城市管网而中断供水水源时，也可用来灭火。

城市中的大面积棚户区或三级及三级以上耐火等级占多数的老城区，凡严重缺乏消防用水的，应规划建设人工消防蓄水池。每个水池的容量宜为100～300m^3，水池间距宜为200～300m，寒冷地区还应采取防冻措施。

13.2.5.3　新建区的消火栓规划

新建的城市（包括经济区、经济开发区），城区住宅小区，卫星城及工业区，其市政或室外消火栓的规划设置要求如下：

(1) 沿城市道路设置，并宜靠近十字路口。城市道路宽度超过60m时，应在道路两边设置消火栓。

(2) 消火栓距道边不应超过2m，距建筑物外墙不应小于5m。油罐储罐区、液化石油气储罐区的消火栓，应设置在防火堤外。

(3) 市政或室外消火栓的间距不应超过120m。对于城市主要街道、建筑物集中和人员密集的地区，市政消火栓间距过大的，应结合市政供水管道的改造，相应增加室外消火栓，使之达到规定要求。

(4) 市政消火栓或室外消火栓，应有一个直径为150mm或100mm和两个直径65mm的栓口。每个市政消火栓的用水量应按10～15L/s计算。室外地下式消火栓应有一直径为100mm的栓口，并应设有明显标志。

13.2.5.4　管道的管径与流速

消防供水管道流速的选择以节省基建投资和降低经常运转费用为原则。选择流速较大，所需管径就小，管道造价可降低，但流速大造成水头损失增大，使水泵等设备消耗增大，经常运转费用就会相应增加；若采用较小流速和大管径，可以降低运转费用，但需消耗较多的管材和基建投资。

在规划设计中，应通过比较，来选择基建投资和运转费用经济合理的流速。在一般情况下消防栓的供水管径不小于100mm。管径100～400mm的管道，最小经济流速取0.6～1.0m/s；管径大于400mm的管道，最小经济流速取1.0～1.4m/s。

关于消防用水管道的流速，既考虑经济问题，又要考虑安全供水问题。消防管道是不经常运转的，采用小流速大管径不经济，宜采用较大流速和小管径。根据火场供水实践和管理经验，铸铁管道消防流速不宜大于2.5m/s，钢管的流速不宜大于3.0m/s。凡新建的城市、居住区、工业区，给水管道的最小管径不应小于100mm，最不利点市政消火栓的压力不应小于0.1～0.15MPa，其流量不应小于15L/s。

13.2.6　城市消防通信规划

城市消防通信规划即城市消防通信装备规划，是实施城市消防现代化的关键环节。消防通信装备是指城市火灾报警、受理火警、调动指挥灭火力量、将火灾损失降低到最低限度的不可缺少的装备。要积极改造我国各城市通信设备少、质量差、技术落后、品种杂而不系统的现象，逐步建成现代化的电子消防通信系统，达到多功能、多渠道报警的要求。

(1) 提升接警现代化水平

我国目前各城市消防通信主要采用以下两种接警方式：

1) 集中接警。凡在城市范围内，由消防指挥中心或调度室受理火警的，称为集中接警。集中接警便于实现消防通信现代化，节省设备，受警迅速，易于掌握火情，便于调集出动和增援力量；但需要经过两次传警，势必延误出警时间，特别在自动化程度不高的条件下，更是如此。

2) 分散报警。凡由责任区消防中队受理火警的，称为分散接警。分散接警方式的优点是中队管区面积小，指战员对地理情况熟悉，接警迅速，判断准确，车辆出动快。其不足之处是不便于实现消防通信自动化，设备分散，经费较高。

规划中应将集中接警与责任中队监听相结合，既可争取时间，又有利于采取现代化设备向集中过渡，避免人为和设备原因造成失误。

(2) 健全消防通信系统

1) 采用多渠道报警　充分发展和建设“119”火警线，公安消防部门、警察、交通等部门应设立火警报警专线，利用街道设置的有线电话报警；有条件的城市，可利用有线和无线汇接装备，进行火警报警。

2) 逐步建成独立的有线消防通信网

全市各电话分局火警专线既与市火警台相连通，每个电话分局火警专线又与主管消防中队火警调度机相连通。各消防中队应配备多功能火警调度机，既可受警调度，又具有办公、有线广播、会议对讲等功能。

3）完善三级可靠的无线通信网

根据各城市规模、经济技术条件，积极规划建设无线电三级通信网，即市消防总队或消防支队的指挥车与消防中队指挥车（包括设有消防大队的指挥车）形成一级无线电通信网；总队指挥员或消防支队的指挥车与消防中队指挥员（包括设有消防大队的指挥员）之间联系形成二级无线电通信网；消防中队的战斗员、驾驶员和通信员之间联系形成三级无线电通信网。逐步实现消防指挥中心与各消防大队、消防中队（站），火场总指挥与各分指挥，分指挥与前后方战斗员的三级无线电通信联络网。

4）建立消防通信调度指挥中心

消防通信调度指挥中心是城市消防通信系统的核心部分。现代化的消防通信调度指挥中心，应配备完善的或较完善的通信指挥设备，如电子计算机、录像机、电视机和传真设备，有线自动通信设施（包括火警台、自动交换总机等），无线电台、火场通信指挥车、火场电视录像车等现代化的通信指挥设施。消防通信调度指挥中心，应为以电子计算机为中心控制的有线和无线系统相结合的报警、调动指挥的消防通信体系，要求有线通信和无线通信系统联结成一个整体，使消防通信系统的接警、调度、通信、信息传送、力量出动的每个环节程序自动化。

在调度指挥中心，应根据全市区的划分，设置若干个接警调度操作台。这些操作调度台都应与电脑系统连接。在电脑系统内，应储存全市街道交通的详细情况、市内供水管网、水池及天然水源情况、消防栓分布情况、消防实力部署情况、各重点地段和重点单位的灭火作战方案，以及火场中可能遇到的疑难处理方案和有关技术情报资料。

为了调度准确可靠，在消防通信调度指挥中心的调度室内应设置大幅面的城市街道、消防实力分布图，消防状态信号板、火场情况显示屏、调度指令执行情况显示等。这些显示要求醒目清晰，以便做到指挥果断，处理得当。

城市消防通信装备的配备项目应符合城市消防通信装备配备表（表13-11）的要求。

13.3 城市居住区消防规划

13.3.1 城市居住区基本特点及消防规划上存在的问题

经过历年的发展与建设，我国城市居住区普遍具有规模大、居住人员多、高层建筑发展迅速、居住建筑密度大、建设趋向综合化等基本特点，但在消防规划上存在着诸多问题，以致留下隐患。这些问题主要表现在以下几个方面：

（1）总体布局不合理

居住小区的建筑物密度偏大，在总体布局上存在不少问题。如：有的居住小区布置在易燃易爆工业或大型油库的江、河下游，一旦工厂、油库发生爆炸起火，易燃物料漂流在水面上燃烧，将会严重威胁小区安全。

（2）消防设施没有随基础设施同步建设

城市消防给水设施没有随着小区基础设施的建设而建设，存在的主要问题有：

1）居住小区虽考虑了消防给水，但不能满足国家标准的规定要求，水量不足，水压偏低，不能满足实际灭火的要求。

2）居住小区给水管网只有大环网，缺少小环网，并且市政消火栓数量少、间距大。

3）小区高层建筑没有安装水泵接合器，一旦失火，因电气或消防水泵发生故障，对扑救高层部分火灾增大了难度，造成不应有的损失。

（3）消防队（站）未和住区同步建设

我国建成的居住区规模大，人员密集，高层建筑占有一定的比例。有的居住小区离消防队较远，却未能与小区同步建设消防站。城市消防站点少，营区大，到达火场时间长，不能及时有效的扑救火灾。

（4）消防车道建设不完善

在部分已建成的居住小区中，没有设置消防车道。有的虽已设置，但宽度不足，或没有设回车场，道路中心线之间距离太大，不能满足实际灭火的需要。

13.3.2 居住小区消防规划内容

城市居住小区总体布局应根据城市规划的要求进行合理布局，各种不同功能的建筑群之间要有明确的功能分区。根据居住小区建筑物的性质和特点，各类建筑之间应有必要的防火间距，具体应按中华人民共和国国家标准《建筑设计防火规范》（GB 116—87）和《高层民用建筑设计防火规范》（GB 50045—95）中的有关规定执行，参见表13-8、表13-9。

民用建筑防火间距 **表13-8**

防火间距(m) ＼ 耐火等级（列）／耐火等级（行）	一、二级	三级	四级
一、二级	6	7	9
三级	7	8	10
四级	9	10	12

建筑物的防火间距 **表13-9**

防火间距（m） ＼ 建筑类别／高层民用建筑	高层建筑		其他民用建筑		
			耐火等级		
	主体建筑	附属建筑	一、二级	三级	四级
主体建筑	13	13	13	15	18
附属建筑	13	6	6	7	9

在城市居住小区内，为了居民生活方便，设置了一些生活服务设施，如煤气调压站、液化石油气瓶库等，有的居住小区还配建了一些具有火灾危险性的生产性建筑，这些建筑与高层民用建筑的防火间距应按表13-10执行。

（1）居住小区消防给水系统规划

1）高压消防给水管道　高压消防给水管道能够经常保持足够的设计压力和水量，灭火时不需使用消防车或消防水泵、手抬泵等移动式水泵加压，而直接由消火栓接出水带和水枪，进行灭火给水。对于有条件的小区，可利用地势设置高位水池，或设置集中高压水泵房，采用高压消防给水管道。

建筑物与厂房、库房、调压站等的防火间距　　表 13-10

防火间距(m)　高层民用建筑 名　称			一　类		二　类	
			主体建筑	相连的附属建筑	主体建筑	相连的附属建筑
甲、乙类厂(库)房	耐火等级	一、二级	50	45	45	35
		三、四级				
丙、丁、戊类厂(库)房	耐火等级	一、二级	20	15	15	13
		三、四级	25	20	20	15
煤气调压站（进口压力 MPa）	0.005～0.15		20	15	15	13
	0.15～0.30		25	20	20	15
煤气调压箱（进口压力 MPa）	0.005～0.15		15	13	13	6
	0.15～0.30		20	15	15	13
液体石油气气化站、混气站	总储量（m^3）	＜30	45	40	40	35
		30～50	50	45	45	40
城市液化石油气供应站瓶库		＞10	30	25	25	20
		＜10	25	20	20	15

2）临时高压消防给水管道　临时高压消防给水管网内平时充满水，但压力不太高，着火时开放高压水泵后，压力和水量很快达到设计要求。在小区规划建设时，室外和室内均可采用临时高压给水系统，也可采用室内采取高压，室外采取低压的消防给水系统。

3）低压给水管道　低压给水管道管网内平时水压较低（一般为 0.1～0.3MPa 左右），灭火水枪所需的压力由消防车或其他移动式消防泵加压来满足。

4）在规划给水管网时，如采用生活、消防合用或生活、生产和消防合用一个给水系统，应按生产、生活用水量达到最大时，同时要保证满足最不利点（一般为距离水泵站的最高、最远点）消火栓或其消防设备的水压和水量要求。为了确保消防用水量，则生产、生活用水量按最大日最大小时流量计算，消防用水量必须按最大秒流量计算。

5）消防用水量　居住区或居住小区的室外消防用水量，应满足表 2-13、表 2-14 的要求。规模大于本表时，可按现行的《建筑设计防火规范》(GB 116—87) 的规定执行。

6）消防给水管网的布置　小区内的室外消防给水管网，应布置成环状。环状管网的水流四通八达，供水安全可靠。环状管网的输入管不应少于两条，当其中一条发生故障时，其余干管仍能供水。

7）当市政给水管道、进水管或天然水源不能满足室外消防用水量或市政给水管道为枝状或只有一条进水管时，应规划建设消防水池。

8）有条件的居住小区，应充分利用河、湖、堰、喷泉等作为消防水源。供消防车取水的天然水源和消防水池，应规划建设消防车道或平坦空地。

9）水源比较缺乏的小区，可增设水井，弥补消防用水不足。

(2) 城市居住小区消防通信规划要求

消防通信设备是城镇火灾报警、受理火警、调度指挥灭火力量、把火灾损失降低到最

城市消防通信装备配备表 **表 13-11**

系统	项目＼指标	队别	城市										镇县城				工矿区			
			市消防总队		消防支队		消防大队		消防中队				镇县城中队				工矿区中队			
			指挥中心	通信指挥消防车	指挥中心	通信指挥消防车	指挥中心	通信指挥消防车	通信室	通信指挥消防车	灭火消防车	战斗班	通信室	通信指挥消防车	灭火消防车	战斗班	通信室	通信指挥消防车	灭火消防车	战斗班
有线通信系统	119 火警线	对/局	2		2		2		1				2				2			
	报警专用线	对	重点保护单位各一对																	
	火警调度专用线	对	2N		2N		2N		2				1				1			
	火警综合调度台	台	1		1		1		1				1				1			
	普通电话线	对	3		2		2													
无线通信系统	有无线汇接设备	台	1		1		1													
	基地台	台	2		2		2													
	中队固定台	台							1				1				1			
	车载台	台		2		2		2		1				1				1		
	便携台或袖珍台	台		5		5		5		2	1			2	1			2	1	
	袖珍台或头盔台	台								1		3		1		3		1		3
图像	真迹传真机	台	1	1	1	1	1	1												
	火场电视	套		1		1		1												
计算机系统	计算机	台	2		2		2													
	地理位置显示盘	个	1		1		1													
	作战实力显示盘	个	1		1		1													
	消防信息检索装置	个	1		1		1													
	中队终端	套							1											
	车队终端	套		1		1														

注：1. 中队级 119 火警线配备数为中队所在话局应配数；
2. N 为中队数；
3. 普通电话线数只指进调度台的数量。

低的必需装备（见表13-11）。报警方式有：一是利用用户电话报警；二是在街道和公共场所，利用火警报警器报警；三是在安装有火灾自动报警探测器和电视监控设备的地点，利用火警自动转接装置，直接向消防队报警；四是大型剧院、体育馆、百货楼、展览楼、会堂、礼堂和高层住宅宜有火警专线电话（与消防队直通）或手按专用报警箱报警。此外，还可以通过公安部门的专线电话总机报警。有条件的小区，应实现多渠道报告火警，真正达到早报警、早扑救、损失少的目的。

关于城市居住小区消防道路和消防站规划，前已述及。对于高层建筑比较集中的居住小区，应考虑规划建设相应的特种消防装备的消防站（队）。

第 14 章　城市人防工程规划

14.1　概　　述

现代战争已发展成为立体式的战争，对战争潜力有很大的破坏作用，特别是核武器、电子技术和空间技术在军事上的广泛应用，使现代战争进入了新的阶段。人防工程是一种反侵略战争的手段。人防工程建设，是在现代战争条件下“消灭敌人，保护自己”的重要战略措施，是积极防御战略方针的重要组成部分。

城市人防工程规划是根据城市防御空袭和城市发展规划来进行的，既要满足人民防空的要求和目标，又要服务于城市发展的要求和目标。

编制人防工程规划的指导思想是，促进人防建设与城市建设的有机结合和协调发展，从整体上增强城市综合发展能力和防护能力，以保证城市具有平时发展经济、防御各种灾害，战时防空抗毁、保存战争潜力的双重功能。

城市人防工程规划的规划年限应与城市总体规划保持一致，一般近期 5 年，远期 20 年，还要考虑一定时限的远景设想。

14.2　城市人防工程规划原则与依据

14.2.1　城市人防工程规划原则

（1）积极防御、全面规划

在战时，根据总体战略部署，某些城市将作为战略要地和交通枢纽，某些城市将成为支援前线的战略后方，某些城市将要成为拖住敌人、消灭敌人的战场。因此，在制定人防工程总体规划时，要使人防工程达到“三防”、“五能”的要求。这里的“三防”，是指防核武器、防化学武器、防细菌武器，“五能”是指能打、能防、能机动、能生活、能生产。

人防工程必须全面规划。在一个大军区和省（区）范围内，应根据各重点城市所处的政治、经济和军事地位，统筹考虑。对一个城市而言，要根据该城市所处的战备地位、作战预案、城市建设总体规划和地形地物、水文与工程地质、水陆交通、人口密度、行政管理区划的现状等全面布局，把城区划分为若干个人防片区。对于一个工程，则要根据该城市和人防片区规划、工程点的地下水位、地质条件、工程点的用途等统一安排布局。

（2）平战结合

人防工程不仅在战时能防御敌人突然袭击和坚持城市斗争，平时应尽量为生产、生活服务。根据战时需要，按照规定规划设计平战两用的人防工事。有防卫任务的城市，要把人防工程纳入战区的防御体系。但也要和平时的生产、生活服务相结合。

（3）打防结合

在人防工程总体规划中，应根据城市的战略地位，贯彻打防结合的原则。工程规划应与城市防卫计划统一考虑，使各片区既能独立防护，又能独立作战。火力工事与掩蔽工事相结合，支撑点上各种工事应与人防工事连通。

重要工事的出入口附近及其控制点，应设置射击工事，构成内部火力配置及对附近重要目标（公路、铁路、桥梁等）的交叉火力网的保护。重要交通要道可设置地堡式射击工事或防坦克工事，战时控制城市交通。

（4）城市建设与人防工程建设结合

人防工程建设是城市建设的一部分，必须统筹规划。在新建、改建大型工业、交通项目和民用建筑时，应同时规划构筑人防工事。如修地下铁路时应与疏散机动干道结合，新建楼房应考虑修一部分附建式防空地下室等。

14.2.2 城市人防工程的规划依据

（1）城市的战略地位

编制人防工程总体规划的首要条件取决于城市的战略地位。战略地位是由城市所处的地理区位和城市在未来反侵略战争中的作用、地形特征、政治、经济、交通等条件决定的。

人防工程规划应根据不同战略地位的城市，分别设立设防要求。对于重点设防坚守城市，要结合城市防卫计划，确定敌人可能进攻的方向，坚守与疏散人口的比例，兵力部署，群众的疏散地域等。对于未来战争中可能成为敌人空袭目标的纵深城市，规划的重点应放在反空袭防空降和人员的掩蔽疏散上。

（2）地形、工程地质和水文地质条件

城市的山丘地形常可作为防御或掩蔽的自然屏障，其工程规划应以山丘为重点，尽量向山里发展。平地则可构筑一定数量的地道作为掩蔽、疏散或战斗机动之用。

工程地质与水文地质条件对于工事的结构形式、构筑方法、施工安全、工程造价等有较大影响，因此工事的位置尽量应选在地质条件较好的地点，避开断层、裂隙发育、风化严重、地下水位高及崩塌、滑坡、泥石流等不利地质地段。

此外，在确定人防工程位置、规模、走向、埋深、洞口位置时，还应考虑雨量、风向、温度、湿度等气象条件。

（3）城市现状

城市现有地面建筑物的情况、地下各种管网现状、地面交通、人口密度、行政管理区划等，是编制人防工程规划的主要依据。如原有建筑物地下室、历史遗留下的各类防空工事、矿山废旧坑道、天然溶洞等，是否需建工程配合，均是编制人防工程规划的重要环节。

14.2.3 城市人防工程建设原则

现代战争一般是核威慑条件下的常规战争，这是20世纪后半叶以及未来战争的特点。尽管越来越多的国家拥有核武器，但现代战争手段仍将以常规战争为主，而常规战争的科技含量越来越高，战争突发性和攻击准确性大大增强。战争的这些新特点对人防工程建设提出新的要求。我国20世纪50～60年代曾建设了一些人防工程，不仅数量不足，而且多数工事质量不高、选址随意，以防抗核毁伤为主，而对常规尖端武器袭击缺乏考虑，对平战结合综合利用考虑明显不够。因此，在城市人防工程规划与建设中，应遵循以下一些原则：

（1）提高人防工程的数量与质量，使之合乎防护人口和防护等级要求。

（2）突出人防工程的防护重点，适当选择一批重点防护城市和重点防护目标，提高防护等级，保障重要目标城市与设施的安全。

(3) 以就近分散掩蔽代替集中掩蔽，加强对常规武器直接命中的防护，以适应现代战争突发性强打击精度高的特点。

(4) 加强人防工事间的连通，使之更有利于战争时次生灾害的防御，并便于平战结合和防御其他灾害。

(5) 综合利用城市地下设施，将城市各类地下空间纳入人防工程体系，研究平战功能转换的措施与方法。

14.3 人防工程的类型和特点

14.3.1 按构筑方法分类

人防工程按其构筑方法分类，一般分为掘开式工事、防空地下室、坑道工事和地道工事四种类型。

(1) 掘开式工事：采用掘开方法施工，其上部无较坚固的自然防护层或地面建筑物的单建式工事。顶部只有一定厚度的覆土，称为单层掘开式工事。顶部构筑遮弹层的，称为双层掘开式工事。这类工事具有以下特点：

1) 受地质条件限制少；

2) 作业面积大，便于快速施工；

3) 地面土方量大，一般需要足够大的空地；

4) 自然防护能力较低，若抵抗力要求较高时，则需要耗费较多材料，造价较高。

(2) 防空地下室（附建式工事）：按照防护要求，在高大或坚固的建筑物底部修建的地下室，称为防空地下室。其特点如下：

1) 不受地形条件影响，不单独占用城市用地，便于平时利用；

2) 可以利用地面建筑物增加工事防护能力；

3) 地下室与地面建筑物基础合为一体，可降低工程造价；

4) 能有效地增强地面建筑的抗震能力。

(3) 坑道式工事：利用山体或高地，在山地采用暗挖方法构筑的工事，或利用山体自然涵洞修建的工事，称为坑道式工事。该工事具有如下特点：

1) 自然防护层厚，防护能力强；

2) 利用自然防护层，可减少人工被覆厚度或不作被覆，节省材料；

3) 便于自然排水和实现自然通风；

4) 施工、使用比较方便；

5) 受地形条件限制，作业面积小，不利于快速施工。

(4) 地道式工事：在平地或小起伏地区，采用暗挖或掘开方法构筑的线性单建式工事，称为地道式工事。该类工事具有如下特点：

1) 能充分利用地形、地质条件，增加工事防护能力；

2) 不受地面建筑物和地下管线影响，但受地质条件影响较大。高水位和软土质地区构筑工事较困难；

3) 防水、排水和自然通风较坑道工事困难；

4）施工作业面小，不利于快速施工；

5）坡度受限制，平时利用范围有限。

14.3.2 按使用性质分类

人防工程按使用性质一般分为指挥工事、人员掩蔽工事、通道工事、医疗救护工事等类型。其抗力标准根据抗地面超压（指动压）的不同分为五级：一级，240t/m²；二级，120t/m²；三级，60t/m²；四级，30t/m²；五级，10t/m²。

（1）指挥工事：包括指挥所、通信站、广播站等工事。此类工事在战时居于重要地位，因此标准要高一些。指挥所定员一般为30～50人，大城市可增加到100人。人均面积2～3m²。抗力等级，全国重点城市和中央直辖市的区一级指挥所一般为四级，特别重要的才能定为三级。

（2）人员掩蔽工事：指掩蔽部和生活必需的房间。面积按留守人员人均1m²计算。抗力等级一般为五级，防空专业队伍可为四级。

（3）通道工事：指主干道、支干道、连通道等。抗力等级一般为五级。

（4）医疗救护工事：指医院、救护站、卫生所等。抗力等级一般为五级，个别重要的可为四级。面积按伤员和医务人员数量，每人4～5m²计算。

（5）库房：根据留守人员和防卫计划预定的储粮、储水及其物资数量计算面积。

14.4 城市人防工程规划布局

14.4.1 城市人防工程总面积的确定

城市人防规划需要确定人防工程的大致总量规模，才能确定人防设施的布局。预测城市人防工程总量首先需要确定城市战时留城人口数。一般说来，战时留城人口约占城市总人口的30%～40%左右。按人均1～1.5m²的人防工程面积标准，则可推算出城市所需的人防工程面积。

在居住区规划中，按照有关标准，在成片居住区内应按总建筑面积的2%设置人防工程，或按地面建筑总投资的6%左右进行安排。居住区防空地下室战时用途应以掩蔽居民为主，规模较大的居住区的防空地下室项目应尽量配套齐全。

专业人防工程的规模要求见表14-1：

防空专业工程规模要求 表14-1

项目		使用面积（m²）	参考指标
医疗救护工程	中心医院	3000～3500	200～300病床
	急救医院	2000～2500	100～150病床
	救护站	1000～1300	10～30病床
连级专业队工程	救护	600～700	救护车8～10台
	消防	1000～1200	消防车8～10台，小车1～2台
	防化	1500～1600	大车15～18台，小车8～10台
	运输	1800～2000	大车25～30台，小车2～3台
	通信	800～1000	大车6～7台，小车2～3台
	治安	700～800	摩托车20～30台，小车6～7台
	抢险抢修	1300～1500	大车5～6台，施工机械8～10台

14.4.2 城市人防工程设施规划布局

14.4.2.1 人防工程设施规划布局原则

(1) 避开易遭到袭击的重要军事目标，如军事基地、机场、码头等；

(2) 避开易燃易爆品生产储运单位和设施，控制距离应大于50m；

(3) 避开有害液体和有毒气体贮罐，距离应大于100m；

(4) 人员掩蔽所距人员工作生活地点不宜大于200m。

另外，人防工程布局时要注意面上分散，点上集中。应有重点地组成集团或群体，便于开发利用，易于连通，单建式与附建式结合，地上地下统一安排，注意人防工程经济效益的充分发挥。

14.4.2.2 人防工程分类规划布局

(1) 指挥通信工事

指挥通信工事包括中心指挥所和各专业队指挥所，要求有完善的通信联络系统和坚固的掩蔽工事。

指挥通信工事布局原则：

1) 工程布局，根据人民防空部署，从保障指挥、通信联络顺畅出发，综合比较，慎重选定，应尽量避开火车站、飞机场、码头、电厂、广播电台等重要目标；

2) 工程应充分利用地形、地质等条件，提高工程防护能力，对于地下水位较高的城市，宜建掘开式工事和结合地面建筑修防空地下室；

3) 市、区级工程宜建在政府所在地附近，便于临战转入地下指挥，街道指挥所应结合小区建设布置。

(2) 医疗救护工事

医疗救护工事包括急救医院和救护站，负责战时救护医疗工作。

医院救护工事布局时，应从本城市所处的战略地位、预计敌人可能采取的袭击方式、城市人口构成和分布情况、人员掩蔽条件，以及现有地面医疗设施及其发展情况等因素进行综合分析。具体规划时还应遵循以下原则：

1) 根据城市发展规划与地面新建医院结合修建；

2) 救护站应在满足平时使用需要的前提下，尽量分散布置；

3) 急救医院、中心医院应避开战时敌人袭击的主要目标及容易发生次生灾害的地带；

4) 尽量设置在宽阔道路或广场等较开阔地带，以利于战时解决交通运输；主要出入口应不致被堵塞，并设置明显标志，便于辨认；

5) 尽量选在地势高、通风良好及有害气体和污水不致集聚的地方；

6) 尽量靠近城市人防干道并使之连通；

7) 避开河流堤岸或水库下游以及在战时遭到破坏时可能被淹没的地带。

各级医疗设施的服务范围，在无更可靠资料作为依据时，可参考表14-2数据。

各级医疗设施服务范围 **表14-2**

序号	设施类型	服务人口	备注
1	救护站	0.5～1万	按平时城市人口计
2	急救医院	3～5万	按平时城市人口计
3	中心医院	10万左右	按平时城市人口计

医疗设施的建筑形式应结合当地地形、工程地质和水文条件以及地面建筑布局等条件确定。

与新建地面医疗设施结合或在地面建筑密集区，宜采用附建式；平原空旷地带，地下水位低，地质条件有利时，可采用单建式或地道式；在丘陵和山区可采用坑道式。

（3）专业队工事

专业队工事是为消防、抢修、救灾等各专业队提供掩蔽场所和物资的基地。专业队工事中，车库的布局遵循以下原则：

1）各种地下专用车库应根据人防工程总体规划，形成一个以各级指挥所直属地下车库为中心的，大体上均匀分布的地下专用车库网点，并尽可能使能通行车辆的疏散机动干道在地下互相连通起来；

2）各级指挥所直属的地下车库，应布置在指挥所附近，并能从地下互相连通。有条件时，车辆应能开到指挥所门前；

3）各级和各种地下专用车库应尽可能结合内容相同的现有车场或车队布置在其服务范围的中心位置，使各个方向上的行车距离大致相等；

4）地下公共小客车车库宜充分利用城市的外用社会地下车库；

5）地下公共载重车车库宜布置在城市边缘地区，特别应布置在通向其他省市的主要公路的终点附近，同时应与市内公共交通网联系起来，并在地下或地上附设生活服务设施，战时则可作为所在区或片的防空专业队的专用车库；

6）地下车库宜设置在或出露在地面以上的建筑物，如加油站、出入口、风亭等，其位置应与周围建筑物和其他易燃、易爆设施保持必须的防火和防爆间距，具体要求见《汽车库建筑设计防火规范》及有关防爆规定；

7）地下车库应选择在水文、地质条件比较有利的位置，避开地下水位过高或地质构造特别复杂的地段。地下消防车库的位置应尽可能选择有较充分地下水源的地段；

8）地下车库的排风口位置应尽量避免对附近建筑物、广场、公园等造成污染；

9）地下车库的位置宜临近比较宽阔的，不易被堵塞的道路，并使出入口与道路直接相通，以保证战时车辆出入的方便。

（4）后勤保障工事

后勤保障工事包括物资仓库、车库、电站、给水设施等，其功能主要为战时人防设施提供后勤保障。后勤保障工事中各类仓库应遵循以下布局原则：

1）粮食库工程应避开重度破坏区的重要目标，结合地面粮库进行规划；

2）食油库工程应结合地面食油库修建地下食油库；

3）水库工程应结合自来水厂或其他城市平时用给水水库建造，在可能情况下规划建设地下水池；

4）燃油库工程应避开重点目标和重度破坏区；

5）药品及医疗器械工程应结合地下医疗救护工程建造。

（5）人员掩蔽工事

人员掩蔽工事由多个防护单元组成，形式也多种多样，有各种单建或附建的地下室、坑道、隧道等，为平民和战斗人员提供掩蔽场所。人员掩蔽工事的布局原则如下：

1）人员掩蔽工事的规划布局以市区为主，根据人防工程技术、人口密度、预警时间、合理的服务半径，进行优化设置；

2）结合城市建设情况，修建人员掩蔽工事，对地铁车站、区间段、地下商业街、共同沟等市政工程作适当的转换处理，皆可作为人员掩蔽工事；

3）结合小区开发、高层建筑、重点目标及大型建筑，修建防空地下室，作为人员掩蔽工事，人员就近掩蔽；

4）应通过地下通道加强各掩体之间的联系；

5）临时人员掩体可考虑使用地下连通道等设施；当遇常规武器袭击时，应充分利用各类非等级人防附建式地下空间和单建式地下建筑的深层；

6）专业队掩体应结合各类专业车库和指挥通信设施布置；

7）人员掩体应以就地分散掩蔽为原则，尽量避开敌方重要袭击点，全局适当均匀，避免过分集中。

（6）人防疏散干道

人防疏散干道包括地铁、公路隧道、人行地道、人防坑道、大型管道沟等，用于人员的隐蔽疏散和转移，负责各战斗人防片之间的交通联系。人防疏散干道建设布局原则如下：

1）结合城市地铁建设、城市市政隧道建设，建造疏散连通工程及连接通道，联网成片，形成以地铁为网络的城市有机战斗整体，提高城市防护机动性；

2）结合城市小区建设，使小区以人防工程体系联网，通过城市机动干道与城市整体连接。

14.5 城市人防工程规划方法与步骤

14.5.1 搜集规划资料

人防工程规划的基础资料可以采用城市总体规划收集的资料。对于人防的特殊资料，如城市设防等级、城市防卫计划、人防工程战术技术要求及有关规划设计规范，应向有关单位部门索取，并按照国家规定、规范进行。

14.5.2 划分基层防护战斗片（区）

城市整体的人防体系，由各个片区的人防体系组成，而各片区的人防体系又由街道或大型企事业单位的人防体系组成。规划时，应本着战时便于指挥、平时利于维护管理的原则，按所划分的基层防护战斗片区，分别提出任务、要求和重点工程项目，使整个城市人防体系成为一个有机的综合体。

14.5.3 拟定各战斗片区各类人防工事的项目和规模

根据战术技术要求和城市防卫、人民防空计划要求，拟定战时坚守与疏散人口比例，拟定各战斗片区及基层单位，各类人防工事的项目和规模。

14.5.4 确定指挥所位置和掩蔽工事及其他项目的具体位置

指挥所的具体要求是，便于作战指挥和群众疏散以及物资调度；便于组织通信联络和机动；便于组织对空及地面的警戒任务；地形较为隐蔽，且有一定的防护条件；工程地质、水文地质条件良好；有可靠的水源；尽量避开敌人空袭目标及影响无线电通信的金属区。

人员掩蔽工事的分布要便于掩蔽人员安全、迅速使用。

按人员一定比例设置各级地下医院和救护站。地下医院尽可能设在地面医院附近，以便战时转入地下，并能平战结合。

确定储藏一定基数的弹药和一定数量的粮食，以及其他物资的地下仓库的数量、规模和分布。

规划战斗、治安、抢修、救护、消防等专业队伍的规模、分布及相应的掩蔽工事位置。

14.5.5 连通与分段密闭

用通道将各类工事和片区连接起来，构成四通八达的地道网。成片工事或规模较大的单体工事，必须设置防护密闭门进行分段密闭。一个单体工事最大容量最好不超过400人，疏散机动干道间距为500m，以免一旦局部遭到破坏时，大片工事失去防护能力和产生较大损失。

14.5.6 规划疏散机动干道

疏散机动干道是连接各大片区的重要地下通道，战时机动兵力、通信联络、疏散人员、运输物资等的干线。应根据城市地形和各防护战斗片区的分布情况及疏散人员数量、走向和疏散方式等，确定干道走向、宽度及其他通道的连接方式。

浅埋的疏散机动干道走向，应根据城市地面情况，使其从城市人口较密集区通过，以便一旦发出警报，群众迅速疏散转移；并尽可能沿街道或空旷地带走向，避开大型建筑物的基础和大型管道；还应尽量减少穿过铁路和河流的次数；深埋干道布置时灵活性较大。干道应减少转弯，避免急转弯，但直线段也不宜过长（一般不超过500m），以便防护和自卫。此外，疏散机动干道应有支干道连通各片区的通道网以及单体工事。每50m左右设一个人员掩蔽所；在一定距离设迂回通道和卫生间；在适当地点布置出入口、通风口，并采取相应的防护措施。

14.5.7 拟定工事的防护等级及质量标准

各类工事的防护等级及质量标准应参照《人民防空工程战术技术要求》有关规定，并根据城市大小及其所处的战略地位、工事用途和重要程度，以及地形和地质条件，因地制宜地选用。

14.5.8 确定总体性工程和通道网的埋设深度，进行竖向规划

在人防工程总体规划中，竖向规划设计是一项重要任务，必须对城市人防工事的排水系统拟定一个合理可靠的方案，以保证工事内各种积水在最短时间内排出人防工事。

重点工程的高程，一般应高于干道和连通道，以防积水倒灌。在通道网下面，应布置排水廊道，并自成体系。一旦大量水灌入通道，也能从廊道迅速自流排出或集中抽出。

14.5.9 统一规划人防工事的防护设施（防核武器、防炸弹和防化学、细菌的设施）以及通信、通风、电力等设备

14.5.10 撰写人防工程规划说明，编制规划图

一般应编制几个方案，在综合比较的基础上，择优选用，并编制正式规划。

14.6 城市人防工程规划的内容与成果要求

14.6.1 城市人防工程规划的内容

14.6.1.1 城市总体防护

(1) 对城市总体规模、布局、道路、建筑物密度、绿地、广场、水面等提出防护和控制要求；对城市的经济目标提出防护要求；

(2) 对城市的供水、供电、供热、煤气、通信等基础设施提出防护要求；

(3) 对生产储存危险、有害物质的工厂、仓库的选择、迁移、疏散方案及降低次生灾害程度的应急措施提出要求；

(4) 对城市市区、市际交通线路系统的选线、布局及防护、疏运方案提出要求；对人防报警器的布置和选点提出要求。

14.6.1.2 人防工程建设规划

(1) 确定城市人防工程的总体规模、防护等级和配套布局；确定人防指挥部、通信、人员掩蔽、医疗救护、物资储备、防空专业队伍、疏散干道等工程以及配套设施的规模和布局；居住小区人防工程建设规模等；提出已建人防的改造和平时利用方案；

(2) 估算规划期内工程建设的投资规模等。

14.6.1.3 人防工程建设与城市地下空间开发利用相结合规划

(1) 确定人防工程建设与城市地下空间开发利用相结合的主要方面和内容；

(2) 确定规划期内相结合建设项目的性质、规模和总体布局；

(3) 确定近期开发建设项目，并进行投资估算。

14.6.2 规划成果及其要求

城市人防工程建设规划成果包括主体和附件两部分。主体包括规划说明书和规划图。

(1) 规划说明书：内容包括规划编制的指导思想和原则要求，毁损分析，规划内容文字表述，可行性论证等。

(2) 规划图纸：

1) 城市人防工程现状图：主要标明现有人防工程的分布、类型、面积、抗力等。图纸比例一般为 1/2000～1/25000；

2) 城市人防工程总体防护规划图：主要标明城市规模、结构、防护区、疏散道路和出口、防空重要目标、核毁伤效应分区、主要人防工程布局、警报器布局等。图纸比例一般为 1/2000～1/25000；

3) 人防工程建设规划图：主要标明城市人防工程规划的规模、类型及其分布等。图

纸比例一般为 1/2000～1/25000；

4）人防工程建设与城市地下空间开发利用相结合项目规划图：主要标明相结合项目规划的规模、类型、功能和分布等。图纸比例一般为 1/2000～1/25000；

5）城市人防工程建设近期规划图：主要标明近期规划项目的规模、类型、功能、面积和分布等。图纸比例一般为 1/2000～1/25000。

附件一般有：

1）现有人防工程统计表（面积、类型、位置、防护等级、平战功能等）；

2）人防工程建设规划综合表与人防工程分类表；

3）人防工程建设与城市地下空间开发利用相结合项目规划表；

4）人防工程近期建设一览表；

5）指标选择与数据说明等。

第15章　市政工程规划编制

15.1　总　　则

市政工程规划是城市规划专业的主干课程，内容涉及给水、排水、电力、通信、燃气、供热、环卫、防灾等众多行业与部门，涵盖面十分广泛，因此市政工程规划就显得十分复杂。

为了使城市规划及相关专业的学生对市政工程规划内容的脉络、思路和框架有一个清晰的把握，并能够在基本掌握市政工程规划课程基础理论的基础上，通过市政工程规划设计实践训练，编制既符合国家颁布的有关法规、规范、标准，又密切结合实际的市政工程规划设计方案，培养分析问题和解决问题的能力以及创新能力，根据城市规划专业教学计划和教学大纲，特编写市政工程规划指南。由于市政工程是由城市给水工程、城市排水工程、城市供电工程、城市电信工程等各子工程组成，各项专项规划均是在城市社会经济发展总体目标下，服从和服务于城市总体规划，根据本专项规划的任务目标，结合城市实际，依照国家规章规范，按照本项规划的理论、程序、方法以及要求进行的，市政工程规划实际上就是各个子工程的规划。鉴于各个子工程的专业理论基础和规划要求不同，本身自成独立的体系，在城市规划中，通常按照专项工程规划设计进行。但各专项工程不能杂乱无章地摆布，必须统一协调，使各子工程都能各得其所，发挥作用，又不相互矛盾和冲突，各子工程规划完成后，还必须进行管线综合，处理好各个工程之间的相互关系，各得其所。

15.1.1　城市市政工程规划的范畴与任务

(1) 城市市政工程规划的目标

城市市政工程系统的规划必须科学合理，才能有效地指导各项设施的建设，并能使各专业工程设施相互协调。因此，城市市政工程规划必须在大量的调查研究基础上，按照城市规划的要求和市政工程目标，依据国家的规范标准，结合当地实际进行编制。市政工程规划的目标为：

1) 调查研究各项城市的现状和发展前景，抓住主要矛盾，制定解决问题的对策和措施；

2) 明确城市市政工程系统的发展目标与规模，统筹各专业工程系统的建设，制定分期建设计划；

3) 合理布局各项工程设施，最大限度地利用现有设施，及早预留和控制发展项目的建设用地和空间环境；

4) 对建设地区的工程设施进行详细规划，作出具体布置，作为工程设计的依据，有效指导工程设施的实施建设；

5) 进行城市工程管线综合规划，协调各项城市基础设施建设，合理利用城市空中、地面、地下等各种空间，确保各种工程设施布置和工程管线安全畅通。

（2）城市市政工程规划的内容

1）城市给水工程规划

2）城市排水工程规划

3）城市供电工程规划

4）城市通信工程规划

5）城市燃气工程规划

6）城市供热工程规划

7）城市工程管线综合规划

8）城市环境卫生工程规划

9）城市防灾工程规划

（3）城市市政工程规划的主要任务

1）城市给水工程规划的主要任务　根据城市和区域水资源的状况，最大限度地保护和合理利用水资源，合理选择水源，进行城市水源规划和水资源平衡分析；确定城市自来水厂等给水设施的规模、容量；科学布局给水设施和各级给水管网系统，满足用户对水质、水量、水压等要求；制定水源和水资源的保护措施。

2）城市排水工程规划的主要任务　根据城市自然环境条件和水资源利用状况，合理确定规划期内污水处理量、污水处理设施的规模与容量、雨水排放设施的规模与容量；科学地布局污水处理厂（站）等各种污水处理与收集设施、排涝泵站等雨水排放设施以及各级污水管网；制定水环境保护、污水利用对策与措施。

3）城市供电工程规划的主要任务　结合城市和区域电力资源状况，科学合理地确定规划期内的用电负荷和城市用电量；进行城市电源工程规划；确定城市输、配电设施的规模、容量以及电压等级；科学布局变电所（站）等设施和输配电网络；制定各类供电设施和电力线路的保护措施。

4）城市通信工程规划的主要任务　结合城市通信现状和发展趋势，确定规划期内城市通信的发展目标，预测通信需求；合理确定邮政、电信、广播、电视等各种通信设施的规模、容量；科学布局各类通信设施和通信线路；制定通信设施综合利用对策与措施，以及通信设施的保护措施。

5）城市燃气工程规划的主要任务　结合城市和区域燃料资源状况，选择城市燃气气源，合理确定规划期内各种燃气的用量，进行城市燃气气源工程规划；确定各种供气设施的规模、容量；选择并确定城市燃气管网系统；科学布置气源厂、气化站等产、供气设施和输配气管网；制定燃气设施和管道的保护措施。

6）城市供热工程规划的主要任务　根据当地气候、生活与生产需求，确定城市集中供热对象、供热标准、供热方式；合理确定城市供热量和负荷，选择并进行城市热源工程规划，确定城市热电厂、热力站等供热设施的数量和容量；科学布局各种供热设施和供热管网；制定节能保温的对策与措施，以及供热设施的防护措施。

7）城市工程管线综合规划的主要任务　根据城市规划布局和各项城市工程设施规划，检验各专业工程管线分布的合理程度，提出对专业工程管线规划的修正建议，调整并确定各种工程管线在城市道路上水平排列位置和竖向标高，确认或调整城市道路横断面，提出各种工程管线基本埋设深度和覆土厚度。

8）城市环境卫生工程规划的主要任务　根据城市发展目标和城市布局，确定城市环境卫生设施配置标准和垃圾集运、处理方式；合理确定环境卫生设施的数量、规模；科学布局垃圾处理场等各种环境卫生设施，制定环境卫生设施的隔离与防护措施；提出垃圾回收利用的对策与措施。

9）城市防灾工程规划的主要任务　根据城市自然环境、灾害区划和城市等级规模及地位，确定城市各项防灾标准，合理确定各项防灾设施的等级、规模；科学布局各项防灾设施；充分考虑防灾设施与城市常用设施的有机结合，制定防灾设施的统筹建设、综合利用、防护管理对策与措施。

15.1.2　城市市政工程规划的规划期限

市政工程规划的规划期限与城市规划的规划期限相同，也分为近期和远期。近期规划期限为5年，远期规划期限为20年左右。有些分项城市市政工程规划为了与近、远期规划建设衔接得更紧密，设有中期规划，其期限为10年。城市市政设施分区工程规划、详细工程规划的期限则与城市分区规划、城市详细规划的期限相同。

为了适应和及时指导现实建设，有些专业工程部分在近期规划的基础上，还根据专业工程建设的实况，作近期规划的滚动建设计划。即根据当年的建设实况和专业发展动态，于当年年底作出下年度的建设计划，修正和完善5年的近期规划，形成滚动渐进的近期规划，切实可行地向远期规划目标迈进。

15.2　城市市政工程规划的工作程序

15.2.1　城市市政工程规划总工作程序

城市市政工程规划围绕着城市经济、社会发展总目标展开，与区域基础设施发展规划在专业系统方面具有承前启后的关系，与城市规划密不可分。城市各专业工程规划之间有着相互配合、相互制约、彼此反馈的关系。城市市政工程规划的总工作程序分为四个阶段：即拟定城市市政工程规划目标，市政设施总体工程规划，市政设施分区工程规划，市政设施详细工程规划。表现为从宏观到微观、从整体到局部的不断深入细化的连续过程。其目的在于协调城市各专业工程规划，使各项工程规划更为科学合理。

（1）拟定城市市政工程规划目标

城市市政工程规划必须以城市各专业工程系统的现状为基础，依据城市发展目标和城市各专业工程系统的上级主管部门制定的区域基础设施发展规划（或行业发展规划），拟定相应的规划建设标准和市政工程规划目标，作为进行城市市政工程总体工程规划的依据。

（2）编制城市市政工程总体工程规划

城市市政工程总体工程规划阶段基于市政设施现状的调查研究，依据拟定的城市市政工程规划目标、各专业工程的区域发展规划或计划，以及城市规划总体布局，进行各专业工程的总体规划布局。主要内容包括：预测各专业工程规划期限内的负荷，布局各专业工程的主要设施和网络系统，提出各专业工程系统的技术政策措施，以及有关关键性设施的保护措施等。在各专业工程总体布局基本确定后，进行各专业工程系统的工程管线综合总体规划，检验和协调各专业工程系统主要设施和主要工程管线的分布。由此，反馈、调整有关专业工程系统规划布局。然后，各专业工程将本系统总体规划布局反馈给城市规划总体布局的同时，提出所发现的与城市规划总体布局的矛盾，提出协调解决问题的建议，从而进一步协调和完善城市规划总体布局。此外，通过城市各专业工程总体规划，落实区域基础设施发展规划的布局，同时，反馈所发现的城市市政设施与区域基础设施发展规划布局之间的矛盾，协调解决问题，完善区域基础设施规划布局。

（3）编制城市市政工程分区工程规划

城市市政工程分区工程规划阶段是指对分区规划范围内的市政工程现状进行调查研究，依据城市市政工程总体工程规划所确定的技术标准和主要工程设施布局，以及城市分区规划布局，估算本分区的工程系统负荷，布局本分区内的工程设施管网系统，提出本分区工程设施的保护措施。在本分区工程设施和管网布局基本确定后，进行城市工程管线综合分区规划，检验、协调各工程设施和管网的分布，若发现矛盾，反馈调整本分区有关工程设施规划布局。

然后，各专业工程将本系统分区工程规划反馈给城市分区规划布局，提出所发现的与分区规划布局的矛盾，提出协调、解决问题的建议，从而进一步完善城市分区规划布局。

同时，通过城市基础设施分区工程规划具体落实城市基础设施总体工程规划，并反馈发现的问题，以便调整、完善该工程系统的总体工程规划。

（4）编制城市市政工程详细工程规划

城市市政工程详细工程规划首先对本详细规划范围内的现状工程设施、管线进行调查、核实。依据城市详细规划布局、本专业工程总体和分区工程规划确定的技术标准和工程设施、管线布局，计算详细规划范围内工程设施的负荷（需求量），布置工程设施和工程管线，提出有关设施、管线布置和敷设方式，以及防护规定。在基本确定工程设施和工程管线布置后，进行详细规划范围内的工程管线综合规划，检验和协调各工程管线的布置。若发现矛盾，及时反馈给各工程管线规划人员，调整有关工程管线布置。

在编制市政工程详细工程规划过程中，及时发现与城市详细规划布局的矛盾，提出调整和协调建议，以便及时完善详细规划布局。

通过市政工程详细工程规划，落实城市市政工程总体、分区工程规划，并反馈总体规划、分区规划未预见的问题，以便完善总体规划与分区规划。

15.2.2 城市给水工程规划工作程序

城市给水工程规划工作的具体程序为：城市用水量预测→确定城市给水工程规划目标→城市给水水源工程规划→城市给水网络与输配设施规划→分区给水管网与输配设施规划→详细规划范围内给水管网规划。

（1）城市用水量预测

先进行城市用水现状与水资源研究，结合城市发展总目标，研究确定城市用水标准。在此基础上，根据城市发展总目标和城市规划规模，进行城市近远期规划用水量预测。

（2）确定城市给水工程规划目标

在城市水资源研究的基础上，根据城市用水量预测、区域给水系统与水资源调配规划，确定城市给水工程规划目标。

城市给水工程规划目标确定后，应及时反馈给城市计划主管部门和城市规划主管部门，以及区域水系统主管部门，以便合理调整城市经济发展目标、产业结构、人口规模，调整区域给水系统与水资源调配规划，协调上下游的城镇用水，以及农业、林业、渔业等部门用水。

（3）城市给水水源工程规划

在城市现状水源和给水网络研究的基础上，依据城市给水规划目标、区域给水系统与水资源调配规划，以及城市总体规划布局，进行城市取水工程、自来水厂等设施的布局，确定其数量、规模、技术标准，制定城市水资源保护措施。

城市取水工程直接涉及区域给水系统、水资源开发调配等，因此，此项工作后，应及时反馈给区域水系统主管部门，以便得到落实，并协调有关区域给水工程规划。

城市水源设施有水质和用地条件等方面的技术限制，与城市规划用地布局密切相关。因此，也必须及时反馈给城市规划部门，落实水源设施的用地布局，并协调与污水处理厂、工业等用地布局的关系。

（4）城市给水网络与输配设施规划

在研究城市现状给水网络的基础上，根据城市给水水源工程规划、城市规划总体布局，进行城市给水网络和泵站、高位水池、水塔、调节水池等输配设施规划布局；并及时反馈给城市规划部门，落实各种设施用地布局。城市给水网络与输配设施规划将作为各分区给水管网规划的依据。

（5）分区给水管网与输配设施规划

根据分区规划布局、供水标准，估算分区用水量。然后，根据分区用水量分布状况、城市给水网络与输配设施规划，进行分区内的给水管网、输配设施规划与布局；反馈给城市规划部门，落实输配设施用地布局。分区给水管网与输配设施规划将作为分区的各详细规划范围内给水管网规划的依据。

（6）详细规划范围内给水管网规划

本阶段工作也应先根据详细规划布局、供水标准，计算详细规划范围内的用水量。然后，根据用户用水量分布状况，布置给水管网，确定管径和敷设方式等。若详细规划范围为独立地区，供水自成体系，则该阶段还应包括自备水源工程设施规划。若详细规划范围有独立的净水设施，本阶段工作也应包括该净水设施布置等内容。本阶段工作的成果应及时向规划设计人员反馈、落实管道与设施的具体布置，详细规划该范围内给水管网，将作为该范围给水工程设计的依据。

15.2.3 城市排水工程规划工作程序

城市排水工程规划工作的主体程序分前后两部分。前部分为城市污水量预测→确定城市排水工程规划目标，后部分为污水处理与雨水排放两条主体程序。

污水处理的主体程序为：城市污水处理工程设施规划→城市污水管网与输送工程设施规划→分区污水管网与输送工程设施规划→详细规划范围内污水管网规划。

雨水排放的主体程序为：城市雨水排放工程设施规划→城市雨水管网与输送工程设施规划→分区雨水管网与输送工程设施规划→详细规划范围内雨水管网规划。

（1）城市污水量预测

在研究城市自然环境的基础上，根据城市发展总目标、城市规划用水量及重复利用状况，预测城市污水量。

（2）确定城市排水工程规划目标

通过城市气象、水文等自然环境，城市现状雨水、污水排放与处理状况研究，根据区（流）域水利与污水处理规划，以及城市污水量预测，确定城市排水工程规划目标，选择城市排水体制。

（3）城市污水处理工程设施规划

在此项工作前，先进行城市现状污水处理设施与水环境分析，根据城市排水工程规划目标、城市规划总体布局，以及区（流）域水利与污水处理规划，进行各种类型城市污水处理厂等设施规划布局。

城市污水处理厂也是区（流）域污水处理规划的重要组成部分。因此，确定城市污水处理厂等设施布局后，应反馈至区（流）域水系统主管部门，以便协调和完善区（流）域水利和污水处理规划。同时，城市污水处理厂的布局涉及城市规划总体布局，尤其对城市取水工程等影响甚大。因此，初步确定城市污水处理工程设施布局后，应及时反馈给城市规划主管部门，落实污水处理厂等设施的用地布局，适当调整城市总体用地布局。

（4）城市污水管网与输送工程设施规划

根据城市污水处理工程设施规划、城市规划总体布局，结合城市现状污水管网布局，进行城市污水管网与输送工程设施规划，并且反馈到城市规划部门，落实污水输送工程设施的用地布局。城市污水管网与输送工程设施规划将作为各分区污水管网与输送工程设施规划的依据。

（5）分区污水管网与输送工程设施规划

首先根据分区规划布局、分区用水量、污水收集标准，估算分区污水量。然后根据分区污水量、城市污水管网与输送工程设施规划，结合分区规划布局，进行分区污水管网与输送工程设施规划。

确定分区污水管网与输送工程设施布局后，应及时反馈到城市规划部门，落实管网和设施的用地布局，并适量调整、完善分区规划布局。

（6）详细规划范围内污水管网规划

在此项工作之前，先根据详细规划布局，估算该范围内的污水量。然后，根据该范围污水量分布、分区污水管网与输送工程设施规划，结合详细规划布局，布置该范围的污水管网。若该范围采用单独的污水处理系统，此阶段还应包括小型污水处理站等设施布置等内容。初步确定污水管网布置后，反馈至城市规划设计人员，具体落实污水管网与设施位置。

（7）城市雨水排放工程设施规划

首先进行城市降水等自然环境及现状雨水排放系统研究，依据城市排水工程规划目标，结合城市规划总体布局，进行城市雨水排放口、水闸、排涝站等雨水排放工程设施布局。

城市雨水排放设施涉及区（流）域水利规划，应及时反馈给区（流）域水利、防洪主管部门，调整与完善区（流）域水利规划。同时，应反馈至城市规划部门，落实这些雨水排放工程设施的用地布局，并适当调整城市规划总体布局。

（8）城市雨水管网与输送工程设施规划

在城市雨水排放工程设施规划的同时，根据降水等自然环境及现状雨水排放工程设施研究，结合城市规划总体布局，进行城市雨水管网与输送工程设施规划。并反馈至城市规划部门，落实管网和设施的用地布局，适当调整城市规划总体布局。城市雨水管网与输送工程设施规划是各分区配水管网与输送工程设施规划的依据。

（9）分区雨水管网与输送工程设施规划

首先根据分区规划布局、自然环境，估算分区雨水量。然后综合上述因素和城市雨水管网与输送工程设施规划，进行分区雨水管网与输送工程设施规划。规划初步成果应及时上报城市规划管理部门，具体落实管渠等用地布局，并适当调整城市雨水管网规划布局。分区雨水管网与输送工程设施规划将作为详细规划阶段的雨水管网规划的依据。

（10）详细规划范围内雨水管网规划

首先根据城市雨量强度公式计算该范围的降水量。然后，根据分区雨水管网与输送工程设施规划，布置该范围雨水管网及若干输送设施。同时，反馈给城市规划设计人员，具体布置落实雨水管网及设施的位置。详细规划范围内雨水管网规划将作为该范围内雨水排放工程设计的依据。

15.2.4 城市供电工程规划的工作程序

城市供电工程规划工作的主体程序为：城市供电负荷预测→确定城市供电系统规划目标→城市供电电源工程规划→城市供电网络与变电工程设施规划→分区送电、高压配电网络与变电工程设施规划→详细规划范围内送配电线路与变配电工程设施规划。

（1）城市供电负荷预测

首先通过调查，进行城市用电现状研究，结合城市发展总目标，研究城市用电量标准，同时进行城市用电发展态势分析。然后根据城市发展总目标、城市用电标准、城市用电发展态势，进行城市近、远期规划的供电负荷预测。

（2）确定城市供电系统规划目标

结合城市供电负荷、用电发展态势和区域电力发展规划，研究确定城市供电系统规划目标。区域电力发展规划是上级电力主管部门针对区域内国民经济发展需求来确定的，由于受行业范围等各种因素的影响，区域电力发展规划往往与城市发展总目标之间有量的差异。因此，确定城市供电系统规划目标时，需两者兼顾。城市供电系统规划目标确定后，应及时反馈给区域电力发展规划部门，以使两者相协调。

（3）城市供电电源工程规划

城市供电电源工程规划时，必须进行电力资源、城市现状电源与供电网络研究，以便掌握本城市供电潜力。然后，依据城市供电工程规划目标、区域电力发展规划，结合城市规划总体布局，进行城市电厂、区域变电站等供电电源工程规划。

由于区域电力发展规划的电源设施布局是针对全区域的，电厂、变电站等设施布局不一定与该城市的需求完全吻合。因此，在进行城市电源规划时，应考虑区域供电布局条件。确定城市电源布局后，要及时反馈至区域电力发展规划主管部门，以便协调并调整区域电力设施布局。

城市规划总体布局是兼顾全城市进行的，受时间、专业等条件限制，往往对城市供电设施布局缺乏详尽的考虑。因此，进行城市电源规划时，除了从供电系统考虑外，还要综合考虑城市土地使用等因素。在初步确定城市供电电源布局后，应及时反馈给城市规划部门，落实电源设施布局，同时，作相应的城市布局调整。

（4）城市供电网络与变电工程设施规划

根据城市供电电源工程规划、城市规划总体布局，结合城市现状电源与供电网络，进行城市供电网络与变电工程设施规划。

初步确定城市供电网络与变电工程设施布局后，应及时反馈至城市规划部门，落实城市变电站、高压走廊的用地布局，并对城市规划总体布局作适当调整。城市供电网络与变电工程设施规划将作为各分区送电、高压配电网络与变电工程设施规划的依据。

（5）分区送电、高压配电网络与变电工程设施规划

先根据分区规划布局、城市供电标准，估算分区供电负荷。然后，根据分区供电负荷分布、城市供电网络与变电工程设施规划，以及分区规划布局，进行分区送电、高压配电网络与变电工程设施规划。

（6）详细规划范围内送配电线路与变配电工程设施规划

根据详细规划布局、城市供电标准，计算详细规划范围内的供电负荷。然后，根据供电负荷分布，详细规划分区供电、高压配电网络与变电工程设施规划，并进行详细规划范围内送配电线路与变电工程设施规划。

初定送配电线路和变电工程设施布置后，应及时反馈给城市规划设计人员，落实有关变配电工程设施的位置，并适当调整详细规划布局。详细规划范围内送配电线路和变配电工程设施规划将作为该范围供电工程设计的依据。

15.2.5 城市通信工程规划的工作程序

城市通信工程规划工作的主体程序分前后两个阶段，前阶段只确定城市通信工程规划目标，后阶段则分成邮政、电信、广播电视三部分主体程序。

前阶段主体程序为：城市邮政、电信需求量预测→确定城市通信工程规划目标。

后阶段邮政工程规划工作程序为：城市邮政工程设施规划→分区邮政工程设施规划→详细规划范围内邮政工程设施规划。

电信工程规划工作程序为：城市电信工程设施与网络规划→分区电信工程设施与线路规划→详细规划范围内电信工程设施与线路规划。

广播电视工程规划工作程序为：城市广播、电视台站与线路规划→分区广播、电视线路规划→详细规划范围内广播电视线路规划。

（1）城市邮政需求量预测

先进行城市邮政现状及发展态势研究，根据城市发展总目标和城市规模，预测近、远期规划的城市邮政需求量。

（2）城市电信需求量预测

先进行城市电信现状及发展态势研究，根据城市发展总目标和城市规模，预测近、远期规划的城市电信需求量。

（3）确定城市通信工程规划目标

通过城市邮政、电信需求量预测，并进行城市广播电视现状与需求研究，结合区域通信规划，确定城市通信工程规划目标。

(4) 城市邮政工程规划工作程序

1) 城市邮政工程设施规划：在城市现状邮政设施研究的基础上，根据城市通信工程规划目标和城市规划总体布局，进行城市邮政工程设施规划。确定城市邮政局所、邮政通信枢纽等邮政设施布局后，及时反馈给城市规划部门，落实这些设施的用地布局。

2) 分区邮政工程设施规划：先根据分区规划布局、城市邮政服务标准，估算分区邮政需求量。再根据城市邮政设施规划和分区规划布局，进行分区邮政工程设施规划。初步确定邮政局等设施布局后，反馈给城市规划部门，落实这些设施的用地布局。

3) 详细规划范围内邮政工程设施规划：先根据详细规划布局、邮政服务标准，计算该范围的邮政需求量。然后，依据分区邮政工程设施规划，布置详细规划范围内邮政工程设施。初步确定邮政工程设施布置后，及时与城市规划设计人员共同落实这些设施的具体布置。

(5) 城市电信工程规划工作程序

1) 城市电信工程设施与网络规划：在城市电信设施与网络现状研究的基础上，根据城市通信工程规划目标、城市规划总体布局，进行城市电信工程设施与网络规划。确定各类电话局等设施布局后，及时反馈给城市规划部门，落实这些设施的用地布局，并适当调整城市规划布局。

2) 分区电信工程设施与线路规划：先根据分区规划布局、城市电信服务标准，估算分区电信需求量。然后，根据城市电信工程设施与网络规划和分区规划布局，进行分区电信工程设施与线路规划。设施与线路规划确定后，应及时反馈给城市规划部门，落实这些设施的用地布局。

3) 详细规划范围内电信工程设施与线路规划：根据详细规划布局、电信服务标准，计算该范围的电信需求量。再根据分区电信线路规划、详细规划布局，布置该范围内的电信工程设施与线路，并反馈给城市规划设计人员，共同确定电信设施布置。

(6) 城市广播电视工程规划工作程序

1) 城市广播、电视台站与线路规划：根据城市规划总体布局、城市通信工程规划目标、广播电视通信特性，进行城市广播、电视台站规划和有线广播、有线电视线路规划。广播、电视台的布局初步确定后，及时与城市规划部门共同确定广播、电视台站的布局和具体位置。

2) 分区广播、电视线路规划：根据分区规划布局和分区范围内有线广播、有线电视的需求量，进行有线广播、电视线路的规划。

3) 详细规划范围内广播电视线路规划：根据详细规划布局和该范围有线广播、电视的需求，进行有线广播、电视线路规划。

15.2.6 城市燃气工程规划工作程序

城市燃气工程规划工作的主体程序为：城市燃气负荷预测→确定城市燃气工程规划目标→城市燃气气源工程规划→城市燃气网络与储配工程设施规划→分区燃气管网与储配工程设施规划→详细规划范围内燃气管线与供应工程设施规划。

（1）城市燃气负荷预测

首先研究城市燃气供气现状，结合城市发展总目标，确定城市供气对象，研究确定城市供气标准。同时根据城市燃气发展态势，进行城市近、远期规划的燃气负荷预测。

（2）确定城市燃气工程规划目标

结合城市燃气负荷预测、城市燃气发展分析以及区域燃气发展规划，进行城市燃气资源研究。根据上述分析研究，确定城市燃气工程规划目标。区域燃气发展规划往往是区域性燃气主管部门根据区域内国民经济发展需求、区域内燃气资源状况，以及区域外可供或可开发燃气资源状况制定的，有时某些区域会缺少此项发展规划。一旦确定了城市燃气工程规划目标后，应及时反馈给区域燃气发展规划部门，以便其作适当修改与调整。

（3）城市燃气气源工程规划

在进行城市燃气气源工程规划时，必须作城市现状气源与供气网络研究，结合城市燃气资源研究成果，根据城市燃气工程规划目标、区域燃气发展规划和城市规划总体布局，进行城市煤气制气厂、液化石油气化站、天然气门站等燃气气源设施的规划布局。

城市天然气门站等工程设施涉及到区域燃气发展布局。因此，这些工程设施的规模、布局确定后，应及时反馈给区域燃气主管部门，以便完善、修正区域燃气发展规划。同时，城市燃气气源工程设施因其自身及对周围地域安全的影响，以及其合理的服务范围等因素，在这些设施布局初步确定后，应及时反馈给城市规划总体布局，落实燃气气源设施用地布局，以便合理调整和完善城市规划布局。

（4）城市燃气网络与储配工程设施规划

根据城市燃气气源工程规划、城市规划总体布局以及城市现状气源与供气网络状况，进行城市燃气网络与储配工程设施规划。

在初步确定城市燃气网络与储配工程设施布局后，应及时反馈给城市规划总体布局部门，以便落实储配工程设施的用地布局，以及合理调整完善城市规划布局。城市燃气网络与储配工程设施规划作为进行各分区的燃气管网与储配工程设施规划设计的依据。

（5）分区燃气管网与储配工程设施规划

首先应根据分区规划布局、城市燃气供气对象与标准，估算分区的燃气负荷。然后，根据分区燃气负荷分布、城市燃气网络与储配工程设施规划，以及分区规划布局，进行分区的燃气管网与储配工程设施规划。

初步确定分区燃气管网与储配工程设施布局后，应及时反馈至城市规划部门，落实储、配气站的用地布局，并将适当调整分区规划布局。分区燃气管网与储配工程设施规划将作为本分区的各详细规划范围内燃气管线与供应工程设施规划的依据。

（6）详细规划范围内燃气管线与供应工程设施规划

进行此项规划时，应先根据详细规划布局、城市燃气供应对象与标准，计算详细规划范围内燃气负荷。然后，根据燃气负荷分布、详细规划布局和分区燃气管网与储配工程设施规划，进行详细规划范围内燃气管线与供应工程设施规划。

初定燃气管线与供应工程设施布置后，应及时与城市规划设计人员落实这些工程设施的位置与用地，并适当调整详细规划布局。详细规划范围内燃气管线与供应工程设施规划，将作为该范围内燃气工程设计的依据。

15.2.7 城市集中供热工程规划工作程序

城市集中供热工程规划工作的主体程序为：城市供热负荷预测→确定城市供热工程规划目标→城市供热热源工程规划→城市供热网络与输配工程设施规划→分区供热管网与输配工程设施规划→详细规划范围内供热管网规划。

（1）城市供热负荷预测

首先进行城市供热现状与自然环境研究，结合城市发展总目标，确定城市供热对象与供热标准。在此基础上，根据城市发展总目标和城市规模，进行城市供热负荷预测。

（2）确定城市供热工程规划目标

在研究城市热能资源的基础上，根据城市供热负荷预测，确定城市供热系统规划目标。

（3）城市供热热源工程规划

进行城市供热热源工程规划，首先要进行城市现状热源与供热网络研究，然后，根据城市供热工程规划目标、城市规划总体布局以及城市热能资源研究，进行城市热电厂、区域锅炉房等热源工程设施规划。

初步确定热电厂、区域锅炉房等设施布局后，应及时反馈给城市规划部门，落实这些设施的用地布局。由于热电厂等引起大气、水体污染，增大交通运输量，影响高压电力线路布局，对城市布局影响甚大，常会由此调整城市规划布局，这一点必须引起高度注意。

（4）城市供热网络与输配工程设施规划

根据城市供热热源工程规划、城市规划总体布局，结合现状城市热源与供热网络，进行城市供热网络与输配工程设施规划。

在初步确定城市供热网络和输配工程设施布局后，应及时反馈给城市规划部门，落实供热输配工程设施的用地布局。城市供热网络与输配工程设施规划将作为各分区供热管网与输配工程设施规划的依据。

（5）分区供热管网与输配工程设施规划

首先根据分区规划布局、城市供热对象与标准，估算分区供热负荷。然后，根据分区供热负荷分布、城市供热网络、输配工程设施规划以及分区规划布局进行分区供热管网与输配工程设施规划。由于受到城市地形地貌、城市布局形态等因素影响，城市将采用不同的集中供热方式。因此，在此项规划中，还包括本分区范围内集中锅炉房等设施的布局。

初步确定分区供热管网与输配工程设施布局后，应及时反馈至城市规划部门，落实输配工程设施以及集中锅炉房等用地布局，适当调整分区规划布局。分区供热管网与输配工程设施规划将作为分区详细规划范围内供热管网规划的依据。

（6）详细规划范围内供热管网规划

在进行此项工作前，先根据详细规划布局、供热对象与标准，计算详细规划范围内供热负荷。然后根据供热负荷分布，详细规划布局和分区供热管网与输配工程设施规划，进行详细规划范围内供热管网布置。若详细规划范围内采用集中锅炉房的供热方式，则该阶段还应包括该范围内集中锅炉房等设施布置。

在初定供热管网布置时，应及时反馈给城市规划设计人员，具体落实供热工程设施和管网的位置，并适当调整详细规划布局。详细规划范围内的供热管网规划将作为该范围供热工程设计的依据。

15.2.8 城市工程管线综合规划工作程序

城市工程管线综合规划的主体程序为：城市工程管线综合总体规划→城市工程管线综合分区规划→城市工程管线综合详细规划。

（1）城市工程管线综合总体规划

根据城市规划总体布局和各专业工程总体规划，汇总城市各种工程管线干管和设施，检验其分布的合理性，提出调整建议，制定工程管线在城市道路的排列规定，绘制城市工程管线综合总体规划图，并及时反馈给各专业工程总体规划部门，调整其布局，并为各专业工程分区规划提供依据，也作为进行城市工程管线综合分区规划的依据。

（2）城市工程管线综合分区规划

根据城市分区规划和各专业工程设施分区规划，汇总分区内各种工程管线和设施，检验其分布的合理性，提出相应的调整建议；根据工程管线综合总体规划的规定，初步确定城市道路口工程管线分布横断面，初定城市关键点工程管线的控制高程，绘制城市工程管线综合分区规划图。

由此反馈给有关部门修正分区工程设施布局，为城市各专业工程详细规划提供依据，也是进行工程管线综合详细规划的依据。

（3）城市工程管线综合详细规划

根据城市详细规划布局和各专业工程设施详细规划，汇总详细规划范围内各种工程管线和设施，检验其分布的合理性，提出调整建议，确定工程管线水平位置、排列间距、埋置深度，确定道路交叉口处的工程管线竖向标高，绘制工程管线综合详细规划图。然后将此反馈给各工程设施详细规划部门，作为修正规划设计的依据，也作为该范围工程管线设计和管线综合设计的依据。

15.2.9 城市环境卫生工程规划工作程序

城市环境卫生工程规划工作的主体程序为：城市废物量预测→确定城市环境卫生工程规划目标→城市各类环境卫生工程设施规划→分区环境卫生工程设施布局→详细规划范围内环境卫生工程设施布置。

（1）城市废物量预测

进行城市废物产生现状与增长态势分析。根据城市发展目标和城市规模，预测城市近、远期各类废物量。

（2）确定城市环境卫生工程规划目标

先对城市环境卫生设施现状进行研究，然后根据上级主管部门对环境卫生的要求和城市近、远期废弃物产量，确定城市环境卫生工程规划目标。

（3）城市各类环境卫生工程设施规划

在城市现状环境卫生设施的基础上，根据城市规划总体布局、环境卫生工程规划目标与标准，进行城市垃圾处理场、转运站等各类环境卫生设施的规划布局。垃圾处理场等设施对城市环境影响甚大，与城市规划总体布局关系密切。因此，本项规划过程中，应及时与城市规划等部门反馈、协调。

(4) 分区环境卫生工程设施布局

首先根据分区规划布局、环境卫生标准估算分区的废物量。在此基础上，根据城市环境卫生工程设施规划，结合分区规划布局，进行分区内各类环境卫生设施布局，并协调分区规划布局和其他工程设施规划的关系。

(5) 详细规划范围内环境卫生工程设施布置

根据详细规划布局和环境卫生标准，估算该范围废物产生量。结合该范围空间布局，布置垃圾收集、转运、公共厕所等环境卫生工程设施，并与详细规划空间布局彼此协调。

15.2.10 城市防灾工程规划的工作程序

城市防灾工程规划工作程序为：确定城市防灾标准与规划目标→城市防灾工程设施（消防、防洪、人防、抗震、生命线系统）规划→分区防灾工程设施规划→详细规划范围内防灾工程设施规划。

(1) 确定城市防灾标准与规划目标

首先综合进行城市现状防灾设施以及城市气象、水文与工程地质、自然环境条件分析研究；然后根据国家、区域防灾规划、城市性质与规模、城市灾害损失分析和城市发展总目标，确定城市防灾标准与规划目标。

(2) 城市防灾工程设施规划

1) 城市消防工程规划：根据城市防灾（消防）标准与规划目标、城市总体布局，结合城市给水工程系统规划，进行城市消防工程规划，并及时反馈城市规划部门，共同确定消防站等设施的用地布局。

2) 城市防洪工程规划：根据城市防灾（防洪）标准、规划目标及城市总体布局，结合城市排水工程规划，进行城市防洪（潮、汛）等规划，并需与城市规划、水利等部门共同确定防洪堤、防洪闸等各类设施布局。

3) 城市人防工程规划：根据城市防灾（防空袭）标准、规划目标及城市规划总体布局，结合城市公共设施系统规划，进行城市人防工程规划，综合利用城市地下空间，并需与城市规划和有关部门共同确定重大防空设施布局。

4) 城市抗震设施规划：根据城市防灾（抗震）标准与规划目标、城市规划总体布局，结合城市绿化系统规划和道路交通规划，进行城市抗震工程设施、避震场所及疏散通道规划。

5) 城市生命线系统规划：根据城市防灾标准与规划目标，结合城市规划总体布局、道路交通、供电、电信、给水、排水等工程规划，进行城市防灾、救灾的道路、供电、通信、给水、救护等生命线系统设施规划。此项工作必须与城市总体布局和各专业工程规划部门相互反馈，共同确定规划布局。

(3) 分区防灾工程设施规划

根据城市防灾工程规划、防灾标准，结合分区规划布局、分区内各专业工程规划，进行分区防灾工程规划，并反馈至分区规划和各项工程系统规划部门，以便综合协调。

(4) 详细规划范围内防灾工程设施规划

根据分区防灾工程设施规划、防灾标准、详细规划布局及该范围内各工程系统规划，进行该范围防灾工程设施规划，也需与该范围内各项规划部门反馈协调。

15.3 城市市政工程规划技术要点

15.3.1 城市给水工程规划

城市给水工程规划内容包括：估算城市总用水量；合理选择水源，确定水厂位置及净化方法；确定给水体制，布置城市输配水管网，估算管径等等。

在进行给水工程规划前，应搜集必要的基础资料及进行现场踏勘。主要的基础资料有：城市分区规划及地形资料，其中包括远近期发展规划、人口分布、建筑层数、卫生设备标准、区域附近的区域总地形图资料；现有给水设备概况资料，如用水人数、用水量，现有设备供水状况；现状管线管网情况，水源、水厂位置；气象及水文地质和工程地质等自然资料；城市和工业区对水量、水质、水压的要求资料等，并根据这些资料绘制给水工程现状图，编写给水工程现状及存在问题的说明。

（1）城市用水量计算

城市给水工程统一供给的用水量应根据城市的地理位置、水资源状况、城市性质和规模、产业结构、国民经济发展和居民生活水平、工业回用水率等因素确定。

给水管网规划设计中，需要确定各管道的输送水量，首先应了解城市给水区域各类用水的数量，并分别按照其用水量的标准进行统计计算，然后加以综合考虑，规划设计。作为规划设计管道的依据，其用水量的标准是给水工程管道规划设计中的一项基本数据。

城市居民生活用水量标准，应根据城市所在分区内当地气候条件、给水卫生设备类型、生活习惯和其他影响用水量的因素确定，并结合现状和调查附近地区的用水量，考虑近期和远期的发展。个别居住区的实际生活用水量（除了由于管理不善而引起的浪费外）与规定有较大的出入时，其用水量标准，经规划设计审批部门批准，可以适当增减。在城市总体规划阶段，估算城市给水工程统一供水的给水干管管径或预测分区的用水量时，可按照不同性质用地的用水量指标确定。

城市工业用地用水量，应根据产业结构、主体产业、生产规模及技术先进程度等因素确定。

规划中应该注意：自备水源供水的工业企业用公共设施的用水量应纳入城市总用水量中，由城市给水工程进行统一规划；城市江河湖泊环境用水和航道用水、农业灌溉和养殖及畜牧业用水、农村居民和乡镇企业用水等的水量，应根据有关部门的相应规划纳入城镇用水量中，有利于全面规划，综合考虑。

当城市给水水源地在城市规划区以外时，水源地和输水管线应纳入城镇给水工程范围内。当输水管线途经的城市需由同一水源供水时，应进行统一的给水工程规划。

城市给水规模应根据城市给水工程统一供给的城市最高日用水量确定。

城市给水工程统一供给系统用水量的指标选取及预测方法参考第二章有关内容。

（2）水源选择及水厂

1）水源选择　给水水源分为地下水和地表水两大类，规划中需根据规划用水量的大小及实际水源状况进行水源类型确定，也可按近、远期规划分期实施。水源选择时应遵循以下原则：

A. 水源水量充沛；

B. 水源水质良好；

C. 多个水源，并采用集中供水和分区供水两种方式；

D. 注意水源的卫生防护。

2）水厂　水厂的用地选择应尽可能接近用水区和取水区，可布置在取水构筑物附近或河道主流的城市上游，取水口尤其应设于居住区和工业区排水出口的上游，且不受洪水威胁的地方。水厂用地的工程地质条件应较好。用地规模根据生产水量及其采用的工艺流程确定。

(3) 给水管网的布置

给水系统可采用生产、生活、消防用水合一的供水体制。给水管网的布置形式，根据城市规划中用户分布及其对用水的要求，可分为树枝状管网和环状管网两种形式。树枝状管网投资少，构造简单，但供水可靠性差，适用于地形狭长，用水量不大，用户分散的地区。环状管网供水安全可靠，但管线较长，投资较大，一般大中城市给水系统或供水要求较高的管网，应采用环状管网。有时可在建设初期用树枝状管网，远期再发展形成环状管网。

给水管网按管线作用不同分为干管、配水管和接户管等。干管一般由一系列邻接的环组成，一般干管间距为 500～800m，管径一般为 100mm 以上，大城市为 200mm 以上。城市给水网的布置通常只限于干管。配水管是把干管输送来的水送到接户管和消火栓的管道，最小管径在小城市采用 75～100mm，中等城市采用 100～150mm，大城市采用150～200mm。

管径的确定，应通过水力计算。为了简化计算，可按表 2-30 进行简单估算。

15.3.2　排水工程规划

城市排水工程规划包括污水排水系统规划和雨水排水系统规划两项内容。二者均需计算排水量并进行管网系统布置，污水排除系统必须设置污水处理厂。

(1) 城市污水量的估算

城市污水量包括城市生活污水量和部分工业废水量，它与城市规划年限、发展规模有关，是城市污水管道系统规划设计的基本数据。

在估算城市污水量时，可以用城市综合用水量（平均日）乘以城市污水排放系数求得。由于城市综合用水量包括城市综合生活用水量和城市工业用水量，因此，城市污水量可由城市综合生活污水量和城市工业废水量求和而得。城市综合生活污水量由城市综合生活用水量（平均日）乘以城市综合生活污水排放系数确定。城市工业废水量由城市工业用水量（平均日）乘以城市工业废水排放系数确定，见表 15-1。

城市分类污水排放系数　　　　**表 15-1**

城市污水分类	污水排放系数	城市污水分类	污水排放系数
城市污水	0.70～0.80	城市工业废水	0.70～0.90
城市综合生活污水	0.80～0.90		

注：城市工业废水排放系数不含石油、天然气开采业和煤炭与其他矿采选业以及电力蒸汽热水产供业废水排放系数，其数据应按厂、矿区的气候、水文地质条件和废水利用、排放方式确定。

(2) 城市雨水量估算

城市雨水量估算以单位时间单位面积上的降雨水体积作为指标，称为降雨强度，用 q 来表示。从《给水排水工程设计手册》或《建设工程设计资料手册》中可以找到全国大多数城市的降雨强度公式，然后根据公式 $Q=\varphi Fq$（其中 q 为设计降雨强度）计算出设计雨水流量。

（3）排水体制的确定

排水体制分为分流制和合流制两种类型，同一城市的不同地区，根据具体条件，可采用不同的排水体制。

分流制排水系统一般分为污水和雨水两套管渠系统。污水管渠系统经污水处理厂处理后排放，雨水和部分污染小的工业废水就近直接排入水体。分流制系统布置灵活，较易适应发展需要，符合城市环保要求，利于污水的处理、利用和运转管理，但总投资较高，管线施工长度增加，一般新建城市或地区的排水系统，多采用分流制。

合流制排水系统是将生活污水、工业废水和降水用一个管渠系统汇集和输送。这种排水体制总投资较低，管线施工简单，但不利于维护管理，不能完全达到环保要求。一般旧城区排水系统改造多采用合流制。

（4）排水系统的平面布置与水力计算

1）排水管网系统布置　当选取分流制时，排水管网必须有污水排水管网和雨水排水管网两套及其以上的系统，其布置形式大致相同，均采用枝状形式，一般沿道路布置。根据地形条件、排水口和污水处理厂位置、排水量大小的分布情况、街道宽度及交通状况依次布置出主干管、次干管和支管。主干管一般布置在排水区域内地势较低的地带，便于干管、支管流入。管网形式分为平行式和正交式两种。当地形坡度较大时为减少管道的埋深，避免使用过多的跌水井，宜采用平行式的布置方式，即排水干管与地形等高线平行，主干管与地形等高线正交。对于地形较为平坦，且略向一边倾斜的城市或排水区域，则采用正交式布置形式，即排水干管与地形等高线正交，而主干管布置在城市较低一侧，与地形等高线平行。

2）水力计算　管网在布置时需进行水力计算，规范对设计充满度、设计流速、最小管径与最小坡度等作出规定，作为设计的控制数据。具体内容参见第3章。

（5）污水处理厂

污水处理厂一般布置在排水系统下游方向的尽端，可建一个或多个。其用地要选择在城市水体下游，常年主导风向的下风向，不易被水淹没的地段，与周围城市居住区边缘应留有300m的卫生防护绿带，如果污水经处理用于农田灌溉时，应保持500～1000m的卫生防护带。污水处理厂所需面积依不同处理方法而不同，可参考表15-2。

城市污水厂所需面积（hm^2）　　**表 15-2**

处理水量(m^3/d)	物理处理	生物处理	
		生物滤池	曝气池或高负荷生物滤池
5000	0.5～0.7	2～3	1.0～1.25
10000	0.8～1.2	4～6	1.5～2.0
15000	1.0～1.5	6～9	1.85～2.5
20000	1.2～1.8	8～12	2.5～3.0
30000	1.6～2.5	12～18	3.0～4.5
40000	2.0～3.2	16～24	4.0～6.0
50000	2.5～3.8	20～30	5.0～7.5
75000	3.75～5.0	30～45	7.5～10.0
100000	5.0～6.5	40～60	10.0～12.5

15.3.3 供电工程规划

城市供电规划主要包括城市电源的选择、供电量预测、发电厂、变电所、配电所的位置、容量和数量的确定，高压走廊位置和电压等级的确定，电网平面布置等。

(1) 电力负荷的估算

电力负荷的估算有单耗法、综合用电水平法、弹性系数法等，预测时应采用多种方法计算，对其结果进行校核印证。具体内容参见第四章。

(2) 电源的选择与布置规划

城市电源一般分为发电厂和变电所两类。当城市靠近区域大电网，而当地因资源条件有限没有发电厂或容量不足需由外部引用时，就应设置变电所。

供电电源选择时应遵循以下原则：

1) 应靠近负荷中心。

2) 需有充分的供水条件，保证燃料的供应及灰渣的排放，交通运输方便，高压线进出走廊宽敞。

3) 与居住区之间留有一定的防护距离。

4) 满足一定的水文、地质、地形的要求且有扩建的预留用地。

发电厂的用地大小可参考表15-3，变电所应根据实际情况而定，一般为0.2～5hm^2。

火电厂（包括热电站）、灰场和渣场大概的占地面积　　表15-3

电站容量(MW)	占地面积(hm^2)			
	电　站		灰场	渣场
	固体燃料	煤气、重油燃料		
100	25	15	50	5
250	30	20	85	10
500	35	25	160	15
800	40	30	240	20

(3) 供电管线平面布置

一般变电所高压进线不宜超过4回路，低压出线不宜超过10～14回路，如采用电缆出线，不宜超过20回路，输出电力等于输入电力。

根据输配电规定及用电负荷的大小，即可绘制出由变电所及输电管线组成的供电管线布置图。为了供电安全在重点地段可采用枝状与环状相结合的方式。

(4) 高压走廊的规划

高压走廊是高压线与其他物体之间应当保持的距离。当高压线在狭窄地区或在已有建筑物的地区经过时，可采用下式：

$$L=2L_{安}+2L_{偏}+L_{导}$$

15.3.4 电信工程规划

电话通信规划设计包括通信设施的种类、电话站的位置、交换机程式和中继方式等内容。

(1) 电话装机容量预测

我国曾规定市话近期电话普及率为26%，远期为40%，这是一个平均值，各地应根据经济发展的实际情况加以确定。一般可按下式进行估算：

交换机装机容量=(1.2～1.5)[目前所需门数+(10～20)年后的远期发展总增容数]

中继线数量是通信部门总体规划的内容，为了路由规划方便起见，暂按总装机容量的20%～30%。

(2) 局所规划

1) 局址的环境条件应尽量安静、清洁和无干扰影响。

2) 地质条件良好，地形平坦，地质坚实，地下水位较低。

3) 尽量考虑近、远期结合，以近期为主，适当照顾远期，同时对建设规模和范围留有一定的发展余地。

4) 尽量接近线路网中心，使线路网建设费用和线路材料用量最小，同时应适当考虑长话和农话线路进局的方便。

(3) 网路规划

电信线路要求短直、简捷，在城市重要地段可采用环形方式，其他地段可采用枝状与环状相结合的形式。

电缆的容量应满足年限，即在一段时期内能适应用户发展需要，由于城市性质和规模及发展的速度不同，电缆的满足年限也有所不同，同时为了保证通信安全及减少维护困难，以及工程投资和设备使用经济合理，电缆容量不宜过大或过小。

15.3.5 城市燃气规划

城市燃气系统规划的主要内容包括确定城市燃气的气源，估算燃气供应的规模和用气量，选择经济合理的输配系统和调峰方式。

(1) 城市燃气的气源及燃气厂的确定

选择气源类型时，应考虑以下原则：

1) 根据本地区燃料资源的情况，选择技术上可靠、经济上合理的气源。

2) 合理利用我国现有气源，做到物尽其用，发挥最大效益。

3) 对于大、中城市，应根据城市燃气供应系统的规模、负荷分布、气源产量等情况，力争安排两个以上的气源。

4) 结合城市燃气输配系统中储存设备的情况，考虑建设适当规模的机动制气装置作为调峰手段。

燃气厂的厂址一般选择原则为：应尽量靠近燃气的负荷中心，且公路或铁路运输方便，处于城市的下风向，地段内地质条件良好。厂区周围应有必要的卫生防护带。

(2) 城市燃气用量的计算

城市燃气用量分为居民生活用气量、公共建筑用气量、房屋采暖用气量、工业用气量和未预见气量。详细内容详见第6章。

(3) 燃气输配管网的规划布置

城市燃气管道按压力分为低压、中压、次高压、高压四级。城市的燃气管网系统则可分为单级系统、两级系统、三级系统和多级系统四种，单级系统为只采用一个压力等级低压来输送、分配和供应燃气的系统，它适用于较小的城市。两级系统为采用高低压或中低压系统两种，它机动性大，目前我国大多城市采用中低压两级系统。三级系统指高、中、低三种燃气管道组成的系统，一般适用于大城市，但投资较高。多级系统则一般用于以天燃气为主要气源且燃气用量很大的特大城市。

燃气管网的布置按压力高低的顺序进行，先布置高、中压管网，后布置低压管网，管道多为地下敷设。

(4) 调压室

调压室在城市燃气管网系统中是起调节压力和稳压作用的设施。调压室的位置应选择在负荷中心，靠近大用户，避开城市繁华地段。对于中低压调压室，作用半径约为1km，可设于居民区的街坊、广场或公园、绿地内。地上调压室距临近的重要公共建筑物不应小于25m，地下调压室与该建筑物的水平净距不应小于20m。

调压室的建筑面积与调压室种类有关，地上中低压调压室建筑面积为15～40m^2，地上高中压调压室建筑面积为50m^2，调压室的占地面积根据调压室的建筑面积和安全距离的要求来确定。

15.3.6 城市集中供热规划

城市集中供热系统由热源、热力网和热用户三大部分组成，根据热源的不同，分为热电厂、集中供热系统和锅炉房集中供热系统，也有由各种热源共同组成的混合系统。城市集中供热规划内容为确定热指标，估算热负荷；布置城市热力管网；合理选择供热的热源。

(1) 热负荷的计算

集中供热系统的热负荷，分为民用热负荷和工业热负荷两大类。目前，我国民用热负荷主要是住宅和公共建筑的采暖热负荷，生活热水和通风热负荷所占比重很小。采暖热负荷可根据表4-25，确定供暖面积热指标，累计采暖热负荷。具体计算详见第七章。

(2) 供热热源的确定

集中供热的基本热源主要有热电厂、锅炉房、工业余热和地热等。其中热电厂和锅炉房是普遍使用的热源。

1) 热电厂布置要求：

A. 热电厂应尽量靠近热负荷中心。

B. 要有连接铁路专用线的方便条件，便于及时进行煤炭供应。

C. 要有良好的供水条件。

D. 有妥善解决排灰的条件。

E. 有方便出线的条件。供热干管占地较宽，一条管线要占3～5m的宽度，因此要留出足够的出线走廊宽度。

F. 要有一定的防护距离。为减轻对居民区的影响，厂址距人口稠密区的距离应符合环保部门的有关规定，且厂区附近应留有卫生防护带。

G. 热电厂厂址应尽量占用荒地、次地，并减少大量迁拆，同时地质条件应良好。

热电厂的占地面积，可参考表15-4。

热电厂厂区占地面积参考指标 表 15-4

单机容量(MW)	0.12	0.25～0.50	1.0～2.0
单机容量占地(hm^2/MW)	15～20	8～12	4～6

2）锅炉房布置要求

锅炉房的位置一般应选择在靠近热负荷中心，有良好的供水、供电条件，交通方便且地质良好的地段。为避免其对周围环境的影响，在锅炉房周围应设一定宽度的防护带。

锅炉房安装锅炉的台数一般为2～4台。占地面积与采用的锅炉类型、容量、燃料种类、储存量等因素有关，具体可参考表15-5和表15-6。

不同规模热水锅炉房的用地面积参考 表 15-5

锅炉房总容量(MW)	用地面积(hm^2)	锅炉房总容量(MW)	用地面积(hm^2)
5.8～11.6	0.3～0.5	>58～116	1.6～2.5
>11.6～35	0.6～1.0	>116～232	2.6～3.5
>35～58	1.1～1.5	>232～350	4～5

采暖锅炉房用地规模（单位：hm^2） 表 15-6

锅炉房发热量(MW)	使用固体燃料	使用气体燃料	锅炉房发热量(MW)	使用固体燃料	使用气体燃料
5.8～11.6	0.7	0.7	>58～116	2.6	2.0
>11.6～58	1.5	1.2	>116～232	3.2	2.5

（3）供热管网的规划布置

供热管网分为热水供热管网和蒸汽供热管网两种。对于热水供热管网，可以根据计算的热负荷，通过表15-7估算热水管网管径。对于蒸汽供热管网，其管径应根据其蒸汽流量、起点蒸汽压力与用户需要压力确定的允许压力降等因素进行蒸汽供热管网水力计算得到。

供热管网的布置有枝状、环状、梳齿状和网眼状四种形式。枝状和梳齿状布置管网形式比较简单，造价低，运行方便，但其没有备用供暖的可能性，当管网某处发生事故，其后用户将无法供热。环状和网眼状管网主干管是互相联通的，具有备用供热的可能性，供热安全性提高，但管径比枝状大、投资高、水力平衡和计算较复杂。因此，在实际工作中，多采用枝状及梳齿状管网形式，只要设计合理，正确操作，一般都能无故障地运行，而环状和网眼状管网形式使用得较少。

供热管网在规划布置时要遵循以下原则：

1）管线布置力求短直，供热半径最大一般不超过5km。

2）管道布置尽可能避开主要交通干道和繁华街道，以免管道承受过大的荷载。同时尽可能减少穿过铁路、公路、河流和大型渠道。

3）支管和干管的连接，或者两个干管的连接，应该充分考虑管道的热膨胀，尽量不以直管形式连接。

4）当供暖管道与其他管道平行或交叉时，应有必要的水平或垂直距离。

供热管线的敷设方式分为架空和地下两种，当工厂厂区地形复杂或在铁路密集处，地段内地质条件差，地下水位小于1.5m，地下管网复杂稠密难于再敷设热力管道时可采用架空敷设，否则均应采用地下敷设。

热水管网管径估算表　　表 15-7

热负荷		供回水温差(℃)									
		20		30		40(110～70)		60(130～70)		80(150～70)	
万 m^2	MW	流量(t/h)	管径(mm)	流量(t/h)	管径(mm)	流量(t/h)	管径(mm)	流量(t/h)	管径(mm)	流量(t/h)	管径(mm)
10	6.98	300	300	200	250	150	250	100	200	75	200
20	13.96	600	400	400	350	300	300	200	250	150	250
30	20.93	900	450	600	400	450	350	300	300	225	300
40	27.91	1200	600	800	450	600	400	400	350	300	300
50	34.89	1500	600	1000	500	750	450	500	400	375	350
60	41.87	1800	600	1200	600	900	450	600	400	450	350
70	48.85	2100	700	1400	600	1050	500	700	450	525	400
80	55.82	2400	700	1600	600	1200	600	800	450	600	400
90	62.80	2700	700	1800	600	1350	600	900	450	675	450
100	69.78	3000	800	2000	700	1500	600	1000	500	750	450
150	104.67	4500	900	3000	800	2250	700	1500	600	1125	500
200	139.56	6000	1000	4000	900	3000	800	2000	700	1500	600
250	174.45	7500	2×800	5000	900	3750	800	2500	700	1875	600
300	209.34	9000	2×900	6000	1000	4500	900	3000	800	2250	700
350	244.23	10560	2×900	7000	1000	5250	900	3500	800	2625	700
400	279.12			8000	2×900	6000	1000	4000	900	3000	800
450	314.01			9000	2×900	6750	1000	4500	900	3375	800
500	348.90			10000	2×900	7500	2×800	5000	900	3750	800
600	418.68					9000	2×900	6000	1000	4500	900
700	488.46					10500	2×900	7000	1000	5250	900
800	558.24							8000	2×900	6000	1000
900	628.02							9000	2×900	6750	1000
1000	697.80							10000	2×900	7500	2×800

注：当热指标为 70W/m^2 时，单位压降不超过 49Pa/m。

15.3.7 城市工程管线综合规划

（1）工程管线综合的一般原则

1）管线综合布置应与总平面布置、竖向设计和绿化布置统一进行，使管线之间、管线与建（构）筑物之间在平面及竖向上相互协调，紧凑合理。

2）管线敷设方式应根据管线内介质的性质、地形、生产安全、施工检修等因素，经技术经济比较后择优确定。

3）必须在满足生产、安全、检修的条件下节约用地。当技术经济比较合理时，应共架、共沟布置。

4）管线的布置应与道路或建筑红线平行。同一管线不宜自道路一侧转到另一侧。

5）应减少管线与铁路、道路及其他干管的交叉。当管线与铁路或道路如确需要交叉时，应为正交，在困难情况下，其交叉角不宜小于 45°。

6）管道内的介质具有毒性、可燃、易燃、易爆性质时，严禁穿越与其无关的建筑物、构筑物、生产装置及贮罐区等。

7）当规划区分期建设时，管线布置应全面规划，近期集中，近远期结合。近期管线穿越远期用地时，不得影响远期用地的使用。

8）综合布置地下管线产生矛盾时，应按下列原则处理：

压力管让自流管；管径小的让管径大的；易弯曲的让不易弯曲的；临时性的让永久性的；工程量小的让工程量大的；新建的让现有的；检修次数少的、方便的让检修次数多的、不方便的。

9）充分利用现状管线。改建、扩建工程中的管线综合布置，不应妨碍现有管线的正常使用。当管线间距不能满足规定时，在采取有效措施后，可适当减少。

10）工程管线与建筑物、构筑物之间以及工程管线之间水平距离应符合国家规范规定。

11）管线共沟敷设应符合国家规范规定。

12）敷设主管道干线的综合管沟应在车行道下，其中覆土深度必须根据道路施工和行车荷载的要求、综合管沟的结构强度以及当地的冰冻深度等确定。敷设支管的综合管沟，应在人行道下，其埋设深度可较浅。

（2）工程管线交叉点标高

确定各种工程管线交叉点的标高，首先要考虑排水管线的标高。

1）对无冻害地区，根据土壤性质，在满足路面上的荷载、管道强度要求条件下，应将煤气管线、给水管线、电力电缆、电信电缆、热力管线在排水管线以上穿过。

2）在有冻害地区，对于能满足各种工程管线覆土要求并有条件调整排水管线标高来满足煤气、给水、电力、电信、供热等工程管线在排水管线以上穿过的，应调整管线标高。具体指标详见第 8 章。

3）各种工程管线交叉时，自地表面向下排列的顺序为：电信电缆或电信管线；热力管线；电力电缆（低压电缆应在高压电缆上面）；煤气管线；给水管线；排水管线。地下工程管线交叉时最小垂直净距具体指标详见第 8 章。

（3）架空敷设工程管线

1）城市道路上方架空杆线的位置应结合道路远期规划横断面布置，且必须保障交通和居民的安全以及杆线功能正常运行。架空杆线宜设在人行道上、且距路边石不大于 1m 的位置。有分车带的三块板道路，杆柱宜布置在分车带内。

2）供电杆线与电信杆线一般宜分别架设在道路两侧，且与同类地下电缆位于道路同侧。同一性质的线路宜合杆架设。在特殊情况下，征得有关部门同意并采取相应措施后，供电线路与电信线路可合杆架设。

3）架空热力线、煤气管线不宜与架空输电线、电气化铁路交叉或在其下通过，特殊情况下，采取保护措施后可予通过。

4）当工程管线跨河通过时，可采用管桥进行架设。要保护结构外表面，与 50 年一遇的最高水位垂直净距不应小于 0.5m。

5）采用高支架跨越铁路、交通要道的工程管线，其净高不应小于 6.0m，跨过公路时其净高不应小于 4.5m。

6）架空管线与建筑物、构筑物之间的最小水平间距，架空管线或管架跨越铁路、道路的最小垂直间距，应符合国家规范规定。详见第 8 章。

15.3.8 城市环卫设施规划

城市环境卫生设施工程规划的主要内容包括：测算城市固体废弃物产量，分析其组成和发展趋势，提出污染控制目标；确定城市团体废弃物的收运方案；选择城市固体废弃物处理和处置方法；布局各类环境卫生设施，确定服务范围、设置规模、设置标准、运作方式、用地指标等。

（1）城市固体废物规划

1）城市固体废物量预测：

A. 城市生活垃圾量预测　一般有人均指标法和增长率法，规划时可以用两种方法，结合历史数据进行校核。

B. 工业固体废物量预测　工业固体废物的产生量与城市的产业性质与产业结构、生产管理水平等有关系。预测的方法有单位产品法、万元产值法和增长率法。

2）城市生活垃圾收集　垃圾的收集有混合收集和分类收集两种方法。混合收集为我国现阶段各城市通常采用的方法。分类收集比较容易后期处理和资源回收，是推广的方向。

3）生活垃圾的运输　生活垃圾的运输是从各垃圾收集点站把垃圾装运到转运站、加工厂或处理厂的过程。垃圾的运输应实现机械化，在规划时，应保证清运机械到达垃圾收集点。为解决垃圾运输车辆不足、道路交通拥挤、贮运费用提高等问题，须在清运过程中设中转站。中转站的设置与否或设置位置确定，要进行技术经济比较。

为使清运路线合理，出发点尽可能接近停放车辆场，开始与结束应邻近城市主要道路，便于出入，并尽可能利用地形和自然疆界作为线路疆界。

4）城市固体废弃物处理方法　城市固体废弃物处理和处置方法有土地填埋、堆肥化、焚烧、热解以及危险物的特殊处理。

选择城市生活垃圾的处理工艺要考虑工艺技术可靠性，城市经济社会发展水平，垃圾的性质与成分，场地选择的难易程度，环境污染危险性，资源化价值及某些特殊制约因素等。规划时可参考表15-8。

（2）城市环境卫生公共设施规划

1）公共厕所：

A. 公厕的布局要求　城市中下列范围应设置公厕：广场和主要交通干路两侧；车站、码头、展览馆等公共建筑附近；风景名胜古迹游览区、公园、市场、大型停车场、体育场附近及其他公共场所；新建住宅区及老居民区。

公厕设置数量和用地指标应遵照国家规范执行。

B. 公厕的用地范围是距厕所外墙皮3m以内空地为其用地范围。如受条件限制，则可靠近其他房屋修建。有条件的地区应发展附建式公厕，其应结合主体建筑一并设计和建造。公厕的用地指标和建设标准可参见第9章的有关内容。

2）废弃物处置设施　废弃物处置设施有废物箱、垃圾管道、垃圾容器和垃圾容器间、垃圾压缩站、垃圾转运站、垃圾堆肥、焚烧处理厂及卫生填埋厂，具体布置的数量和面积要求应按照规范执行（详见第9章）。

3）城市环境卫生工作设施规划：

A. 环境卫生基层机构的用地

填埋、焚烧、堆肥三种垃圾处理方法比较　　表 15-8

项　目	方　法		
	填　埋	焚　烧	堆　肥
技术可靠性	可靠	可靠	可靠、国内有一定经验
操作安全性	较大、注意防火	好	好
选址	较困难，要考虑地理条件，防止水体受污染，一般远离市区，运输距离大于 20km	易，可靠近市区建设，运输距离可小于 10km	较易，需避开住宅密集区，气味影响半径小于 200m，运输距离 10～20km
占地面积	大	小	中等
适用条件	适用范围广，对垃圾成分无严格要求；但对无机物含量大于 60%，填埋场征地容易，地区水文条件好，气候干旱、少雨的条件尤为适用	要求垃圾热值大于 4000kJ/kg；土地资源紧张，经济条件好	垃圾中生物可降解有机物含量大于 40%；堆肥产品有较大市场
最终处置	无	残渣需作处置，占初始量的 10%～20%	非堆肥物需作处置，占初始量 25%～35%
产品市场	有沼气回收的填埋场，沼气可作发电等利用	热能或电能易为社会使用	落实堆肥市场有一定困难，需采用多种措施
能源化意义	部分有	部分有	无
资源利用	恢复土地利用或再生土地资源	垃圾分选可回收部分物质	作农肥和回收部分物质
地面水污染	有可能，但可采取措施防止污染	残渣填埋时与填埋方法相仿	无
地下水污染	有可能需采取防渗保护，但仍有可能渗漏	无	可能性较小
大气污染	可用导气、覆盖等措施控制	烟气处理不当时大气有一定污染	有轻微气味
土壤污染	限于填埋场区域	无	需控制堆肥有害物含量
管理水平	一般	较高	较高
投资运行费用	最低	最高	较高

环境卫生基层机构的用地面积和建筑面积按管辖范围和居住人口确定（见表 15-9）。

环境卫生基层机构的用地指标　　表 15-9

基层机构协调（个/万人）	万人指标（m^2/万人）		
	用地规模	建筑面积	修理工棚面积
1/1～5	310～470	160～204	120～170

B. 环境卫生车辆停车场、修造厂　环境卫生汽车停车场用地可按每辆大型车辆用地面积不少于 200m^2 计算。环境卫生的车辆、机具等修造厂的用地，根据生产规模确定。

C. 环境卫生清扫、保洁人员作息场所　作息场所的面积和设置数量。一般以作业区域的大小和环境卫生工人的数量计算（见表 15-10）。

环境卫生清扫、保洁工人作息场所设置指标　　表 15-10

作息场所设置数（个/万人）	环境卫生清扫、保洁工人平均占有建筑面积（m^2/人）	每处空地面积
1/0.8～1.2	3～4	20～30

D. 环境卫生车辆通道要求　城市固体废物的清运必须保证环卫车辆的通达，各项环境卫生设施满足作业需要。通往环境卫生设施的通道应满足各种垃圾运输车辆的通行要求。

通行通道的宽度不小于4m。环境卫生车辆通往工作点倒车距离不大于20m，作业点必须调头时，应有足够的回车用地，至少保证12m×12m的空地面积。

15.4　城市市政工程规划设计成果及要求

15.4.1　给水工程规划

15.4.1.1　规划要求

给水工程专业规划以城市总体规划为依据，规划时限一般为20年，近期为5年，城市水资源开发考虑时限可适当延长，可以作30～50年的远景设想。

给水工程专业规划要根据城市水资源的开发利用，满足城市居民生活用水，统筹兼顾农业、工业和航运需要的原则，在调查研究城市可能获得的水资源总量的基础上，提出城市水资源开发、利用和保护措施；对水资源不足的城市，应提出控制城市发展规划和耗水量大的工业、农业发展的具体意见和措施，甚至提出控制城市建设规模的限值。

给水工程专业规划应进行充分的方案论证，工程方案应多于2个。在选定工程方案时，优先考虑运行安全、节约能源、造价合理的方案。

给水工程专业规划应充分考虑分期实施的可能，处理好远期规划与近期分步实施的关系，充分发挥投资效益。

15.4.1.2　规划成果及要求

（1）给水工程专业规划说明书

主要内容包括：

1）规划原则及依据；

2）城市人口及工业生产现状、发展及用水量预测情况；

3）城市水资源总量平衡研究；

4）城市给水工程规模的确定；

5）自来水厂厂址及水处理流程的比较与选择；

6）给水管网规划，主要反映管网布置方式、是否分区及分区方式、管网计算方法及主要公式，以及规划管网与原有供水管道的相互关系；

7）投资估计。

（2）规划图纸

1）城市给水工程总平面图　主要反映给水工程的现状和规划的总体情况，包括水源、取水点、输水干管走向、水厂及调节水池位置，供水干管布置以及有关交通、电力、电信设施的位置等。图纸比例，一般1/5000～1/50000；

2）给水管网现状图　图纸比例，一般1/1000～1/10000；

3）给水管网规划图　主要反映管网平面布置情况，包括管径、管长、主要闸门位置、消防设施，以及道路交叉口地面标高、水压线标高和自由水头标高，图纸比例一般1/1000～1/10000。

以上图纸，视具体情况，小城镇可以合并，大城市可以增加。

15.4.2 排水工程规划

15.4.2.1 规划要求

城镇排水工程规划的主要任务是确定规划年限内的城市排水工程（包括生活、生产污水及城区内雨水）的设计规模；合理选择排水体制；提出经济合理的排水工程措施；并决定城市生活和生产污水处理工艺、处理程度以及相应的实施步骤。

城市排水工程专业规划期限与总体规划期限相一致，即一般为20年；远景设想可延长至30～50年。规划设计应制定具体工程的分期实施期限和分期建设措施。

城市排水工程规划设计标准应依据当地经济等条件，因地制宜，不同期限（近期和远期）及不同对象（市区、郊区、工业区）可分别采用不同的设计标准。

城市排水工程规划应编制两个以上的技术方案，以便进行综合分析比较，在方案的评价选择时，优先考虑经济合理、安全可靠、节约能源的方案。

城市排水系统与城市防洪系统，要统筹规划、合理布局，既要互相兼顾，又要避免互相干扰。

15.4.2.2 规划成果及要求

城市排水工程规划以城市总体规划为依据，按照国家有关规范、规定进行编制，其主要内容及成果如下：

(1) 城市排水专业规划说明书

主要内容包括

1) 城市人口及发展预测，污水排放情况和历年洪水情况以及现状自然条件等；

2) 规划依据；

3) 排水设施现状；

4) 排水工程规划范围及任务，排水口及受纳水体情况分析；

5) 城市排水规划的原则及内容，主要包括排水体制的比较与选择；排水量（污水量和雨水量）的计算方法、计算公式和计算结果；排水管渠采用材料及其接口的比较与选择；污水处理工艺流程的比较与选择；污水处理厂址的比较与选择；

6) 需要新建设的城市排水工程设施与现有防洪、排水设施的互相衔接的技术措施；

7) 主要设备材料及工程量情况；

8) 存在问题及其解决问题的建议和意见。

(2) 规划图纸

1) 城市排水区域规划图，比例一般1/2000～1/50000；

主要反映排水分区、防洪、排水沟（渠）管的长度、坡度等；

2) 城市排水工程规划图，比例一般1/1000～1/10000；

主要反映排水泵站的位置、标高，排水管渠的起点终点埋设标高，排水汇水分区等。

15.4.3 供热工程规划

15.4.3.1 规划要求

城市供热工程规划的主要任务是确定规划年限内的工程设计规模；合理选择供热介

质；提出经济合理的工程措施；决定城市热源、输热管道体制，中继泵站、热力站位置；选用合理的参数和管道材料；确定供热方式及其供热压力差；提出环境保护措施以及相应的实施步骤等等。

城市热力工程专业规划期限与总体规划期限相一致，一般为 20 年；远景设想可延长 10～30 年，规划设计应制定具体工程的分期实施期限和分期建设措施。

城市热力工程规划设计标准应依据当地经济等条件，因地制宜，不同期限（近期和远期）及不同对象（市区、郊区、工业区）可分别采用不同的设计标准，但应注意维护及保证当地环境状况的可持续发展。

城市热力工程规划应有两个以上的技术方案，以便进行综合分析比较，在工程方案的评价选择时，优先考虑经济合理、安全可靠、节约能源的方案。

城市热力工程必须处理好与其他市政工程基础设施之间的相互关系，统筹规划、合理布局，避免互相干扰。

15.4.3.2　规划成果及要求

城市热力工程规划必须按照城市总体规划的要求，结合本地区能源的平衡而进行。城市热力工程的发展规模和速度应与国民经济发展和人民生活水平相适应。其内容有：

1）确定热源。遵照国家的能源政策、结合本地区燃料资源，对各种热源方案（包括利用热电厂、钢铁厂、化工厂等的余热的可行性核算）进行技术经济比较，使所选的热源技术可靠，经济合理。对于大中城市，在可能的条件下，安排两个以上热源。

2）根据城市人口规模、公共建筑及工业耗热等情况，选择相应的热力定额，并确定城市热力规模。

3）从城市总体规划和热源布局合理出发，厂址选择应有利于生产、方便运输和环境保护。

4）确定热力输送管道的布置形式，选择热力站、热力中继站、检查室等的位置。

5）确定城市热力管网系统、热水热力网主干线，合理布置城市热力管网。

城市热力工程规划文件主要由说明书、图纸及附件组成。

(1) 规划说明书，主要包括下列内容

1）规划的依据、指导思想和原则；

2）热源、供热介质、补给水源的选择，包括自备热源情况与热力规模的论证；

3）热力供应对象与居民用热率，各类用户用热量和热量平衡表；

4）热力网中单管或双管、多管以及输配系统的选择与方案的技术经济比较；

5）供热方式与调节用热不均衡的手段；

6）城市热力管道穿越重要河流、铁路的方案；

7）“三废”治理措施和环境影响报告；

8）规划分期的年限及其相应的投资以及规划期内的经济效益；

9）规划分期实现的步骤，以及应采取的措施。

(2) 规划图纸

城市热力规划总平面图，常用比例一般为 1/1000、1/2000、1/5000、1/10000 和 1/20000。图中应标出热源、热力站、热力中继站位置、管网分布和热力区域等。

热负荷延续时间图。

各种主要运行方案的热力网主干线水压图；在地形复杂的地区，还应绘制必要的支线水压图。

15.4.4 燃气工程规划

15.4.4.1 规划要求

燃气工程规划应依据城市总体规划，结合本地区能源的平衡特点进行；要贯彻近、远期结合，以近期为主的方针，并应考虑持续发展的可能，使城市燃气的发展规模和速度与国民经济发展和人民生活水平相适应。

根据国家的能源资源和能源政策，城市燃气工程规划要符合统筹兼顾、因地制宜、有利生产、方便生活、保护环境的要求。

城市燃气工程规划必须对各种可能成立的方案进行技术经济比较，经过科学论证，从中选择技术上可靠、经济上合理、切实可行的方案；方案要尽量采用先进技术和工程综合利用；着重提出燃气生产中可能产生的三废污染情况，确定三废处理设施、解决办法和措施，环境保护对策措施和要求。

认真确定城市燃气的气源、供气规模和主要供气对象，选择经济合理的输配系统、调峰方式，拟定不同规划年限的燃气规划方案，制定分期实现城市燃气规划的步骤。

城市燃气的规划年限，应和城市总体规划相一致，一般为 20 年，近期规划期限一般为 5 年。必要时，还应考虑 20～30 年的远景设想。

15.4.4.2 规划成果及要求

(1) 城市燃气规划成果内容

1) 确定气源。遵照国家的能源政策、结合本地区燃料资源，对各种气源方案（包括利用钢铁厂、化工厂等多余的可燃气体供应城市）进行技术经济比较，选择的气源应技术可靠、经济合理。对于大中城市，在可能的条件下，规划安排两个以上气源。

2) 根据城市人口规模、公共建筑及工业用气等情况，选择相应的用气定额，并确定城市供气规模。

3) 从城市总体规划和气源布局合理出发，使选择的厂址，有利生产、方便运输、保护环境。

4) 确定储气量和燃气储存方式，选择储配站址。

5) 确定城市燃气管网系统，合理布置城市燃气管网，选择调压室位置。

城市燃气规划文件主要由说明书、图纸及附件组成。

(2) 规划说明书内容

1) 规划的依据、指导思想和原则；

2) 气源选择与供气规模的论证；

3) 供气对象与居民气化率，各类用户用气量和气量平衡表；

4) 输配系统的选择与方案的技术经济比较；

5) 储存方式与调节用气不均衡的手段；

6) 城市燃气管道穿越重要河流、铁路的方案；

7) “三废”治理措施和环境影响报告；

8) 规划分期的年限及其相应的投资，规划期内的经济效益；

9）规划分期实现的步骤以及应采取的措施。

（3）规划图纸

城市燃气规划总平面图，常用比例一般为 1/1000、1/2000、1/5000、1/10000 和 1/20000。图中应标出气源、储配站、主要调压室位置、管网分布和供气区域。

（4）附件

1）城市燃气用气量计算说明书；

2）燃气管网水力计算说明书；

3）方案技术经济比较的图纸与计算书；

4）主要厂、站选址图；

5）经济效益估算书。

15.4.5 城市电力工程规划

15.4.5.1 规划要求

城市电力工程规划应由当地供电部门、城市规划管理部门共同负责，结合城市总体规划、电力系统规划进行。城市总体规划应充分考虑城网的需要，城网规划与城市的各项发展规划应相互紧密配合，同步实施。城市电力工程规划还必须根据城市发展各阶段的负荷预测和电力平衡，对电力系统有关部分提出具体的供电需求，以保证两者之间的良好衔接。

城市电力工程规划的编制可根据具体情况和要求进行单项编制，或者与其他专项规划合并编制。对设市城镇、地州所在地城市及县城，可以同弱电工程（如邮电规划）合并编制；对县（区）属镇和农村集镇，可以同给水排水工程规划、邮电工程规划及道路工程规划合并编制。

城市电力工程规划应随着城市总体规划分期编制，一般近期 5 年，远期为 20 年。对于某些经济发展迅速或者有特殊要求的城市，还可有 20～30 年的远景设想。

15.4.5.2 规划成果及要求

供电规划成果一般由说明书和图纸组成。

（1）说明书的主要内容

1）城市现有用电水平、负荷分布、负荷比重及构成、电压等级、电能质量、用电可靠性及负荷等级、电力网结构等进行分析；

2）根据基础资料、用户要求、规划实施年限及现有用电负荷的分析，确定城市用电水平、人均负荷、人均用电量，分期预测城市电力负荷及电量、确定城市电源容量及供电量；

3）电源的选择：包括区域动力资源发电的可行性研究，根据电力负荷的分布，确定各种类型的发电厂（站）、变配电所的位置、面积、容量及数目；

4）确定高压结线图并原则上确定中压与低压的结线方式，确定城市电力网的结构与构成，电力线路的走向和位置等；

5）对近期拟建的项目应提出实施建议；

6）提出规划中存在的问题和建议；

7）投资估算、投资效果与效益评价等。

（2）规划图纸主要内容

1）城市电力负荷分布现状图：负荷大小的表示方法，一般采用圆圈（单位面积）法或框图法。

2）城市电力负荷分布规划图：应表示出规划后城市电力负荷及电源的分布情况；电力负荷分为近期负荷和远期负荷，负荷的大小和位置可用单位面积法或框图法表示。

3）城市供电系统现状图：应当表示现有电源的容量、位置及种类；配电所的容量和位置；城市电力网的结构和线路形式；电压等级、高压走廊防护范围、高压及中压的主要线路走向、主要开关站、分线站的位置及主结线方式等。

4）城市供电系统规划图：应当表示规划后电源的种类、容量及位置、配电所的容量、位置及数目、城市电力网的结构和线路形式、高压走廊的防护范围、主要开关站、分线站的位置、主结线方式、高压及中压的主要线路走向、近期修建的范围（根据具体要求及内容作恰当的表示）等。

供电规划图纸比例可采用1/2000～1/10000，其余可根据需要确定。

重要工矿城镇、交通枢纽的电力工程规划成果，可参照县城的要求。

县（区）属镇和农村集镇，至少应包括一图一书（内容可参照相应要求酌情增减），即：

1）城（集）镇基础设施供电规划图：包括表示电源、配电所的容量、位置及数目，高压走廊的防护范围，中压及低压线路的走向及敷设方式，电网结构及电压等级等。

2）城（集）镇供电规划说明书：包括分期预测用电水平、电源的容量及位置、电压等级、变配电所的形式、杆线选择、电网的结构、中、低压线路形式及走向、路灯网络的处理方式、防雷接地方式、主要技术经济指标等。

图纸比例：反映城（集）镇规划区范围的比例，采用1/1000～1/5000，其余可根据需要而定。

上述所列图比例中若城镇用地规模过大、过小或过于分散或有其他特殊要求，可视情况缩小或加大比例尺。

规划图纸上应有图纸或文件名称、规划实施和适用年限、编制单位和日期、图例、比例、指北针及风向玫瑰图等。

15.4.6 城市防洪与泥石流防治工程规划

15.4.6.1 城市防洪工程规划

城市防洪工程规划的主要任务是确定城市防洪区域（即可能对城市造成洪水威胁的附近山区或水体的汇水流域范围）；合理选定城市防洪标准，必要时对超过设计标准的洪水所造成的危害作出对策性方案；提出切实可行的工程和生物防洪建设措施。

城市防洪工程专业规划期限与总体规划期限相一致，即一般为20年；远景设想可延长10～20年。规划设计应制定具体工程的分期实施期限和分期建设措施。

城市防洪工程规划设计标准应根据城市在国民经济中的作用，受洪威胁的程度、淹没损失大小、工程修复难易程度、人口多少以及其他自然经济条件等因素，进行综合分析，合理选定。不同的经济条件，应因地制宜，不同期限（近期和远期）及不同对象（市区、郊区、工业区）可分别采用不同的设计标准。

城市防洪应与流域防洪规划相配合，尽可能利用已有的天然洼地或有利山谷地形，修建滞洪、分洪、蓄洪设施，并尽量利用已有河道泄洪，以降低工程造价。

城市防洪工程规划必须有两个以上的技术方案，以便进行综合分析比较，优先考虑经济合理、安全可靠的方案。

15.4.6.2　城市泥石流防治规划

城市泥石流防治规划应以城市发展、国土及区域规划为依据，充分分析当地的自然条件、经济、历史特点等后，按照上游采取水土稳固措施，中游采取拦截措施，下游采取排泄措施，即"一稳"、"二截"、"三排"的防治原则，编制综合防治规划。内容包括：

(1) 明确规划的指导思想，确定防治规划区范围，分清防治层次和保护对象的主次；

(2) 确定封山育林区、退耕还林区的位置、面积，新种和补种面积、树种种类；

(3) 确定"拦挡泥石流工程"的位置及主要技术条件（坝型、坝数、坝的几何尺寸、库容、回淤长度等）；

(4) 确定泥石流通过地段的疏导工程位置、类型（如桥渡、导流堤、急流槽、渡槽等）及主要技术条件；

(5) 提出五年为期的近期水土稳固规划，"拦挡"、"排泄"工程的具体内容与部署，估算近期防治工程的总投资及分期投资安排意见，进行必要的综合经济技术论证；

(6) 拟定实施规划步骤和措施，并与城市发展相衔接；

(7) 治理投保比及治理效益分析；

(8) 社会管理，包括行政措施、机构设置、部门职责分工、法规建议及统筹解决群众生活办法、建议等；

(9) 预警监测规划，测点、测项、设备、预警方法、功用、投资。

15.4.6.3　规划的成果及其要求

(1) 城市防洪工程规划

1) 城市防洪工程规划说明书，主要内容包括：

A. 规划依据；

B. 城市概况，主要说明城市人口及发展预测、污水排放情况和历年洪水情况以及现状、自然条件等；

C. 防洪、排水设施现状；

D. 防洪工程规划的范围及任务；

E. 城市防洪工程规划的原则及内容：主要指城市防洪标准的选择，洪水量的计算方法，计算公式及洪水的计算成果，防洪工程主要措施（包括工程防治和生物防治），防洪管渠的定线及水力计算成果；

F. 新建设的城市防洪工程设施与现有防洪工程设施的互相衔接的技术措施；

G. 存在的问题及建议；

H. 投资估算及效益分析。

2) 规划图纸　城市洪水防治区域规划图，比例一般 1/2000～1/50000，在图中主要反映防洪、排防沟的布置及其长度、坡度等等。

上述所列图纸比例中若城市用地规模过大、过小或过于分散，或有其他特殊要求，可视情况缩小或加大比例尺。

规划图纸和文件上一般应有图纸或文件名称、规划实施和适用年限、编制单位和日期，还应有图例、比例、指北针及风向玫瑰图等内容。

(2) 城市泥石流防治规划

1) 规划说明书，包括下列内容：

A. 城市所在的地理位置、自然条件、存在问题的说明与分析；

B. 泥石流形成的地貌、地质、气象条件、激发因素、暴发频率，泥石流的类型、规模、固体物质储量、补给方式及一次性补给量的估计、危害程度、发展趋势估计等；

C. 防治规划的总体布局和各项用地功能的说明，提出防治工程的类型和位置；

D. 近期防治工程建设计划的投资估算、实施建议等。

2) 流域工程地质图，比例尺：1/2000～1/100000，主要标明并勾绘出泥石流固体物质补给区、流通区、堆积区的范围。

3) 流域防治规划图，1/2000～1/100000，主要标明防治范围、各项用地的位置和范围。

4) 防治工程总体规划图，比例尺 1/2000～1/10000，根据沟床地形、地质条件、泥石流物质组成，确定泥石流排泄区导流建筑物的平面位置和范围。

5) 近期建设规划图，标明以五年为期的近期建设界限；标明各项规划用地的位置和范围，主要建设项目的位置、种类等。比例尺 1/2000～1/10000。

图纸比例，可根据需要掌握，以能准确、清晰地反映图中内容为准。有些图可合并。

15.4.7 城市抗震防灾规划

15.4.7.1 规划要求

城市抗震防灾规划的基本目标是逐步提高城市的综合抗震能力，最大限度地减轻城市地震灾害，保障地震时人民生命财产的安全和经济建设的顺利进行，使城市在遭遇相当于基本烈度的地震影响时，要害系统不致遭到较重破坏，重要工矿企业能正常或很快恢复生产，人民生活基本正常。

城市市政工程中的给水工程、排水工程、电力电信工程、煤气工程等属于城市生命线工程，国家规定当遭受本地区抗震设防烈度的地震影响时，其震害不致使人民生命安全和重要生产设备遭受危害，建筑物（包括构筑物）不需要修理或经过一般修理可继续使用，管网震害控制在局部范围内，尽量避免造成次生灾害，并便于抢修和迅速恢复使用。

各城市的地震危险性，均应采用国家地震部门颁发的《中国地震烈度区划图》规定的基本烈度，作为抗震防灾规划的防御目标。

位于城市规划区的大型工矿企业的抗震防灾规划的编制，由国家建设部及城市抗震防灾主管部门统一安排。

城市抗震防灾规划的规划期和规划区的范围，应和城市总体规划一致。

15.4.7.2 规划的要求及内容

城市抗震防灾规划根据城市等级及其受到地震威胁情况分甲、乙、丙三类模式。省会城市及全国重点抗震城市按甲类模式编制；位于地震基本烈度在 7 度以上（含 7 度）的城镇按乙类模式编制；其他城镇按丙类模式编制。

(1) 甲类模式抗震防灾规划的内容

1）规划纲要，包括城镇抗震防灾规划的内容：

A. 城市抗震防灾的现状和防灾能力；

B. 抗震防灾规划的防御目标，及其根据地震对城市的影响及危害程度估计；

C. 抗震防灾规划的指导思想、目标和措施；

2）抗震设防区划（含土地利用规划）：包括根据地震地质、地形地貌、场地条件和历史地震震害提出城市不同地区的地震影响破坏力（可以用烈度或地震参数来表达），区划出对抗震有利和不利的区域范围，不同地区适于建筑的结构类型和建筑层数；

3）避震疏散规划：包括规划出市、区、街坊级的避震通道、防灾据点以及避震疏散场地（如绿地、广场等）；

4）城市生命线工程防灾规划：包括城镇交通、通信、供水、供电、供气、医疗卫生、粮食、消防等系统提高抗震能力和防灾措施规划；

5）防止地震次生灾害规划：主要包括水灾、火害、爆炸、溢毒、疫病流行以及放射性辐射等次生灾害的危害程度、防灾对策和措施；

6）工程抗震规划：包括新建设防管理和提高现有工程设施、建（构）筑物和设备抗震能力的规划；

7）震前应急准备及震后抢险救灾规划：包括抗震救灾组织机构、应急预案和抢险救灾对策等；

8）抗震防灾人才培训、宣传教育、防灾训练和防灾演习规划；

9）规划实施要点：包括近期（5年）和远期（15～20年）实施计划。

（2）乙类模式抗震防灾规划内容

1）规划纲要：包括城市抗震防灾的现状和防灾能力分析，震害预测，规划指导思想、目标和措施；

2）避震疏散和临震应急措施规划；

3）城市生命线工程防灾规划；

4）防止地震次生灾害规划；

5）工程抗震规划；

6）震前应急准备及震后抢险救灾规划；

7）规划实施要点。

（3）丙类模式抗震防灾规划内容

1）总说明：包括城市抗震防灾的现状和防灾能力分析；

2）主要地震灾害估计，根据城市建筑物、工程设施和人口分布状况，阐明遭遇城市防御目标的地震时可能出现的主要灾害（包括可能产生的重大次生灾害）及生命线工程震害预测；

3）减灾对策：针对城市抗震防灾的主要薄弱环节和亟待解决的问题，提出减轻地震灾害的主要对策和措施。

15.4.7.3　规划成果的图纸及有关文件

（1）抗震防灾规划说明书

（2）规划图纸

1）城市及其附近地区地质构造图，比例1/10000～1/500000；

2）城市地貌单元划分图，根据分布高度、自然形态、岩性特征等进行划分，比例1/5000～1/25000；

3）地面破坏小区划图（包括地面破坏危险区、滑坡和崩塌危险区、砂土液化和软土震陷区等划分），比例1/5000～1/25000；

4）工程地质分区图及说明，比例1/5000～1/25000；

5）建筑场地类别区划图及说明（按照国家建筑抗震设计规划要求编制），比例1/5000～1/25000；

6）震害预测图：

A. 生命线工程抗震能力分析，列出生命线工程管、线网分布及生命线单位分布示意图，比例1/1000～1/5000；

B. 潜在次生灾害源估计及示意图，比例1/1000～1/5000；

7）抗震救灾组织机构、避震疏散道路、场地示意图，比例1/2000～1/5000；

8）建筑场地土类别区划图及说明，比例1/2000～1/10000。

15.4.8 人防工程规划

15.4.8.1 规划要求

编制人防工程建设规划应贯彻国家"全面规划，突出重点，平战结合，质量第一"的方针，使人防工程规划设计做到符合坚固、适用、经济、合理的要求，保障人民生命安全，促进生产建设的发展。使城市从整体上增强城市综合发展能力和防护能力，以保证城市具有平时发展经济、抗御各种灾害，战时防空抗毁、保存战争潜力的双重功能。

人防工程规划设计应按照城市建设的地面总体规划，统一安排进行，既应符合战时使用的要求，又应考虑平时使用的要求。在平面布置、通风、防潮、采光、照明以及给水、排水等方面，根据平时使用的不同要求采取相应措施，贯彻平战结合的方针，按照统筹兼顾、因地制宜、重点建设、注重实效、着眼发展、长期坚持的原则，做到"平战结合"、"一物多用"，统一规划、统一建设、统一管理。

人防工程规划的时间控制与城市总体规划的时间同步：近期一般为5年，远期为20年，还应考虑一定时限的远景设想。

15.4.8.2 规划的要求和内容

城市人防工程规划的主要内容包括：城市总体防护措施，人防工程建设规划，人防工程建设与城市地下空间开发利用相结合的规划，各规划的实施步骤和措施等方面的内容。

（1）城市总体防护措施

1）对城市总体规模、布局、道路、建筑物密度、绿地、广场、水面等提出防护或控制要求；对城市重要的经济目标提出防护要求；

2）对城市的供水、供电、供热、煤气、通信等基础设施提出防护要求；

3）对生产储存危险、有害物质的工厂、仓库的选择、迁移、疏散方案及降低次生灾害程度的应急措施提出要求等；

4）对城市市区、市际交通的地铁、干道体系的选线、布局及防护、疏运方案提出要求等；对人防警报器的布局和选点提出要求。

（2）人防工程建设规划

1）确定城市人防工程的总体规模、防护等级和配套布局；确定人防指挥部、通信、人员掩蔽、医疗救护、物资储备、防空专业队伍、疏散干道和工程以及配套工程的规模和布局，居住小区人防工程建设规模等；提出已建人防工程的改造和平时利用方案；

2）估算规划期内投资规模等。

（3）人防工程建设与城市地下空间开发利用相结合的规划

1）确定人防工程建设与城市地下空间开发利用相结合的主要方面和内容；

2）确定规划期内相结合建设项目的性质、规模和总体布局；

3）确定近期开发建设项目，并估算投资规模。

15.4.8.3　规划成果

城市人防工程建设规划成果可包括主体和附件两部分。主体包括规划图和文字说明，一般应有下列内容：

（1）规划说明书：规划编制的指导思想和原则要求、毁伤分析、规划内容文字表述、可行性论证等；

（2）城市人防工程现状图：应标明现有人防工程的分布、类型、面积、抗力等。图纸比例一般为1/2000至1/25000；

（3）城市总体防护规划图：主要标明城市规模、结构、防护区、疏散道路和出口、防空重要目标、核毁伤效应分区、主要人防工程布局、警报器布局等。图纸比例为1/2000～1/25000；

（4）城市人防工程建设规划图：主要标明城市人防工程规划的规模、类型及分布等。图纸比例为1/2000～1/25000；

（5）人防建设与城市地下空间开发相结合项目规划图：主要标明相结合项目规划的规模、类型、功能及分布等。图纸比例为1/2000～1/25000；

（6）城市近期人防工程建设规划图：主要标明近期规划项目的类型、功能、面积、分布等。图纸比例为1/2000～1/25000。

配合规划说明和规划图编制的附件一般有：

1）现有人防工程统计表（面积、类型、防护等级、平战功能、位置等）；

2）人防工程建设规划综合表，人防工程分类规划表；

3）人防工程与城市地下空间开发相结合主要项目规划表；

4）近期建设项目一览表；

附件包括指标选择和数据说明等。

规划深度：城市人防工程建设总体规划和说明书的详尽程度，应达到为编制实施计划、编制人防工程建设分区规划和专业工程规划提供依据的要求。

15.4.9　城市工程管线综合规划

城市工程管线综合的规划设计是以所有市政工程的现状和规划设计成果及资料为依据，按照国家有关规范、规定进行编制，其主要内容及成果有：

15.4.9.1　城市工程管线规划设计说明书

对所有市政工程专项规划设计进行归纳、综述。特别需要说明在工程管线综合规划中，为解决管线工程的布置矛盾，对某些专项工程管线进行调整的地段。

15.4.9.2　城市工程管线规划设计图纸

（1）工程管线综合现状图；

（2）总体规划工程管线综合规划图；

（3）管线综合的平面图；

（4）管线综合的交叉点标高图；

（5）管线综合的道路横断面图。

15.4.10　城市环境卫生设施规划

城市环境卫生设施工程规划成果包括规划说明书和规划图两部分。

（1）规划说明书内容

1）城市环境卫生设施现状、运行情况，存在的问题；

2）测算城市固体废弃物产量；

3）分析其组成和发展趋势，提出污染控制目标；

4）确定城市固体废弃物的收运方案；

5）选择城市固体废弃物处理和处置方法；

6）布局各类环境卫生设施，确定服务范围、设置规模、设置标准、运作方式、用地指标等。

（2）规划图

1）城市环卫设施现状分布图，主要标明现有固体废物收集、转运和处理设施位置、规模以及输送路线；公共厕所、废弃物处置设施的分布及规模等。

2）城市环卫设施规划图，主要标明规划固体废物收集和处理设施位置、规模以及输送路线；公共厕所、废弃物处置设施的分布及规模；环境卫生基层机构位置及用地。

15.5　市政工程规划实例

15.5.1　给水工程规划实例

某城市为某省重镇之一，地理位置适中，交通发达，资源丰富，机械和轻纺工业基础雄厚，特别是工业、运输机械等技术设备，在该省西北地区占有重要的经济地位。1995年，经上级批准由州转市。该市的现状是，工业布局较混乱，功能分区欠明确，市政设施不配套，公共服务项目不完善，旧城区居住条件简陋，而且受三废危害较严重。为此，研究决定，对该市进行总体规划。具体任务：调整工业布局，明确功能分区，对各项市政设施进行配套，完善公共服务项目，改善居民生活条件和居住条件，减轻或消除三废危害。并分别作出该市道路系统、给水排水、电力电讯、园林绿化、风景名胜及文物保护等整个市政工程规划和市郊的发展规划，编制出近期规划的各建设项目投资估算书。规划年限基准年为2005年，近期定为2010年，远期定为2020年。

现将该市给水工程规划简介于下：

15.5.1.1　搜集规划设计所需的基础资料

（1）气象

该市属大陆性气候，年平均气温 15.6℃，年平均降雨量 953.0mm，年最大降雨量 1400mm，年平均蒸发量 1508mm，主导风向为东南风，最大风速 14m/s。

（2）水文

流经该市的河流有 A 河与 B 河，二者在本市西南汇合成为 C 河。

C 河历年最高洪水位 64.66m，最低枯水位 59.80m，平均水位 60.40m，水位变幅约 5m，最大流量 $7600m^3/s$，最小流量 $2.9m^3/s$，水面坡降 0.00003。C 河居该市下游地段，已受到该市排入的生活污水和工业废水的污染。

B 河上游长期受到严重冲刷，致使城区河段的基本河槽因上游排泄的泥沙在此落淤而逐渐变窄，形成连片的河漫滩地，河段不稳定。

A 河上游有 D 河与 E 河汇入，为该市最大河流，水量丰富，在保证率为 95%时，相应的最小流量仍有 $2.57m^3/s$。

（3）水文地质

由水文地质勘测报告知，该市地下水属低矿化水，含铁量为 4～27mg/L，储量有限，无开采价值。

（4）工程地质

一级阶地地面标高 65～70m，阶地呈南北向沿河分布，城区岩性为第四纪冲击层，上部为 3～5m 厚的褐色亚黏土河亚沙土覆盖层，下部为 3～6m 厚的松散砂卵石层，该层下部为第三纪的砂砾岩。地耐力约为 150kPa。该城区不属于地震危险区范围。

（5）地形

城区地形比较平坦，系河谷平原地带。地势由东北向西倾斜。建筑用地地面标高在 65～70m 范围内。城区内水塘、沟渠较多。城区地形图比例尺为 1/15000，如图 15-1 所示。

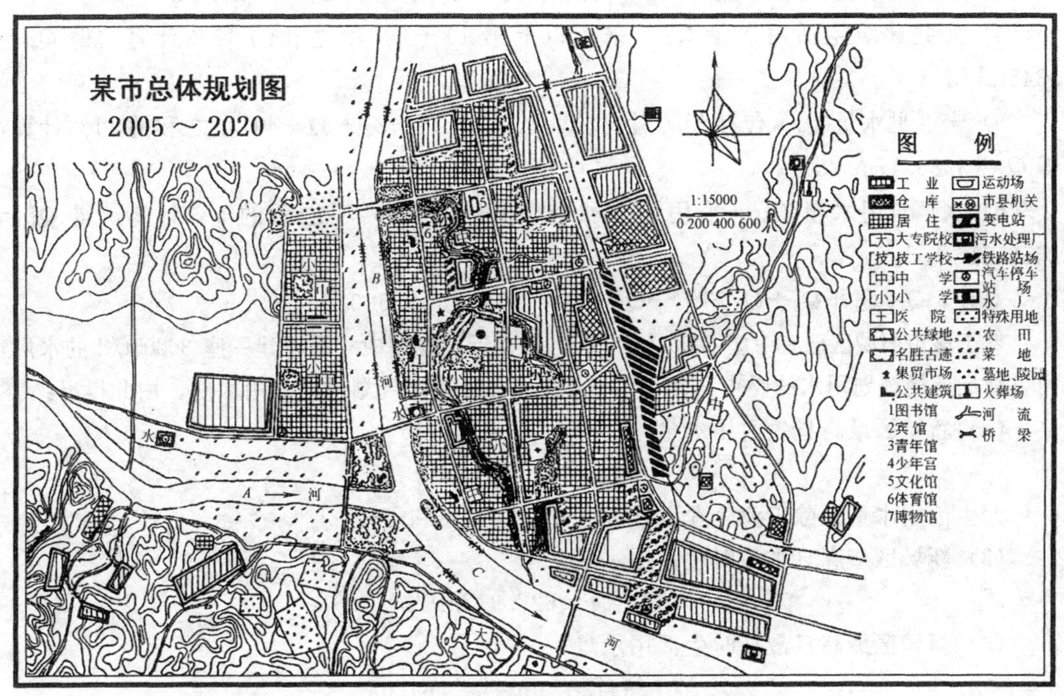

图 15-1 某市总体规划图

（6）城区总体规划

近期规划人口9万人，远期15万人。有关全市各类工业区、生活居住区、公共建筑、对外交通运输组织、堆栈、仓库，以及各单项专业规划，均在总体规划图上，以不同符号标出，如图15-1所示。

（7）城市给水现状

市区现有水厂一座，供水量为5000t/d。供水范围仅限于旧城区，居民大多数从供水栓取水。供水普及率为55%，每人每天用水量平均为60L。另有大型自备水源9处，总取水量约3.7万t/d，多取自B河河漫滩的河床潜流水。市区内现有管道总长8575m，管径75～300mm，设计水压500kPa，实际水压仅300kPa左右。水厂水源为B河河漫滩的河床潜流水。由于B河受季节变化的影响，河床潜流水的储量亦随之发生变化。据最近观测表明，其储量与开采量已接近极限状态。加之，旧城区现有给水系统布置不合理，水量、水压无法满足城市发展的需要。

15.5.1.2　城市规划总用水量的计算

（1）城市最高日用水量 Q

1）居住区最高日生活用水量 Q_1　该市近期规划人口为9万人。根据建筑内部规划有给水排水卫生设备的要求，用水量标准定为120L/(人·d)，供水普及率按100%考虑，经计算得 $Q_1=10800\text{m}^3/\text{d}$。

2）工业企业用水量 Q_2（包括工业生产、职工生活和淋浴用水量）　由总体规划提供的资料知，省属各工厂共用水 $8880\text{m}^3/\text{d}$，县、市所属各工厂共用水 $6050\text{m}^3/\text{d}$，总计用水量 $Q_2=14930\text{m}^3/\text{d}$。

3）市政用水量 Q_3　采用1)+2)项之和的3%计算，得 $Q_3=772\text{m}^3/\text{d}$。

4）公共建筑生活用水量 Q_4　采用以上第1)+2)项之和的13%计算，得 $Q_4=3345\text{m}^3/\text{d}$。

5）未遇见水量 Q_5（包括管网漏失水量）　采用1)+2)+3)+4)项之和的11%计算，得 $Q_5=3283.17\text{m}^3/\text{d}$。

6）水厂自用水量 Q_6　采用1)+2)+3)+4)+5)项之和的5%计算，得 $Q_6=1656.51\text{m}^3/\text{d}$。

总计，$Q=Q_1+Q_2+Q_3+Q_4+Q_5+Q_6=34786.7\approx35000\text{m}^3/\text{d}$。

鉴于该市旧城区已有一座5000t/d水厂，故在近期规划中只需新建一座30000t/d的水厂，便可满足近期规划用水的要求。此3万t/d为新城区近期规划最高日用水量。由此得出：

（2）新城区最高日生活用水量

$$Q_{最高日}=15070\text{m}^3/\text{d}$$

此生活用水量是除工业企业以外的各项用水量总和。

（3）新城区最高日平均时生活用水量

$$Q_{平均时}=627.917\text{m}^3/\text{h}$$

（4）新城区最高日最高时生活用水量

$$Q_{最高时}=941.875\text{m}^3/\text{h}=261.63\text{L/s}$$

城市远期规划总用水量估算为 $113850\text{m}^3/\text{d}$。

15.5.1.3　选择水源，确定取水地点和取水构筑物的形式

由该市水文、地质和给水现状等各项资料分析可以看出，B河已受到上游来砂淤积，河槽逐渐变窄，不利于取水构筑物的建造。而且，河漫滩的河床潜流水，现已开采到接近极限状态，再不能动用。C河位居城市下游，已受到该市生活及工业污水较严重的污染，水质差。惟有水量丰富的A河，具备了作为该市近远期规划水源的条件。取水地点选定在该河上游凹岸的深槽河段上，如图15-2所示。此处远离市区，附近仅有少数居民点，无工矿企业，具有良好的卫生环境，有利于卫生防护带的设置。而且河床稳定，深泓近岸，水深达3～4m，年平均含砂量低，岸坡较平缓，且有第三纪基岩出露，故决定采用固定式取水构筑物取水。

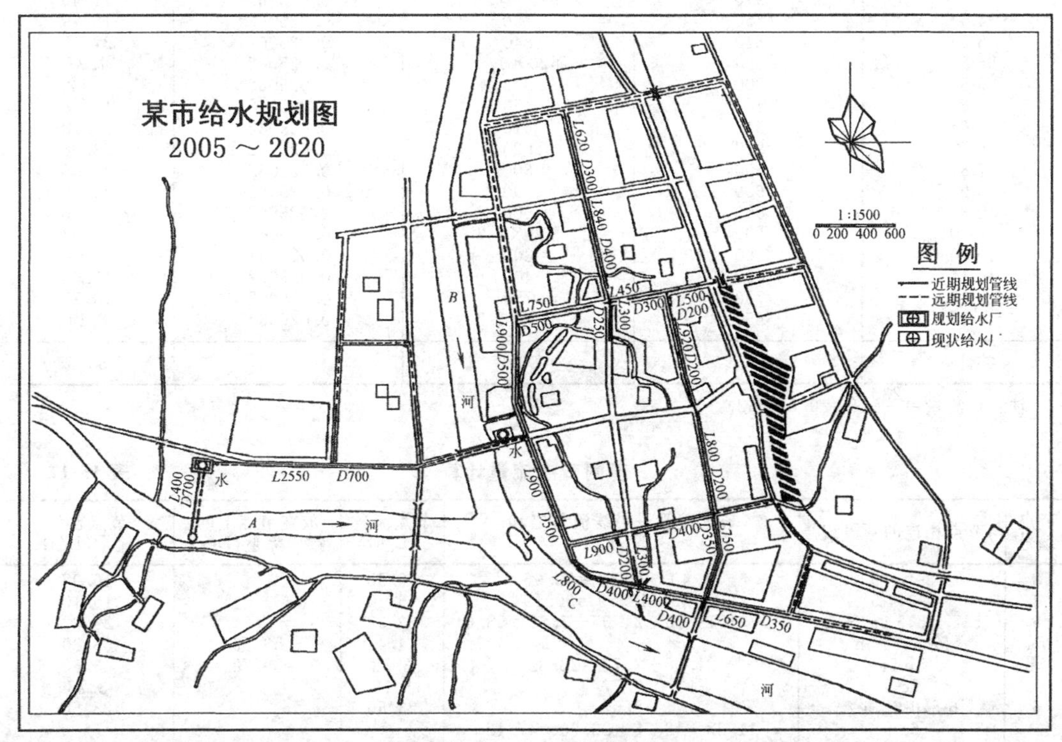

图15-2　某市给水规划图

15.5.1.4　确定取水的数目、位置和规模

根据资料分析和计算，近期规划拟在充分利用现有给水设施的前提下，新建3万t/d水厂一座。鉴于取水地点远离市区，厂址选在近期规划取水点对岸地势较高处，如图15-2所示。厂址选在此处，可以不受洪水威胁，有较好的污水排除条件，工程地质条件良好，附近有公路穿过，施工运输方便，对架设高压输电线亦有利。近期厂区占地面积，查表为20000m^{2}左右。远期水厂规模，在近期基础上再建8万t/d水厂一座，厂址亦设在近期规划水厂的预留地区，以利集中管理。鉴于A河年平均浑浊度仅100～200mg/L，选定的水厂净化工艺流程为：原水→混凝沉淀→过滤→消毒→出厂。

15.5.1.5　给水系统布置形式的选择

根据总体规划对该市所作的功能分区和工业布局，结合该市现有的给水设施情况，新规划的给水系统布置形式选用统一给水系统，并与现有的旧城区统一给水系统分别独立设

置，如图 15-2 所示。

15.5.1.6　给水管网布置和水力计算

根据资料分析，近期管网布置，采用环状与树状相结合的形式，如图 15-2 中的粗实线所示。远期管网全部连成环状，如图 15-2 中的粗虚线所示。

近期规划管网的水力计算，按照本书第 2 章第 8 节中所列的步骤进行。其中：干管总长度、比流量、沿线流量均列于表 15-11 中；节点流量列于表 15-12 中。

各管段沿线流量计算　　**表 15-11**

管段编号	管段长度(m)	管段计算长度(m)	比流量[L/(s·m)]	沿线流量(L/s)
3-4	910	910×1/2	0.025062	11.40
4-5	750	750	0.025062	18.79
5-5a	840	840	0.025062	21.05
5a-5b	620	620×1/2	0.025062	7.77
5-5c	300	300	0.025062	7.52
5-6	450	450	0.025062	11.28
6-6a	510	510	0.025062	12.78
6-7	920	920	0.025062	23.06
7-8	800	800	0.025062	20.05
3-9	900	900	0.025062	22.56
9-8	900	900	0.025062	22.56
9-10	800	800×1/2	0.025062	10.03
10-10a	300	300	0.025062	7.52
10-11	400	400	0.025062	10.03
8-11	750	750	0.025062	18.79
11-12	650	650×1/2	0.025062	8.14
共计		9310		233.33

注：比流量$=\frac{233.33}{9310}=0.025062$。

管网节点流量计算　　**表 15-12**

节点编号	与节点相连的管段编号	各连接管段沿线流量之和(L/s)	节点流量(L/s)	放在节点上的集中流量(L/s)	节点合计流量(L/s)
3	3-4,3-9	11.40+22.56=33.96	16.98		16.98
4	4-3,4-5	11.40+18.79=30.19	15.10		15.10
5	5-4,5-6,5-5a,5-5c	18.79+11.28+21.05+7.52=58.64	29.32		29.32
5a	5a-5,5a-5b		14.41	53.89	68.30
5b	5b-5a	21.05+7.77=28.82	3.88	39.78	43.66
5c	5c-5	7.77	3.76		3.76
6	6-5,6-6a,6-7	7.52	23.56		23.56
	6a-6	11.28+12.78+23.06=47.12			
6a	7-6,7-8		6.39	7.94	14.33
7	8-7,8-9,8-11	12.78	21.55		21.55
8	9-8,9-10,9-3	23.06+20.05=41.11	30.70		30.70
	10-9,10-11,	20.05+22.56+18.79=61.40			
9	10-10a		27.58		27.58
	10a-10	22.56+10.03+22.56=55.15			
10	11-8,11-10,11-12	10.03+10.03+7.52=27.58	13.79		13.79
10a	12-11	7.52	3.76		3.76
11		18.79+10.03+8.14=36.96	18.48	28.43	46.91
12		8.14	4.07	55.63	59.70
合计			233.33		
	河西区		28.30	21.69	
总计			261.63	207.36	

管网最高时秒流量为 468.99L/s；最高用水时管网平差计算，如表 15-13 所列和图 15-3 所示。

最高用水时管网平差计算 **表 15-13**

环号	管段	管长 L(m)	管径 d(mm)	第一次平差						第二次平差					
				流量 Q(L/s)	水力坡度 I(mm/m)	水头损失 h(m)	$\sum h$(m)	$\frac{h}{Q}$	流量修正值 ΔQ(L/s)	流量 Q(L/s)	水力坡度 I(mm/m)	水头损失 h(m)	$\sum h$(m)	$\frac{h}{Q}$	流量修正值 ΔQ(L/s)
Ⅰ	3-4	910	500	205.31	2.96	2.70				205.31	2.96	2.70			
	4-5	750	500	190.21	2.55	1.91				190.21	2.55	1.91			
	5-6	450	300	45.17	2.29	1.03				45.17	2.29	1.03			
	6-7	920	200	7.28	0.668	0.61	+6.25			7.28	0.668	0.61	+6.25		
	3-9	900	500	196.71	2.73	2.46				196.71	2.73	2.46			
	9-8	900	400	79.67	1.58	1.42			−6.0	85.67	1.80	1.62			
	7-8	800	200	14.27	2.15	1.72	−5.60			14.27	2.15	1.72	−5.80		
小计						+0.65						+0.45			
Ⅱ	9-8	900	400	79.67	1.58	1.42			+6.0	85.67	1.80	1.62			
	8-11	750	350	34.70	0.682	0.51	+1.93		+6.0	40.70	0.904	0.678	+2.298		
	9-10	800	400	89.46	1.91	1.53			−6.0	83.46	1.70	1.36			
	10-11	400	400	71.91	1.30	0.52	−2.05		−6.0	65.91	1.11	0.444	−1.804		
小计						−0.12						+0.494			

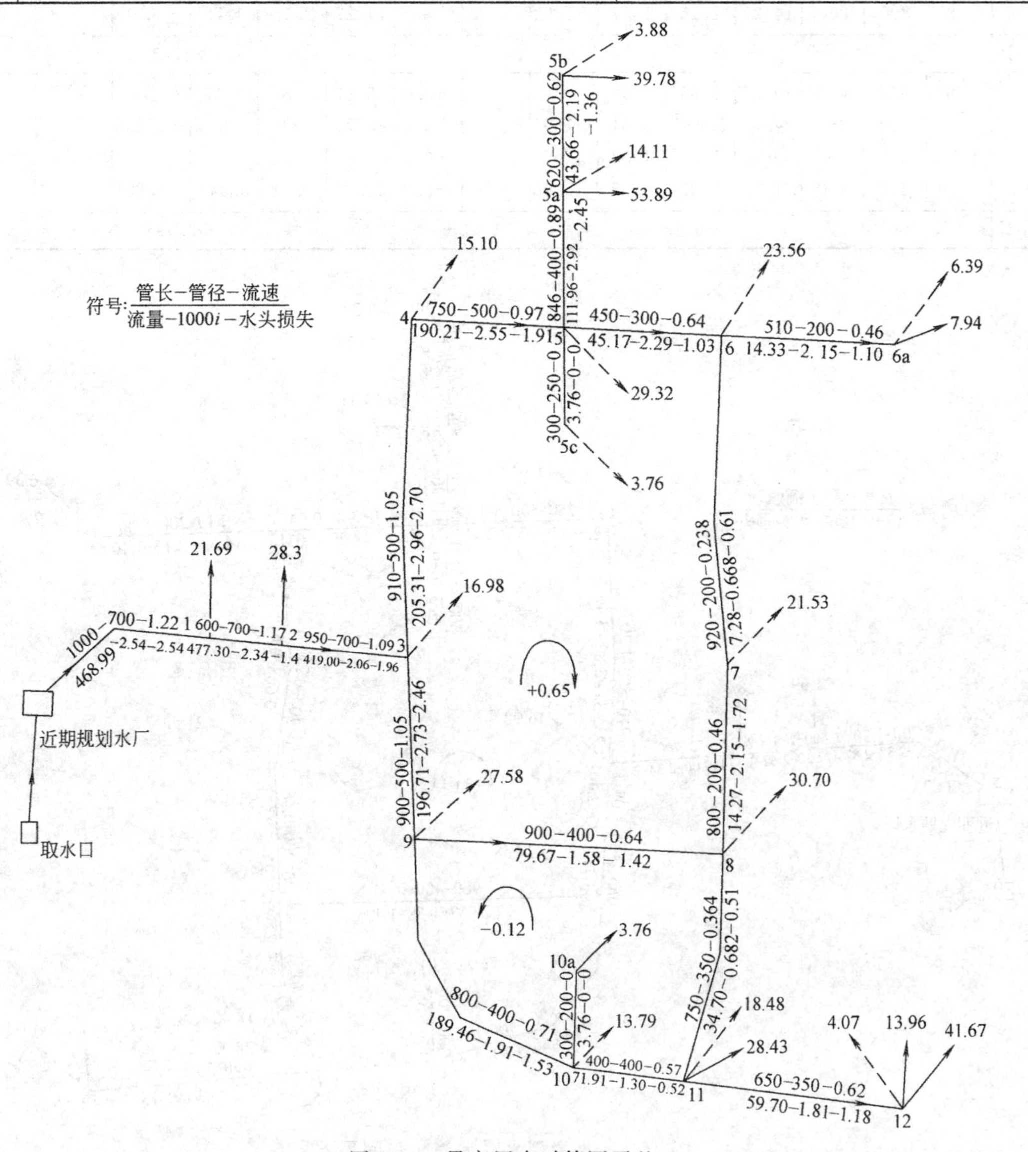

图 15-3 最高用水时管网平差

最高用水时加消防管网平差计算，如表 15-14 所示和图 15-4 所示。

最高用水时加消防管网平差计算（着火点在节点 5_b） **表 15-14**

环号	管段	管长 L(m)	管径 d (mm)	第一次平差 流量 Q (L/s)	水力坡度 I (mm/m)	水头损失 h(m)	Σh (m)	$\frac{h}{Q}$	流量修正值 ΔQ (L/s)	第二次平差 流量 Q (L/s)	水力坡度 I (mm/m)	水头损失 h(m)	Σh (m)	$\frac{h}{Q}$	流量修正值 ΔQ (L/s)
Ⅰ	3-4	910	500	235.31	3.80	3.46				235.31	3.80	3.46			
	4-5	750	500	220.21	3.35	2.51				220.21	3.35	2.51			
	5-6	450	300	45.17	2.29	1.03				45.17	2.29	1.03			
	6-7	920	200	7.28	0.668	0.61	+7.61			7.28	0.668	0.61	+7.61		
	3-9	900	500	196.71	2.73	2.46				196.71	2.73	2.46			
	9-8	900	400	79.67	1.58	1.42			−6.0	85.67	1.80	1.62			
	7-8	800	200	14.27	2.15	1.72	−5.60			14.27	2.15	1.72	−5.80		
小计				+2.01						+1.81					
Ⅱ	9-8	900	400	79.67	1.58	1.42			+6.0	85.67	1.80	1.62			
	8-11	750	350	34.70	0.682	0.51	+1.93		+6.0	40.70	0.904	0.678	+2.298		
	9-10	800	400	89.46	1.91	1.53			−6.0	83.46	1.70	1.36			
	10-11	400	400	71.91	1.30	0.52	−2.05		−6.0	65.91	1.11	0.444	−1.804		
小计				−0.12						+0.494					

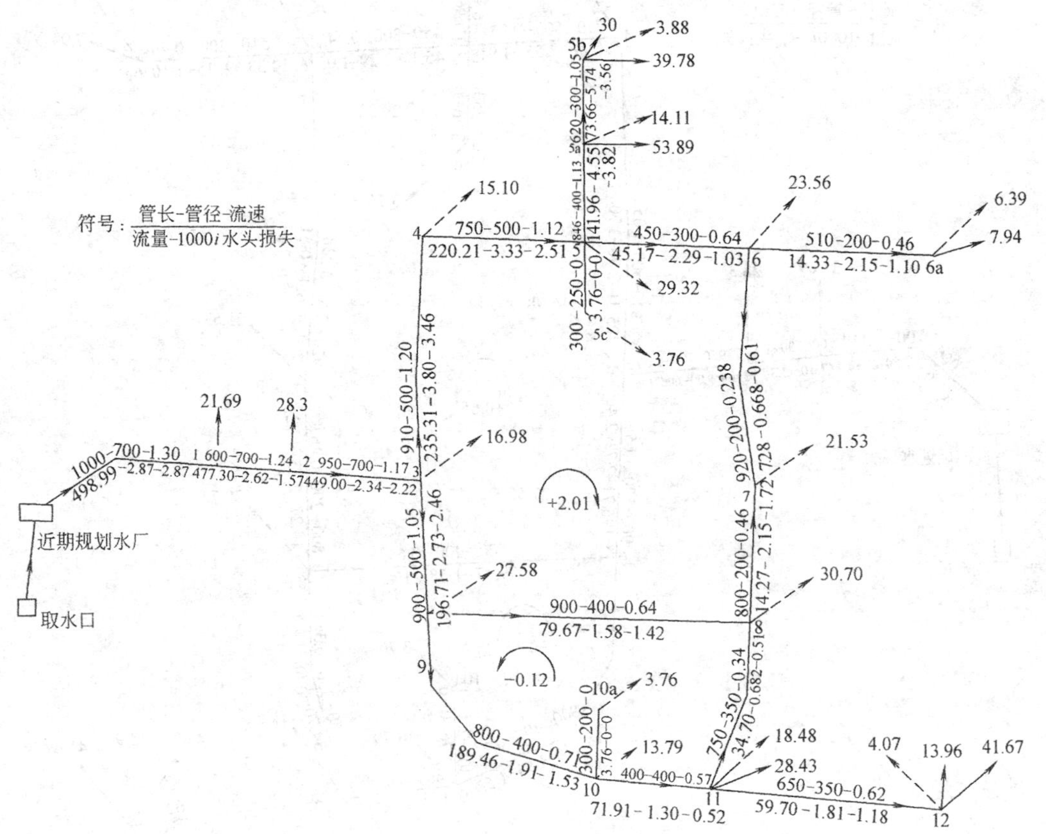

图 15-4 最高用水时加消防管网平差

从表 15-13 和图 15-3 的最高用水时平差计算可以看出，本例第一次平差后，环Ⅰ的闭合差为正，环Ⅱ的闭合差为负，两环的公共段为 9-8，显然，只需将该管段的流量适当调整，增加一个 ΔQ，便有可能使得两个环的闭合差，很快地同时满足要求。为此取ΔQ=6L/s（该值为试算法所得出），加于管段 9-8 上，使环Ⅰ反时针方向的水头损失增加，则环Ⅰ的闭合差便满足要求。同时，环Ⅱ管段的 9-11、10-11 的流量均减小 6L/s，这对消除环Ⅱ原来的负的闭合差也有利。调整结束，环Ⅱ的闭合差虽增到＋0.494m，但也在允许范围以内。

对于最高用水时加消防时的平差计算，也采用同样的方法，仅调整管段 9-8 的流量，两环的闭合差便基本满足了要求。此时，环Ⅰ的闭合差虽为＋1.81m，但与规定值基本接近，作为规划设计，已达到精度要求，不需再继续平差。

在消防时的平差计算中，着火点两处，一处放在最不利点 5b 上，另一处作为安全考虑，未参与平差计算。

15.5.1.7　二级泵站水泵扬程的确定

最不利点 5b 处的地面标高为 69.50m，最不利管线为：二级泵站→1→2→3→4→5→5b，这条管线的水头损失，在最高用水时为 $\sum h=14.32$m；在最高用水时加消防时为 $\sum h=20.01$m。

最不利点 5b 处的的居住建筑为五层楼房，要求的最小自由水头为 24m，由此算得最高用水时二级泵站的水泵扬程 $H_p=46.32$m。

最高用水时加消防时，二级泵站水泵扬程的计算，按低压消防网来考虑，算得水泵扬程 $H_p'=38.01$m。

由算得的结果可以看出，最高用水时的水泵扬程完全能够满足消防时的水压要求，因此，可按照最高用水时的流量和扬程来选择水泵型号，确定水泵台数。

15.5.1.8　给水工程近期规划投资估算

各项投资费用估算，如表 15-15 所列。

给水工程近期规划投资估算　　**表 15-15**

编号	工程项目名称	m^3/d 投资指标(元)	取值指标(元)	差价系数	投资计算(万元)
1	取水工程	80～110	90	1.125	3×90×1.125＝303.8
2	净水工程				
	(1) 沉淀	120～150	140	1.165	3×140×1.165＝489.3
	(2) 过滤	260～320	300	1.169	3×300×1.169＝1052.1
3	输水工程	21～27	25	13.35	3×25×13.25＝1001.3
4	配水工程	11～20	20	1.238	20×3×13(km 管长)×1.238＝965.6
5	二级泵站	110～150	140		3×140＝420
6	其他投资				1367.9
	合计				5600

15.5.2　排水工程规划

15.5.2.1　实例一

(1) 规划背景与基础资料

某市现状人口为 71000 人，随着城市发展，规划近期（5 年）人口规模为 9 万人；远期至2010年，人口控制为12万人。在城市总体规划阶段，确定了用地功能分区布局与道路系统规划的基础上，进行该市排水工程规划。

1）自然条件方面　年平均气温16℃左右，最高气温35.4℃，最低气温零下3.9℃。年平均降雨量1805.4mm，年最高降雨量2180.7mm，每年6至9月的降雨量占全年总降雨量的48%，雨量公式：

$$q=\frac{22880(1+0.482\lg P)}{(t+39.7)^{1.11}}$$

城市主导风向为东北风及西南风，最大风速达17m/s。年平均气压708mmHg。市内主要河流（A江），最高洪水位是578.9m，最大流量8880m^3/s，最大流速8.7m/s，95%保证率的枯水流量79m^3/s，流速0.5m/s，夏季水温20℃左右，冬季水温7℃左右。

市区内地质情况良好，地基承载力均在100kPa以上。地震烈度为6度。地形条件，见图15-5。三面环山，四条河流过境，主要河流A江由西向东流，将市区分为南北两个部分。整个地势由西向东倾斜，南北两区又同时坡向中部的A江。

2）排水工程现状　城市现有两个给水厂，北区、南区各一个，总供水能力11000m^3/d。规划中收集了市区现状主要工厂的用水量、废水量及水质情况。

旧城区建有部分合流制排水系统（见图15-5），排水沟渠总长28854m，最大断面为40×60cm。一般设置在街道的人行道下，结构简单，为卵石、灰砂、砖石结构。

城市目前尚无污水处理厂，污水未经处理直接排入水体，仅A江两岸污水出口达30多处，且出水口位置较高，晴天污水经沙滩流入水体，沿河一带常有臭味，污染了环境与水体。

3）其他　电力可以保证供应。建材方面除混凝土管道制品需到附近采购外，其他建筑材料本市均可供给，施工技术力量市内亦可满足要求。

（2）排水工程规划方案

1）估算城市各种排水量：

生活污水量：根据城市人口发展规模与确定的用水量定额进行估算。假定排水量等于用水量。

近期：80L/人·d，9万人，污水量7200t/d；

远期：120L/人·d，12万人，污水量14400t/d。

工业废水量：按规划发展的工厂性质、规模、数量，估算出进水量，然后累加。

近期：6000t/d；

远期：8000d/d。

城市总污水量（生活污水+工业废水）

近期：12200t/d；

远期：22400t/d。

雨水径流量：高峰小时雨水径流量为34584m^3/s。

2）排水工程规划　根据上述资料，满足城市发展对排水工程的要求，规划中着重考虑以下几个问题：

A. 排水体制的确定　考虑到该市排水系统现状具有以下特点：

a. 现状排水管渠基本完好，只需局部修整与补充，能够满足排除要求。

b. 市区内道路基本上都已建成，如近期即采用分流制，势必要改变所有接户管，破坏大量路面，涉及面广，影响太大。

c. 限于该市当前人力、物力与经济条件，尽可能减少近期投资，避免工程量太大。

据此，近期规划，建成区考虑充分利用原有管渠系统，沿江敷设截流干管，采用截流式合流制系统。

远期规划，全部改为分流制，将旧城区原管渠作为单独排除雨水的管渠，另外增设污水管渠。

新建区，现状无管渠，拟采用分流制，以利于环境保护要求。

B. 工业废水的处理　根据本市各工厂废水水量与水质情况，分为三类，区别对待。

第一类：工厂Ⅰ、Ⅱ，其废水中含有铬、氰等有毒物质，工厂Ⅵ废水中含有大量无机物，都不宜输入城市污水处理厂，由各工厂自行处理，达到国家规定的排放标准后，直接排入水体。

第二类：工厂Ⅳ、Ⅴ，废水中有机物含量很高并含有少量有碍污水生物处理的物质，由工厂先行预处理，达到排入城市排水管道规定要求后，接入城市污水管渠，输送至城市污水处理厂与生活污水一并处理。

第三类：除上列工厂外，余下工厂的废水水质与生活污水相近，而且大部分厂的水量都不大，直接接入城市污水管渠，输送至污水处理厂一并处理。

C. 城市排水系统布置的原则　首先要决定排水系统集中布置还是分散布置。根据城市用地分区布局与地形条件，本市分为南北两大区，由一条较大的河流分隔。经过分析比较，决定采用南北两个污水处理系统。主要理由如下：

a. 从用地布局及地形条件看，自然形成了南北两个区域；

b. 如采用一个系统，污水管道要穿越A江，江面较宽，施工复杂，工程量大；

c. 从南北两区规划发展规模看，其污水量相近，都达2万t/d左右，有单独设置污水厂的可能与条件；

d. 较易实现，利于分期建设。

排水管渠布置后，建成区应充分结合与利用现状管渠，在新区，布置两套管渠系统，雨水管渠尽量利用地形自然坡度，根据分散、直捷的原则，就近将雨水排入水体。

D. 污水处理厂位置选择

根据用地布局与地形、地势条件，南北两区的污水处理厂都选在A江下游，且规划城区保持一定距离（见图15-5）。该位置优点是：a. 位于城市水体下游，利于处理后污水的排放，不影响城市环境卫生；b. 位于城市排水方向的较低处，利于污水自流排放；c. 用地条件基本能满足污水厂本身要求，标高在最高洪水位以上；d. 位于城市规划区边缘，不影响城市的发展。不足之处是：厂址位于城市主导风向上风地带，建成后对下风区域空气污染有影响。考虑厂址与居住区保持了一定距离，况且污水厂规模小，问题并不严重。

城市远期总污水量估计为22400t/d，因有几个工厂废水自行处理，故总污水量按2万t/d计，每座污水处理厂规模为1万t/d左右。处理方式近期可采取一级处理，并尽量利用污水灌溉农田。远期逐步发展为二级处理。

该市排水工程规划图，见图15-5。

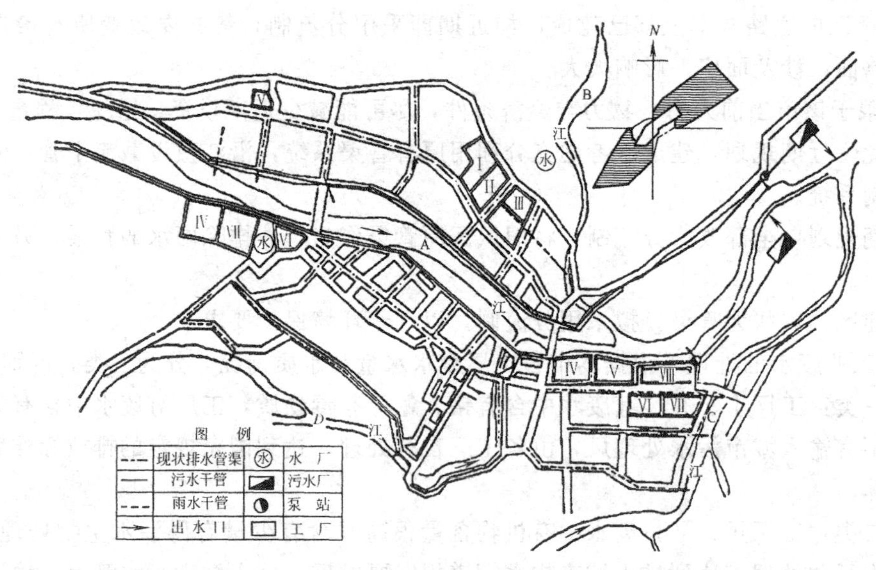

图 15-5 某市排水工程规划图

15.5.2.2 实例二

某市区的污水管道布置，如图 15-6，各街坊的人口数为：街坊Ⅰ、Ⅴ各有 8000 人，街坊Ⅱ、Ⅲ、Ⅶ各有 4500 人，街坊Ⅷ、Ⅳ各有 6000 人，街坊Ⅵ有 5000 人。街坊Ⅱ中有一工厂，其污水流量为 15L/s，街坊Ⅴ内有一公共浴室，每天容量 600 人，浴室开放 12h，每人每次污水量 150L，时变化系数为 1.0。城市居住区生活污水量标准为 $q_0=100$L/(人·d)。试规划设计该区排水工程。

(1) 计算管段设计流量

1) 居住区生活污水量 q_1 的计算：居住区生活污水量按设计人口数 N 与生活污水量标准 q_0 计算。例如管段 10-9 的设计流量为：

平均日污水量为 q_1'：

$$q_1'=\frac{q_0 N}{24\times 3600}=\frac{100\times 6000}{24\times 3600}=6.94\text{L/s}=7.0\text{L/s}$$

最高时污水量为 q_1：

$$q_1=q_1' k_z=6.94\times 2.24=15.6\text{L/s}$$

2) 公共浴室最高时污水量的计算：

$$q_y=\frac{q_0 nk}{3600T}=\frac{150\times 600\times 1.0}{3600\times 12}=2.08\text{L/s}$$

3) 各管段设计流量的计算见表 15-16。

如果已知该市区平均人口密度，也可以推算出面积比流量。然后根据各街坊排水面积，计算各设计管段设计流量。

(2) 污水管道水力计算

根据图 15-6 某市区污水管道平面布置绘出污水管道水力计算简图，如图 15-7。

1) 在水力计算简图上标注设计管段起讫点编号、管段长度及管段设计流量。

2) 从管道系统的控制点开始，向下游列表计算（如表 15-17）。先填入各管段的编号、

某市区管段设计流量计算　　　　表 15-16

管段编号	沿线流量							集中流量			管段设计流量（L/s）
	本线流量			转输流量（L/s）	平均流量（L/s）	k_z	Q_1（L/s）	本段流量（L/s）	转输流量（L/s）	Q_2（L/s）	
	街坊编号	设计人口（人）	q_0N（L/s）								
10-9	Ⅷ	6000	7.0	7.0	7.0	2.24	15.7				15.6
9-8	Ⅶ	4500	5.2	12.2	12.2	2.08	25.4				25.4
8-7	Ⅵ	5000	5.8	18.0	18.0	1.98	35.6				35.7
7-6	Ⅴ	8000	9.3	18.0	27.3	1.90	51.9				51.8
6-1					27.3	1.90	51.9	2.1		2.1	54.0
5-4	Ⅳ	6000	7.0	7.0	7.0	2.24	15.6				15.6
4-3	Ⅲ	4500	5.2	12.2	12.2	2.08	25.4				25.4
3-2	Ⅱ	4500	5.2	17.4	17.4	1.98	34.5	15.0		15.0	49.5
2-1	Ⅰ	8000	9.3	54.0	26.7	1.90	50.7		15.0	15.0	65.7
1-0					54.0	1.75	94.5		17.1	17.1	111.6

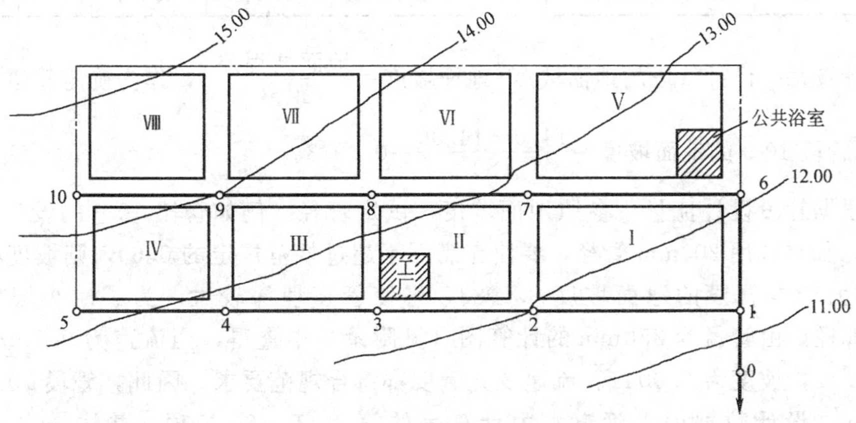

图 15-6　某市区污水管道平面布置

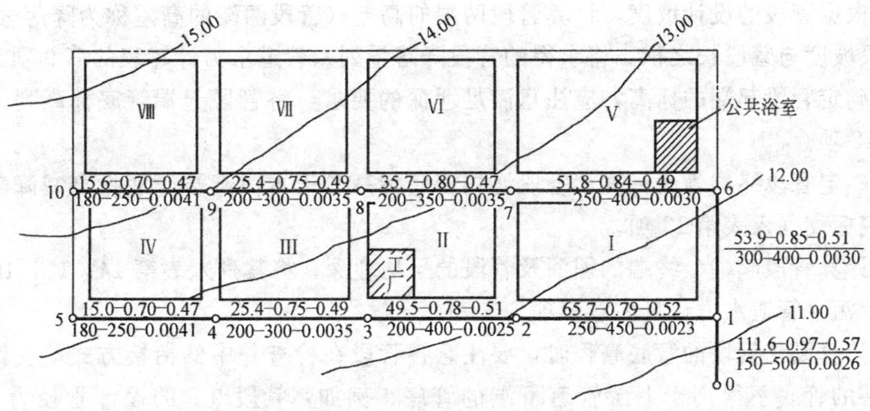

图 15-7　污水管道水力计算简图

长度及设计流量。

3）由城市污水管道布置图及城市规划图，求得各设计管段起讫点检查井处的地面高程，并列入水力计算表的第 10、11 项。

污水管道水力计算 　　　　**表 15-17**

管段编号	管段长度 L(m)	管段设计流量 q(L/s)	管径 d(mm)	坡度 i	设计流速 v(m/s)	设计充满度		降落量 i_1(m)	高程				管底埋深(m)		
						h/d	水深 h(m)		地面		管底				
									起点	终点	起点	终点	起点	终点	平均
1	2	3	4	5	6	7	8	9	10	11	12	13	14	15	16
10-9	180	15.6	250	0.0041	0.70	0.47	0.117	0.74	14.60	14.00	13.60	12.86	1.00	1.14	1.07
9-8	200	25.4	300	0.0035	0.75	0.49	0.153	0.70	14.00	13.40	12.81	12.11	1.19	1.29	1.24
8-7	200	35.7	350	0.0035	0.80	0.47	0.164	0.70	13.40	12.80	12.06	11.36	1.34	1.44	1.39
7-6	250	51.8	400	0.0030	0.84	0.49	0.196	0.75	12.80	12.10	11.31	10.56	1.49	1.54	1.52
6-1	300	53.9	400	0.0030	0.85	0.51	0.204	0.90	12.10	11.30	10.55	9.65	1.55	1.65	1.60
5-4	180	15.6	250	0.0041	0.70	0.47	0.117	0.74	13.50	12.75	12.50	11.76	1.00	0.99	1.00
4-3	200	25.4	300	0.0035	0.75	0.49	0.153	0.70	12.75	12.50	11.71	11.01	1.04	1.49	1.27
3-2	200	49.5	400	0.0025	0.78	0.51	0.204	0.50	12.50	12.00	10.91	10.41	1.59	1.59	1.59
2-1	250	65.7	450	0.0023	0.79	0.52	0.230	0.58	12.00	11.30	10.36	9.78	1.64	1.52	1.58
1-0	150	111.6	500	0.0026	0.97	0.57	0.285	0.39	11.30	10.90	9.55	9.16	1.75	1.74	1.75

4）计算每一设计管段的地面坡度$\left(\text{地面坡度}=\dfrac{\text{地面高程差}}{\text{距离}}\right)$，作为确定管道坡度的参考。例如管段 10-9 的地面坡度$=\dfrac{14.6-14.00}{180}=0.0033$。

5）根据管段设计流量，参照地面坡度，试定管径。例如管段 10-9 的设计流量 $q=15.6$L/s，如果选用 200mm 管径，要使充满度不超过规范规定的 0.60，则坡度必须采用 0.0061，大于本管段的地面坡度 0.0033，将使管道埋深较大。为了减小坡度，选用 250mm 管径。由管径为 250mm 的计算图（见附录）中查得，当流速为 0.7m/s 时，充满度为 0.47，坡度为 0.0041。流速及充满度都符合规范要求。因此，管段 10-9 采用管径 250mm，设计数据列入管道水力计算表的第 4、5、6、7 项，并注在水力计算简图上。

6）根据管段的设计坡度，计算管段两端的高差（管段两端的高差称为降落量），其值等于管段坡度与管段长之积。将求得的管段降落量列入管道水力计算表的第 9 项。

7）确定管段起端的标高，应注意满足埋深的要求，将管段起端管底标高列入水力计算表第 12 项。

8）确定管段终端管底标高，管段终端管底标高等于本段起端管底标高减降落量。将终端管底标高列入表第 13 项。

9）计算管段起端、终端的埋深及管段的平均埋深，将其列入表第 14、15、16 项。

（3）污水管道水力计算注意事项

1）计算设计管段的管底高程时，要注意各管段在检查井中的衔接方式，要保证下游管道上端的管底不得高于上游管道下端的管底。例如，管段 9-8 的设计管径为 300mm，比上游管段 10-9 的管径 250mm 大，故在 9# 检查井中上下游管道采用管顶平接。管段 7-6 的管径为 400mm 与管段 6-1 的管径相同，故在 6# 检查井中，上下游管道采用水面平接，两管段中水深相差 0.8cm，故取管段 6-1 的上端管底比管段 7-6 的终端管底低 1cm。

2）在水力计算过程中，污水管道的管径一般应沿程增大。但是，当管道穿过陡坡地段时，由于管道坡度增加很多，根据水力计算，管径可以由大变小。当管径为 250～300mm 时，只能减小一级；管径等于或大于 300mm 时，按水力计算确定，但不得超过两级。

3）在支管与干管的连接处，要使干管的埋深保证支管接入的要求。

4）当地面高程有剧烈变化或地面坡度太大时，可采用跌水井，以采用适当的管道坡度，防止因流速太大冲刷坏管壁。通常当污水管道的跌落差大于 1m 时，应设跌水井；跌落差小于 1m 时，只把检查井中的流槽做成斜坡即可。

污水管道纵剖面图，反映管道沿线高程位置，它应和管道平面布置图对应。在纵剖面图上应画出地面高程线、管道高程线（常用双线表示管顶与管底）。画出设计管段起讫点处检查井及主要支管的接入位置与管径。在管道纵剖面图的下方应注明检查井的编号、管径、管段长度、管道坡度、地面高程和管底高程等。

污水管道纵剖面图常用的比例尺为：横向 1/500～1/1000，纵向 1/50～1/100。污水管道纵剖面图如图 15-8 所示。

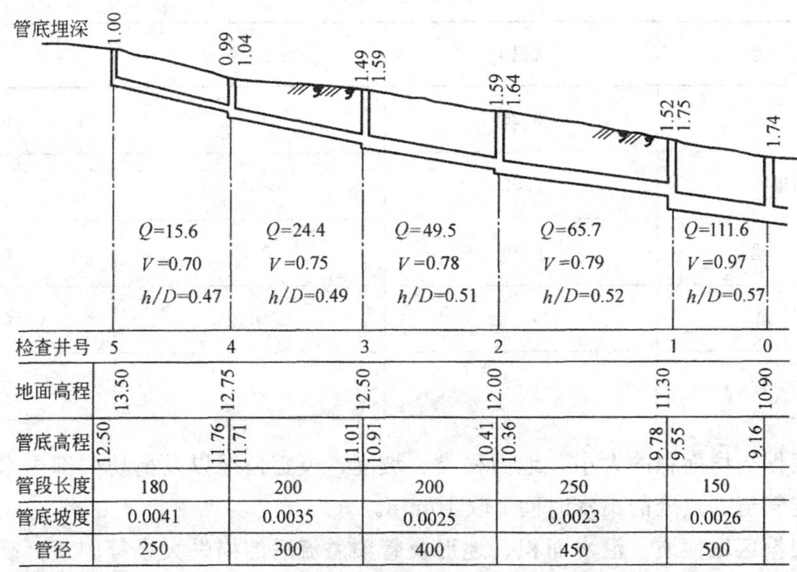

图 15-8　污水管道纵剖面图

15.5.2.3　实例三

雨水管渠规划设计实例

已知某街坊内部部分雨水管道设计平面草图如图 15-9 所示，管道的粗糙系数 $n=0.0013$，管道起点埋深为 1.4m，雨水排入河道的正常水位标高 181.52m。该区降雨强度公式为

$$q=\frac{500}{t^{0.65}}\quad [\mathrm{L/(s\cdot hm^2)}]$$

试进行雨水管渠规划设计。

雨水管渠规划设计按下列步骤进行：

(1) 根据城市规划和排水区的地形，在规划图上布置管渠系统，划分干管汇水面积。

(2) 确定各段管渠的汇水面积和水流方向。绘制水力计算简图，将计算面积及各段长

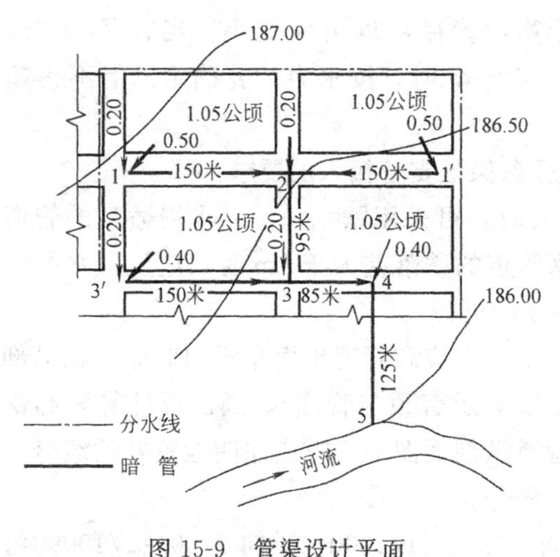

图 15-9 管渠设计平面

度填写在计算简图中。各支线汇水面积之和应等于相应干管所服务的总汇水面积。

(3) 按排水区域内的地面性质确定各类地面径流系数，按加权平均方法求整个汇水区的平均径流量。

已知各街坊面积 F 为 1.05hm²，其各种径流面积、径流系数等列于表 15-18。

街坊外道路为碎石路面，其面积共计 3.7hm²，碎石路面的径流系数为 0.45。用加权平均法求得平均径流系数为：

$$\psi=\frac{4\times0.825+3.7\times0.45}{4\times1.05+3.7}=0.63$$

ψ 及 ψF 值表 **表 15-18**

地面种类	面积 F	径流系数 ψ	ψF
屋 顶	0.26	0.9	0.234
柏油道路	0.52	0.9	0.468
草 地	0.16	0.15	0.024
人行道	0.11	0.9	0.099
总 计	1.05		0.825

(4) 根据街坊面积的大小，地面种类、坡度，覆盖情况以及街坊内部雨水管渠的完善情况，确定管道起点处的集水时间 t 取 10min。

(5) 根据区域性质、汇水面积、地形及管渠溢流后的损失大小等因素，确定设计重现期采用一年。

(6) 根据降雨强度公式，绘制单位面积径流量 ψq 与设计降雨历时关系图（图 15-10）。

(7) 依据地形等高线，得出设计管段起讫点的地面标高，填入表中，准备进行水力计算。

(8) 列表进行水力计算，确定管渠断面尺寸，纵向坡度、管渠底标高等，并绘制纵剖面图。雨水管渠水力计算与设计方法可参照污水管渠进行。结果见表 15-19。

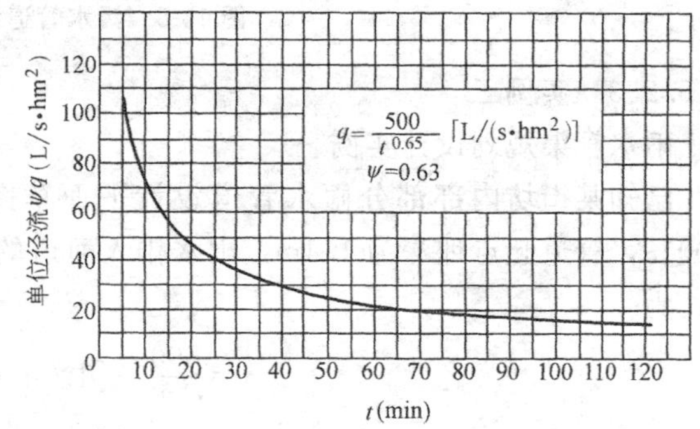

图 15-10 径流量曲线

(9) 绘制管道纵剖面图（图 15-11）。

雨水管网水力计算表 **表 15-19**

管段编号		管长(m)	汇水面积(hm^2)			设计降雨历时(min)			单位径流量[L/(s·hm^2)]	设计流量 Q (L/s)	流速(m/s)	管径(mm)	管底比降 i (‰)	管底降落 i_L (m)	标高(m)				管底埋深(m)	
						$2t_2$		集水时间							地面		管底			
起点	终点		沿线	转输	合计	起点	终点	t_1+2t_2							起点	终点	起点	终点	起点	终点
1	2	3	4	5	6	7	8	9	10	11	12	13	14	15	16	17	18	19	20	21
1	2	150	1.05 0.70		1.75		4.76	10.00	70	123	1.05	400	3.8	0.57	186.80	186.55	185.40	184.83	1.40	1.72
1′	2	150	1.05 0.50		1.55		5.10	10.00	70	109	0.98	400	3.3	0.50	186.40	186.55	185.00	184.50	1.40	2.05
2	3	95	0.20	3.30	3.50	4.76	7.96	14.76	55	193	0.99	500	2.6	0.25	186.55	184.40	184.40	184.15	2.15	2.25
3′	3	150	1.05 0.60		1.65		4.72	10.00	70	116	1.06	400	3.8	0.57	186.70	186.40	185.30	184.73	1.40	1.67
3	4	85	0.20	5.15	5.35	7.96	10.14	17.96	48	257	1.30	500	4.9	0.42	186.40	186.20	184.15	183.73	2.25	2.47
4	5	125	1.05 0.40	5.35	6.80	10.14	13.70	20.14	46	313	1.10	600	2.6	0.33	186.20	186.00	183.63	183.30	2.57	2.70

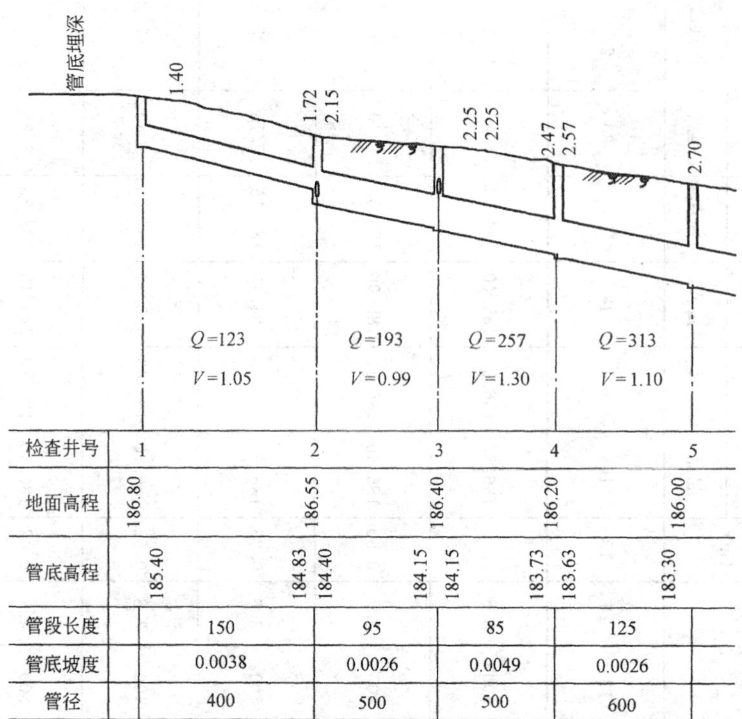

图 15-11　雨水管道纵剖面图

附　　录

附录1　规划图例

图　　例	名　　称	说　　明
	城　市　交　通	
	主干路	
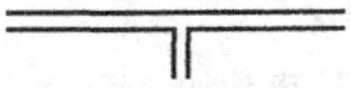	次干路	
	支路	
	广场	应标明广场名称
 P	停车场	应标明停车场名称
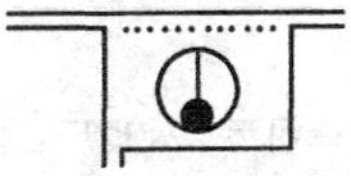	加油站	
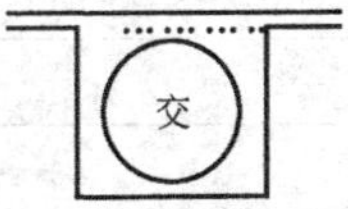 交	公交车场	应标明公交车场名称
	换乘枢纽	应标明换乘枢纽名称
	给水、排水、消防	
	水源井	应标明水源井名称
	水厂	应标明水厂名称、制水能力
	给水泵站(加压站)	应标明泵站名称
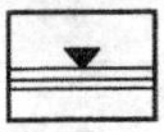	高位水池	应标明高位水池名称、容量
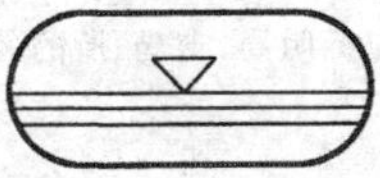	贮水池	应标明贮水池名称、容量

续表

图例	名称	说明
给水、排水、消防		
2	给水管道(消火栓)	小城市标明 100mm 以上管道、管径,大中城市根据实际可以放宽
119	消防站	应标明消防站名称
2	雨水管道	小城市标明 250mm 以上管道、管径,大中城市根据实际可以放宽
2	污水管道	小城市标明 250mm 以上管道、管径,大中城市根据实际可以放宽
1.5	雨、污水排放口	
	雨、污水泵站	应标明泵站名称
10 6	污水处理厂	应标明污水处理厂名称
电力、电信		
kW	电源厂	kW 之前写上电源厂的规模容量值
kW kV kV	变电站	kW 之前写上变电总容量 kV 之前写上前后电压值
kV 地	输、配电线路	kV 之前写上输、配电线路电压值 方框内:地——地埋,空——架空
kV P	高压走廊	*P* 宽度按高压走廊宽度填写 kW 之前写上线路电压值
	电信线路	
	电信局 支局 所	应标明局、支局、所的名称

续表

图例	名称	说明
电力、电信		
	收、发讯区	
	微波通道	
	邮政局、所	应标明局、所的名称
	邮件处理中心	
燃气		
R	气源厂	应标明气源厂名称
DN R 压	输气管道	*DN*——输气管道管径 压——压字之前填高压、中压、低压
R_C m^3	储气站	应标明储气站名称、容量
R_T	调压站	应标明调压站名称
R_Z	门站	应标明门站地名
R_a	气化站	应标明气化站名称
绿化		
	苗圃	应标明苗圃名称
	花圃	应标明花圃名称
	专业植物园	应标明专业植物园名称
	防护林带	应标明防护林带名称

续表

图　例	名　称	说　明
环卫、环保		
8	垃圾转运站	应标明垃圾转运站名称
H	环卫码头	应标明环卫码头名称
	垃圾无害化处理厂(场)	应标明处理厂(场)名称
H	贮粪池	应标明贮粪池名称
	车辆清洗站	应标明清洗站名称
H	环卫机构用地	
HP	环卫车场	
HX	环卫人员休息场	
HS	水上环卫站(场、所)	
WC	公共厕所	
	气体污染源	
人　防		
人防	附建人防 工程区域	虚线部分指附建于其他建筑物、构筑物底下的人防工程
人防	指挥所	应标明指挥所名称
警报器	升降警报器	应标明警报器代号
	防护分区	应标明分区名称
人防	人防出入口	应标明出入口名称
	疏散道	

附录 2　水力计算图表

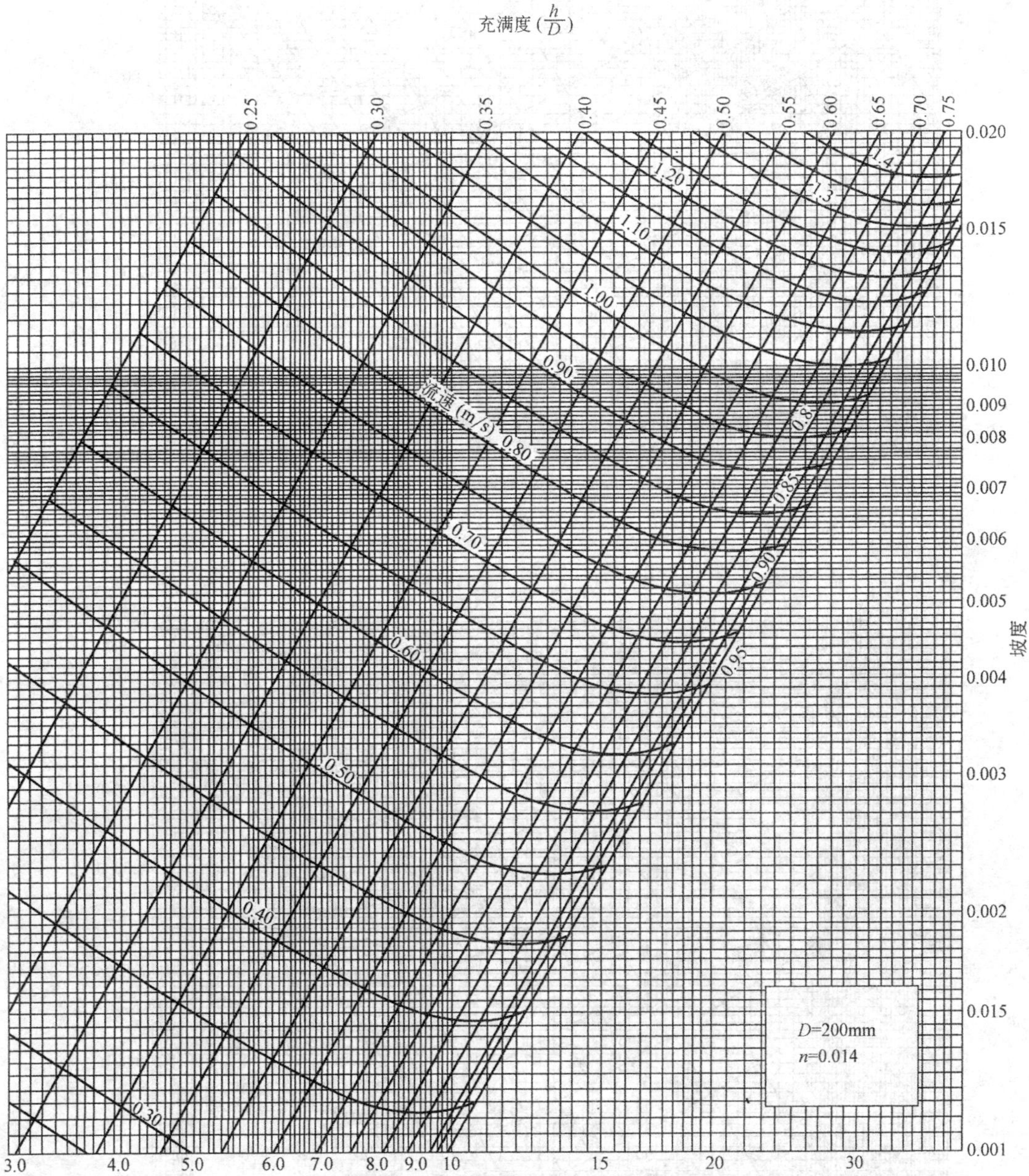

充满度 (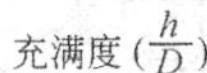)

0.25 0.30 0.35 0.40 0.45 0.50 0.55 0.60 0.65 0.70 0.75

流速 (m/s) 0.30 0.40 0.50 0.60 0.70 0.80 0.90 1.00 1.10 1.20 1.3 1.4

0.8 0.85 0.90 0.95

坡度 0.020 0.015 0.010 0.009 0.008 0.007 0.006 0.005 0.004 0.003 0.002 0.015 0.001

D=200mm

n=0.014

流量 (L/s) 3.0 4.0 5.0 6.0 7.0 8.0 9.0 10 15 20 30

附录图 2-1

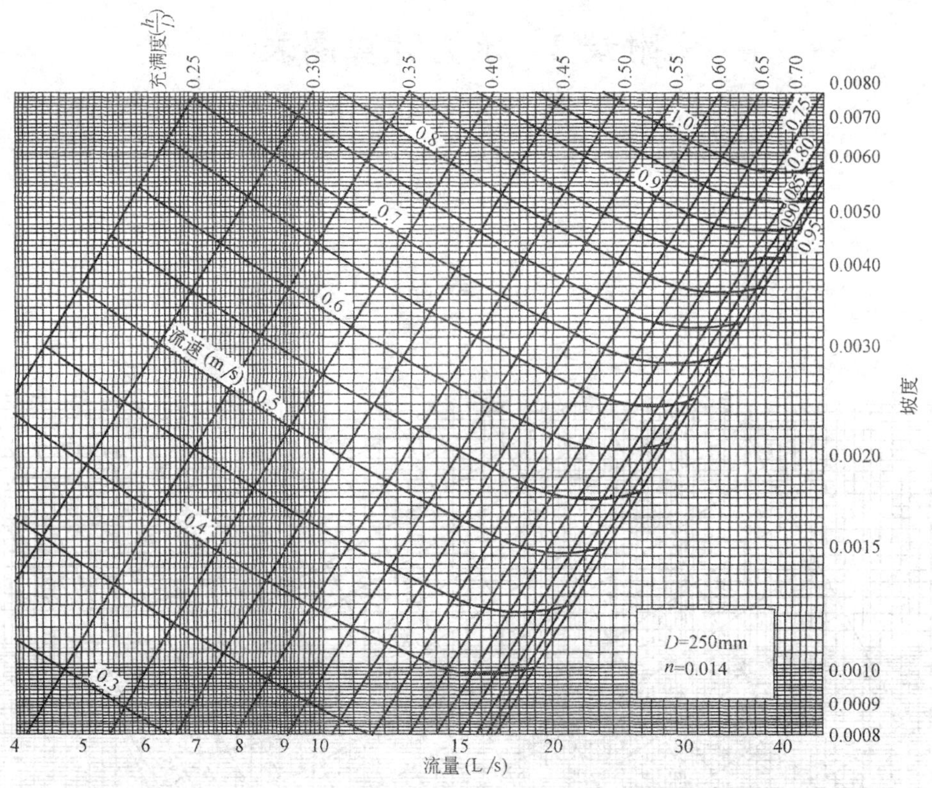
充满度($\frac{h}{D}$)
0.25
0.30
0.35
0.40
0.45
0.50
0.55
0.60
0.65
0.70
0.75
0.80
0.85
0.90
0.95
流速 (m/s)
0.3
0.4
0.5
0.6
0.7
0.8
0.9
1.0
0.0080
0.0070
0.0060
0.0050
0.0040
0.0030
0.0020
0.0015
0.0010
0.0009
0.0008
坡度
D=250mm
n=0.014
4
5
6
7
8
9
10
15
20
30
40
流量 (L/s)

附录图 2-2

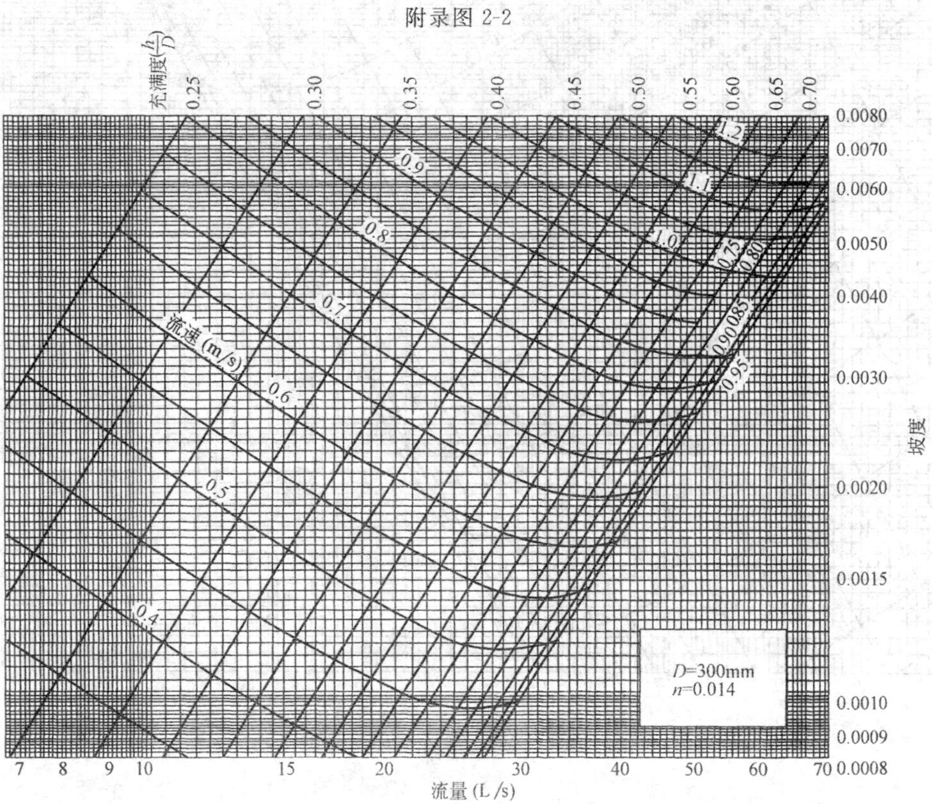
充满度($\frac{h}{D}$)
0.25
0.30
0.35
0.40
0.45
0.50
0.55
0.60
0.65
0.70
0.75
0.80
0.85
0.90
0.95
流速 (m/s)
0.4
0.5
0.6
0.7
0.8
0.9
1.0
1.1
1.2
0.0080
0.0070
0.0060
0.0050
0.0040
0.0030
0.0020
0.0015
0.0010
0.0009
0.0008
坡度
D=300mm
n=0.014
7
8
9
10
15
20
30
40
50
60
70
流量 (L/s)

附录图 2-3

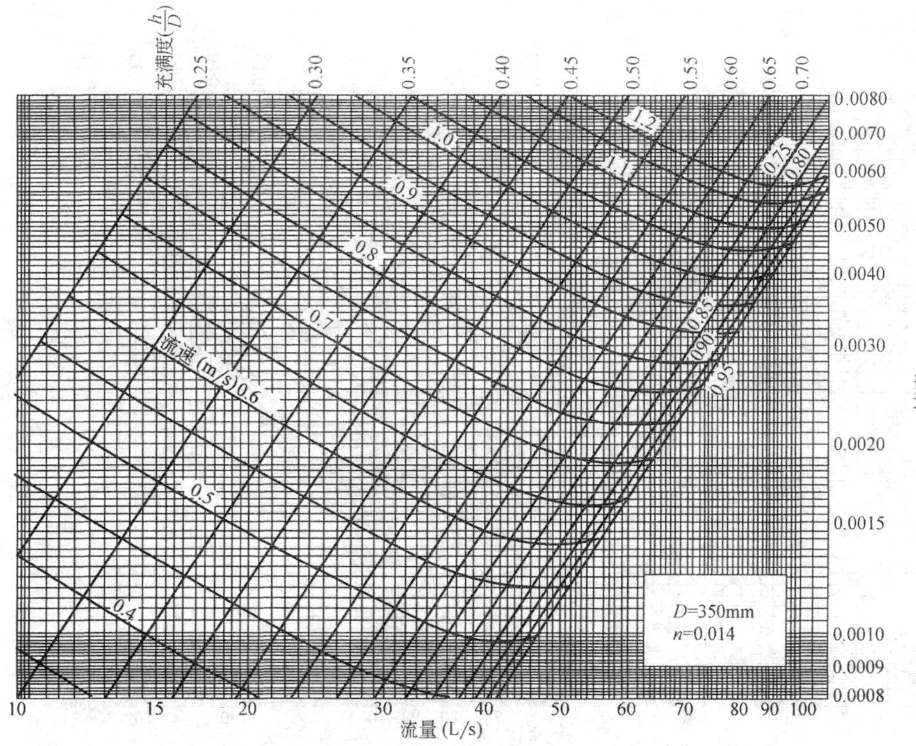
充满度($\frac{h}{D}$)
0.25
0.30
0.35
0.40
0.45
0.50
0.55
0.60
0.65
0.70
1.2
1.0
1.1
0.75
0.80
0.9
0.8
0.7
流速 (m/s)0.6
0.85
0.90
0.95
0.5
0.4
D=350mm
n=0.014
0.0080
0.0070
0.0060
0.0050
0.0040
0.0030
0.0020
0.0015
0.0010
0.0009
0.0008
坡度
10
15
20
30
40
50
60
70
80
90
100
流量 (L/s)

附录图 2-4

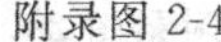

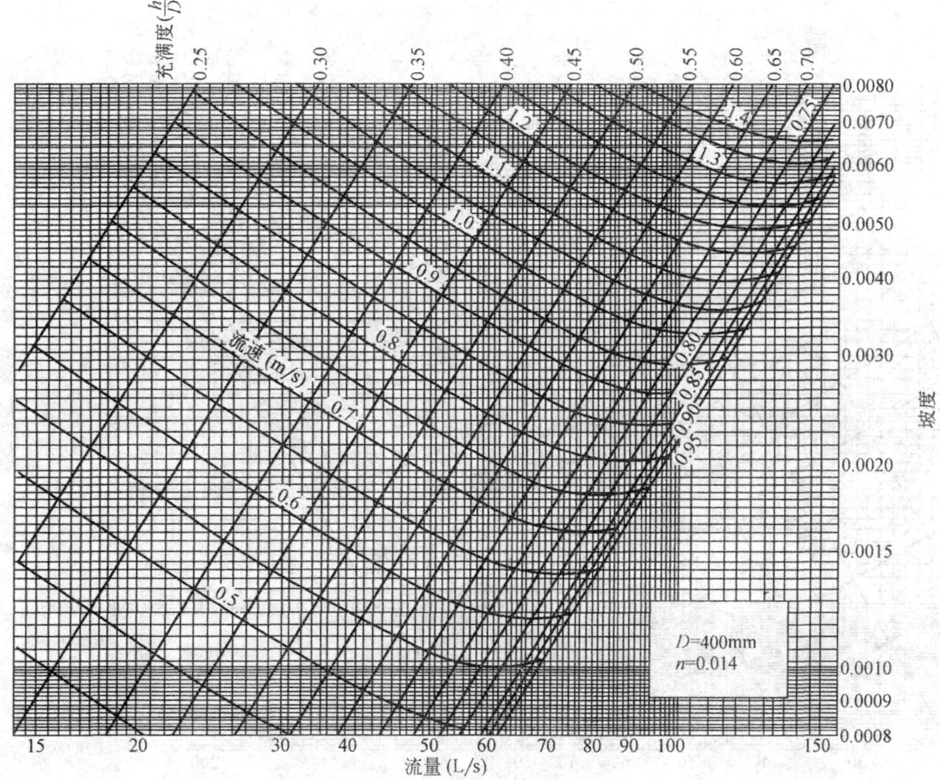
充满度($\frac{h}{D}$)
0.25
0.30
0.35
0.40
0.45
0.50
0.55
0.60
0.65
0.70
1.2
1.4
0.75
1.3
1.1
1.0
0.9
0.8
流速 (m/s)
0.7
0.80
0.85
0.90
0.95
0.6
0.5
D=400mm
n=0.014
0.0080
0.0070
0.0060
0.0050
0.0040
0.0030
0.0020
0.0015
0.0010
0.0009
0.0008
坡度
15
20
30
40
50
60
70
80
90
100
150
流量 (L/s)

附录图 2-5

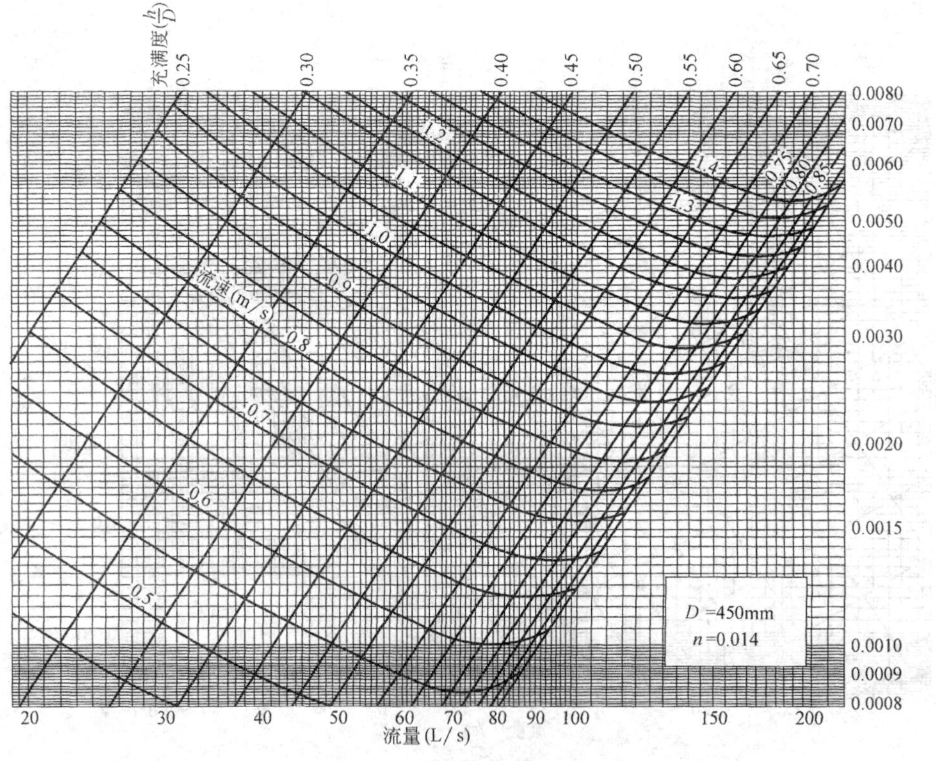
充满度($\frac{h}{D}$)
0.25
0.30
0.35
0.40
0.45
0.50
0.55
0.60
0.65
0.70
0.75
0.80
0.85
流速(m/s)
0.5
0.6
0.7
0.8
0.9
1.0
1.1
1.2
1.3
1.4
D =450mm
n=0.014
坡度
0.0080
0.0070
0.0060
0.0050
0.0040
0.0030
0.0020
0.0015
0.0010
0.0009
0.0008
20
30
40
50
60
70
80
90
100
150
200
流量(L/s)

附录图 2-6

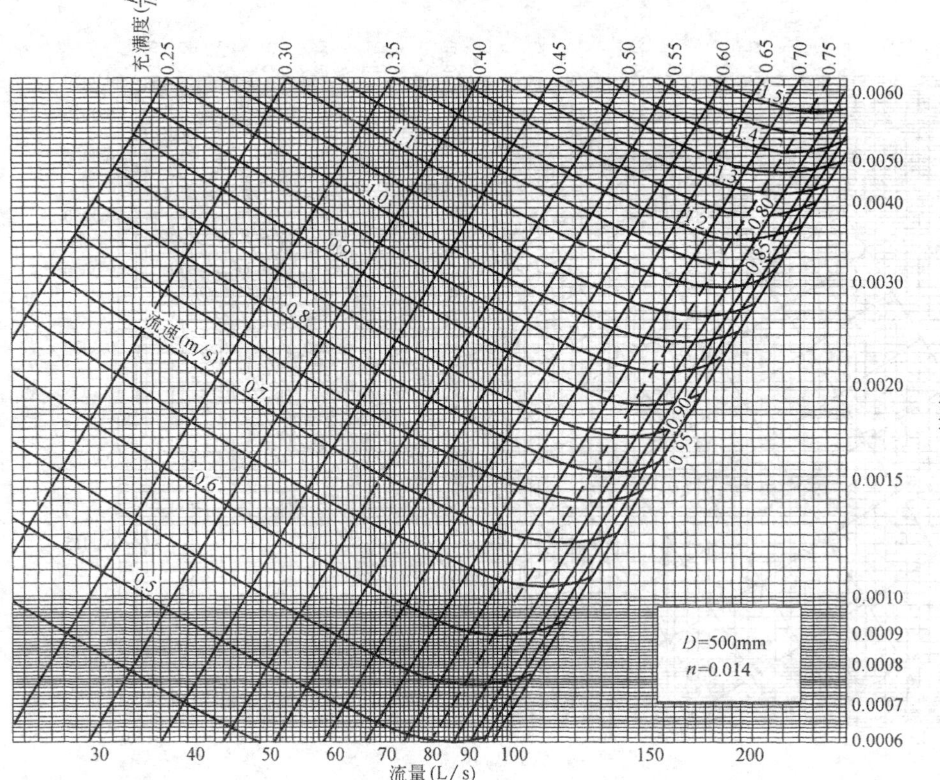
充满度($\frac{h}{D}$)
0.25
0.30
0.35
0.40
0.45
0.50
0.55
0.60
0.65
0.70
0.75
0.80
0.85
0.90
0.95
流速(m/s)
0.5
0.6
0.7
0.8
0.9
1.0
1.1
1.2
1.3
1.4
1.5
D=500mm
n=0.014
坡度
0.0060
0.0050
0.0040
0.0030
0.0020
0.0015
0.0010
0.0009
0.0008
0.0007
0.0006
30
40
50
60
70
80
90
100
150
200
流量(L/s)

附录图 2-7

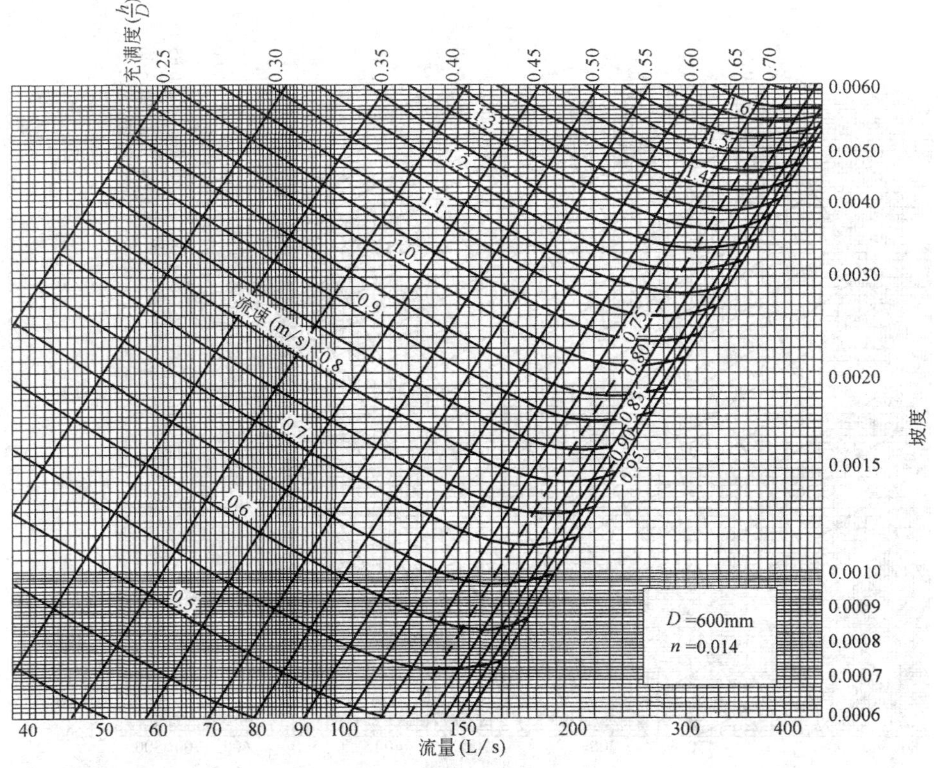
充满度($\frac{h}{D}$)
0.25
0.30
0.35
0.40
0.45
0.50
0.55
0.60
0.65
0.70
0.0060
0.0050
0.0040
0.0030
0.0020
0.0015
0.0010
0.0009
0.0008
0.0007
0.0006
坡度
1.6
1.5
1.4
1.3
1.2
1.1
1.0
0.9
流速(m/s)
0.8
0.7
0.6
0.5
0.75
0.80
0.85
0.90
0.95
D =600mm
n =0.014
40
50
60
70
80
90
100
150
200
300
400
流量(L/s)

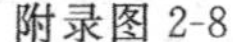

附录图 2-8

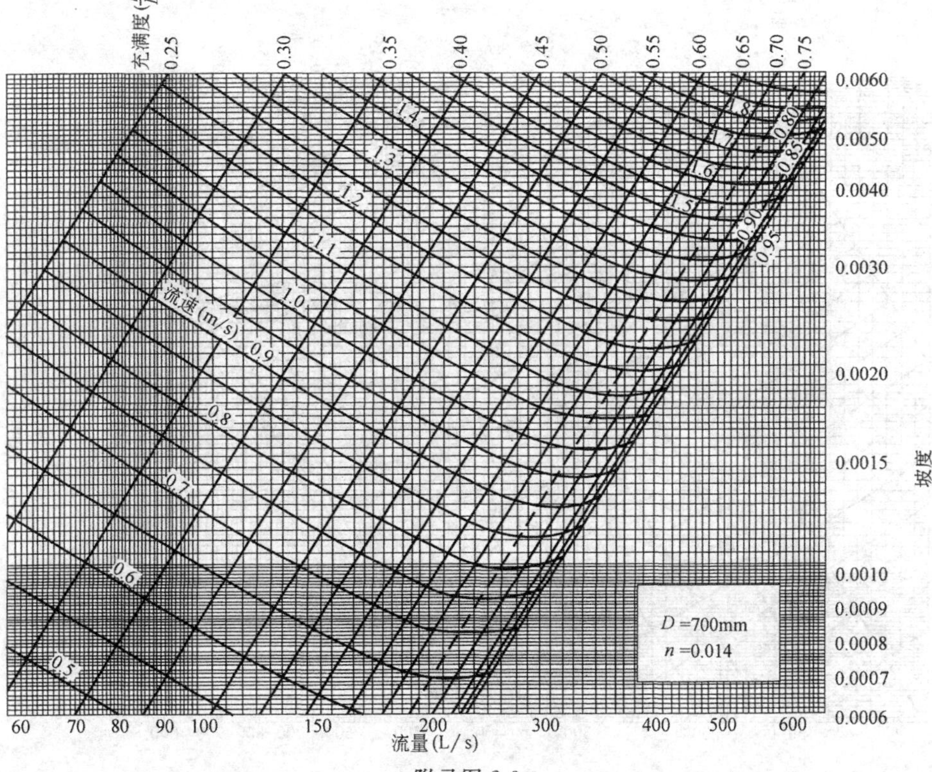
充满度($\frac{h}{D}$)
0.25
0.30
0.35
0.40
0.45
0.50
0.55
0.60
0.65
0.70
0.75
0.0060
0.0050
0.0040
0.0030
0.0020
0.0015
0.0010
0.0009
0.0008
0.0007
0.0006
坡度
1.8
1.7
1.6
1.5
1.4
1.3
1.2
1.1
1.0
流速(m/s)
0.9
0.8
0.7
0.6
0.5
0.80
0.85
0.90
0.95
D =700mm
n =0.014
60
70
80
90
100
150
200
300
400
500
600
流量(L/s)

附录图 2-9

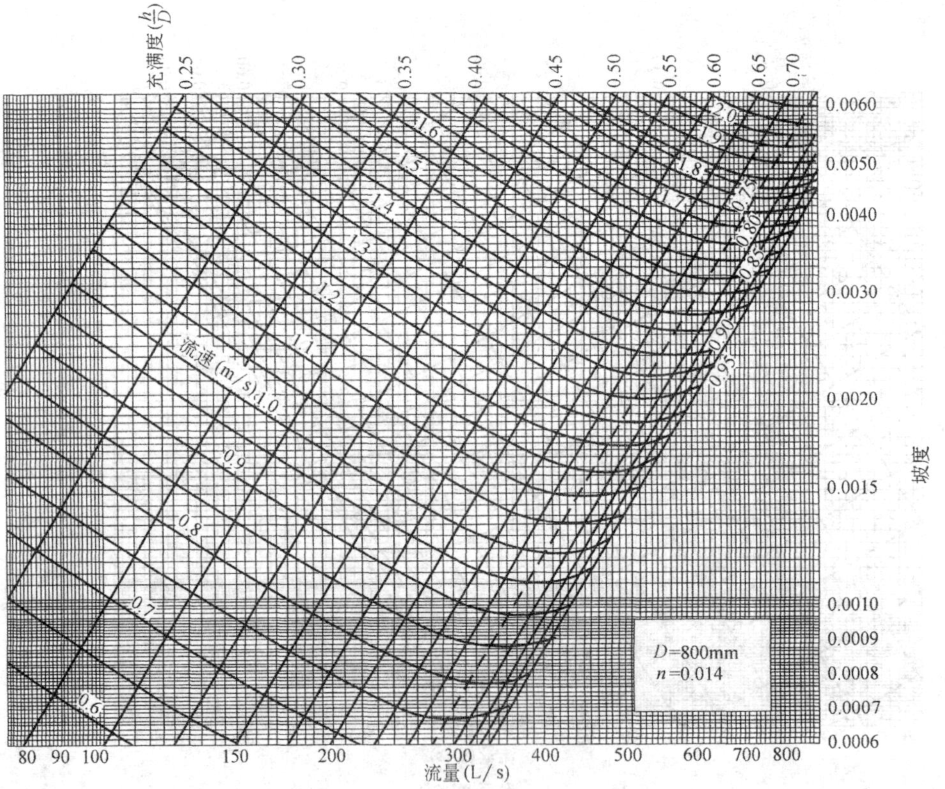

充满度($\frac{h}{D}$)
0.25
0.30
0.35
0.40
0.45
0.50
0.55
0.60
0.65
0.70
0.75
0.80
0.85
0.90
0.95
流速(m/s)
0.6
0.7
0.8
0.9
1.0
1.1
1.2
1.3
1.4
1.5
1.6
1.7
1.8
1.9
2.0
0.0060
0.0050
0.0040
0.0030
0.0020
0.0015
0.0010
0.0009
0.0008
0.0007
0.0006
坡度
D=800mm
n=0.014
80 90 100 150 200 300 400 500 600 700 800
流量(L/s)

附录图 2-10

充满度($\frac{h}{D}$)
0.25
0.30
0.35
0.40
0.45
0.50
0.55
0.60
0.65
0.70
0.75
0.80
0.85
0.90
0.95
流速(m/s)
0.6
0.7
0.8
0.9
1.0
1.1
1.2
1.3
1.4
1.5
1.6
1.7
1.8
1.9
2.0
2.1
2.2
0.0060
0.0050
0.0040
0.0030
0.0020
0.0015
0.0010
0.0009
0.0008
0.0007
0.0006
坡度
D=900mm
n=0.014
150 200 300 400 500 600 700 800 900 1000
流量(L/s)

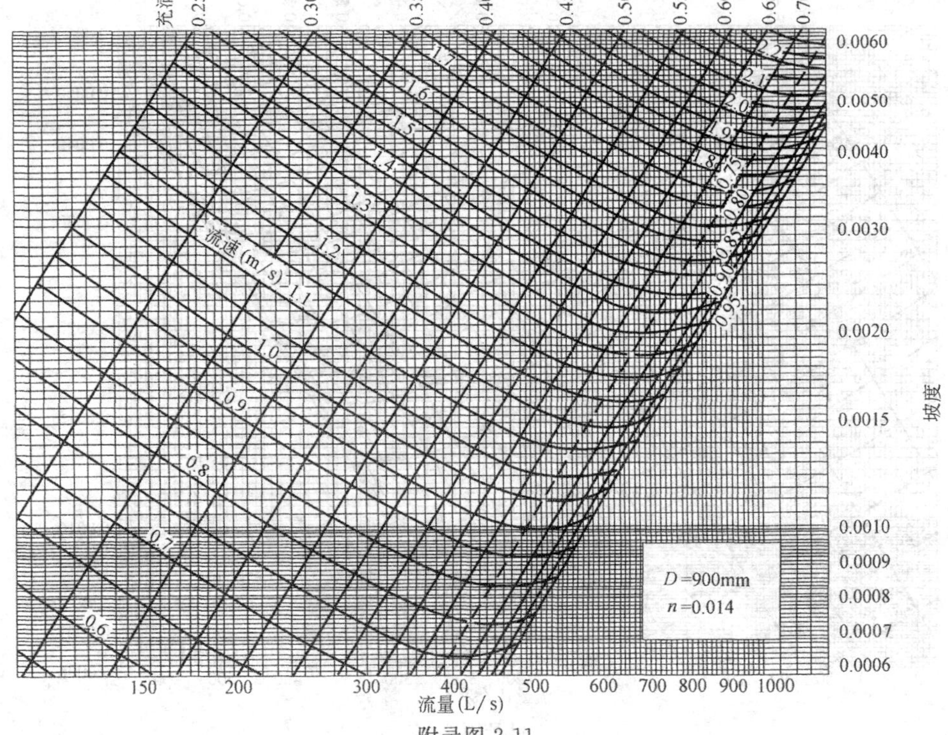

附录图 2-11

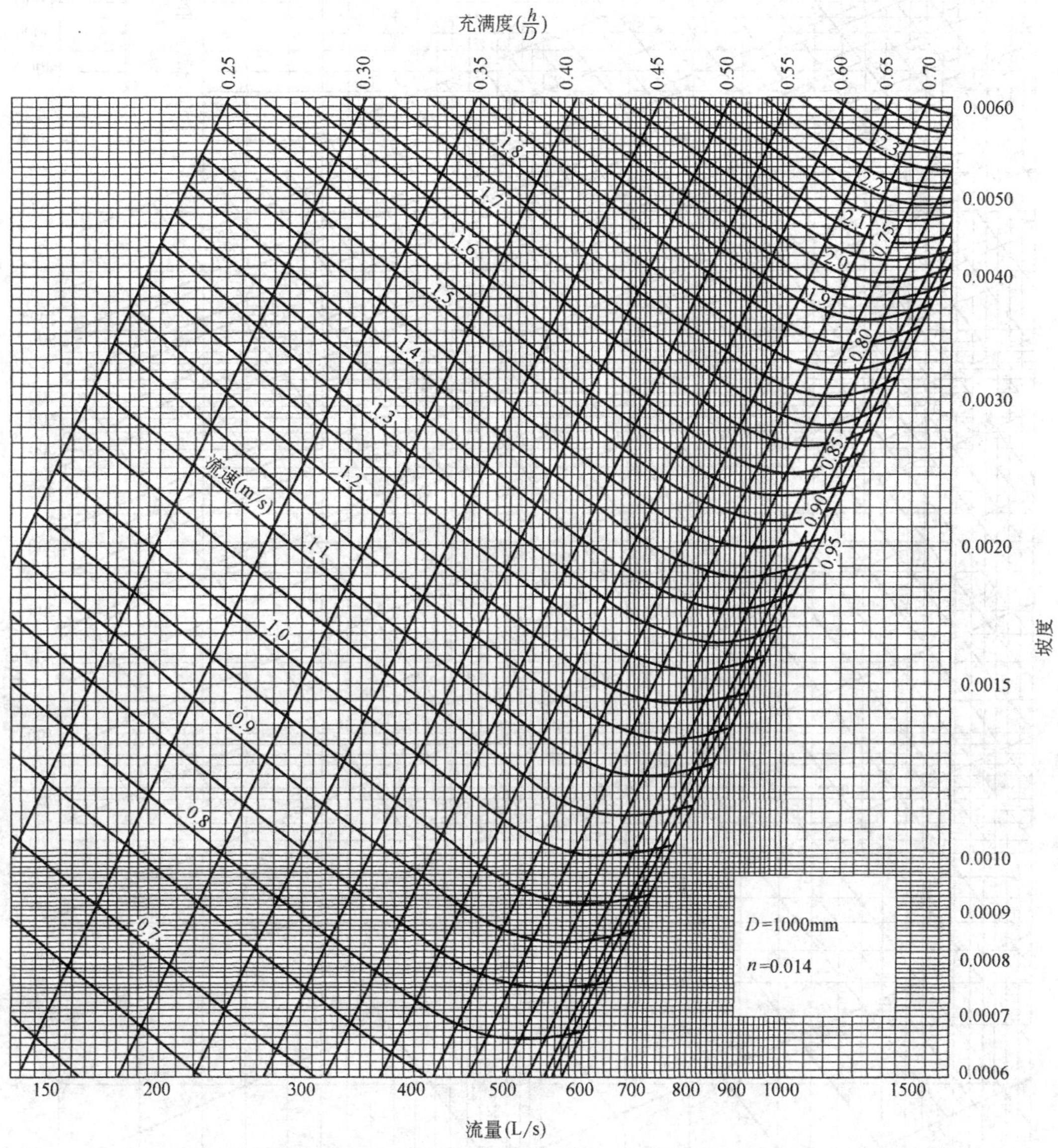

充满度($\frac{h}{D}$)
0.25
0.30
0.35
0.40
0.45
0.50
0.55
0.60
0.65
0.70
0.75
0.80
0.85
0.90
0.95
流速(m/s)
0.7
0.8
0.9
1.0
1.1
1.2
1.3
1.4
1.5
1.6
1.7
1.8
1.9
2.0
2.1
2.2
2.3
0.0060
0.0050
0.0040
0.0030
0.0020
0.0015
0.0010
0.0009
0.0008
0.0007
0.0006
坡度
150
200
300
400
500
600
700
800
900
1000
1500
流量(L/s)
D=1000mm
n=0.014

附录图 2-12

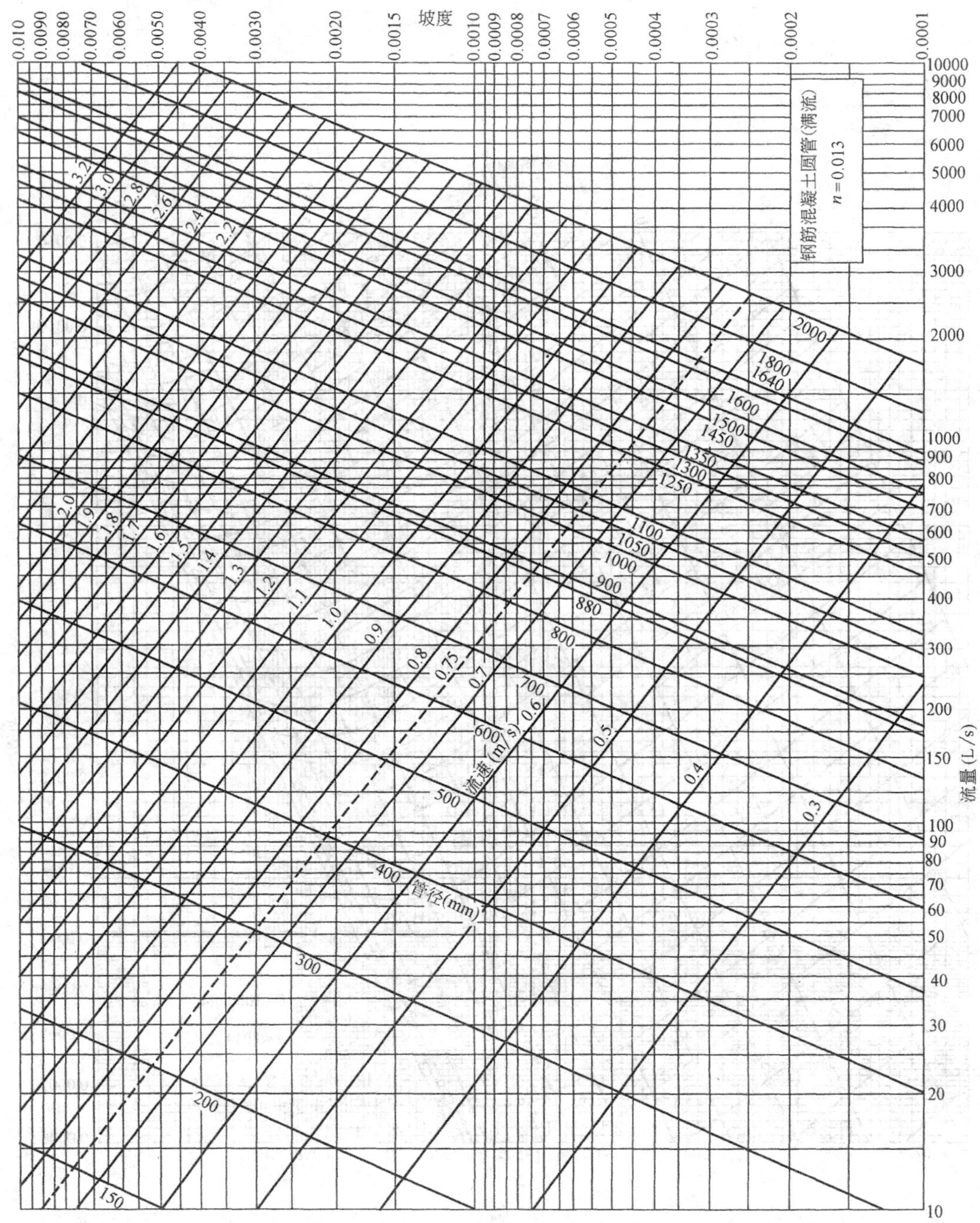
坡度
0.010
0.0090
0.0080
0.0070
0.0060
0.0050
0.0040
0.0030
0.0020
0.0015
0.0010
0.0009
0.0008
0.0007
0.0006
0.0005
0.0004
0.0003
0.0002
0.0001
钢筋混凝土圆管(满流)
n=0.013
流量(L/s)
10000
9000
8000
7000
6000
5000
4000
3000
2000
1000
900
800
700
600
500
400
300
200
150
100
90
80
70
60
50
40
30
20
10
管径(mm)
150
200
300
400
500
600
700
800
880
900
1000
1050
1100
1250
1300
1350
1450
1500
1600
1640
1800
2000
流速(m/s)
0.3
0.4
0.5
0.6
0.7
0.75
0.8
0.9
1.0
1.1
1.2
1.3
1.4
1.5
1.6
1.7
1.8
1.9
2.0
2.2
2.4
2.6
2.8
3.0
3.2

附录图 2-13

附录 3　燃气水力计算图表

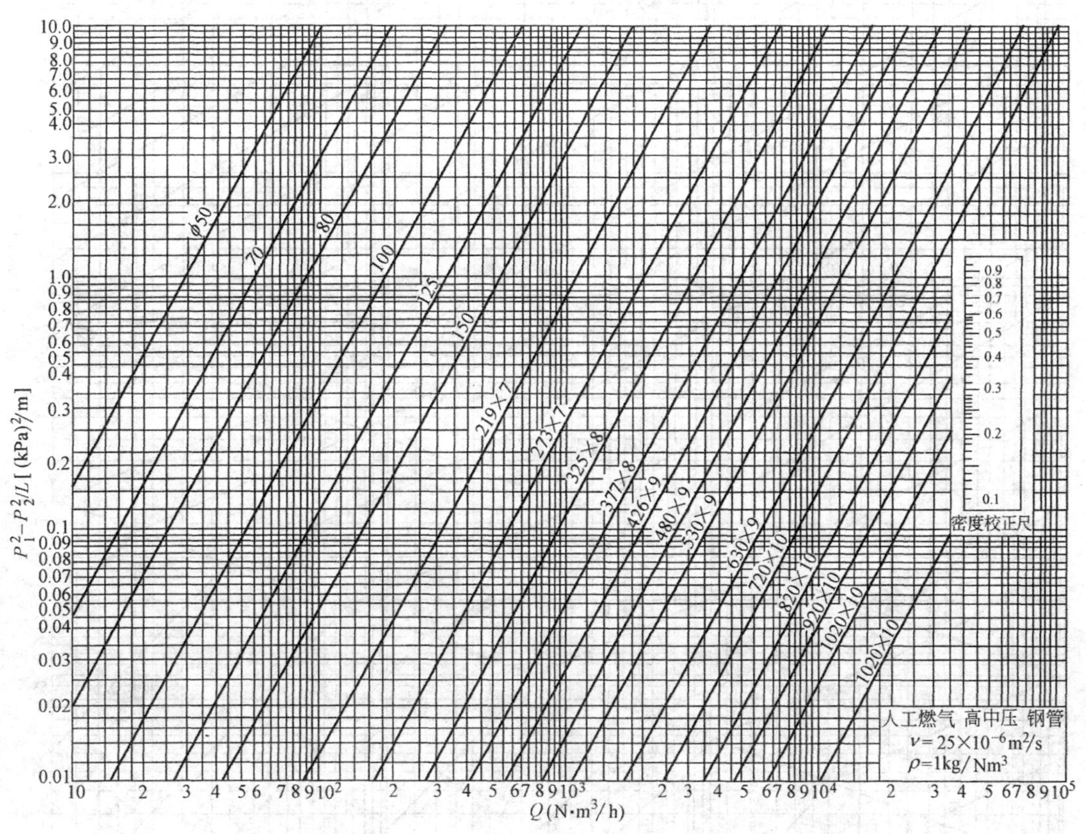

附录图 3-1　燃气水力计算图表（一）

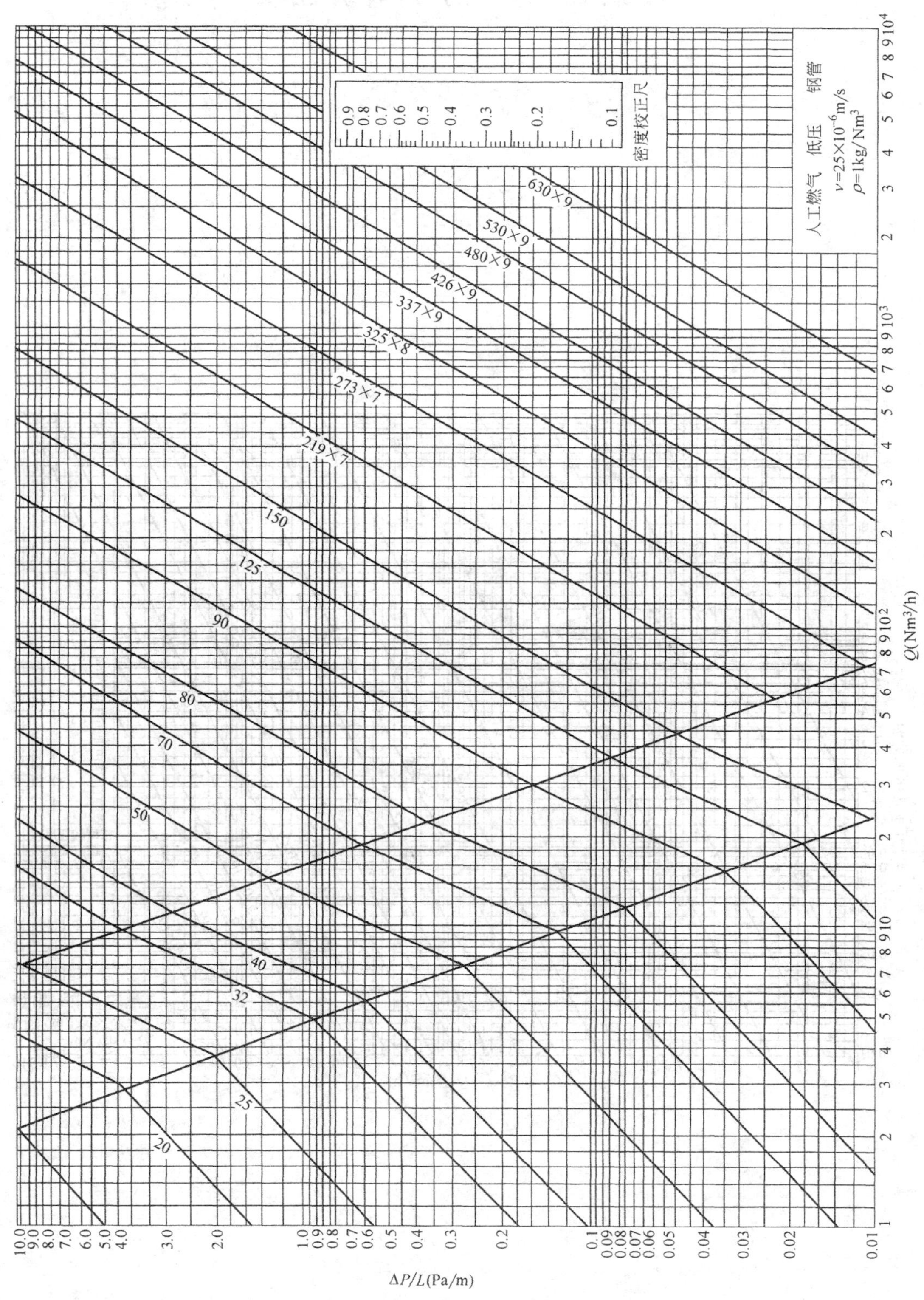

附录图 3-2 燃气水力计算图表（二）

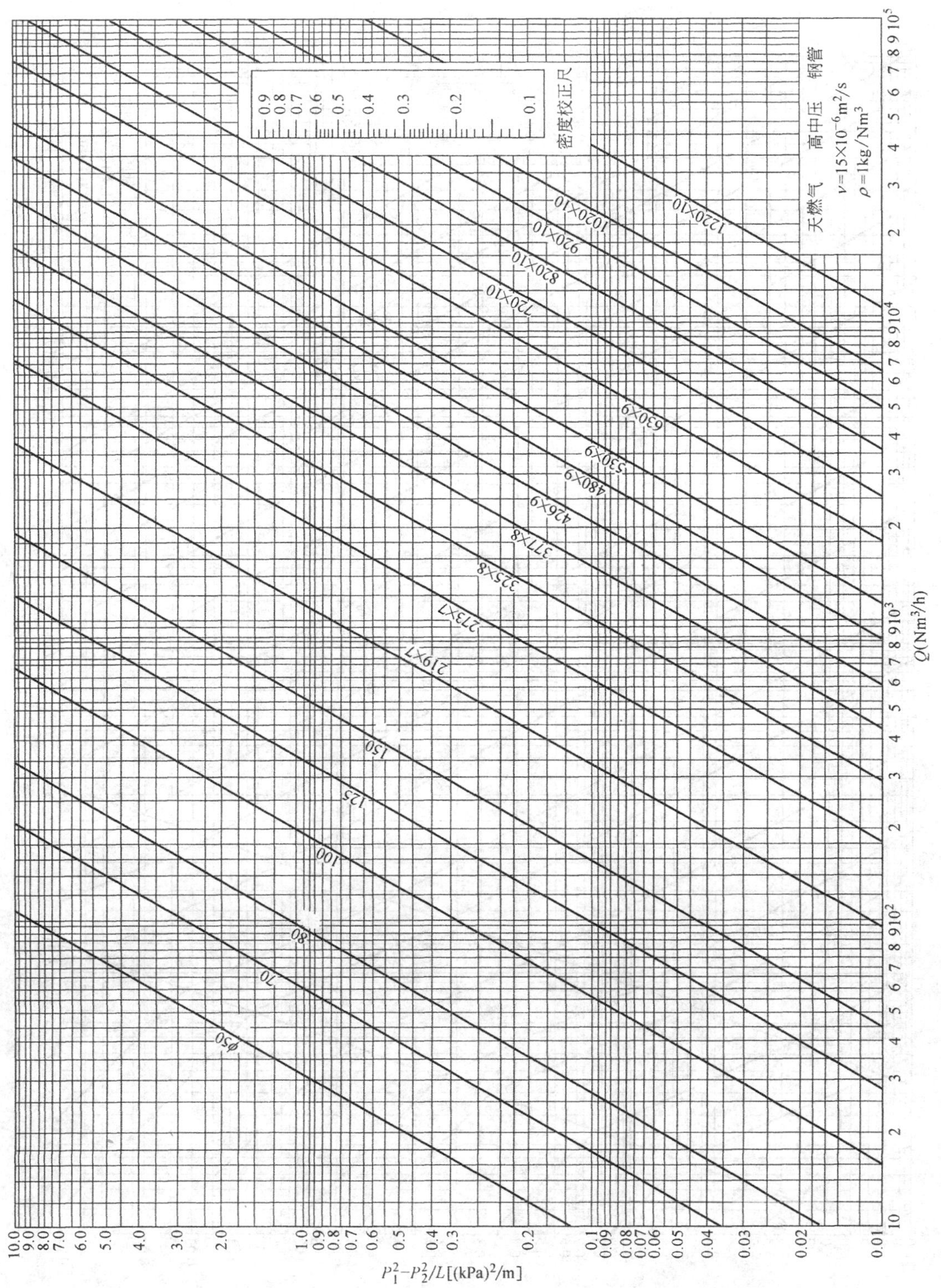

附录图 3-3　燃气水力计算图表（三）

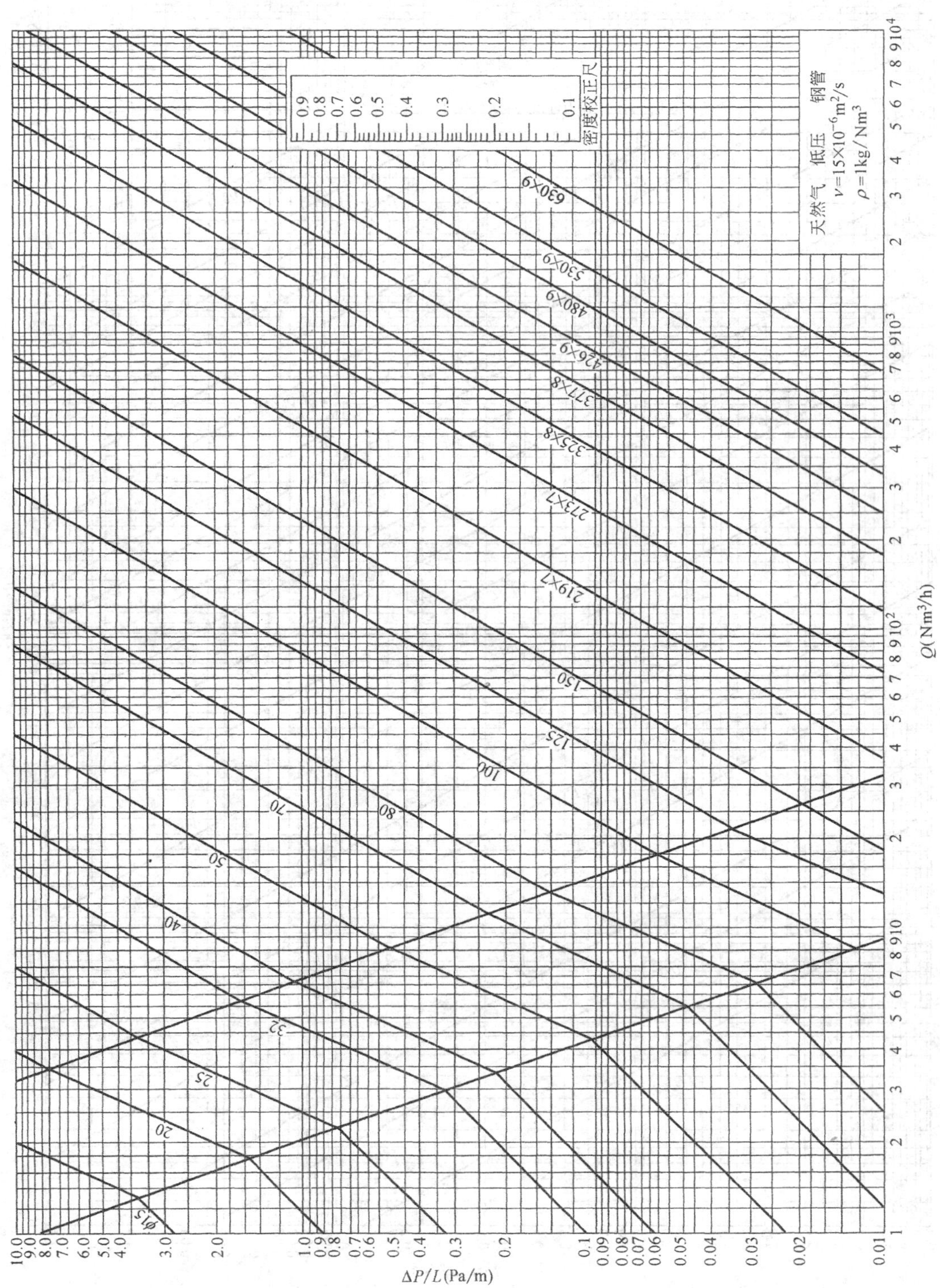

附录图 3-4　燃气水力计算图表（四）

主要参考文献

[1] 同济大学等. 城市规划原理. 北京：中国建筑工业出版社，1991

[2] 王炳坤. 城市规划中的工程规划. 天津：天津大学出版社，1994

[3] 胡开林等. 城镇基础设施工程规划. 重庆：重庆大学出版社，1999

[4] 戴慎志主编. 城市基础设施工程规划手册. 北京：中国建筑工业出版社，2000

[5] 姚雨霖等. 城市给水排水（第二版）. 北京：中国建筑工业出版社，1986

[6] 郑毅主编. 城市规划设计手册. 北京：中国建筑工业出版社，2000

[7] 戴慎志主编. 城市工程系统规划. 北京：中国建筑工业出版社，1999

[8] 同济大学建筑城规学院. 城市规划资料集（第一分册）总论. 北京：中国建筑工业出版社，2003

[9] 陈学俊，袁旦庆. 能源工程概论. 北京：机械工业出版社，1985

[10] 段常贵. 燃气输配（第三版）. 北京：中国建筑工业出版社，2001

[11] 蒋展鹏. 环境工程学. 北京：高等教育出版社，1992

[12] 刘健等. 城乡电网建设与改造指南. 北京：中国水利水电出版社，2001

[13] 潘大林，赵小川. 城镇管网规划设计. 广州：广东高等教育出版社，1998

[14] 周荣沾. 城市道路设计. 北京：人民交通出版社，1988

[15] 刘介才. 工厂供电. 北京：机械工业出版社，1991

[16] 蒋永琨，肖大威，蒋亦兵. 城市消防规划与管理技术. 北京：地震出版社，1990

[17] 郭可志. 城市公用设施规划（上、下册），重庆建筑工程学院建筑系，1986

[18] 哈尔滨建筑工程学院，天津大学等. 供热工程. 北京：中国建筑工业出版社，1985

[19] 徐幼云，耿维民，张利伯主编. 环境卫生工作手册. 北京：人民卫生出版社，1983

[20] 建设部科学技术委员会编. 城市综合防灾减灾战略与对策论文集. 北京：中国建筑工业出版社，1996

[21] 中国城市规划设计研究院，中国建筑设计研究院，沈阳建筑工程学院编著. 小城镇规划标准研究. 北京：中国建筑工业出版社，2002

[22] 建筑工程常用数据系列手册编写组编. 给水排水常用数据手册. 北京：中国建筑工业出版社，1997

[23] 全国城市规划执业制度管理委员会. 城市规划实务. 北京：中国建筑工业出版社，2000

[24] 全国城市规划执业制度管理委员会. 城市规划原理. 北京：中国建筑工业出版社，2000

[25] 全国城市规划执业制度管理委员会. 城市规划管理与法规. 北京：中国建筑工业出版社，2000

[26] 全国城市规划执业制度管理委员会. 城市规划相关知识. 北京：中国建筑工业出版社，2000

[27] 黄明明，张蕴华主编. 给水排水标准规范实施手册. 北京：中国建筑工业出版社，1993

[28] 杨钦，严煦世主编. 给水工程（上、下册）. 北京：中国建筑工业出版社，1987

[29] 《给水排水设计手册》编写组. 给水排水设计手册（第 2～7 册）. 北京：中国建筑工业出版社，1985

[30] 巩景笑编. 建筑防火设计. 北京：中国建筑工业出版社，1977

[31] 《给水排水工程师常用规范选》（上、下册）. 北京：中国建筑工业出版社，1994